KB023238

차이의 정치와
정의

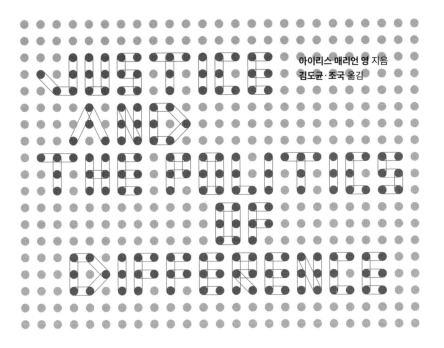

아이리스 매리언 영 지음
김도균 · 조국 옮김

차이의 정치와
정의

Justice
and
the Politics of
Difference

모티브북

일러두기

1. 본문 중 '대괄호[　] 속의 글'과 '각주'는 모두 역자가 첨가한 것이다.
2. 각주에 소개한 원서들 중 국내에 번역된 것은 번역 책명을 병기한다.

역자의 글

페미니즘의 정의론

— 인간 존재의 위계화와 서열화에 저항하는
'분배와 인정의 입체적 정의'

1. 이 책은 미국의 페미니스트 정치철학자 아이리스 매리언 영(Iris Marion Young, 1949~2006)의 대표작 『차이의 정치와 정의Justice and the Politics of Difference』(1990)의 번역서이다. 영은 이 저서로 1990년 전미 정치학회의 저술상Victoria Schuck Award을 수상했고, 세계 학계에 자신의 이름을 알렸다.

영은 미국 뉴욕 시에서 태어나 퀸스 칼리지Queens College를 졸업하고 펜실베이니아 주립대학교Pennsylvania State University에서 석사 및 박사학위를 받았고, 이후 피츠버그 대학교와 시카고 대학교 교수로 재임했다. 영은 정치철학자로서 파업 노동자와의 '피케팅picketing', 반전 시위 등에 참여하는 등 사회정의를 위한 정치 활동에도 적극적으로 참여했다. 영은 2006년 식도암으로 사망했는데, 이후 피츠버그 대학교의 '젠더, 섹슈얼리티, 여성 문제 프로그램'은 동 대학 '공공 및 국제 문제 대학원'과 함께 2008년 '정치 참여를 위한 아이리스 매리언 영 상Iris Marion Young Award For Political Engagement'을 공동 제정하여 수상하고 있다.

2. 『차이의 정치와 정의』에서 영은 포스트마르크스주의, 비판이론, 포스트모더니즘 철학, 급진적 페미니즘에 기초하여 페미니즘의 정의론, 더 나아가서는 대안적인 정의론을 제시하고자 한다. 특히, 존 롤스로 대표되는 평등지향적 자유주의 정의론의 출발점이며 현대 정의론의 논의 지형을 규정하는 분배 패러다임에 대한 비판이 압권이다. 영은 분배적 정의 패러다임이 제대로 그려내지 못하는 구조적 억압과 지배의 문제가 사회정의의 핵심 주제여야 한다고 강조한다. 부정의의 다양하고 다층적인 양상과 작용을 예민하게 포착하고 개념화하기 위해서 영은 '억압의 다섯 가지 얼굴', 즉 착취, 주변화, 무력함, 문화제국주의, 폭력을 하나하나 고찰한다. 설득력 있는 정의론이려면 이 억압과 지배의 현실을 반드시 설명하고 그에 대처하는 방안을 제시해야만 한다고 역설한다. 억압의 이 다양한 양상에 관한 자신의 분석이 현대의 그 어느 사회에도 적용될 수 있을 것이라고 영은 자신했는데, 공역자들은 영의 억압 이론을 잘 가다듬는다면 한국 사회의 현실 분석에도 매우 유용할 것이라고 생각한다.

영은 이른바 개인의 '능력'에 따라 이루어지는 위계적 노동 분업의 문제점을 비판하며, '직장 민주주의', 노동의 민주적 분할이 필요함을 주장한다. 또한 체제와 이데올로기를 막론하고 집단 간 차이를 부정하고 보편주의적 통일성을 추구하는 철학과 정치를 비판한다. 그리고 '정치적인 것'의 복원 또는 재해석을 통해 민주주의적 사회정의론을 모색한다.

이 모든 생각의 근저에 놓여 있는 것은 몸과 체험embodied experience에 대한 영의 깊은 관심이다. 서구의 근대 철학이 '보는' 이성을 핵심으로 하는 '홀로주체성'(김상봉)을 강조한다면, 영은 '듣는 것'과 '만남'을 바탕으로 하는 '서로주체성'(김상봉)을 강조한다. 차이를 가진

몸들의 위계서열화를 낳고 또 그 위계 구조를 일상생활과 문화에서 부단히 재생산하는 담론들을 그 근본에서부터 비판하는 영은 서구 근대 윤리학의 불편부당성 및 도덕적 주체성의 관념에 비판의 메스를 가한다. 차별 발언 및 행동이나 성희롱으로 지탄받는 사람들 중 일부는 "그럴 의도가 없었다."고 변명을 하는데, 영은 그런 심리의 기저에 무엇이 작동하고 있는지를 예리하게 분석해 낸다. 그리고 그 수많은 혐오의 발언과 행동, 차별의 발언과 행동의 배후에서 작동하는 사회적 묵인 구조를 해부하고 그 원인을 밝혀낸다. 이렇게 일상의 상호작용에서 행해지는 침묵과 발언, 시선, 몸짓, 관행에서부터 정치·경제·사회구조에 이르기까지 억압과 지배의 작동 기제를 낱낱이 드러내는 영의 분석에 감탄하지 않을 수 없다.

자원 분배 외에도 의사결정의 구조, 문화 차원에서의 의식과 행동, 노동 분업의 구조가 사회정의론의 주제여야 한다는 영의 주장은 상당한 설득력을 갖는다. 하나의 정의론을 수립하려는 목표를 세우지는 않았다고 하면서도 자원 분배, 문화, 민주주의, 노동 분업을 꿰어 일이관지—以貫之하는 사회정의론을 구성해 보려는 영의 시도는—그 성공 여부는 차치하더라도—귀 기울일 만한 통찰력을 담고 있다고 하겠다.

공역자들은 영의 정의론의 특징을 '인간 존재들의 위계화·서열화를 철폐하려는 정의론'으로 표현하고자 한다. 이 세상의 모든 인간은 각자가 고유성을 가진 개별자로서 그 무엇으로도 그 누구로도 대체될 수 없기에 결코 그 소속 때문에 차별받아서는 안 되는 소중한 존재라는 이상(이를 '인간존엄성의 이상'이라고 불러도 좋을 것이다)이 영의 출발점이자 목표이다. 그렇기에 영은 동질성을 강조하고 강요하는 그 모든 정치철학에 비판적이다. 그리고 다양성과 이질성의 민주주의에서, 집단 차이를 긍정적으로 인정하는 집단 대표제에서 현실적인 유토피아의 가능성을 찾는다. 2011년 재판再版 서문에서 다니엘 앨런이 적절하게 지적하듯이, 영의 견해는 분명 한계가 있고 풀어야 할 여러 과제를 남기기는 하지만 여전히 우리의 상상력을 자극한다.

3. 이 책에서 영이 개진하는 견해들은 1990년대까지의 정의론, 정치철학, 사회 이론, 페미니즘, 포스트모더니즘 철학을 광범위하게 섭렵한 산물이다. 이 책에서 영은 페미니즘 고유의 존재론, 인식론, 윤리학, 정치철학, 정의론을 수립해 보려는 목표를 내심 가졌던 것이 아닐까 공역자들은 추측해 본다. 페미니즘은 단지 여성의 권익만을 지향하는 이론체계도 아니며, '양성평등학'을 목표로 하는 이론체계에 머무는 것도 아니라는 생각을 지지하는 독자들이라면 영의 이런 시도에 주목해야 하지 않을까 생각한다. 21세기에 눈부시게 발전한 이론들의 관점에서 보면, 그 미진한 점이 눈에 띌지도 모르겠다. 그러나 이 책에서 전개되는 영의 문제의식과 관점, 예리한 분석력, 있어야 할 상태에 대한 현실적인 전망, 피억압 집단들의 자유와 평등을 향한 가치지향 및 다짐commitment은 여전히 큰 울림을 갖는다. 공역자들은 이 책을 번역하면서 커다란 감동을 받았다. 페미니즘 분야뿐만 아니라 정치철학 일반과 정의론 분야의 필독서로 꼽힐 만하다고 확신한다.

영의 다른 대표작인 『정의를 위한 책임Responsibility for Justice』(2011)은 2013년 이화여대 허라금 교수 등에 의해 『정치적 책임에 관하여』란 제목으로 번역·출간되었지만, 영의 철학과 정의론은 여전히 한국에는 생소하다. 한국 사회에서 사회정의론은 로버트 노직으로 대표되는 자유지상주의 정의론, 존 롤스로 대표되는 평등 지향적 자유주의 정의론, 마이클 샌델로 대표되는 '공동체주의'적 정의론을 중심으로 이해·논의되고 있기에, 다른 관점과 전망을 제시하는 영의 정의론에 대한 소개가 필요하다고 판단했다. 『정치적 책임에 관하여』는 『차이의 정치와 정의』에서 개진된 생각을 발전시킨 저작이다. 따라서 영의 철학에 관심이 있는 사람이라면 이번 번역서 『차이의 정치와 정의』를 먼저 읽는 게 도움이 되리라고 확신한다. 또한 영의 『Inclusion and Democracy』(2002)도 『차이의 정치와 정의』에서 제시된 민주주의론을 발전시켜 정교하게 가다듬은 것이다.

영 사후 그를 추모하는 논문집이 옥스퍼드 대학 출판사에서 출간되었는데, 제목이 『아이리스와 함께 춤을: 아이리스 매리언 영의 철학Dancing with Iris: The Philosophy of Iris Marion Young』(2009)이다. 한국 사회의 구조적 부정의, 억압과 지배(이른바 모든 사회 영역에서의 '갑질')의 철폐에 관심이 있는 독자들이 영의 대표작 두 권을 읽으며 영과 함께 춤을 추기를 기대해 본다. 최근 국내에서 많이 번역되고 있는 낸시 프레이저Nancy Fraser는 자원의 분배와 차이(또는 정체성)의 인정recognition을 보듬는 정의론을 제창한다. 공역자들이 보기에 프레이저의 견해는 영의 정의론과 맥을 같이하는데―1995년의 한 논문 "Recognition or Redistribution? A Critical Reading of Iris Young's *Justice and the Politics of Difference*"에서 프레이저가 영의 견해를 비판하기는 했지만 기본적인 문제의식과 목표는 비슷하다―영이 생존해 있었더라면 이와 관련해서 더욱 풍요로운 결실을 산출해 냈을 것이다. 한국 사회 부정의의 개선에 영의 이 책이 연장으로 사용되어 조금이라도 기여할 수 있기를 공역자들은 바란다.

4. 이 책을 번역하게 된 과정을 간략히 설명해야겠다. 조국은 일찍이 형사법에서의 성편향에 관한 저술을 준비하면서부터 페미니즘에 대해 꾸준한 관심을 가져왔다. 김도균은 평등 지향적 자유주의 정의론에 기반을 두고 법철학적 연구를 해오면서도 페미니즘 정치철학과 법 이론의 문제의식, 현실 진단, 처방에 주목해 왔다. 페미니즘 정치 이론의 문헌들뿐만 아니라 정의에 관한 정치철학 문헌들에서도 자주 인용되고 높게 평가되고 있는 영의 이 책을 공역해 보자는 조국의 제안을 김도균이 선뜻 받아들이면서 번역 작업이 시작되었다.

공역자들은 2015년 1학기 서울대학교 대학원 세미나(법사상사특수연구)를 같이하면서, 이 책을 교재로 사용했다. 수강생들이 분담하여 초벌 번역을 하고 발표했고, 이후 공역자들이 초벌 번역문을 반분하여 검토했다. 철학적 용어들에 익숙하지 않은 학생들이 많아 오역이 적지 않았기에, 학생들의 번역문을 참조하면서 부분적으로 수정하기보다는 아예 처음부터 원문을 하나하나 새롭게 번역하자는데 의견이 모아졌다. 학생들의 노고가 아깝기는 했지만 그편이 여러 가지 면에서 훨씬 낫다고 판단했기 때문이다. 사정이 이렇게 되기는 했지만, 초벌 번역의 수고를 해준 수강생들에게 감사하다는 말을 하고 싶다. 공역자 중 조국이 자신이 맡은 부분의 번역을 충실히 완료한 후 대통령 민정수석비서관으로 일하게 되면서, 용어와 문장을 통일하고 전체 문장을 일일이 검토하며 세세하게 가다듬는 번역 마무리의 총괄책임은 김도균이 맡게 되었다.

이 책에서 영이 많은 철학 용어를 사용하고 있는 만큼, 정확한 역어 선택이 중요했다. 주요한 번역어와 인물에는 해설용 각주를 달았고, 동일한 단어는 가능한 한 동일한 역어를 택하고자 했다. 혼돈을 초래할 수 있는 개념이 여러 장에 걸쳐 있는 경우, 각 장에서 가장 처음 나올 때 괄호 안에 원어를 병기했다. 영이 사용한 개념들을 제대로 번역하기 쉽지 않았고, 영의 문장과 문체도 번역하기 몹시 까다로웠다. 번역의 정확성과 가독성을 높이기 위해 최대한 노력은 했지만 독자들이 보시기에 어떨지 모르겠다. 포스트모더니즘 철학과 페미니즘 이론에 공역자들이 정통하지 않아서 관련 개념들의 번역에 어색한 점이나 잘못된 점이 많을 것이고, 문장들의 번역에도 오류가 있을 것이다. 독자들의 질정을 바란다.

공역자 중 김도균이 제주도에 소재하는 '오시리가름 주택협동조합' 단지에 머물면서 번역 마무리 작업을 하게 되었다. 환대를 베풀어 주신 오시리가름 주민들께 깊이 감사드린다. 세상에서 가장 아름다운 동네 도서관 중 하나라고 여겨지는 '오시리가름 작은 도서관'에서 마무리 작업을 했는데, 작업을 끝내던 순간 도서관을 채우던 그 햇살을 평생 잊지 못할 것이다. 집을 선뜻 제공해 준 송태수 교수께 형언할 수 없는 고마움의 마음을 표시하고 싶다. 많은 편의를 베풀어 주시고 맛난 커피로 항상 반갑게 맞아 주시던 이재숙 도서관 관장님께도 감사의 말씀을 드린다.

공역자들의 게으름으로 번역이 늦어져 출판사에게 큰 부담을 주게 되었다. 이 글을 빌려 진심으로 죄송한 마음을 표한다.

2017년 9월
공역자 씀

1990년 초판이 출간된 이래 20년이 넘었는데도 『차이의 정치와 정의*Justice and the Politics of Difference*』에서 개진된 아이리스 영의 논변 argument은, 초판 출간 당시에도 이미 그러했듯이, 철학적으로 풍부할 뿐만 아니라 이미 선견지명이 있었음을 알 수 있다. 선견지명이 있었다는 것은 근대 도시의 삶을 민주주의 이론의 규범적 이상의 원천으로 삼자고 주장하는 결론 부분이 전 세계의 도시 거주자들이 처음으로 농촌 거주자의 수를 압도하게 된 2008년의 쟁점을 이미 1990년 출간 당시에 제시하고 있기 때문이다. 그리고 철학적으로 풍부하다는 것은 민주주의의 기초를 동질성에 대한 환상 또는 희망이 아니라 이질성의 사실에 두려는 영의 노력이 그녀로 하여금 사회 이론, 정치 이론, 철학 등 여러 분야를 넘나들면서 그 질문에 답하게끔 했기 때문이다.

영은 정의를 사회 구성원 모두에게 지배 없는 상태nondomination와 억압 없는 상태nonoppression가 모두 실현되는데 필요한 사회적 조건 및 제도적 조건—이는 모든 인간의 소질/역량의 만개human flourishing

를 의미한다―으로 이루어진다고 생각했다. 영은 물질적 재화의 할당에만 관심을 두는 분배적 정의 패러다임을 배격하고, 그 대신 의사결정과정, 노동 분업, 문화가 정의 추구에 기여하는 바에 주목한다. 영은 특히 억압에 주목하여 이를 다섯 가지 측면(착취, 주변화, 무력함, 문화제국주의, 폭력)으로 나누고, 종래 정치철학자들에 의해 단순히 사회적인 것으로 파악되어 왔던 일련의 현상을 정치적인 것으로 식별해 내기 위해 억압에 관한 자신의 분석을 활용한다. 이런 점에서 영의 기획은 "개인적인 것은 정치적이다."라는 20세기 사회운동들의 중요한 슬로건에 대한 확고한 철학적 틀을 제공한 것으로 이해될 수 있다. 개인적인 현상과 사회적인 현상을 정치적인 것으로 재인식하기 위한 철학적 정당화 논변을 제공하고, 그런 재인식의 구체적 산물들이 일단 현실에서 작동하기 시작했다면 민주적 정치가 어떻게 정의롭게 작동할 수 있을지를 설명하기 위해서, 영은 정치철학뿐만 아니라 사회존재론social ontology, 인식론, 사회심리학, 페미니즘 이론, 비판이론, 하버마스의 대화이론discourse theory을 끌어들여 지금 보아도 현란絢爛하게 전개했다.

그 성과는 정치적 삶에서 차지하는 집단 및 정체성의 역할을 설득력 있게 이론화하여 중요한 의미를 가지는 것으로 설명한 것―즉, 사회적으로 차이가 형성되었다면 이상적 상황에서 사람들이 그 가치를 잘 향유하는 것이 어떻게 가능할지를 설명하는 것―이었다. 또한 국가보다는 낮은 차원인 집단, 특정한 역사와 공통의 의미를 공유하는 한 집단에 소속됨으로써 겪게 되는 경험들의 개별특수성particularity이 배제당하는 고통을 받지도 않고 또 이를 배제하거나 함이 없이, 그 개별특수성을 이론적으로 새로이 잘 설명한 점도 영이 이루어낸 성과였다. 또한 영은 그 어떤 정치체polity가 주어지더라도 그 안에서 공동체들의 공동체community of communities[즉, 국가]를 어떻게 형성할 수 있을지 상상해 보라는 과제를 우리에게 부과한다. 영은 자유주의와 공동체주의를 동시에 극복하여, 개인들이 자유주의의 평등한 정치적 권리들도 보유하지만 사회적 존재—한나 아렌트라면, 우리가 바로 사회적 존재이기에 서로 구별 짓고 차이를 낳게 된다고discriminating 말했을 것이다—로서 각자의 소질 및 역량을 만개할 평등한 권리가 인정되는 진정한 평등주의를 구상하고 또 이를 옹호하는 논변을 펼쳤다. 즉, 원자적 개인들에만 초점을 맞추거나 동질화된 국가에 융합된 개인들에 초점을 맞추는 이분법을 동시에 넘어섰다는 말이다.

그렇다고 해서 영이 제시한 정의 기준에 따르면 그 어떤 차별 대우도 용납될 수 있다거나 모든 차별 대우가 용납될 수 있다고 말하는 것은 아니다. 오히려 그 반대이다. 공동체들의 공동체를 이룩하려면, 자기를 계발하고 자기 의사대로 결정할 수 있는 평등한 기회를 타인에게도 부여하는 것과 조화를 이룰 수 있는 차별 대우만이 허용될 수 있다는 말이다. 영의 경우, 바로 이 지점에서 도시가 중요해진다. 왜냐하면 거대도시에서 우리는 사회적으로 살아가는 것을 배운 사람들, 즉 친연성affinity을 가진 타인들과 결합하기로 선택하면서도 타인이 자신과 마찬가지로 사회적으로 번영하고자 할 때 장애물을 세우지는 않는 사람들을 만나기 때문이다. 이상적으로 보면, 도시에서는 사회적으로 자신과 다른 사람들을 배제하지 않으면서도 그런 사회적 차이를 즐겁게 누리는 사람들을 만난다. 즉, 도시에서는 다양한 유형의 많은 사람들이 공동의 공간에 들어서게 됨으로써 지식의 흐름이 증대되고, 심지어는 안전도 증진되는 다양성의 가치를 만난다는 것이다. 또 도시에서 우리는 '다른 존재the different'를 매혹의—또는 영의 표현으로는 에로틱한 것의—원천으로서 새롭게 평가하게 된다. 나아가 우리는 도시에서 이질성을 전면에 내세우고 덜 다양한 맥락에서였더라면 들을 수 없었을 경험과 관점들에 목소리를 부여하는 공공성 또는 공적 영역의 한 버전을 본다.

영의 논변에서 개진된 모든 의견이 다 참인 명제로 여겨지지는 않는다. 20년이 흐르고, 또 젠더와 섹슈얼리티의 역사에 관한 많은 중요한 저작들이 출간된 이후, 영이 일반화한 의견 중 많은 부분이 과도한 것임이 드러났다. 정치 과정에서 '집단 대표제group representation'를 지지하는 영의 논변에서는 개인 정체성 및 집단 정체성의 비非고정성을 옹호하는 그녀 자신의 논변들이 충분히 실현되지 못했다. 또한 개별적이고 이성적인 시민을 이상화하여 파악하려는 시도들을 대체하려는 영의 노력은 어떤 순간에는 계몽주의의 비판에 그치지 않고, 계몽주의의 희화화로까지 나아가 버리기도 했다. 그렇지만 이런 과도한 논변의 오류들 하나하나가 정치철학이 오랫동안 모호하게 가려 왔던 개념들과 현상들—예를 들면, 백인, 남성, 부르주아의 경험 및 이상의 개별특수성, 사회적 억압의 정치적 결과들, 개인 정신의 이질성과 불연속성조차 포착하지 못하는 합리성의 이상들을 채택할 때 생겨나는 사회심리학적 결과들—을 가시화할 때의 어려움에서 생겨난 것이다.

영의 정치철학은 근대 대중정치의 조건—시민들이 대부분 서로서로 면식이 없는 낯선 사람들인 환경에서 자유와 평등주의적 공동체를 추구하는 조건—하에서 정의에 관해 사유할 때 대단히 필요한 틀을 확립했다. 이 새로운 틀은 직접 대면 정치 모델face-to-face model of politics과 긴밀하게 결부된 이상들에 의존했던 종래의 많은 관념들—그 이상들을 지지하는 사람들이 그 기본적 의존관계를 인정하지 않을 때조차도—을 타도하라고 요구했다. 독창성 그 자체만으로도 『차이의 정치와 정의』는 탁월한 성취였고, 개념 차원에서 기여한 바로 인해 이 저서는 평등주의의 정치철학을 구성하려고 할 때 오늘날에도 여전히 필수 불가결한 출발점이 되고 있다.

다니엘 앨런Danielle Allen[1]

---

1 다니엘 앨런(1971~)은 미국 출신의 고전학자이자 정치학자로서 하버드 대학교 교수이다. 젊은 나이에도 학술적 업적으로 저명한 학술상들을 수상했으며 하버드 대학교에서 최고 대우를 받는 학자이다.

감사의 말

이 책의 저술은 미국학술단체협회American Council of Learned Societies 의 연구비 지원을 받았고, 워체스터 폴리테크닉 연구소에서 받은 안 식년에 이루어졌다.

이 책에서 개진된 핵심적 입장들의 많은 부분은 1985년부터 1987년까지 있었던 급진철학자단체Radical Philosophers Association의 모 임에서 이루어진 젠더, 인종, 계급에 대한 매우 흥미로운 토론에서 영감을 받았다.

많은 동료들이 원고가 완성되는 여러 단계에서 많은 부분에 대해 논평을 해주었다. 세일라 벤하비브, 로런스 블룸, 찰스 엘리슨, 앤 퍼 거슨, 낸시 프레이저, 마릴린 프리드먼, 로버트 풀린와이더, 로저 고 트리브, 필립 그린, 낸시 하트소크, 앨리슨 재거, 윌리엄 맥브라이드, 린다 니콜슨, 루시우스 아웃로, 데보라 로데, 리처드 슈미트, 메리 셰 인리, 제임스 스테르바, 존 트림버에게 감사드린다. 이 책에 있는 아 이디어들은 마사 미노, 수전 오킨, 토머스 바르텐버그와의 많은 대 화 속에서 풍부해졌다.

내 초고의 취지가 잘 살아나게 전문적 편집 작업을 해준 프랭크 헌트에게 감사드린다.

특히, 이 책의 초고를 여러 차례 읽고 대체 불가능한 도움을 준 데이브 알렉산더에게 고마운 마음을 전한다. 수많은 밤 그는 나와 이 책의 아이디어를 두고 토론을 벌였으며, 그 과정에서 나의 불평과 좌절을 다 들어주었다. 또한 그는 지적 동반자이자 정서적 동반자에게 요구할 수 있을 그 이상의 것을 제공해 주었다.

이 책의 여러 부분들은 다른 형식으로 다른 곳에서 이미 출간된 것이다. 아래의 논문들을 활용할 수 있게 동의해 준 출판사에 감사드린다.

"Five Faces of Oppression," *Philosophical Forum* 19, no. 4 (Summer 1988), 270~290쪽, 수정되어 2장으로 포함됨.

"Impartially and the Civic Public: Some Implications of Feminist Critiques of Moral and Political Theory," in Seyla Benhabib and Drucilla Cornell, eds., *Feminism as Critique*(Polity Press and University of Minnesota Press, 1987), 56~76쪽, 4장의 일부를 이룸.

"Polity and Group Difference: A Critique of the Ideal of Universal Citizenship," *Ethics* 99, no. 2(January 1989), 250~274쪽, and "Difference and Social Policy: Reflections in the Context of Social Movements," *University of Cincinnati Law Review* 56, no. 2(Fall 1987), 535~550쪽. 이 두 논문은 6장의 일부로 포함되었음.

"Abjection and Oppression: Unconscious Dynamics of Racism, Sexism, and Homophobia," in Arlene Dallery and Charles Scott, eds., *The Crisis in Continental Philosophy*(SUNY Press, 1990), 5장의 일부를 이룸.

"The Ideal of Community and the Politics of Difference," *Social Theory and Practice* 12, no. 1(Spring 1986), 1~26쪽, 8장의 일부를 이룸.

서론

　좌파 정치와 연결되는 집단 기반적인 신新사회운동—페미니즘, 흑인 해방, 아메리칸 인디언 운동, 게이와 레즈비언 해방과 같은 운동—의 주장들이 정치철학과 관련해서 가지는 의의는 무엇일까? 서구 이성의 전통에 대한 포스트모더니즘 철학의 도전이 정치철학과 관련해서 가지는 의의는 무엇일까? 20세기 말의 정치와 이론에서 일어난 이러한 발전들이 낳은 결과물이 평등과 민주주의이다. 이와 관련해서 전통적인 사회주의적 호소는 어떻게 깊어지고 넓어질 수 있을까? 정치철학의 주된 주제는 정의justice이다. 따라서 앞에서 제기한 물음들은 정의에 대한 물음과 긴밀하게 연관되어 있다. 위에서 거론한 신사회운동들은 암묵적으로 어떤 사회정의관들에 호소하고 있는 것일까? 그리고 전통적인 정의관들과 어떻게 대결하며, 또 이들을 어떻게 수정하고 있는가?

　이 물음들이 이 책에서 다룰 물음들의 일부이다. 이것들을 다루면서 나는 정치 이론상의 실증주의와 환원주의 일부 문제를 살펴볼 것이다. 정치 이론상의 실증주의는 규범적 평가의 대상이어야 할 제도적 구조들을 이미 주어진 것으로 지나칠 정도로 자주 가정한다. 이 책에서 내가 폭로할 환원주의reductionism란 정치적 주체들을 하나의 단일체로 환원하고, 특이성과 차이보다는 공통성이나 동일성을 더 높게 평가하는 근대 정치 이론의 경향을 말한다.

내가 주장하려는 바는 정의관conception of justice[1]은 분배에 초점을 맞추기보다는 지배domination와 억압이라는 개념에서 시작해야 한다

---

1 존 롤스(John Rawls)는 정의의 개념(concept of justice)과 정의에 대한 관념 또는 정의관 (conception of justice)을 구별하면서 다음과 같이 설명한다. 사람들이 정의에 관해 생각하거나 말할 때 모종의 공통된 문제의식, 아이디어, 이상적 상태 등이 있다. 이것들을 정돈하고 집약하여 정의의 의의와 의미로 표현할 때 정의의 개념이 된다. 롤스가 보기에 사람들은 정의의 내용에 대해 저마다 다른 생각을 가질 수 있지만 적어도 사회정의의 원리가 왜 필요하며, 그것의 역할은 무엇인지, 사회정의 원리가 도대체 정의 원리가 되려면 최소한 어떤 모양새를 갖춰야 되는지에 대해 공통된 생각을 갖고 있다. 이와 같이 정의의 내용에 대해서는 서로 다른 생각을 갖고 있는 사람들이라고 할지라도 그들이 공통으로 갖고 있는 정의의 가장 기초적인 의미와 의의를 담은 것이 정의의 개념이다. 롤스에 의하면, 정의의 개념은 정의 원리의 역할과 필요성, 공통된 정의 원리를 갖게 되었을 때 가능해지는 사회의 상, 자의적 차별의 배제와 이해관계의 적절한 균형이라는 요소로 이루어져 있다. 그러나 이 최소한의 의미 요소들에 대해 동의를 한다고 하더라도 이러한 요소들은 다양한 방식으로 풀이될 수 있다. 정의의 개념에 대한 서로 다른 입장들이 정의의 관념 또는 정의관이다. 가령 롤스는 '사회 구성원들 사이에서 혜택과 부담이 도덕적 관점에서 적절하게 배분되는 것'을 정의의 개념이라고 설명한다. 그렇다면 다음과 같이 구체적으로 해명될 쟁점들이 생겨난다. 도대체 배분될 혜택과 부담은 무엇이고 어떻게 정해지는가, 분배의 기준을 무엇인가, 도덕적 관점이란 무엇인가, 적절한 배분이란 무엇인가, 사회 구성원들은 누구를 말하는가, 내가 제시한 해석이 타당하다는 것을 어떻게 정당화할 수 있는가 등이다. 이런 쟁점에 관해 사람들마다 나름대로 해석하고 달리 답을 내리고는 추상적인 정의의 개념 요소들을 구체화한다. 정의의 개념을 이렇게 구체화한 것이 정의관이라고 하겠다. 롤스에 의하면, 하나의 정의 개념에 수많은 정의관들이 존재한다. 이에 관해서는 존 롤스, 황경식 옮김, 『정의론』, 이학사, 2003. 참조. 정의를 '이익과 부담의 올바른 배분'으로 풀이한다면, 이때 해당 집단의 규모와 성격에 따라서 배분되어야 할 재화인 이익과 부담의 내용이, 그리고 배분의 올바름을 판정하는 기준이 정해질 것이다. 영은 정의의 개념을 이렇게 분배의 개념으로 파악하려는 전통적인 정의론을 비판하고, 지배와 억압의 개념으로 정의의 개념에 접근하고자 한다.

는 것이다. 이렇게 분배에서 지배와 억압으로 정의의 관점이 초점 이동을 하면, 사회정의와 관련된 의사결정, 노동 분업, 문화와 같은 쟁점들이 전면에 드러나게 된다. 그런데 정의에 관한 기존의 철학적 논의들은 대체로 이와 같은 쟁점들에 그다지 관심을 기울이지 않는다. 반면에 내가 강조하는 것처럼 초점을 이동하게 되면, 사회관계와 억압을 구조화할 때 사회집단 간 차이들이 얼마나 지대한 영향을 미치는지도 명백하게 드러난다. 대체로 정의에 관한 철학적 이론들은 사회집단이라는 개념을 전혀 고려하지 않는 사회존재론을 가지고서 작업해 온 경우가 많다. 내가 주장하려는 바는 다음과 같다. 사회집단 간 차이들이 존재하는 상황에서 다른 집단들이 억압 받고 있을 때 일부 집단들은 특권대우를 받는다면, 억압을 근절하기 위해서 사회정의는 이러한 집단 간 차이들을 분명하게 인정하고 또 그 차이들에 주목할 것을 요구한다는 것이다.

정의에 관해 논의하고 주장하기는 하지만, 이 책은 하나의 정의론을 구축하지는 않는다. 보통 정의론이란 인간의 본성, 사회의 본성, 이성의 본성에 관한 소수의 일반 전제로부터 모든 사회 또는 거의 대부분의 사회—그 사회들의 구체적인 구성 배치나 사회관계가 어떠하든 간에—에 적용될 근본적 정의 원리들을 도출하는 이론을 말한다. 테오리아theoria라는 용어의 의미에 충실하게 그러한 정의론은 정의를 조망하고자 한다. 전체를 두루 조망하기 위해서 정의론은 정의의 쟁점들의 원천인 사회적 맥락을 초월한 모종의 관점을 상정한다. 그러한 초월적 관점을 택한 정의론은 이론의 기반을 외부에서가 아니라 자기 자신으로부터 마련하여 제시하기 때문에 자립적이고자 한다. 하나의 담론으로서 정의론은 완전하고자 하며, 정의를 이론적인 통일성 속에서 보여 주고자 한다. 정의론 이전에 선행하는 것이 없고, 정의론의 구성 이후 벌어지는 사태들은 정의론의 진리치나 사회생활 관련성에 아무런 영향을 미치지 않을 것이라는 점에서 초월적 관점의 정의론에서는 시간이라는 변수가 제거되어 있다.

정의 이론가들이 사회적 삶을 초월한 입장, 즉 이성에 기반을 둔 입장을 취하기 위해 사회적 삶의 구체적 상황들을 사상捨象해야 할 나름대로의 이유는 있다. 그와 같이 자립적인 합리적 이론이라면 현실의 사회 제도들 및 관계들과는 무관할 것일 테고, 바로 그런 현실 무관성 때문에 사회 제도들과 관계들을 평가하기에 신뢰성 있고 객관적인 규범 기준으로서의 역할을 할 수 있을 것이라고 생각하기 때문이다. 그러한 정의론의 필요성을 옹호할 때 보통 전제되는 것은 다음과 같은 생각이다. 구체적인 사회의 경험과는 전혀 상관없이 구축된 보편적인 규범적 정의론이 있어야만 비로소 철학자들과 사회적 행위자들은 정당한 정의의 주장과 사회마다 특유한 편견이나 사리사익에서 나온 권력 주장을 구별해 낼 수 있다는 것이다.

현실의 사회적 맥락으로부터 독립해 있으면서도 동시에 현실의 정의로움을 측정하는 정의론을 발전시키려는 시도는 다음 두 가지 중 어느 하나의 방식으로 실패할 수밖에 없다. 정의론이 구체적인 사회 상황이나 제도와 실천을 전혀 염두에 두지 않고 참으로 보편적이고 현실 독립적인 이론이라면, 그야말로 너무 추상적인 이론이라서 현실의 제도와 실천을 평가하기에는 그다지 쓸모가 없다. 반면, 현실의 정의와 불의를 평가하는 데 쓸모 있는 이론이려면, 사회적 삶에 대한 모종의 실질적 전제들을 포함하지 않을 수 없다. 그런데 이 실질적 전제들은, 암묵적으로건 명시적으로건, 보통은 이론 작업이 행해지는 현실의 사회적 맥락에서 나오는 것이다. 예를 들어, 존 롤스John Rawls[2]의 정의론이 실질적 결론을 제시하고 이를 옹호하려면 모종의 실질적 전제를 포함해야만 한다고, 또 이 전제들은 현대 자유주의적 자본주의 사회에서 사람들이 실제로 체험하는 것으로부터 암묵적으로 도출된다고 많은 학자들이 주장해 왔다(Young, 1981; Simpson, 1980; Wolff, 1977, 4부 참조).

보편성, 포괄성, 필연성을 주장하는 정의론은 암묵적으로 도덕적 성찰을 과학적 지식으로 혼동하고 있다(Williams, 1985, 6장). 그런데 정의에 관해 성찰하는 담론이라면, 보거나 관찰하는 방식의 이론적 지식인 체하지 않아야 한다. 그와 같은 방식의 이론적 지식에서는 지식을 보유한 자가 그 대상에 대해 주도권을 쥐고 주인이 된다. 정의 담론의 본래 동기는 새로운 것을 알 때의 놀라움인 호기심이나 무언가가 작동하는 방식을 이해하려는 욕구에 있지 않다. 정의에 대한 감각은 보는 것looking에서부터 생겨나는 것이 아니다. 장 프랑수아 리오타르Jean-François Lyotard[3]가 말하듯이, 듣는 것listening에서 생겨난다.

"우리 인간에게 언어는 다른 무엇보다도 우선 말하는 것이다. 그러

---

2 존 롤스(1921~2002)는 현대 정의론의 거장이다. 당대 주류의 입장이었던 효용을 중시하는 공리주의를 비판하면서 유명한 두 개의 정의의 원칙을 제시했다. 제1원칙은 '평등한 자유의 원칙'으로, 모든 인간은 기본적 자유 및 권리들을 평등하게 누려야 한다는 것이다. 제2원칙은 '차등의 원칙'으로, 사회경제적 불평등은 사회의 '최소 수혜자'에게 최대 이득이 되는 경우에만 허용되고, 또한 모든 사람에게는 공정한 기회의 균등이 보장되어야 한다는 것이다. 이 점에서 그의 사상은 '평등주의적 자유주의'로 분류된다. 하버드 대학교 교수를 역임했다.
3 장 프랑수아 리오타르(1924~1998)는 프랑스의 대표적인 포스트모더니즘 철학자, 사회학자, 미학자이다. 원래 마르크스주의에서 출발했으나 이후 마르크스주의에서 이탈하여 포스트모더니즘 철학을 구축했다.

나 듣는 것이 중요하고 청중과 관련된 것이 그 주된 규칙인 언어 게임들language games이 있다. 정의로운 것the just의 게임은 이러한 성격의 게임이다. 그리고 이 정의 게임에서 당사자들은 듣는 만큼만 말한다. 즉, 정의 게임의 당사자는 저자로서가 아니라 청자로서 말한다는 것이다.(Lyotard, 1985, 71~72쪽)

정의에 관한 일상적 담론도 분명히 주장을 하기는 하지만, 이 주장은 자기 폐쇄적 체계 속에서 증명되어야 할 논리명제가 아니라, 누군가가 다른 사람에게 하는 호소, 옹호, 주장이다. 정의에 관한 합리적 성찰은 어떤 상태—설령 그 상태가 이상적인 상태라고 하더라도—가 맞는다고 강하게 주장하고 그것을 완전히 숙달하는 것에서 시작하는 것이 아니라 듣는 것에서부터, 어떤 외침에 주의를 기울이는 것에서부터 시작한다. '정의롭다'는 외침은 정의 철학자들보다 먼저 있고, 이들 철학자들을 넘어서는 구체적인 사회적 실천과 정치적 실천 속에 언제나 위치한다. 전통적인 정의론들은 [시간적이고 공간적인] 이 유한성을 초월하여 보편적인 이론으로 나아가고자 한다. 그러나 대체로 이런 이론적 시도는 주어진 현실을 필연적인 것으로 재구성함으로써 자신이 우연적인 것이 아닌 듯 보이려 하지만, 실은 유한한 이론적 구성물을 산출해 낼 뿐이다.

정의에 관한 이론을 거부한다고 해서 정의에 대한 합리적 담론마저 하지 말자는 것은 아니다. 내가 취하는 성찰, 분석, 논변의 양식은 체계적인 이론의 확립을 목표로 하지 않는다는 것이다. 그 대신 나의 목표는 개념들과 쟁점들의 의미를 명확하게 하고, 사회관계를 묘사하고 설명하며, 이상과 원리를 가다듬어 분명하게 드러내면서 옹호하는 것에 있다. 정의에 관한 성찰적 담론은 논변을 제시하기는 하지만, 그 논변의 목표가 결정적인 증명을 하려는 데 있지는 않다. 제시된 논변들은 상황과 관련된 정치적 대화 속에서 다른 사람들을 향한 것이고, 이들의 대응을 기다린다. 이 책에서 나는 그렇게 상황 맥락 속에서 분석하고 비판이론의 양식으로 논변을 개진할 것이다.

내가 이해하기로 비판이론은 역사적이고 사회적인 맥락에서 이루어지는 규범적 성찰이다. 비판이론은 구체적 사회로부터 절연된 보편적인 규범 체계를 구축하려는 시도를 거부한다. 규범적 성찰은 특정한 역사적 상황에서 출발해야만 한다는 것이다. 규범적 성찰을 할 때 우리에게 이미 주어진, 정의에 대한 상황 관련적 관심만을 출발점으로 삼을 수밖에 없기 때문이다. 특정한 사회적 맥락 내에서 출발하여 성찰하기 때문에, 규범적으로 훌륭한 이론 작업은 사회와 정치를 기술記述하고 설명하지 않을 수 없다. 사회 이론 없는 규범적 성찰은 추상적이고 공허해서, 해방에 대한 실천적 관심사를 가지는 비판을 향도해 낼 수 없다. 그런데 사회적 사실과 가치를 분리하고 가치중립성을 주장하는 실증주의 사회 이론과는 달리, 비판이론은 사회 이론이 이미 주어진 것에 순응해야 한다는 주장을 거부한다. 사회적 묘사와 설명은 비판적이어야 한다는 것이다. 즉, 사회 이론은 이미 주어진 사태를 규범적 관점에서 평가해야 한다는 것이다. 그와 같은 비판적 입장이 없이는 사회에서 무슨 일이 벌어지고 있는지, 왜 그런 일이 벌어지는지, 누가 거기서 이득을 얻고 손해를 입는지에 대한 수많은 질문들이 제기되지 않을 것이고, 사회 이론은 기존의 사회 현실을 다시 긍정하고 불가피한 어떤 것으로 파악하게 될 것이다.

비판이론이 상정하는 바는, 어떤 사회를 비판하기 위해 사용된 규범적 이상들은 해당 사회의 경험에, 그리고 바로 그 사회에 대한 성찰에 뿌리를 두고 있는 것이지 전혀 상관없는 사회들에서 나오는 것이 아니라는 점이다. 그런데 이 말이 의미하는 바는 무엇일까? 또한 어떻게 규범이 사회에 기반을 두고 있으면서 동시에 사회 평가의 척도가 될 수 있다는 것일까? 규범적 성찰은 고통이나 엄청난 곤경에 처한 사람들의 울음소리를 들을 때, 또는 자기 스스로가 엄청난 곤경에 처해 있다고 느낄 때 생겨난다. 철학자는 언제나 사회 속에 위치하고 있으며, 사회가 이런저런 억압으로 양분되어 있다면, 철학자는 그런 억압을 강화하거나 아니면 그에 대항해서 투쟁하거나 둘 중의 하나를 수행한다. 해방적 관심을 가질 경우 철학자는 관조적 사변의 차원에서뿐만 아니라 열정을 가지고서 기존의 사회 상황을 포착한다. 말하자면, 현실은 욕구와의 관계 속에서 경험된다는 것이다. 욕구, 특히 행복하고자 하는 욕구는 존재하는 사태를 비판할 공간이 열리는 간격을, 즉 부정negation을 창출한다. 욕구에 선행해서 발견된, 좋음과 정의로움에 관한 모종의 합리적 관념들을 기반으로 해서는 그런 비판적 간격이 생겨나지는 않는다. 오히려 그 반대로, 부정을 욕구하는 것으로부터 좋음과 정의로움에 관한 관념들이 생겨난다. 그리고 그 부정의 욕구는 행동을 통해서 기존 현실에 가해진다.

　구체적인 사회적 현실에서 실현되지는 않았지만 느껴지기는 하는 규범적 가능성들을 명확하게 제시하는 담론 양식이 바로 비판이론이다. 각각의 사회 현실마다 실현되지 않은, 그래서 뭔가가 부족하다는 결핍으로 체감되고 그래서 소망하는 욕구로서 체감된, 각 사회 나름대로의 가능성을 제시하고 있다. 규범과 이상은 자유의 표현인 열망에서 생겨난다. 이 자유의 표현인 열망은 반드시 특정한 이 방식일 필요는 없고, 다른 방식으로 나타날 수도 있었을 것이다.

실제로 존재하고 있는 것에 대한 경험을 그와는 달리 존재할 수 있을 가능성의 구체화로 전환하는 역량, 사유를 자유롭게 해서 이상 및 규범을 형성할 수 있도록 할 역량이 바로 상상력이다.

헤르베르트 마르쿠제Herbert Marcuse[4]는 현실에서 욕구되고는 있지만 아직 실현되지는 않은 가능성들을 경험하는 것에서 이상理想이 생성되는 이 과정을 다음과 같이 묘사한다.

> "보편적인 것과 개별적인 것 사이의 양적인 관계가 질적인 측면을 띠게 되는, 추상적인 보편성이 구체적이고 역사적인 의미에서의 가능성들을 지시하고 있는, 거대한 개념 집합―과감하게 말하자면, 철학과 관련성이 있는 개념들―이 있다. 어떻게 그 의미가 풀이되든지 간에 '인간', '자연', '정의', '미' 또는 '자유'와 같은 개념들은 경험적 내용을 관념들로 종합해 내는데, 이렇게 종합된 관념들은 자신들이 개별적이고 특수하게 실현된 상태―이는 극복되어야 할 것으로 여겨진다―를 초월한다. 따라서 미의 개념은 미처 실현되지 않은 모든 미를 포착해 낸다. 자유의 관념은 아직까지 획득되지 못한 모든 자유를 포착해 낸다…….
> 그렇기에 그런 보편자들은 사물의 구체적 조건들을 그 가능성에 비추어 이해하기 위한 개념적 방편으로 나타난다. 보편자들은 역사적이면서 초역사적이다. 보편자들은 경험된 세계를 구성하는 질료를 개념화해 내는데, 경험적 세계의 가능성에 비추어서, 그리고 현실적 제약과 억압과 부정에 비추어서 질료를 개념화한다. 경험과 판

---

4 헤르베르트 마르쿠제(1898~1979)는 현대 고도 산업사회에 대한 강력한 비판이론을 구축한 독일 태생의 '신좌파운동'의 이론가로, 서구 유럽의 '68혁명'에 큰 영향을 미쳤다.

단은 사적私的이지 않다. 역사적 연속선상에서 일반적 조건이 의식되면서 철학적 개념들은 형성되고 발전된다. 철학적 개념들은 구체적인 사회에서 차지하는 개인의 위치로부터 만들어지고 가다듬어진다. 철학과 과학에서 사유의 질료가 추상적이고, 일반적이고, 순수하게 될지라도, 사유의 질료는 역사적 질료이다."(Marcuse, 1964, 214~215쪽)

해석은 곧 사회 비판이라고 보면서 마이클 왈저Michael Walzer[5]는 도덕적 성찰에 대해서도 이와 유사한 접근법을 옹호한다. 사회 비판은 비판자가 비판하는 그 사회에 대한 애정과 헌신을 담고 있다. 비판자는 지배 권력으로부터 거리를 두거나 사회와 제도에 대해서 거리를 두는 초연한 관점detached point of view을 취하지 않는다. 비판자의 규범적 기초는 사회 자체에 이미 담겨 있는 이상들과 긴장 관계들로부터 나온다. 그 이상들은 이미 현실에 어떤 형식으로든 존재한다는 것이다. 예를 들면, 사회가 천명은 하지만 지키지는 않는 원리들 속에서, 또는 헤게모니를 장악한 관념들에 도전하는 사회운동들 속에서 그런 이상들은 이미 존재하고 있다는 것이다. 사회 비판자의 비판은 "초연함도 증오심도 필요로 하지 않는다. 왜냐하면 현실로

---

5 마이클 왈저(1935~)는 미국의 저명한 진보적 정치철학자로서 프린스턴 고등연구소 (Institute for Advanced Study) 종신교수로 재직하고 있다. 초역사적이고 추상적 방법론에 비판적이어서, 역사와 현실에 담긴 사람들의 관념들과 실천들의 해석에서 출발하는 정치철학을 발전시켜 왔다. 정의의 영역은 다양하다는 생각에서 출발하여, 배분될 재화들과 가치들의 사회적 의미와 속성에 따라 각각에 적합한 분배 기준이 있다는 '다원적 평등(complex equality)'을 제창했다. 정의론 분야에서는 『정의와 다원적 평등 (Spheres of Justice: a defense of pluralism and equality)』(정원섭 외 옮김, 철학과현실사, 1999.) 이 대표적인 저서이다.

이미 존재하는 도덕적 세계라는 이상주의 속에서 자신의 비판적 개입의 정당한 근거를 찾아내기 때문이다. 비록 이 이상주의가 가설적 이상주의라고 하더라도 말이다(Walzer, 1987, 61쪽)."

나의 이 책의 철학적 출발점은 미국에서의 사회적 지배와 억압에 관한 주장들이다. 1960년대와 1970년대의 신좌파 사회운동에서 탄생한 여러 관념과 경험은 현재 미국의 정치적 삶에 존재하는 많은 개인과 조직—민주적 사회주의자, 환경주의자, 흑인 운동, 치카노(멕시코계 미국인) 운동, 푸에르토리칸 운동, 아메리칸 인디언 운동, 제3세계 미국 군사개입 반대 운동, 동성애자 해방 운동, 장애인 운동, 노인 운동, 임차인 운동, 빈민 운동, 여성 운동—의 생각 및 행동에 여전히 영향을 미치고 있다. 이들 운동 모두가 미국 사회에 뿌리 깊은 제도적 부정의injustice가 있음을 다양한 방식으로 주장하지만, 현대 철학적 정의론들과는 아무런 연관성이 없다.

나의 목표는 이들 운동의 정치에 암묵적으로 담겨 있는 정의 및 부정의에 대한 주장들 중 몇몇을 엄밀하게 성찰적으로 표현해 보고, 그 의미와 함의를 탐구하려는 데 있다. 나는 근대 서구 정치철학의 근본 가정들에서 제시되는 정의에 관한 이론적 주장들과 맥락과 상황을 고려하는 이 시대의 주장들이 서로 차이를 보이게 되는 몇몇 원천을 식별해 내고자 한다. 이 프로젝트를 수행하려면 관념 및 제도를 비판하는 작업도 필요하지만, 이상 및 원리를 적극적으로 주장하는 작업도 필요하다. 나는 이 시대의 철학에서 지배적인 정의의 언어와 원리 중 일부를 비판하고 대안적 원리를 제시할 것이다. 미국 사회에서 존재하는 일련의 정책, 제도, 행위를 검토하고, 내가 비판하는 철학 원리들 중 일부가 그 제도들과 행위들을 강화하는 한에서 이데올로기적 역할을 한다는 점을 보여 줄 것이다. 마지막으로 이상적 사회관계에 대한 대안적 비전을 몇 개 제시하고자 한다.

비록 나의 방법이 비판이론에서 나오기는 했지만, 비판이론가들의 몇몇 교의教義, tenet는 거부할 것이다. 나는 선진 자본주의에 대한 위르겐 하버마스Jürgen Habermas[6]의 견해와 의사소통 윤리학 communicative ethics에 대한 그의 일반적인 생각은 따르나, 동질적 공중homogeneous public을 암묵적으로 수용하고 지향하는 태도는 비판한다. 나의 견해는 철학 및 정치 이론을 다르게 접근하는 여러 견해들에 빚지고 있다. 나는 근대 도덕 이론 및 정치 이론에 핵심인 합리성, 시민권, 평등의 이상에 암묵적으로 담겨 있는 남성 편향을 분석한 현대 페미니즘 중 일부의 견해들을 확장할 것이다. 집단 간 차이의 긍정적 의미를 연구하고, 차이를 억압하기보다는 그에 주목하는 정치를 연구하려는 나의 입장은 데리다, 리오타르, 푸코, 크리스테바 같은 포스트모더니즘 저자들이 차이의 의미에 관해 논의했던 것에서 많은 도움을 받았다. 아도르노와 이리가레이의 저작들도 포함된다고 생각하는 이 포스트모더니즘적인 지향점으로부터 내가 수용한 것은 통일화하려는 담론을 비판하는 방법이었다. 나는 이를 활용하여 불편부당성, 공익the general good, 공동체와 같은 개념들을 분석하고 비판할 것이다. 또한 나는 차이를 낳으면서 분화된 사회관

---

6 위르겐 하버마스(1929~)는 독일을 대표하는 철학자로서 세계적 지성이다. 독일 비판 이론의 2세대로서, 독일의 철학과 영미의 철학을 두루 섭렵하여 의사소통 행위 이론을 확립했고, 이에 입각하여 담론 윤리학 및 정치철학, 법철학을 제창하여 세계 사상계에 커다란 영향을 미쳤다. 수많은 저서와 논문을 집필했는데, 대표적인 저서로는 『공론장의 구조변동: 부르주아 사회의 한 범주에 관한 연구』(한승완 옮김, 나남, 2001), 『의사소통행위이론 1, 2』(장춘익 옮김, 나남, 2006), 『사실성과 타당성: 담론적 법이론과 민주적 법치국가 이론』(한상진·박영도 옮김, 나남, 2007), 『진리의 정당화』(윤형식 옮김, 나남, 2008) 등이 있다.

계에 관하여 대안적으로 파악하는 견해를 이들 비판적 작업의 이론에서 이끌어 내겠다. 이 책에서 개진되는 분석과 논변은 또한 분석적 도덕철학 및 정치철학, 마르크스주의, 참여민주주의 이론, 흑인철학에도 의지하고 있다.

최근 이 이론적인 접근법들 하나하나의 장단점에 대해 많은 논의가 이루어져 왔다. 많은 이들이 이 접근법들은 상호 양립 불가능하다고 볼 것이다. 최근 비판이론가들 사이에서 벌어졌던, 모더니즘 대 포스트모더니즘에 관한 격렬한 논쟁—페미니즘 이론가 사이에서 벌어진 논쟁과 유사한 논쟁—이 그 예이다. 이 책에서는 사회적 이론 작업과 규범적 이론 작업에 관한 여러 이론적 접근법들을 평가할 기준을 다루는 메타이론적 질문들이 명시적으로 다루어지지는 않을 것이다. 사회 이론가와 사회 비판론자들은 그런 인식론적 문제들에 집중하지만, 이들은 그런 메타이론적 논쟁의 맥락이 되는 사회적 쟁점들을 사상시키는 경우가 많으며, 이런 인식론적 작업이 원래의 원천 문제를 해결하려는 방편임을 잊고 그 자체가 목적인 가치를 가진다고 본다. 분명히 방법론적 쟁점들과 인식론적 쟁점들이 본 연구가 진행되면서 생겨날 것이다. 그러나 나는 그런 메타이론적 쟁점들이 목전의 실질적인 규범적 쟁점과 사회적 쟁점을 차단하는 것으로 항상 다룰 것이다. 내가 취하는 이론적 접근법들 중 그 어떤 것도 통째로 인정되어야만 하거나 통째로 거부되어야만 하는 총체성으로 보지 않겠다. 각각의 접근법은 내가 수행하고자 하는 분석과 논변에 유용한 도구가 될 것이다.

1장에서 나는 소유에 주안점을 두는 사회정의 접근법과 행위에 주안점을 두는 사회정의 접근법을 구분하면서 논의를 시작한다. 물질적 재화와 사회적 지위의 보유를 중시하는 분배 패러다임이 현대 정의론을 장악하고 있다. 그런데 이 분배 패러다임은 종종 특정한 제도들 및 실천들을 당연한 것으로 가정하면서 동시에 제도 조직에 담겨 있는 여타 쟁점들은 은폐한다.

몇몇 분배 정의론은 물질적 재화의 분배를 넘어서는 정의 쟁점들을 고려하고자 명시적으로 노력은 한다. 그런 정의론들은 분배 패러다임을 확대하여 자존감, 기회, 권력, 명예와 같은 비물질적 자원까지 포괄하고자 한다. 그러나 분배의 개념을 물질적 재화를 넘어서 권력 및 기회와 같은 현상에까지 확대하려는 시도는 심각한 개념상의 혼란을 낳게 된다. 우선, 분배의 논리는 비물질적 자원을 유형물有形物로 취급하여 누가 누구인지 식별이 가능한 개개의 사람들에게 정태적인 정형定型, pattern에 따라 분배될 수 있는 것으로 파악한다. 또한 분배 패러다임이 전제로 삼는 물화物化, reification, 개인주의, 정형 지향은 지배와 억압이라는 쟁점을 은폐하는 경우가 많다. 지배와 억압이라는 쟁점이 다루어지려면 좀 더 절차 지향적으로, 그리고 관계를 고려하면서 정의를 파악하는 접근법이 필요하다.

이런 분배의 쟁점들이 분명히 중요하기는 하지만, 정의의 영역 범위는 분배 쟁점을 넘어서 정치적인 것 그 자체, 즉 공동 결정의 대상이 될 가능성이 있는 제도 조직의 모든 측면까지 포함한다. 이 문제들까지 포함되도록 분배의 개념을 확장하는 대신, 분배 개념은 물질적 재화에 한정되어야 한다는 것, 그리고 의사결정 절차, 노동의 사회적 분업, 문화가 정의의 중요한 측면으로 파악되어야 한다는 것이 내 주장이다. 그래서 지배와 억압이 부정의를 표현하는 기본 용어가 되어야 한다고 논할 것이다.

억압의 개념은 현대 변혁 해방적 사회운동들의 담론—이런 해방 담론의 시각을 통해 이 책은 비판적으로 질문을 던지게 되었다—에서 핵심을 이룬다. 그러나 이들 운동이 이해하는 억압 개념에 대해 일관된 이론적 분석 작업이 이루어지지는 않았다. 2장에서는 억압 개념을 명확하게 풀이함으로써 사회 이론상의 이 빈틈을 메꿀 것이다. 실제로 억압은 여러 개념들의 집합체이다. 즉, 내가 이 책에서 해명할 다섯 가지 측면, 즉 착취, 주변화, 무력함, 문화제국주의, 폭력이 억압을 구성하는 요소라는 것이다. 분배상의 부정의는 이 다섯 가지 억압 형태에 기여하는 요인일 수도 있고, 아니면 그 결과물일 수도 있다. 그러나 이 억압 형태들 중 그 어느 것도 분배로 환원될 수 없고, 그 모두가 분배를 넘어서는 사회구조 및 사회관계와 관련이 있다.

억압은 사회집단에게 생겨나는 현상이다. 그러나 전형적인 철학과 사회 이론에서는 실행 가능한 사회집단 개념이 결여되어 있다. 적극적 차별시정조치affirmative action 논쟁의 맥락에서 잘 드러났듯이, 몇몇 철학자와 정책입안자는 심지어 사회집단이라는 실재를 인정하지 않으려 하고, 이런 현실 부정은 집단의 억압을 강화하는 경우가 많다. 2장에서 나는 사회집단에 관한 특별한 개념을 전개할 것이다. 집단이 개인과 무관하게 존재할 수 없기는 하지만, 사회적으로는 개인보다 먼저 존재한다. 왜냐하면 사람들의 정체성은 부분적으로는 자신들의 집단 소속감에 의해 형성되기 때문이다. 사회집단은 사람들이 스스로와 타인을 식별하는 여러 방식을 반영한다. 그런 식별 방식들은 사람들을 특정 사람들과는 더 잘 결합되게 하고, 또 어떤 이들은 상이한 존재로 취급하게 만든다. 집단은 집단 서로서로의 관계 속에서 확인된다. 그런 점에서 집단의 존재는 고정된 것이 아니며 변하는 속성을 가지기는 하지만, 그럼에도 불구하고 실재한다.

정치적인 것이 존재하면 정의의 개념도 동시에 함께 존재하기 마
련이다. 한나 피트킨Hannah Pitkin[7]의 말을 빌리면, 정치란 "비교적 지
속적인 상당 규모의 사람의 집단들이 공동으로 무엇을 할지를 결정
하고, 어떻게 함께 살지를 정하고, 미래를 결정하고, 어느 정도로 그
런 결정이 자신들의 힘 아래에 놓일지를 결정하는 활동을 일컫는다
(Pitkin, 1981, 343쪽)." 로베르토 웅거Roberto Unger[8]는 정치를 '어떻게
행동할지와 관련해서 우리 인간이 열정적인 관계를 맺을 때 그 기
본적인 조건이 되는 자원들 및 제도들을 둘러싼 투쟁'으로 규정하면
서, '그런 제도들 중 최고의 것이 사회적 삶의 제도적 맥락과 상상적
맥락을 형성하는 것'이라고 말한다(Unger, 1987a, 145쪽). 이런 의미에
서의 정치는 제도상의 조직, 공적 행동, 사회적 실천과 습속, 문화적
의미—이것들이 공동의 가치평가와 의사결정 대상일 수 있는 한에
서—의 모든 면에 연관되어 있다. 어떤 규칙이나 실천이나 문화적 의
미가 잘못되었기에 바뀌어야 한다고 말할 때, 사람들은 통상 사회정
의에 대한 모종의 주장을 하고 있는 셈이다. 이는 정치를 국가나 공
식적인 이익집단 조직의 활동으로 파악하는 대부분의 철학자와 정
책결정자들이 흔히 이해하는 것보다는 훨씬 더 넓게 정치의 의미를
이해하는 것이다. 3장은 신좌파 사회운동들이 크게 기여한 점, 즉

---

7 한나 피트킨(1931~)은 대표의 개념, 젠더와 정치 등을 연구한 미국 캘리포니아 버클
  리 대학교 정치학과 명예교수다. 대표적인 저서로 『The Concept of Representation』
  (1967)이 있다.
8 로베르토 웅거(1947~)는 브라질 출신의 하버드 로스쿨 교수로, 1970년대 미국에서 태
  동한 '비판법학(Critical Legal Studies)'의 대표적 학자이다. 그는 자유주의와 마르크스주
  의 모두를 비판하는 급진적 사회 이론을 구축했다. 그는 브라질 군사정권에 맞서 '브
  라질민주화운동당(Brazilian Democratic Movement Party)'의 창당에 참여하는 등 브라질
  민주화에 깊이 관여했고, 이후 룰라 정부의 전략기획 장관으로 일했다.

공적 삶을 비정치화시키는 복지국가 자유주의welfare state liberalism의 위력 앞에서 제도적 삶과 사회적 삶과 문화적 삶의 방대한 영역들을 정치화하고자 부단히 노력하고 있는 점을 적극 수용한다.

많은 비판이론가와 민주주의 이론가와 마찬가지로, 나는 복지 자본주의 사회가 공적 정책 형성의 과정을 비정치화시킨다고 비판할 것이다. 복지국가가 하는 여러 조치는 정책을 전문가의 관할 영역으로 규정하고, 갈등을 사회적 이득의 분배를 둘러싼 이익집단 간의 협상으로 국한해 버린다. 정의를 이렇게 분배의 측면에서만 파악하는 패러다임은 가령 의사결정 권력이라는 쟁점을 공개적인 공적 논의로 끌어들이지 못함으로써 비정치화된 공적 삶depoliticized public life을 반영하고 또 강화하게 된다. 민주적 의사결정과정은 사회정의의 중요한 요소이자 조건이라고 나는 주장하는 바이다.

몇몇 페미니즘 저자와 포스트모더니즘 저자들은 차이의 부정이야말로 서구 이성을 구조화한다고 말해왔다. 여기서 차이란 개별특수성을 뜻하고, 몸과 정서의 다종다양성을 뜻하며, 분화되기 이전의 단일한 기원을 가지지 않는 언어 관계 및 사회관계의 무궁무진한 다양성을 뜻한다. 이 책은 차이의 부정이 사회집단 억압에 어떻게 일조하는지를 보여 주고자 하며, 차이 억압이 아니라 차이 인정의 정치가 필요하다는 점을 주장할 것이다. 그리하여 4장은 대부분의 근대 도덕 이론 및 정의론의 주춧돌인 불편부당성의 이상ideal of impartiality이 차이를 부정한다는 점을 논할 것이다. 불편부당성의 이상이 말하는 바는 모든 도덕 상황은 동일 규칙에 따라서 다루어져야 한다는 것이다. 모든 주체가 [보편적으로] 채택할 수 있는 관점을 제공한다고 주장하면서 불편부당성의 이상은 주체 간의 차이를 부정해 버린다. 통일된 보편적인 도덕적 관점을 설정함으로써 불편부당성의 이상은 이성 대 감정의 이분법을 낳는다. 대개 가정법["현실은 전혀 그렇지 않지만, 만약 ……한 이상적 상황이라면 이러할 것이다."는 용법]으로 표현되는 불편부당성의 이상은 불가능성을 나타낸다. 또한 불편부당성의 이상은 최소한 두 가지의 이데올로기적 기능을 한다. 첫째, 불편부당성 주장은 특권 집단들의 개별특수적인 경험과 시각이 보편적인 것인 양 행세하게 함으로써 문화제국주의의 자양분이 된다. 둘째, 관료들과 전문가들이 불편부당한 방식으로 의사결정 권력을 행사할 수 있다는 불편부당성의 확신은 권위주의적 위계질서를 정당화하는 역할을 한다.

4장이 또한 보여 주듯이, 불편부당성은 시민 공중civic public이라는 이상을 그 정치적 동반자로 삼는다. 비판이론과 민주주의 이론이 자신들이 비판하는 자유주의 이론과 공유하는 것이 있다. 정치공동체를 보편적이고 통일된 것으로 파악함으로써 차이를 억압하는 경향이다. 시민 공중이라는 이 보편주의적 이상은 몸과 감정과 동일시되는 사람들—여성, 유태인, 흑인, 아메리칸 인디언 등—을 시민 지위로부터 효과적으로 배제하게끔 작동해 왔다. 제도화된 지배와 억압에 도전하는 정의관은 집단 간 차이를 인정하고 긍정하는 '이질적 공중heterogeneous public'이라는 비전을 제시해야만 할 것이다.

도덕적 이성은 불편부당해야 한다는 이상이 낳는 결과 중 하나가 바로 몸과 감정으로부터 이성을 이론적으로 분리시키는 것이다. 5장에서 나는 근대사회에서 몸이 폄하되는 것에 담긴 몇 가지 함의를 논하겠다. 특정 집단들을 멸시당하는 육체 또는 추악한 육체로 동일시하면서 합리주의 문화는 문화제국주의와 폭력이라는 억압에 일조한다. 모종의 '규범적 시선normative gaze'에 따라서 신체들의 위계질서를 정하는 문화 논리는 어떤 종류의 신체들은 추악하고, 혐오스럽고, 타락한 것으로 구성하는 단일한 미학적 척도 위에 올려놓는다. 크리스테바의 아브젝트 이론theory of the abject을 활용하여 나는 인종차별주의와 성차별주의와 동성애공포증과 노인차별주의와 장애인차별주의가 상호 역동적으로 결합하여 문화적인 고정관념으로 작용하는 과정에서 미추美醜의 감정, 청결함과 불결함의 감정이 가지는 정치적 중요성을 분석할 것이다.

미국 사회에서는 자신들 앞에 타인들이 육체적 존재로서 등장하는 것bodily presence of others에 대해 혐오 반응을 보이거나 공포 반응을 보이는데, 이런 반응이 억압에 일조한다. 모든 사람들을 동등하게 존중하려는 자유주의적 심성을 가진 사람들이 종종 그런 반응을 보이기도 하는데, 그런 문화적 반응은 대개는 무의식적이다. 도덕이론가들은 의식적 행동에 집중하고 의식적 행동을 어떤 수단으로 정당화할지에 초점을 맞추기 때문에, 의도된 것이 아닌 사회적 억압 원천[가령 앞에서 언급한 혐오나 공포의 무의식적 반응]은 판단 대상으로 삼지 않는 경우가 보통이다. 그러나 이런 문화적 억압 원천들을 알아채지 못하고 그에 대한 제도적 교정책을 추구하지 못하는 정의관은 불충분한 정의관이다. 나는 의식의 제고 과정 및 문화적 의사결정과정에서 몇몇 교정 방법을 다루어 보겠다.

그와 같은 문화적 변화가 부분적으로나마 생겨나는 것은 경멸받던 집단들이 그 자신들에 대한 긍정적 이미지를 새롭게 규정할 문화적 표현 수단을 가졌을 때이다. 지난 20년 동안, 끔찍한 몸이라는 표지가 붙여져서 억압당하던 페미니스트, 흑인 해방 운동가, 아메리칸 인디언, 장애인, 여타의 집단들이 긍정적 차이라는 이미지를 강력하게 주장해 왔다. 그런 집단 자부심group pride 운동은 정치적 삶과 제도적 삶에서 집단 간 차이를 제거하는 것이 해방이라는 이상에 도전하게 되었다. 6장에서는 집단 간 차이를 긍정하고 공적 삶에 모든 집단을 포용하고 참여시키려는 사회 평등이 해방이라는 원리 들과 실천들이 옹호될 것이다.

본래 평등 대우 원리는 모든 사람을 공정하게 포용하라는 원리를 형식적으로 보장하기 위해서 생겨났다. 그러나 공정성을 이렇게 기 계적으로 해석하는 것 역시 차이를 억압한다. 때때로 차이의 정치가 함축하는 바는, 현실의 억압 또는 잠재적인 억압을 줄이기 위해서 는 집단 간 차이가 공공정책과 경제정책 및 경제 제도 과정에서 마 땅히 인정되어야 한다는 원리에 평등 대우 원리가 양보해야 한다는 것이다. 여성해방에서의 평등과 차이나 이중언어 교육이나 아메리칸 인디언의 권리에 대한 논쟁들을 포함하는 현대의 법적 논쟁의 사례 를 활용하여 내가 주장하려는 바는, 경우에 따라서는 집단들에게 특별한 권리들을 인정하는 것이 그 집단들의 완전한 참여를 증진하 는 유일한 길이라는 점이다. 그런 차등 대우가 다시 이들 집단을 낙 인찍는 결과를 낳을 것이라고 우려하는 이들도 있다. 평등을 똑같음 으로 차이를 일탈이나 저평가로 동일시하면서 차이를 대립으로 이 해할 때에만, 이들의 우려가 참이라는 점을 나는 보여 주고자 한다. 집단 간 차이가 인정되려면, 공중 내부의 집단들이 자율적으로 조 직할 수 있도록 장려하는 정치적 의사결정 원리가 또한 필요하다. 이는 각 집단의 목소리가 집단 대표제를 통해서 공적으로 청취되도 록 보장하는 절차가 확립되어 있어야 함을 의미한다.

억압을 약화시키기 위해서 집단 간 차이에 주목할 것을 권고하 는 일반 원리의 맥락 내에서 볼 때, 적극적 차별시정조치 프로그램 은 현대의 수사적 구호가 종종 그렇게 보이도록 내세우는 만큼 그 리 특별한 프로그램은 아니다. 7장에서 나는 적극적 차별시정조치 프로그램을 지지한다. 그러나 과거의 차별에 대한 배상이라는 이유에서가 아니다. 억압, 특히 무의식적 혐오와 고정관념의 결과물이자 또 특권 집단의 관점은 중립적이라는 가정의 결과물인 억압을 약화시키는 중요한 수단이라는 이유에서 그 프로그램을 지지할 것이다. 그런데 적극적 차별시정조치에 관한 논의는 정의의 분배 패러다임을 보여 주는 경향이 있다. 높은 보수 및 명성이 보장되는 지위들을 집단 사이에서 어떻게 분배할 것인지에만 관심을 가지면서 적극적 차별시정조치 논의는 특정 제도들 및 실천들—이것들이 과연 정의로운가 여부는 문제 삼지 않은 채—을 미리 전제하고 그 틀 내에서 진행되는 경향이 있다. 특히, 내가 검증하려는 두 가지 가정이 있다. 하나는 [분배 대상인] 지위들은 능력merit 기준에 따라서 분배될 수 있고, 또 그렇게 되어야만 한다는 생각이다. 다른 하나는 몇몇 희소한 지위들은 높은 보수가 주어지도록 하고, 대부분의 지위들은 덜 탐나게 만드는 위계적 노동 분업 구조이다.

지위들을 능력에 따라 분배한다는 이상은 불편부당성의 이상ideal of impartiality의 구체적인 사례이다. 능력의 기준은 문화적이고 규범적인 속성과 연관되지 않고서도 기술적 노동 성과를 측정하는 객관적 척도 및 예측기가 있다고 가정한다. 그러나 나는 그런 객관적 척도는 없다고 주장한다. 기량을 평가하는 데 특정 가치들과 규범들이 반드시 개입될 수밖에 없다는 점에서 직업의 분배는 어쩔 수 없이 정치적인 성격을 가진다. 희소한 지위들을 능력에 따라 분배하는 것이 불가능하다면, 그런 지위들의 정당성 자체가 의문시된다. 업무를 규정하는 지위와 업무를 수행하는 지위를 분리하는 위계적 노동 분업 자체가 실제로 지배를 행사하는 것이고, 최소한 다음 세 가지의 억압 형태, 즉 착취, 무력함, 문화제국주의를 생산하거나 강화한다.

이 부정의의 몇몇은 직장의 민주화를 통해서 간접적으로 완화될 수 있다. 그러나 전문화된 교육훈련의 특권을 없애려면 반드시 업무를 규정하는 지위와 업무를 수행하는 지위를 분할하는 노동 분업 그 자체를 직접 공격해야 하며, 모든 사람들이 기량을 계발하는 직업을 가지게끔 보장해야 한다.

자유주의 및 복지 관료제를 비판하는 사람들은 종종 사회적 삶의 대안적 비전으로서 공동체의 이상에 호소하기도 한다. 공동체는 공적 삶의 공유, 즉 시민 상호 간의 인정과 상호 동일시라는 이상을 나타낸다. 마지막으로, 결론 장에서는 공동체의 이상 역시 주체들 간의 차이와 집단 간의 차이를 억압한다고 논할 것이다. 공동체를 향한 충동은 동일성을 보존하려는 열망과 같으며, 그래서 실제로는 동일성의 감정을 위협하는 타자들을 배제시키는 경우가 많다. 나는 도시 생활에 대한 우리의 긍정적 경험에서 시작하여, 앞에서 언급한 공동체의 이상과는 다른 사회관계 및 정치의 이상을 발전시키고자 한다. 이상적으로 볼 때 도시 생활은 통일성이 아니라 다종다양성이 반영된 네 가지 덕목, 즉 사회적으로 차이는 짓되 배제하지 않음, 다양성, 에로티시즘, 공공성publicity을 구현한다.

이런 이상적인 면과는 동떨어지게 현재 미국의 도시 생활은 실제로는 많은 부정의를 담고 있다. 자본 이동 및 토지 용도에 관한 결정은 최종 분배 상태의 정형에만 주로 주목하는 정의론으로는 잘 포착되지 않는 여러 부정의를 생산하고 재생산한다. 도시계획 및 교외화 과정이 낳은 도시의 기능 분리 및 집단 간 분리에서 추가적으로 부정의가 발생한다. 많은 민주주의 이론가들이 주장하는 것과는 반대로 나는 지방자치의 증대는 이런 문제들을 가중시킬 것이라고 생각한다. 도시 생활의 규범적 이상은 동네 의회neighborhood assemblies에서 시작하는 대표기관들을 기반으로 한 거대도시 광역 정부metropolitan regional government를 통해서 더 잘 실현될 것이다. 나는 이 책에서 제기된 여러 쟁점들이 국가 간의 정의를 고찰하는 데 어떻게 확대될 수 있을지를 짧게 논하면서 끝맺을 것이다.

체계적 이론을 추구하는 많은 철학서들은 이성적인 모든 사람으로 구성된 추상적 청중을 다루면서 임의의 한 이성적인 사람의 관점에서 접근해 간다. 나는 비판이론을 한 특수한 사회의 한 특수한 위치에서 출발하는 이론으로 이해하기에, 나의 이론이 불편부당하지도 않고 또 모든 것을 포괄하지도 않는다는 주장을 할 수 있다. 나는 모든 사람을 위해서 말하지도 않고, 모든 사람에게 말하지도 않으며, 또 모든 것에 대해서 말하지도 않는다고 주장한다.

내 개인적인 정치적 열정의 출발점은 페미니즘이다. 나는 현대 여성 운동에 참여함으로써 처음으로 억압을 식별하고, 그 억압에 대한 사회적이고 규범적인 이론적 사유를 전개할 수 있었다. 그러나 나의 페미니즘은 국외 군사개입에 반대하는 운동과 미국 내의 많은 사람들을 여전히 가난하게 만들고 차별받게 하는 사회 상황을 재구조화하자는 운동의 신조를 받아들이고 그 운동들에 참여하는 것에 의해 항상 보완되어 왔다. 페미니즘이 마르크스주의, 참여민주주의 이론 및 실천과 상호작용한 결과가 이 책에서 개진되는 억압 및 지배에 대한 다원적 이해 방식이다.

차이의 정치에 대한 나의 사유는 여성 사이의 계급 차이, 인종 차이, 섹슈얼리티 차이, 나이 차이, 능력 차이, 문화 차이를 인정하는 것이 가지는 중요성과 그 어려움에 관하여 벌어졌던 여성 운동 내의 토론에 의해 점화되었다. 기존 페미니즘 담론에서 배제되고, 비가시화되고, 고정관념에 따라 분류되었던 유색 여성들, 장애 여성들, 노인 여성들, 여타의 여성들이 자신들의 경험들을 점점 목소리화하면서, 페미니즘이 여성의 공통된 지위를 식별해 내고 또 이를 변화시키고자 한다는 가정은 점차로 설득력을 잃게 되었다. 나는 이것이 고유한 페미니즘 담론의 종말을 의미한다고는 전혀 생각하지 않는다. 여전히 나는, 많은 다른 여성들이 그러하듯이, 여성 간 차이를 횡단하면서까지 다른 여성들에게 느끼는 친밀감—이를 우리는 자매애sisterhood라고 명명해 왔다—을 경험하기 때문이다. 그런데도 여성 간의 차이에 관한 여성 운동 내의 토론을 통해서 나는 여성의 억압에만 특별히 주목하는 관점에서 빠져나오게 되었고, 여타의 피억압 집단들의 사회적 지위도 마찬가지로 이해하려고 노력하게 되었다.

백인에다 이성애자이며, 중산층이면서 비장애인이고, 비非노인 여성인 나는 흑인, 라틴 아메리카인Latinos,[9] 아메리칸 인디언, 빈민, 레즈비언, 노인, 장애인의 급진 운동을 대변한다고 주장할 수는 없다. 그러나 내 철학적 사유를 움직이는 사회정의에 대한 정치적 가치지향 및 다짐political commitment[10]이 나에게 얘기해 주는 바는 이들 없이는 나 역시 말할 수 없다는 것이다. 내 개인적 열정은 페미니즘에서 시작되고, 내 사유의 재료는 내가 직접 참여해 왔던 평화운동, 환경

---

9 Latino. 미국에 거주하는 소수민족 중 영어를 배우지 않고 에스파냐어를 사용하면서 독자적인 문화권을 형성하고 있는 사람들을 일컫는 말.
10 'commitment'는 우리말로 번역하기 매우 까다로운 단어이다. '어떤 가치를 자기 신조로 삼고 그것을 적극적으로 실현하려고 지향하고, 충실하게 실현시키겠다고 엄숙하게 약속·다짐하는 것'쯤으로 이해할 수 있을 commitment가 국내에서는 통상 '헌신'으로 번역된다. 공역자들은 '가치지향 및 다짐' 또는 '엄약(嚴約)'의 번역어를 혼용했으나 전자로 통일했다. 깔끔하지도 않고 간명하지도 않지만 본래의 뜻을 살리고자 그렇게 번역했다. 이후 이 책에서 '가치지향 및 다짐'은 'commitment'의 번역어이다.

운동, 군사개입 반대 운동의 경험들과 생각들이기는 하지만, 이 책에서 내가 전개한 입장들은 다른 피억압 집단들의 운동이 경험한 것과 생각한 것에 대한 사유—내가 읽고 또 이들 운동권 사람들과 대화하면서 얻은 경험을 내가 이해할 수 있는 범위에서—로부터 자라난 산물이기도 하다. 따라서 나는 모든 이성적 사람을 대변한다고 주장하지 않는다. 내가 정말로 목표로 삼는 것은 여러 현대 사회운동의 다양한 입장들에서 말하고 또 그 운동들의 경험에 기반해서 말하는 것이다.

철학자들이 자기 책의 목소리가 개별특수적임을 인정하는 것보다 자신들의 논변 대상인 청중이 당파적임partiality을 인정하는 경우가 훨씬 드문 것 같다. 이 책에서 나는 모든 이성적 인간이 공유하지는 않을 것으로 예상되는 몇 가지 가정을 했다. 삶의 상황과 관련해서 모든 인간은 기본적으로 평등해야 한다는 것은 도덕적 가치라는 가정, 기본 제도의 변화를 통해서만 교정될 수 있을 뿌리 깊은 여러 부정의가 미국 사회에는 존재한다는 가정, 내가 이 책에서 열거한 집단들이 억압 받고 있다는 가정, 지배 구조가 부당하게도 미국 사회 전반에 깊이 스며들어 작동하고 있다는 가정이 그것이다. 분명히 오늘날의 많은 지식인과 정책결정자는 나의 가정들에 공감하면서 이 가정들이 사회정의의 구상에 어떤 함의를 가질지 토론하는 데 참여하고 싶어 한다. 그런데 이들 가정의 어느 하나 또는 몇몇에 동의하지 않는 사람들도 있을 것이다. 이들에게 내가 바라는 바는 그럼에도 불구하고 이 책의 분석과 논변이 생산적인 정치적 대화의 자극제가 되었으면 하는 것이다.

1장

분배 패러다임
대체하기

"분배에 대해 야단법석을 떨며 강조하는 것은 대체로 오류였다. 어떤 종류의 소비 수단이건 그것을 분배하는 것은 모두 생산 조건 자체를 분배한 결과일 뿐이다. 그런데 생산 조건의 분배란 것도 생산양식 자체의 한 특성이다."

— 카를 마르크스Karl Marx

   수천 대의 버스들이 도시로 모여들고, 피부색, 연령, 직업 및 생활 스타일이 다른 수만의 사람들이 워싱턴 기념비Washington Monument 주변의 상가로 몰려들어 행진을 시작한다. 정오가 되자 사람들은 흥얼거리고, 노래하고, 정부 관료들을 형상화한 종이인형 혹은 초상화를 흔들면서 거리로 이동한다. 많은 사람들은 '평화, 일자리, 정의'라는 단순한 슬로건이 적힌 푯말 또는 깃발을 들고 있다.

   이러한 장면이 지난 10여 년간 워싱턴 D. C.에서는 여러 번 일어났고, 미국의 다른 도시들의 경우에는 더 많았다. 이 슬로건의 '정의'가 의미하는 바는 과연 무엇일까? 오늘날 여타의 많은 정치적인 맥락에서처럼 이 사안의 맥락에서도 사회정의란 제도화된 지배와 억압의 제거를 의미한다고 나는 생각한다. 지배 및 억압과 관련된 사회조직과 실천의 모든 면이 원칙적으로 정의 이념의 평가 대상이 된다.

   그런데 현대의 철학적 정의론들은 정의 개념을 그렇게 넓게 파악하지 않고, 사회정의의 의미를 사회 구성원들 사이에서 혜택과 부담이 도덕적 관점에서 적절하게 배분되는 것으로 국한해서 보려고 한다. 이 장에서 나는 그와 같은 분배 패러다임의 성격을 명확하게 밝히고 평가할 것이다. 고개를 끄덕일 만한 정의관이라면 분배의 쟁점을 반드시 다루어야 하지만, 사회정의의 문제를 분배의 문제로 축소하는 것은 오류이다.

생각건대, 분배 패러다임은 두 가지 문제점이 있다. 첫째, 분배 패러다임은 사회정의를 물物, 자원, 소득, 부와 같은 물질적 재화의 할당의 문제로, 아니면 사회적 지위, 특히 일자리의 배분 문제에 초점을 맞추어 생각하는 경향이 있다. 이렇게 되면, 분배 정형定型의 결정에 영향을 미치게 마련인 사회구조와 제도적 맥락은 간과되기 십상이다. 앞으로 행해질 분석에서 특히 중요한 것은 의사결정 권력과 의사결정 절차, 노동 분업, 그리고 문화라는 쟁점이다.

혹자는 정의의 속성을 분배적 관점에서 해명하는 것이 정의에 관한 사유를 부, 소득, 기타 물질적 재화와 관련된 쟁점으로만 편향되게 이끌 수 있다는 점에 동의하고, 의사결정 권력이나 노동 분업 구조와 같은 다른 쟁점 또한 물질적 재화의 분배와 마찬가지로 중요하다는 점을 인정은 하면서도, 분배를 반드시 물질적인 재화와 자원에 국한시킬 필요는 없다는 식으로 주장할 수도 있을 것이다. 권력, 기회, 자존감과 같은 비물질적인 재화의 분배와 같은 쟁점에 대해 검토하는 정의 이론가들이 있기도 하다. 그런데 그처럼 분배의 개념을 넓히는 것은 분배 패러다임의 두 번째 문제점으로 이어진다. 분배의 비유를 비물질적인 사회적 재화에까지 확장하게 되면, 분배의 개념은 비물질적인 재화들을 사회적 관계와 사회적 과정의 함수가 아니라 정태적인 사물인 것처럼 재현하게 된다는 것이다.

분배 지향적인 정의 이론을 비판하면서 나는 분배의 문제가 중요하지 않다고 말하려 하거나 분배 지향적 정의론을 대체하는 적극적 정의론을 새로이 제시하려는 것은 아니다. 내가 원하는 바는 사람들을 기본적으로 재화의 소유자 및 소비자로 바라보는 정의 담론을 대체하여, 행동과 행동의 결정을 포함하고, 나아가서 역량capacities을 계발하고 행사할 수 있게 하는 수단들의 제공도 포함하는 보다 넓은 맥락의 정의 담론을 제시하는 것이다. 제도적 규칙들과 제도적 관계들이 공동의 의사결정의 대상인 한에서, 사회정의 개념은 제도적 규칙들 및 제도적 관계들의 모든 측면을 포괄한다. 그렇기에 분배의 개념보다는 지배와 억압이라는 개념이 사회정의를 해석하고 구체화할 때 출발점이 되어야 하는 것이다.

분배 패러다임

분배 패러다임은 다양한 이데올로기적 입장에 걸쳐서 현대의 정의담론을 관통하고 있다. '패러다임'이란 용어로 내가 말하고자 하는 것은 어떤 대상을 탐구한다는 게 도대체 무엇인지를 규정하는 요소들과 실천들의 혼합이다. 즉, 형이상학적 전제들, 의심되지 않고 사용되는 용어, 전형적인 질문들, 추론의 경로들, 특유한 이론들 및 이 이론들의 전형적인 적용 범위와 양식이 결합된 것을 패러다임이라고 나는 이해하겠다. 분배 패러다임에서 사회정의란 사회 구성원들 사이에서 사회적 이익과 부담을 도덕적으로 정당한 방식으로 배분하는 것으로 이해된다. 분배 대상인 사회적 이득과 부담 중에서 가장 중요한 것은 부, 소득, 기타 물질적인 자원들이다. 그런데 정의를 분배의 관점에서 풀이하는 사람들 중 종종 권리니 기회니 권력이나 자존감이니 하는 비물질적인 재화를 포함시키기도 한다. 분배 패러다임의 특징은 사회정의와 분배를 동치 개념으로 파악한다는 점이다.

주요 정의 이론가들이 어떻게 정의를 풀이하는지를 살펴보기만 해도 정의 개념을 분배 개념과 동일시하는 경향이 득세하고 있음이 분명해진다. 존 롤스는 정의의 개념을 '일차적으로 사회 기본 구조의 분배적 측면을 평가할 수 있는 기준의 제공'으로 파악한다(Rawls, 1971, 9쪽). W. G. 런시맨W. G. Runciman[1]은 정의의 문제란 '사회 내에서 사회적 재화의 분배가 적절한지를 평가할 때 참조할 수 있는 윤리적 기준을 확보하는 문제'라고 풀이한다(Runciman, 1978, 37쪽). 브루스 애커먼(Bruce Ackerman, 1980, 25쪽)[2]은 본래 정의의 문제란 사회적 재화로 전환될 수 있는 희소한 자원, 즉 만나manna[3]에 대한 최초의 권리 자격을 결정하는 문제라고 규정한다.

많은 이론가들 중에서도 윌리엄 갤스턴William Galston[4]에게서 정의를 분배적으로 이해하는 논리가 매우 확연하게 나타난다. 갤스턴에 따르면, 정의는 소유관계의 총체ensemble of possessive relations와 밀접하게 관련되어 있다. 소유관계에 있어서 개인은 소유 대상인 목적물과

---

1 W. G. 런시맨(1934~)은 캠브리지 대학교 비교사회학 및 역사사회학 교수로 재직했다. 주요 저서로는 『Relative Deprivation and Social Justice: a Study of Attitudes to Social Inequality in Twentieth-Century Britain』(1966. 1993년 재출간됨), 『The Theory of Cultural and Social Selection』(2009) 등이 있다.

2 브루스 애커먼(1943~)은 미국 예일 대학교 로스쿨 교수로서 저명한 헌법학자이다. 민주주의를 강조하는 평등 지향적 자유주의 정치철학자이다. 대표적인 저서로 『Social Justice in the Liberal State』(1980), 『We the People Vol. 1』(1991), 『We the People Vol. 2』(1998), 『We the People Vol. 3』(2014) 등이 있다.

3 만나는 기독교 성경인 『구약』 중 「출애굽기」에서 모세가 히브리 민중을 데리고 이집트를 탈출하여 사막을 횡단할 때 사람들이 굶주리게 되자 야훼가 하늘에서 내려주었다는 일종의 과일 비슷한 음식을 가리키는 말이다. 사람이 노동하지 않았는데도 자연적으로 선물로 주어지는 재화를 비유하는 것으로 사용된다.

4 윌리엄 갤스턴(1946~)은 메릴랜드 대학교 공공정책학 교수(1998~2005)를 역임했다. 시민적 덕목과 평등 지향적 자유주의 정치철학을 결합하려는 입장에서 많은 저술 활동을 하고 있다.

는 별개인 존재다. 갤스턴은 정의는 정당한 소유로 풀이될 수 있다고 말한다(Galston, 1980, 5쪽). 그와 같은 소유 모델에서는 소유하는 주체의 속성은 소유되는 재화보다 먼저 존재하며, 또 재화에 독립해서 존재한다. 이러한 속성의 소유 주체인 자아가 분배 체계의 기반이 되므로 분배 방식이 변화하더라도 그에 의해 영향을 받지 않는다(Sandel, 1982 참조). [이러한 논리에 따르면] 재화의 분배 이전에 이미 존재하고 있는 개인들에게 대상을 적절하게 배분하는 정형이 무엇일까 하는 것이 정의의 관심사가 된다. 갤스턴이 말하듯이, 정의는 다음과 같이 규정될 수 있다.

> "[정의란] 대상들을 개인들에게 적절하게 할당하는 것이다. 여기서 분배가 적절한지를 따질 때, 분배 대상이 가지는 특징과 분배 받는 개인들이 맺는 관계도 고려하고, 동시에 분배 대상들과 할당 방식들 간의 관계까지도 고려해서 정한다. 물物, 이런저런 품질 등급, 체계 내 지위, 심지어는 인간 존재도 분배 대상의 영역에 해당될 것이다."(Galston, 1980, 112쪽)

정의에 대한 분배 패러다임이 철학적 사고를 강력하게 지배하고 있어서 심지어 주류 자유주의적 이론 틀을 비판하는 이론가들마저도 오로지 분배의 관점에서 정의의 핵심 관심사를 표현한다. 예를 들어, 데이비드 밀러David Miller[5]는 자유주의적 정의관은 지배적인 사회 관계를 반영하는 경향이 있다고 주장하면서, 전통적인 정의론들이 제안하는 것보다 더 평등 지향적인 정의관을 옹호한다. 그런데도 밀러 역시 정의의 주제는 '사람들 사이에서 이익과 부담이 분배되는 방식'으로 보고, "그 분배 방식의 질적 등급과 관계들이 면밀하게 조

사될 수 있다."고 말한다(Miller, 1976, 19쪽). 정의에 관하여 사회주의
적 혹은 마르크스주의적 관점에서 논의하는 이론가들 역시 분배 패
러다임에 갇혀 있는 경우가 많다. 예를 들어, 에드워드 넬Edward Nell
과 오노라 오닐(Onora O'Neill, 1980)은 사회주의 체제에서의 정의 문
제를 다루면서 사회주의적 정의와 자본주의적 자유주의 정의capitalist
liberal justice의 주된 차이점은 그 분배 원리에 있다고 본다. 마찬가지
로, 카이 닐슨(Kai Nielsen, 1979; 1985, 3장)[6]도 분배에 주안점을 두는
급진적 평등주의 정의인 사회주의 분배 원리들을 정교하게 제시한다.

홍미로운 점은 왈저(1983)가 분배 패러다임에 대해 보여 주는 모
호한 태도이다. 왈저가 보기에, 어떤 사회체계의 부정의에 대해 철학
자들이 비판할 때 대체로 그 내용은 '지배적 재화dominant goods'[7]가
보다 많은 사람들에게 널리 배분되어야 한다는 것, 즉 지배적인 재

---

5 데이비드 밀러(1946~)는 영국 출신의 정치철학자로서 옥스퍼드 대학교 교수이다. 사
  회정의, 민족주의, 시민권 등의 주제에서 주목할 만한 업적을 내고 있다. 사람들이 살
  아가는 현실과 역사에서 다원적인 사회정의 원리들을 추출하려는 견해를 제시한다.
  사람들 간의 연대를 중시하는 연대 공동체 위에서 출발하는 사회정의를 구성하려
  고 하며, 복지국가와 부의 재분배를 옹호한다. 자유주의에 입각한 민족주의(liberal
  nationalism)를 제창한다. 주요 저서로는 『On Nationality』(1995), 『Citizenship and
  National Identity』(2000), 『Principles of Social Justice』 (2001) 등이 있다.
6 카이 닐슨(1936~)은 캐나다의 캘거리 대학교(University of Calgary) 철학과 명예교수
  이다. 캐나다 왕립학술원 회원이다. 철학의 여러 쟁점에 관하여 다양한 저서를 집
  필했지만, 특히 마르크스주의 윤리학과 정의론 분야에서 논쟁적인 저서들을 출간
  했다. 정의론 분야의 대표적인 저서는 『Equality and Liberty: A Defense of Radical
  Egalitarianism』(1986)이다.
7 지배적 재화(dominant goods)란 마이클 왈저가 제시하는 개념으로, 어떤 재화를 보유
  하게 되면 자동적으로 다른 재화들도 보유하게 될 가능성이 높을 때, 앞의 재화를 '지
  배적 재화'라 한다. 자본주의 사회에서는 '돈'이 지배적 재화이며, 봉건제 사회에서는
  '신분'이 지배적 재화이다. 공산당 일당 지배 체제 하에서는 '권력'이 지배적 재화이다.
  이에 관해서는 마이클 왈저의 저서 『정의와 다원적 평등(Spheres of Justice: a defense of
  pluralism and equality)』(정원섭 외 옮김, 철학과현실사, 1999.) 42쪽 이하 참조할 것.

화의 독점은 정의롭지 않다는 것으로 집약된다. 그런데 왈저에 따르면, 지배적인 재화의 분배에 대해 단순히 비판하기보다는 지배 구조 dominance 자체를 비판하는 것이 더 적절하다. 특정한 한 가지 종류의 사회적 재화—돈이라고 하자—를 가짐으로써 자동적으로 다른 사회적 재화들까지 취득할 수 있게 되는 것은 부당하다는 것이다. 어떤 재화들을 가지면 당연히 다른 재화들도 취득할 수 있는 지배의 상태가 사라질 때야만, 특정한 재화를 일부 집단이 독점하더라도 부정의하지 않을 수 있게 된다(Walzer, 1983, 10~13쪽 참조). 왈저의 이러한 분석은 분배보다는 분배를 낳는 사회구조와 사회과정에 주안점을 두어야 한다는 나의 논지와 일치한다. 그런데 왈저도 사회정의를 고찰하면서 명시적으로 분배의 언어를 계속 사용하는데, 때로는 기이하게도 관계와 과정을 고정된 물物인 듯이 파악하기도 한다. 그의 저서 『정의와 다원적 평등』 중 가족에 관한 장에서 왈저가 사랑과 정情의 정의로운 분배에 관하여 말하고 있는 것이 그런 예라고 하겠다.

이처럼 대부분의 정의 이론가들은 정의는 분배와 관련된 것이라고 당연히 전제한다. 분배 패러다임은 정의에 관한 모든 분석에 단일한 모델이 통용된다고 생각한다. 즉, 정의 문제가 제기되는 상황은 일정한 재화들을 나누고는 각자가 가지는 몫을 비교하는 개인들의 상황과 유사하다는 것이다. 그러한 모델은 암묵적으로 개인들 또는 여타의 행위자들[단체, 법인 등]은 사회적 장場 내의 교점交點, nodes 혹은 점points으로 가정하고, 이렇게 고립해서 존재하는 이들에게 더 많거나 더 적은 사회적 재화들의 꾸러미가 할당된다고 상정한다. 개인들은 자신들이 보유하는 재화들과 외적인 관계를 맺는다. 개인들 상호 간의 관계가 분배 패러다임의 관점에서 의미 있게 되는 경우는 각자가 보유한 재화들의 양을 서로 비교할 때 맺어지는 관계뿐이다. 그리하여 분배 패러다임에서 정의를 고찰할 때 고려 대상이 되는 사회 내 개인들이 상호 내적 관계를 맺지 않고 있다는 점에서 분배 패러다임은 사회 원자주의social atomism를 암묵적으로 전제하는 것이다.

분배 패러다임은 또한 정형 지향적pattern-oriented이기도 하다. 분배 패러다임은 사회적 장場에 등장하는 개인들 및 재화들의 최종 상태가 어떤 정형이냐에 비추어 평가한다. 사회정의를 평가하는 작업은 선택지로 제공된 여러 정형들을 비교하여 그중 어느 것이 가장 정의로운지를 결정하는 작업이다. 정의를 정형 지향적으로 파악하는 것은 정태적인 사회관static conception of society을 암묵적으로 전제하고 있다.[8]

이하의 두 절에서 세밀하게 고찰될 것이지만, 분배 패러다임에는 두 가지 문제가 있다. 첫째, 분배 패러다임은 물질적 배분을 결정하는 제도적 맥락을 무시하는 경향이 있으면서 동시에 그 제도적 맥락을 의문시하지 않고 너무나 당연히 전제로 삼고 있다는 점이다. 둘째, 분배 논리가 비물질적 재화와 자원으로까지 확장되어 적용

---

8 최종 상태의 정형(end-state pattern)이라는 표현은 하버드 대학교 철학과 교수이자 자유지상주의 정치철학을 이론적으로 확립한 로버트 노직(Robert Nozick, 1938~2002)의 것이다. 노직에 따르면, 특정한 기준에 의거하여 재화가 분배되어야 하고 그렇게 분배된 최종 상태를 정의롭다고 보는 정의론을 모두 정형 지향적 정의론이라고 부른다. 가령, 정의 원리들 중 재화들을 능력에 따라, 도덕적 공과에 따라, 필요에 따라, 지능에 따라, 효용에 따라, 또는 평등하게 분배하라는 원리가 있다고 하자. 이들 중 어느 하나를 선정하거나 또는 몇 가지를 조합하여 그 정의 원리가 타당함을 논증하고, 이 원리에 따라 재화가 분배된 상태를 정의롭다고 하는 정의론은 정의를 정형화한다는 것이다. 노직은 이러한 정형화 정의론은 비역사적이고 재화가 분배되는 역동적 과정을 무시하는 이론이라고 비판한다. 로버트 노직, 남경희 옮김, 『아나키에서 유토피아로─자유주의 국가의 철학적 기초』, 문학과지성사, 재판 7쇄, 2014, 198쪽 이하 참조. 역자인 남경희 교수는 '최종 상태'를 '종국적 상태'로 번역했다.

될 때, 분배 논리는 비물질적 재화와 자원을 잘못 파악한다는 것이다.

분배 패러다임, 제도적 맥락을 당연시하고 은폐하다!

사회정의에 관한 대부분의 이론은 물질적인 자원, 소득, 혹은 보수 및 특권을 누리는 각종 지위를 분배하는 것에 초점을 맞추고 있다. 찰스 테일러Charles Taylor[9]가 지적했듯이(1985), 정의 이론가들 사이에서 벌어진 최근의 논쟁들은 크게 보면 두 가지 실천적 쟁점에서 촉발되었다. 첫째, 선진 자본주의 사회에서 부와 소득의 분배는 정의로운가, 만일 아니라면 정의는 복지 서비스 급부 및 여타 재분배 조치를 허용하고 심지어 요구하기까지 하는가? 두 번째, 고소득과 특권을 누리는 각종 지위를 분배하는 정형은 정의로운가, 만일 아니라면 적극적 차별시정조치affirmative action 정책은 그와 같은 부정의를 교정할 수 있는 정의로운 수단인가? 내가 앞서 언급한, 분배적 관점에서 정의를 바라보는 저자들은 거의 모두 부와 소득의 평등 또는 그 불평등의 문제를 사회정의의 주된 문제로 보고 있다(Arthur

9 찰스 테일러(1931~)는 캐나다 출신의 세계적인 철학자로, 캐나다 맥길 대학교(McGill University) 명예교수이다. 사회민주주의 지향점을 갖고 있으며 매킨타이어, 샌델, 왈저 등과 함께 자유주의적 인간상과 정의론을 비판하고 역사와 공동체의 중요성을 강조하는 정의론과 정치철학을 제시했다. 인간, 행위, 근대사회, 언어철학 등에 관하여 혁혁한 성과를 쌓았다. 특히, 헤겔에 관한 그의 저서는 해당 분야에서 독보적인 업적으로 꼽힌다. 주요 저서를 꼽자면 『Hegel』(1975), 『Philosophical Papers』(1985), 『Sources of the Self: The Making of Modern Identity』(1989), 『Multiculturalism: Examining The Politics of Recognition』(1994), 『A Secular Age』(2007) 등이 있다.

and Shaw, 1978 참조). 보통 분배 패러다임의 정의 이론가들은 사회적으로 '더 바람직한' 지위란 더 높은 소득을 가져다주는 지위들, 또는 각종 자원을 더 많이 획득하게 해주는 지위들과 대체로 일치한다고 본다. 그리고 그 이유에서 이들은 사회적 지위를 분배하는 정의 문제와 관련해서 앞에서 지적한 두 번째 정의의 쟁점을 경제적 재화의 분배라는 문제로 포섭해 버린다.

구체적인 정의 문제들을 둘러싸고 벌어지는 논의 역시 대체로 물질적 재화와 자원의 분배 문제에 초점을 맞추고 있다. 예를 들어, 의료 분야의 정의에 관한 논의들은 대부분 치료, 고급 장비, 고비용의 의료 절차와 같은 의료 자원들의 분배 문제에 치중한다(가령 Daniels, 1985, 특히 3장과 4장). 환경윤리 분야의 논의에서도 정의의 쟁점이 생겨나는데 사정은 비슷하다. 환경 분야 정의의 주된 초점은 개인과 집단 사이에 자연 자원과 사회적 자원이 분배되는 것에 정책 선택지들 각각이 어떤 영향을 미칠 것인가이다(가령 Simon, 1984 참조).

3장에서 자세히 보게 되겠지만, 복지 자본주의 사회welfare capitalist society의 사회적 맥락을 살펴보면 소득이나 여타의 물질적 자원들의 분배에 치중하게 되는 경향이 왜 생겨났는지를 알게 된다. 복지와 관련해서 노·사·정이 합의하여 정책을 수립하는 사회에서의 공적인 정치적 논의는 대체로 과세의 문제, 그리고 대립하는 사회적 이익집단들 사이에서 공적 자금을 어떻게 분배할 것인지 문제에 국한된다. 그렇게 되면 사회 부정의에 관한 공공적 논의는 부와 소득의 불평등, 그리고 국가가 어느 정도로 빈곤층의 고통을 완화할 수 있는지와 완화해야 하는지를 둘러싸고 진행되기 마련이다.

철학자들이 부와 자원의 분배라는 쟁점에 주목하는 강력한 이유가 분명히 있기는 하다. 개인들이 접하는 물질적 재화들의 양의 차이가 엄청나서 수백만 명은 굶주리지만 나머지 사람들은 원하는 대로 가질 수 있는 사회 및 세계에서 정의론이라면 마땅히 물질적 재화의 분배를 다루어야만 할 것이다. 극심한 빈곤으로 고통 받는 사람들에게 기초적인 물질적 재화를 즉각적으로 제공하는 것은 세계를 보다 정의롭게 만들고자 추구하는 정책이라면 당연히 최우선적으로 고려해야 할 사항이다. 빈곤의 해결이라는 호소가 분배와 재분배에 대한 고려를 당연히 포함하리라는 것은 명약관화하다.

그러나 현대의 미국 사회에서 공공적으로 정의에 호소하는 상당수 주장의 주된 관심사는 물질적 재화의 분배가 아니다. 매사추세츠 주의 한 농촌 마을의 주민들은 그 인근에 대규모 폐기물 처리시설이 들어서는 것에 반대하여 시위를 조직했다. 그들의 전단지는 주의 법률이 그들에게 거부 의사를 표현할 기회를 주지 않음으로써 자신들의 공동체를 부당하게 대우한 것이라고 사람들을 설득했다(Young, 1983). 오하이오 주의 어느 도시의 시민들은 한 대기업이 지역 사업장을 폐쇄한다고 통지하자 격렬하게 분노했다. 그들은 그 기업이 아무런 사전경고도 하지 않고, 또는 해당 공동체와 협상이나 상의를 하지 않고 그 시의 2분의 1 가까운 일자리를 날려 버리는 사기업 결정권자의 권력이 과연 정당한 것이냐고 물은 것이다. 어떤 보상이 가능할지 논의하는 것에 대해 해당 지역 시민들은 조소를 보냈다. 이들이 주장하는 바는, 실직해서 돈이 부족하다는 점만이 아니라 아무리 사기업이라고 하더라도 지역 경제를 괴멸시키는 결정을 할 권리는 없다는 것이다. 실직한 노동자들과 공동체 여타 구성원이 그 사업체를 인수하여 직접 운영할 수 있는 선택지를 가져야 한다는 것이 정의가 요구하는 바일 것이다(Schweickart, 1984). 이 두 사례는 물질적인 분배의 정의보다는 의사결정 권력과 절차의 정의가 관건임을 잘 보여 준다.

흑인 운동 측 비평가들은 TV 방송에서 흑인들을 그려낼 때 존재하는 심대한 부정의에 TV 산업이 책임이 있다고 주장한다. 대체로 흑인들은 범죄자, 매춘부, 하녀, 사기꾼, 불법의 공모자로 재현된다. 흑인들이 권위, 화려함, 미덕의 역할을 맡는 경우는 드물다. 아랍계 미국인들은 TV나 영화에서 아랍인이 눈에 띄는 역할을 맡을 경우 오로지 사악한 테러리스트나 촌스럽게 야한 왕자로 묘사되는 정도에 대해, 또 반대로 테러리스트라면 거의 언제나 아랍인이라는 점에 대해 분개한다. 특정 인종을 상투적인 고정관념에 따라 묘사하는 미디어에 대한 분노는 물질적인 분배의 부정의에 관한 주장이라기보다는 문화적 이미지와 상징의 부정의에 관한 주장으로 제기된다.

컴퓨터 하이테크 시대에 사무직 노동자 조직은 온종일 컴퓨터 단말기 앞에 앉아서 컴퓨터 화면에 고속으로 단순한 수치들만을 입력하는 노동은 어떤 인간도 해서는 안 되는 일이라고 주장한다. 그러한 노동 현실이 부정의하다는 주장은 컴퓨터 관련 사무직 노동자들이 3만 달러의 연봉을 번다고 하더라도 제기될 수 있는 부정의의 주장이다. 그런 점에서 이들이 비판하는 것은 재화 분배의 부정의가 아니다. 이 사례에서의 주된 정의의 문제는 노동 분업의 구조에, 또 의미 있는 노동에 대한 권리right to meaningful work와 관련되어 있다.

이처럼 우리 사회에는 일차적으로 소득, 자원, 지위 등의 분배에 관한 것이 아닌 정의와 부정의 주장들이 상당수 존재한다. 물질적 재화와 자원의 분배에 치중하는 분배 패러다임은 사회구조와 제도적 맥락을 평가 대상으로 삼지 못하기 때문에 정의의 영역을 부당하게 제한한다는 문제가 있다. 많은 저자들은, 특히 자본주의 제도들과 계급관계를 평가 대상으로 삼지 못한다는 점과 관련해서 분배적 정의 이론들의 결함을 주장한다. 예를 들어, 앨런 우드Allen Wood[10]는 자신의 유명한 논문에서(1972) 마르크스에게 있어서 정의란 오로지 상부구조에 속하는 분배의 법률관계일 뿐이므로 그 근저에 놓여 있는 생산양식에 의해서 제약된다고 주장한다. 그 법률관계들이 분배에 국한되기 때문에 정의 원리들이 생산의 사회적 관계를 평가하는 데 활용될 수는 없다는 것이다(Wolff, 1977, 199~208쪽 참조).

분배적 정의 이론들이 계급 불평등이라는 맥락을 평가하지 못하면서 실은 계급 불평등을 이미 전제하고 또 은폐한다는 이유에서 분배 정의 이론들을, 특히 롤스의 정의론을 비판하는 저자들이 있다(Macpherson, 1973; Nielsen, 1978). 에반 심슨Evan Simpson은 분배적 정의관은 계급관계를 조명하거나 평가할 수 없다고 말한다. 특정한 개인의 행동이나 취득이라는 점에 의거해서는 결코 이해될 수 없는 구조적 현상, 즉 '개인들의 행동이 모여 복잡화되어 생겨난 거시적 이전macroscopic transfer'(Simpson, 1980, 497쪽) 현상을 분배적 정의관의 개인주의로는 파악해 내기 어렵다는 이유에서이다.

정의론들이 분배적 측면에 치중하는 것을 마르크스주의 관점에서 비판하는 사람들은 정의란 부르주아 이데올로기에서 나온 개념이어서 사회주의적인 규범적 분석에는 유용하지 않다고 결론짓

---

10 앨런 우드(1942~)는 미국 출신의 칸트 및 독일 관념론 분야의 전문가이다. 미국 인디애나 대학교 철학과 교수로 재직 중이다. 칸트 전문가이면서도 마르크스의 정의론 및 윤리학에 관한 주목할 만한 저술을 했다.

는다. 이에 반대하는 사람들도 있고 해서, 그 찬반양론이 정의에 대한 마르크스주의 연구 문헌의 큰 부분을 차지하고 있다. 뒷부분에서 나는 분배적 패러다임에 대해 비판한다고 해서 정의 개념 자체를 버리거나 정의 개념을 초월해야 하는 것은 아니라고 주장할 것이다. 현재로서는 이 논쟁의 양 당사자들이 모두 동의하는 점, 즉 주류 정의론은 경제체제를 규정하는 생산관계를 미리 전제하면서 또 무비판적으로 받아들인다는 점에 초점을 맞추고자 한다.

분배 패러다임에 관한 마르크스주의적 분석은 생산적인 출발점이 되기는 하지만, 너무 협소하면서 동시에 너무 광범위하다. 너무 협소한 까닭은 다음과 같다. 분배 패러다임이 사회구조나 제도적 맥락을 제대로 평가하지는 못하지만, 사회구조나 제도적 맥락이 나타나는 현상이 자본주의의 계급관계에 국한되는 것은 아니다. 예를 들어, 페미니즘 저자들이 지적하듯이, 현대의 정의론들은 가족 구조를 전제하면서 섹슈얼리티sexuality, 가정 내 내밀한 관계, 자녀 양육, 가사 노동과 관련된 사회관계들이 어떻게 조직되어야 최상인지에 관해 전혀 묻지 않는다(Okin, 1986; Pateman, 1988, 41~43쪽 참조). 현대의 자유주의 정의론자들은 그들의 선배들과 마찬가지로 기본적인 분배가 발생하는 단위들이 가족이라고 상정하고, 개인들은 가족 구성원의 자격으로, 대개는 가족의 수장이라는 자격으로, 정의가 작동되는 공적 영역에 들어간다고 상정하는 경향이 있다(Nicholson, 1986, 4장). 그렇기 때문에 자유주의 정의론자들은 가족 내부에서의 정의 문제들, 예를 들어 대부분의 법이나 고용정책에서 여전히 전제되고 있는 전통적인 남녀 노동 분업이 정의로운가와 같은 문제를 포착해 내지 못한다.

이처럼 분배 패러다임에 대한 마르크스주의적 비판은 너무 협소하기도 하지만, 또 너무 막연하기도 하다. 분배적 패러다임이 계급관계를 평가하지 못한다는 주장은 어떤 종류의 비분배적nondistributive 쟁점들이 구체적으로 문제가 되는지를 분명하게 밝히기에는 너무 일반적인 주장이다. 예를 들어, 재산은 재화, 토지, 건물, 주식의 형태로 분배되지만, 권리라든가 이런저런 직위 등을 정해 주는 법률관계는 분배될 수 있는 재화들이 아니다. 법적 틀은 재화 처분과 관련된 행위와 권리를 정해 주는 규칙들로 구성된다. 확실히 계급 지배는 자본을 어디에 투자할 것인지를 결정하는—그런 점에서 일종의 분배 결정이다—행위자들에 의해서 수행된다. 그러나 자본주의적 의사결정의 구조를 만드는 사회적 규칙, 권리, 절차, 영향력과 같은 것은 분배되는 재화가 아니다. 분배의 문제를 발생시키는 제도적 맥락을 이해하고 평가하기 위해서는 '계급'과 '생산양식'이라는 생각들이 특정한 사회적 과정이나 관계의 측면에서 구체화되어야만 한다. 7장에서 사회적 노동 분업이라는 주제를 다루면서 어느 정도 구체화 작업을 하고자 한다.

부, 소득, 지위의 분배에만 과도하게 초점을 맞추는 태도에 대해 내가 가하는 비판이 전반적으로 지적하고자 하는 바는 다음과 같다. 그러한 태도는 분배를 발생시키는 제도적 맥락, 그리고 일자리나 부를 분배하는 정형을 낳는 원인—적어도 부분적인 원인—이기도 한 제도적 맥락을 간과하고, 게다가 은폐하는 경향이 있다는 것이다. 이때 말하는 제도적 맥락은 '생산양식'보다는 넓은 의미로 이해되어야 한다. 제도적 맥락은 국가, 가족, 시민사회, 직장과 같은 제도들에 존재하는 구조들이나 행동들을 포함하며, 이 구조나 행동들을 향도하는 규칙들과 규범들도 포함하고, 나아가서는 그 속에서 이루어지는 사회적 상호작용을 매개하는 언어와 상징들까지도 포함한다. 행동 결정에 참여할 수 있는 사람들의 역량, 또 이 참여의 역량을 개발하고 행사할 수 있는 사람들의 역량 형성의 조건들이 이런 제도적 맥락의 요소들로 이루어지는 한에서는, 제도적 맥락의 그 구성 요소들은 정의와 부정의 판단에 적실성이 있다.

사회정의에 관한 많은 논의들이 이런저런 분배들을 발생시키는 제도적 맥락을 간과하고 있을 뿐만 아니라 특정한 제도적 구조를 전제한다. 그러면서 이 제도적 구조 자체의 정의는 평가 대상으로 삼지 않는다. 예를 들어, 어떤 정치 이론들은 대부분 사람들의 일상생활과 절연된 중앙집권적 입법부와 행정기관들, 국가 관료들이 정책 결정을 하고 집행한다고 상정하는 경향이 있다. 그러한 정치 이론들은 당연히 공무원과 복지 기관 같은 근대국가의 제도들이 조세와 행정 서비스를 집행하는 것으로 상정한다(가령 Rawls, 1971, 274~284쪽 참조). 정부를 정의롭게 조직한다는 문제, 정치적 의사결정을 정의롭게 만드는 방법의 문제는 거의 제기되지 않는 것이다.

7장에서 다시 언급되겠지만, 다른 종류의 예를 들어 보자. 일자리와 직위를 사람들 사이에서 분배할 때 정당한 원리가 무엇인지를 고찰하면서 철학자들은 별 생각 없이 그러한 일자리와 직위의 위계질서를 미리 전제한다. 즉, 어떤 직업과 직위는 상당한 자율성, 의사결정 권력, 권위, 소득, 자원에 대한 접근성을 지니는 반면, 다른 직업과 직위는 이러한 속성을 거의 갖지 못하는 계층화된 노동 분업체계를 상정한다는 것이다. 사회적 지위들을 그렇게 정하고 조직화하는 것이 과연 정의로운가에 관하여 정의 이론가들이 명시적으로 질문하는 경우는 드물다.

정의에 대한 이론 작업이 특정한 구조적 배경 조건과 제도적 배경 조건을 전제하고 있는 또 다른 종류의 방식들이 많이 거론될 수 있을 것이다. 모든 경우에 있어서 정의론의 배경 조건들을 분명하게 이해하게 되면, 이 배경 조건들이 분배에 어떻게 영향을 미치는지—무엇을 분배할 것인지, 어떻게 분배되는지, 누가 분배하는지, 그리고 분배의 결과가 무엇인지—드러나게 된다. 마이클 왈저의 견해를 빌려 말하자면, 나의 목표는 "우리의 관심을 분배 그 자체로부터 분배 문제가 배태되고 창출되는 과정, 즉 무엇이 분배될 재화인지 지명하고, 재화의 의미를 부여하며, 재화를 공동으로 만들어 내는 과정으로 옮기는 데 있다(Walzer, 1983, 7쪽)." 나는 분배 정의 이론들이 놓치는 세 가지 주된 비분배적인 쟁점, 즉 의사결정 구조 및 절차, 노동 분업, 문화라는 쟁점에 논의의 대부분을 집중하고자 한다.

의사결정에 관련된 쟁점은 누가 그 지위로 인해서 결정을 내릴 수 있는 실질적인 자유나 권위를 가지게 되는가라는 물음뿐만 아니라, 결정이 이루어지는 규칙과 절차에 관한 물음도 포함한다. 예를 들어, 경제적 정의에 대해 논의할 때 경제적 관계를 결정하는 데 핵심 요인인 의사결정 구조를 경시하는 경우가 많다. 미국 사회의 경제적 지배economic domination는 단순히 일부의 사람들이 다른 사람들보다 더 큰 부나 소득을 가지고 있어서 생겨나는 것이 아니다. 적어도 경제적 지배는 부와 소득의 차이의 영향만큼이나 수많은 사람에게 영향을 미치는 투자, 생산, 마케팅, 고용, 이자율, 임금을 결정할 권력을 그 일부 집단의 사람들에게 부여하는 회사 구조 및 법적 구조와 각종 절차에서도 기인한다. 이러한 결정을 내리는 자들이 모두 부유하거나 특권층인 것은 아니지만, 그 의사결정 구조는 분배상의 불평등을 재생산하고 사람들의 삶에 가해지는 부당한 속박도 재생산해낸다. 2장에서 나는 이를 착취와 주변화marginalization로 명명할 것이다. 캐럴 굴드(Carol Gould, 1988, 133~134쪽)[11]가 지적하는 것처럼, 이러한 의사결정 구조에 명시적으로 초점을 맞추어 고찰하는 정의 이론들은 드물다. 다음 장들에서 나는 의사결정 구조의 구체적인 쟁점들을 제시하고는 민주적인 의사결정 절차가 사회정의의 한 요소이자 조건이라고 주장할 것이다.

노동 분업은 분배적으로도 동시에 비분배적으로도 이해될 수 있다. 분배적 사안으로서 보자면, 노동 분업은 이미 존재하는 직업, 일자리, 또는 업무가 어떻게 개인 또는 집단에게 할당되는지를 일컫는다. 반면 비분배적 사안으로서 보자면, 노동 분업은 직업[또는 일] 그 자체를 규정하는 것과 관련된다. 제도적 구조로서의 노동 분업은 이미 주어진 지위에서 수행되는 업무의 범위와 관련되며, 또 이러한 업무의 속성, 의미, 가치를 규정하는 것도 포함하고, 나아가 각종 지위 사이에서 벌어지는 협동, 갈등, 권위의 관계들도 포함하게 된다. 예를 들어, 성별에 의한 노동 분업의 정의로움에 관하여 페미니스트들은 분배적인 관점에서도 동시에 비분배적인 관점에서도 여러 가지 주장을 해왔다. 분배적 관점에서 보자면, 가장 명망 있는 직업군에 너무나 낮은 비율의 여성이 있을 뿐인 지위 분배의 정형이 과연 정의로운지 페미니스트들은 의문을 제기해 왔다. 비분배적 관점에서 보자면, 직업이나 일자리를 평가할 때 가령 도구를 필요로 하는

---

11 캐럴 굴드(1946~)는 미국 출신의 페미니스트 철학자로서 뉴욕시립대학 헌터 칼리지(Hunter College) 철학과 석좌교수이다. 민주주의와 인권을 주제로 활발한 저술 활동을 펼치고 있다. 대표적인 저서로 『Rethinking Democracy: Freedom and Social Cooperation in Politics』(1988), 『Globalizing Democracy and Human Rights』(2004, 이 저서로 2009년 미국 정치학회 저술상을 수상함), 『Interactive Democracy: The Social Roots of Global Justice』(2014)가 있다.

것이냐 감정을 필요로 하는 것이냐로 분류하여 남성적 또는 여성적 성격의 직업[또는 일]으로 파악하는 의식적 또는 무의식적 연상 활동에 대해 페미니스트들은 의문을 제기해 왔다. 이런 문제 제기는 그 자체로는 분배적 사안이 아니다. 2장에서는 착취의 맥락에서 노동 분업의 정의 문제를 따져 보겠다. 7장에서는 선진 산업사회에서 가장 중요한 노동 분업, 즉 업무를 정의하는 것과 업무를 수행하는 것 사이의 노동 분업을 고찰할 것이다.

문화는 내가 주목하는 비분배적 쟁점의 세 가지 범주 중에서 가장 일반적인 것이다. 문화는 사람들이 자신의 경험을 표현하고 의사소통하는 상징, 이미지, 의미, 습관적인 행동거지, 이야기 등을 포함한다. 문화는 도처에 존재하기는 하지만, 사회정의에 관해 논의할 때 특별하게 고려해야 할 가치가 있다. 사람들이 다른 종류의 사람들에게, 그리고 행위, 제스처, 제도들에 덧붙이는 상징적 의미는 대체로 사람들의 사회적 지위와 사람들이 가지는 기회들에 상당한 영향을 준다는 점에서이다. 2장, 4장, 5장과 6장 1절에서 나는 어떤 집단들에 표지를 부여하고 이들을 고정관념에 따라 정형화하면서 이들 집단을 침묵시키는 문화제국주의의 부정의를 탐구할 것이다.

분배 개념의 과잉 확장

지금까지의 나의 주장에 대해 다음과 같은 반론이 가능하겠다. 정의에 관한 철학적 논의들이 재화의 분배를 중시하고 의사결정과정 구조와 문화라는 제도적 쟁점을 간과하는 경향이 있다는 점은 참일 수 있다. 하지만 그러한 경향이 정의를 분배의 측면에서 풀이하는 작업의 필연적 결과는 아니다. 분배적 정의 이론들은 부, 소득, 자원의 분배를 넘어서 사회조직의 쟁점들에까지 적용될 수 있고 또 그래야 한다. 이러한 반론이 강력하게 주장하는 바는 실제로 많은 정의 이론가들이 분배 정의의 영역을 그와 같은 비물질적 재화의 영역에까지 명시적으로 확장하고 있다는 것이다.

예를 들어, 롤스는 정의의 주제를 '주요 사회 제도들이 근본적인 권리들과 의무들을 분배하는 방식'으로 파악한다(Rawls, 1971, 7쪽). 그리고 롤스에게 정의의 주제는 부나 소득뿐만 아니라 의사결정과정, 사회적 지위, 권력 등과 관련 있는 권리들과 의무들도 포함한다는 점은 명백하다. 마찬가지로 데이비드 밀러는 "정의관conception of justice이 평가 대상으로 삼는 '혜택'의 분배에서 그 혜택에는 위신과 자존감 같은 무형적 혜택도 포함된다고 보아야 한다."(Miller, 1976, 22쪽)고 명확히 말한다. 윌리엄 갤스턴 또한 "정의의 사안은 재산이나 소득의 분배뿐만 아니라, 생산적인 업무, 발전의 기회, 시민권, 권위, 명예 등과 같은 비물질적 재화의 분배도 포함한다."(Galston, 1980, 6쪽; 116쪽 참조)고 주장한다.

정의를 분배의 측면에서 파악하는 분배 패러다임은, 물건, 소득, 일자리처럼 쉽게 식별 가능한 분배에 치중하게 될 편향성이 있을지도 모른다. 그러나 분배 패러다임의 아름다움과 단순함은 문화, 의사결정 구조, 노동 분업에 관련된 사안들까지 포함해서 그 어떤 정의의 사안도 수용할 수 있다는 점에 있다. 그렇게 하기 위해서 분배 패러다임은 여러 행위자들에게 물질적 또는 비물질적 재화를 분배한다는 측면에서 정의의 쟁점을 간단하게 정식화한다. 그 어떤 사회적 가치도 구체적인 행위자들이 측정 가능한 양으로 보유하는 사물이나 사물들의 합으로 처리될 수 있고, 그러한 재화를 분배하는 최종 상태의 정형들 각각은 상호 비교될 수 있다. 가령, 신고전경제학자들은 모든 의도적 행위를 인식 가능한 모든 재화의 효용이 양화量化될 수 있고 비교될 수 있는 효용함수 최대화 문제로 환원하는 정교한 도식을 발전시켜 왔다.

하지만 바로 이것이야말로 분배적 패러다임의 주요한 문제라는 게 내 생각이다. 분배 패러다임은 분배의 논리가 적용될 수 없게 되는 한계점을 인정하지 않는다. 분배적 정의 이론가들은 정의가 사회 제도의 모든 면을 평가할 때 주된 위상을 가지는 규범 개념이라는 데 동의하기는 하지만, 정의의 범위는 곧 분배라고 본다. 이는 물질적인 것들이 아니거나 양적으로 측정할 수 없는 사회적 재화에까지 분배의 논리를 적용하는 것을 당연히 함축한다. 분배의 논리를 이러한 재화들에게까지 적용하다 보니 그 재화들과 관련된 정의의 쟁점을 오도하는 잘못된 정의관이 생겨난다. 그런 잘못된 정의관은 사물로서가 아니라 규칙과 관계의 함수라고 이해해야 더 적합한 사회생활의 측면들을 물화物化, reify한다. 게다가 그런 정의관은 사회적 과정에 주목하기보다는 주로 분배의 최종 상태의 정형들에 의거하여 사회정의를 고찰한다. 이러한 분배 패러다임은 잘못된 혹은 불완전한 사회존재론social ontology을 담고 있다.

하지만 왜 사회존재론의 쟁점이 정의를 규범적으로 이론화하는 데 연관성이 있어야 하는 것일까? 사회를 규범적으로 평가하는 주장이라면 암묵적으로이기는 하나 사회의 속성에 대해 이런저런 가정을 하기 마련이다. 정의를 규범적으로 판단한다는 것은 존재하는 무엇인가에 대해 판단한다는 것인데, 사회존재론 없이는 우리는 정의에 대한 규범적 판단들이 도대체 무엇에 관한 것인지를 알지 못한다. 분배 패러다임은 정의에 관한 사회적 판단들은 개인들이 가지고 있는 것에 관한 판단이라고, 또 개인들이 얼마나 가지고 있는가에 관한 판단이라고, 그리고 그렇게 보유한 양과 다른 사람들이 가지고 있는 양을 어떻게 비교할 것인지에 관한 판단이라고 암묵적으로 상정한다. 보유하는 것에만 주목하는 이러한 견해는 어떤 제도적 규범들에 따라 사람들이 행동하는지, 사람들이 행동하고 보유하는 것이 자신들의 지위를 형성하는 제도화된 관계에 의하여 어떻게 구조화되는지, 사람들의 행위가 결합된 결과가 다시 그 자신들의 삶에 어떤 영향력을 행사하게 되는지를 사유하지 못하게 막는 경향이 있다. 나의 이 주장을 개진하기 전에 세 가지 비물질적 재화에 분배 패러다임이 적용되는 몇 가지 사례를 고찰하기로 하자. 정의 이론가들에 의해서 자주 거론되는 권리, 기회, 자존감이 그것이다.

앞에서 나는 정의는 '권리와 의무'의 분배와 관련된다는 명제를 부각하기 위해 롤스를 인용했었다. 물론 권리를 분배한다는 담론을 롤스만 제시하는 것은 결코 아니다. 그런데 권리를 분배한다는 것은 도대체 무슨 의미일까? 물질적인 재화, 자원 또는 소득 분배 시 몫을 받을 권리라고 생각하는 사람도 있을 것이다. 그러나 이때 분배되는 것은 재화이지 권리가 아니다. 자원이나 물건을 지칭하지 않으면서, 자유롭게 표현할 수 있는 권리라든가 배심원에 의하여 재판받을 수 있는 권리를 분배한다는 것은 무슨 의미일까? 어떤 사람들에게는 이러한 권리들이 인정되는 반면, 여타의 사람들에게는 허용되지 않는 사회를 상상해 볼 수는 있다. 그렇지만 이러한 상태가 누군가 재화의 일정한 '양' 또는 '부분'을 가지고 있고 나머지 사람들은 더 적게 가지고 있다는 것을 의미하지는 않는다. 모든 사람들이 이러한 권리를 가지는 것으로 상황을 변경하더라도, 소득의 재분배를 유추 적용해서 전에는 특권계층이었던 집단이 표현의 자유 권리나 배심재판의 권리 중 일부를 나머지 사회 구성원들에게 내어주는 것으로 생각될 수는 없다.

권리를 소유물로 파악하는 것은 무익하다. 권리는 관계이지, 사물이 아니다. 권리는 타인과의 관계 속에서 사람들이 할 수 있는 바를 명시하는, 제도적으로 규정된 규칙이다. 권리는 무엇인가를 소유하는 이상의 것, 즉 무엇인가를 하는 것, 다시 말하면 사람들의 행위를 가능하게 하거나 또는 못하게 제약하는 사회적 관계를 의미한다.

기회의 분배 담론 역시 동일한 혼란에 처해 있다. 만일 우리가 기회opportunity를 '찬스chance'로 이해한다면, 누군가는 다른 사람들보다 기회를 더 많이 보유하지만 누구는 기회를 전혀 갖지 못한다고 말하는 것이 유의미할 수 있다. 내가 유원지에 가서 인형을 쓰러뜨릴 수 있는 세 번의 찬스를 구입할 수 있고 내 친구는 여섯 번의 찬스를 구입할 수 있으면, 그녀는 나보다 더 많은 찬스를 가질 것이다. 하지만 찬스와는 다른 성격의 기회들의 경우에는 상황이 전혀 달라진다. 제임스 니켈(James Nickel, 1988, 110쪽)[12]은 기회를 '극복할 수 없는 장애물들이 없는 상태와 잔존하는 장애물들을 극복할 수 있는 가능성을 제공하는 개인 내면적 또는 외면적 수단이 존재하는 상태가 결합되어 있는 사태'로 정의한다. 이러한 의미에서의 기회는 어떤 것을 가능하게 하는 조건으로서, 개인이 자신을 스스로 바라보는 자아관과 기량도 포함하지만 사회적 규칙들과 사회적 관계들의 결합된 상태도 포함한다.

---

12 제임스 니켈은 컬럼비아 대학교 철학과 및 로스쿨 교수이다. 인권을 주제로 하여 주목할 만한 저술을 하고 있다. 대표적인 저서로 『Making Sense of Human Rights』 (1987, 2006년 대폭 수정하여 전정증보판으로 출간됨)가 있다. 이 책은 『인권의 좌표』(2010)라는 제목으로 조국 교수가 번역했다.

일상적 언어 사용에서 우리는 어떤 사람들이 남들보다 '더 적은' 기회를 가진다고 말하기 때문에 잘못 생각할 수도 있다. 우리가 이렇게 말할 때에, 기회는 나누어 주거나 나누어 주지 않음으로써 증대되거나 증감될 수 있는, 분리 가능한 재화인 양 여겨진다는 것이다. 물론 우리는 기회가 할당되는 것이 아니라는 점을 알고 있으면서도 말이다. 기회는 무엇인가를 소유함보다는 무엇인가를 할 수 있는 역량을 갖추게 함enablement을 나타내는 개념이다. 즉, 기회는 소유하는 이상의 것, 무엇인가를 하는 것을 의미한다. 누군가가 무엇인가를 행할 때 제약을 받지 않는다면 그 사람은 기회를 가지는 것이며, 그 무엇인가를 행할 수 있는 역량을 갖추게 하는 조건 아래에서 살아가는 것이다. 이러한 의미에서의 기회를 가진다는 것은 확실히 식량, 의복, 도구, 토지, 또는 기계와 같은 물질을 보유한다는 점을 함축하기는 한다. 하지만 무엇인가를 하는 데 가능하다거나 제약되어 있다거나 하는 것에는 물질적 재화를 보유하는 것보다 더 직접적으로 관련성을 가지는 게 있다. 한 사람의 행위를 규율하는 규칙들이나 관행들, 특정한 사회적 관계의 맥락에서 다른 사람들이 행위자 개인을 대하는 방식, 여러 행위들과 관행들이 합류하여 생겨난 더 큰 구조적 가능성들이 그것이다. 기회를 소유된 사물로 운위하는 것은 터무니없는 일이다. 그러므로 사람들이 기회를 보유하느냐 여부에 비추어서 사회정의를 평가할 때 우리는 분배의 결과를 평가하는 것이 아니라 관련 상황에서 개인들로 하여금 행동할 수 있게 하거나 행동할 수 없게 만드는 사회구조를 마땅히 평가해야 하는 것이다(Simpson, 1980; Reiman, 1987 참조).

예를 들어, 교육의 기회를 생각해 보자. 교육의 기회를 제공하는 것은 확실히 돈, 건물, 책, 컴퓨터 등과 같은 특정한 물질적 자원들을 배분하는 것을 함축한다. 이러한 자원이 많으면 많을수록, 한 교육제도 하에서 아이들에게 제공되는 기회는 더 커진다고 생각함직하다. 그러나 원래 교육은 복잡한 사회적 관계의 맥락에서 일어나는 과정이다. 미국이라는 문화적 맥락에서 볼 때, 남자아이와 여자아이, 노동자층의 아이와 중산층의 아이, 흑인 아이와 백인 아이에게 동등한 양의 자원이 할애되었음에도 이들이 주어진 교육 자원을 사용하여 자신의 것으로 삼을 수 있는 역량 발전의 기회를 평등하게 가지지는 않는 게 보통이다. 그렇다고 해서 분배가 교육 기회와 전혀 상관이 없다는 것은 아니다. 단지 기회가 분배보다는 더 넓은 범위를 가진다는 점을 말하고자 할 뿐이다.

마지막으로 예를 들자면, 정의를 다루는 많은 저자들은 한 사회가 정의로워지려면 마땅히 모든 사회 구성원이 가져야 하는 기본 재화primary goods[13] 중의 하나로 자존감을 꼽을 뿐만 아니라, 자존감의 분배에 대해서도 이야기한다. 그러나 자존감을 분배한다는 것은 어떤 의미인가? 자존감은 독립된 실체나 측정 가능한 집합체도 아니며, 모종의 비축된 곳에서 부분적으로 떼어 올 수 있는 것도 아니다. 자존감은 불변의 실체에 부착되어 분리 가능한 속성을 가진 것으로서 사람으로부터 뗄 수 있는 것이 아니다. 자존감은 한 사람이 가지는 보유물이나 속성을 지칭하는 것이 아니라 그/그녀의 전반적인 상황과 삶의 전망을 향해서 가지는 그/그녀의 태도를 가리

---

13 사람들이 자신의 가치관과 인생관—타인에게 해악을 끼치거나 터무니없이 괴상한 것이 아닌 한 그 내용이 무엇이든지 상관없이—을 실현하려면 당연히 필요로 하는 재화(善)들—만능 수단이 되는 것들—을 일컫는 롤스의 용어이다. 여기에는 기본권, 권력 및 권한, 지위 및 직업, 기회, 돈(富), 적절한 의료, 자존감의 사회적 기반 등이 포함된다. 국내에서는 '기초적 선'으로 번역되기도 한다.

킨다. 롤스는 자존감을 그 자체가 분배되는 어떤 것이라고 보지는 않지만, 분배의 체계가 자존감의 배경 조건을 마련해 준다고는 말한다(Rawls, 1971, 148~150쪽). 분배 가능한 물질적 재화들을 보유할 때, 많은 경우 자존감의 조건이 될 수 있다는 점은 확실히 맞다. 하지만 분배의 체계로 환원될 수 없는 많은 비물질적인 조건들 또한 자존감을 포함하고 있다(Howard, 1985 참조).

사람들은 스스로를 어떻게 정의하고 다른 이들이 자신을 어떻게 보는지에 따라, 그들 스스로가 시간을 어떻게 보내는지에 따라, 행동할 때 가지는 자율성이나 의사결정 권력의 양에 따라, 자존감을 가지기도 하고 그렇지 못하기도 한다. 이 요인들 중 어떤 것들은 분배적 용어로 개념화될 수 있지만, 다른 것들은 그러지 못하기도 한다. 예를 들면, 자존감은 재화의 함수이기도 하다. 마찬가지로 자존감은 적어도 문화의 함수이기도 하다. 뒷장들에서 나는 우리 사회의 많은 이들의 자존감을 약화시키는 문화제국주의의 몇몇 요소들을 다룰 것이다. 이 장에서 내가 말하고자 하는 핵심은 자존감의 그 어떤 형식도 개인들이 소유하는 재화로 파악될 수는 없으며, 자존감에 필요한 조건들 중 어떤 것들은 그럴 수 있지만 그 조건 모두가 개인들이 소유한 재화로 파악될 수는 없다는 것이다. 자존감의 형식들과 조건들은 그런 재화라기보다는 오히려 개인들의 행위가 내장된 관계들과 과정들이다.

이런 점들이 분배의 개념을 물질적인 재화들이나 양적으로 측정할 수 있는 것들을 넘어서 비물질적인 가치들로 확장할 때 생겨나는 일반적인 문제점이다. 첫째, 그렇게 함으로써 사회적 관계들과 제도적 법칙들을 물화한다. 확인할 수 있고 할당할 수 있는 것은 분배되어야만 한다. 분배 패러다임은 관계보다는 고정된 실체를 중시하는 사회존재론을 암묵적으로 전제하는데, 이 존재론에 따라 분배 패러다임은 개인들을 사회적인 관계와 제도에 논리적으로 앞서서 존재하는 사회적 원자들social atoms로 생각하는 경향이 있다. 앞에서 인용했던 갤스턴이 명확하게 밝혔듯이(Galston, 1980, 112쪽), 정의를 개인들에게 재화를 분배하는 것이라고 파악하는 것은, 분석적으로 보자면 재화들을 분배받는 개인들이 그 재화들과는 별개로 분리되어 존재한다고 보는 것이다. 개인들을 이런저런 속성이 부착되는 고정불변의 실체로 보는 원자론적 인간상은 개인적 정체성들과 여러 능력들 그 자체가 여러 가지 점에서 사회적 과정들과 관계들의 산물이라는 점을 깨닫지 못한다. 사회들은 사회와 절연되어 이미 존재하는 개인들에게 그저 재화를 분배하는 것이 아니다. 사회는 개인들을 그 정체성들과 능력들 속에서 구성한다(Sandel, 1982; Taylor, 1985). 그러나 분배 패러다임의 논리는 사람들이 어떤 행동을 할 수 있다는 것 또는 제약을 받는다는 점이 사람들 상호 관계의 함수라는 점을 인식하지 못한다. 2장에서 보게 되겠지만, 이와 같은 원자론적 사회존재론은 정의의 쟁점을 이해할 때 사회집단이 가지는 중요성을 간과하거나 은폐한다.

두 번째 문제점을 들자면, 분배 패러다임은 정의의 모든 쟁점을 분배 정형의 측면에서 고찰해야만 한다는 것이다. 그러한 작업은 과정들을 무시하는 정태적인 사회존재론을 함축한다. 분배 패러다임에서 개인들이나 또는 다른 행위자들[가령 기업이나 법인, 단체 등]은 더 많거나 더 적은 재화 묶음들이 할당되는 사회적 장 내의 점들로 존재한다. 개인들이 가진 재화 꾸러미들의 크기를 비교하고 그렇게 할당된 정형을 여타의 할당 정형들과 비교함으로써 분배 패러다임은 재화 꾸러미를 할당하는 분배 정형이 정의로운지 평가한다.

로버트 노직(1974, 7장)은 정의에 대한 정적인 접근 또는 분배의 최종 상태만을 중시하는 결과론적인 접근은 부적절하게 비역사적인 것이라고 주장한다. 노직은 정의에 대한 결과론적인 접근이 마치 사회적인 재화들이 마법처럼 나타나고 분배되는 것처럼 작동한다고 주장한다. 결과론적인 접근은 재화들을 창출하고 분배 정형을 생성하는 과정들을 보지 못한다는 것이다. 노직에게는 분배의 평가에 고려될 것은 오로지 과정뿐이다. 만약 개인들이 자신들이 정당하게 권리 자격을 가지는 보유물에서 시작해서 자유롭게 교환을 하게 된다면, 그 내용이 어떠하든 그 분배의 결과는 정의롭다. 이러한 '권원權源 정의론entitlement theory'은 여타의 이론들과 소유적 개인주의 사회존재론possessively individualist social ontology을 공유한다. 사회는 단지 개별적인 생산과 계약에 의한 교환을 통해 증가하거나 감소하는 사회적 재화들을 '보유'하는 개인들로 이루어진다. 개인들이 행동하면 그 행동들이 모여서 구조적 효과를 낳는다. 그런데 노직의 권리 자격 이론은 개인들이 예측할 수도 없고 의도하지도 않은 그 구조적 효과를, 또한 개인들이 동의할 수는 있겠지만 아마 실제로 동의하지는 않을 그 구조적 효과를 고려의 대상으로 삼지 않는다. 그런 결함이 있기는 하지만, 분배의 최종 결과에만 치중하는 정의 이론들은 사회적 과정을 간과하고 있다는 노직의 비판은 적절하다.

정의 이론들이 협소하게 정적인 사회존재론을 채택하게 되면, 중요하고 복잡한 결과들이 발생한다. 앤서니 기든스Anthony Giddens[14]

---

14 앤서니 기든스(1938~)는 영국의 저명한 사회학자로, 구조주의와 행위 이론을 결합한 '구조화(structuration)' 이론을 구축했고, 영국 노동당 토니 블레어의 '제3의 길(The Third Way)'의 이론적 기초를 놓았다.

는 일반적으로 사회 이론은 사회적인 관계들을 시간의 측면에서 고찰하는 작업을 해오지 않았다고 주장한다(Giddens, 1976, 2장; 1984, 3장과 4장). 행위 이론가들은 의도, 목적, 이유를 가지고 행동하는 주체들의 관점에서 사회적 관계를 정교하게 설명하는 이론들을 개발해 왔지만, 매일매일의 삶의 시간적인 흐름을 사상시키는 경향이 있었고, 그 시간적 흐름을 고려하는 대신 따로따로 존재하는 개인들의 고립된 행동들에 대해서만 이야기해 왔다는 것이다. 정의 이론과 관련해서 이것이 의미하는 바는 정의를 고찰할 때 제도가 갖는 의미를 간과한다는 것이다. 반면에 구조주의와 기능주의 사회 이론은 사회적인 규칙성들과 대규모의 제도적 정형들을 인식하고 설명하는 개념적인 도구들을 제공한다. 이 이론들 또한 일상적인 상호작용의 시간적인 흐름을 사상시키기 때문에 그 사회적 규칙성들과 제도적 정형들이 마치 고정된 실체인 것처럼 파악하는 경향이 있고, 그리하여 개인적 행동을 설명할 때 규칙성과 정형을 접속시켜 바라보지 못한다. 정의론과 관련해서 보자면, 이는 제도를 선택 및 규범적인 판단과 연결하지 못하고 상호 분리시켜 버린다는 것을 뜻한다. 과정을 진지하게 고려하는 사회 이론만이 사회구조와 개인들의 행동 사이의 관계를 이해할 수 있다고 기든스는 말한다. 개인들은 재화를 수용하기만 하거나 재산을 보유하기만 하는 존재라기보다는 타인과의 관계 속에서 타인과 함께 또는 타인에 대항하여 행동하는, 의미와 목적을 지닌 행위자이다. 우리는 기존의 제도들과 규칙들에 대해, 그리고 다수 행동들의 구조적인 결과에 대해 이미 알고 있는 채로 행동하며, 그러한 구조들은 우리의 행동들이 모여 형성되고 또 우리의 행동들을 통해서 재생산된다. 사회 이론은 개인들의 행동을 구조의 생산자와 재생산자로 파악해야 한다. 그 구조라는 것이 오로지 개인들의 행동에서만 존재하기 때문이다. 동시에 그렇게 생산되고 재생산되는 구조들과 관계들은 개인들의 사회적 행동의 배경이 되고, 매개체가 되고, 목적이 된다.

전통적인 사회 이론의 이런 약점은 정의의 분배 패러다임에도 적용될 수 있을 것이다. 나는 분배의 최종 결과만을 중시하는 결과론적 정형은 정의의 물음과는 무관하다는 노직의 주장에 동의하지 않는다. 분배의 최종 결과 정형들은 어떤 사람들이 삶을 건강하게 영위하고 존재할 수 없게 만들기도 하고, 어떤 사람들이 다른 사람들을 강압하도록 하는 자원들을 부여하기도 하기 때문에, 어떤 분배들의 경우에는 그것이 어떤 과정을 통해서 발생했는지에 상관없이 반드시 문제로 삼아야만 한다. 분배의 정형을 평가하는 것이 정의에 대한 질문을 할 때 중요한 출발점이 되는 경우가 많다. 그러나 사회 정의의 많은 쟁점들과 관련해서 볼 때 중요한 점은 특정한 순간에서의 특정한 분배의 정형이 아니라, 오랜 시간에 걸쳐 이루어지는 규칙적인 분배 정형의 재생산이다.

예를 들어, 고위직, 소득, 의사결정 권력의 모든 지위가 여성과 남성에게 비슷한 숫자로 분배되어야 한다는 가정에서 시작하지 않는 한, 매우 적은 숫자의 여성들만이 최고 기업 경영자 지위에 있다는 조사 결과가 나오더라도 그러한 상태가 부정의한 것이 아니냐는 물음으로 이어지지는 않는다. 기업 관리자 직으로 여성들이 더 많이 진출하고 경영학 학위를 취득한 여성들의 숫자가 괄목할 만하게 증대된 사회적 변화의 맥락에서만 앞에서 거론한 상황의 부정의 문제가 현저하게 두드러지게 된다. 비록 더 많은 여성들이 경영학 학위를 취득하고 어떤 회사들의 내부 정책들은 여성의 직장 경력을 장려하는 것을 목표로 하고 있음에도 불구하고, 여성은 바닥에 밀

집시키고 남성은 정상에 위치시키는 관리직의 분배 정형이 고수되고 있다. 정의가 궁극적으로 여성을 위한 평등을 의미한다고 가정하면, 이러한 정형은 수수께끼이며 황당한 것이다. 도대체 여기서 무슨 일이 벌어지고 있는지를 묻고 싶어진다. 왜 이런 일반적인 정형을 바꾸려는 의식적인 노력에도 불구하고 그것은 계속 재생산되는 것일까? 이 물음들에 답하는 것은 일련의 규칙들, 태도들, 상호작용들, 정책들의 망을 부정의한 분배 정형을 생산하고 재생산하는 사회적 과정으로서 평가한다는 것을 당연히 함축한다. 적절한 정의관이라면 분배의 정형들뿐만 아니라 과정들을 이해하고 평가할 수 있어야만 한다.

이러한 견해는 무엇이 특정한 분배를 낳는가를 다루는 경험적인 쟁점과 그 분배가 정의로운지를 다루는 규범적인 쟁점을 혼동하고 있는 것이 아니냐고 반론을 펼치는 사람도 있을 것이다. 그러나 다음 장에서 분명해질 것이지만, 나는 비판적 사회 이론의 정신에 따라 경험적인 사회 이론과 규범적인 사회 이론을 분리하는 것에 동의하지 않는다. 경험적인 진술과 규범적인 진술 사이에 차이가 있고 각각에 필요한 이유들의 종류에도 차이가 있기는 하지만, 기존의 사회들을 평가하고자 하는 규범적 이론이라면 경험적인 탐구를 도저히 회피할 수 없으며, 사회구조들과 관계들을 다루는 경험적인 연구라면 규범적 판단을 결코 회피할 수는 없다. 제도적 규칙들과 관계들에 대해 규범적인 판단을 하려면, 사회정의에 관한 연구는 현실의 분배들이 놓인 맥락과 그 분배들을 낳은 원인들을 고찰해야만 한다.

그렇다면 분배 패러다임의 정형 중시 지향은 제도적인 규칙들과 관계들을 사상하고, 또한 이 때문에 규칙들과 관계들을 평가의 대상으로 삼지 못하는 결과로 이어지기 십상이다. 개별 행위자들이 의도하지는 않았지만 개인적인 행동들이 누적되면서 발생하는 여러 결과 및 사회적 과정을 꼼꼼히 검토하지 않고서는 사회구조와 제도적 맥락의 많은 측면들을 인지할 수 없기 때문이다. 가령 우리가 2장에서 살펴볼 것처럼, 사회적 현실을 연구할 때 시간적 요인을 더 많이 고려하는 방법 없이는 정의 이론은 어떤 사람들의 노동이 일방적으로 다른 이들의 특권을 지탱시키는 사회적 과정인 착취를 개념화해 낼 수 없다.

권력 분배에 대해 말할 때의 문제점

지금까지 나는 권리, 기회, 그리고 자존감과 같은 사회적 가치들이 분배될 수 있는 것으로 간주하는 견해는 이 가치들의 제도적이고 사회적인 기반을 감춘다고 주장했다. 일부 정의 이론가들은 분배 패러다임에 대한 나의 비판에 다음과 같이 응답할지도 모르겠다. 문제가 되는 것은 사실 재화들이 아니라 사회적 권력이기는 하지만, 분배 패러다임이 권력의 분배에 더 많은 주의를 기울인다면 제도적이고 사회적 기반이라는 쟁점을 분배 패러다임 내로 수용할 수 있다고 말이다. 내가 지금까지 말해 왔던 많은 쟁점들이 사회적 권력을 고려하는 분배 패러다임으로 말미암아 엉키고 모호해진다는 점에 확실히 동의하는 바다. 하지만 권력의 분배에 관해 이야기하는 것이 흔한 일이기는 하지만, 바로 권력의 분배라는 담론이야말로 물질적인 재화들을 넘어서 비물질적 가치들에까지 분배의 개념을 확장하는 것이 정의론을 잘못된 방향으로 나아가게 하고, 또 바람직하지 않은 결과들을 가져온다는 점을 분명히 보여 주는 사례라고 생각한다.

분배적 정의 이론가들은 권력의 문제를 어떻게 다룰지를 놓고 의견이 갈린다. 어떤 이론가들은 그들의 정의론 영역에서 권력을 대놓고 배제하기도 한다. 예를 들어, 데이비드 밀러(1976, 22쪽)는 권력에 대한 물음은 그 자체로는 사회정의에 대한 물음이 아니며, 정의 및 부정의의 원인들과 연관되어 있다고 주장한다. 로널드 드워킨(Ronald Dworkin, 1983)[15]은 평등을 논하면서 권력의 문제를 명시적으로 배제하고, 그저 복지의 쟁점들, 즉 재화, 서비스, 소득 등의 분배라는 쟁점만을 고려하는 쪽으로 논의의 방향을 잡는다.

그러나 명백하게 권력의 문제를 정의의 개념 영역 안에 포함시키는 철학자들과 정치 이론가들도 있다. 많은 이론가들은 정의론이 분배의 최종 상태의 정형뿐만 아니라 이런저런 분배들을 창출해 내는 제도적인 관계들에도 주의를 기울여야 한다는 점에 동의한다. 이 문제들을 다루는 이들 이론가들의 방식은 사회나 구체적인 제도적 맥락 안에서 권력이 분배된 상태를 평가하는 형식으로 나타난다.

---

15 로널드 드워킨(1931~2013)은 세계적인 법철학자이자 정치철학자이다. 1969년 세계적인 법철학자 하트(H. L. A. Hart) 교수의 후임으로 옥스퍼드 대학교에서 교편을 잡았고, 이후 런던 대학교(UCL)와 뉴욕 대학교(NYU)에서도 가르쳤다. 법철학의 영역에서 법실증주의와 도덕적 회의주의를 비판하고, 동등한 인간존엄이라는 가치 위에서 법과 정치철학을 통합하고자 노력했다. 평등 지향적 자유주의 정의론을 발전시키는 데 큰 기여를 했다. 주요 저서로는 『법과 권리(Taking Rights Seriously)』(1977), 『법의 제국(Law's Empire)』(1986), 『생명의 지배 영역(Life's Dominion)』(1993), 『자유주의적 평등(Sovereign Virtue)』(2000), 『민주주의는 가능한가(Is Democracy Possible Here?)』(2006), 마지막 저서로 『정의론(Justice for Hedgehogs)』(2011)을 남겼다.

분배의 관점에서 권력을 다루는 것은 너무나 흔한 일이어서 별다른 주의를 필요로 하지 않는다. 윌리엄 코널리William Connolly[16]의 저서 『정치적 담론의 개념들The Terms of Political Discourse』에 있는 다음 문장이 전형적인 예이다.

> "우리가 권력구조에 대해 말할 때 담겨 있는 생각은 첫째로 적어도 어떤 영역에서는 권력이 불평등하게 분배되어 있으며, 둘째로 한 영역에서 더 많은 권력을 가진 자들은 중요한 여러 다른 영역들에서도 마찬가지로 권력을 가지게 될 개연성이 농후하고, 셋째로 그러한 권력의 분배는 손쉽게 제거되지 않고 상당히 완강하며, 넷째로 권력 분배와 소득, 지위, 특권, 부의 분배 사이에는 필연적인 연관성이 있다고는 할 수 없지만 우연한 연관성 이상의 것은 존재한다는 점이다."(Connolly, 1983, 117쪽)

권력을 분배의 논리 아래로 가져와 다루는 것이 비록 흔한 일이기는 하나, 그렇게 함으로써 권력의 의미가 곡해된다는 게 내 생각이다. 권력을 분배의 측면에서 개념화하는 것은 암묵적으로든 명시적으로든 개별 행위자들에 의해 더 많이 혹은 더 적게 소유하는 일종의 물건으로 권력을 파악한다는 것을 의미한다. 이러한 관점은 권력구조 또는 권력 관계를 물건을 분배하는 정형으로 묘사할 것이다. 그러한 권력의 모델은 여러 가지 문제점들이 있다.

---

16 윌리엄 코널리(1938~)는 미국 출신의 정치학자로서 존스 홉킨스 대학교의 교수이다. 민주주의에 관한 전 세계적으로 저명한 그의 대표작은 『정치적 담론의 개념들(The Terms of Political Discourse)』(1974)이며, 이 저서로 1999년에 탁월한 저서에 수여되는 전미 정치학회의 저술상(Benjamin E. Lippincott Award)을 수상했다.

첫째, 권력을 소유하는 것으로 또는 개인이 가지는 속성으로서 파악하게 되면 권력이란 '물物'이 아니라 '관계'라는 사실이 은폐되기 십상이다(Bachrach and Baratz, 1969). 권력을 행사하려면 때로는 돈과 군사적 장비 등과 같은 특정 자원들을 보유해야 가능하기 하지만, 그러한 자원들이 권력 그 자체인 것처럼 혼동해서는 안 된다. 권력의 본질은 권력을 행사하는 사람은 자신의 의도를 전달하고 권력 행사의 상대방은 이를 묵인한다는, 권력 행사자와 그 상대방 사이의 관계에 있다.

둘째, 권력에 대한 분배 패러다임은 그 원자론적인 편향성 때문에 권력을 보유하는 특정 주체 또는 특정 지위와 권력자나 권력적 지위의 대상이 되는 자들에만 중점을 두게 된다. 설령 분배 패러다임이 권력의 관계적 성격을 인정한다고 하더라도 지배자와 피지배자의 모델에 입각하여 권력을 양항 관계dyadic relation[17]로 다루는 경우가 대부분이다. 권력을 이렇게 양항 관계로 파악하는 모델은 권력 관계에서의 양 당사자를 매개하는 더 큰 구조—이 구조는 권력의 양 당사자가 아닌 여러 행위자들과 행위들로 이루어지는데—를 놓치고 만다(Wartenburg, 1989, 7장). 어떤 행위자가 타인을 향하여 제도화된 권력을 보유할 수 있는 것은 많은 제3자들이 이 권력자의 의사를 지지하고 집행하는 경우에만 가능하다. 판사가 수형자에 대해 권력을 가진다고 할 수 있겠지만, 교도공무원, 경비원, 기록관, 관리자, 순찰원, 변호사 등에 의해 실행되는 여러 직무행위의 체계라는 맥락이 뒷받침되어야만 그럴 수 있다. 많은 사람들이 판

---

17 여기서 '양항 관계'란 '권력을 보유하고 행사하는 자'와 '권력의 지배 아래 놓인 자'의 관계를 가리킨다.

사의 권력이 실현될 수 있도록 자신들의 업무를 수행해야만 한다. 이러한 사람들 중 대부분이 판사나 죄수와는 직접 관계를 맺지 않는다. 권력을 특정 개인이나 특정 집단이 소유하는 것으로 보는 분배적 사고는 이렇게 지지하고 매개하는 제3자의 역할을 보지 못한다.

  권력을 분배의 측면에서 이해하여 권력을 거래될 수 있고, 교환될 수 있고, 분배될 수 있는 것으로 파악하는 입장은 지배domination라는 구조적인 현상을 놓친다(Hartsock, 1983). 여기서 지배란 용어는 사람들이 어떤 행동을 할지 결정하는 데 또는 행동의 조건들을 결정하는 데 참여하지 못하도록 막는 구조적 현상 또는 시스템적인 현상을 의미한다(Wartenburg, 1989, 6장 참조). 사람들이 체험하는 제약은 대체로, 판사의 권력을 가능하게 하는 제3자들의 행위들처럼, 많은 사람들의 여러 행동이 낳은 결과물이다. 이는 의도된 것일 수도 있고 그렇지 않을 수도 있지만 말이다. 여기서 내가 권력과 지배는 구조적 토대를 가진다고 말한다고 해서 권력을 보유하고 지배하는 주체가 바로 개인들이라는 점을 부인하는 것은 아니다. 지배 체계 내에서 어떤 사람들은 더 많은 권력을 보유하고 또 어떤 사람들은 상대적으로 권력이 없음을 분명하게 확인할 수 있다. 그렇다고 하더라도, 권력을 분배의 측면에서 이해하는 입장은 권력자들이 자신들의 권력을 만들고 재생산해 내는 그 방식을 포착해 내지 못한다.

  지배가 구조화되어 작동하는 데에는 여러 자원들이 가동되고 또 권력자들은 그 자원들을 활용한다. 따라서 지배의 구조화된 작동은 하나의 '과정'으로 이해되어야만 한다. 그런데 권력을 분배의 관점에서 고찰하게 되면, 권력 관계는 정형定型, pattern으로만 파악될 수 있을 뿐이다. 토머스 바르텐버그Thomas Wartenburg[18]가 주장하듯이(1989, 9장), 권력을 고정된 실체가 아니라 관계적인 것으로, 즉 권력 관계를 직접 구성하는 ['권력 주체'와 '권력 객체'라는] 양항 외부에 존재하는 수많은 사람들을 통해서 산출되고 재생산되는 것으로 고찰하는 작업은 계속 진행되는 과정으로서의 권력 관계가 가지는 역동적 성격을 뚜렷이 보여 준다. 푸코가 표현한 바와 같이 권력은 오직 행동에 있을 뿐인데, 권력에 대한 분배적 사고에서는 이 사실이 은폐된다(Foucault, 1980, 89쪽; Smart, 1983, 5장; Sawicki, 1986 참조).

"언제나 유념해야 할 점이 있다. 너무 멀리 떨어져서 권력을 고찰하지 않는다면, 권력을 전적으로 장악하고 보유한 자들과 그렇지 못하여 그에 복속하는 자들 사이의 차이를 만드는 것은 권력이 아니라는 점이다. 권력은 [혈액처럼] 망을 따라 도는 것, 아니 좀 더 정확하게 표현하자면 사슬의 형식으로 작동할 뿐인 것으로 분석되어야만 한다. 권력은 여기나 저기에 공간적으로 자리 잡은 것도 아니며, 누군가의 손에 있는 것도 아니며, 상품이나 부富의 일부분으로서 보유되는 것도 아니다. 권력은 그물망과 같은 조직을 통해 사용되고 행사된다. 또한 개별적 주체들은 [혈액이 혈관을 타고 돌아다니듯이] 권력의 씨줄과 날줄 사이를 돌아다니기도 하지만, 동시에 자신들의 권력을 수행하고 행사할 수 있기도 하다."(Foucault, 1980, 98쪽)

---

18 토머스 바르텐버그(1949~)는 미국 출신의 철학자이자 문화비평가로서 마운트 홀리오크 칼리지(Mount Holyoke College)의 철학과 명예교수이다. 대중문화(특히 영화)의 철학에 관심을 가지고서 대중문화가 권력을 산출하고 재생산하는 과정에 주목할 만한 연구 성과를 내었다. 대표적인 저서로 『The Forms of Power』(1990), 『Thinking on Screen: Film as Philosophy』(2007)가 있다.

그런데 이러한 견해와는 반대로, 분배의 논리에서 권력은 사회적 과정과 무관한 것으로 대기 상태에 있다가 언제라도 작동될 수 있도록 켜지는 일종의 기계나 도구가 되어 버린다.

권력을 분배의 관점에서 파악할 때 생겨나는 마지막 세 번째 문제점은, 지배의 체제를 권력이 부처럼 소수의 손에 집중되어 있는 체제로 생각하는 경향이 있다는 것이다. [권력을 분배의 관점에서 다루는 견해들은 다음과 같이 논의를 진행할 것이다.] 소수의 손에 권력이 장악되어 있는 상황이 부정의하다면, 권력을 분산시키고 분권화하여 소수의 개인이나 집단이 더 이상 권력 전부를 또는 권력 대부분을 갖지 못하도록 하는 권력의 재분배가 필요하다. 그런데 어떤 지배 시스템들의 경우에는 [권력을 분배적으로 파악하는] 이러한 모델이 적절할 수도 있겠다. 그런데 2장과 3장에서 내가 주장하겠지만, 노·사·정勞使政 합의로 작동되는 현대 복지 자본주의 사회들에서 지배와 억압의 작동을 이해하기에는 그런 모델은 맞지 않다. 현대 복지 자본주의 사회에서 권력은 널리 분산되어 분권화되어 있지만, 사회적 관계들은 지배와 억압에 의해 숨 막힐 듯이 규정되어 있는 아이러니한 상황에 처해 있기 때문이다. '무언가를 산출해 내는 것productive'으로서 권력을 이해한다면, 즉 문화적인 상황과 의사결정의 상황이 규제되기는 하지만 그 안에서는 역동적으로 이루어지는 상호작용 과정의 함수로서 권력을 이해한다면, 매우 많은 사람들이 권력을 '보유하지는' 않으면서도, 또는 특권적 지위에 있지도 않으면서도 권력의 주체라고 말하는 것이 가능하다. 권력과 지배를 분배의 정형이 아니라 과정으로서 파악하는 구조적 사고 없이는 현대 복지 자본주의 사회에서 존재하는 지배와 억압을 식별해 낼 수도 없고 또 그 속성을 인식할 수도 없다.

부정의를 지배와 억압으로 규정하기

[존 롤스처럼] 권력과 권리, 기회와 자존감을 분배의 관점에서 파악하는 모델은 위에서 본 바와 같이 신통찮기 때문에, 부, 소득, 재화의 분배 모델에 입각하여 정의를 파악해서는 안 될 것이다. 따라서 정의를 이론화하고자 할 때 분배의 개념은 사물, 천연자원, 돈과 같은 물질적 재화에 한정되는 것으로 못 박아야만 한다. 정의의 영역은 분배의 쟁점들보다 더 넓다. 내가 다룬 것 이상의 또 다른 비분배적 정의에 관한 쟁점들이 있겠으나 이 책에서는 의사결정, 노동분업, 문화에 관한 쟁점에 집중해서 다루고자 한다.

고대와 중세의 정치사상에 비해 근대의 정치사상은 정의의 영역을 대폭 좁혀 버렸다. 고대의 정치사상은 정의를 사회 전체의 덕목으로 파악하여, 개인의 인성을 증진하고 시민들 사이의 행복과 조화를 제고하는 제도들이 잘 질서 잡힌 상태로 정의를 생각했다. 근대 정치사상은 인간 본성의 바람직한 목적에 잘 맞는 자연스러운 사회질서가 존재한다는 생각을 포기해 버렸다. 근대 정치사상은 각자가 '자기 자신'만의 목적을 정할 수 있게끔 개인들을 해방시키고자, 정의의 영역을 협소하게 한정해 버렸다. 즉, 자신이 누구이며 무엇을 어떻게 할지를 스스로 규정하는 그런 개인들이 상호작용할 때 최소한으로만 간섭하는 것, 그리고 분배의 문제들만을 다루는 것이 정의의 문제가 되어 버린 것이다(Heller, 1987, 2장; MacIntyre, 1981, 17장 참조).

플라톤식으로 정의를 대단히 광범위하게 넓게 파악하는 정의관으로 되돌아가자는 것은 전혀 아니지만, 정의를 위와 같이 협소하게만 바라보는 현대의 철학적 담론보다는 정의의 영역을 좀 더 넓게 이해하는 것이 중요하다는 게 나의 생각이다. 아그네스 헬러(Agnes Heller, 1987, 5장)[19]가 명명한 정의에 관한 불완전한 정치윤리적 개념 incomplete ethico-political concept of justice에서 그와 같이 좀 더 넓은 정의 관이 나타나고 있다. 헬러의 정의관에 따르면, 정의는 분배의 원리나 특정한 분배 정형을 지칭하는 것이 아니다. 그렇게 하는 것은 정의를 지나치게 좁고 실질적으로 고찰하는 방식일 뿐이다. 정의란 제도적 규범과 규칙을 평가하는 관점과 원리, 절차를 일컫는다. 위르겐 하버마스의 의사소통 윤리학을 발전시켜 헬러는 정의란 기본적으로 시민의 덕목virtue of citizenship이라고 보았다. 즉, 지배나 억압이 없는 상황에서 차이를 서로 관용하고 서로의 처지와 입장을 고려하는 태도를 지니고서 공동의 제도 및 행동과 관련해서 생겨나는 여러 문제와 쟁점을 숙고하는 개인들의 덕목이 정의라는 것이다. 헬러는 사회적 규범이나 정치적 규범의 정의를 심사하는 기준으로 아래의 원리를 든다.

"효력 있는 사회적 규범과 정치적 규범은 모두(즉 모든 법은) 다음의 조건들을 충족해야만 한다. 즉, 그 법(규범)을 사회 구성원 전부가 준수할 때 각 개인 모두의 필요 충족에 관련될 것으로 예견되는 결

---

19 아그네스 헬러(1929~)는 유태계 헝가리 태생의 철학자로서 뉴욕 뉴스쿨 사회과학대학원(New School for Social Research) 철학과 명예교수이다. 헝가리 부다페스트학파의 거두였던 철학자 게오르크 루카치 밑에서 공부했다. 전체주의를 비판하고 개인의 자유를 옹호했던 사회주의 철학자이자 정치 이론가인 헬러는 1968년 '프라하의 봄' 이후 소련의 체코 침공에 항의했다는 이유로 탄압을 받다가 1977년 호주로 망명했다. 그 후 1986년에 미국으로 이주하여 뉴욕 뉴스쿨 철학과 교수로 재직했다. 감정, 욕구, 근대성, 윤리 등 방대한 분야에 주목할 만한 저서를 집필했으며, 정의론 분야에서는 『Beyond Justice』(1987)가 있다.

과 및 부수 효과가 관계 당사자 모두에게 인정되어야 한다는 조건이 충족되어야 하며, 그리고 자유와 생명, 자유 또는 생명이라는 보편적인 가치를 실현한다는 해당 규범의 주장이 각 개인 모두에 의해, 이들이 각자 신조로 삼는 가치가 무엇이든 상관없이, 인정될 수 있어야 한다는 조건이 충족되어야 한다."(Heller, 1987, 240~241쪽)

이 책에서 나는 하버마스와 헬러, 그리고 여타 사상가들의 급진적인 민주적 이상에 담긴 시민권citizenship, 합의, 보편성이라는 생각을 비판하면서 약간의 문제 제기를 할 것이다. 그러면서도 의사소통 윤리학 입장에서 파생된, 위에서 제시한 정의관은 지지하고 수용할 것이다. 이 정의관에서 정의를 생각할 때 그 초점은 정형화된 분배 원리에 두기보다는 숙고와 의사결정에의 참여라는 절차적 쟁점으로 옮겨 간다. 어떤 규범이 정당하려면, 그 규범을 준수하는 사람들 모두가 규범 수립을 고려하는 과정에서 실질적으로 목소리를 낼수 있어야 하고, 강압 없이 그 규범에 대해 동의할 수 있어야 한다는 게 위 정의관의 원칙이다. 어떤 사회적 상황이 정당하려면, 그 상황 속에서 각 개인들 모두가 자신들의 필요를 충족할 수 있어야 하고 자신들의 자유를 행사할 수 있어야 한다. 그렇기에 정의의 요청은 모든 개인이 자신들의 필요 사항을 표현할 수 있어야 한다는 것이다.

정의의 개념은 정치적인 것의 개념과 완전히 일치한다는 것이 내생각이다. 서문에서 정의했던 정치의 개념은 다음과 같다. 제도적인 조직, 공적인 행위, 사회적인 관행, 문화적인 의미가 공동의 평가와 의사결정 대상이 될 수 있는 한, 이들의 모든 측면을 포함하는 게 정치라는 것이다. 이렇게 모든 측면을 포괄하는 의미에서의 정치적 관심사는 정부 및 국가의 정책과 조치임은 분명하지만, 원칙적으로 그 외의 모든 제도적 맥락들에서 생겨나는 규칙, 실천, 개별 행동까지도 정치적 관심사가 된다(Mason, 1982, 11~24쪽 참조).

앞에서 제시되었던 대로, 정의의 영역은 분배보다는 훨씬 넓어서 위에서 언급한 정치적인 모든 것을 포괄한다. 이렇게 정의의 영역을 넓게 파악하는 것은 이 장 서두에서 말했던 종류의 정의의 주장들이 가지는 의미와 맞아떨어진다. 어떤 규칙, 관행, 문화적 의미가 잘못되었으니 바꾸어야 한다고 사람들이 주장할 때, 사회의 부정의에 관한 주장을 하고 있는 경우가 대부분이다. 그러한 주장들 중 어떤 것들은 분배와 관련된 것이기도 하지만, 많은 경우 사회 제도가 개인들이 무엇인가를 못하도록 금제禁制하거나 또는 무엇인가를 할 수 있게 자유를 부여하는 방식들을 평가 대상으로 삼기도 한다.

정의 이론가들 중 어떤 이들은 분배가 사회 제도의 규범적 평가를 위한 초점으로는 너무 협소하다는 점에는 동의하면서도, 그렇다고 해서 분배의 초점 이상으로 나아가게 되면 정의의 규범들 그 자체를 넘어가는 것이라고 주장한다. 그 예로서, 찰스 테일러(1985)는 사회의 제도적 틀을 규범적 측면에서 평가하는 문제와 분배적 정의의 문제는 별개의 것이라고 본다. 특정한 제도의 맥락 하에서 권리 자격과 응분에 관한 다툼을 해결하는 데 정의의 규범들이 유용하기는 하지만, 제도적 맥락 그 자체를 평가할 수는 없다. 제도적인 맥락에는 인간 본성은 무엇인가, 인간 존재에게 객관적으로 좋은 것 human good은 무엇인가에 관한 특정한 관념이 구현되어 있기 때문이다. 테일러에 따르면, 분배 정의의 규범들이 여러 사회구조를 넘나들면서 적용되고 사회의 기본 구조를 평가하는 데에 사용될 때, 정의에 관한 이론적 논의나 정치적 논의에서 혼동이 생겨난다. 예를 들면, 미국 사회의 좌파나 우파 이론가들 모두가 미국이 불의를 저지르고 있다고 비판한다. 테일러에 의하면, 좌·우파 양측의 규범적 관점은 서로 다른 제도 형태를 구축하려는 프로젝트를 반영하는데, 양측에서 목표로 하는 제도 형태는 인간 존재에게 좋은 것이 과연 무엇인가에 관하여 각각 나름대로 상정한 관념 위에서 구상된 것이다. 따라서 [테일러의 관점에서 보면] 올바른 제도 형태의 구축 프로젝트는 [분배적] 정의의 원리들을 공들여 제시하는 것을 넘어서는 프로젝트이다.

약간 다른 관점에서 세일라 벤하비브(Seyla Benhabib, 1986, 330~336쪽)[20]는 사회 제도들이 지배가 없는 상태인지, 개인들의 필요 사항들을 충족시켜 주는지, 인간 해방의 조건들을 제공하는지 여부를 평가하는 규범적 사회 이론은 근대 전통이 이해하는 정의의 영역을 넘어선다고 말한다. 이렇게 더 넓은 영역을 포괄하는 규범적 사회 이론은 형식적 권리와 분배의 정형에 대해서도 비판하지만 문화 및 사회화에 대해서도 비판하기 때문에, 규범적 사회 이론에서는 정의의 문제들과 좋은 삶의 문제들이 융합된다는 것이다.

나는 테일러와 벤하비브의 견해에 동감하고, 유사한 주장을 펴는 마이클 샌델Michael Sandel[21]의 견해에도 동감한다. 샌델(1982)은 정의의 '한계'를 인정하자고 주장하면서 정의의 한계를 넘어서는 사회적 맥락 내에서 인간 주체의 규범적 측면들을 고찰하는 것이 중요

---

20 세일라 벤하비브(1950~)는 유태인 혈통을 가진 터키 출신 미국 철학자로, 현재 예일대 교수이다. 그는 페미니즘 이론과 비판이론을 결합한 사상을 전개했다.
21 마이클 샌델(1953~)은 미국 하버드 대학교 교수로 '공동체주의' 정치철학 및 정의론의 대표적 학자이다. 그는 존 롤스의 정의론에 대한 비판과 하버드 대학교에서의 '정의론' 명강으로 유명하다.

하다고 설파한다. 그러나 자유주의 분배 정의론을 비판하는 이들의 전반적 입장은 나도 받아들이는 편이지만, 이러한 비판을 통해 밝혀지는 바가 정의의 개념은 한계가 있으므로 규범적 사회철학은 이 한계를 넘어야만 한다는 테일러와 샌델의 결론에는 결코 동의할 수 없다. 보다 넓은 주제 영역을 다루는 규범적 사회철학에서는 정의의 문제들과 좋은 삶의 문제들이 융합된다는 테일러와 벤하비브의 견해에도 어느 정도는 의견을 달리하는 바이기도 하다.

이 장에서 인용된 여러 저술가와 마찬가지로, 테일러는 정의와 분배는 동일하다고 보고, 따라서 제도적 맥락에 담겨 있는 보다 광범위한 쟁점들을 다루려면 정의와는 별도의 규범적 개념들이 필요하다고 생각한다. 정의는 단지 부르주아적 개념일 뿐이라고 논하는 많은 마르크스주의 이론가들 또한 유사한 견해를 취한다. 재화의 분배를 넘어서 의사결정, 노동 분업, 문화, 그리고 사회조직이라는 쟁점들에 주목하는 규범적 이론가들이 이 쟁점들을 정의의 문제로 부를지 아닐지는 분명히 선택의 문제이기는 하다. 나는 정의의 문제라고 보는 입장을 택했지만, 왜 그랬는지에 관해서는 몇 가지 실용적인 근거만을 제시할 수 있을 뿐이다.

플라톤 이래로 '정의'란 개념은 잘 질서 잡힌 사회를 떠올리게 해 왔는데, 현대의 정치적 논의에서도 정의의 개념은 그 울림을 여전히 담고 있다. 정의에 호소하는 것에는 사람들의 도덕적 상상력을 일깨워서 사람들이 자신들의 사회를 비판적으로 바라볼 마음을 가지게 만들고, 또 어떻게 하면 사람들을 더 많이 자유롭게 하고, 사람들의 역량이 더 많이 갖추어지는 사회가 만들어질 수 있는지를 물어보게 만드는 힘이 여전히 존재한다. 이 해방적 상상력을 길러내고 이를 분배의 문제 너머까지 확장하려는 철학자들은 정의라는 용어를 포기하기보다는 마땅히 자기 것으로 만들어야만 할 것이다.

확장된 정의 영역을 포괄하는 정의관으로 바뀌어야 한다고 제안하는 포스트모던적 정의론은―이는 플라톤과 아리스토텔레스가 옹호한 정의의 영역을 떠올리게 한다―자유주의 정의관보다는 목적을 규정하는 데 당연히 더 큰 관심을 갖게 된다는 헬러, 테일러, 벤하비브의 주장에 어느 정도 옳은 점이 있기는 하다. 그런데 [내 생각에는] 정의의 문제와 좋은 삶의 문제는 구분된다. 자유주의는 개인의 자유를 신조로 삼으며, 따라서 인간 존재에게 좋은 것the good이 무엇인가에 관한 견해들도 다양하다고 본다. 자유주의의 핵심 신조인 개인의 자유와 가치 다양성은 정의의 영역을 확장시키려는 정의관에서도 마땅히 보존되어야만 할 것이다. 근대에 들어서면서 정의의 개념을 형식적이고 도구적인 원리들로 제한하게 되었는데, 그 의도는 [삶의] 목적, 또는 롤스의 용어로는 '삶의 계획plans of life'을 각 개인이 스스로 규정한다는 것의 가치를 실현하고자 함이었다. 나는 정의에 관하여 성찰할 때 분배에 주안점을 두는 데서 모든 제도와 사회관계―물론 제도들과 사회관계들이 공동 결정의 대상이 된다는 조건 하에서―를 포함하는 쪽으로 이동시켜야 한다고 주장하기는 하지만, 정의가 정의의 영역에 존재하는 모든 도덕적 규범까지 포함해야 한다고 말하려는 것은 아니다. 내가 목표로 삼는 의미에서의 사회정의는 개인이나 집단이 구체적으로 무엇을 선호해야 하는지, 그리고 어떤 삶의 방식을 택해야 하는지를 대상으로 삼지 않는다. 나는 정의는 오로지 제도적 조건들만을 대상으로 한다는 태도를 견지할 것이다.

포스트모던의 세상에서 규범 이론가라면 부딪히는 딜레마가 있다. 우리가 규범을 표현하고 정당화할 때 좋은 삶이 무엇인가에 관한 견해에서 나온 특정한 가치들에 의거하게 된다. 그렇다면 어떤 점에서는 모든 규범 이론이 인간 본성에 대한 모종의 견해에 명시적으로든 암묵적으로든 의존하기 마련이다(Jaggar, 1983, 18~22쪽 참조). 그런데 또 인간 본성이라는 관념 자체가 오도하는 기능을 하거나 억압하는 기능을 하므로 이를 부정해야만 할 것처럼 보이기도 한다.

그런데 인간 본성은 어떻게 정의되든지 간에 위험하다. 개인의 욕구들, 특유한 문화들, 삶의 방식들이 받아들일 만한 것인데도 인간 본성을 이유로 평가절하되거나 배제될 우려가 있기 때문이다. 그런데 정의로운 제도가 어떤 것일지 그려낼 때, 규범적 사회 이론은 암묵적으로든 명시적으로든 인간 본성에 대해 모종의 가정을 하지 않을 수 없다. 분배 패러다임이 개인주의적 사회관을 보유하여 개인의 욕구나 선호를 합리적 논의의 영역 대상이 아닌 사적인 문제로 간주하기는 하지만, 매우 특유한 인간 본성관을 상정한다. 암묵적으로 분배 패러다임은 인간 존재를 일차적으로 재화를 소비하는 자, 욕망하는 자, 소유하는 자로 정의한다는 것이다(Heller, 1987, 180~182쪽). 자유주의 창시자들이 인간 본성에 관해 소유적 개인주의 견해possessively individualist view of human nature를 미리 전제하고는 당시 막 등장하기 시작한 자본주의적 사회관계의 탐욕적 가치들이 마치 인간 사회의 영원한 본질인 것처럼 만들어 버렸다고 C. B. 맥퍼슨(C. B. Macpherson, 1962)[22]은 주장한다. 근검절약하는 프로테스탄

---

22 C. B. 맥퍼슨(1911~1987)은 캐나다 토론토 대학교에서 정치학과 교수로 재직했으며, 정치사상 분야에서 영향력 있는 정치철학자이다. 그는 자본주의와 자유주의를 비판적으로 분석한 소유적 개인주의(possessive individualism) 이론으로 유명하다. 그의 대표 저작은 『The Political Theory of Possessive Individualism: From Hobbes to Locke』(1962)이다.

트 자본주의 선조와는 달리 무절제하고 만연한 소비에 훨씬 의존하는 현대 자본주의는 인간 존재를 일차적으로는 효용을 극대화하려는 자utility maximizers로 이해하는 견해를 계속해서 전제한다(Taylor, 1985).

분배 패러다임 하에서 규범적인 사회 이론화 작업을 이끄는 인간 존재에 관한 관념은 인간 본성에 관한 명확한 이론이라기보다는 하나의 이미지image이다. 인간 본성에 관한 이론은 분배 패러다임에 당연히 함축된 정태적인 사회관계 像, 또한 사회적 가치 재화들의 영향을 전혀 받지 않고 그 이전에 이미 형성되어 각각 고립적으로 존재하는 개인이라는 인간상을 인간 본성에 관한 像에 덧붙여 그럴듯하게 만들었다. 권력과 의사결정 구조 등에 초점을 맞추어 사회를 보다 넓게, 과정을 중시하는 관점에서 이해하여 분배 패러다임을 대체하게 되면 인간 존재에 관한 가정들도 분배 패러다임에서 상정하는 인간 본성에 관한 상과는 달라진다. 물론 그러한 상상력의 전환이 지나칠 정도로 구체화된다면, 소비지상주의 인간 이미지만큼이나 억압적인 것이 될 수 있을지도 모른다. 하지만 우리가 호소하는 가치들이 충분히 추상적인 한, 그 가치들 때문에 그 어떤 특정한 문화나 삶의 방식이 배제되거나 평가절하되는 경우는 없을 것이다.

확실히 우리 인간은 소유자이며 소비자이기에, 그 어떤 정의관도 물질적 필요가 충족된다는 것과 안락한 환경에서 산다는 것과 즐거움을 누린다는 것의 가치를 당연히 인정해야만 한다. 여기에다가 인간은 무엇인가를 행하는 자라는 이미지를 추가하게 되면(Macpherson, 1973; Bowles and Gintis, 1986) 훨씬 쉽게 분배 패러다임을 대체할 수 있다. 무엇인가를 행하는 자로서 우리 인간은 재화분배의 공정성 이외에도 사회정의의 많은 가치들을 실현하려고 노력한다. 그러한 사회정의 가치들의 예를 들면 다음과 같다. 사회적으로 인정되는 환경 속에서 만족을 주는 좋은 기술들을 익히고 사용하는 것, 제도의 수립과 운영에 참여하며 그 참여로 인정받는 것, 타인과 함께 여가를 즐기고 소통하는 것, 사회생활에 관한 자신의 체험과 감정과 관점을 타인이 들을 수 있는 환경 속에서 표현하는 것. 물론 많은 분배 정의론들이 이러한 가치들을 인정하고 긍정적으로 평가할 것임은 분명하다. 그러나 분배의 틀에서는 이러한 사회정의 가치들이 소홀히 여겨지게 되고, 이 가치들의 실현을 제고할 제도적 조건들에 관한 탐구도 제대로 이루어지지 못하게 된다.

좋은 삶을 구성하는 가치들과 정의의 관계에 관한 나의 견해는 다음과 같다. 개인들의 삶에서 좋은 삶의 가치들이 구체적으로 실현되는 것이 정의는 아니다. 즉, 정의는 좋은 삶 그 자체는 아니라는 것이다. 사회정의의 관심사는 좋은 삶의 가치들이 실현되는 데 필요한 제도적 조건들을 사회가 어느 정도 담아내며 지원하는가이다. 모든 개인에 공통된 좋은 삶의 가치들은 다음과 같은 두 가지 일반적인 가치로 요약할 수 있을 것이다. (1) 자신의 역량을 계발하고 행사하며, 자신의 체험을 표현하는 것(Gould, 1988, 2장; Galston, 61~69쪽 참조), 그리고 (2) 자신이 어떤 행동을 할지 결정하는 데 참여하며, 또 자신이 행동하게 될 조건들을 결정하는 데 참여하는 것(Young, 1979 참조). 이 두 가지 가치는 인류 보편적인 가치이다. 모든 인간이 동등한 도덕적 가치를 가진다는 점을 상정하기 때문이다. 따라서 정의는 만인을 위해 이 두 가지 가치가 실현될 것을 요구한다. 부정의不正義 상태를 규정하는 두 가지 사회 조건은 이 두 가지 일반적인 가치에 대응해서 다음과 같이 표현할 수 있다. 첫째는 개인들의 자기 발전을 막는 제도적인 제약으로서의 억압oppression이며, 둘째는 개인들의 자기 결정을 막는 제도적인 제약으로서의 지배domination 이다.

억압이란 사회 구성원의 일부가 사회적으로 인정된 환경에서 좋은 기술들을 익히고 사용하는 것을 막는 제도적 과정 체계이다. 또는 억압이란 일부 사람들이 타인과 함께 여가를 즐기고 소통하지 못하게 금제禁制하거나, 타인이 경청할 수 있는 상황 속에서 사회생활에 관한 자신의 체험, 감정, 관점을 표현하는 것을 금제하는 제도화된 사회과정이다. 억압이라는 사회적 조건은 보통 물질적인 박탈이나 편향된 분배를 포함하지만, 내가 2장에서 논하듯이 분배를 넘어서는 쟁점들도 포함한다.

지배란 사람들이 어떤 행위를 할지 결정할 때 참여하지 못하게 금제하거나 막는, 또는 행위 조건들을 결정하는데 참여하지 못하게 금제하거나 막는 제도적 조건들을 말한다. 어떤 사람들이나 집단들이 일방적으로 내가 행동할 조건을 직접 결정할 수 있다면, 또는 직접적으로는 아니지만 이들의 행위가 누적되어 구조화된 결과로 인해 그들이 내 행동 조건을 [간접적으로] 결정할 수 있다면, 나는 지배 구조 하에서 사는 셈이다. 사회적 민주주의와 정치적 민주주의가 관철된 상태는 지배가 없는 상태이다. 3장에서 나는 현대 복지국가의 정치가 무시하는 의사결정의 문제들을 논하면서 저항 사회운동들이 대체로 분배보다는 지배의 문제들에 초점을 맞춘다는 점을 보여 줄 것이다.

이하의 장들에서 명확하게 설명되듯이, 나는 억압과 지배의 개념이 겹치기는 하지만 그 둘을 분명히 구별해야 할 이유는 있다고 생각한다. 대체로 억압은 지배를, 즉 타인이 수립한 규칙을 준수하는 피억압자들에게 가해지는 제약을 포함하거나 당연히 함축하게 마련이다. 그러나 2장에서 다룰 억압의 각각의 측면은 지배관계에 의해 직접적으로 창출되지는 않은 금제들 또한 포함한다. 2장에서 분명해질 점은 지배 아래 놓여 있는 사람들 모두가 억압 받는 것은 아니라는 것이다. 위계적인 의사결정 구조 때문에 미국 사회 대부분의 사람들은 그들 삶의 중요한 측면에서 타인의 지배 아래 있다. 이렇게 지배 아래에 있기는 하지만, 이들 중 많은 사람들은 자기 역량을 계발하고 행사할 수 있게, 또한 자신을 표현하고 타인에 의해 청취될 수 있도록 충분한 제도적 지원을 받고 있다. [즉, 억압 받는 상태에 있지는 않다는 것이다.]

2장

억압의
다섯 가지 모습

"유리창을 보지 못하는 사람은 자신이 그 유리창을 보지 못한다는 사실을 모른다. [그와 달리] 다른 위치에 있어서 유리창을 보는 사람은 타인이 그 유리창을 보지 못한다는 사실을 모른다.

우리의 의지가 우리 자신의 외부에서 타인들의 행동으로 나타날 때, 우리는 이 타인들이 우리 의지의 표현에 동의했는지를 따진답시고 시간이나 주의력을 낭비하지는 않는다. 이는 우리 모두에게 통용되는 진실이다. 전적으로 일의 성공 여부에 쏟아지는 우리의 주의력은 고분고분한 타인에 대해서는 할애되지 않는 법이다…….

강간은 동의가 부재하는, 애정의 소름끼치는 캐리커처이다. 강간 후에 나타나는 억압은 인간 존재에게 제2차 공포가 된다. 강간 후의 억압은 복종의 소름끼치는 캐리커처이다."

— 시몬 베유Simone Weil

앞에서 나는 역량 증진적 정의관enabling conception of justice을 제시했다. 정의는 분배에만 관심을 가지는 것이 아니다. 개인적 역량과 공동의 의사소통 및 협력이 발전되고 행사되는 데 필요한 제도적 조건들에도 관심을 가져야만 한다는 것이다. 이 역량 증진적 정의관에서는 부정의는 기본적으로 억압과 지배라는, 역량을 박탈하는 두 가지 제약 형식을 지칭한다. 역량 박탈의 제약에는 분배의 정형이 포함되기도 하지만, 분배의 논리로는 포착하기 어려운 의사결정 절차, 노동 분업, 문화도 포함된다.

미국인들 중 많은 이들이 미국 사회의 부정의를 표현하는 용어로

'억압'을 선택하지는 않을 것이다. 그런데 사회주의자, 급진적인 페미니스트, 아메리칸 인디언 운동가, 흑인 운동가, 성소수자 운동가와 같은 현대의 해방 운동가들에게 억압이라는 용어는 정치적 담론의 핵심 범주이다. 억압을 핵심 범주로 하는 정치적 담론에 합류한다는 것은 미국의 정치적 담론을 지배하는 자유주의적 개인주의의 언어로는 측정되지 않는 사회구조와 사회적 행위들을 평가하고 분석하는 방식을 채택한다는 것이다.

따라서 위의 해방적 사회운동 중 적어도 어느 하나에 속한다고 생각하는 우리가 수행해야 할 중요한 정치적 프로젝트는 사람들에게 사회적 경험들 대부분이 억압의 담론을 통해서 이해될 수 있다고 설득하는 것이어야 한다.

그런데 억압의 의미를 명확하게 설명하지 못한다는 점에서 해방적 사회운동에 참여하는 우리는 이러한 작업 수행에 제대로 준비된 상태에 있지 못하다 할 것이다. 억압이라는 용어가 미국의 급진적인 사회운동이 낳은 철학적 문헌들과 이론적인 문헌들에서 빈번하게 사용되어 오기는 했지만, 그렇게 사용되는 억압이라는 개념의 의미가 무엇인지에 관해 직접적으로 논의된 적은 거의 없었다.

이 장에서는 1960년대 이래로 미국에서 일어난 신사회운동new social movements에서 사용되어 온 억압 개념을 내가 이해하는 바대로 해명해 보겠다. 신사회운동이 피억압 집단이라고 말하는 집단들의 처지—특히 여성, 흑인, 치카노(Chicano, 멕시코계 미국인), 푸에르토리코인, 기타 히스패닉계Hispanic 미국인,[1] 아메리칸 인디언, 유태인,

---

1 에스파냐어를 모국어로 쓰는 라틴 아메리카계의 미국 이주민.

레즈비언, 게이, 아랍인, 아시아인, 노인, 노동계급, 신체적·정신적 장애인—를 고찰하는 것으로 출발점을 삼고자 한다. 이 장의 목표는 다양한 정치적 운동들에서 사용되는 억압 개념의 의미를 체계화하고, 억압 개념이 지칭하는 부당 행위들을 명료하게 할 규범적 논변들을 제시하는 데 있다.

위에서 열거한 집단들이 분명히 같은 정도로 또는 같은 방식으로 억압을 받고 있지는 않다. 가장 일반적인 의미의 차원에서 말하자면, 모든 피억압 민중은 자신들의 역량을 계발하고 행사할 때, 자신들의 필요 사항, 생각, 느낌을 표현할 때 금제당하는 경우가 많다. 이처럼 가장 추상적인 의미 차원에서 보면, 모든 피억압 민중은 공통의 처지에 처해 있다. 그런데 추상적이고 일반적인 차원을 넘어서서 조금이라도 좀 더 구체적인 의미 차원으로 들어가면, 위에서 언급한 집단들의 억압 상황을 묘사해 줄 단일한 기준 집합을 명확하게 규정하는 것은 불가능하다. 따라서 이 모든 집단의 억압 상태를 공통되게 묘사하거나 그 억압의 본질적 원인을 발견하려는 이론가들과 사회운동가들의 시도는 어떤 집단의 억압 상태가 더 근본적이냐 또는 더 심각하냐를 둘러싼 무익한 논쟁으로 귀결되는 경우가 허다하다. 위에서 언급한 피억압 집단의 구성원들이 자신들이 처한 부정의한 상황을 묘사하기 위해서 억압이라는 용어를 사용하는 맥락을 살펴보면, 억압은 일군의 개념들 및 상황들을 지칭하는 것임을 알 수 있다. 나는 이것들을 착취exploitation, 주변화marginalization, 무력함powerlessness, 문화제국주의cultural imperialism, 폭력violence이라는 다섯 가지 범주로 분류하고자 한다.

이 장에서 나는 이 억압의 형식들을 하나하나 자세히 설명하겠다. 각각의 억압 형식은 분배상의 부정의를 필연적으로 포함할 수도 있고 또 분배의 부정의를 낳는 원인일 수도 있을 것이다. 그러나 위의 억압 형식들은 모두 분배를 넘어서는 정의의 쟁점들과 관련되어 있다. 일상적인 정치적 용법에 따라 나는 억압은 집단들이 처한 조건이라고 본다. 그렇다면 억압의 개념을 상론하기 전에, 사회집단이라는 개념을 고찰해야만 할 것이다.

구조적 개념으로서 억압

많은 사람들이 미국 사회의 부정의를 묘사하는데 억압이라는 용어를 사용하지 않는 이유 중의 하나는 신사회운동이 이해하는 방식으로 억압을 이해하지 않기 때문이다. 전통적인 용법에서 억압은 지배 집단의 폭정tyranny을 의미한다. 그렇기에 많은 미국인들은 아파르트헤이드apartheid 하의 남아프리카 흑인들의 상황을 묘사할 때 억압이란 용어를 사용하는 데 급진주의자들과 의견을 같이한다. 억압에는 또한 전통적으로 정복과 식민지 지배라는 함의가 강하게 담겨 있다. 히브리인이 이집트에서 억압당했기에, 서양에서 억압이라는 용어를 사용할 때 많은 경우가 이러한 패러다임에 의거한다.

주류 정치적 담론은 미국 사회보다는 통상 공산주의 사회들이나 공산주의를 지향하는 사회들을 묘사하기 위해 억압이라는 용어를 사용하기도 한다. 이러한 반공주의 수사학 내에서 억압이 담고 있는 폭정과 식민 통치라는 함의가 나타나게 된다. 반공주의자에게 공산주의란 바로 전체 인민에게 가해지는 소수 지배자의 야만적인 폭정, 지금까지는 독립되었던 국민들을 폭정 아래 두려는 세계 정복의 의지를 뜻한다. 주류 정치적 담론에서 보자면, 억압이라는 용어를 미국 사회를 묘사하는 데 사용하는 것은 정당하지 못하다. 왜냐하면 억압은 바로 그 타자들the Others[즉, 저 공산주의자들]에 의해 저질러진 악이라고 간주되기 때문이다.

　그런데 1960년대와 1970년대의 신좌파 사회운동이 억압 개념의 의미를 바꾸었다. 이 신 용법에서 억압은 폭정을 저지르는 권력의 강압 때문이 아니라 좋은 의도를 가진 자유 사회에서 매일매일 행해지는 실천들 때문에 사회 구성원 중 일부가 겪는 차별과 부정의를 지칭한다. 신좌파의 신 용법에서도 남아프리카공화국에서와 같이 지배계급이 나머지 사람들에게 행하는 폭정은 분명히 억압적이라고 불릴 것이다. 그러나 이제 반드시 독재자가 의도한 결과일 필요는 없는, 집단들에 대한 체계적 제약까지도 억압으로 지칭된다. 이러한 의미에서의 억압은, 소수가 택함으로써 또는 정책을 펼침으로써 야기된 결과가 아니라는 점에서, 구조적이다. 그러한 구조적 억압의 원인은 당연시되는 규범들, 습속, 상징들 속에, 제도적 규칙들의 근저에 놓여 있는 이런저런 가정과 그 제도적 규칙을 여러 사람들이 공동으로 준수함으로써 야기된 결과들에 이미 박혀 있다. 마릴린 프라이Marilyn Frye[2]가 표현하듯이, 그러한 구조적 억압은 '어떤 집단 또는 어떤 범주의 사람들을 이동하지 못하게 고정시키거나 감소시키는 경향이 있는, 이런저런 물리력 및 장벽으로 이루어진 폐쇄 구조' (Frye, 1983a, 11쪽)를 지칭한다. 이렇게 확장된 구조적 의미에서의 억압이란 일상적인 상호작용 속에서, 미디어와 문화의 상투적 관념 속에서, 관료제 위계 체제와 시장 질서 속에서―즉, 보통의 일상생활

---

2 마릴린 프라이(1941~)는 미국 출신의 급진적 페미니스트 이론가이다. 미시간 주립대학에서 철학을 가르치고 있는 철학 교수이다.

과정에서—선한 의도를 가진 사람들이 종종 무의식적으로 지니는 이런저런 생각과 반응에서 야기된 결과물 때문에 일부 사람들이 겪는 극심한 부정의를 말한다. [따라서 이런 경우] 지배자를 축출하거나 새로운 입법을 한다거나 하는 방식으로는 그런 구조적 부정의를 제거할 수는 없다. 억압들은 경제적, 정치적, 문화적 주요 제도들 속에서 체계적으로 재생산되기 때문이다.

억압의 이러한 체계적인 속성이 함축하는 바는 억압당하는 집단이 있다고 해서 반드시 억압하는 집단이 그에 대응해서 존재할 필요는 없다는 점이다. 구조적 억압이 집단들 사이의 관계와 연관이 있기는 하지만, 이 관계가 항상 한 집단이 다른 집단을 의식적으로 또 의도적으로 억압한다는 패러다임에 항상 부합되는 것은 아니다. 미셸 푸코(Michel Paul Foucault, 1977)[3]는 근대사회에서의 권력의 의미와 작동을 이해하려면 '주권'으로서의 권력 모델, 즉 지배자와 피지배자의 양항 관계로 바라보는 모델을 넘어서, 권력의 행사를 리버럴하고 '인본적인' 교육적 실천과 관료행정과 소비재 생산 및 분배와 의료 등의 효과로서 분석해야만 한다고 말한다. 많은 개인들이 매일매일 의식적으로 하는 행동들이 억압을 유지하고 재생산하는 데 한몫하고 있기는 하지만, 그들은 보통 그저 자신들의 직업상 일을 하거나 삶을 영위하고 있을 뿐이어서 그들 자신이 억압을 수행하고 있다는 점을 알지 못한다.

억압의 체계 내에서 개인들이 억압당하는 집단의 사람들에게 의

---

3 미셸 푸코(1926~1984)는 현대 프랑스의 대표적 철학자이자 사회 이론가로, 근대 이성에 대한 비판, 지식과 권력의 관계에 대한 분석, 근대 형벌 제도에 대한 비판 등으로 유명하다.

도적으로 해악을 가하지는 않는다고 말하려는 것은 아니다. 강간당한 여성, 폭행당한 흑인 청소년, 직장이 폐쇄된 노동자, 길거리에서 성적 괴롭힘을 당한 게이는 분명하게 지목 가능한 행위자들이 의도적으로 가한 행동의 피해자이다. 다른 집단을 억압함으로써 이득을 얻는 구체적인 집단들이 있고, 이 수혜자 집단들은 그렇기에 억압의 지속에 이해 관심사를 가진다는 점을 부정하려는 것도 아니다. 모든 피억압 집단의 입장에서 보면, 피억압 집단 자신과의 관계에서 특권적 지위에 있는 모종의 집단이 존재한다는 점은 확실하다.

억압의 개념이 1960년대 이래로 급진주의자들 사이에서 통용되기 시작한 까닭은 인종차별과 성차별sexism과 같은 부정의를 계급지배나 부르주아 이데올로기가 작용된 결과로 환원하려는 마르크스주의적 시도에 대한 반작용에서 부분적으로 찾을 수 있다. 일부 사회운동이 강력히 주장하듯이, 인종차별, 성차별, 노인차별, 동성애 혐오는 계급이라는 동력과는 별개로 나름대로의 동력을 가진 독특한 형태의 억압—계급 억압과 상호 연관성이 있을 수는 있겠지만—이다. 지난 10여 년간 사회주의자, 페미니스트, 반인종차별 활동가들 사이에서 종종 치열하게 벌어진 논쟁에서 일종의 합의가 생겨났다. 하나의 집단만이 아니라 상이한 많은 집단들이 미국 사회에서 억압 받고 있다고 해야 하며, 어떤 하나의 억압 형태가 인과관계상으로 또는 도덕적으로 우선적인 지위를 차지할 수는 없다는 합의가 그것이다(Gottlieb, 1987 참조). 또한 하나의 동일한 인물이 관련된 측면에 따라서는 특권적 지위를 누릴 수도 있으며, 반대로 억압 받는 위치에 있을 수도 있다는 복합적인 양상으로 집단 간 차이가 개인의 삶을 가로지르고 있다는 결론에도 합의가 이루어졌다. 억압의 개념을 다층적으로 해명하는 작업을 통해서만 이러한 통찰력을 적절하게 포착할 수 있다.

따라서 이하에서 나는 억압의 다섯 가지 측면을 고찰하고자 한다. 이 다섯 가지 측면을 기술하는 데 유용한 범주들 및 분류들의 집합은 신좌파 사회운동이 억압 받는 집단이라고 거명한 집단들 모두를, 그리고 이들이 억압당하는 방식들 모두를 담는다는 점에서 포괄적이라고 생각한다. 나는 억압의 이 다섯 가지 측면을 억압당하는 집단들의 상황을 고찰함으로써 추출했다. 요인들이 달라지면 또는 요인들을 다르게 조합하면 각 집단이 당하는 억압의 양상도 달라지며 각 집단의 억압 상태는 다른 억압으로 환원될 수 없는 것이므로, 억압의 본질을 하나로 규정하는 것은 불가능하다고 믿는다. 그런데 이 장에서 정교하게 가다듬어질 억압의 다섯 가지 범주는 그 어떤 집단이 당하는 억압이라도 적절하게 묘사할 수 있고, 다른 집단들과의 유사성과 차별성을 묘사하기에도 적절하다. 그러나 그 전에 도대체 집단이란 무엇인지를 먼저 다루어야만 할 것이다.

사회집단의 개념

억압은 어떤 집단을 무력화하거나 폄훼하는 구조적 현상을 지칭한다. 그런데 집단이란 도대체 무엇인가? 일상 담론에서 우리는 여성과 남성, 연령 집단, 인종 혹은 민족 집단, 종교 집단 등의 사회집단 별로 사람들을 구별한다. 이러한 부류의 사회집단은 단순히 사람들이 무리지어 있는 것을 넘어선다. 사회집단은 해당 집단에 소속된다고 묘사되는 사람들의 정체성과 근본적으로 관련이 있기 때문이다. 앞에서 언급한 사회집단들은 각 집단에 소속된 사람들이 서로를, 그리고 스스로를 어떻게 이해하는가와 관련해서 타 집단과 구별되는 고유성을 가지게 되는 특수한 유형의 집합이다. 그런데 지금껏 어떤 사회 이론도 또 어떤 철학도 명확하고 정교하게 사회집단의 개념을 제시하지 못했다(Turner 외, 1987 참조).

사회집단이란 문화적 형식과 관행, 또는 삶의 방식 때문에 적어도 하나의 타 집단과는 구별되는 사람 무리이다. 한 집단의 구성원 사이에는 특유한 친연성affinity이 생겨난다. 이 친연성은 비슷한 경험이나 삶의 방식 때문에 생겨나는데, 바로 이 경험과 삶의 방식으로 인해 해당 집단에 소속되지 않은 사람들보다는 서로 더 잘 어울리게 되거나 아니면 해당 집단에 소속되지 않은 사람들이 어울리는 것과는 상이한 방식으로 어울리게 된다. 집단은 사회관계를 표현한다. 즉, 집단은 적어도 하나의 타 집단과의 관계 속에서만 존재한다는 것이다. 다시 말하면, 사회적으로 무리를 지은 사람들이 서로서로에 대해서 동일한 사회에 소속된다고 여기면서도 각 무리마다 살아가는 방식과 결합의 형식 면에서 일정한 차이가 있다는 점을 경험하고는 서로 조우하고 상호작용하는 과정에서 각각의 무리가 서로를 그리고 자신들을 집단이라고 인식하게 된다.

각 사회집단에 소속된 사람들이 오로지 그들 자신들끼리만 어울리는 한, 가령 어떤 한 아메리칸 인디언 집단은 스스로를 그저 '사람들'이라고만 생각한다. 그런데 다른 아메리칸 인디언들을 만나게 되면 서로 간에 차이가 있다고 인식하게 된다. 그리하여 그 다른 아메리칸 인디언들을 집단으로 명명하게 되고, 그들 자신 또한 하나의 집단으로서 바라보게 된다. 그런데 사회집단은 상이한 사회들끼리 조우할 때에만 생겨나는 것은 아니다. 이러저런 사회과정을 통해서도 하나의 동일한 사회 내에서 집단들이 분화된다. 예를 들어, 성별에 의한 노동 분업으로 인해 여성과 남성이라는 사회집단이 우리가 아는 모든 사회에서 창출되었다. 각 젠더 집단의 구성원들이 타 젠더 집단 구성원들과 공통점이 많다고 생각하기도 하고 같은 사회의 구성원이라고도 생각하더라도, 각 젠더의 구성원들은 행동하는 것과 체험하는 것 때문에 자기 집단 내의 다른 사람들과는 일정한 친연성을 느끼면서도 다른 젠더 집단과는 구별된다고 여긴다.

대체로 정치철학에는 사회집단이라는 특유한 개념이 없다. 철학자들과 정치 이론가들이 집단을 논할 때는, 집단을 개별적 인간들의 집합체 모델이나 결사체 모델에 따라 파악하는 경향이 있다. 그어느 쪽이나 방법론상 개인주의적이다. 따라서 사회집단이라는 특유한 개념을 포착하려면, 사회집단을 개인들의 무리aggregates와 결사체associations 둘 모두와 대조해 보는 것이 도움이 된다.

모종의 속성에 따라 사람들을 분류하는 것은 무엇이든지 개인들의 집합체이다. 사람들은 일정한 속성 부류—눈 색깔, 운전 차량의 구조, 거리—에 따라서 모아질 수 있다. 어떤 이들은 미국 사회에서 정서적으로나 사회적으로 확연하게 눈에 띄는 [사회] 집단을 집합으로서, 즉 피부 색깔, 생물학적 성별, 또는 연령과 같은 속성에 따라 임의로 분류된 무리로 해석하기도 한다. 예를 들어, 조지 셔George Sher는 사회집단을 그와 같은 집합체로서 다루고, 집합체로 분류하는 기준들이 자의적이라는 이유를 들어 집단에 대해 특별히 주목할 필요가 없다고 주장한다. "사람들을 이리저리 조합할 수 있을 만큼 수많은 집단이 현실에 존재하고 있으므로, 만약 확연하게 눈에 확띠는 특색을 가진 집단인 인종 집단, 성별 집단, 그리고 여타의 그런 집단들을 위해서는 평등 대우 주장을 인정하려 하면서, 다른 집단들에 대해서는 평등 대우 주장을 인정해 주지 않는 것은 단순한 편애에 불과하다."는 것이다(Sher, 1987a, 256쪽).

그러나 흑인이나 여성과 같이 '확연하게 눈에 띄는' 사회집단은 개인들의 집합체나 그저 '특정 속성에 따라 사람들을 이리저리 조합한 것'과는 다르다(French, 1975; Friedman and May, 1985; May, 1987, 1장 참조). 한 사회집단을 정의하는 것은 그 집단이 공유하는 속성들이라기보다는 정체성의 감각이다. 하나의 사회집단으로서 흑인계 미국인을 정의하는 일차적인 기준은 피부색이 아니다. 어떤 사람들은 그들의 피부색이 상당히 밝은데도 스스로를 흑인이라고 생각하기 때문이다. 때로는 사람들이 자신이나 타인을 특정 사회집단에 속한다고 분류하기 위해서는 객관적 속성이 그 필요조건이기는 하지만, 그 특정 집단을 하나의 집단으로 규정하는 것은 일정한 사회적 지위에 소속된다는 확인 의식, 사회적 지위가 만들어 내는 공통의 역사, 그리고 자신이 어떤 집단에 속하는가 하는 자기 정체성 의식이다.

사회집단은 개인으로부터 동떨어져서 존재하는 실체가 아니다. 또한 사회집단은 개인들의 정체성에 외적인 속성들 또는 개인들의 정체성에 우연하게 부착된 속성들에 따라 개인들을 임의로 분류한 것도 아니다. 사회집단이라는 실재를 인정한다고 해서 집단성을 물신화하려는 것—이렇게 누군가는 주장할 수도 있을 것이다—도 아니다. 집단의 구성원들이 자신들의 것으로 인식하는 문화 형식, 사회 상황, 역사라는 측면에서의 정체성을 구성하는 데 집단의 의미가 부분적으로 관여한다. 집단의 의미는 해당 집단의 구성원들에게 부과된 것이거나 구성원들이 가꾸어낸 것이거나 또는 이 두 경우에 다 해당이 되기 때문이다(Fiss, 1976 참조). 집단은 실재한다. 그런데 고정된 실체로서가 아니라 사회관계의 형식으로 실재한다(May,

1987, 22~23쪽 참조).

　윤리학자들과 정치철학자들은 사회집단을 누락시키고, 집합체보다는 결사체로서 파악하는 경향이 있다(가령 French, 1975; May, 1987, 1장). 여기서 결사체라는 용어가 의미하는 바는 동호회, 회사, 정당, 교회, 대학, 노동조합과 같이 공식적으로 조직된 제도를 말한다. 집단을 집합체로 파악하는 모델과는 달리, 결사체 모델은 집단이 결사체 특유의 실행이나 형식들로서 정의된다는 점을 인정한다. 그렇기는 하지만, 결사체 모델에도 집합체 모델과 마찬가지의 문제점이 있다. 집합체 모델에서는 사회집단이 개인들에 부착된 일련의 속성들에 불과한 것으로 축소해 버리기 때문에, 개인이 공동의 집단보다 먼저 존재하는 것으로 생각한다. 결사체 모델 역시 은연중에 개인들은 존재론적으로 공동체보다 선행하는 것으로, 이미 존재하는 개인들이 사후에 집단을 구성하는 것으로 생각한다.

　사회관계를 계약의 측면에서 접근하는 모델은 결사체를 파악하는 데는 적절하지만, 집단을 파악하는 데에는 그렇지 않다. [이 계약 모델에 따르면] 개인들은 결사체를 추구한다. 개인들은 결사체 이전에 이미 꼴을 갖추어 존재하는 사람들로서 함께 모여서 규칙과 지위와 직위를 수립하면서 결사체를 만든다. [이러한 모델에서 보면] 결사체에 대해 개인들이 맺는 관계는 통상 자발적이다. 심지어 그 관계가 자발적이지 않을 때조차도, 개인들은 단체에 가입해 왔다고 상정한다. [계약 모델의 입장에서 보면] 통상 결사체보다 선행한다고 생각되는 개인의 정체성과 자아 관념은 결사체 구성원인지 여부에 전적으로 영향을 받아 형성되지는 않는다. 즉, 상대적 독립성을 유지한다는 점에서도 개인은 결사체보다 선행한다.

　[계약 모델이나 결사체 모델에서 파악하는 것과는 대조적으로 필자가

구상하는 집단 모델에서는] 집단이 개인을 구성한다. 역사에 관하여, 타인과의 친연성에 관하여, 타인과 다른 존재로서 독자성을 갖는다는 것에 관하여, 한 개인이 갖는 의식은 해당 개인이 가지는 집단 친연성에 의해 구성되는 점도 일부 있기는 할 것이다. 심지어는 추론하고, 가치평가하고, 느낌을 표현하는 개인의 방식마저도 그렇게 구성되기도 한다. 그러나 집단이 개인을 구성한다고 해서 사람들이 자기만의 스타일을 전혀 갖지 못한다든가, 사람들이 집단 소속 정체성을 뛰어넘지도 못하고 또 그것을 도저히 거부할 수가 없다고 보는 것은 아니다. 또 집단 정체성에 의해 전적으로 결정되지 않는 여러 측면들을 사람들이 가질 수 없다고 말하는 것도 아니다.

마지막 장에서 지적되었듯이, 현대의 많은 정의론의 근저에 놓여 있는 사회존재론은 방법론상 개인주의적이거나 원자론적이다. 즉, 개인이 사회적인 것에 존재론적으로 선행한다고 상정한다는 것이다. 이러한 개인주의적 사회존재론은 자아[개인 주체]는 독립성을 유지해야 한다는 규범적 인간관과 대체로 함께한다. [이 규범적 인간관에 따르면] 역사와 소속집단에 매이지 않으면서 오로지 자신을 위해서만 삶의 계획을 선택하는 진정한 자아는 자율적이고, 통일성이 있으며, 자유롭고, 자주적이다.

포스트구조주의 철학이 기여한 바가 많지만, 그중 하나는 자기를 스스로 만드는 통일적 주체라는 이 형이상학적 인간관이 환상이라는 점을 밝혔다는 것이다. 이 형이상학적 인간관은 인간 주체를 자신 스스로에 기원을 두는 존재로 설정하거나, 고정된 속성을 가진 기저 실체로서 그 위에 젠더니 민족이니 가족 역할이니 지적 경향이니 하는 것이 덧붙여지는 존재로 설정한다. 주체를 이런 방식으로 파악하게 되면, 주체의 의식도 사회적 상호작용의 맥락 및 언어 외부에 존재하고 그에 선행하는 것으로 생각하게 된다. 따라서 이미 독립해서 존재하던 주체가 이제 언어와 사회적 상호작용에 들어오게 된다고 설정된다. 최근의 다양한 철학적 흐름은 바로 이 견고한 데카르트주의 인간관에 도전하고 있다. 가령 라캉주의 정신분석학과 그에 영향 받은 사회 이론 및 철학 이론은 주체를 언어적 위치설정linguistic positioning의 산물로 보고, 타인과의 구체적인 관계 속에서 이런저런 정체성들이 혼합된 채 언제나 맥락 속에서 존재한다고 파악한다(Coward and Ellis, 1977). 즉, 자아란 사회적 과정의 원천이 아니라 그 산물이라는 것이다.

상당히 다른 관점에서 출발하기는 하지만 하버마스의 의사소통 행위 이론 역시 의식을 가진 자아가 사회관계의 존재론적 원천이라고 보는 '의식 철학'에 도전해야 한다고 말한다. 의사소통 행위 이론은 개인의 정체성은 언어적 상호작용과 행위적 상호작용의 산물이지 그 원천이 아니라고 본다(Habermas, 1987, 3~40쪽). 스티븐 엡스타인Stephen Epstein이 서술하듯이, 정체성이란 "사회화 측면에서 인식된 개별성, 즉 사회적 범주들과 자신이 어떤 관계를 맺고 있는지를 인식하는 자기 내적 구조로서, 타인이 '나'에 대해 가지는 것으로 여겨지는 '나'에 대한 견해들도 이에 포함된다. 정체성은 관계적으로, 즉 유의미한 타자들과 연관을 맺으면서 이들을 자신 속으로 수용하고 공동체 속으로 통합되는 과정을 통해서 구성된다(Epstein, 1987, 29쪽)." 어떤 집단에 속하는지와 관련된 집단 범주 구분과 집단 규범이야말로 개인의 정체성을 구성하는 주요 요소이다(Turner 외, 1987 참조).

어떤 사람이 한 단체에 가입하고 나서, 설령 그 단체 구성원으로서의 지위가 자신의 삶에 근본적인 영향을 미치더라도, 그 구성원임이 자기 정체성의 핵심을 규정할 것이라고—예를 들면, 나바호 인디언이라는 사실이 한 개인의 정체성을 규정하는 식으로—여기지는 않는다. 그런데 집단 친연성group affinity은 마르틴 하이데거(Martin Heidegger, 1962)가 '내던져진 상태thrownness'라 부른 것과 같은 특징을 가지고 있다. 즉, 사람은 어떤 집단의 구성원으로서 이미 존재하고 있음을 알게 되고, 언제나 이미 한 집단의 구성원으로서 존재해 왔음을 체험한다는 것이다. 우리의 정체성은 타인이 우리를 누구라고 보는지와 관련되어서 규정되는데, 타인은 우리가 속한 집단에 비추어서 우리를 식별하기 때문이다. 그리고 집단은 그 특유한 속성이나 그 집단에 대해 상투적으로 결합된 스테레오타입stereotype, 집단 고유의 규범들로 언제나 이미 연결되어 파악된다.

집단 친연성이라는 이 내던져진 상태라는 전제를 받아들인다고 해서, 개인은 집단을 떠날 수 없고 새로운 집단에 들어갈 수도 없다는 결론이 당연히 나오는 것은 아니다. 많은 여성들이 처음에는 스스로를 이성애자로 생각하고 난 후에 레즈비언이 된다. 누구든지 충분히 오래 살면 노인이 된다. 이 사례들은 '내던져진 상태'라는 것을 구체적으로 잘 보여 준다. 왜냐하면 집단 소속감에서의 그와 같은 변화야말로 개인 정체성에서의 근본적인 전환으로서 체험되기 때문이다. 또한 집단 소속감이라는 내던져진 상태라는 전제를 받아들인다고 해서 집단 정체성이 그 자신에게 가지는 의미를 개인은 규정할 수 없다는 결론을 당연히 내려야 하는 것도 아니다. 스스로를 어떤 집단과 동일시하는 사람들도 집단 정체성의 의미와 규범을 다시 규정할 수 있기 때문이다. 실제로 6장에서는 억압 받은 집단들이 바로 그러한 재규정 작업을 적극적으로 펼침으로써 자신들이 받고 있는 억압에 대항하려고 어떻게 노력해 왔는지를 살펴볼 것이다. 그러나 현재의 논의에서는 개인들은 일단 처음에는 집단 정체성을 이미 존재하는 것으로 인식하고, 그런 다음 특정한 방식으로 이를 받아들인다는 것만을 요점으로 지적하기로 한다. 집단은 생겨날 수는 있지만, 창설되는 법은 없다.

내가 이미 지적했듯이, 집단은 오로지 타 집단들과 관계해서만 존재한다. 국외자가 어떤 사람들의 무리를 집단이라고 식별해 내지만, 정작 집단이라고 식별된 사람들의 무리 스스로는 집단으로서 특별히 자각하지 않는 경우가 있을 수는 있다. 때로는 한 집단이 일군의 사람들을 배제하면서 표지를 붙이고, 또 그렇게 표지 붙여진 사람들이 억압을 공유하면서 자신들을 집단 구성원으로 서서히 인식하게 되기 때문에 집단이라는 것이 등장하기도 한다. 예를 들어, 그동안 잘 동화되어 특별히 유태인적 정체성을 갖지 않았던 유태인들이 프랑스 비시 정권 하에서 다른 사람들에 의해 유태인으로 표지 붙여지고 특정한 사회적 지위를 부여받게 되었다. 그러자 이들은 스스로를 유태인으로서 '발견했고', 그런 다음 집단 정체성과 상호 친밀감을 형성했다(Sartre, 1948 참조). 한 개인의 집단 정체성은 대부분의 경우에 그 개인의 삶에서 배경으로 작용할 뿐이고, 오로지 특수한 상호작용의 맥락에서만 전면으로 등장하여 확연하게 드러나게 된다.

집단을 앞에서 언급한 집합체로 파악하는 모델 위에 서서 어떤 사람들은 사회집단이란 임의적인 속성을 본질적인 것으로 보는 차별적 허구라고 생각한다. 어떤 사람들은 [흑인 집단이라거나 여성 집단이라거나 조센징이라거나 하는 식으로] 집단에 따라 [그 집단에 속한다는 이유로] 집단 구성원들의 능력, 기질 및 덕성이 달라진다고 잘못 생각하기 때문에, 이 집합체 모델의 관점에서 보면, [집단의 식별에는] 편견, 상투적인 고정관념에 따라 묘사하기, 차별, 및 배제의 문제들이 존재하게 된다. 개인주의적 인간관과 개인주의적 인간관계관은 집단 구분은 곧 억압이라고 파악하는 경향이 있다. 이 관점에서는 억압이란 사람들이 집단으로 분류될 때 그렇게 분류된 사람들에게 생겨나게 되는 그 어떤 것이다. 타인이 일정 부류의 사람들을 한 집단으로 식별하기 때문에, 이들은 배제당하고 경멸당한다. 따라서 [개인주의적 관점에서는] 억압을 제거하려면 곧 집단을 제거해야만 한다. 사람들은 집단의 구성원이 아니라 개인으로서 다루어져야 하고, 나아가 특정 집단에 대한 고정관념이나 집단적 규범에서 벗어나 자유롭게 자신들의 삶을 형성할 수 있어야만 한다는 것이다.

이 책은 이러한 입장을 비판하고자 한다. 나는 개인들이 자기 나름대로의 방식으로 삶의 계획을 자유롭게 추구해야 한다는 점에는 동의하지만, 집단이 존재한다는 현실을 부정하는 것은 어리석은 짓이라고 생각한다. 지역적 애착과 지역적 정체성은 점점 쇠퇴해 간다는 것이 근대의 신화이기는 하지만, 근대사회에서도 여전히 집단을 구별하고 있다. 시장과 사회행정을 통해서 세계적 규모의 사회적 상호 의존망이 증대하고, 종전보다 더 많은 사람들이 도시와 국가에서 서로를 낯선 이로서 만나게 되면서, 인종, 지역, 연령, 성별, 직업에 따라 사람들이 어떤 집단에 자신이 속하는지를 인식하는 것은 여전히 남아 있고 또 갱신되기도 하며, 다른 사람들을 만나는 과정에서 새로이 형성되기도 한다(Ross, 1980, 19쪽; Rothschild, 1981, 130쪽 참조). 억압 받는 집단에 속하는 사람들에게도 어떤 집단에 속한다는 인식은 중요할 때가 많으며, 같은 집단 내의 다른 사람들에게는 특별한 친밀감을 느끼게 된다. 나는 집단을 구별하는 것은 근대의 사회적 과정에서 불가피한 측면이자 또 바람직한 측면이라고 생각한다. 후술하는 장들에서 주장하겠지만, 사회정의는 차이를 녹여 없

애라고 하지 않는다. 집단 간 차이를 억압하지 않으면서 재생산하고
또 존중하는 제도들이 이루어질 것을 요구한다.

어떤 집단들은 억압을 통하여 형성되기에 이르렀고 또 특권과 억
압의 관계가 많은 집단 간의 상호작용을 틀 짓고는 있지만, 집단을
구별하는 것 자체가 곧 억압인 것은 아니다. 모든 집단이 억압 받는
것은 아니다. 미국에서 가톨릭은 독특한 관행과 상호 친밀성을 가진
특유한 사회집단이기는 하지만, 이제 더 이상 억압 받는 집단은 아
니다. 한 집단이 억압 받는지 여부는 내가 아래에서 논할 다섯 가지
의 조건 중 한 가지 조건이나 그 이상의 조건들을 충족하는지에 따
라 정해진다.

집단은 허구라는 견해에는 반결정론적이고 반본질주의적인 중요
한 통찰력이 담겨 있다. 억압은 집단 간 차이가 불변의 본질적인 속
성에서 발생한다고 파악함으로써 행해지는 경우가 많다. 이 불변의
본질적 속성은 집단 구성원들이 마땅히 받을 것이 무엇인지 어떤
것을 행할 역량이 있는지를 결정하고, 집단들 간에 배타적 경계선을
두어 상호 간의 유사성이나 중첩되는 성질들을 갖지 못하게도 한다.
억압 없이도 사회집단 간 차이가 존재하는 것이 가능하다고 강력하
게 주장하려면, 집단을 더욱더 관계적이고 살아 움직이는 방식으로
포착하는 작업이 필요하다.

친연성과 구별[차이 짓기, differentiation]이라는 사회적 과정들이
집단을 창출해 내기는 하지만, 그 사회적 과정들이 집단에 실체적인
본질을 부여하는 것은 아니다. 한 집단의 구성원들이 공유하는 공
통된 본성이란 것은 없다. 게다가 과정의 양상으로서 집단은 고정되
어 있지 않다. 즉, 집단들은 존재했다가 사라지기도 한다는 것이다.
예를 들어, 동성애는 역사적으로 여러 시기와 여러 사회에서 존재해

왔다. 그런데 게이나 레즈비언들이 특유한 집단으로서 식별되고, 또한 스스로도 특유한 집단이라고 의식하게 된 것은 20세기에 접어들면서부터이다(Ferguson, 1989, 9장; Altman 1981 참조).

사회적 관계와 과정으로부터 생겨난 집단의 차이는 집단 서로 간을 넘나드는 게 보통이다. 특히, 규모가 크고 복잡하고 고도로 분화된 사회에서는 사회집단 자체가 내적 동질성을 갖지 않는다. 각 사회집단 자체가 내부적으로 분화되면서 더 넓은 사회에 존재하는 타집단들의 많은 점들이 그대로 집단 내부의 분화 속에서도 반영된다. 가령 오늘날 미국 사회에서 흑인은 공통의 삶으로 통일된 단일 집단이 아니다. 다른 인종 및 민족 집단들처럼 흑인들 역시 나이, 성별, 계급, 섹슈얼리티, 지역, 국적—이것들 하나하나가 일정한 맥락에서는 확연하게 눈에 띄는 집단 정체성을 이루게 된다—에 따라 분화된다.

집단의 구별을 다층적으로 파악하고, 다양한 집단들을 횡단하는 속성에 주목하기도 하며, 불변의 속성에 따라 고정적으로 집단이 정해지는 것이 아니라 그 구별을 유동적인 것으로 바라보는 이러한 견해는 자율적이고 통일된 자아[주체]라는 모델을 다른 측면에서 비판하는 것이기도 하다. 미국처럼 복잡하고 고도로 분화된 사회에서 모든 개인들은 다양한 집단 소속감을 가진다. 뿐만 아니라 이 다양한 집단들에 존재하는 특권 및 억압의 문화와 관점과 관계는 서로 부합하지도 않는다. 이렇게 개별 개별의 사람들은 부분적으로는 집단 소속감이나 집단 내 관계에 의해서 구성되므로 개인들 자체가 통일된 존재일 수 없고 다종다양한 요소들로 이루어진 존재여서 반드시 개별 자아를 구성하는 요소들 간의 정합성이 있을 필요는 없는 것이다.

억압의 다섯 가지 모습

착취

마르크스 착취 이론의 핵심 기능은 법적으로나 규범적으로 인가된 계급 분류가 없는 상태에서도 계급구조가 어떻게 존재할 수 있는지를 설명하는 데 있다. 자본주의 이전 사회에서는 지배는 공공연한 것이어서 곧바로 정치적인 수단을 통해서 행사되었다. 노예사회와 봉건사회에서는 계급적 특권은 타인의 노동 생산물을 그대로 가질 수 있는 권리에 의해서 부분적으로 결정되었으며, 사람들의 우월함과 열등함은 자연적인 것이라는 이데올로기로써 계급 분류를 정당화했다.

반면 자본주의 사회는 법적으로 강제되는 전통적인 계급 분류를 제거하고 개인의 법적 자유에 관한 신념을 고취한다. 노동자들은 자유롭게 고용주와 계약을 체결하고 임금을 받는다. 노동자가 자기 고용주나 그 외 다른 고용주를 위해서 노동할 것을 강요하는 법률이나 관습 같은 공식적인 장치는 없다. 따라서 다음과 같은 자본주의의 미스터리가 발생한다. 즉, 만인이 공식적으로 자유롭다면, 어떻게 계급 지배가 존재할 수 있는가? 생산수단을 소유한 부자들과 이들을 위해 노동하는 대중 간의 계급 구분은 왜 지속되는 것일까? 착취 이론은 이러한 물음에 답한다.

시장에서 재화들이 자기의 가치대로만 교환된다고 가정된다면, 자본가의 권력과 부의 토대인 이윤은 일종의 미스터리이다. 노동가치론은 바로 이 미스터리를 풀었다. [노동가치론에 따르면] 모든 상품의 가치는 그것을 생산하는 데 필요한 노동시간의 함수이다. 노동력은 그것이 소비되는 과정에서 새로운 가치를 창출하는 유일한 상품이다. 이윤은 수행된 노동의 가치와 자본가가 구매한 노동력의 가치 사이에서 존재하는 차이에서 나온다. 자본의 소유주가 실현된 잉여 가치 모두를 자기 것으로 완전히 가져갈 수 있을 때에만 이윤은 생겨날 수 있다.

최근 마르크스주의 학자들은 이러한 착취 이론이 의거하는 노동 가치론의 유용성을 둘러싸고 상당한 논쟁을 벌였다(Wolff, 1984, 4장 참조). 가령 존 로머(John Roemer, 1982)[4]는 가치와 가격을 구분하지도 않고 하나의 단일한 속성만을 가지는 추상적 노동이라는 개념에 국한되지도 않으면서도, 마르크스의 이론이 지향하는 이론적인 목적과 실천적인 목적을 보존하려는 착취 이론을 발전시킨다. 여기서 나의 목적은 전문적인 경제적 논쟁에 개입하고자 하는 것이 아니라, 착취의 개념이 억압론에서 어떤 위치를 차지하는지를 보여 주는 데 있다.

노동자들이 착취당하고 있다는 판단은 마르크스의 착취 이론에서 사태를 묘사하는 역할뿐만 아니라 그 착취가 그르다는 규범적 평가의 역할을 명백하게 수행하고 있다. 그렇지만 그의 착취 이론은 명시적으로 드러나는 규범적 이론 요소를 가지고 있지는 않다(Buchanan, 1982, 3장). 이 착취 이론을 더욱 분명하게 규범적인 형태로 재구성한 학자가 C. B. 맥퍼슨이다(1973, 3장). 자본주의 사회 자체의 부정의는 일부 사람들이 다른 사람들의 목적(의도)에 따라서, 그리고 이들의 이익을 위하여 그 통제 하에서 자신들의 능력을 행사

---

4 존 로머(1945~)는 미국 출신의 경제학자이자 정치학자로서 예일 대학교 교수이다. 분석적 마르크스주의 경제학과 사회정의론 분야에서 주목할 만한 저술 활동을 하고 있다. 사회정의론 분야의 대표적인 저서로는 『*Theories of Distributive Justice*』(1996), 『*Equality of Opportunity*』(1998)가 있다.

한다는 점에 있다. 생산수단의 사적 소유를 통하여, 그리고 노동을 할당하고 재화를 구입할 수 있는 능력을 할당하는 시장을 통하여, 자본주의는 체계적으로 일부 사람들의 권력을 다른 사람들에게 이전하고, 그럼으로써 후자의 권력을 증강시킨다. 맥퍼슨에 따르면, 이 권력 이전 과정에서 자본가 계급은 노동자들로부터 이익을 뽑아내는 능력을 획득하고 또 유지한다. 권력이 노동자들로부터 자본가로 이전될 뿐만 아니라 노동자들의 권력은 자본가에게 이전된 양 이상으로 줄어든다. 왜냐하면 노동자들은 물질적으로 박탈당하고 통제를 상실하고, 그럼으로써 자존감의 중요한 요소들을 빼앗기기 때문이다. 따라서 정의란 이 권력 이전 과정을 가능하게 하고 강제하는 제도적 형태들을 제거하고, 만인이 각자 자신의 능력을 계발하고 행사하면서도 타인도 마찬가지로 그럴 수 있게 보장해 주는 제도적 형태들로 대체할 것을 요구한다.

그렇다면 이 착취 개념에 담겨 있는 핵심 통찰력은 한 사회집단의 노동 산물이 타 집단에게 이득이 되도록 이전되는 항상적 과정을 통해서 억압이 생겨난다는 것이다. 대부분의 사람들은 갖지 못하는 반면 일부의 사람들은 막대한 부를 보유한다는 분배 측면의 사실만이 계급 분화의 부정의인 것은 아니다(Buchanan, 1982, 44~49쪽; Holmstrom, 1977 참조). 착취는 사회집단 간의 구조적 관계를 실행한다. 무엇이 일(work, 노동)인지에 관해서, 누가 누구를 위해서 어떤 일을 하는지에 관해서, 일은 어떻게 포상되는지에 관해서, [누가] 일의 결과물을 자기 것으로 할지가 정해지는 사회적 과정에 관해서 규정하는 사회 규칙들이 작동해서 권력 및 불평등 관계를 실행한다. 가진 자들의 권력, 지위, 부가 유지되고 증강되게끔 가지지 못한 자들의 에너지가 끊임없이 소모되는 체계적 과정을 통해서 권력 및 불평등 관계는 생산되고 재생산되는 것이다.

많은 필자들이 설득력 있게 논증했듯이, 마르크스주의 착취 개념은 지배와 억압의 모든 형태를 포괄하기에는 너무 협소하다 (Giddens, 1981, 242쪽; Brittan and Maynard, 1984, 93쪽; Murphy, 1985; Bowles and Gintis, 1986, 20~24쪽). 특히 마르크스주의 계급 개념에 서는 성적인 억압과 인종적인 억압이라는 중요한 현상들이 설명되지 않은 채로 남아 있다. 이는 성적인 억압과 인종적 억압이 착취적이지 않다는 점, 그래서 이 두 억압 유형을 위해서는 완전히 별개의 범주들을 준비해야 한다는 점을 뜻하는 것일까? 아니면 한 집단의 노동과 에너지가 소모되어 타 집단에게 이득을 주는 여타의 방식들, 그리고 이 양 집단 간의 지배관계가 재생산되는 여타의 방식들까지 모두 포함하게끔 착취 개념은 확장될 수 있는 것일까?

페미니스트들은 부분적으로는 여성 억압이 체계적이고도 일방적으로 권력이 여성에서 남성으로 이전되는 것에 있다는 점을 별다른 어려움 없이 제시해 왔다. 그런데 여성 억압은 특권이 보장된 여러 활동들에 들어오지 못하도록 남성이 여성을 배제한 결과인 지위, 권력, 재산의 불평등에만 있지는 않다. 남성의 자유, 권력, 지위, 자기 실현이 가능한 것은 바로 여성이 남성을 위해 일하기 때문이다. 젠더 착취에는 물질적 노동의 과실이 남성에게 이전된다는 것, 그리고 여성의 양육 및 성적 에너지가 남성에게 이전된다는 두 가지 측면이 있다.

가령 크리스틴 델피(Christine Delphy, 1984)[5]는 여성 노동이 상응

---

5 크리스틴 델피(1941~)는 프랑스 출신의 유물론적 페미니즘(materialist feminism) 이론 가이다.

하는 보수 없이 남성에게 이익을 가져다주는 계급관계로 결혼을 설명한다. 델피는 착취의 핵심이 여성이 가사 노동의 종류—가사 노동은 이런저런 종류의 일들을 포함할 수도 있을 것이다—에 있다기보다는, 여성이 누군가에게 예속된 채 이 사람을 위해 일을 한다는 사실에 있음을 분명하게 밝히고 있다. 그렇기에, 가령 세계의 대부분의 농업 생산 체제에서는 여성이 생산해 낸 물품을 남성이 시장에 가지고 가며, 대개는 남성이 여성의 이 농업 노동으로부터 나오는 지위 및 소득의 전부를 얻게 된다.

성적-정서적 생산sex-affective production이라는 개념으로써 앤 퍼거슨(Ann Ferguson, 1979; 1984; 1989, 4장)[6]은 여성의 에너지가 남성에게 이전되는 또 다른 형태를 식별해 낸다. 여성은 남성과 아이들을 정서적으로 보살피고 남성을 성적으로 만족시킨다. 그런데 하나의 집단으로서 여성은 남성으로부터 정서적 보살핌도 성적인 만족감도 상대적으로 덜 받고 있다(Brittan and Maynard, 142~148쪽 참조). 여성의 젠더 사회화gender socialization는 우리로 하여금 남성보다는 좀 더 상호작용적 역동성에 주의를 기울이게 하고, 여성들로 하여금 사람들의 감정에 공감하고 지지하는 데, 그리고 상호작용에서 생기는 긴장 관계를 누그러뜨리는 데 능숙하게 만든다. 여성이든 남성이든 모두가 자신들의 개인적 삶을 보살펴주는 존재로서 여성에 기대고, 또 여성은 남성의 정서적인 지원을 기대했는데 그것을 받지 못할 때 흔히 불만을 토로한다(Easton, 1978). 게다가 이성 간 사랑에 관한 규

---

6 앤 퍼거슨(1938~)은 미국 출신의 페미니스트 철학자로서 매사추세츠 대학교 애머스트 캠퍼스(University of Massachusetts-Amherst) 철학 및 여성학 명예교수이다. 대표적인 저서로 『Blood at the Root: Motherhood, Sexuality and Male Dominance』(1989), 『Sexual Democracy: Women, Oppression, and Revolution』(1991)이 있다.

범들은 남성의 쾌락을 중심으로 형성되어 있기 때문에, 많은 여성들은 남성들과의 성적 교합에서 만족감을 얻는 경우가 매우 드물다(Gottlieb, 1984).

젠더 착취에 관한 대부분의 페미니즘 이론은 가부장제 가족의 제도적 구조에 주된 관심을 기울여왔다. 그러나 최근 페미니스트들은 현대 직장 안에서, 그리고 국가를 통해서도 자행되고 있는 젠더 착취 관계를 탐구하기 시작했다. 캐럴 브라운Carol Brown은 남성들은 자녀에 대한 책임감을 지지 않는 반면, 여성들이 자녀 양육의 책임을 거의 전적으로 도맡게 되므로 기초 생계를 위해 국가에 의존하기 시작했음을 논증한다(Brown, 1981; Boris and Bardaglio, 1983; A. Ferguson, 1984 참조). 이로부터 국가기관을 매개로 해서 여성의 가사 노동을 착취하는 새로운 시스템이 만들어지는데, 브라운은 이 착취 시스템을 공적 가부장제public patriarchy라고 명명한다.

20세기 자본주의 경제에서는 여성들이 진입하는 직장들의 수가 증가하고 있는데, 이렇게 증대된 직장들이 젠더 착취의 또 다른 중요한 현장이 된다. 데이비드 알렉산더(David Alexander, 1987)는 전형적으로 여성적인 직업은 성 노동, 아동 돌보기, 다른 사람 신체 돌보기, 직장 내 긴장 완화와 같이 젠더에 기반을 둔 업무들과 관련되어 있다고 주장한다. 이러한 방식들로 여성의 에너지는 타인의, 대개는 남성의, 지위와 쾌락과 편안함을 드높이는 직업들에 사용된다. 게다가 식당 종업원, 사무직원, 간호사, 여타의 임시직 같이 젠더에 기반을 둔 노동은 대부분 하찮은 것으로 취급받으면서 제대로 대우를 받지도 못한다.

요약하자면, 마르크스주의는 여성이 임금노동자인 한에서 착취당한다고 본다. 여성의 가사 노동이 한 가족이 받는 임금으로 충당되는 노동인 한해서 가사 노동은 자본주의 계급 착취의 한 형태를 보여 주는 것이기도 하다고 어떤 이들은 주장한다. 그러나 하나의 집단으로서 여성은 젠더 착취라는 특수한 형태 아래 놓여 있다. 이때 대부분 하찮은 것으로 여겨지고 제대로 인정받지도 못한 채 여성의 에너지와 힘은 남성에게 이익이 되도록 사용된다. 남성이 보다 중요하고 창조적인 일을 할 수 있도록 편히 쉴 수 있게 한다거나, 남성의 지위나 남성을 둘러싼 주변 환경이 좀 더 좋아지게 한다거나, 성적 서비스나 정서적 서비스를 제공하거나 함으로써 말이다.

인종은 적어도 계급이나 젠더만큼이나 기본적으로 억압 구조이다. 그렇다면 인종에만 특유한 착취 형태라는 것이 존재할까? 숙련 직장, 고소득 직장, 노동조합이 있는 직장은 대체로 백인이 차지하게 되는 분할된 노동시장에서 생겨난 자본주의 슈퍼 착취superexploitation로 미국 사회에서 인종 기준에 따라 분류된 집단들이, 특히 흑인과 라틴 아메리카인들이 억압당한다는 점은 명약관화하다. 그러한 슈퍼 착취가 집단으로서의 백인에게 이익을 가져다주는 것인지, 아니면 단지 자본가 계급에게만 이익이 되는 것인지에 관해서는 상당한 의견 차이가 있지만(Reich, 1981 참조), 여기서 그 논쟁에 개입하지는 않겠다.

인종 기준에 따라 분류된 집단들의 자본주의적 슈퍼 착취에 관한 질문에 대답을 한다고 하더라도, 앞에서 논했던 젠더에 특유한 착취 형태에 유비해서 인종에 특유한 착취 형태를 개념화하는 것이 과연 가능할까? 천한 노동이라는 범주가 그렇게 개념화하기 위한 방편일 수도 있다고 나는 생각한다. '천賤한'이란 표현의 파생어로 하인의 노동이 있다. 인종차별주의가 있는 곳에서 억압당하는 인종 집단 구성원들은 특권 집단 사람들의, 또는 특권 집단 중 일부의 하인이거나 또는 하인이어야만 한다는 가정—이 가정이 현실에서 시행되는 정도에는 차이가 있겠지만—이 존재한다. 대부분의 인종차별주의 백인 사회에서 이것이 의미하는 바는 상당수의 백인들이 흑색 피부의 또는 황색 피부의 집안 하인을 두고 있다는 것이다. 오늘날 미국에서 여전히 가사 도우미 직은 상당한 정도로 인종적으로 구조화되어 있다. 그런데 오늘날 미국에서는 많은 서비스 노동이 공적으로 수행된다. 즉, 좋은 호텔이나 좋은 레스토랑에 가는 사람이라면 누구나 하인들을 가질 수 있다는 것이다. 기업 임원, 고위 공무원, 기타 고위직 전문가의 주간 활동이나 야간 활동을 돕는 하인들[7]이 있는 경우도 많다. 그런데 미국 사회에서는 여전히 하인의 직업—호텔 보이, 짐꾼, 객실 청소부, 식기 담당자 등—은 흑인과 라틴 아메리카인 노동자로 채운다는 강력한 문화적 압박이 잔존한다. 서비스를 제공하는 사람들이 그 서비스를 받는 사람들의 지위를 높여 주는 에너지 이전, 바로 이것이 이 직업들이 함축하는 점이다.

천한 노동에는 대체로 서비스 노동뿐만 아니라, 자율성이 결여된 예속 노동, 비숙련노동, 저임금 노동, 즉 한 개인이 여러 사람들로부터 내려오는 지시를 받게 되는 노동들도 포함된다. 천한 일은 타인들의 일에 도구가 되는 보조 업무일 경우가 많고, 이때 그 일을 함으로써 일차적으로 인정받는 사람은 바로 이 타인들이다. 예를 들어, 건축 현장의 인부들은 숙련노동자들, 즉 해당 업무를 완수했다고 인정을 받는 용접기사나 전기기사, 목수, 그리고 그 밖의 숙련노동자들이 시키는 대로 일한다. 한때 미국에서 명백한 인종차별이 심

---

7 비서나 수행원을 말하는 듯이 보인다.

할 때는 천한 일들은 흑인, 치카노, 아메리칸 인디언, 중국인들에게 주어졌는데, 지금도 여전히 천한 일들은 흑인과 라틴 아메리카인 노동자들과 연결되는 경향이 있다(Symanski, 1985). 따라서 나는 인종에 특유한 착취를 연구할 때 필요한 하나의 잠정적인 범주로서 '천한 노동'이라는 이 범주를 인종에 특유한 착취 형태의 하나로 제안하고자 한다.

착취라는 부정의는 분배 모델에 입각해서 이해되는 경우가 대부분이다. 예를 들어, 브루스 애커먼은 착취 개념을 명확하게 정의 내리지는 않지만, 부와 소득과 기타 자원들의 심각한 불평등 분배가 집단을 기준 삼아 이루어지면서 구조적으로 지속되는 것을 착취로 이해하는 것 같다(Ackerman, 1980, 8장). 존 로머의 다음과 같은 착취 개념 정의는 더 좁고 훨씬 엄격하다. "실현 가능한 사회 순생산純生産 분배 체계 하에서 개인은 이런저런 재화 세트를 받게 될 터인데, 어떤 재화 세트를 받든 간에 그것에 구현된 노동량이 자신이 투입한 노동량보다 적을 경우 그 개인은 착취되고 있는 것이다(Roemer, 1982, 122쪽)." 이 역시 제도적 관계 및 과정보다는 분배의 결과에 초점을 맞추어 착취 개념을 정의한 것이다.

제프리 레이먼Jeffrey Reiman[8]은 착취를 그렇게 분배의 측면에서 이해하게 되면 계급 과정class processes의 부정의는 여러 계급이 소유하는 생산적 자산의 불평등 함수로 축소되어 버리고 만다고 주장한다. 레이먼에 따르면, 이는 자본가와 노동자 간의 권력 관계를 간과하고, 노동자 측에 더 적은 선택지를 부여하는 강압적 구조 속에

---

8 제프리 레이먼(1942~)은 미국 출신의 철학자로서 아메리칸 대학교 철학 및 사회정책학과 명예교수이다. 사회정의와 불평등 문제에 천착하여 많은 저술 활동을 했다.

서 자본가와 노동자 간의 불평등 교환이 일어난다는 사실을 보지 못하는 것이다(Reiman, 1987; Buchanan, 1982, 44~49쪽; Holmstrom, 1977 참조). 착취라는 부정의의 핵심은 불평등 분배를 창출하게끔 한 집단으로부터 다른 집단으로 에너지가 이전되는 사회과정에 있고, 또 소수는 부를 축적하게 하면서 다수는 그러지 못하게 하는 사회과정의 방식에 있다. 착취라는 부정의는 재화의 재분배로는 제거될 수 없다. 제도화된 관행 실천이나 구조적 관계가 바뀌지 않는 한, 에너지의 이전 과정은 이익의 불평등한 분배를 계속 다시 만들어 낼 것이기 때문이다. 착취가 있는 곳에서 정의를 실현하기 위해서는 의사결정 제도들 및 관행 실천들을 다시 조직하고 노동 분업을 바꾸어야 하며, 또한 그와 유사한 제도·구조·문화의 변화 조치들이 있어야만 한다.

주변화

미국에서 인종 측면에서의 억압은 착취보다는 주변화marginalization의 형태로 나타나는 경우가 점차 늘어나고 있다. 주변인marginals이란 노동 시스템이 사용할 수 없거나 사용하지 않으려는 사람들을 일컫는다. 제3세계 자본주의 국가뿐만 아니라 대부분의 서구 자본주의 사회에서도 사회적으로 주변에 놓인 삶을 영구히 벗어날 수 없는 하층의 사람들이 점차 증가하고 있고, 이들 대부분은 인종적 표지—남미에서의 흑인이나 인디오, 유럽에서의 흑인, 동인도인, 동구권 사람들, 북아프리카인—를 가지고 있다.

그런데 주변화는 인종적 표지로 분류된 집단만 겪는 운명이 아니다. 창피하게도 미국 인구의 상당 부분이 주변인이다. 노인이 여기에 속한다. 고령 노인에 속하지는 않지만 퇴직한 후 새 직장을 구하지 못하는 사람들도 주변인으로 분류된다. 청년들도 주변인에 속하는데, 특히 첫 번째 직장이나 부업을 구할 수 없는 흑인 또는 라틴아메리카인 청년들을 꼽을 수 있다. 또한 많은 싱글 맘과 그 자녀들, 비자발적실업자들, 지적장애인과 신체장애인들, 특히 자치 구역에 사는 이들을 포함해서 아메리칸 인디언들도 주변인에 속한다.

어쩌면 주변화야말로 가장 위험한 억압 형태일지도 모른다. 사람들의 전체 범주가 유용한 사회생활 참여에서 추방되고, 그리하여 심각한 물질적 궁핍에, 심지어는 절멸에 몰리게 될 가능성이 있다. 대체로 주변화의 결과이기 십상인 물질적 궁핍은, 특히 다른 사람들은 풍요를 누리는 사회에서는 부정의한 것임이 틀림없다. 현대 선진 자본주의 사회는 주변화가 낳은 물질적 궁핍을 원칙적으로는 부정의로 인정해 왔기 때문에, 생계 보호를 위해 현금을 제공한다거나 복지 서비스를 제공함으로써 물질적 궁핍에 대처하는 조치들을 취해 왔다. 그런데 이러한 복지국가가 지속된다는 보장은 전혀 없으며, 특히 미국을 비롯한 대부분의 복지국가 사회에서 복지 재분배 정책들은 대규모 고통과 궁핍을 근절하지는 못하고 있다.

그러나 재분배 정책으로 대처할 수도 있는 물질적 궁핍이 있기도 하지만, 이런 궁핍은 주변화로 인해 발생한 해악의 범위에 해당되지 않는다. 분배의 차원을 넘어서는 부정의의 두 가지 범주가 있는데, 이는 선진 자본주의 사회에서의 주변화와 관련되어 있다. 첫째, 복지 급부의 비수급자가 누리는 권리 및 자유를 복지 수급자는 누리지 못하게 되므로 복지 급부 그 자체가 새로운 부정의를 만들어낸다는 것이다. 둘째, 물질적 궁핍이 복지국가를 통해서 다소 완화될 수는 있다 하더라도, 사회적으로 규정되고 승인되는 방식으로 각자의 역량들을 행사할 수 있는 기회가 주변화를 통해서 차단된다는 점에서 주변화는 부정의하다는 것이다. 이하에서는 차례로 이 두 가지 부정의 범주를 상론하고자 한다.

전통적으로 자유주의는 합리적이고 자율적인 행위자의 평등 시민권을 천명해 왔다. 초기 부르주아 자유주의는 그 이성 능력이 의심되거나 충분히 발달하지 않은 사람들과 독립하지 않은 사람들 모두를 명시적으로 시민적 지위로부터 배제했다(Pateman, 1988, 3장; Bowles and Gintis, 1986, 2장 참조). 따라서 가난한 사람들, 여성, 정신이상자, 지적장애인, 아동은 명시적으로 시민적 지위에서 배제되었고, 이들 대부분은 근대 교도소를 본 딴 시설들—빈민원, 정신병원, 학교—에 수용되었다.

오늘날 복지 수급자가 평등한 시민적 지위로부터 배제되는 것은 빙산의 일각일 뿐이다. 노인들, 가난한 사람들, 지적장애인들과 신체장애인들은 지원과 서비스를 받기 위해 관료적 기관들에 의존하기 때문에, 복지 관료 체제 관련자들과 정책들이 거들먹거리고, 보복하고, 모욕하고, 자의적으로 취급해도 그대로 당할 수밖에 없다. 미국 사회에서 복지 수급자가 된다는 것being a dependent은 사회복지 서비스 제공자와 기타 공무 담당자 및 민간 요원들이 종종 자의적이고 공격적으로 권위를 행사해도 정당하므로 찍소리 못하고 가만히 있어야 한다는 뜻이기도 하다. 왜냐하면 그들은 복지 수급자인 주변인들이 따르지 않을 수 없는 규칙들을 집행하며, 따르지 않을 경우 자신들의 삶의 조건에 권력을 행사하는 존재들이기 때문이다. 주변인들의 필요를 충족시킬 때 사회과학 분야의 도움을 받는 경우가 많은데, [이를 통해] 사회복지 기관 또한 주변인들이 필요로 할 것 자체를 만들어 내기도 한다. 의료복지 및 사회복지 전문가들은 자신들의 서비스 대상인 주변인들에게 좋은 것이 무엇인지 알기 때문에,

주변인들과 복지 수급자들은 자신들에게 좋은 것을 요구할 수 있는 권리를 가지지 못한다(Fraser, 1987a; K. Ferguson, 1984, 4장). 따라서 미국 사회에서 '타인의 도움과 보살핌에 의존하는 상태(처지)에 있다는 것dependency'은, 모든 자유주의 사회에서 그러하듯이, 사생활과 관련된 기본권, 존중받을 기본권, 개인적 선택과 관련된 기본권이 정지당할 수 있는 충분한 근거가 된다는 것을 의미한다.

타인의 도움과 보살핌에 의존하는 상태라는 것은 미국 사회에서의 부정의한 상황을 만들어 내는 것이기는 하지만, 그러한 처지에 있다는 것 자체가 반드시 억압적이어야 할 이유는 없다. 적어도 일정 시기에 다른 사람들의 부양을 필요로 하는 사람들이 전혀 없는 사회는 상상할 수 없다. 즉, 아이들, 병든 사람들, 출산 후 회복 과정에 있는 여성, 노쇠해 가는 노인들, 우울한 상태에 있거나 정서적으로 도움이 필요한 사람들은 생계 지원을 위해 다른 사람들에게 의존할 수 있는 도덕적 권리를 갖는다.

도덕적 주체가 되고 또 완전한 시민권을 누리려면 자율적이고 독립적인 개인이어야 한다는 확고한 가정에 의문을 제기해 왔다는 점이 페미니스트 도덕 이론이 크게 기여한 것 중 하나이다. 페미니스트들은 이 가정이 부적절하게 개인주의적이며, 경쟁과 단독 성취를 높이 평가하는 남성 특유의 사회관계 경험에서 파생된 것임을 분명하게 밝혀냈다(Gilligan, 1982; Friedman, 1985 참조). 여성의 사회관계 경험은 여성의 전형적인 가사 책임으로부터, 그리고 많은 여성들이 돈을 벌고 있는 유급 노동 유형으로부터 형성된다. 그렇기에 이 경험은 기본적인 인간의 조건을 의존dependence으로 인식하는 경향이 있다(Hartsock, 1983, 10장 참조). 자율성 모델에서 정의로운 사회는 독립의 기회를 사람들에게 되도록 많이 주려고 한다면, 페미니스트

모델은 독립된 사람들뿐만 아니라 타인의 도움과 보살핌에 의존하는 사람들에게도 존중과 의사결정에 참여할 기회를 부여하는 것이 정의라고 본다(Held, 1987b). 타인의 도움과 보살핌을 받는 상태가 선택권과 존중을 박탈당할 이유가 되어서는 안 된다. 만약 개인주의 정도가 덜한 권리 모델이 널리 통용된다면, 많은 주변인들이 경험하는 억압의 상당 부분은 줄어들 것이다.

주변인들에게 주거와 식량이 제공된다고 하더라도 주변화는 여전히 억압이다. 예컨대 노인들 중 많은 이들이 안락하게 살 수 있는 충분한 수단을 갖추고 있기는 하지만 주변적 지위에 있기 때문에 여전히 억압 받는 상태이다. 심지어 주변인들의 자유와 존엄성을 존중하는 시설 안에서 주변인들이 안락한 물질적인 삶을 영위할 수 있는 경우에조차도, 주변화의 부정의는 쓸모없음과 따분함과 자존감 결핍이라는 형태로 여전히 남아 있게 될 것이다. 미국 사회에서 생산적인 활동과 높이 평가받는 활동의 대부분은 조직화된 사회적 협동의 환경 속에서 이루어지므로, 사람들을 그러한 사회적 협동에 참여하지 못하게 차단하는 사회구조와 사회과정은 정의롭지 못하다. 따라서 주변화에 분배 정의의 중요한 이슈를 포함되는 것은 분명하지만, 인정과 상호작용의 환경 속에서 자신의 역량을 행사할 수 있는 문화적 조건들과 실천적인 조건들, 제도화된 조건들을 박탈하는 것도 역시 포함된다.

[앞에서 설명한] 주변화라는 부정할 수 없는 이 사실에서 정의의 기본 구조적 쟁점들이 등장한다. 사회적 협동이라는 생산적 활동에 참여해야만 소비 수단을 이용할 수 있도록 연계 짓는 정책이 과연 적절한가라는 쟁점이 특히 주변화 문제와 관련해서 제기된다. 줄어들 기미는커녕 주변화가 점점 더 증가하자 일부 사회정책분석가들

은 노동임금 체계와 연계되지 않으면서도 사회적으로 소득이 보장되는 '사회적 임금social wage'이라는 이상을 도입했다. 그런데 참여의 권리를 해결하기 위하여 생산적 활동을 재조정하는 것은 사회적 측면에서 생산적인 활동들 중 몇 가지를 노동임금 체계 외부에서 조직화하는 것을 당연히 포함한다(Offe, 1985, 95~100쪽 참조). 공공 취로와 자영업 공동체를 통한 생산 활동의 조직화가 그러한 예라고 하겠다.

무력함

앞에서 지적했듯이, 타인의 노동으로부터 이윤을 얻는 일부 사람들이 권력과 부富도 가지게 된다는 마르크스주의 계급 사상은 착취 구조를 밝히는 데 도움을 준다는 점에서 중요하다. 이런 이유에서 나는 전통적인 계급 착취 모델이 현대사회의 구조를 제대로 포착하지 못한다는 주장에 절대 동의하지 않는다. 사회 내 대다수 사람들의 노동이 상대적으로 소수인 사람들의 권력을 강화시킨다는 것은 여전히 부인할 수 없는 사실이다. 전문직 노동자들이 비전문직 노동자들과 다른 점이 있다고는 하지만 여전히 자본가 계급의 구성원은 아니다. 전문직 노동은 착취를 통해 자본가에게 이윤을 이전시키는 활동들과 관련이 있거나 아니면 그런 착취적 이전이 이루어지는 데 중요한 역할을 한다. 전문직 노동자들이 애매한 지위에 있다는 점은 분명한 사실이다. 7장에서 논하겠지만, 전문직 노동자들 역시 비전문직 노동자들의 착취를 통해 이득을 얻고 있기 때문이다.

자본가 계급과 노동자계급을 구분하는 것이 더 이상 미국 사회에 맞지 않다는 주장이 틀린 것처럼, 계급관계가 19세기 이후 바뀌지 않은 채 그대로라는 주장 역시 틀렸다. 억압을 적절하게 파악하는

견해라면 '중산계급'과 '노동계급'이라는 세간의 구분에 반영된 사회
적 분화의 경험, 즉 노동이 전문직 노동과 비전문직 노동으로 사회
적으로 분화되면서 구조화된 노동 분업을 무시할 수는 없을 것이다.
전문직 노동자들은 노동 분업에서의 위치와 지위 덕분에 비전문직
노동자들과 비교했을 때 특권화되어 있다. 비전문직 노동자들은 착
취에 더해서 또 하나의 억압 형태로 고통을 받는다. 나는 또 다른
억압 형태를 무력함powerlessness이라 표현하겠다.

　다른 선진 자본주의 국가와 마찬가지로 미국에서도 대부분의 직
장이 민주적으로 조직되지 않아서, [노동자들과 일반 시민들이] 공공
정책 결정에 직접 참여하는 경우는 거의 없다. 정책집행은 대부분
상층부가 정하고 하층부는 그대로 복종하는 식의 위계서열에 따라
이루어지면서 공무원과 시민에게는 상층부에서 정한 규칙이 그대
로 부과된다. 따라서 선진 자본주의 사회 대부분의 사람들은 자신
들의 삶과 행동의 조건에 영향을 미치는 의사결정에 참여하는 경우
가 거의 없고, 이런 의미에서 대부분의 사람들은 이렇다 할 권력을
가지지 못한다고 해야 할 것이다. 동시에 다른 한편으로는, 이미 1장
에서 논했듯이, 근대사회에서 지배는 타인의 결정을 전달하고 간접
적으로 수행하는 수많은 행위자들에게 분산된 권력들을 통해서 이
루어진다. 그런 한에서 많은 사람들이, 비록 어떤 정책을 시행할지
결정하거나 어떤 결과를 낳을지 결정할 권한이 없기는 하지만, 타인
과의 관계에서 일정한 권력을 가지고는 있는 셈이다. 무력한 자들the
powerless이란 심지어 이러한 간접적 의미에서의 권한이나 권력조차도
전혀 가지지 못한 사람들을 말한다. 권력은 이 무력한 자들을 향해
행사되지만, 이들은 그 권력을 결코 행사하지 못한다. 즉, 무력한 자
들이란 명령은 무조건 따라야 하지만 명령을 내릴 권리는 거의 갖지

못하는 상태에 처한 사람들을 말한다. 또한 무력함은 노동 분업에서 차지하는 모종의 지위를 나타내며, 그 지위로 인해 기술 연마 및 행사의 기회가 거의 주어지지 않는 사회적 지위도 포함된다. 무력한 자들은 일할 때 자율성이 거의 없거나 아예 없고, 일을 할 때 창의성이나 독자적 판단을 거의 내리지 못하며, 기술적 전문성이나 권위도 없고, 자신을 표현할 때―특히 공적인 환경에서나 공무원 앞에서는 더욱더―서투르며, 존중받지 못한다. 무력함이란 세넷과 코브(Sennett and Cobb, 1972)가 노동계급 남성에 관한 저 유명한 연구에서 묘사한 억압 상태를 나타내는 개념이다.

이 무력함을 소극적으로 설명하는 편이 가장 나을지도 모르겠다. 즉, 무력한 자들은 전문직 노동자들이 가지게 마련인 권위, 지위, 자긍심이 없다. 전문직 노동자들의 지위에서 나오는 특권은 다음과 같은 세 가지 측면이 있는데, 이것들을 갖지 못한다는 점이 비전문직 노동자들에게는 바로 억압이다.

첫째, 전문성을 획득하고 실행한다는 것은 확장적이고 발전적인 성격이 있다. 전문직이 되려면 통상 대학 교육이 필요하며, 기호記號와 개념을 가지고서 작업하는 특별한 지식을 획득해야 한다. 전문직 종사자들은 우선 전문 자격을 취득하면서 발전을 경험하고, 그런 다음 전문성 강화 과정에서 또 발전을 경험하며, 그런 후 지위가 상승되는 것을 경험한다. 이에 비해 비전문직 노동자들의 삶은 어떻게 해야 역량이 점점 발전해 가고 인정받게 되는지에 관한 방향 정립이 없다는 점에서 무력하다.

둘째, 많은 전문직 종사자들도 상급자의 지휘와 감독을 받으며 상당수 의사결정이나 상당수 사람들의 행위에 직접 영향력을 행사하지는 못하지만, 대부분의 전문직 종사자들은 일상적인 노동 업무에서 자율성을 갖는다. 전문직 종사자들은 통상 타인—그들이 지휘하고 감독하는 노동자나 보조원, 또는 고객들—에 대해 일정한 권위를 가지고 있다. 반면, 비전문직 노동자들은 자율성이 없으며, 일을 할 때도 그렇고, 소비자-고객으로서의 삶에서도 전문직 종사자들의 권위 아래 놓여 있는 경우가 대부분이다.

'정신노동'과 '육체노동'이라는 노동 분업에 기초를 두긴 했지만, '중산계급middle class'과 '노동계급working class'의 구분은 직장 생활에서뿐만 아니라 사회생활의 거의 모든 면에서의 분화까지도 지칭한다. 미국에서는 전문 직업인과 비전문직 노동자는 상이한 문화에 소속된다. 이 양 집단은 상호 접촉이 없는 이웃으로 살거나, 심지어는 다른 구역에서 거주하는 경향이 있다. 이러한 과정 자체가 도시 계획자, 도시개발 공무원, 부동산업자들에 의해 매개되고 수행된다. 이 양 집단은 음식, 집안 장식, 의복, 음악, 휴가와 관련해서 상이한 취향을 가지며, 건강과 교육에 관한 필요 측면에서도 상이하다. 이 각 집단의 구성원들은 대부분의 삶에서 동일 집단 내의 타인들과 사교를 한다. 그 자녀들의 경우에는 양 집단 간의 이동이 어느 정도 있기는 하나, 대체로 전문 직업인 집단의 자녀들은 전문직 종사자가 되며, 비전문직 노동자 집단의 자녀들은 그렇지 못하다.

셋째, 전문직의 특권은 직장을 넘어서 삶의 전체 양식에까지 확장된다. 나는 그 특권이 확장된 전문직의 삶의 양식을 '품위 있음 respectability'으로 명명하겠다. 어떤 사람들을 존중을 가지고서 대한다는 것은 이들이 권위와 전문 지식 또는 영향력을 가지고 있기 때문에 이들이 말하는 것을 경청할 준비가 되어 있거나 요구하는 바를 들어줄 준비가 되어 있다는 것이다. 품위 있음과 관련된 규범들은 미국 사회에서는 특히 전문직 문화와 결합되어 있다. 전문 직업적인 의상이나 발언, 취향과 행동 방식, 이 모든 것에 '품위 있음'이라는 속성이 은연중에 수반되는 것이다. 일반적으로 전문직 종사자들은 다른 사람들의 존중을 기대하기도 하고 또 존중받기도 한다. 언론 방송에서뿐만 아니라 식당, 은행, 호텔, 부동산 사무소, 기타 많은 공공장소들에서도 전문직들은 비전문직 노동자들에 비해 더 극진히 대접받는 게 보통이다. 금융 대부를 받고자 또는 일자리를 얻고자 애쓰거나 집이나 차를 사려고 애쓰는 비전문직 노동자들이 '전문직 종사자'로 보이거나 '품위 있게' 보이고자 종종 노력하려는 것도 다 이 때문이다.

"전문직 종사자는 품위 있다."는 이 특권은 인종차별과 성차별의 역학 관계에서 강하게 나타난다. 일상적 교류에서 유색인 여성과 남성은 자신들이 품위 있는 자격을 가졌음을 항상 입증하지 않으면 안 된다. 유색인 여성과 남성을 만나는 낯선 상대방이 처음에는 이들을 정중하게 대하지 않는 경우가 허다하다. 그런데 이 여성이 또는 이 푸에르토리코 남성이 대학교수이거나 기업 임원임을 알고 나면, 대체로 사람들은 그녀 또는 그를 더욱더 정중하게 대하게 된다. 반면, 백인 노동자 남성은 그가 노동자임이 밝혀질 때까지는 정중하게 대우를 받는 게 대부분이다. 5장에서 나는 '품위 있음'이라는 이 이상을 뒷받침하는 문화적 기반은 무엇이며, 그 이상은 어떤 억압적 함의를 가지고 있는지에 관해 좀 더 상세히 탐구하겠다.

이상에서 무력함과 관련된 몇 가지 부정의, 즉 역량 계발을 못하게 막는 것, 직장 생활에서 의사결정 권력을 갖지 못하는 것, 해당 개인이 사회적으로 차지하는 지위 때문에 존중받지 못하는 것을 다루어 보았다. 이러한 부정의들은 분배의 측면에서 일정한 효과를 낳기도 하지만, 보다 근본적으로 보면 노동 분업의 문제이다. 무력함이라는 억압의 핵심적 쟁점은 계획을 짜는 자와 그 계획을 수행하는 자를 사회적으로 나눈다는, 모든 산업사회의 기본인 노동 분업이다. 7장에서는 이 문제를 좀 더 상세히 고찰하고자 한다.

문화제국주의

착취, 주변화, 무력함은 모두 노동의 사회적 분업 때문에 발생하는 권력과 억압의 관계—즉, 누가 누구를 위해 노동할지, 누가 그런 노동을 하지 않을지, 어떻게 노동의 내용이 다른 이들과의 관계에서 누군가의 제도적 지위를 규정하는지와 같은 것—에 관련된다. 이 세 가지 범주는 사람들의 물질적 삶을 획정하는 구조적이고 제도적인 관계와 관련이 있다. 이때 물질적 삶이란 사람들이 입수해서 이용하는 자원들과 사람들이 자신의 역량을 계발하고 행사하기 위해 가져야만 하거나 갖지 않아도 되는 구체적인 기회들을 포함하긴 하되 이것들에 국한되지는 않는다. 착취, 주변화, 무력함이라는 억압의 유형은 타인과의 관계 속에서 행사되는 구체적인 권력의 문제, 즉 누가 누구로부터 이득을 얻는지, 누가 쓸모없는 존재인지에 관한 문제이다.

최근의 집단 해방 운동 이론가들은, 특히 페미니스트와 흑인 해방 이론가들은 이와는 다소 다른 형태의 억압—내가 루고니스와 스펠만(Lugones and Spelman, 1983)을 따라 문화제국주의cultural imperialism라고 명명했다—을 부각시켰다. 문화제국주의를 체험한다는 것은 어떻게 사회의 지배적 의미들이 어떤 개인이 소속된 집단에 상투적인 관념을 부여하여 타자the Other라는 표지를 붙여 버림과 동시에 그 집단이 가지는 특수한 관점을 보이지 않게 만들어 버리는지를 체험한다는 의미이다.

문화제국주의의 핵심은 지배 집단의 경험과 문화를 보편화하고 유일한 규범으로 확립하는 것이다. 낸시 프레이저(Nancy Fraser, 1987b)[9]가 사회 내의 해석과 소통의 수단이라고 명명한 것에 독점적으로 또는 누구보다도 먼저 접근해서 활용하는 집단들이 있다. 그 결과로 이 집단들의 경험, 가치, 목표, 성취가 그 사회에 널리 유포된 문화 생산물, 즉 사회의 지배적인 문화 생산물이 된다. 지배 집단들은, 대체로 자신들이 그렇게 한다는 의식도 없이, 자신들의 경험이 인간성 그 자체를 대표하는 것이라고 제시한다. 지배 집단들이 문화적 지위를 획득하게 되면, 사회에서 벌어지는 사건들과 요소들―사회 내 타 집단들도 포함해서―에 대한 지배 집단들의 관점과 해석이 문화적 생산물로 표현된다.

　　그러나 다른 집단들과의 조우는 이러한 지배 집단의 보편성 주장에 의문을 제기하는 계기가 될 수 있다. 지배 집단은 다른 집단들을 자신의 지배적 규범 척도 아래로 놓음으로써 그 지위를 강화한다. 그 결과, 여성과 남성의 차이, 아메리칸 인디언 및 아프리카인과 유럽인의 차이, 유태인과 기독교인의 차이, 동성애자와 이성애자의 차이, 노동자와 전문직 종사자의 차이가 대체로 표준에서 벗어난 것으로, 그래서 열등한 것으로 재편된다. 오직 지배 집단의 문화적 표현

---

9 낸시 프레이저(1947~)는 미국 출신의 세계적인 페미니스트 정치철학자이다. 뉴욕 뉴스쿨 사회과학대학원에서 정치학 및 철학 교수로 재직 중이다. 사회정의는 자원의 평등한 분배와 상이한 정체성/집단 차이의 동등한 인정으로 이루어진다는 견해를 제시하여 국제적으로 주목받고 있다. 정의론 분야에서의 대표적인 저서로는 독일 철학자 악셀 호네트와의 논쟁을 담은 『분배냐 인정이냐(Redistribution or Recognition?: A Political-Philosophical Exchange)』(2003), 『지구화 시대의 정의(Scales of Justice: Reimagining Political Space in a Globalizing World)』(2009), 『전진하는 페미니즘(Fortunes of Feminism: From State-Managed Capitalism to Neoliberal Crisis)』(2013)이 있다.

물만이 널리 유포되므로, 지배 집단의 문화적 표현물만이 표준적인 것이거나 보편적인 것이 되면서 특별할 것 없는 정상적인 것이 된다. 지배 집단만의 문화적 표현물과 정체성이 표준적인 것이 되었다면, 지배 집단은 일부 집단들이 내보이는 차이점들을 [표준적인 것의] 결핍과 부정으로 구성해 버린다. 그렇게 된 집단들에게는 타자라는 표지가 붙여진다.

문화적으로 지배받는 자들은 자신들에 대한 고정관념에 의해 가시적인 표지가 붙여지면서, 그와 동시에 보이지 않는 존재로도 되어 버린다는 점에서 역설적인 억압을 겪는다. 사람들이 쉽게 알아챌 수 있는 일탈자로서 문화제국주의의 지배 아래 놓인 자들the culturally imperialized은 모종의 본질을 가진 것으로 특징지어진다. 이 고정관념들은 이들을 모종의 본성을 가진 것으로 가두어 버리는데, 대체로 그 본성은 이들의 몸과 일정한 방식으로 연계된 것이어서 쉽게 부정할 수 없는 것이 된다. 이러한 고정관념들은 사회 전반에 스며들어 있어서 너무도 당연하게 여겨지므로 그에 대한 이의가 제기되지도 않는다. 마치 지구가 태양의 주위를 돈다는 것을 누구나 아는 것처럼, 게이들은 난잡하며, 아메리칸 인디언들은 알코올의존자이며, 여자들은 아이들을 능숙하게 다룬다는 점을 누구나 다 안다는 것이다. 반면, 백인 남성이라는 집단의 표지가 붙여지지 않는 한, 백인 남성들은 개별적인 존재로 인식된다.

문화제국주의 하에서 살아가는 사람들은 외부로부터 정의되며, 사회적 지위를 부여받고, 위치지어진다. 이러한 과정은 지배적 의미들의 망에 의해 수행된다. 이 지배적 의미들은 문화제국주의 하에서 살아가는 사람들이 사는 곳과는 다른 어딘가에서 생겨난 것이다. 문화제국주의 하에 놓여 있는 사람들이 동일시하지도 않는 자들로부터, 그 사람들을 자기네와 동일시하지도 않는 자들로부터 생겨난 것으로 지배적 의미는 체험된다. 결국 어떤 집단에 대해 지배 문화가 고정관념을 부여하고 열등한 존재라는 이미지를 가하면, 그렇게 취급된 집단의 구성원들은 그 이미지에 영향을 받은 타인들의 행동에 어쩔 수 없이 대응하지 않을 수 없게 된다. 최소한 그런 정도에서라도 그 집단 구성원들은 지배문화가 부여한 이미지를 내면화하지 않을 수 없다. 문화적으로 억압 받는 사람들은 이를 통해서 W. E. B. 두 보이스W. E. B. Du Bois[10]가 '이중의식double consciousness'—'타인의 눈을 통해서 언제나 자기 자신을 바라보며, 조롱과 연민으로 자신을 바라보는 세상의 잣대로 자기 영혼을 평가하는 의식'(Du Bois, 1969[1903], 45쪽)—이라고 명명한 경험을 하게 된다. 억압 받는 주체가 자신을 저평가하고, 대상화하고, 고정관념화한 상과 일치되기를 거부할 때 이중의식이 발생한다. 억압 받는 주체는 행동할 수 있는 존재, 희망과 가능성으로 가득 찬 존재인 인간으로서 인정받기를 갈망하지만, 억압 받는 주체가 지배문화로부터 얻을 수 있는 것은 그녀가 다른 존재이며, 표지가 찍힌 존재이며, 열등한 존재라는 판단 밖에 없다.

지배문화에 의해 표준에서 벗어난 존재라고, 고정관념이 부착된 '타자'라고 규정되는 집단은 지배 집단과 문화적 측면에 따라서 상이하게 정해지는데, 그 까닭은 다음과 같다. 지배 집단에 의해 공유되지 않는 특별한 경험을 타자라는 지위가 창출하기 때문이며, 또한

---

10 W. E. B. 두 보이스(1868~1963)는 미국의 사회학자, 역사가, 인권운동가로, 흑인 최초로 하버드 대학교에서 박사학위를 받았으며, 미국의 대표적인 흑인 인권 단체인 '전미유색인지위향상협회(National Association for the Advancement of Colored People, NAACP)' 창립을 주도했다.

문화적으로 억압 받는 집단 역시 대체로 사회적으로도 분리·차별되기 마련이어서 사회적 노동 분업에서 특수한 위치를 차지하기 때문이다. 문화적으로 억압 받는 집단의 구성원들은 세상에 대한 그들만의 특별한 집단 경험 및 해석을 서로서로 표현하면서 자신들만의 문화를 발전시키고 유지한다. 그렇다면 이중의식이 생겨나는 것은 사람들이 자기 존재가 두 가지 문화—지배문화와 하위문화—에 의해 규정된다는 것을 알게 되면서부터라고 하겠다. 문화제국주의 지배 아래에 있는 집단의 사람들은 서로서로를 향하여 사회생활에서 유사한 경험과 관점을 공유하는 것으로 확인해 주고 인정해 줄 수 있으므로, 긍정적 주체성의 감각을 유지할 수 있는 경우도 많다.

문화제국주의에서는 사람들이 자신을 보이지 않는 존재로서 경험하면서 그와 동시에 자신이 다른 존재로서 표지 붙여지는 경험도 한다는 역설이 생겨난다. 이 비가시성은 지배 집단들이 자신들의 문화적 표현물들 속에 구현된 관점이 하나의 관점일 뿐임을 인정하지 못할 때 발생한다. 한 사회에 지배적인 문화적 표현물들은 다른 집단들의 체험을 고려하지 않는 경우가 대부분이며, 한다고 하더라도 기껏해야 고정관념대로 또는 주변화하는 방식으로 언급하거나 거론할 뿐이다. 그렇다면 문화제국주의의 부정의는 바로 이것이다. 즉, 억압 받는 집단의 사회생활 체험과 해석은 지배 집단의 문화에서는 거의 표현되지 못하는 반면, 지배 집단의 사회생활 경험과 해석은 지배문화를 통해 억압 받는 집단에 부과된다는 것이다.

4장에서 6장까지 문화제국주의가 사회정의의 이론과 현실 정책에 어떤 결과를 낳는지에 대해 상론하고자 한다. 4장에서는 부분적으로는 문화제국주의가 자신들의 관점과 경험을 보편적인 것으로 또는 중립적인 것으로 강력하게 내세울 수 있는 지배 집단의 능력을 통해 수행된다는 주장을 자세히 다루겠다. 정치공동체의 영역에서는 보편성에 대한 주장은 다른 존재로 이해된 자들을 배제하기 위해 정치적으로 작동한다는 것이 나의 주장이다. 5장에서는 19세기의 과학이 일부의 신체들을 표준에서 벗어난 것으로 또는 퇴행적인 것으로 분류하던 방식에 문화제국주의가 어떻게 작동했는지를 추적할 것이다. 일부 집단들의 신체를 저평가하는 것을 담론 차원의 인식에서는 몰아내는 데 비교적 성공했는데도, 그러한 신체 평가가 어떻게 집단 간의 일상적 상호작용에서는 여전히 작용하고 있는지를 고찰할 것이다. 마지막으로, 6장에서는 문화적으로 억압 받는 자들이 스스로에 관해 정의 내리는 것을 받아들여서 집단 간 차이에 관한 긍정적인 의식을 강력하게 옹호하기 위해 벌인 이들의 최근 투쟁에 관하여 다루겠다. 그리고 바로 그러한 집단 간 차이를 위한 정치적 공간을 만들라는 것이 정의가 우리에게 요구하는 바임을 주장하겠다.

폭력

많은 집단이 체계적 폭력systematic violence이라는 억압으로 고통 받고 있다. 어떤 집단의 구성원들은 자신들이 가해자를 도발하지 않았는데도 자신들의 신체나 재산에 무작위로 언제라도 느닷없이 공격—사람에게 손상을 가하고, 모욕하고, 파괴하는 것만이 오로지 동기인 공격—이 가해질 것이라는 두려움을 갖고서 살아간다. 미국 사회에서 여성, 흑인, 아시아인, 아랍인, 게이, 레즈비언은 바로 그러한 폭력의 위협 아래에 살며, 적어도 몇몇 지역에서는 유태인, 푸에르토리코인, 멕시코인, 그리고 기타 스페인어를 사용하는 미국인들 역시 그러한 폭력에 대한 두려움에 떨어야 한다. 이 집단들을 향한 신체적 폭력은 충격적일 정도로 자주 발생한다. 강간 위기 센터 네트워크는 미국 여성의 3분의 1 이상이 생애 동안 성폭력 기수나 성폭력 미수를 경험했다는 결과를 제시했다. 매닝 매러블(Manning Marable, 1984, 238~241쪽)[11]은 1980~1982년 사이에 미국에서 흑인을 향한 수많은 인종차별주의적 폭력과 테러 사건을 목록화하여 제시했다. 매러블은 근무 중인 경찰이 흑인을 구타하고, 살해하고, 강간했지만, 관련 경관들 모두 무죄 방면된 수십 건의 사건을 인용한다. 1981년에는 10대 백인 청소년들이 흑인을 향하여 무작위로 자행되는 폭력 사건이 500건을 넘었다. 게이 남성과 레즈비언 여성에 대한 폭력은 흔할 뿐만 아니라, 최근 5년간은 점점 늘어나고 있다. 인종적으로나 성적으로 표지 붙여진 집단들의 구성원을 향한 신체적 공격의 빈도수가 매우 충격적이기는 하지만, 그러한 집단의 구성원들을 비하하고, 모욕하고, 낙인을 찍을 목적으로 이들을 괴롭히고, 위협하고, 조롱하는 행위처럼 덜 심각한 경우도 체계적 폭력이라는 범주 속에 포함시킬 것이다.

우리 사회에 이러한 폭력이 그렇게 빈번하다는 게 사실인데, 왜 정의에 관한 이론들은 일반적으로 그에 대해 침묵하는가? 내 생각에는 정의 이론가들이 그러한 폭력이나 괴롭힘의 사례들을 사회 부정의의 사안으로 받아들이지 않기 때문인 듯하다. 그 어떤 도덕 이론가라도 그러한 행위들이 나쁘다는 점을 부정하지는 않을 것이다. 그러나 정의 이론가들은 이렇게 물을 것이다. 부도덕한 행위가 항상

---

11 매닝 매러블(1950~2011)은 미국 출신의 역사학자 및 사회학자로서 컬럼비아 대학교 교수로 재직했다. 아프리카계 미국인의 역사와 문화를 천착했고 진보적 정치 활동에도 적극적이었다. 2011년 맬컴 X의 평전 『Malcolm X: A Life of Reinvention』을 출간했고, 2012년 사후 그 저서에 역사 부문 풀리처상이 주어졌다.

부정의한 행위가 되는 것이 아니라면, 도대체 왜 그러한 폭력이나 괴롭힘의 행위들이 사회 부정의의 징표로 해석되어야 하는가? 폭력 행위나 단순한 괴롭힘은 [사회 전반적으로 행해진다기보다는] 특정 개인들이, 대부분은 극단주의자나, 범죄자, 또는 정신적으로 문제가 있는 사람들이 저지르는 것은 아닐까? 그렇다면 어떻게 그러한 행위들이 사회정의의 본연의 주제일 제도적 쟁점에 해당되는 유형이라고 말할 수 있겠는가?

폭력을 억압의 한 측면으로 만드는 것은 특정한 폭력 행위들 그 자체가 아니다. 물론 그 행위들이 너무도 끔찍한 경우가 많기는 하지만, 그 폭력 행위들을 가능하게 하고 심지어는 받아들일 수 있는 것으로 만들어 주는 사회적 환경(맥락)이 그런 역할을 수행한다. 폭력이 개인적으로 저지르는 도덕적 잘못이라는 점을 넘어서서 사회 부정의의 한 현상이 되는 것은 폭력이 가지는 체계적 속성, 즉 폭력이 사회적 실천[12]으로서 존재한다는 점 때문이다.

폭력이 체계적인 속성을 가지는 까닭은 그저 특정 집단의 구성원이라는 이유만으로 그 집단의 구성원들을 향해 폭력이 행사되는 데 있다. 예를 들어, 여성이라면 누구나 강간을 두려워할 근거가 있다. 어떤 흑인 남성이 주변화나 무력함과 같은 억압에서 벗어나기 위해서 무엇을 해왔건 간에 신체적인 공격이나 괴롭힘을 언제든 당할 위치에 있다는 점을 인식하면서 살아간다. 폭력이라는 억압은 직접적으로 피해를 당하는 것에만 있지는 않다. 억압 받는 집단 구성원들이 그 집단에 속하는 정체성을 가지고 있다는 이유만으로 언제든

---

12 특정 개인들이 저지르는 것이 아니라 사회 전반적으로 행해진다는 의미이다.

지 침해당할 위치에 있다고 매일매일 공통으로 느끼는 인식에도 폭력의 억압은 존재한다. 자기 스스로나 자기 가족 또는 절친한 벗에 대해 신체적 공격이 언제든지 가해질 수 있다는 위협 속에서 살아간다는 것 바로 그 자체가 억압 받는 자들의 자유와 존엄성을 박탈하며, 불필요하게 심력을 소모하게 만든다.

폭력은 사회적 실천이다. 현재 발생하고 있고, 또 앞으로도 발생할 것이라고 누구나 알고 있다는 점에서 폭력은 이미 사회적으로 전제되는 사실이다. 사회적 상상력의 지평에 폭력은 항상 존재하고 있는데, 이는 폭력을 직접 저지르지 않는 사람들의 경우에도 마찬가지이다. 사회에 통용되는 논리에 따르면, 폭력을 더 '부르게' 만드는 상황들이 있다. 히치하이킹하는 여성들을 태우는 남성들 중 많은 이들이 강간해 볼까, 하는 생각을 떠올리게 된다는 것이다. 또한 대학기숙사 복도에서 동성애자 남성을 괴롭히거나 조롱해 볼까, 하는 생각이 많은 이성애자 남학생들에게 떠오른다는 것이다. 여러 명이 함께 폭력 행위를 저지르는 경우가 많은데, 이는 특히 남성으로만 구성된 집단의 경우에 더 그러하다. 때로는 폭력 행위를 저지르는 자들은 구타, 강간, 조롱의 대상이 될 사람들을 찾아 나서기도 한다. 이렇게 집단들에 대한 폭력은 규칙 의존적rule-bound[13]이라는 속성을 가지며, 사회적이고 사전에 계획된 성격을 가진다는 점으로 인해 폭력은 사회적 실천이 된다.

더욱이 특정 인종이나 소수자 집단에 가해지는 폭력은 사회적으

---

13 어떤 집단들을 향해 폭력을 가해도 무방하다는 사회적 규칙이 있기 때문에 또는 그런 규칙에 따라서 가해자들은 특정 집단의 사람들에게 폭력을 행사하게 된다는 점에서 규칙 의존적이라고 할 수 있다.

로 관용된다는 의미에서 정당성을 확보하게 된다. 집단 폭력이 빈번하게 일어나고, 사회적 상상력의 지평에서 그럴 가능성이 항상 발생할 것으로 굳어져 있기 때문에 제3자는 집단 폭력이 놀라운 일이 아니라고 여기는 경우가 많다. 또한 집단을 대상으로 해서 폭력을 저지르거나 괴롭히는 자들은 체포되었을 때조차도 가볍게 처벌되거나 전혀 처벌되지 않는 경우가 많다. 그런 상황이라면 사회가 이들의 행위를 용인할 수 있는 것으로 만들어 준다고 하겠다.

무작위로 가해지는 체계적 폭력이 가지는 중요한 측면은 바로 그 비합리성이다. 외국인 혐오 폭력은 국가나 지배계급의 억압적 폭력과는 다르다. 후자의 억압적 폭력은 사악하기는 하지만, 나름의 합리적 동기가 있다. 지배계급이 억압적 폭력을 권력 유지의 강제 수단으로 활용한다는 점에서 그러하다. 인종차별주의, 성차별주의, 동성애 혐오에서 나오는 폭력을 설명하는 많은 견해들 역시 [합리적 동기의 측면에서] 그 폭력의 동기를 집단 특권이나 지배를 유지하려는 욕구로 파악하려고 한다. 나는 폭력에 대해 가지는 공포가 억압 받는 집단들을 예속적 지위에 있게 하는 역할을 한다는 점을 부정하는 바는 아니지만, 외국인 혐오에서 나오는 폭력이 파업노동자에 대한 폭력에 담겨 있는 것과 같은 합리적 동기를 가진다고는 생각하지 않는다.

반면에, 강간, 폭행, 살인, 여성과 유색인과 게이 및 기타 낙인 집단을 괴롭히는 행위harrassment와 같은 침해행위의 동기는 바로 이들 집단에 대한 공포나 증오이다. 쉽게 폭력의 대상이 된다는 사회적 사실, 바로 그것 때문에 취약 집단으로 표지가 붙여진 집단들을 피해자로 삼고자 하는 권력의지 그 자체가 때로는 그러한 폭력 행위의 동기인 경우도 있다. 만약 그렇다면, 그 동기는 집단을 향한 폭력이라는 사회적 실천으로부터 나온다는 의미에서 파생적인 동기이다. 폭력을 낳는, 타인에 대한 공포나 증오는 적어도 부분적으로는 폭력 가해자 측의 불안과 관련이 있다. 이런 비합리성은 무의식적 과정이 작동된다는 점을 보여 주는 것이다. 어떤 집단들을 추하거나 혐오스러운 신체를 가진 존재로 정의함으로써 이들 집단을 공포스러운 존재나 증오스러운 존재로 만들어 버리는 논리에 대해서는 5장에서 논하기로 하겠다. 나는 어떤 집단들을 향한 공포와 증오는 [그 공포나 증오를 분출하는 폭력 가해자 집단의] 정체성 상실에 대한 두려움과 결부되어 있다고 정신분석학적으로 설명하고자 한다. 그런 무의식적인 두려움은 내가 이 장에서 폭력이라 지칭했던 억압의 속성을 적어도 부분적으로는 설명해 준다고 생각한다. 그리고 문화제국주의의 속성 역시 부분적으로 설명해 줄 수도 있을 것이다.

게다가 문화제국주의 그 자체가 폭력과 교차한다. 문화적 측면에서 제국주의 대상이 된 존재들이 지배적인 의미들을 거부하면서 나름대로의 주체성을 주장하려는 시도를 할 수도 있다. 또는 자기네가 보편적이라는 지배문화의 암묵적 주장이 거짓임을 문화적 차이의 사실이 보여 줄 수도 있다. 헤게모니를 가지는 문화적 의미들에 대한 그러한 도전은 불협화음을 낳게 되고, 그 불협화음은 비이성적 폭력의 근원이 될 수도 있다.

정의를 분배의 측면에서만 파악할 때 제대로 포착하지 못한다고 여겨지는 부정의의 형태가 바로 폭력이다. 이러한 점은 정의에 관한 현대의 논의들이 폭력을 거론하는 것이 왜 그리 드문지를 설명해 준다. 이 장에서 펼친 나의 논지는 집단을 향한 폭력은 제도화되어 있고 체계적이라는 것이었다. 제도와 사회적 실천이 특정 집단들의 구성원에 대한 폭력 행위를 부추기고, 관용하고, 가능하게 한다면, 그만큼 제도와 사회적 실천은 부정의하며, 따라서 교정되어야만 할 것이다. 그러한 개선을 위해서는 자원과 지위의 재분배가 필요할 수도 있을 것이다. 그러나 개선의 대부분은 문화적 이미지와 고정관념에서의 변화, 그리고 일상적 제스처에서 지배와 혐오 관계가 매일매일 재생산되는 것의 변화를 통해서만 실현될 수 있다. 5장에서 이러한 개선의 전략들을 논할 것이다.

기준의 적용

억압을 통일된 하나의 현상으로 파악하는 사회 이론들은 그 사회 이론가들이 생각하기에도 억압 받고 있는 집단들을 간과하거나 집단들이 억압 받는 중요한 방식을 간과하는 경우가 많다. 가령, 흑인 해방 이론가들과 페미니즘 이론가들은 모든 억압을 계급 억압으로 환원하는 마르크스주의는 흑인과 여성 억압의 특수성을 간과한다는 주장을 설득력 있게 설파해 왔다. 이번 장에서 설명해 온 방식으로 억압의 범주를 다원화시키면, 사회 이론은 마르크스주의적 환원주의가 저지르는 과도하게 단순화하고 배제하는 결과를 피할 수 있을 것이다.

억압 받는 집단들 각각에 맞는 억압 체계들을 따로따로 개별화하여 설명하려는 견해를 구축하는 방식으로, 즉 인종차별주의, 성차별주의, 동성애차별주의, 연령차별주의 등으로 나누어 구축하는 방식으로 일부 이론가들은 억압의 범주를 다원화해 왔는데, 나는 그런 방식은 피해 왔다. 개개 피억압 집단의 억압 상태는 각각 독특한 속성이 있으면서도 통일된 구조나 체계를 가지는 것으로 생각할 때 나타나는 이중의 문제점이 있다. 한편으로는, 이렇게 억압을 생각하는 방식은 상이한 집단들의 억압 상태에 유사한 점들과 중첩되는 점들이 있다는 점을 수용해 내지 못한다는 문제점이 있다. 다른 한편으로는, 모든 집단 구성원의 상황이 동일할 것으로 잘못 파악한다는 문제점이 있다.

위에서 지적한 배제와 환원의 오류를 피하기 위해서 나는 억압의 다섯 가지 측면—착취, 주변화, 무력함, 문화제국주의, 폭력—을 고려하는 것이 최선의 방식이라는 점에 도달했었다. 이 다섯 가지 억압의 범주는 개인과 집단이 억압 받고 있는지의 여부를 판별할 기준 역할을 한다. 생각건대, 이 판별 기준들은 객관적이다. 이 기준들은 자신이 속한 집단이 실제로는 억압 받지 않는데도 억압 받는다고 생각하는 일부 사람들의 생각을 반박하는 수단이 되기도 하고, 자기 집단이 실제로 억압당한다는 사실을 믿지 못하는 사람들을 설득하는 수단이 되기도 한다. 이 각각의 판별 기준은 실질적인 결과를 산출할 수 있는 기준들이기도 하다. 즉, 사람들의 개별적 행태, 지위 관계, 분배 상태, 텍스트들, 기타 문화적 산물들을 실제 관찰하고 평가함으로써 각각의 기준은 현실적으로 적용 가능하다. 나는 그러한 평가가 가치중립적일 수 있다는 환상을 절대로 품지는 않는다. 그렇기는 하지만 위의 판별 기준들이 어떤 집단이 억압 받고 있다는 주장을 평가하는 수단으로서, 또는 한 집단이 억압 받고 있는지의 여부 또는 그 집단이 어떻게 억압 받고 있는지 논쟁이 벌어졌을 때 어떤 주장이 맞는지를 판단하는 수단으로서 역할을 할 수는 있다고 생각한다.

이 다섯 가지 조건 중 어느 하나만이라도 존재하는 것으로도 어떤 집단이 억압 받고 있다고 말하기에 충분하다. 그러나 집단마다 억압 받는 것은 다른데, 이는 위의 다섯 가지 억압 형태들의 조합이 각각 다르기 때문에 그렇다. 집단 구성원 내에서의 개인적 차이가 위의 억압 요소들의 상이한 조합에서 나오는 것과 마찬가지 이치다. 현대 사회운동에 의해 억압 받는다고 일컬어지는 모든 집단을 망라하지는 못한다고 하더라도 거의 모든 피억압 집단은 문화제국주의로 고통을 받는다. 이들이 경험하는 나머지 억압들은 처지에 따라 각각 다르다. 예를 들어, 노동계급의 사람들은 모두 착취당하고 또 무력한 상태이지만, 고용된 백인들은 주변화와 폭력은 경험하지 않는다. 반면, 게이 남성들은 게이라는 점 때문에 착취당하거나 또 무력함의 억압을 받지는 않지만, 심각한 문화제국주의와 폭력은 경험한다. 마찬가지로, 유태인들과 아랍인들은 집단으로서는 문화제국주의와 폭력의 피해자이다. 물론 유태인과 아랍인 집단의 구성원 모두는 아니지만 많은 이들이 착취나 무력함이라는 억압의 고통을 겪기도 한다. 노인들은 주변화와 문화제국주의의 억압을 받고 있다. 이는 신체장애인과 지적장애인의 경우도 마찬가지이다. 하나의 집단으로서 여성은 젠더에 기반을 둔 착취와 무력함과 문화제국주의와 폭력의 억압을 당하고 있다. 미국에서의 인종차별주의는 많은 흑인들과 라틴 아메리카인 사람들을 주변화시킨다. 비록 이 집단 구성원 중 많은 이들이 주변화의 상황을 빠져나왔다고 하더라도, 인종차별주의는 이들 집단 중 더 많은 사람들을 위험에 처하게 만든다. 그리고 흑인과 라틴 아메리카인 집단의 구성원들은 억압의 다섯 가지 형태 모두의 고통을 받는 경우가 허다하다.

위에서 언급한 다섯 가지 기준들을 집단들의 상황에 적용하면, 이들 집단이 겪는 억압들을 하나의 공통된 본질로 환원하지 않으면서도 또는 어느 하나의 억압이 다른 것들보다 더 근본적이라고 주장하지 않으면서도, 억압들을 비교하는 것이 가능해진다. 이 기준들을 적용함으로써 우리는 어떤 특정한 억압 형태가 상이한 집단들에 나타나는 방식을 비교할 수 있게 된다. 가령, 상이한 집단들이 유사하게 문화제국주의가 작동되는 경험을 하는 경우가 많기는 하지만, 또한 중요한 차이점도 존재한다는 것이다. 또한 이 기준들의 적용을 통해서 우리는 집단들이 경험하는 억압들이 다섯 가지 억압 요소들의 어떤 조합인지를 비교할 수 있게 된다. 따라서 이 다섯 가지 판별 기준을 가지고서 우리는 억압의 모든 종류를 단 하나의 척도로 환원시키지 않으면서도 어떤 집단은 다른 집단보다 더 억압 받고 있다는 주장을 설득력 있게 펼칠 수 있다.

왜 어떤 특정 집단들은 그들이 지금 억압 받는 방식으로 억압 받고 있는 것일까? 억압의 다섯 가지 형태 간의 인과관계가 과연 존재하는 것일까? 이와 같은 인과관계에 대한 질문이나 이유를 설명해 달라고 요구하는 질문은 이 책의 논의 범위를 넘어선다. 일반 사회 이론은 공간적 장소라는 맥락을 가진다는 것이 내 생각이기는 하지만, 언제나 인과관계에 따른 설명은 반드시 특정 상황과 결부되어야만 하고, 또 역사적이어야만 한다. 따라서 왜 특정 집단이 현재와 같은 방식으로 억압 받고 있는지를 설명하고자 한다면, 반드시 특정한 사회관계의 역사와 현재의 구조를 추적하지 않으면 안 된다. 한 집단이 경험하는 상이한 억압 형태들 간의 인과적 연관성은 구체성을 갖는 역사적이고 구조적인 설명을 통해서 해명되는 경우가 많다. 예를 들어 보자면, 백인들이 흑인들이나 여성들의 가치들에 관해 고정관념적인 가정을 하면서 그 가치들을 인정하기를 거부하는 것은 문화제국주의의 틀 내에서 이루어진다. 또한 문화제국주의는 많은 흑인들과 여성들이 겪는 주변화와 무력함을 낳는데 큰 역할을 한다.

그런데 문화제국주의가 항상 이러한 효과를 낳는 것은 또 아니다. [그러므로 항상 구체적인 상황의 고찰이 필요하다.]

이하의 장들에서는 이 장에서 설명된 억압의 범주들을 다른 방식으로 탐구할 것이다. 4장, 5장, 6장은 문화제국주의의 효과를 고찰하면서, 근대 정치 이론과 정치적 실천이 지배 집단의 시각을 잘못되게 보편화하고 있다는 논증과, 정치공동체 내의 사회집단 간 차이에 주목하고 이를 확실하게 긍정하는 것이야말로 문화제국주의를 교정하는 첩경이라는 논증도 강화할 것이다. 7장과 8장 역시 문화제국주의 범주를 활용하기는 하지만, 착취와 무력함의 사회적 관계에 좀 더 주목하여 고찰할 것이다.

3장

반란과
복지 자본주의 사회

"공적인 쟁점들이 완전히 제기되지 않는 일이 충분히 있을 수는 있다. 그러나 이는 문제나 모순이, 적대 관계 등이 없기 때문이 아니다. 비개인적인 변화나 구조적인 변화로는 문제점과 쟁점이 제거되지 않았다. 많은 논쟁에서 공적 쟁점이 전혀 제기되지 않는다는 것은 일종의 이데올로기적 조건이다. 지식인들이 문제점들을 발견하고 공적 논의를 위한 *쟁점* 후보로서 많은 개인들에게 *문제가 되는* 것으로 진술하는지 여부에 의해 일차적으로 정해지는 이데올로기적 조건이라는 것이다."

— C. 라이트 밀스C. Wright Mills

비판이론의 입장에서 볼 때 규범적 성찰은 특정한 사회적인 맥락으로부터 수행되며, 분석과 해명과 가치평가를 통해 해당 사회의 사회적 갈등과 정치적 갈등 해소에 기여하는 것이 철학의 목표이다. 특정한 사회적 맥락에서 이루어지는 비판이론적인 규범적 성찰은 사회정치적 갈등에 대해 중립적인 태도를 취하는 것이 아니라, 비록 실현되지는 않았지만 여전히 가능한 변혁적 해방—이 변혁적 해방은 사회정치적 갈등 속에서 일어난 사회운동들이 목표로 하는 것으로 현실 제도에 이미 잠재되어 있는 것이다—을 추구한다.

복지 자본주의 사회는 정의에 관한 많은 이론 작업의 배경이 되는 사회적 맥락이다. 이 장에서 나는 정의에 관한 분배적 패러다임은 복지 자본주의 사회에서의 공적 논의를 기본적으로 표현하는 것이라고 주장하겠다. 이익집단 다원주의 과정은 공적 갈등을 일차적으로 분배에 한정하므로, 생산조직의 문제, 공적 및 사적 의사결정 구조의 문제, 사회적 지위를 부여하거나 차별을 강화하는 사회적 의미들의 문제는 제기되지 않는다. 공적 논의가 이런 식으로 제한된다는 점 때문에 많은 저자들은 복지 자본주의 사회가 비정치화depoliticized되었다고 주장해 왔다. 복지 지향을 통해서 복지 자본주의 사회는 공적 삶에 시민들이 적극적으로 참여할 의욕을 떨어뜨리게 하고는 시민들을 고객-소비자로 구성해 버린다. 나는 정의에 관한 분배 패러다임은 비정치화를 강화하는 이데올로기적 역할을 한다고 주장할 것이다.

공적 논의를 복지 자본주의 방식으로 규정하는 방식이 헤게모니를 장악하기는 했지만, 그에 대한 도전이 없었던 것은 아니다. 대부분의 유럽 자본주의 국가에서 1960년대 이후 반란을 일으킨 사회운동들은 복지 자본주의가 공적 논의를 분배에 국한시키는 것에 의문을 제기했다. 그리고 소유와 통제 과정, 의사결정과정, 문화적 재생산 과정, 일상적 삶에서 개인들이 맺는 관계, 노동과 사회복지 서비스가 행정관리되는 삶을 정치화하려고 시도했다. 복지 자본주의 사회의 여러 과정이 이런 신사회운동들의 저항적 요구들을 이익집단 다원주의로 관리 가능한 울타리 내로 가두는 데 때로는 성공하기도 했지만, 이 반란적 신사회운동들은 종종 이 한계를 돌파하여 민주적으로 참여하는 공중이라는 비전을 창출해 내기도 했다. 나는 지배와 억압을 줄이고 제거하려는 정의관의 사회적 토대를 이 운동들에 두고자 한다. 민주주의는 사회정의의 요소이자 동시에 조건이기도 하다.

복지 자본주의 사회의 규범 원리

복지 자본주의의 여러 제도는 공적인 국가 활동 영역과 사적인 기업의 경제적 활동 영역 간의 구분을 무너뜨리는 경향이 있다. 국가는 경제 과정에서 나오는 이익들을 관리하고 분배한다는, 명백하고도 광범위한 책무를 진다. 동시에 기업, 노동조합, 여타의 단체와 같은 사적 기관들은 조직, 권력, 규모의 면에서 국가와 유사해지기 시작한다. 거꾸로 이제 국가기관들과 조직들 자체가 준準자치적 기업의 성격을 띠게 된다(Unger, 1974, 175~176쪽 참조).

이런 복지 기업 사회welfare corporate society는 좀 더 자유방임적이었던 기존의 자유주의 사회에는 없었던 세 가지 중요 원리를 구현한다. (1) 공동 복지를 최대화하기 위해서 경제활동은 사회적으로 또는 공동으로 규제되어야 한다는 원리, (2) 시민들은 기본적 필요 basic needs를 사회가 충족하도록 요구할 권리를 가지며, 사적 메커니즘이 그렇게 해주지 못할 경우 국가는 이 기본적 필요의 충족을 지향하는 정책들을 제도화할 의무를 진다는 원리, (3) 형식적 평등과 비개인적인impersonal 절차라는 원리—권력 있는 개인들이 원하는 대로 작동하는 보다 자의적인 권위 형태들 및 보다 강압적인 협동 유인 형태들과는 반대되는 원리—이다. 이 세 가지 원리는 몇 가지 도전에 부딪히기는 했지만, 최소한 원리 차원에서는 널리 인정받고 있다.

(1) 일인 또는 회사(투자자 집단)의 결정이 많은 이들의 활동에 영향을 미칠 수 있는 근대 자본주의 경제의 진행처럼 복합적이고 상호 의존적이게 된 경제에서 경제활동을 모종의 사회적 통제 하에

두지 않는 것은 그야말로 비합리적이다. 대부분의 서유럽 국가는 국가에 의해 관리되는 경제계획 형식을 택하고 있다. 미국에서는 경제 조정 및 규제가 덜 중앙집권화되어 있고 덜 공공연하기는 하지만, 그래도 경제에 대한 국가 규제를 상당히 인정하고 있다. 서구 자본주의 국가들의 국가 규제와 경제 조정이 '잠행성 사회주의creeping socialism'는 전혀 아닌 것이 그 명시적 목적이 사적 자본축적을 위한 최적의 조건을 증진하는 데 있기 때문이다. 그럼에도 불구하고, 복지 자본주의 사회의 경제 규제는 다음과 같은 조건 하에서라면 긍정적 가치를 갖는다. 시민들이 생계와 복지를 위해 일련의 경제적 결합체에 매우 의존하게 되는 경우라면 언제나 경제활동은 모종의 전반적인 공적 통제 아래 놓여야만 한다는 기대를 복지 자본주의 사회의 경제 규제가 적극적으로 지지하는 한에서 긍정적 가치가 있다는 것이다.

이 시대의 수사적 주장[1]과는 배치되는 점이지만, 선진 자본주의에서 큰 정부의 일차적 수혜자는 사기업이다. 사기업은 그 지속적 번영을 위해서 국가에 단단히 의존하게 되었기 때문이다. 국가는 자본축적이라는 장기적 이익의 증진을 명시적으로 목표로 삼는 제도들을 창출하고 정책들을 전개한다. 이를 위해서 연방 정부가, 그리고 어떤 때는 지역 정부가 조세정책, 통화정책, 관세 및 수출입 무역 정책, 정부부채, 농업 및 기업 보조, 정부 재정 지출의 수준 규제를 통해서 경제체제를 규제한다. 국가는 연구개발의 비용뿐만 아니라, 사기업이 필요로 하는 노동력을 교육하고 훈련시키는 비용 및 행정

---

1 영국 대처 정부와 미국 레이건 정부 하의 정치적 구호를 말하는 듯하다.

까지도 점차로 더 많이 떠맡는다. 효율적인 생산과 분배에 필요한 교통 및 통신 기반 시설 서비스와 여타의 기반 시설 서비스 대부분은 이제 국가기관들이 지불하고 보수하며, 심지어는 그 행정까지 맡아 수행해 주는 경우가 많다. 국가는 타 사기업들의 이윤 획득에 피해를 줄 수 있는 생산의 사회적 비용—가령 공해 규제—을 떠맡는 책임도 진다. 또한 복지 기업 사회에서 국가는 군수품, 방대한 국가 기관들과 사무실에 공급하는 물품들, 주거 제공, 고속도로, 기타 공공사업 건설 등의 형태로 사기업 생산물을 소비해 주는 주된 소비자이다.

(2) 사적 메커니즘이 기본적 필요를 충족시켜 주지 못할 때 국가는 기본적 필요를 충족시켜야 할 의무를 진다는 원리는 첫 번째 원리보다는 더 많은 시비가 붙을 수 있겠지만, 그래도 모든 선진 자본주의 사회에서 널리 인정되고 있는 원리이다. 복지국가 제도의 발전 이전에는 시민들이 가지는 유일한 권리는 자유주의의 형식적인 정치적 권리—자유의 보호, 적정 절차 및 법 앞의 평등에 대한 권리, 투표권, 공무담임권 등—뿐이었다. 복지국가는 경제적 권리 또는 사회보장수급권도 시민의 권리라는 관념을 선포한다. 긴축정책이 실시되고, 기본적 필요를 충족시키는 사회복지 서비스에 반대하는 정치적 분위기에도 불구하고, 최저 생존을 위한 기본적 필요는 충족되어야 한다는 가치지향은 구호상으로는 여전히 남아 있다. 요부양아동가족부조Aid to Families with Dependent Children, AFDC와 푸드 스탬프food stamp[2]와 같이 최저 기본 소득 지원 프로그램 중 어떤 것들을 자동 삭감에서 면제시켜 주었던, 1985년 미국 의회에서 통과된 그램-루드먼Gramm-Rudman 균형 재정 법안이 그런 예라고 하겠다.

복지국가의 활동은 사적 시민들에게도 혜택을 주도록 작동되어, 이들 시민의 생존과 삶의 질에 기여한다. 사회보장, 실업보험, 저소득층에게 의료보험을 제공하는 메디케이드medicaid, 주거 지원, 직접 소득 지원과 같은 사회복지 서비스 수급 자격 프로그램들entitlement programs은 일부 시민의 필요를 충족시키려고 한다. 비록 최근의 조세개혁은 반대되는 방향으로 나아가고는 있지만, 미국에서 지난 30년간의 조세정책은 어떤 측면에서는 중산층과 상류층에서 빈민층으로의 소득재분배 효과를 가져왔다. 중산층 자체도 대학생 자녀에 대한 대부 정책, 주택 모기지 조세 공제 정책으로부터 혜택을 받았다. 기회 평등 입법 시행이나 교육 및 직업 훈련 지원 정책은 고용 가능한 노동자층을 일부 창출했고, 제한된 방식으로나마 인종차별과 성차별 제거를 목표로 했다. 더구나 지방, 주, 연방의 행정기관들은 일자리의 많은 부문을 제공하며, 흑인, 라틴 아메리카인, 아메리칸 인디언, 여성을 위해 전문 직업 영역에서의 고용 기회를 확대하는 데 특히 중요한 역할을 해왔다.

복지 기업 사회에서 국가 활동이 보여 주는 이 두 가지 측면—자본축적 지원과 사적 시민의 필요 충족—은 서로서로를 강화한다. 시민의 필요를 충족시켜 주는 사회복지 서비스 수급 자격 프로그램의 재원은 조세 수입을 통해 조달되며, 그렇기 때문에 경제의 확장

---

2 미국의 사회보장 프로그램 가운데 대표적인 것 중 하나가 푸드 스탬프이다. 푸드 스탬프는 일종의 바우처인데 이 프로그램의 정식 이름은 'The Supplemental Nutrition Assistance Program(SNAP)'이다. 푸드 스탬프는 음식을 살 수 있는 스탬프로서, 음식 교환권 정도로 번역할 수 있다. 미국에서 처음 푸드 스탬프가 등장한 것은 1939년인데, 이후 몇 차례 변천 과정을 겪고 오늘날의 형태로 자리 잡았다. 푸드 스탬프 제도를 실시하는 근본적인 이유는 인간의 최소한 생존 조건인 끼니를 해결하기 위해서이다.

을 필요로 한다. 그리하여 사기업의 조건 하에서 사회복지 프로그램이 시행되려면 경제의 국가 규제와 기반 시설 지원이 필요하다. 교육 및 직업훈련 프로그램은 그 과정을 듣고 있는 개인들에게도 도움을 주지만, 이들을 고용하는 기업들과 정부 기관들에게도 혜택을 준다.

(3) 또한 복지 자본주의 사회는 형식적 평등과 절차주의 가치의 구현을 목표로 한다. 이 가치들은 권력을 가진 개인이 원하는 대로 작동하는 보다 자의적인 권위 형태들 및 보다 강압적인 협동 유인 형태들과 대비된다. 거대한 관료주의 조직들이 복지 자본주의 사회 대부분의 공동 활동을 수행한다. 모든 사안에 똑같은 방식으로 적용되는 비개인적 규칙들에 따라 작동한다는 점에서 관료주의는 이전과는 다른 형태의 사회조직과 차별성을 갖는다. 이상적으로 보면, 관료주의 조직 내에 있는 사람들은 자신의 출생, 가족 출신 등이 아니라 노동 분업에서 차지하는 자신의 지위에 입각해서 등급, 특권, 권력, 자율성을 보유할지 또는 그렇지 않을지가 정해진다. 관료주의 조직에 담겨 있는 가치들에 따르면, 지위는 업무 능력 및 능력에 따라 할당되어야 한다. 관료주의가 촉진하는 새로운 억압 형태들에도 불구하고 관료주의의 이런 성취는 사회조직의 역사에서 중요한 긍정적인 가치로 인정할 수 있다는 것이 내 주장이다. 관료주의가 낳은 새로운 억압 형태에 대해서는 이하에서 고찰할 것이다.

복지국가의 제도 및 정책은 두 가지 방식으로 자본주의 제도들을 유지하는 데 기여한다. 구조적 방식으로는, 복지국가의 제도와 정책은 생산 및 축적에 유리한 환경을 조성하고 숙련된 노동력을 제공하는 데 기여하며, 또한 국가의 직접적 소비와 사적 소비자에 대한 소득 지원이라는 방법을 통해서 재화 소비의 시장을 확충하는

데도 기여한다. 정치적 방식으로는, 복지국가 체제가 사람들에게 물질적인 것을 교부하거나 아니면 최소한 물질적인 것을 제공할 것이라고 신뢰할 만한 약속을 지속적으로 함으로써 그에 비례해서 체제에 대한 사람들의 충성이 고취된다는 점에서 복지국가의 정책은 중요한 정당화 기능을 수행한다.

복지국가의 등장을 진보적인 것으로 평가하고, 대부분의 복지국가 정책은 부유층 및 권력층과의 격렬한 대중 투쟁에서 나온 산물임을 상기한다고 해서 복지국가를 이렇게 전반적으로 기능주의 관점에서 파악하는 견해와 양립 불가능한 것은 아니다. 현실적으로 성취되었던 것보다 훨씬 더 과격한 변화를 주장하면서 국가와 사회를 향하여 요구하는 대중 운동이 없었다면 오늘날 미국의 소득 지원 정책은 생겨날 수도 없었을 것이다. 피번과 클로워드(Piven and Cloward, 1982)가 논하듯이, 경제적 쟁점을 정치적 행위로부터 분리해서 취급하던 19세기 식의 사고방식과 조치가 이런 대중 투쟁 및 그 결과인 개혁들을 통해 상당한 정도로 약화되었다. 따라서 정부 지원의 복지 정책들을 줄이려는 여러 시도에 적극적으로 거세게 반대해야 한다고 주장하는 것과 복지 자본주의 제도의 형태들이 더 이상 지배와 억압을 지원하지 않게끔 변화되어야만 한다고 주장하는 것은 상호 모순되지 않는다.

복지 자본주의 사회의 비정치화

투자, 생산품의 질, 노동 조건을 전혀 사회적으로 규제하지 않고 노인, 빈민, 병자를 사회적으로 전혀 지원하지 않는 자본주의 사회,

즉 이른바 보이지 않는 손에 무제한의 자유를 주는 자본주의 사회와 비교해 보면 복지 자본주의 사회는 전체적인 면에서 훨씬 인간적이다. 그러나 점점 더 많은 사적인 경제활동 부분이 공공정책의 관할 범위 하에 들어오게 되자 그와 동시에 공적인 것이 점점 더 비정치화된다(Habermas, 1987, 343~356쪽 참조). 즉, 사회적 갈등과 논의는 대체로 분배의 쟁점으로 국한되고, 생산조직 및 목표, 의사결정의 지위 및 절차와 같은 근본적 쟁점들과 여타의 제도적 쟁점들에 대한 문제 제기는 전혀 이루어지지 않게 된다는 것이다. 분배에 대한 갈등을 해결하는 장치가 바로 이익집단 다원주의이지만, 이는 공정하지도 못하고 또 비정치적이기도 한 절차이다(Cohen and Rogers, 1983, 3장).

많은 연구자들에 의하면, 뉴딜 개혁은 계급 갈등을 제도화기 시작했고, 이 과정은 1950년대 초반에 완성된다. 이런 복지 자본주의 체제에서 자본가들은 노동자들과 협정을 맺었다. 그 협정의 내용은 다음과 같다. 기업과 정부는 단체교섭권, 더 많은 여가 시간, 더 많은 임금, 사회보장, 실업 수당, 노동자들의 물질적 삶과 안정을 증진하기 위한 유사 대책들의 요구를 수용하겠다. 그 보답으로 노동자들은 생산을 재구조화하고, 기업의 목표와 방향 또는 경제 전반을 통제하며, 또는 서비스 관리 행정에 대해 공동체가 통제하겠다는 요구를 포기한다. 이제부터는 사회갈등은 사회총생산을 나누는 몫을 둘러싼 경쟁으로 국한한다. 만인이 경제성장이 국가 및 기업 활동의 주된 목표라는 데 동의할 것이다. 사람들이 그 분배를 놓고 다투는 사회적 파이를 가능한 한 크게 만들기 위해서 국가와 기업이 경제성장 증진에 필요하다고 판단한 것은 무엇이든 할 수 있는 권한을 가져야만 할 것이다.

생산과 의사결정 구조는 의문시하지 않은 채 사회갈등을 분배로 국한하려는 이 협정은 사적 부문과 국가 부문 양자 모두에서 맺어졌다. 사적 부문의 경우, 제2차 세계대전 이후 노동조합들이 자신들의 요구를 분배의 쟁점—임금, 노동시간, 실업보조금, 휴가 기간—에 국한하고 노동조건, 생산 과정이나 투자 우선순위에 대한 통제와 같은 쟁점은 제기하지 않는다고 암묵적으로 동의했다(Bowles and Gintis, 1982; 1986, 2장). 예를 들어, 극히 예외적으로만 노동과정과 노동조직의 쟁점이 단체교섭의 대상이 될 수 있게 허용하는 국가의 단체교섭 규제는 이 암묵적 동의를 더 강화했다.

대체로 기업의 경제성장을 촉진한다는 지상명령 하에서 연방 및 주 정부에서 정책적 쟁점은 자원의 분배와 사회보장 서비스의 제공에 국한된다. 갈등은 협소한 분배의 쟁점 범위를 둘러싸고 일어난다. 적자의 감축은 증세를 필요로 하는가? 부유층은 다른 계층의 사람들보다 더 많은 소득분을 세금으로 내야 하는가? 자금은 MX 미사일에 투자되는 것이 적절한가 아니면 공공주택 및 고속도로 건설에 투자되는 것이 적절한가? 어떻게 지출해야 더 많은 일자리를 창출할 수 있을까? 이때 국가의 기본 목적은 기존의 권력구조, 소유 구조, 권리구조 내에서 이미 정해져 있고, 토론의 대상이 되지 않는다. "지금까지의 정책 지향점은 잉여 자원을 개인 및 집단의 소비를 위해 어떻게 할당하는 것이 최선책이냐에 있었지, 인간이 가지는 잠재력을 충분히 실현하고 인간의 사회적 필요를 실현할 과정을 통제하는 최선책이 무엇이냐는 보다 핵심적인 문제에 있지 않았다(Smith and Judd, 1984, 184쪽)."

합의된 성장 지상명령 내에서 갈등과 정책을 분배의 쟁점에 국한하는 것은 지역 정치에서 매우 현저하게 나타난다. 대부분의 지방자치단체에서 고위 공직자와 기업가와 공무원의 동맹은 표출된 시민들의 이익이 토지 용도 결정 시스템에 전달되도록 효과적으로 잘 작동된다. 물론 이 토지 용도 결정은 투자 증진이라는 지상명령 내에서 이루어진다(Elkin, 1987; Logan and Molotch, 1987, 3장). 8장에서 논하겠지만, 도시들 자체가 예전에는 보유했었던 공권력을 박탈당하는 경우가 늘어나면서 이제 도시들은 복지국가 및 기업의 책상에 선 탄원인에 불과하게 되었다.

갈등과 정책 토론을 분배의 쟁점에 국한하면서 복지 자본주의 사회는 시민을 일차적으로 고객-소비자로 규정한다. 노동계급에 대한 저임금과 긴축에 의존하여 작동하던 이전의 자본주의와는 달리 복지국가 자본주의는 성장기계가 계속 작동되도록 고도의 소비 수준을 필요로 한다. 기업 광고, 대중 언론 매체, 정부 정책은 공모하여 사람들로 하여금 스스로를 일차적으로 소비자로 여기게끔, 자신들의 에너지를 원하는 상품에 집중시키도록, 국가가 자신들에게 재화와 서비스를 얼마나 잘 제공하는지에 따라 국가의 활동을 평가하도록 부추긴다(Habermas, 1987, 350쪽; Walzer, 1982). 시민을 그렇게 고객-소비자라는 측면에서 파악하려는 지향은 대중의 통제나 참여라는 목표를 어렵게 또는 무의미하게 만들면서 시민들을 사적 존재로 만들어 버린다.

복지 자본주의 사회에서 분배에 대한 정책 갈등을 해결하는 수단이 바로 이익집단 다원주의 과정이다. 고객-소비자인 시민들과 기업은 정부 재화의 수령에 대한 특수한 이익을 실현하기 위해 석유협회, 홈리스 지원 단체, 트럭 수송 이익단체, 의사협회, 소비자 옹호 단체 등과 같이 조직을 형성한다. 종종 새로운 국가 프로그램들이 이전에는 존재하지 않았던 이익단체들을 창출하기도 한다. 정치적 게임은 시장에 유비되어 정의된다. 다양한 이익집단들이 사람들의 충성심을 얻기 위해 서로 경쟁하고, 가장 많은 구성원과 돈을 모은 이익집단들이 입법, 행정규제, 세금 분배를 위한 로비 작업에서 시장적 우위에 서게 된다. 상이한 이익집단들은 제한된 자원, 입법자 및 정부 공직자의 관심을 놓고 서로서로 경쟁하며, 때로는 이익집단들은 상호 이익을 위해서 서로 동맹을 맺고 협상한다. 다원주의 이론에 의하면, 국가 정책과 자원 할당은 이익집단들 간의 이런 경쟁과 협상의 결과물이다.

이익집단 다원주의 이론과 실천을 비판하는 연구자들은 그런 시스템은 분배의 불공정성을 촉진한다고 주장한다. 이익집단의 경쟁에서 어떤 집단들은, 특히 기업은 더 많은 자원과 조직을 가지고서 출발하는데, 이로 인해 이들 집단은 자신들의 이해관계를 더 잘 대변할 수 있게 된다. 따라서 이런 이점을 가진 집단들에게 유리하게 편향된 결과가 산출되는 경우가 많다는 것이다. 이런 비판에 동의하면서도, 이하에서 나는 이익집단 다원주의가 어떻게 공적 삶을 비정치화하는지에 대해 초점을 맞추겠다.

이익집단 다원주의의 갈등 해결 과정에서는 정의 또는 옳음에 관련된 규범적 주장과 이기적 주장이 전혀 구분되지 않는다. 정책에 대한 공적 토론은 주장 간의 경쟁일 뿐이며, '승리한다는 것'은 다른 이들을 당신의 편으로 끌어오며, 그들과 거래를 하고 동맹을 맺고, 어떻게 당신의 주장을 하고 누구에게 할 것인지를 전략적으로 잘 계산하는 것에 달려 있다. 자신의 주장이 정의로움을 공중에게 설득함으로써 승리하는 것은 아니다. 정책 토론을 이렇게 전략적으로 파악하는 관념은 정치적 냉소주의를 조장한다. 즉, 옳음이나 정의의 주장을 하는 사람들은 자신들이 원하는 것을 영리한 수사학으로 포장하여 말하는 것에 지나지 않는다는 것이다. 종종 이 냉소적인 시스템은 민권운동이나 평등권 수정 운동과 같이 정의를 주장하는 운동들이 스스로를 여타의 이익집단과 마찬가지라고 생각하게 만들어 버린다. 이런 식으로 파악하게 되면, 여성 평등권의 정의를 믿는 사람들은 자신들이 원하는 것을 얻으려면 압력 집단들을 형성해야만 할 것이고, 목표 달성을 위해 거래하고 협상할 자세가 준비되어 있어야만 할 것이다.

정의를 향한 규범적 주장을 욕구 표현의 이기적 주장으로 이렇게 와해시키게 되면 정치적인 것의 핵심 특징인 공적 숙의public deliberation라는 요소가 빠져 버린다(Arendt, 1958; Michelman, 1986; Sunstein, 1988; Elkin, 1987, 7장). 정치화된 공중politicized public은 결정에 도달할 수 있을 때까지 서로의 주장들과 근거들을 경청하고, 질문과 반론을 제기하고, 새로운 입안과 제안을 내놓으면서 의견 불일치를 해결한다.

공공성도 얻지 못하고 공적 토론도 거의 이루어지지 않는 정부기관 채널을 통해 자기의 특수한 이익을 증진하기 위해 각 행위 당사자나 조직이 행동한다면, 그 결과는 공적 삶이 파편화일 뿐이다. 그리하여 토론과 갈등의 공적 영역 안에서 사람들이 정의나 공정성의 전체 패턴을 검증할 수 있는 포럼이라는 것은 전혀 존재하지 않게 된다(Howe, 1982; Barber, 1984, 3장). 특정 분배의 정형을 낳는 사회 기본 구조, 기본 가정들, 기본적인 제약, 기본적 의사결정 절차의 문제들을 공적 토론의 대상으로 삼는 것도 불가능해진다. 왜냐하면 대부분 이 문제들은 공적인 것으로 여겨지지 않기 때문이다. 위 문제들을 검토하려면 이익집단 다원주의의 파편화가 인정하는 것보다 훨씬 포괄적인 관점이 필요하다. 상이한 이해관계들이 소망하는 바

와 그 소망이 동시에 실행될 경우 발생할 집합적 결과 간의 관계가
어떻게 될지를 알 필요가 있기 때문이다.

이익집단 정치는 개별 시민들이 공적인 의사결정에 직접 참여하
는 것을 사실상 차단해서, 개별 시민들이 토의된 제안들 및 내려진
결정이 무엇인지 모르는 경우가 많다. 특별한 정부 프로그램이나 이
익을 매개로 해서 조직된 투표자의 지위를 제외하고는 시민들은 자
신들의 요구를 표출하거나 정책 결정에 참여할 수 없게 된다. 정책
은 사람들 그 자체를 겨냥하지 않고, 납세자로서, 의료 서비스 소비
자로서, 학부모로서, 노동자로서, 도시 주민으로서 등등 각각 따로따
로 구성된 이익집단의 구성원으로서 사람들을 대상으로 하므로, 무
엇이 궁극적으로 구체적인 개인의 사익일지를 계산한다고 하더라도
각 개인마다 속한 이익집단이 달라서 그 계산들이 상호 충돌하게
될 것이다(Janowitz, 1976, 4장). 이런 상황에서 시민들의 정치적 무관
심 현상은 전혀 놀랄 일도 아니다.

마지막으로 매우 중요한 점을 지적하고자 한다. 복지 자본주의
사회에서의 이익집단 의사결정은 비정치화의 기능을 한다. 복지 자
본주의 사회에서의 결정들이 종종 사적으로 내려지기 때문이다. 사
적인 경제활동 및 사회 활동에 대한 공적 규제가 증가하면서 이익
지향적인 정부 기관들이 창출되는데, 이들 정부 기관들은 사적 이
해관계 대표자들과 일상적으로 파트너 관계를 맺으면서 일하는 경
우가 많다. 그 결과 앨런 울프(Alan Wolfe, 1977)[3]가 말하는 '프랜차
이즈 국가franchise state'가 등장한다. 즉, 제도화된 이익집단들을 위한

---

3 앨런 울프(1942~)는 미국 출신의 정치학자이자 사회학자로서 보스턴 칼리지의 교수
　로 재직 중이다.

공권력 창출이다.

이익집단 다원주의의 이 시스템에서는, 법률제정권 또는 행정권과 더불어 광범위한 규제 형성 권력 및 시행 권력을 부여받은 정부 기관들이 일상적으로 활동하는 과정에서 대부분의 정책 결정이 내려진다. 이들 정책의 대부분은 정부 기관들 내의, 그리고 이들 정부 기관과 기업 및 사적 단체들—이들은 해당 정책에 특수한 이해관계를 가지며 정부 기관에 연결될 수 있는 충분한 권력과 영향력을 보유하고 있다—간의 비공식적인 복잡한 협상 과정에서 만들어진다 (Lowi, 1969, 특히 3장과 4장 참조). 보통은 이들 정책 결정은 거의 비밀리에 이루어지므로, 복지 기업 사회에서 내려지는 상당한 결정들은 비정치화되어 있다. [이에 대해] 클라우스 오페Claus Offe[4]는 다음과 같이 말했다.

> "정의로운 사회생활 질서에 관한 비전을 만들어 내는 것이 정치이며, 정치는 정의로운 질서에 관한 다양한 비전들 사이의 갈등에 관계된 것이라면, 현재와 같이 매개 과정[5]이 완전 봉쇄된 환경에서는 우리가 정치와 국가가 완전히 이혼한 상황을 겪고 있다고 말한다고 해서 심각하게 과장하는 것은 아니다."(Offe, 1984, 173쪽)

---

4 클라우스 오페(1940~)는 독일 출신의 세계적으로 저명한 정치사회학자로서 독일 빌레펠트 대학교, 브레멘 대학교, 베를린 훔볼트 대학교 교수로 재직했다. 세계 유수 대학교에서도 강의를 했다. 민주주의와 자본주의의 관계, 민주주의로의 이행기 국가 및 경제에 대한 연구로 유명하다. 모든 시민을 위한 '기본소득지구네트워크(Basic Income Earth Network)'를 창립하여 적극적으로 활동 중이다.
5 '이익/요구 → 정치 과정 → 공적 결정의 과정'이라는 일련의 과정을 '매개 과정'이라 이해하면 될 것이다.

20년 전 시어도어 로이(Theodore Lowi, 1969)[6]는 국가와 정치의 이런 분리가 의미하는 바는 실제로 많은 국가의 활동이 더 이상 법치 아래 놓이지 않게 되었다는 것이라고 주장했다. 입법부는 공적인 정책 토론을 위한 몇 안 되는 포럼 중 하나다. 그러나 복지 자본주의 사회에서 국가가 시행하는 대부분의 적극적 정책은 법률이 아니라 정부 기관 부서의 장이 수립하는 규제이며, 그것도 그 어떤 공적 토론도 없이 내려지는 경우가 허다하다는 것이다. 물론 정부 기관을 창설하려면 입법 행위가 필요하고, 이들 정부 기관의 지속과 활동 범위는 입법부 내의 예산 결정에 의해 정해기는 하지만, 재원 조달의 제안이라든가 새로운 정부 기관 창설 및 정책 제안은 정부 기관과 민간 이익집단 간의 협상 속에서 만들어진다는 것이다.

분배 패러다임의 이데올로기적 기능

어떤 관념의 발생을 자연스러운 것으로 또는 필연적인 것으로 만드는 제도적 맥락이 있기 마련이다. 그 관념이 자신의 발생 원천인 이 제도적 맥락을 재현하는 경우, 우리는 그 관념이 이데올로기적 기능을 수행한다고 말한다. 이것이 내가 이데올로기적 기능이라는 용어로 이해하는 바이다. 이렇게 해서 관념은 지배와 억압 관계에 대한 비판을 막고, 지금보다 우리를 해방시킬 사회 제도들이 가능

---

6 시어도어 로이(1931~2017)는 미국 출신의 정치학자로서 코넬 대학교 행정학과 교수로 재직했다. 1978년 미국 정치학자들 중에서 가장 영향력 있는 학자로 꼽힐 정도로 미국 정치와 공공정책 분야에서 왕성한 활동을 펼쳤다.

하다는 점을 은폐한다. 복지 자본주의 사회의 맥락에서 정의를 분배의 측면에서만 파악하는 분배 패러다임은 이런 의미에서 이데올로기적 기능을 수행한다.

생각건대, 현대의 철학적 정의론 분야에서 분배 패러다임이 압도적으로 지배하는 상황의 원인을 분배의 쟁점이 복지 자본주의 사회에서의 정책 토론을 지배하고 있다는 사실에 의거해서 적어도 부분적으로는 설명할 수 있다(Heller, 1987, 155쪽 참조). 이 분배 지향은 우리 미국인의 직관과 잘 맞아떨어진다. 미국 사회에서 정의가 논의될 때, 소득 분배, 자원 할당, 직위 부여라는 쟁점들이 압도적으로 지배하기 때문이다. 공동선 실현을 위한 경제 규제와 기본적 필요의 충족이라는 목표를 복지 자본주의 사회는 일시적으로 그리고 시늉으로만 지향하는데, 분배 패러다임은 바로 이런 복지 자본주의의 태도를 반영하며 때로는 그런 태도가 정당하다고 옹호하기도 한다. 1장에서 내가 논했던 소유 지향의 개인주의적 인간 본성관이 이 분배 패러다임의 토대이며, 이런 점은 시민을 고객-소비자로 구성하는 복지 자본주의 사회의 사회적 맥락과 잘 맞아떨어진다(Taylor, 1985 참조).

이런 내용을 내가 강하게 주장한다고 해서 분배 정의론들은 반드시 기존의 분배 상태와 이 상태를 지지하는 이해관계들을 그저 거울처럼 반영하거나 옹호하기 마련이라는 취지의 말을 하려는 것은 아니다. 오히려 그 반대이다. 많은 이론가들이 현재의 복지 자본주의 사회에 상당한 분배 부정의가 존재한다고 생각한다는 점이 분배 패러다임이 현대의 철학적 담론을 지배하는 부분적 이유라고 생각한다. 분배 패러다임의 한계 내에서이기는 하지만, 그 적용이 복지 자본주의 사회 상황의 비판을 의미하는 정의 원리들을 옹호하는 논변이 많은 정의 이론들에 의해 펼쳐지고 있다.

앞에서 이미 살펴보았듯이, 분배의 쟁점 틀 안에서 작동하는 이익집단 다원주의는 사회적 삶을 파편화하고 국가에 대해 시민이 맺는 관계를 사사화私事化시켜 버리는 비정치화된 공적 삶을 항구화한다. 이익집단 다원주의는 공동 결정에 대한 공적 논의, 특히 국가의 목적이나 권력 제도 및 권력 관계 조직에 대한 공적 논의를 할 동기를 약화시킨다. 복지 자본주의 사회에서의 비정치화된 정책 형성 과정은 지배 및 억압을 지원하는 제도적 규칙, 실천, 사회관계에 도전은커녕 그것을 파악하는 것도 어렵게 만들어 버린다.

1장에서 논한 바처럼, 분배 패러다임이 겪는 유사한 시각 장애 blindness afflict가 또 있다. 분배에 집중함으로써, 정의에 관한 이론들은 대체로 의사결정 권력, 노동 분업, 문화의 쟁점을 평가 대상으로 삼지 못한다는 것이다. 의사결정 권력, 노동 분업, 문화가 분배를 낳는 원인 조건이 되는 한에서는, 이들이 분배보다 더 기본적인 쟁점인 경우가 많다. 관계 및 과정을 포함하는 사회존재론이 지배 및 억압의 많은 측면을 더 잘 포착할 것인데도, 분배 패러다임은 암묵적으로 원자론적이고 정태적인 사회존재론을 가정한다.

정의에 관한 분배 패러다임이 복지 자본주의 사회의 특징인 비정치화된 고객-소비자로서의 시민을 직접 만들어 내는 것은 아니다. 그러나 분배 패러다임의 헤게모니는 현대 정책 담론의 일차원성과 분배 패러다임의 담론 제한 기능을 강화한다. 분배 패러다임은 이익집단 다원주의 과정을 반영하고, 또 이 과정을 정의 일반의 주제인 양 실체화한다. 따라서 분배 패러다임은 이익집단 다원주의 과정을 정당화하며 이익집단 다원주의가 장려하는 공적 삶의 비정치화도 정당화하는 기능을 수행한다. 정의 이론 분야에서 지배적인 이 접근법들이 분배의 맥락과 조건이 되는 제도적 구조를 평가하지 못하는 한에서, 분배적 접근법들은 복지 자본주의 사회의 권력 관계 및 문화 관계에 대한 비판을 차단하는 데 일조한다. 그런 역할을 하는 범위만큼 이 접근법들은 지배 및 억압을 강화하고, 보다 해방적인 제도 및 실천에 관한 비전을 꿈꿀 정치적 상상력을 봉쇄한다.

정의에 대해 비판이론적으로 접근하려는 방법의 출발점은 그 어떤 규범 이론이든 또는 그 어떤 사회 이론이든 자신이 속한 특수한 역사적 및 사회적 맥락에 의해 조건 지어지고 또 반드시 그래야만 한다는 통찰력이다. 따라서 분배 패러다임은 이데올로기적 기능을 한다는 내 주장은 정의에 대한 이론화 작업이 개별특수적인 사회적 조건과 관련해서 중립적일 수 있다거나 그로부터 독립적일 수 있다고 가정하지 않는다. 규범적인 이론 작업은 반드시 기존의 제도 및 사회관계에 둘러싸일 수밖에 없으므로 이 제도 및 사회관계를 지지하거나 비판하거나 둘 중의 하나이며, 어떤 경우에는 이 두 입장의 혼합일 수도 있다. 복지 자본주의 사회가 몇몇 측면에서는 다른 사회들보다는 덜 억압적이기는 하다. 그렇기는 하지만 복지 자본주의 사회 역시 여전히 지배 및 억압의 구조들을 포함하며, 이 구조들이야말로 정치철학적 사유의 현장이자 비판 대상이어야 할 것이다. 이 지배 및 억압 구조들 중 어떤 것들은 복지 관료제와 기업 관료제에 그 근원을 둔다.

행정관리되는 사회와 새로운 지배 형태

내가 1장에서 정의한 바와 같이, 지배의 특징은 사람들이 자신의 행동 또는 행동 조건을 결정하는 데 참여하지 못하게 방해하거나 금제하는 제도적 조건에 있다. 복지 자본주의 사회는 특별하게도 지배의 새로운 형태들을 만들어 낸다. 삶의 많은 영역에서 사람들이 정부 당국 및 전문가의 훈육 대상이 되면서, 일상적인 일과 삶의 활동들이 합리화된 관료 통제 아래 놓이게 되는 현상이 증대한다.

나는 관료 체제bureaucracy를 여러 사회적 기획들을 기술적 통제의 대상으로 규정하고 조직하는 시스템으로 이해하겠다. 관료 체제는 자연 세계를 넘어서 인간의 행동 및 상호작용 영역으로까지 기술적 이성 또는 도구적 이성의 대상을 확장한다. 행동의 목표—행동의 목표가 폭발물의 생산이든, 인구조사 실시든, 기근이 강타한 지역에 식료품을 보급하는 것이든—는 이미 주어진 것으로 보고, 관료 체제의 이성은 주어진 목표를 실현할 수 있는 가장 효과적인 수단들을 결정한다. 목표의 규정은 언제나 개별 관료제 시스템의 바깥에서 정해지고, 또 수단 체계는 가치중립성을 주장하는 기술 과학에 의해 개발되기 때문에, 대체로 관료 체제 조직은 비정치화되어 있다. 즉, 관료제 조직의 활동은 가치 담지적인 결정의 산물로 파악되지 않는다는 것이다(Keane, 1984, 2장).

19세기 및 20세기 초의 동·서 유럽과 미국의 많은 사회 혁명가들과 개혁가들이 제시한 진보적인 비전에서는 관료제화는 지배, 특히 계급지배class domination를 근절하는 방법으로 생각되었다. 관료 체제에 구현된 형식화는 전통적인 권력 시스템—권력 수행자가 다른 사람을 강제하여 자신이 원하는 명령에 복종하도록 만드는 자의적 권력 시스템—을 바꾸기 위해 고안되어 온 경우가 많았다. 그리하여 집단화된 농업생산은 코사크족[7]의 통치를 대체했고, 기업 관리 시스템은 소유주-회장의 통치를 대체했으며, 도시-행정관리 정부는 정당 조직 원로들의 통치를 대체했고, 그리고 가족법과 사회보장 기관은 남편-아버지의 통치 일부를 대체했다.

전통적인 통치 형태에서는 통치자들이 자신들의 소망, 가치, 또는 목표에 따라 권력을 행사한다. 이 통치자들은 자신들이 최고 주권 자라는 이유만으로 복종을 기대할 권리를 가지며, 그 이외의 근거를 제시할 필요는 없다. 관료제 행정은 그런 개인적 최고 주권을 법 및 절차의 지배로 대체한다. 관료 체제의 업무 활동 영역 하나하나에서 관료 체제는 형식적 규칙과 명확한 규칙을 발전시킨다. 누가 해당 직위에 들어서건 누가 해당 업무를 수행하건 이 규칙들이 정한 바에 따라 업무가 진행되어야 한다는 점에서 그 규칙들은 개인으로부터 독립되어 있다. 그리하여 관료 체제는 사회적 활동이나 협동적 활동의 보편화 및 표준화를 도입한다.

협동적 기획을 기술적 통제의 대상으로 규정하면서 관료 체제는 특정인의 개인적 목표가 아니라 조직 또는 협동적 기획 자체의 목표를 염두에 두고, 그 기획을 실현할 수 있는 최선의 객관적인 방법을 발견한다. 그렇게 하는 과정에서 관료 체제는 세부적인 노동 분업을 발전시킨다. 관료 체제는 위계적인 권위 질서 안에서 각 직위를 규정한다. 이 권위 질서에서 각 직위는 규칙에 구속되고, 직위 이동은 공식적인 능력주의 시스템 하에서 엄격하게 이루어진다.

그러나 명확하게 표현된 규칙 및 절차를 통해 공동 행동을 형식

---

7 15세기 후반부터 16세기 전반까지 우크라이나 지역에서 자치적인 군사 공동체를 형성한 농민 집단을 일컫는다. 16~17세기, 러시아와 폴란드 정부는 타타르 및 투르크의 침입에 위협을 느껴 코사크에게 무기, 식량, 자금 등을 지원하면서 국경 방비 임무를 맡겼다. 그래서 18세기 무렵 러시아 제정 하에서 코사크의 유력 수장들은 관직을 얻어 지주귀족화했고, 코사크 집단은 광대한 토지와 교환한다는 조건으로 제정 러시아의 비정규군으로 전투 집단에 재편성되었다. 그러나 러시아 혁명 후 부농 박멸 운동과 농업 집단화가 진행되면서 특권 계층이었던 코사크 집단은 해체되고 말았다.

화한 결과 이 공동 행동은 규범적으로 검토되지 않고 가치지향 및 다짐과는 절연되어 버린다. 결정 및 행동이 옳은지 정의로운지 여부를 따지기보다는 법적인 타당성, 즉 그 결정 및 행동이 규칙에 합치하고 적절한 절차에 따른 것인지 여부를 따져 결정 및 행동이 평가되는 것이다. 법적 합리성이 규범적 추론으로부터 완전히 떨어져 나오는 것이야말로 바로 관료 체제의 비정치화가 의미하는 바이다 (Habermas, 1987, 307~310쪽 참조).

협동적 기획을 관료 체제가 관리하게 되면서 노동의 의미 및 노동의 의무에 관한 새로운 인식이 그 관리 업무를 담당하는 자들에 맞게 발전해 간다. 즉, 프로페셔널리즘의 윤리가 그것이다. 직업 전문화 과정이 업무 활동의 목적 결정을 개별 근로자의 권한에 속하지 않게 만든다면, 그 한에 있어서는 전문화는 근로 활동을 비정치화시킨다. 일이 전문화되면—그 일이 의약품, 도서관 서지 분류, 또는 아이 돌봄이든 상관없이—해당 근로자들은 스스로를 윤리적이고 과학적인 학문 분야에서 공식적 훈련을 받고 그 절차에 따라 일한다고 여기게 된다. 강력한 명시적 규칙이나 암묵적 규칙은 전문 직업인들로 하여금 자신들의 개인적인 욕구와 가치지향 및 다짐을 해당 직장에 끌어들이지 못하게 금지하고, 타인에 대한 사적인 감정이 업무 수행에 영향을 미치지 못하게 금지한다. 전문직 노동자들은 조직의 원활한 작동과 조직 목표의 실현을 최상의 가치로 여기면서, 자신의 개인적 기분이나 욕구보다는 팀 과제 수행을 더 우선시한다. 전문직 윤리는 전문 직업인 자신이 속한 전문 직종의 종사자들에 대한 충성과 자신이 속한 조직에 대한 충성이라는 강력한 관념을 포함한다.

형식화된 규칙 및 절차로 규제되는 사회적 협동의 실무가 표준화되고 전문직 분야가 발달하면서 생겨나는 많은 장점이 있다. 관료제 조직에서의 규칙 변경이 전통 사회에서의 통치자 변경보다 더 어려운 경우가 많기는 하지만, 통치자 개인의 자의적이고 이기적인 변덕에 복종하는 것보다는, 사람들이 적어도 원칙적으로는 알 수 있으며 미리 예측할 수 있는 형식화된 규제에 복종하는 편이 그래도 더 낫다. 그러나 복지 기업 사회를 연구하는 많은 연구자들이 주장한 바와 같이, 점점 더 일과 삶의 영역들 전반에 걸쳐서 관료제의 행정이 확장되면 그와 함께 사람들은 새로운 지배domination의 경험을 하게 된다.

자신들의 행동이나 행동 조건들을 결정하는 데 아무런 역할도 하지 못하는 수백만의 사람들의 세세한 협동에 의존하는 거대한 생산/분배/서비스 급부 시스템이 복지 기업 사회라는 점은 일종의 아이러니이다. 이런 복지 기업 사회에서 대부분의 사람들은 내가 2장에서 설명한 의미에서의 무력한 상태powerless에 있지는 않다. 많은 사람들이 자신들의 일에서 다소간의 자율성을 가지고 있으며, 타인에 대해 다소간의 제도화된 권한을 가지며, 약간의 존중을 명령할 어느 정도의 직위를 보유하기도 하기 때문이다. 그러나 비교적 그런 역량을 갖춘 사람들조차도 지배의 여러 구조 아래 놓여 있다. 이들은 자신들이 타인의 일방적인 권위에 종속되어 있음을 알게 된다. 또 이들은 자신들의 행동이 구조적 또는 관료적 명령―아무도 결정한 사람이 없는데도 내려지며 그러면서 동시에 특정 관료 집단의 이익에 봉사하게 되는 명령―에 의해 제약받고 있다는 점을 깨닫는다. 사람들은 근로자로서만 관료 체제의 지배를 경험하는 것은 아니다. 소비자의 편의보다는 공급자 또는 관료의 편의에 맞추어 대체로 설계된 규칙들에, 더군다나 그 수립에 자신들이 아무런 역할도 하지 못한 규칙들에 종속된 고객이자 소비자로서도 사람들은 관료 체제의 지배를 경험한다.

　대부분의 근로자들이 타인의 권위 아래 놓여 있다는 점에서 기업이 관리하는 직장은 위계질서 구조이다. 사람들이 의사결정 권한을 가지고 있다 하더라도, 일반적으로 그 권한은 그들 자신의 행동에 대한 것이 아니라 타인의 행동에 대해서이다. 이러한 위계질서적인 권위의 구조는 관료 체제가 제거했다고 흔히 주장되는 인적 지배personal domination를 부흥시킨다. 아무리 명시적으로는 관료 체제가 규칙 및 절차를 형식화한다고 하더라도, 관료의 개인적이고 주관적인 선택들을 남김없이 제거할 수는 없기 때문이다(Unger, 1974, 169~171쪽). 예를 들면, 부장들과 과장들은 대개 조직의 목적에 대한 그들 자신의 특정한 견해에 따라서, 그리고 그들 자신의 우선순위 선택에 따라서, 규칙을 정하고, 해석하고, 적용하고, 시행할 광범위한 자유재량을 가진다.

　그런데 다름 아닌 관료제적 규칙들의 이 보편성과 형식적 특징 때문에 관료 체제 내에서 사람에 의존하고 자의적 의지에 복종하지 않을 수 없는 현상이 생겨난다. 이 형식주의, 보편주의, 규칙의 비개인성은 변덕 및 개인적 호불호의 자의성으로부터 사람들을 보호하는 기능을 수행한다고 일반적으로 여겨지고 있다. 즉, 모든 사람들은 같은 방식으로, 즉 개인의 특성과는 무관하게 불편부당하게 대우받아야 하며, 이때 개별특수적인 가치가 개입되어서는 안 된다는 것이다. 그러나 이 비개인적인 규칙을 적용하는 사람들은 각각의 개별 사례에 그 규칙을 어떻게 적용할지 판단을 내려야만 한다. 형식적이고 보편적인 규칙의 본성상, 개별적인 사례에 자동적으로 적용되는 메커니즘은 존재하지 않으므로, 이 규칙을 적용할 때 의사결정자의 감정,

가치, 개별특수적인 감각이 불가피하게 개입하지 않을 수 없다.

7장에서 보다 자세히 설명될 것이지만, 문제의 핵심은 실질적인 개인적 가치들이 그래서는 안 되는데도 관료적 의사결정에 들어간다는 데 있지 않다. 오히려 그 반대로, 결정을 내릴 때 개별특수적인 실질적 가치들의 개입은 불가피하게 그리고 적절하게 의사결정의 본질을 이루는 부분이라는 점이다. 그러나 관료제적 행정이라는 과학주의 이데올로기는 모든 개별특수적인 가치를 결정에서 제거하려고 한다. 이 관료주의 이데올로기는 어떻게 타당성을 확보하는가? 일반적으로 위계질서적인 의사결정이 정의롭다고 정당화되는 것은, 적절한 지식을 보유하면서 불편부당하게 행동하는 전문가라면 누구라도 동일한 결론에 도달할 것이라는 주장에 의해서이다. 하지만 실제로 많은 중요한 결정들에 개인적 판단이 불가피하게 들어가기 때문에, 하급자들은 자신들이 개인적으로 의존하는 상급자들의 자의적인 의지에 지배를 받고 있는 것으로 경험한다. 그리하여 관료 체제 내부의 삶은 '타인에게 주는 인상印象 관리impression management' 및 '타인을 심리적으로 불안하게 만들기psyching out' 게임들로 이루어진 무서운 유령의 집scary funhouse이 된다. 상급자들이 하급자들에 대해 행사할 수 있는 광범위한 주관적 판단의 여지를 제거하기 위해 관료제는 세밀한, 형식화된, '객관적인' 감독 및 감시의 방법들을 제도화하는 경우가 많다. 그러나 이런 방법들은 지배의 감정을 증대시킬 뿐이다. 왜냐하면 상급자들은 더 세밀한 규칙들을 더 자주 하급자들의 행동 및 업무 수행에 적용하게 되는데, 그 규칙들을 적용할 때에도 상급자의 주관적인 판단이 마찬가지로 불가피하게 들어갈 수밖에 없기 때문이다(Lefort, 1986 참조).

복지 기업 사회에서의 지배는 직장을 넘어서 일상생활의 다른 많은 영역들까지 확장된다. 하버마스가 '생활세계의 식민지화'라고 언급한 현상에서는, 정부와 민간 기관 둘 다 고객과 소비자를 미시적 권력의 그물망에 예속시킨다. 고객과 소비자는 병원, 학교, 대학교, 사회보장 기관들, 관청, 은행, 패스트푸드 레스토랑, 기타 셀 수 없이 많은 기구들의 권위에 복종한다. 이들 기관의 고위직들은 기관 내의 고객들이나 소비자들의 많은 행동들을 지시할 뿐만 아니라, 사회과학, 경영학 또는 마케팅학을 활용하여 그들은 자기네 기관이 충족시키고자 하는 필요들needs의 형식 및 의미 그 자체를 소비자나 고객을 위해 규정해 준다—어쩌면 이것이 더 중요한 점일지도 모른다(Habermas, 1987, 362~363쪽; Fraser, 1987a; Laclau and Mouffe, 1984, 161~163쪽 참조). 예전에는 전통적인 규범, 자발적인 행동, 또는 공동의 결정 아래 놓여 있던 삶의 활동들이 상품화되거나 국가기관의 통제 하에 놓이게 되거나 해서 규격화되고, 보편화되고, 표준화된다는 것, 바로 이점이 생활세계의 식민지화가 의미하는 바이다(K. Ferguson, 1984 참조).

복지 기업 사회 내의 사람들은 지배와 비정치화의 이런 형태들을 전혀 문제 삼지 않는 경우가 많다. 그 부분적 이유를 들자면, 지배와 비정치화는 대부분의 사람들이 물질적 안락함을 누리려면 치러야 하는 대가인 듯이 보이기 때문이다. 물질적 안락함을 누리지 못하는 빈곤층 사람들이 자신들의 행동과 필요를 규정해 주는 기관들의 권위에 오히려 훨씬 더 고분고분할 가능성이 높다. 다른 사람들보다 이들이야말로 그 기관들에 더 의존하기 때문이다. 이와는 다른 두 가지 현상이 또 복지 기업 사회의 구조를 정당화하면서 그 지배 형태들에 도전하는 것을 어렵게 만든다. 하나는 전문가주의 이데올로기ideology of expertism이며, 다른 하나는 사회적 계층 이동 및 승진의 희망이다.

복지 기업 사회에서 지식은 권력이다. 입법, 생산, 계획 입안의 쟁점들이 재정전문가, 법전문가, 경영전문가가 아니면 이해하기 너무 복잡하다고 대부분의 사람들이 확고하게 믿고 있기 때문에, 공적인 삶의 비정치화는 성공한다. 전문가주의 이데올로기에 따르면, 지식 있는 사람들은, 그리고 지식 있는 사람들만이 통치할 권리가 있다. 왜냐하면 이들은 쟁점이 되는 사회생활 영역에 적용될 객관적이고 가치중립적 학문 분야의 대가들이고, 따라서 이들의 결정은 필수적이고 정확하기 때문이다(Bay, 1981, 65~67쪽; Habermas, 1987, 326쪽 참조). 전문가에 의한 통치rule by experts는 정치를 초월한다고, 그러니까 일부의 사람들을 타인의 의지에 복종시킬 것을 수반하지 않는다고 주장한다. 전문가가 통치하게 되면서 우리는 이데올로기의 종말을 목도하고, 사회적 삶에서 과학적 조직화를 성취해 낸 것처럼 보인다. 따라서 사람들이 의사, 사회보장 기관 종사자, 공학자, 통계학자, 경제학자, 직업 분석가, 도시계획가, 그리고 수많은 기타 전문가들—이들 전문가의 판단이 사람들의 행동이나 행동 조건을 결정해 버린다—의 권위에 도전하기는 어렵다.

관료 체제 조직 내부에서는 능력 이데올로기ideology of merit가 위와 같은 방식으로 작동한다. 전문가는 그 또는 그녀의 전문 분야에서 더 깊은 전문 지식을 발전—이는 전문가로 공인된 사람들에 의해 판단된다—시킴에 따라 더 많은 사람들을 통치할 권리를 획득한다. 따라서 성공 신화careerism는 복지 기업 사회의 또 다른 정당화 메커니즘이다(Habermas, 1975, 74~78쪽). 기회 평등 원칙에 대한 강력한 가치지향이 존재한다면, 또 승진의 과정이 투명하다면, 그리고 능력 기준이 불편부당하게 적용된다면, 자신들의 전문 지식에 상응해서 사람들은 권위의 위계 조직에서 위로 승진한다. 하급자는 그들 스스로도 더 큰 권한을 가진 직위에 오를 수 있다는 정당한 희망을 가지기 때문에 이 계층제적 구조와 상급자들의 권위를 받아들인다. 이런 성공 신화는 사회적 삶을 사사화하는 데 일조한다. 성공의 길에 들어선 사람들은 전문가 권위의 정당성에 도전하기보다는 우선 자신의 승진을 염두에 둔다. 실제로, 승진을 위해 필요한 조건은 조직의 결정 또는 보다 더 큰 공중의 결정을 정치화하지 않는 것이다. 나는 7장에서 전문가주의와 성공 신화 양쪽 모두가 전제하고 있는 능력 원칙의 이데올로기적 특성에 초점을 맞추어 설명하겠다.

1장에서 권력이란 분배될 수 있는 소유물이 아니기 때문에 권력의 분배 및 재분배를 이야기하는 것은 이치에 맞지 않다고 주장한 바 있다. 복지 기업 사회에서 행해지는 지배에 대한 전형적인 경험들을 일별만 해도, 권력의 재분배로 해결될 수 있을 권력 독점이 문제가 아니라는 점을 명확하게 알게 된다. 보스 체제에서 관료 체제로 이동하게 되면, 권력은 증식하기도 하지만 분산도 된다. 현대 관료제의 위계질서에서는, 명령을 내리거나 결정을 내릴 권위라는 의미에서의 권력을 어떤 사람들은 다른 이들보다 더 많이 가지고 있다는 점은 분명하다. 이미 지적한 바 있듯이, 그 외의 나머지 많은 사람들은 무력한 상태이다. 그러나 이러한 대규모 조직들 내에서의 모든 권력 및 지배는 수많은 이런저런 사람들의 협동에 의존한다. 이러한 조직들 외부에 있는 사회의 대부분 사람들 역시 그렇게 관리되고 있는 생활세계의 지배 효과를 느낀다. 복지 기업 사회 제도들의 민주화만이, 즉 목적과 수단에 관하여 공동으로 논의하고 공동으로 결정할 절차를 도입하는 민주화만이 자신들의 행동을 일정 정도 통제할 수 있는 힘을 사람들에게 가져다줄 수 있다. 민주화는 권력의 재분배가 아니라 의사결정 규칙의 재조직화로 파악할 때 더 생산적이다. 이 장의 뒷부분에서 나는 민주주의는 정부 기구에서뿐만 아니라 원칙적으로 사회의 모든 기구에서 사회정의의 요소이자 사회정의의 조건이라는 점을 논할 것이다.

반란과 공적 삶의 재정치화

복지 자본주의 사회의 특정한 구조적 모순들이 억제될 수 있을 때에만 복지 자본주의 사회의 비정치화는 성공한다. 첫째, 재정상의 모순이 있다. 복지 자본주의 체제는 사적인 자본축적을 촉진시키고 높은 소비 수준을 유지하려는 정부의 계획에 의존한다. 그러나 이 국가 기능은 막대한 재정지출을 요구하고 그 돈은 어디에선가 충당되어야 한다. 사적 자본축적의 극대화를 향한 가치지향은 복지국가의 이런 필요들과 충돌한다(Offe, 1984, 6장; Gough, 1979 참조). 이런 모순으로 인해 생겨난 재정적 위기가 증폭되면서, 과연 국가 활동의 목적이 무엇이냐는 의문이 더욱더 명시적으로 제기될 수 있다.

둘째, 우리 일상적 삶의 더 많은 영역들을 사람들의 합리적 감독의 통제 아래 놓으면서도, 그와 동시에 사람들의 이런 통제를 비정치화시키려는 데서 생겨나는 모순이 있다. 복지 자본주의 정치공동체가 형식적 민주주의 이상은 유지하기 때문에, 더 많은 사회 영역들이 국가 정책의 관할 범위로 들어오면 올수록, 사람들이 그런 정책을 놓고 의미 있는 공적 토론을 해야 한다고 더 많이 요구하게 될 것이다(Habermas, 1975; 1987, 354~368쪽; Offe, 1984, 7장).

복지 자본주의 사회에 내재하는 이 모순들을 배경으로 해서

1960년대 이래 다양한 반란 캠페인 및 운동은 행정관리되는 삶 administered life의 지배와 식민화에 대응해 왔다. 나는 마이클 왈저의 책에서 반란insurgency이라는 용어를 가져왔다.

> "반란은 지역의 자치적 의사결정을 관료제의 서비스가 대체하기 보다는 오히려 가능하게 하도록 봉사해야 한다고 요구하는 것이다. 더 정확히 말하면, 반란은 좋은 행동이란 게 무엇인지 관행적으로 규정하는 것을 거부하면서 복지 관료제가 저항과 자치라는 새 정치의 출발점이 되게끔 '유용'하게 만들려는 새로운 변증법에서 나오는 행동이다."(Walzer, 1982, 152쪽)

반란 캠페인 및 운동은 복지 자본주의 사회 내부에서, 관료제 기관의 주변부에서, 또는 관료제의 규칙 안에서는 꿈도 꾸지 못할 새로운 사회적 공간을 창출하면서 발생한다. 비록 조직화되지 않은 것은 아니지만 일정한 한계—행동에서의, 목표의 개별특수성에서의, 또는 그 운동 구성원의 개별특수성 측면에서의 한계—가 있음을 알면서 수행되는 이들 운동은 지역적이고 자발적인 경우가 많다. 흔히 반란은 악의 소굴에서 기습 행동하는 극적인 기백으로 진행되기도 한다. 가령 급진 사회주의 페미니스트 그룹 '마녀witch' 활동가들이 포르노그래피 잡지에 마른 피를 투척한다거나 성직자들이 트라이던트 미사일[8]의 앞부분을 때려 부순다거나 하는 행동들이 그런 예

---

8 트라이던트 미사일(trident missile)은 미국 록히드 사가 개발한 잠수함 발사 탄도 미사일(SLBM)이다. 미국 해군에서는 함대 탄도 미사일(Fleet Ballistic Missile, FBM)이라고도 불린다.

이다. 그러나 또한 반란은 많은 저자들이 '신사회운동'이라고 말하는 지속적인 약동과 대중조직을 나타내기도 한다.

장 코헨과 앤드루 아라토(Jean Cohen and Andrew Arato, 1984)에 따르면, 이러한 반란적 사회운동의 새로운 점은 자기 제약적인self-limiting 성격이다. 20세기 초의 마르크스주의 운동이나 사회민주주의 운동과는 달리, 신사회운동은 전 세계적인 쟁점들에 대해서가 아니라 개별특수적이고 구체적인 쟁점들을 대상으로 한다. 이전 시대의 급진적인 정치운동과는 달리, 대체로 신사회운동의 목표는 국가권력을 장악하고 변혁하는 것에 있지 않고, 국가 및 기업의 권력을 제한하고 이들의 상품화 영향력과 관료화 영향력의 경계선을 뒤로 밀어내는 데 있다. 신사회운동이 추구하는 바는 복지국가 관료조직 및 기업 관료조직 식민화 영향력을 느슨하게 만들어 사회적 삶을 보다 자유롭게 하고, 대안적 제도 형식을 창출해 내어 독립적인 토론이 이루어질 수 있게 하는 것이다.

반란 운동들은 시민사회의 영역을, 즉 한편으로는 개인과 가족 사이에 존재하고, 다른 한편으로는 국가와 대기업 사이에 존재하는 시민사회의 영역을 충분히 활용하고 확장한다(Habermas, 1981; Cohen, 1985). 마리아 마르쿠스Maria Markus[9]에 따르면, 시민사회는 '국가와도 다르고 또 경제기구와도 완전히 다른 별개의 의견 형성/표현/억압의 독자적인 수단을 보유하고 있는, 자발적이고 개별특수적인 결사체들

---

9 마리아 마르쿠스(1936~)는 폴란드 출신의 사회학자이자 철학자이다. 1957년 헝가리로 이주하여 '부다페스트 마르크스주의 학파'의 일원으로 연구 활동을 하다 아그네스 헬러와 마찬가지로 1978년 호주로 망명하여 뉴사우스웨일스 대학교에서 강의했다. 노동, 산업사회, 페미니즘과 경제 등에 관한 주제로 깊이 연구했다. 아그네스 헬러의 가까운 벗이자 지적 동지로 평가받는다.

및 조직들의 네트워크 총체'이다(Markus, 1986, 441쪽). 미국에서 시민 사회는 종교 조직, 초·중등학교와 대학, 많은 소규모 기업, 많은 비영리 단체들, 매우 다양한 자발적인 조직들, 또 이 조직들의 관점을 표현하거나 이들 조직과 연결되어 있는 출판사 및 언론까지 포괄하는 광대한 사회적 삶의 현장이다.

복지 관료조직과 기업 관료조직이 우리의 일상적 삶에 행사하는 지배에 대응하여 반란을 조직하는 원리는 통일화가 아니라 증식增殖, proliferation이다. 현대의 저항 행동들은 뉴스레터를 공유하거나 각종 컨퍼런스에서 만나는 등의 느슨한 연결망으로 연계되는 집단들에 의해 수행되며, 지역 현장에 기반을 두고 이질적인 성격을 가지고 있다. 상이한 집단들이 하나의 쟁점이나 캠페인을 매개로 해서 생겨날 수도 있고, 공통의 프로그램이나 중앙 조직이라는 통일성 없이도 하나의 운동으로서 공존할 수도 있다. 예를 들어, 최근 미국에서 고조되는 평화운동은 다양한 정체성—페미니스트, 기독교도, 사회주의자, 생태주의자 등—을 가지고서 각종 혼합된 전략—게릴라 연극, 입법 청원, 비폭력 시민불복종, 가두행진, 편지 이어쓰기 등—으로 후원하는 조직들 및 친연성 집단들affinity groups의 자생적인 대열로 이루어진다. 때로는 이런 다종다양성 때문에 운동들의 목표 및 정치적 입장 상의 갈등이 생겨나기도 한다.

이 신사회운동들이 국가 자원을 특정하게 분배하라는 압박을 가하는 경우도 많지만, 적어도 운동이 고조되고 그 세력이 강해지는 시기에는 분배가 주요 초점이 아니다. 의사결정 권력과 정치적 참여라는 넓은 쟁점에 초점을 맞춘다. 신사회운동들은 국가의 복지 서비스의 범위를 확장시키려 하기보다는 거의 모든 사회생활의 영역에 공적 관료조직과 사적 관료조직이 침략해 들어오는 것에 어떻게 대응할까에 더 골몰한다(Habermas, 1981; 1987, 392~396쪽). 신사회운동의 초점은 억압과 지배라는 쟁점에 대부분 집중된다. 즉, 제도와 실천을 더욱더 대중의 직접 통제 하에 두려는 제도 및 실천의 민주화를 이들 운동은 추구한다는 것이다. 이 반란적 캠페인과 운동들은 세 가지 주요 범주로 구분할 수도 있겠다. 즉, (1) 의사결정 구조와 자신들의 의지를 행사할 수 있는 권력자의 권리에 도전하는 운동들, (2) 자주적 서비스를 조직하는 운동들, (3) 문화 정체성의 운동들이라는 범주로 구분할 수 있다.

(1) 현대의 몇몇 반란 운동들은 이익 또는 효율성의 우선순위를 사적인 관료조직의 입맛에 맞게 정하여 광범위한 대중들에게 영향을 미치는 정부 공직자들과 기업 임원들의 특권에 효과적으로 문제 제기를 한다(Luke, 1987 참조). 1970년대 초 이래 환경운동은 원하는 것은 무엇이든지 원하는 방식대로 생산할 사기업의 특권에 도전해 왔다. 환경운동은 환경 위험에 대한 대중의 의식을 제고하는 데 성공했고, 기업 활동을 규제하는 입법을 쟁취하고 기업 관행을 바꾼다는 목표까지 어느 정도는 달성했다. 지난 10년 동안 많은 공장이 폐업하는 와중에 아무런 사전 통보 없이 지역에서 몰래 빠져나가려는 사기업의 권력을 제한하려는 운동이 성장해 왔다. 비록 베트남 전쟁 이후 대외정책에 대한 항의는 소강상태지만, 1980년대 초부터 시민의 반란적 운동이 꾸준하게 미국 연방 정부의 목표에 의문을 제기하고, 세계 다른 나라들, 특히 중남미와 남아프리카에 관계된 결정을 내리는 미국 연방 정부의 권한에 대해서도 이의를 제기해 왔다.

나는 그때까지 기정사실로 당연히 받아들여져 왔던 것에 대해 의문을 제기한 가장 두드러지게 성공한 반란 운동을 대표하는 것이 반핵 운동이라고 생각한다. 아이젠하워 대통령이 1950년대 말에 '평화를 위한 핵' 기조를 내세운 이래 막대한 양의 공적·사적 자원과 계획이 원자력발전소를 짓는데 충당되었다. 반핵 운동은 원자력이라는 생각 자체가 나쁜 사회적 선택이라고 강력하게 주장하면서 기존의 핵시설이나 핵 건설이 예정된 부지의 점거를 조직적으로 수행하고, 어떤 때는 수만 명의 사람들이 모이기도 했다. 이처럼 반핵 운동은 대부분의 기성 관료들이 가지고 있었던 에너지관의 전체 틀 자체에 대해 의문을 제기했다. '공통점을 가진 사람들로 구성되어 상호 친밀감으로 유대를 이루는 친연성 집단'의 이론과 실천이 이런 항의 행동들을 통해 완성되었는데, 뒤를 이어 출현한 항의운동들은 그렇게 형성된 이론 및 실천을 규율 잡힌 민주적 의사결정의 모델로 삼게 되었다. 친연성 집단 조직 모델은 통일화의 원리와는 전혀 다른 증식 원리가 어떤 것인지를 잘 보여 준다. 친연성 집단들은 상당히 자주적이며, 각 집단의 공통 소속감을 이루는 원리들—정치적 입장, 젠더, 연령, 나이, 종교, 거주지와 같은 구성 원리—에 따라 구별되며, 많은 경우 독자적인 여러 친연성 집단들이 성공적으로 연합하여 공동 항의행동을 계획하고 실행하기도 했다.

1960년대 말부터 지역 정부의 의사결정 구조에 도전하는 도시 사회운동들이 미국 전역에서 생겨났다. 도시 사회운동들은 도시개발 계획에 시민들이 참여할 것을 요구했고, 더 많은 참여 구조를 목표로 하는 주민 조직이 많은 도시에서 형성되었다(Clavel, 1986). 개인적 소비를 강조하는 이익집단 다원주의가 사람들을 뿔뿔이 흩어지게 하는 것에 직접적으로 도전하는 몇몇 도시 운동들은 개인적 소비가 아니라 공동 소비를 좀 더 확충하기 위한 제도의 설립을 요구하기도 했다(Castells, 1983, 32장).

니카라과 반군Nicaraguan contras[10]의 지원 여부에 관한 의회 표결이 임박했던 어느 봄에 항의의 열기가 강해지자, 진 커크패트릭Jean Kirkpatrick[11]은 한 연설에서 대외정책은 시민이 아니라 반드시 전문가들에 의해 결정되어야만 한다는 말을 했다. 공권력의 의사결정 특권에 도전해 왔던 저항 운동들 중 대부분은 또한 전문가주의 이데올로기의 신비를 벗기고자 노력했다. 유해폐기물 처리장이나 핵발전소, 핵폐기물 처리장 건설에 대한 결정에 이의를 제기하는 공동체 집단들은 반대 캠페인을 하기 위해서 유해폐기물 처리, 지역의 지리, 법에 관한 상당한 전문 지식을 알아야만 한다. 이 과정에서 이들은 이 문제들이 보통의 시민들도 이해할 수 있는 문제들이고, 전문가들은 중립적인 경우가 매우 드물다는 점을 깨닫게 된다. 평화운동 활동가들은 핵전략 전문가들과의 공개 토론회에 토론자로 참여해 적어도 해당 문제들에 대해 전문 지식을 가진 듯이 보였고, 핵 억지 정책은 반드시 해야만 하는 것이 아니라 사회 구성원들의 선택의 문제임을 폭로했다. 무기 생산이 경제적으로 이익이라는 주장에 이의를 제기하고자 어떤 평화운동 활동가들은 난해하다고 통상 주장되는 경제체계의 복잡성에 대해 통달하기도 했다.

'평화와 중앙아메리카 연대' 운동에서는 민주적으로 운영되고 참

---

10 민주적 사회주의 지향의 좌파 니카라과 산디니스타 정부를 전복시키기 위하여 미국 레이건 정부의 재정 지원과 군사 지원을 받던 니카라과 우익 군사 조직들을 말한다.
11 1986년 3월 미국의 레이건 대통령은 니카라과 반군에 대한 지원 정책을 승인해 줄 것을 미 의회에 요청했고, 미 하원 의회는 3월 19일 승인 여부 표결을 앞두고 있었다. 진 커크패트릭(1926~2006)은 미국 정치학자이자 외교관으로서 레이건 행정부의 니카라과 반군 지원 정책을 강력하게 지지했다.

여적인 대안 기구들의 다른 유형이 생겨나서 국제외교의 공식적인 통로를 우회하는 동시에 도전하고 있다. 중앙아메리카에서 미국으로 온 난민에게 불법적인 피난처를 제공하는 운동이 미국 정부에 의해 엄격하게 처벌된 이유는 반미 극단주의 혁명 운동을 대변해서가 아니었다. 교회 다니는 보통의 품위 있는 시민들이 그 옳음과 정당성에 의문을 품는 정책들에 대해 무엇인가를 직접 해야만 할 책임감을 느끼고는 피난처 제공 운동에 광범위하게 참여했기 때문이다. 미국과 소련의 많은 시민들이 양국 시민들이 직접 교역을 하는 형식을 발전시키면서 미국과 소련의 적대를 해소시키고자 노력했는데, 그 과정에서 이들 시민은 자기네 정부의 정당성을 인정하지 않았다.

(2) 우리 시대의 반란 운동에는 정치화된 자율적 자조self-help 조직을 설립함으로써 복지 서비스의 공급과 필요의 충족을 탈식민화하려는 노력도 포함된다(Zola, 1987). 국가가 더 많은 서비스를 제공하고 정책들을 지원해야 한다고 요구하기보다, 이들 운동은 국가의 권한 외부에 있는 또는 그 주변부에 있는 복지 서비스를 제공하거나 정치적 목표를 실현하기 위해서 시민들의 더 많은 참여가 보장된 제도들을 발전시키기로 결정했다(Withorn, 1984). 복지 서비스 제공을 거둬들이고 돌봄 작용을 가족 및 민영 자선단체로 되돌리려고 미 연방 정부는 여러 모로 시도하고 있는데, 정치화된 이 자율적 자조 기관들이 이와 동일하게 취급되어서는 안 될 것이다. 이 반란적 기관들은 지역 정부를 민주적으로 통제하려고 애쓰는 한편, 그와 동시에 자신들의 활동 지원을 위해서 공적 자원을 이용할 수 있게 해달라고 요구하기도 한다.

여성 운동은 의료 서비스 기관, 강간 피해 응급 지원 기관, 폭력 피해 여성을 위한 쉼터를 설립하면서 위와 같은 활동의 선도자 역할을 해왔다. 여러 상이한 직업을 가진 사람들이 교대로 활동하면서 민주적으로 의사결정을 내리는 집합체가 이런 기구들의 전형적인 출발점이었다. 이들은 단지 고객의 필요를 만족시키려 하는 것이 아니라, 여성들이 자신들의 고통의 원천을 정치적으로 자각하게 하고, 나아가 무엇이 여성 자신들에게 필요한 것인지를 스스로 규정하고 충족시킬 수 있는 역량을 갖추게 노력한다. 위에서 언급한 이 서비스들이 필요하다는 점, 그리고 자율적인 그런 여성 단체 기구들이 그런 서비스 제공에 성공했다는 점이 1970년대 중반 들어 분명해지자, 이들 단체는 복지국가의 궤도에 합류하기 시작했다. 주 정부나 연방 정부의 재정 지원을 받기 위해서는, 많은 기구들이 공식적 이사회를 구성하고 공인된 자격을 가진 전문적인 인원들을 갖출 것을 요구받았다. 그 결과 일부 여성 서비스 단체들이 기성 관료조직의 일부가 되었으나, 대부분 여성 단체들은 상당한 자율성을 유지하기 위해 싸웠고, 대부분은 의사결정에 상당한 정도로 참여하는 자원 활동가들에 여전히 많은 부분 의존하고 있으며, 또 여전히 대부분 운동 단체들은 여성들이 이 단체들로 가져오는 필요들을 정치화하려는 페미니스트 운동으로 자기 정체성을 가지고 있다.

정치화된 자조 서비스를 제공하기 위한 목적의 유사한 대안 기구들이 흑인, 라틴 아메리카인, 아메리칸 인디언, 백인 노동계급 공동체들에서 급속히 자라났다. 이들 기구는 복지 서비스 제공을 정치적 선동 및 직접 행동—서비스 제공을 받는 사람들을 참여하게 만들면서—과 결합시키는 경우가 많다(Boyte, 1984; Boyte and Reissman, 1986 참조). 이들 기구는 억압 받는 사람들에게 재화와 서비스가 더 많이 분배되기를 바라면서도, 분배를 넘어서 사람들의 역량을 강화하고, 능력을 발전시키며, 새로운 제도들—자신들을 둘러싼 환경을 사람들이 공동으로 일정 정도 통제할 수 있도록 하는 여러 제도들—을 후원하는 것을 목표로 한다. 압도적으로 흑인이 많은 보스턴의 흑인 거주 지역들을 '만델라 시'로 명명하여 새로 만들려고 했으나 실패한 최근의 캠페인은 민주적인 자율 결정의 프로젝트가 어떻게 소규모 공동체들을 넘어서 널리 확장될 수 있는지를 잘 보여 준다.

세입자 조직들은 땅 주인과 콘도미니엄 및 재건축조합에 대한 세입자들의 권리를 알려주고, 재산 소유주와 세입자의 관계에서 세입자를 대표하기 위해 자주적으로 조직되었다. 그러나 주거비용 상승과 주택 부족, 그 결과 생겨난 무주택자 문제에 직면하여 주택 문제 전반에 대한 민주적 통제를 추구하는 반란 운동들이 생겨났다. 이들 운동 중 가장 극적인 것은 사람들이 버려진 건물들을 그냥 차지하고 살 만하게 개조하는 다양한 형태의 점거 운동squatters' movement이다. 많은 집단들이 합법적으로 건물을 취득하여, 그곳에 살기로 한 사람들의 참여 하에 싼 가격에 주거 건물을 개조하는 일이 많아졌다. 그렇게 하는 과정에서 이들 집단은 부동산 투기 목적의 재판매라는 문제에 직면했으나, 이 개조된 새 주택들을 가장 필요한 사람들이 이용할 수 있도록 협동조합과 토지신탁이라는 혁신적인 형태를 고안해 냈다(Dreier, 1987). 대부분의 이러한 주택조합 조직들은 때로는 복잡하기도 한 조직 형태로 민주적 의사결정 절차를 제도화하려고 시도했다(White, 1982).

(3) 많은 사회운동들은 문화의 정치화에 집중하고 있다. 광범위

한 개념 범주인 문화에 대해 여기서 엄밀하게 정의하지는 않겠다. 문화는 언어적 규범 및 실천, 상징적 규범 및 실천, 정서적 규범 및 실천, 체화된 규범 및 실천의 관점에서 파악된 사회적 삶의 모든 측면과 관련이 있다. 사람들이 성장하면서 체득하고 상호작용할 때 사용하게 되는 행동의 배경이자 매개체, 무의식적 습관, 욕구, 의미, 몸짓 등이 문화를 이룬다. 대개 문화는 그냥 거기 있는 것으로, 물론 변화하기는 하지만 인간의 의식적인 성찰 및 결정을 통해 만들어지는 경우는 거의 없는 전통 및 의미의 집합이다.

그렇다면 문화를 정치화한다는 것은 언어, 몸짓, 행동거지의 여러 형식들, 이미지, 상호작용의 관행 등을 기탄없이 성찰 대상으로 삼는다는 것을 의미한다. 문화 정치cultural politics는 일상적인 상징, 실천, 발언 방식들에 의문을 제기하면서, 그것들을 공적 토론의 주제로 만들어서 자연스러운 것이거나 바꿀 수 없는 것이 아니라 선택 및 결정의 문제임을 분명하게 한다. 문화의 정치화는 '자기 자신의 일을 할'―그것이 아무리 관행에서 벗어난 독특한 일이라고 할지라도―개인들의 권리를 고집하는 자유지상주의자와는 구별되어야만 한다. 문화의 정치는 종종 금지된 실천과 새로운 표현을 하는 것을 찬양한다. 특히 그런 실천과 표현이 억압 받는 집단들에서 나온 것이고 이들을 위한 것일 때는 말이다. 그러나 문화 정치의 핵심은 비판적 기능, 즉 실천, 습관, 태도, 행동거지, 이미지, 상징 등이 사회적 지배 및 집단 억압에 어떤 기여를 하는지를 묻는 기능에 있다.

역사적으로 보면, 복지국가는 사람들의 필요를 만족시킬 것인지 그리고 어떻게 만족시킬 것인지에 관하여 의식적으로 공적 토의를 하는 방향으로 일정 정도 진전을 보여 왔다. 따라서 복지국가는 사람들의 필요를 충족시키기 위한 보다 정치화된 접근 방식의 가능성—바로 이 정치화된 접근 방식이야말로 복지 자본주의 사회가 억압하는 것이다—이 탄생하는 데 일조했다. 이와 유사한 방식으로, 의미와 상징을 의도적으로 조작하고 소비자의 선택을 조건반사화시키려는 정부 관료조직 및 기업 관료조직이 일상생활의 많은 부분을 식민화시키는 것도 정치화된 문화의 조건을 형성하는 데 일조했다. 왜냐하면 일부 사람들이 문화의 일정 측면들을 의식적으로 숙고하고 논의하게 되면, 모든 사람들에게 문화적 선택에 참여하라고 요청하는 것이 그리 어려운 일이 아니기 때문이다.

1960년대 말과 1970년대 초 대항문화 운동counterculture movement은 몸과 몸치장을 투쟁의 장소로 만들었다. 즉, 히피들은 짧게 자른 남성의 머리와 수염이 없는 얼굴, 재단사가 재단한 각진 옷을 요구하는 '정숙한' 사회의 품위 규범에 도전했다. 그와는 다른 형식이지만 펑크 운동도 전문가 문화의 미학에 대해 그런 도전을 계속 이어갔다. 1960년대 말에는 음식 또한 정치화되었다. 즉, 수백만 사람들의 식생활을 엄청나게 바꾼 '자연식품' 운동이 음식에 대한 정치적인 질문—영양의 질, 식자재가 어떻게 생산되는지, 식자재 생산에 유해 가능성 있는 농약이 사용되는지, 식자재를 위해 도축이 인정될 수 있는지, 사람을 먹여 살리는 데가 아니라 곡식을 동물 사료로 쓸 만큼 이 '작은 행성'이 조달해 낼 수 있는지, 식자재가 어디서 오고 식자재 생산에서 누가 착취를 하는지에 대한 질문들—을 제기했던 것이다. 환경규제를 정부에 요구하고 환경에 피해를 주지 않는 생산 과정 도입을 기업에 요구하는 한편, 환경운동은 비닐 의존적이고 낭비적인 소비문화가 과연 적절한지에 대해서도 소비자에게 질문했다.

물론 현대의 페미니즘은 문화 운동 이상의 것이기는 하지만, 가장 지대한 결과를 가져올 문화 정치 운동을 대표한다고 봐도 좋을 것이다. "개인적인 것이 정치적인 것이다."는 페미니즘의 슬로건이 시사했던 바는 일상생활의 그 어떤 측면—언어, 농담, 광고 스타일, 데이트 관행, 복장, 양육 규범, 그리고 기타 일상적이고 사소하다고 여겨지는 수많은 행동거지의 요소들—도 성찰과 비판 가능성에서 면제될 수 없을 것이라는 점이었다. 어떠한 인칭대명사를 사용할지, 어떤 습관이 다른 사람들을 지나치게 방해하는 것인지 여부에 대해 성찰하고 숙고하는 것이 매우 성가신 일처럼 보였기 때문에, 일상적인 습관들을 철저하게 정치화하는 것에 대해 많은 사람들이 반발하기도 했다. 그런 반발에도 불구하고 페미니스트들은 그러한 성찰과 토론을 하도록 만드는 데 성공했고, 많은 사람들의 행동과 관행에 중대한 변화를 이루어냈다.

당연히 성적 경험과 성애적인 경험erotic experience이 페미니스트 문화 정치에서 주된 관심사가 되었다. 때때로 욕설이 오가면서도 페미니스트 토론은 어떤 성적 실천과 성적 환상이 여성에게 표현의 자유를 신장시키면서도 여성의 억압에 일조하지 않을 것인지에 관하여 근본적인 문제 제기를 했다. 게이 및 레즈비언 해방 운동은 '정상적인' 섹슈얼리티라는 관념에 저항하고, 사랑과 성행위와 성애적 환상erotic imagery에 관한 의사결정 권리를 쟁점으로 부각시키면서 성적 경험과 성애적인 경험을 더욱 정치화시켰다.

끝으로, 노인 운동, 장애인 운동, 그리고 타자로 정의됨으로써 문화적으로 억압 받는 사람들—특이한 존재들과 비정상인들—의 운동뿐만 아니라, 피억압 인종 소수자 및 민족 소수자 운동도 등장하게 되었다. 이 운동들은 타자로서의 정의定義를 받아들일 수 있게 만드는 고정관념과 규범에 정면으로 맞섬으로써 문화를 정치화했다. 문화제국주의를 경험한 많은 집단들은 동화와 통합이라는 용광로적인 이상을 거부하면서, 자신들만의 고유한 경험 및 문화의 긍정적인 성격을 조직했고 공개적으로 옹호했다. 제2차 세계대전 이후 서구 자본주의 사회에서의 소수민족 정치는 적어도 부분적으로는 복지국가 및 기업 관료조직에 의한 일상생활 세계 식민지화에 대한 반작용으로 이해될 수 있다. 통합의 감정을 키우기에는 국가가 지나치게 거대해지고, 비개인화하고, 모든 곳에 스며들게 되면서, 억압 받는 집단들은 국가 정책이 자신들에게 불리하게 작용하고 있다는 경험을 흔히 하게 된다(Rothschild, 1982, 19쪽). 다음 장에서 더 자세하게 다루게 되겠지만, 문화제국주의를 경험하는 집단들이 문화를 정치화한다는 것은 언론 매체가 만드는 이미지들, 발언, 행동거지의 양식, 사람들 상호작용의 동학動學이 특정 사람들을 특이하고 비정상적인 존재로 규정하는 억압에 어떻게 일조하는지를 탐구한다는 것이다.

복지 자본주의 사회에서는 국가가 대체로 비정치화되어 있기 때문에, 반란 운동들이 자율적인 공중을 가장 잘 창출해 내고 키워낼 수 있는 곳은 바로 시민사회의 공간에서이다(Keane, 1984, 225~256쪽; 1988, 4장). 반란 운동들은 당연한 것으로 여겨지던 기존의 제도와 관행을 바꿀 수 있는 것으로, 즉 선택에 따라 달리 형성할 수 있는 것으로 다루면서 사회적 삶을 재정치화한다. 이 운동들은 이들 기존 제도가 어떻게 조직되고 이들 관행이 어떻게 수행되는 것이 최선인지에 관한 토론을 활성화시킨다.

4장에서 살펴보겠지만, 정치적인 것을 공적인 것의 측면에서 규정하는 근대 공화주의 이론 작업은 사람들이 동시에 직접 대면하는 관계로 구성된 단일한 공적 공간을 가정하는 경향이 있다(Arendt, 1958; Barber, 1984). 미국 사회에서 공적인 삶이란 게 존재하더라도 이 기준을 충족하지 못한다는 점을 아는 것이 중요하다. 첫째, 반란 운동들에 의해 촉발된 공적인 토론은 어떤 단일 집단의 집회에서가 아니라, 다양한 관점들과 지향점들을 가진 여러 집단, 협회, 포럼으로 확산된 이질적 집단들의 집회에서 일어난다. 둘째, 단일한 공적 토론[동시 직접 대면 관계로 구성된 단일 공적 공간에서의 토론]이 인쇄물과 전자 매체에 의해 용이해졌더라도 수개월 또는 수년에 걸쳐서 일어날 수도 있고, 절대 서로 직접 만날 일이 없는 광활한 공간에 의해 뿔뿔이 흩어져 있는 사람들 사이에서도 이루어질 수도 있다. 따라서 어떤 토론을 공적인 것으로 만드는 것은 통일성도 아니고 거리 근접성도 아니며, 바로 누구나 그 토론에 자유롭게 참여할 수 있는 개방성openness이다.

재봉쇄 대 민주주의의 변증법

이미 내가 주장했듯이, 각 이익집단이 공적 자원의 몫을 둘러싸고 경쟁한다는 이익집단 다원주의의 맥락에서 공적 논의를 분배의 쟁점에 국한시킴으로써 복지 기업 사회는 공적인 삶을 비정치화시킨다. 1950년대와 1960년대 대부분의 시기에 걸쳐서 이 이익집단 구조는 많은 정책 결정을 비정치화시키는 데 성공했다. 저항하던 행위자들이 활동 중 자본주의적 복지 사회로부터 약간의 파이 조각을 얻거나 아니면 방향을 잃으면서, 저항과 비판은 상당히 손쉽게 자본주의적 복지 사회 체제의 톱니바퀴 속으로 휘말려 들어갔다. 헤르베르트 마르쿠제가 일차원적 사회라고 묘사했던 이 복지 자본주의 사회는 체제에 대한 그 어떠한 부정도 흡수하여 국가와 개인의 관계를 소비자 지향적인 수동적 관계로 바꾸는 데 대부분 성공한다.

그러나 1960년대 말, 흑인, 치카노, 푸에르토리코계의 도시 사회운동, 학생 운동과 청년 운동, 당시 막 등장하던 급진 페미니스트 운동이 기성 체제 자체를 의문시하면서 통상적인 사태의 경계를 넘어 폭발했다. 제도화된 이익집단 다원주의의 밖에 또는 그 주변부에 기반을 두었던 이 반란적인 사회운동들은 사회적 삶을 재정치화하려고 노력했다. 이들 운동은 이미 당연하게 여겨지던 많은 제도 및 실천이 사람들의 선택에 따라 달라질 수 있는 것으로 파악했다. 1960년대 말의 이 급진적 운동들은 분배의 쟁점에서 훨씬 더 나아가 모든 제도에서의 기성 권력 조직에 대해 근본적으로 도전했다. 위협을 받은 기성 체제는 때로는 매우 가혹하게 대응하기도 했지만(Lader, 1979), 대개는 급진적인 요구들과 그런 요구를 표출하는 행위자들을 다원주의 체제로 재통합하려고 시도하는 경우가 더 많았다.

아이라 카츠넬슨(Ira Katznelson, 1981, 7장)[12]은 바로 이것이 복지 자본주의 정치가 도시 흑인 해방 운동을 다루면서 성공한 방식이라고 본다. 도시 흑인 해방 운동은 다양한 쟁점들—교육, 주거, 일자리, 경찰의 행동—을 제도화된 인종차별주의 시스템과 연결하여 보기 시작했었다. 그러자 흑인이라는 정체성이 상이한 지역과 거주지를 가로질러 흑인 해방 운동들을 통일했다. 이러저러한 요소들이 결합해서 흑인 해방 운동이 1930년대 이래 미국에서 일어났던 그 어떤 운동보다 더욱 강력하고 근본적인 방식으로 복지 자본

---

12 아이라 카츠넬슨(1944~)은 미국 출신의 정치학자로서 컬럼비아 대학교 정치학 교수이다.

주의 도시 사회의 기본 구조에 대해 성찰하고 도전하는 것을 가능하게 만들었다. 이에 대해 연방 및 도시 정책결정자들은 흑인 운동 지도자들을 복지, 주거, 의료, 교육 서비스를 그들 자신이 거주하는 지역 내에서 분배하게 하는 일로 끌어들이는 프로그램으로써 대응했고, 그렇게 되자 지역과 거주지 경계를 넘어 공동으로 행동할 수 있던 흑인들의 정치의식과 역량은 다시 파편화되고 말았다(Elkin, 1987, 58쪽 참조).

복지 자본주의 사회의 정치는 제도적 구조에 대한 도전과 의사결정 구조의 변화에 대한 요구를 분배 해법의 방향으로 돌려놓는다. 제도상의 인종차별주의 및 성차별주의를 종식시키자는 여성 및 유색인종의 요구는 여과되어, 조금 더 많아진 전문직 일자리와 전문대학원[13]의 입학 인원을 이들 집단에게 할당해 달라는 미약한 노력으로 전환되었다. 주택 건설 및 주택 임대에 영향을 미치는 결정과 관련해서 구조적 변화가 있어야 한다는 요구는 정부의 주거 보조금의 문제로 축소된다. 기업들이 환경 문제와 관련해서 해당 지역공동체에 대해 책임을 져야 한다는 요구는 금전배상의 요구로 충족되고 말았다.

카츠넬슨의 이야기와 유사하게 마누엘 카스텔스Manuel Castells[14]는 1970년대 후반 샌프란시스코 미션 디스트릭트the Mission district[15]의 지역 운동에 관한 일화를 들려준다. 지역개발의 적합한 방향에 관한 정부 및 기업의 논리에 대해서, 개발의 방향을 기업 및 정부가 결정할 권리가 있다는 것에 대해서 도전했던 이 지역 운동은 잘 조직되

---

13 예를 들어, 법학전문대학원, 의학전문대학원, 경영전문대학원 등을 말한다.
14 마누엘 카스텔스(1942~)는 스페인 출신의 사회학자로서 정보사회, 정보의 세계화 분야에서 세계적으로 저명한 연구자이다.
15 샌프란시스코 지역의 유명한 문화예술 구역.

고 광범위한 지지를 얻으면서 시작했다. 그러나 결국에는 제도적 변화를 달성하지도 못하고 권력의 중추 요소들을 바꾸어 내지도 못했다. 그 운동이 성공적으로 이익집단 과정 내로 흡수되어 버렸기 때문이다(Castells, 1983, 13장). 이와 비슷한 방식으로 신민중주의New Populism로 불렸던 수많은 운동들이 인민의 권력, 지역 자치, 제도 변화의 원리들을 주창했지만, 결국 분배 중심의 이익집단 정치로 흡수되어 버렸다(Boggs, 1987, 4장; Gottdiener, 1985, 180~190쪽).

지난 20년 동안 미국과 서구에서는 반란과 재봉쇄recontainment가 주기적으로 반복되었다. 즉, 반란적 운동들이 이익집단적 분배의 틀을 깨고 나왔다가, 이들 운동의 일부 또는 전부가 다시 이익집단 체제 속으로 흡수되는 것이다. 경제적 침체와 긴축의 시기였던 1970년대와 1980년대에 복지국가의 모순이 더욱 가시화되면서 국가는 복지 예산을 삭감하지 않을 수 없게 된다. 복지국가 정책의 혜택을 공격으로부터 방어해야 할 상황에서는, 반란적 운동들이 소비할 파이의 몫을 둘러싸고 경쟁하는 이해관계 게임으로 흡수되지도 않고 또 경쟁 게임을 강화하지도 않기란 정말로 어렵다. 증가되는 재정위기와 경제위기에 국가가 처하게 되면, 정책결정자들은 분배의 공정성을 추구할 능력이나 의지가 줄어들게 된다. 이러한 사태는 다수의 생활 수준을 심각하게 저하시킬 뿐만 아니라, 공정한 배분의 조건에 관한 질문이나 통제 및 결정의 기본 구조에 관한 질문, 필요들과 서비스의 자주적 결정에 관하여 질문을 제기하도록 만든다.

현대 정치의 많은 부분이 민주화와 공동 의사결정과 풀뿌리 권한 강화empowerment를 추구하는 저항 운동과 이런 요구들을 분배의 틀 안으로 재흡수하려는 기성 제도 및 구조 간의 변증법으로 이루어진다는 게 내 생각이다. 저항과 재봉쇄의 이 과정은 내가 1장에서 분명하게 제시했던 두 종류의 정의관 간의 정치적 투쟁을 보여준다. 즉, 소비자 지향적인, 소유 지향적인 개인주의적 인간관을 상정하는 분배로서의 정의관justice as distribution 대 더 능동적인 인간관을 상정하는 역량 강화 및 권한 강화로서의 정의관justice as enablement and empowerment의 대결이다.

이 두 입장만이 선진 자본주의 사회에서 상당한 추종자를 얻는 규범적이고 정치적인 입장인 것은 아니지만, 가장 중요한 두 입장이기는 하다. 생각건대, 상호 대립되는 정치 세력들의 담론에 상이한 규범적 지향들이 반영된다고 하면, 이와 관련해서 정의의 철학자나 정의의 이론가가 무관심한 태도 또는 중립적인 태도를 취할 수는 없을 것이다. 많은 반란적 사회운동들이 사회적 지배 및 억압을 부정의라고 명명한다. 이들 운동은 묵시적으로, 때로는 명시적으로, 규범적인 정치적 판단을 사회적 혜택의 분배로 국한시키는 정의관을 불완전한 것으로 거부하고, 의사결정 구조 및 절차라는 근본적인 쟁점과 문화적 의미가 가지는 규범적 함의라는 근본적인 쟁점을 제기한다. 만약 정의 이론가들이 기존의 담론과는 아무 관련성이 없는 존재가 아니려면 또는 그저 기존의 담론을 보강하려는 것이 아니라면, 정의 이론가들은 반드시 이 두 가지 정의관 사이의 투쟁에 관여해야만 한다.

사회정의의 조건으로서 민주주의

앞에서 나는 정의를 다음과 같이 풀이했었다. 모든 사람이 사회적으로 인정받는 환경 속에서 만족감을 주는 기술들을 익히고 사용할 수 있게 되며, 의사결정에 참여할 수 있게 되고, 다른 사람들이 경청할 수 있는 맥락 속에서 사회적 삶에 관한 자신들의 느낌과 체험과 관점을 표현할 수 있게 되는 제도화된 조건이라고. 이런 정의관은 아래와 같은 방식으로 올바른 분배 결과의 범위를 분명하게 지정해 준다. 특히, 근대 산업사회에서의 정의는 모든 사람—이들이 사회적 생산물에 기여하는지 여부와 무관하게—의 기본적인 필요를 만족시켜야 한다는 사회적 가치지향을 요구한다는 식으로 말이다(Sterba, 1980, 2장; Gutmann, 1980, 5장: Walzer, 1983, 3장 참조). 즉, 음식, 주거, 의료 등과 같은 기본적 필요의 주요 부분이 결핍되면, 사람들은 만족감을 주는 노동의 삶, 사회적 참여의 삶, 표현하는 삶을 추구할 수 없다는 것이다.

그러나 [내가 이해하는 정의관에서는] 기본적 필요의 충족 요건과 마찬가지의 동일한 비중으로 정의는 공적인 토론 및 민주적 의사결정과정에 참여할 것도 요구한다. 모든 사람은 여러 제도들—이 제도들은 사람들의 행동을 통해서 형성되고 유지되기도 하고, 사람들의 행동에 직접 영향을 미치기도 한다—에서 이루어지는 논의와 의사결정에 참여할 권리와 기회를 가져야만 한다는 것이다. 그런 민주주의 구조는 정부 기관 내의 의사결정뿐만 아니라, 공동적 삶의 모든 제도—가령 생산 및 서비스 기업, 대학, 자발적 단체 등과 같은—내에서의 의사결정까지도 규제해야만 한다. 따라서 민주주의는 사회정의의 요소이자 조건이다.

정의를 소극적으로 규정하여 지배구조의 제거라고 풀이한다면, 민주적 의사결정은 정의의 필수 요소가 된다. 민주주의는 자기 결정이라는 의미에서의 자유가 실현될 조건이다(Young, 1979; Cunningham, 1987, 4장 참조). 사회계약론적 정치 이론 전통은 민

주주의를 옹호하는 주된 논변을 이 자기 결정을 근거로 하여 제
시한다. 모든 사람이 동등한 도덕적 가치를 가진다고 하면, 그리
고 그 어떤 개인도 천성적으로 다른 이들보다 더 큰 이성 능력이
나 도덕 능력을 가지지 않는다고 하면, 사람들의 행동을 향도할 목
표 및 규칙은 사람들이 함께 모여 자율적으로 결정해야만 한다는
것이다. 이 민주주의 옹호 논변은 완전히 물밑으로 가라앉은 적이
결코 없었으며, 때가 되면 민중주의, 사회주의, 또는 생디칼리스트
syndicalist[16] 운동에서 다시 수면 위로 다시 등장하기도 한 반면, 주
류 근대 정치 이론은 사회계약의 관념을 권위주의 정치 형태를 정
당화하는 데 활용하기도 했다(Pateman, 1979). 권위주의적 계약 이
론에 의하면, 인민은 스스로 통치할 도덕적 권리를 가지는 한편, 불
편부당한 법으로 제약받기 때문에 공익을 위한 결정을 내릴 국가
공직자들에게 자신의 권위를 위임한다. 4장에서 나는 정치적 권위
를 정당화하는 데 활용되는 불편부당성의 이상은 불가능함을 논하
고, 따라서 오직 민주적 과정만이 정의와 일치한다는 점을 주장할
것이다.

지배를 최소화시킬 정의의 요소로서, 민주주의는 수단적 가치와
본래적 가치를 둘 다 갖는다. 수단적 가치의 측면에서 보면, 시민들
의 필요와 이해관계가 육성으로 표현되고 다른 이해관계들에 의해
지배당하지 않을 것을 보증할 최고의 방책은 참여의 과정이다. 몇몇
비판가들이 지적하는 것과는 달리, 이익집단 다원주의의 문제점은
사람들이 자신들의 이해관계 실현을 도모하는 데 있지 않다. 오히려

---

16 무국가주의적인 노동조합 지상주의를 신봉하는 사람.

이익집단 정치의 규범적 결함은 다음 두 가지 점에 있다. 첫째, 이익집단 정치가 조장하는 사사화된privatized 대표 형식 및 의사결정 형식에서는 이해관계를 표현할 때 정의에 호소할 필요가 전혀 없다는 점이다. 둘째, 자원과 조직과 권력의 불평등으로 인해 어떤 이해관계들은 지배하는 반면 나머지 이해관계들은 조금밖에 목소리를 내지 못하거나 전혀 목소리를 내지 못한다는 점이다.

많은 민주주의 이론가들이 논했듯이, 역량의 발전 및 행사에 중요한 수단이 된다는 점에서 민주적 참여는 이해관계를 보호하는 것 이상의 본래적 가치를 가진다. 참여민주주의 제도의 본래적 가치를 옹호하는 이런 논변은 루소와 존 스튜어트 밀의 전통에서 개진되었다(Pateman, 1979, 3장 참조). 사람들이 자신들의 행동이나 행동 조건에 영향을 미칠 공동 결정에 참여할 기회를 보유하고 행사하게 되면, 자신의 필요를 타인 것과의 관계 속에서 생각할 역량, 다른 사람들이 사회 제도와 어떤 관계에 있는지에 관심을 가질 역량, 추론을 하고 자기 생각을 분명하게 표현하고 남을 설득할 수 있는 역량 등이 길러진다. 또한 그런 민주적 참여를 통해서만 사람들은 사회 제도 및 사회적 과정과 적극적 관계를 맺는다는 감각, 즉 사회적 관계는 자연적인 것이 아니라 만들고 변화시키는 것이라는 감각을 획득할 수 있다. 시민성의 덕목을 함양하는 가장 좋은 방법은 시민성을 행사하는 것이다(Cunningham, 1987, 4장; Elkin, 1987, 150~170쪽; Gutmann, 1980, 7장; Barber, 1984).

또한 민주주의는 공중이 어떤 결정을 내렸을 때 그 내용 및 함의가 실질적으로 정의로운 결과—분배의 정의도 포함해서—를 가장 잘 증진할 수 있게 되는 조건이기도 하다. 이런 주장을 옹호하는 논변은 상당 부분 하버마스의 의사소통 윤리학에 의존한다. 하버마스에 따르면, 초월적인 규범적 진리에 접근할 수 있는 철학자 왕이 없는 상황에서 어떤 정책이나 결정이 정의롭다고 주장할 유일한 근거는 모든 사람의 필요 및 관점이 진정으로 자유롭게 표현된 공중에 의해 내려졌다는 점이다. 정보를 거의 접하지도 못하고 상호 의사소통도 거의 하지 않는 폭군화된 공중, 국가 당국에 의해 조종되는 공중, 언론 매체에 조작된 공중은 이 필수 요건을 충족하지 못한다. 공정한 자원 분배, 정의로운 협동 규칙, 최고로 정의로운 사회적 지위의 규정 및 노동 분업에 가장 잘 도달할 수 있다고 예상되는 방법은 숙의deliberation—내려질 결정에 영향을 받을 관련 당사자 모두의 참여를 포함하는 것이라면—를 통해서이다. 이상적으로 말하자면, 이런 식으로 숙의에 참여할 때 숙의 참여자들이 자신들의 제안을 정의에 호소하는 언어로 표현할 경우에만 설득력을 가질 수 있을 것이다. 왜냐하면 다른 참여자들이 자신들의 이해관계가 위험에 처한다고 생각할 경우 제안 당사자들에게 설명을 요구할 것이기 때문이다. 숙의에 참여할 때 사람들은 결정에 관련성을 가지는 정보들을 제시할 개연성이 가장 높다. 그렇다면 정의의 기준들이 의사결정과정에 도입될 가능성이 가장 높은 것이 민주적 의사결정이기 때문에, 또한 정책에 대한 추론에 기여할 사회적 지식 및 관점들이 최대화되는 것도 민주적 의사결정을 통해서이기 때문에, 민주적 의사결정은 정의로운 결과를 증진시키는 경향이 있다.

어떤 이론가들은 과연 민주적 절차가 실제로 정의로운 결과를 낳는지 의심스러워하기 때문에 참여민주주의의 정의로움에 대해 회의론을 펼친다. 집단들이 상충하는 이해관계를 가지며 또한 수 및 특권 측면에서 차이가 날 때, 관련 당사자 모두를 사회적 결정에 참여케 하는 것은 심각한 부정의를 낳을 수 있다는 것이다. 에이미 거트먼(Amy Gutmann, 1980, 191~197쪽)[17]은 그런 예로 학교에 대한 공동체의 통제를 든다. 통합된 교육 시스템 아래에서 평등 대우를 주장하는 흑인들의 정의 요구에 대항해서 물질적으로 더 특권적 위치에 있고 더 정교한 주장을 펼치는 백인들은 자신들에게 이익이 된다고 여겨지는 것을 실현시킬 수 있는 역량을 가졌기 때문에, 민주주의 증대는 많은 도시에서 인종/종교에 따른 학교 분리로 이어졌다는 것이다. 이 '민주주의의 역설paradox of democracy'을 이유로 해서 거트먼은 분배 공정성이야말로 민주적 참여 제도의 필요조건이라고 논하며, 민주적 과정은 평등한 자유 원리와 대략적인 분배 평등 원리에 의해 제한되어야만 한다고 주장한다.

의사결정에 풀뿌리 시민들이 참여하게 되면 정의롭지 못하고 억압적인 결과로 이어질 수 있는 유사한 예들을 많이 언급할 수 있다. 미국에서의 조세 저항은 주민소환투표를 통해 이루어지는 경우가 많았고, 그 결과로 나타난 재정수입의 감소는 착취 및 주변화의 증가에 일조하기도 했다. 또 다른 예를 든다면, 오늘날 미국의 많은 도시와 지역에서 게이 권리 보호 법안을 직접 투표에 붙인다면 그 법안은 통과되지 못할 것이다. 또한, 지난 50년간 미국에서는 지배 및 억압을 약화시킬 정책들이 입법보다는 행정명령 및 법원 판결에 의해 시행되는 경우가 많았으며, 주 정부나 지방자치단체 차원보다는 연방 차원에서 더 많이 시행되는 경우가 많았다는 증거들이 제시될

---

17 에이미 거트먼(1949~)은 미국 출신의 평등 지향적 민주주의 정치철학자로서 시민사회 교육, 숙의민주주의, 다문화주의와 집단 정체성 등에 관한 뛰어난 저서들을 집필했다. 1976년에서 2004년까지 프린스턴 대학교 교수로 재직했고, 현재는 펜실베이니아 대학교 총장이다. 대표적인 저서로 『Democratic Education』 (1987), 『Democracy and Disagreement』(1996), 『Identity in Democracy』(2003) 등이 있다.

수도 있을 것이다. 일정 정도까지는 사회정의가 저항하는 사람들에게 외부에서 부과되어 왔다는 것이다.

민주적 의사결정과정이 정의를 증진한다는 주장에 대한 이런 반론은 마땅히 진지하게 고려되어야 한다. 이 반론에 대한 나의 첫 번째 중요한 대응은 민주주의는 실제로 언제나 입헌적이어야 한다는 것이다. 게임 규칙은 다수결의 그때그때 변덕에 따라 변경되어서는 안 되며, 숙의 및 그 결과에 대해 부과되는 제약 사항으로서 설정되어야 하며, 쉽게 변경될 수 없게 보호되어야 한다. 그런 게임 규칙은 민주적으로 내려진 결정이라도 침해할 수 없는 기본권들—시민적 권리 및 정치적 권리와 경제적 권리를 포함하는 기본권—을 분명히 명기해야 한다(Green, 1985, 10장 참조).

둘째, 민주적 의사결정과정이 정의를 증진한다는 주장에 대한 반론은 민주주의 및 참여를 지방 정부의 통제와 동일시하는 경향이 있다. 그러나 이런 등식은 불필요하며, 많은 경우 위 반론을 펼치는 사람들이 제기하는 바로 그 이유 때문에 바람직하지도 않다. 가령 자원이 지역 간에 불평등하게 분배되어 있을 경우, 자원 이용에 관한 지역의 자치적 통제를 허용하는 것은 정의보다는 착취를 낳을 개연성이 있다. 8장에서 나는 민주화를 지방분권화 및 지역 자치와 동일시하는 흔하면서도 너무 단순한 등식에 반대하는 주장을 펼칠 것이다.

셋째, 위의 반론은 법을 만들고 국가 정책을 수립하는 제도들에서만 민주적 과정은 진행되며, 사기업이나 국가 정책을 집행하는 관료제도와 같은 제도들은 민주적이지 않은 채로 있다고 가정한다. 거트먼의 예에서 보이듯이, 참여민주주의가 강자의 의사에 유리하게 작동되게끔 만드는 불평등의 영향력은 이 후자의 제도들에서 파생된 권위 및 권력에 그 기원이 있는 경우가 많다. 입헌민주주의가 공공정책 결정에 해당되는 제도들뿐만 아니라 모든 제도 형식을 재구조화한다면, 사람들이 그 어떤 포럼에서건 자신들의 목소리를 표현할 때 무력한 상태에 있게 될 개연성은 훨씬 적어질 것이다. 어느 한 제도에서의 민주주의는 다른 제도들에서의 민주주의를 강화한다.

부의 광범위한 재분배, 그리고 자본 및 자원에 대한 통제의 재구조화는 민주주의와 정의를 연결하는 데 필수 요소이다. 그러나 거트먼처럼 참여 과정의 제도화는 분배 정의가 성취되고 난 후의 일이라고 생각하는 것은 앞에서 설명한 민주화를 유토피아적 미래로 무한정 연기하는 것일 뿐만 아니라, 분배 정의의 달성도 마찬가지로 실현될 수 없게 만드는 것이다. 반면, 지배관계를 약화시켜서 사람들이 자신들에게 영향을 미칠 결정에 관한 논의에 참여하고, 결정을 내리는 데 참여할 제도적 기회를 더 많이 가지게 된다면, 이것이야말로 분배 공정성을 더 많이 실현할 조건이다. 현대 복지 자본주의 사회에서 분배 가능성들의 범위는 상당한 정도로 이미 고정되어 있다. 따라서 분배의 결정을 위해 미리 정해진 구조 및 절차에 도전하는 것만이 공정한 참여에 필수적인 물질적 평등을 촉진할 수 있다. 환언하면, 경제적 영역에서의 평등화와 의사결정 민주화는 서로서로를 촉진하므로, 사회정의를 증진하기 위해서는 이 둘은 반드시 함께 이루어져야만 한다.

끝으로, 거트먼이 제기한 반론은 모든 시민은 시민으로서 똑같다는 통일된 공중을 상정한다. 거트먼의 예에서는, 형식적으로 평등한 절차는 더 많은 수 및 자원을 가진 집단이 나머지 집단들을 지배하도록 한다. 그런데 수 및 자원상의 차이가 아닌 다른 측면에서의 차이들이 계속 존재하면서 바로 이 차이들로 인해 어느 한 집단에 고정관념이 부과되고, 그 집단이 침묵당하거나 주변화된다면, 또는 집단 간의 경험 차이 및 활동 차이가 이해관계의 충돌로 감지되는 것을 낳는다면, 설령 경제적 평등이 실현된다고 하더라도 이 '민주주의의 역설'이 반드시 제거되는 것은 아니다. 억압 받는 집단들이 자신들의 이해관계와 경험을 다른 집단들과 동등한 위치에서 공적으로 당당히 표현할 수 있을 때만이, 형식적으로 평등한 참여 과정을 통해 벌어지는 집단 간의 지배를 피할 수 있다. 다음의 세 장은 차이를 가지는 집단들이 참여하는 공중a group-differentiated participatory public을 옹호하는 논변을 확대시켜 전개할 것이다.

4장

불편부당성의 이상과
시민 공중[1]

1 the civic public에서 civic이라는 표현은 공적 일에 관심이 많고 참여하며, 정치공
  동체의 구성원이라는 자각 하에 사익 추구를 자제하고 공적 덕목을 갖춘 시민을 뜻
  한다. 그래서 '시민'보다 '공민(公民)'으로 번역하는 편이 좋겠으나 공민은 일본 군국주
  의 시대의 용어라는 점에서 채택하기 꺼려졌다. 'the public'은 공적 사안에 관하여 관
  심을 가지고 발언하고 참여하여 영향을 미치는 시민 집합이다. 그래서 공중(公衆)으로
  번역했고, 합쳐서 시민으로 이루어진 공중이라는 의미에서 '시민 공중'으로 번역한다.
  어색한 점이 있지만 역자들의 고민을 이해해 주기를 부탁드린다.

"책상이 있고, 그 뒤로는 두 명의 소송 당사자들과 거리를 두고 있는 '제 3자', 즉 판사들이 있다. 판사들의 이 위치가 보여 주는 것은 우선 이들이 각 소송 당사자로부터 중립적이라는 점이다. 둘째, 판결은 미리 정해져서 내려지는 것이 아님을, 사실이 무엇인지에 관한 일정한 관념과 정의로운 것과 부정의한 것이 무엇인지에 관한 일정한 관념들에 입각하여 양 당사자의 주장들을 직접 들은 후에 판결이 내려진다는 점을 보여 준다. 셋째, 판사들은 판결을 집행할 수 있는 권한이 있음을 보여 준다. ……양 당사자와의 관계에서 중립적인 사람이 있을 수 있고, 이들 중립적 제3자가 절대적 효력을 갖는 정의의 이념에 입각하여 양 당사자에 대한 판단을 내릴 수 있으며, 그 판결은 준수되어야 한다는 바로 이 관념은 민중의 정의 관념과는 완전히 동떨어진 것이며 너무도 낯선 것이라고 나는 생각한다."

— 미셸 푸코Michel Foucault

페미니즘에 고무되어 형성된 도덕 이론들은 정의와 권리의 담론으로 특징지어지는 도덕적 추론의 패러다임에 의문을 제기해 왔다. 정의와 권리 담론 패러다임에서는 도덕적 추론의 핵심은 상황에 대해 불편부당하고 비개인적 관점, 즉 현안과 관련해서 그 어떤 특정한 이해관계도 가지지 않으며, 모든 이해관계를 똑같이 형량하고, 정의와 권리의 일반 원리에 부합하는 결론에 도달한 후, 그 결론을 개별 사안에 공평무사하게 적용한다는 관점을 채택하는 데 있다는 것이다. 전통적인 도덕 이론을 비판하는 페미니즘 이론가들은 이 패러다임은 도덕적 추론 일반을 기술해 낸다기보다는 법, 관료제, 경제적 경쟁의 규제라는 비개인적인 공적 맥락에서 요구되는 특수한 도덕적 추론을 기술할 뿐이라고 주장한다. 이 '권리의 윤리ethic of rights'는 가족 및 개인적 삶에 전형적인 사회관계에는 그다지 잘 들어맞지 않는다는 것이다. 이러한 사회관계에서는 필요한 도덕적 태도는 상황 내의 구체적 당사자들의 처지로부터 절연되는 것이 아니라 당사자들의 처지에 적극적으로 관여하고 공감을 가지는 것이다. 그래서 모든 사람에게 똑같이 적용될 원리들을 도출하는 작업보다는 사회적 맥락을 가지는 구체적 관계들과 그 사회적 맥락 속에서 구체적인 사람들이 가지고 표출하는 요구를 섬세하게 이해하는 작업이 필요하다고 비판론자들은 주장한다. 따라서 철학자들은 일반 원리를 공평무사하게 적용하는 것으로 도덕적 추론을 파악하는 패러다임이 도덕적 삶의 특정 영역에만 통용될 뿐이라는 점을 인정하고, 그러한 제한된 도덕적 추론이 무시해 온 사적이고 개인적이며 비공식적 맥락에 적합한 도덕 이론들을 개발해야만 한다고 주장한다(Gilligan, 1982; Blum, 1980; 1988; Friedman, 1986; Noddings, 1984).

그런데 최근 일부 페미니스트 이론가들은 정의와 배려(care, 돌봄)를 대립시키는 이런 입장에 의문을 제기하기 시작했다(Friedman, 1987; Okin, 1989). 이 장에서 나는 이 견해를 발전시키고자 한다. 전통적 도덕 이론을 비판해 온 페미니즘 이론들은 공/사 구분, 즉 불편부당성 및 형식적 이성의 이상이 적용되는 공적, 비개인적, 제도적 역할과 그와는 다른 도덕적 구조를 가지는 사적이고 개인적인 관계를 구분하는 이분법을 그대로 유지하고 있다. 권리의 윤리를 비판하는 이 페미니즘 이론들은 [적절한 이론이 되려면] 이 공/사 이분법을 유지하려 하기보다는 불편부당성이라는 이상 자체가 과연 구체적인 도덕적 맥락에 적합한 이상인지를 묻는 근본적인 비판으로 나아가 야만 할 것이다.

나는 도덕 이론에서 불편부당성의 이상은 모든 차이를 통일성으로 환원코자 하는 동일성의 논리를 표현한다고 논할 것이다. 구체적 처지의 사람들에게 거리를 두고 냉정을 유지하는 태도가 불편부당성을 낳는다고 여겨지지만, 그러한 태도는 상황, 감정, 소속감, 관점의 개별특수성을 추려내서 버릴 때에만 얻을 수 있다. [불편부당성의 이상이 문제 있는 이상이라는 점은 이하의 세 가지 측면에서 나타난다.] 첫째, 현실의 행위 맥락에서는 감정과 소속감과 관점의 개별특수성이 여전히 작동한다. 따라서 불편부당성의 이상은 보편적인 것과 구체적인 것, 공적인 것과 사적인 것, 이성과 감정을 분리시키는 이분법을 만들어 낸다. 둘째, 맥락과 소속감의 개별특수성은 도덕적 추론에서 제거될 수도 없고 그래서는 안 되기 때문에 불편부당성의 이상은 실현 불가능한 이상이다. 마지막으로, 불편부당성의 이상은 이데올로기적 기능을 수행한다. 불편부당성의 이상은 지배 집단의 개별특수적인 관점들이 보편성을 주장하는 방식을 은폐하고, 의사결정 구조의 계급적 질서를 정당화하는 데 기여한다.

차이, 개별특수성, 몸을 가족과 시민사회라는 사적 영역에 남겨 두고 떠날 때 정치라는 공적 영역은 일반 의지의 보편성을 획득한다고 파악하는 계몽주의 이상은 불편부당한 도덕적 이성이라는 이상과 서로 부응한다. 공화주의 사상을 부활시키려는 최근의 시도들은 공동선의 추구를 위해서 이해관계와 소속감의 개별특수성을 초월한다는 시민 공중civic public의 이상에 호소한다. 3장에서 나는 이익 집단 다원주의가 상정하는 비정치화된 공적 삶을 비판하는 점에서는 이 신공화주의 사상을 따랐고, 정치는 숙의와 공동 의사결정으로 이루어진 공론장과 연계되어야 한다는 신공화주의 이론가들에 동의한 바 있다. 그러나 이 장에서는 시민 공중에 관한 근대적 이상은 적합하지 않다는 점을 논증할 것이다. 보편적인 시민성으로 구성된 전통적인 공적 영역은 육체 및 감정과 결부되어 생각되는 사람들—특히 여성, 흑인, 아메리칸 인디언, 유태인—을 배제하도록 작동되어 왔다. 현대 참여민주주의 이론가 중 많은 이들이 개별특수성과 차이를 탈피한 시민들로 이루어진 시민 공중이라는 이상을 여전히 간직하고 있다. 그와 같은 보편주의적 이상은 항상 일부 사람들을 배제할 위험이 있기 때문에, '공적public'이라는 용어의 의미는 집단 간 차이, 감정, 놀이의 긍정적 측면을 보여 주는 방향으로 전환되어야만 할 것이다.

동일성의 논리에 대한 포스트모던주의의 비판

차이를 부정하고 억압하는 서구 철학과 이론에 존재하는 모종의 논리를 찾아낸 여러 저자들이 이를 폭로하고 해체하고자 시도하고 있다. 흔히 '포스트모던'으로 지칭되는 이 사상가들에는 테오도르 아도르노(1973), 자크 데리다(1977), 뤼스 이리가레이(1985)가 포함된다. 나는 아도르노를 따라 앞에서 언급한 그 논리를 동일성의 논리logic of identity로 부르겠다. 설명의 한 방편으로 나는 존재의 형이상학에 대해 데리다가 비판한 방식으로 동일성의 논리를 비판할 것이다.

사태들을 함께 묶어서 사유하고, 사태들을 통일성으로 환원코자 하는 강렬한 열망으로 이성의 의미와 작동을 구성하는 것이 동일성의 논리가 표현하는 바이다. [동일성의 논리에 입각해서 보면] 합리적으로 설명한다는 것은 설명 대상인 현상들을 모두 아우르는 보편적인 것, 유일한 원리, 유일한 법칙을 발견한다는 것이다. 이성은 본질, 즉 해당 범주에 속하는 모든 것들에 공통적인 것, 그래서 구체적인 개별특수자들을 어떤 범주에 속하는 것으로 또는 속하지 않는 것으로 분류하는 단일 공식을 찾는다. 동일성의 논리는 과정이나 관계보다는 고정된 실체substance에 비추어서 대상들entities을 개념화하는 경향이 있는데, 이때 실체란 변화 속에서도 여전히 변하지 않고 자기 동일성을 유지하는 것, 그래서 식별할 수 있고 양적으로 셀 수 있으며 측정할 수 있는 것을 말한다.

어떤 개념화 작업conceptualization이든지 경험된 여러 인상들과 유동적인 것들을 통일시키고 비교하는 질서 체계를 확립하기 마련이다. 그러나 동일성의 논리는 구체적인 경험 대상들을 질서 지우고 비교하는 시도를 넘어 그 이상으로 나아가서 모든 요소들을 아우르는 총체성 체계totalizing system를 구축한다. 이 총체성 체계 속에서는 개별특수적인 것들을 통일시키는 범주들 그 자체가 다시 상위의 원리들 아래에서 통일된다. 총체성 체계가 목표로 하는 이상은 모든 것을 하나의 제1원리로 환원시키는 것이다.

동일성의 논리는 차이를 부정하거나 억압한다. 내가 이해하기로는, 차이란 구체적 사건들이 펼쳐져 가는 것임과 동시에 끊임없이 자리를 옮겨 가면서 분화하는 것shifting differentiation—이동되는 이 분화 과정이 의미의 기반이다—, 이 양자를 함께 일컫는 용어이다. 그런 총체적 이해로는 포착해 낼 수 없는 다종다양한 세계에 이성, 담론은 언제나 이미 투입되어 있다. 그 존재와 속성이 식별될 수 있는 것이라면 무엇이든지 언제나 자신과는 다른 어떤 것을 전제한다. 이때 전자는 후자의 배경으로 서 있으며, 후자와는 구별된다. 어떤 발언이든지 항상 다른 발언과 차이를 가지는 것으로 나타나야만 비로소 의미를 가질 수 있다. 서로 다른 것으로 이해되는 대상들, 사건들, 의미들은 서로 동일한 것도 아니지만 또 상호 대립적인 것도 아니다. 어떤 점에서는 그것들이 서로 유사할 수도 있다. 그러나 그 유사성은 결코 같음은 아니다. 유사한 점들은 오로지 차이를 통해서만 알 수 있을 뿐이다. 그런데 차이는 절대적 타자의 속성absolute otherness을 가지지 않는다. 즉, 비교 대상들 간에 그 어떤 관계도 존재하지 않는다는 점에서 상호 연관성이 완벽하게 부존재한 상태나, 또는 공유하는 속성이 하나도 존재하지 않는다는 점에서 공유되는 속성들이 완벽하게 부존재한 상태complete absence of relationship or shared attributes를 의미하는 절대적 타자의 속성을 가지지는 않는다는 것이다.

모호하다는 이유로 동일성의 논리는 경험의 감각 개별성을 대면하지 않고 회피한 후, 확실한 범주들을 창출하려고 애쓴다. 감각적으로 다종다양해서 하나로 묶기 어려운 감각 집합체를 동일성의 논리로써 하나의 개념으로 통째로 짜 넣는 방식으로 사유는 그 대상을 지배하려고 한다. 그럼으로써 사유는 대상과 주체 간의 차이를 부정하고, 사유된 대상과 사유하는 주체의 합일—사유가 실재를 이해했을 것이라는 점에서의 합일—을 추구하는 것이다. 동일성의 논리를 통해서 사유는 모든 것을 자신의 통제 아래 두고자 하고, 확실하지 않은 것과 예측할 수 없는 것을 제거하고자 하며, 우리가 감각을 통해 이 세계에 몸 담그고 있다는 육체적 사실—사유하는 주체가 도저히 이해할 수 없는 사실이다—을 정신화시키려고 한다. 즉, 사유는 타자라는 상태를 제거하고자 한다.

사유 그 자체, 즉 사유하는 주체는 결국 통일성unity으로 환원될 수밖에 없다. 따라서 감각적인 개별특수자들의 다종다양성을 사유 그 자체의 통일성으로 환원시키고자 하는 기획은 무자비한 동일성의 논리에 어쩔 수 없이 굴복하게 된다. 사유하는 주체는 그 스스로가 자신의 발생 기원이다. 그 자신 외의 어떤 것으로부터 나오지 않는다는 점에서 사유하는 주체는 순수한 선험적인 기원으로 파악된다.[2] 즉, 사유하는 주체는 스스로를 낳는 자율적인 존재라는 것이다. 사유하는 주체가 현실을 재현할 때 그것이 어떤 불명료함도 없이 명백한 참일 것이라고 보장되는 까닭은 사유하는 주체 스스로가 바로 자신의 순수한 발생 기원이라는 점 때문이다. 또한 동일성의 논리는 개별적이고 특수한 주체들의 다양성, 그 주체들의 육체적 체험과 지각적 체험의 다양성을 불변하는 보편적 이성의 기준을 잣대로 삼아 측정함으로써 하나의 통일성으로 환원시키고자 한다.

동일성의 논리는 차이를 가지는 유사성을 똑같음으로 환원시키려고 하는데, 그런 과정에서 단지 다를 뿐인 것이 절대적인 타자로 전환되어 버린다는 점이 동일성의 논리의 아이러니이다. 동일성의 논리는 불가피하게 통일성 대신 이분법을 낳게 된다. 개별특수적인 것들을 보편적인 범주에 집어넣는 과정은 안과 밖의 구분을 만들어 내기 때문이다. 각각의 개별특수한 대상이나 상황은 다른 개별특수한 대상들이나 상황들과 비슷한 점도 있고 동시에 상이한 점도 있다. 그리고 그것들은 서로 완전히 동일하지도 않고 절대적으로 타자도 아니다. 그러므로 그런 대상들이나 상황들을 하나의 범주나 원

---

2 "나는 생각한다, 그러므로 나는 존재한다."는 데카르트적 주체, 즉 코기토(cogito) 주체에 대한 비판이다. 생각하는 주체가 아니라 감각을 지닌 주체, 관능적으로 세계를 느끼고 체험하고 살아가는 육체적 존재를 영은 데카르트적 주체에 대비시키고 있다.

리로 통일시키려는 욕구는 반드시 대상들이나 상황들의 속성 중 일부를 배제할 수밖에 없게 된다. 그렇게 총체화하려는 움직임은 언제나 모종의 잔여물을 남기기 마련이므로, 개별적이고 특수한 것들을 통일성으로 환원시키려는 기획은 실패하지 않을 수 없다. 그런데 동일성의 논리는 차이와 대면해서 패배를 기꺼이 인정하려 하지 않기 때문에 차이를 우열 관계가 있는 이분법적인 대립 관계로 억지로 밀어붙인다. 즉, 본질/우연, 좋음/나쁨, 정상/비정상으로 말이다.

잠재적으로는 많은 측면에서 일정 정도 유사성을 가지는 사물들이 관계 맺어져 있는 상태가 차이인데, 동일성의 논리에서는 차이가 'a'/'비非a'라는 이진법적 대립으로 경직화된다. 긍정적 범주[……임을 나타내는 범주]의 통일성을 모든 경우에 실현하려면, 우연적인 것으로 이루어진 무질서 영역을 추방시키고 이 영역을 전혀 해명하지 않음으로써만 가능하다. 서구 사상사에서 이 동일성의 논리는 수많은 상호 배제적 대립물들을 만들어 냈다. 서구 철학 전체의 틀을 형성하는 그 대립물들의 대표적인 예는 주체/객체, 정신/몸, 자연/문화이다. 서구의 담론에서 이 이분법들은 '좋음/나쁨', '순수한/순수하지 않은'이라는 이분법에 의해 틀 지어져 있다. 이 이분법의 첫 번째 항은 두 번째 항보다 더 낮게 설정된다. 앞엣것은 통일된 것, 자기동일적인 것the self-identical을 지칭하는 반면에, 정해진 경계를 넘어서면서 좋음의 통일성을 깨뜨릴 위험성을 항상 가지는 뒤엣것은 혼돈스럽고, 미숙하고, 고정되지 않고 끊임없이 변하는 것으로 통일성의 외부에 놓여 있기 때문이다.

차이를 부정하는 불편부당성의 이상

근대 윤리학은 도덕적 이성의 핵심적 특징은 불편부당성 impartiality이라고 설정한다. 그리고 모든 합리적 행위 주체에게 똑같은 보편적인 관점을 각 행위 주체가 채택할 때에만 이기주의를 피하고 객관성을 확보할 수 있다고 본다(Darwall, 1983, 1장 참조). 불편부당성의 이상ideal of impartiality은 보편적이고 객관적인 '도덕적 관점'을 이렇게 추구하면서 나온 결과물이다. 그리고 동일성의 논리는 불편부당성 이성관의 표현이다.

도덕 이론가나 합리적 행위 주체는 어떻게 도덕적 관점에 도달할까? 도덕적 이성의 성찰 대상인 상황의 개별특수성들을 남김없이 사상하는 방식을 통해서이다. 불편부당하게 추론하는 자는 상황의 개별특수성에 거리를 두고 그에 관심을 가지지 않는다. 즉, 이성은 도덕적 추론이 일어나는 상황의 구성 요소인 개별적이고 특수한 경험들과 역사들을 사상시켜 버린다. 불편부당한 추론을 수행하는 자는 또한 냉정하다. 즉, 그 자신(남성일 수도 있고 여성일 수도 있다)이나 타인이 상황에 대해 가지게 되는 감정, 욕구, 이해관계, 가치지향 및 다짐을 사상시켜 버린다. 끝으로, 불편부당한 추론을 수행하는 자는 보편적인 추론을 수행한다. 즉, 도덕적 관점은 소속감의 당파성, 즉 사회적 관점이나 집단적 관점이 가지는 당파성partiality—이 당파성을 통해 구체적 주체들이 형성된다—을 사상시켜 버린다(Darwall, 1983, 133~143쪽 참조).

불편부당한 이성의 목표는 구체적인 행위 상황의 외부에서 판단하는 도덕적 관점을 취하는 것이다. 구체적인 주체들이나 주체 집합의 관점과 속성과 성격과 이해관계가 사상된 관점, 속성, 성격, 이해관계를 전달하는 초월적 '관점', 즉 '아무 데도 아닌 곳에서 바라보는 관점a transcendental 'view from nowhere''이 그러한 도덕적 관점이다. 이렇게 불편부당한 초월적 주체라는 이상은 다음의 세 가지 방식으로 차이를 부정하거나 억압한다. 첫째, 그 이상은 상황의 개별특수성을 부정한다. 개별특수성이 남김없이 제거된 채 도덕적 추론을 수행하는 이 초월적 주체는 똑같은 도덕적 규칙들에 따라 모든 상황을 취급하므로, 도덕적 규칙들이 하나의 단일 규칙이나 원리로 환원될 수 있으면 될수록, 그만큼 더 그 불편부당성과 보편성은 보장될 것이다. 처한 상황이 어떠하든 상관없이, 어떤 주체라도 모든 도덕적 상황에 똑같은 방식으로 적용되는 보편적 원리에 입각하여 이 보편적 관점에서 추론할 수 있게 된다.

둘째, 감정 배제라는 요건에서 불편부당성은 감정 형식에 존재하는 다종다양성을 다스리거나 제거하려고 한다. 욕구나 감정을 이성에서 추방함으로써만 불편부당성은 통일성을 실현할 수 있다. 상황 내에 위치한 사람의 구체적 개별특수성을 사상시킬 때 불편부당한 관점에 도달할 수 있다. 이를 위해서 육체적 존재의 개별특수성, 그리고 육체적 존재로서 가지는 필요들과 성향들의 개별특수성을 사상시켜야 하며, 경험된 사물 및 사태의 개별특수성에 부착된 감정들도 사상시켜야만 한다. 규범적 이성은 불편부당한 이성으로 정의된다. 이성은 보편적인 도덕 원리를 알고 있다는 의미에서, 그리고 이성은 모든 도덕적 주체가 똑같은 방식으로 공통되게 가지는 것이라는 의미에서, 이성은 도덕적 주체의 통일성을 규정한다. 사람들 간의 차이를 만들어 내고, 각 개인을 개별적으로 특수한 존재로 만드는 것이 바로 욕구와 감정인데, 불편부당한 이성은 그런 욕구와 감정에 대립한다.

셋째, 불편부당성의 이상이 개별특수성을 통일성으로 환원시키는 가장 중요한 방식은 도덕적 주체들의 다양성을 단일한 하나의 주체성으로 환원시키는 것이다. 보편성 요건과 관련해서 불편부당한 이성이라는 이상은 도덕적 주체들을 각각 개별적인 존재로 만드는 상황의 개별특수성을 사상시킴으로써 개개의 주체들 모두가 채택할 수 있는 관점을 재현하는 것으로 여겨진다. 이상적으로 보면, 불편부당한 도덕적 재판관은 동일한 원리를 불편부당하게 적용하면서 모든 사람들을 똑같이 대우해야 한다.

주체의 다양성을 통일성으로 환원시키려는 의지 속에서 불편부당성은 단일한 선험적 주체를 추구한다. 불편부당한 이성은 상호작용하는 사람들이 가지는 개별특수적인 시각들의 바깥에 존재하는 모종의 관점에서, 이 개별특수적인 시각들을 하나의 전체로 또는 하나의 일반 의지로 총체화할 수 있는 모종의 관점에서 판단을 내린다. 도덕적 추론을 수행하는 자는, 고독한 선험적 신의 관점에서 묵묵히 증거 및 상충하는 주장들을 형량하고 보편적인 원리들을 그 증거와 주장들에 적용함으로써 자신의 판단을 도출해 낸다. 불편부당한 주체는 모든 관점들을 이미 다 고려했으므로, 바로 자기 자신의 이해관계, 의견, 욕구 이외의 다른 주체들의 이해관계나 의견이나 욕구에 대해서는 전혀 인정할 필요가 없다.

도덕적 추론을 철학적으로 설명하는 여러 견해들이 보여 주는 이 독백적 성격은 도덕적 주체들이 복수複數라는 점을 무시하지 않으려고 노력하는 철학자들에게서조차도 여전히 나타난다. 예를 들어, 롤스는 공리주의가 도덕적 주체들이 복수라는 점을 인정하지 않는다는 이유로 비판한다. 불편부당한 관찰자라는 관념을 통해서 공리주의는 만인의 욕구를 일관된 하나의 욕구 체계로 규합하고는, 사회가 선택하는 원리와 개인이 선택하는 원리가 똑같은 것으로 본다고 지적한다(Rawls, 1971, 26~27쪽). 롤스는 자신의 '원초적 입장original position'[3]이 분쟁 당사자들의 관점에 입각하여 불편부당성을 규정하기 때문에 공리주의보다 더 낮게 불편부당성을 재현한다고 주장한다. [불편부당한 관찰자가 아니라] 분쟁에 참여하는 사람들이야말로 평등의 원초적 입장에서 단 한 번의 결정으로 모든 경우를 위한 정의관을 선택해야만 하는 당사자여야 한다는 것이다(Rawls, 1971, 190쪽).

롤스는 주체들이 복수라는 점에서 출발해서 정의관을 구성해야만 한다는 입장을 강력하게 고수하고는 있지만, 원초적 입장에서의 추론 과정은 여전히 독백적이다. 롤스는 정의의 원리들을 선택하는 과정을 일종의 협상 게임—참여하는 개인들 모두가 오로지 자기의 이해관계에 입각해서 사적으로 추론을 할 뿐인 게임—으로 해석한다. 이 협상 게임 모델은 주체들의 다양성을 다음과 같이 상정한다. 자기 자신의 이해관계에만 입각해서 추론을 하는 각 주체는 자신과 똑같이 추론을 하는 복수의 타인들이 있다는 점과 이들과 합의에 도달해야만 한다는 점을 충분히 인지하고 있다는 것이다. 불편부당성을 제시하기 위해서 롤스는 원초적 입장에서 진행될 추론에 일련의 제약을 설치하지만, 이는 원초적 입장의 당사자들 간의 차이뿐만 아니라 이들 사이의 토론도 완전히 제거해 버린다. [원초적

---

3 '원초적 입장'이란 한 사회의 정치구조와 경제구조 등을 규제할 정의 원리를 어떻게 도출할 것인지를 놓고 시초의 계약 상황(initial situation)에서 정의의 계약 당사자들이 논의하고 계약을 맺을 때의 입장을 말한다. 롤스는 계약 당사자들을 자신들의 능력이나 사회적 지위나 역사적 상황을 알고 있는 자연 상태(state of nature)에 두기보다는 무지의 베일(veil of ignorance) 뒤에 위치시키는데, 여기서 그들은 자기 자신에 관한 혹은 자신들이 처한 여건에 관한 사실들을 전혀 알지 못한다고 가정된다.

입장의 불편부당성을 달성하기 위해서 롤스가 설치한] 무지의 베일veil of ignorance[4]은 개인들을 차이 나게 만드는 특성들을 모조리 제거해 버리는데, 이를 통해서 모든 개인이 동일한 가정에서 출발해서 똑같은 보편적 관점을 가지고서 추론할 것이라는 점이 보장된다. 원초적 입장의 당사자들이 서로에 대해 무관심해야 한다는 요건은 각 당사자가 타 당사자들의 욕구 표현과 이해관계 표현을 경청하고 영향 받는 것을 배제해 버린다. 협상 게임 모델은 원초적 입장의 당사자들 사이에서 진정한 토론과 상호작용이 일어나지 못하게 만들어 버리는 것이다. 원초적 입장의 당사자들이 상호작용할 기회를 가능한 한 적게 만들기 위해 심지어 롤스는 이들 사이를 매개하면서 각자의 제안을 수집하는 전령傳令, courier을 상상해 보자고 제안한다(Rawls, 1971, 139쪽; Young, 1981 참조).

주체들과 관점들이 다양하고 복수라는 점은 현실의 사회생활에서 나타나는 것인데, 불편부당성의 조건들은 이를 단 한 명의 합리적 행위자라는 단일성으로 축소해 버린다. 이러한 점은 스티븐 다월Stephen Darwall[5]의 견해에서 노골적으로 나타난다. 다월은 롤스가

---

4 '무지의 베일'이란 롤스의 시초적 계약 상황에서 이루어지는 선택에 부과된 엄격한 불편부당성 조건을 표현하는 용어이다. 시초의 계약 상황에서 정의 원리의 합의에 임하는 원초적 입장의 당사자들은 자기 자신과 자기가 속한 사회에 관한 특수한 사실들(particular facts)에 관하여 무지한 상태에 있다. 그들은 자신의 사회계급, 인종, 종교, 소속된 종족, 국적, 가치관도 알지 못하고 자기가 속한 사회의 자원 상태나 역사도 알지 못한다. 그들이 아는 것은 인간 본성과 사회적·경제적 제도들에 관한 일반적 사실(general facts)이다. 또 원초적 입장의 당사자들은 서로에 관해서 무관심(mutual disinterestedness)하다. 이렇게 구체적이고 특수한 정보들을 차단하여 불편부당성을 확보케 하는 베일 또는 장막이 '무지의 베일'이다.
5 스티븐 다월(1946~)은 미국 출신의 도덕철학자로서 예일 대학교 철학과 교수로 재직 중이다.

상정하는 무지의 베일보다 더 두터운 무지의 베일, 즉 각 개인이 자신의 선호가 무엇인지를 알지 못하게 차단할 뿐만 아니라 그 선호가 선택과 행동의 동기가 되지 못하게 차단해 버리는 두터운 무지의 베일을 가정한다. "내가 설정한 무지의 베일 하에 있는 개인들은 합리적인 행위자라면 공통되게 가질 선호들만 알고 있을 뿐 그 외의 선호들은 전혀 모르며, 그렇기에 이 선호들은 그들의 선택과 행동의 동기가 될 수 없다고 가정해 보라. 이것이 의미하는 바는 이 무지의 베일 하에서는 실제로는 오로지 한 명의 선택자만이, 즉 임의의 합리적 행위자 한 명만이 존재할 뿐이라는 것이다(Darwall, 1983, 231쪽)."

불편부당성의 실현 불가능성

불편부당성을 추구하는 도덕적 이성은 도덕적 판단이 구체적인 사람들과 상황으로부터 거리를 두어야 하고, 감정을 배제해야 하며, 보편적이어야 한다고 주문함으로써 도덕적 주체들과 상황들의 다양성을 통일성으로 축소하려고 한다. 그런데 이미 내가 앞에서 제시했듯이, 이러한 총체화의 요구는 반드시 실패할 수밖에 없다. 차이들을 통일성으로 환원하는 것은 차이들을 하나의 보편적 범주 아래둔다는 것을 의미하며, 이는 보편적 범주에 맞아떨어지지 않는 양상들은 반드시 추방되어야 한다는 것을 뜻한다. 그리하여 차이들은 보편적 범주의 안에 놓이는 것과 그 바깥에 놓이는 것 간의 대립적 우열 관계, 즉 후자보다는 전자를 더 가치 있는 것으로 평가하는 대립적 우열 관계로 전환된다.

데리다가 해체라고 부르고 아도르노가 부정적 변증법negative dialectic이라고 부른 철학적 담론의 전략은 차이를 통일성으로 환원시켜야 한다고 주장하는 이성이 실패했음을 폭로한다. 실은 토머스 네이글Thomas Nagel[6]의 다음과 같은 견해도 불편부당한 이성의 총체성 주장을 해체하고 있는 셈이다. 네이글에 의하면, 실재에 대한 불편부당하고 보편적인 관점을 채택하려는 시도는 이 관점의 출발지였던 특수한 개별 관점들을 잊고 남겨 둔 채, 그것들을 객관적 이성이 파악한 실재에 대립하는 현상에 지나지 않는 것으로 재구성해 버린다. 그런데 이 현상에 지나지 않는 경험들도 실재의 한 부분이다. 만약 이성이 실재의 전체를 알고자 한다면, 이 개별특수적인 관점들을 그 특수한 개별적인 지점에서 바라보고 파악해야만 한다. 그런데 이성의 불편부당성과 객관성은 개별특수적인 것들로부터 절연되었는지 여부, 그리고 진리를 설명할 때 개별특수적인 것들을 배제했는지 여부에 달려 있다. 그렇기에 이성은 전체를 알 수도 없고, 통일성을 실현할 수도 없다(Nagel, 1986, 26~27쪽).

동일성의 논리의 여타 부분과 마찬가지로, 불편부당한 도덕적 이성을 구축하려는 욕구도 통일성이 아니라 이분법으로 귀결되고 만다. 일상의 도덕적 삶에서는 보편적 이성의 총체화 행보에 앞서서 행위의 상황적 맥락이 먼저 존재한다. 그 역사적 구체성, 연고緣故 관계의 구체성, 보편적 이성 이전에 가지게 된 가치들을 가지고서 말이다. 그런데 불편부당성의 이상은 이 도덕적 맥락을 다음 두 가지의 대립 관계, 즉 도덕적 맥락 중에서 형식적으로 불편부당한 측면

---

6 토머스 네이글(1937~)은 미국 출신의 저명한 철학자로서 뉴욕 대학교 철학과 명예교수이다.

과 *그저* 편파적이고 특수할 뿐인 측면 사이의 대립 관계로 재구성해 버린다.

이미 살펴본 바와 같이, 불편부당한 이성은 또한 이성과 감정의 이분법을 낳는다. 감정, 기질, 필요, 욕구는 그 개별특수성 때문에 도덕적 이성의 보편성으로부터 추방된다. 감정이 배제된 냉정함 dispassion은 도덕적 상황과 관련해서 욕망, 강력한 가치지향 및 다짐 commitment, 보살핌과 같은 개인적인 인력引力을 사상시키라고, 또 이를 비개인적으로 바라보라고 요구한다. 그리하여 감정과 강력한 가치지향 및 다짐은 도덕적 이성으로부터 추방된다. 도덕적 판단을 내릴 때에는 모든 감정과 욕구가 낮게 평가되면서, 모두 똑같이 비합리적이고, 도덕적 판단과는 전혀 관련 없는 것이 되어 버린다 (Spraegens, 1981, 250~256쪽). 그렇지만 통일성을 실현하려는 열망은 실패하고 만다. 감정, 욕구, 가치지향 및 다짐이 도덕적 이성의 개념 영역으로부터 추방당하기는 했지만, 그래도 여전히 존재하며 선택과 행동의 동기 역할을 수행한다. 모든 것을 포괄하겠다는 보편주의적 이성의 주장이 공언하는 바와 달리 감정과 욕구와 가치지향 및 다짐은 어슴푸레한 그림자로서 잠복해 있다.

주체들의 다양성을 단일한 보편적 관점으로 축소하려는 기획 속에서 불편부당성의 이상은 일반 의지와 개별특수적인 이해관계의 이분법이라는 또 다른 이분법을 창출한다. 주체들의 다양성은 실제로 제거된 것이 아니라 단지 도덕의 왕국에서 추방되었을 뿐이다. 즉, 사람들의 구체적 이해관계들과 필요들과 욕구들은, 그리고 사람들을 서로서로 다른 존재로 만들어 주는 감정들은 단지 사적이고 주관적인 것으로 됐을 뿐이다. 근대 정치 이론에서 이 이분법은 일반 의지를 대표하는 공적 권위와 사적인 욕구—이는 공유될 수도 없고 상호 전달될 수도 없다—를 지닌 사인私人들을 나누는 이분법으로 나타난다. 다음 절에서 이 이분법에 관해서 상론하겠다.

불편부당성의 이상이 표현하는 내용은 실은 실현 불가능한 허구이다. 누구도 그야말로 비개인적이고 감정이 완전히 배제된 관점, 개별특수적인 맥락과 가치지향 및 다짐으로부터 완전히 절연된 관점을 채택할 수는 없다. 그런 도덕적 이성관을 추구할 때 철학은 유토피아적이다. 토머스 네이글이 말하듯이, 불편부당한 관점이란 '아무데도 아닌 곳에서 바라보는 관점view from nowhere'이다. 전형적으로 철학자들은 이야기나 신화나 사고 실험을 이용하여 이 유토피아를 묘사한다. 네이글의 예를 들어보자.

> "내 두뇌에 감각적 자료를 제공하는 모든 뉴스가 끊어졌지만 나는 어떻게든 숨 쉬고 있고 영양을 공급 받으면서 의식을 가진 채로 있다고 가정해 보자. 또한 청각적 경험과 시각적 경험이 소리와 빛에 의해서가 아니라 내 신경을 직접 자극함으로써 만들어질 수 있어서 나는 이 세상에서 일어나는 일, 타인이 보고 들은 것 등에 대해서 말과 이미지로 된 정보를 제공받을 수 있다고 가정해 보자. 그런 경우 나는 세상을 바라보는 어떤 시각도 가지지 않으면서 세상에 대한 모종의 관념을 가질 수 있을 것이다."(Nagel, 1986, 63쪽)

브루스 애커먼의 상상 또한 사이언스 픽션 풍이다. 정의의 이상을 수립할 수 있는 불편부당한 관점이 어떤 것인지를 생각하게 하고자 애커먼은 우리가 어떤 행성에 막 도착한 우주선에 있다고 상상해 보라고 말한다. 그 행성에는 우리가 원하는 대로 변할 수 있는 물체, 즉 마나mana가 있다고 하자. 또 우리는 행성에 들어갈 때 어떤 역사도, 어떤 특정한 희망도, 어떤 집단 소속감이나 종교도 가져가지 않는다고 가정해 보자. 비록 애커먼이 자신의 이야기 속 인물들을 그/그녀라는 대명사로 언급하기는 하지만, 젠더 차이가 이들의 경험이나 관점에는 어떠한 영향도 미치지는 않는 것 같다. 새로이 이 행성에 도착한 지구인들의 일은 이제 마나를 어떻게 분배할지, 정의로운 사회를 어떻게 구축할지를 놓고 토의하는 것이다. 이들의 정의에 관한 대화 속에서 진행되는 추론이 불편부당성을 가질 수 있도록 애커먼은 정의에 관한 대화의 심판자의 역할을 할 지휘관을 도입한다. 이 여성 지휘관은—당연히 불편부당한 관점에 서서—정의에 관한 대화에 참가한 당사자들이 토의의 유일한 규칙을, 즉 누구도 자신의 인격 또는 생각이 나머지 사람들의 것보다 더 우수하다는 점을 내세워 자기주장의 정당성의 근거로 삼아서는 안 된다는 규칙을 언제 위반하는지 결정한다. 이 정의에 관한 대화의 불편부당성을 확보하기 위해서 애커먼은 정의에 관한 대화 속에 그런 근본 규칙을 만들어 넣지 않으면 안 되는 것이다.

이 정도로 화려한 픽션을 제시하지는 않지만, 롤스가 불편부당성 관점으로 구성한 원초적 입장은, 특히 '무지의 베일'이라는 장치는, 그 못지않게 유토피아적이다. 이 '무지의 베일'은 원초적 입장의 당사자들 각자가 자신의 개별적이고 특수한 역사, 집단 소속감, 가치 지향 및 다짐을 알지 못하게끔 차단한다. 그리고 상호 무관심의 요건은 당사자들이 대화를 나눌 때 그들 사이에 상대방을 향한 어떤 관심도 발전하지 못하게 만들어 버린다. 앞에서 내가 언급한 바가 있는 다월의 '두터운' 무지의 베일은 이보다 훨씬 더 가상적인 장치이다.

불편부당성의 이상은 이상주의적 허구이다. 어디에도 위치하지 않는 도덕적 관점을 채택하는 것은 불가능하다. 반면 어딘가에 위치해 있는 관점은 보편적일 수 없다. 그런 관점은 모든 관점들과 동떨어져서 서 있을 수 없으며, 또한 관점 모두를 이해할 수도 없다. 실질적인 도덕적 쟁점의 실제 내용을 이해하지 않으면서 그에 관해 추론을 진행하는 것은 불가능하며, 또 그 실제 내용은 모종의 특정한 사회적 맥락과 역사적 맥락을 항상 전제하기 마련이다. 그리고 우리가 내린 도덕적 판단과 해결한 도덕적 딜레마의 결과가 중요하지 않다면, 또한 그 결과에 우리가 특정한 관심과 열정을 가지지 않는다면, 도덕적 판단을 내리고 도덕적 딜레마를 해결하려는 동기는 [절대] 생겨나지 않는다. 사실에 관한 판단 및 과학적 판단과 실천적 판단 및 도덕적 판단의 차이는 바로 전자는 비개인적impersonal이고 후자는 그렇지 않다는 데 있다고 버나드 윌리엄스Bernard Williams[7]는 말한다.

"실천적 판단은 항상 일인칭['나']의 판단이며, 그 일인칭의 주어는 파생적이지도 않고 그 누구에 의해서도 자연스럽게 대체되지도 않는다. 내가 결정한 행동은 나의 것이다. 이 말은 내 행동이 내 판단의 결과라는 점을 뜻할 뿐만 아니라, 내 행동이 세상의 변화—이 변화의 원인은 실제로 존재하는 바로 나이며, 또한 내 욕구들과 내 판단 그 자체가 일정 부분에서는 세상 변화의 원인이기도 하다—를 일으킬 것이라는 점을 뜻하기도 한다."(Williams, 1985, 68쪽)

---

7 버나드 윌리엄스(1929~2003)는 영국 출신의 저명한 도덕철학자로서 옥스퍼드 대학교 철학과 교수로 재직하고 정년 퇴임했다.

전통적 도덕 이론의 불편부당성의 이상이 만들어 낸 이성과 감정의 이분법, 일반과 특수의 이분법에 대한 비판에 동조하는 저자들은 불편부당성을 '아무 데도 아닌 곳에서 바라보는 관점'으로 생각하지 말고 '모든 곳에서 바라보는 관점view from everywhere'으로 생각하자고 제안한다. 그리고 그렇게 하더라도 동일한 결과에 도달할 수 있을 것이라고 말한다. 예를 들어, 수전 오킨Susan Okin[8]은 롤스의 원초적 입장을 재구성하여, 정의로운 결과에 도달하기 위해서 사회에 존재하는 모든 특정한 입장들과 관점들을 고려하는 추론 과정으로 원초적 입장을 파악해 보자고 제안한다. 오킨에 따르면, 모든 사람의 관점을 고려하자는 생각은, 보다 보편주의적인 칸트식의 접근법과는 달리, 이성을 감정에 대립시키지도 않으며 개별특수성을 배제하지도 않는다. 이러한 오킨의 제안에서는 도덕적 추론을 수행하는 자가 모든 개별특수적인 입장들과 관점들에 공감할 수 있는 능력을 가졌는지가 관건이 된다(Okin, 1989; Sunstein, 1988 참조).

그런데 개별특수성이 편입된 불편부당성을 구상하려는 이러한 움직임도 여전히 총체화의 열망을 간직하고 있어서, 보다 보편주의적인 칸트적 입장만큼이나 실현 불가능하다. 불편부당하게 추론을 수행하는 단 한 명의 주체가 모든 사람의 관점을 채택할 수 있다는 생각이 여전히 남아 있기 때문이다. 개별특수성의 관점에서 불편부당성을 구성해 보려는 이러한 시도에는 다음의 가정이 담겨 있다.

---

8 수전 오킨(1946~2004)은 자유주의 페미니즘 정치철학자로서 스탠퍼드 대학교 사회윤리학과 교수로 재직했다. 페미니즘 정치철학 주제에 관하여 깊이 있는 연구를 수행했는데, 그 대표 저서가 『Justice, Gender, and the Family』(1989)이다. 이 책에서 오킨은 롤스, 노직, 왈저 등의 현대 정의론은 가족과 젠더의 문제를 전혀 고려하지 않는다는 설득력 있는 비판을 가하여 주목을 받았다.

내가 개별특수적인 관점과 개별특수적인 역사 및 경험으로부터 출발하더라도, 나와는 다른 위치와 역사와 경험을 가지고 있는 타인들의 관점과 감정에 내가 공감할 수 있을 것이라는 가정이다. 이런 가정은 주체들 간의 차이를 부정하는 것이다. 주체들 서로서로가 이해하기 어렵다는 점은 확실하지만, 주체들 간의 차이가 절대적인 것은 아니다. 계급, 인종, 민족, 젠더, 섹슈얼리티, 연령 때문에 사회적 위치social location에 차이가 생겨날 때, 어떤 한 주체가 자신과는 상이한 사회적 위치의 타인에 대해 완전히 공감하면서 그녀의 관점을 채택하는 것은 불가능하다. 만약—현실에서는 불가능하지만—그런 게 가능하다면, 그들 간의 사회적 위치는 상이하다 할 수 없을 것이다 (Friedman, 1989, 649~653쪽 참조).

내가 불편부당성의 이상의 보편성을 거부하면서 바로 도덕적 성찰 그 자체의 가능성도 함께 거부하는 것은 아니냐는 반론이 가능하겠다. 이런 반론은 도덕적 성찰과 불편부당성을 동일시하고 있는데, 이것이 바로 내가 거부하는 입장이다. 도덕적 이성은 성찰 능력, 즉 우리 자신의 즉각적 충동, 직관, 욕구, 이해관계로부터 어느 정도 거리를 둠으로써 이것들이 타인의 요구와 어떤 관계에 있는지, 그대로 따라 행동했을 때의 결과가 무엇인지 등을 고려할 수 있는 능력을 필요로 한다는 점은 분명하다. 그러나 이러한 성찰을 하려면 개별특수적인 것을 완전히 배제한 관점, 즉 모든 사람들에게 동일한 관점을 반드시 채택해야만 하는 것은 아니다. 성찰을 통해 실천으로 나아가는 데 그런 보편적 관점은 전혀 도움을 주지 못한다고 해야겠다(Williams, 1985, 63~69쪽, 110~111쪽; Walzer, 1987, 48~56쪽 참조).

내가 불편부당성의 이상의 보편성을 거부함으로써 모든 사람이 동등한 도덕적 가치가 있다는 생각으로 표현되는 도덕적 가치지향 및 다짐moral commitment의 보편성도 함께 거부하는 것이 아니냐는 반론도 제기될 수 있다. 이쯤에서 보편성의 의미를 구별하는 것이 필요하겠다. 도덕적 삶과 사회적 삶에 모든 사람이 참여하고 모든 사람을 포용한다는 의미의 보편성은 개별특수적인 관계, 감정, 가치 지향 및 다짐, 욕구를 도외시하는 일반적 관점을 채택한다는 의미의 보편성과는 다르다. 내가 다음 절에서 논하겠지만, 일반성generality으로서의 보편성은 실제로는 바로 보편적 포용과 참여를 금지하는 쪽으로 지금까지 작동해 왔다(Young, 1989 참조).

보편성의 이상을 장려하는 도덕 이론은 불편부당성은 이기주의와 대립한다는 부적절한 이분법에서 시작한다(Darwall, 1983, 1장 참조). 행위자는 자신의 이기적 욕구와 목표를 가장 잘 증진하는 것이 무엇인지만을 고려하면서 이기적으로만 추론하거나, 아니면 개별특수적인 욕구나 이해관계를 전혀 염두에 두지 않는 불편부당한 일반적 관점에서 추론을 하거나 이 둘 중의 하나라는 것이다. 불편부당한 이성을 강조하는 이론은 개별특수성을 이기심과 잘못 동일시하고는, 이기주의를 넘어서기 위한 방법으로 가상적인 보편주의적 추상을 확립해 낸다. 그러나 주체가 이기주의를 넘어서는 다른 방법이 있다. 타인과 조우하는 것이다. '도덕적 관점'은 오로지 자신의 의지와 관점에만 입각해서 규범을 수립하는 고독한 자기 입법적 이성에서 생겨나는 것이 아니다. '도덕적 관점'은 자신들의 욕구와 필요와 관점을 인정해 달라고 요구하는 타인들과 구체적인 현실에서 조우하는 데서 생겨난다(Levinas, 1969; Derrida, 1978 참조). 내가 논한 바 있듯이, 불편부당성 이론은 독백적인 도덕적 이성monologic moral reason, 자신의 편협한 관점을 벗어나려고 노력하는 단일한 주체를 상정한다. 그런데 그 대신 누군가가 도덕적 이성은 대화적dialogic이라고 상정한다면, 즉 도덕적 이성은 상이한 맥락과 위치에 놓인 주체들—이들 모두는 타인의 인정을 바라는 욕구를 가진다—간의 토의의 산물이라고 상정한다면, 사람들을 이기주의로부터 끌어내줄 보편적 관점 따위는 필요 없다. 타인의 필요 표현을 경청하지 않으려는 이기적인 사람은 그 자신 역시 타인으로부터 경청을 받지 못할 것이다.

불편부당한 이성이라는 가정 위에 세워진 도덕 이론의 대안이 바로 의사소통적 윤리학이다. 주체들의 다양성을 인정하는 도덕적 이성의 기획을 정교하게 제시하는 측면에서 하버마스는 현대의 그 어떤 사상가보다도 많은 진전을 이루어냈다. 하버마스는 주체란 의사소통적 상호작용의 산물이라고 역설한다. 그에 따르면, 도덕적 합리성은 대화적 성격을 가지는 것으로 이해되어야 한다. 즉, 그 어떤 이해관계도 억눌리지 않는 권력 평등의 조건 하에서 복수의 주체들이 상호작용하는 과정에서 나온 결과물이 도덕적 합리성이라는 것이다.

그런데 그 하버마스조차도 개별특수적인 시각들을 초월하는 보편적 규범 이성을 포기하지 않으려는 것 같다. 세일라 벤하비브가 논하듯이(Benhabib, 1986, 327~351쪽), '일반화된 타자generalized other'의 중립적이고 불편부당한 관점과 벤하비브가 '구체적 타자concrete other'의 관점이라고 부른 것 사이에서 하버마스는 어느 쪽 편을 들지 명확한 태도를 정하지 못한다. 롤스와 애커먼의 이론과 마찬가지로, 도덕적 이성을 선험적으로 파악하려는 견해가 하버마스 이론의 한 줄기를 이룬다. 이에 따르면, 상호 논증을 통해 이해에 도달해야 한다는 가치지향 및 다짐과 더 나은 논변에 의해 설득되어야 한다는 가치지향 및 다짐으로 시작하는 주체들에 의해 규범적 이성이 구성된다는 식으로 규범적 이성은 합리적으로 재구성되어야만 한다. 그러한 관점에 의하면, 주체들은 합의에 도달하고자 하는 동기를 처음부터 공유하며, 이 동기는 지배 없는 토의 상황이라는 가정과 결합하여 어떻게 도덕규범이 관련 당사자 모두를 구속할 수 있는 일반적 효력을 가지게 되는지를 설명해 준다. 롤스와 애커먼의 이론이 그러했듯이, 하버마스 이론에서의 이 줄기도 도덕적 대화로부터 보편성을 이끌어 내기 위해서 불편부당성이라는 출발점을 필수 요소로 설정하는 가상적 장치에 기대고 있다.

하버마스의 대화적 이성관은 '일반화 가능한 이익generalizable interests을 표현하는 것만이 타당하다고 본다. 그런데 이 '일반화 가능한 이익'은 이중의 의미를 가지는 용어이다. 어떤 경우에는 보편적인, 즉 모든 사람이 공유하며 모든 사람이 나머지 사람들 모두를 위해 존중하기로 합의한, 이익들만을 뜻하는 것처럼 보인다. '일반화 가능한 이익'이라는 용어를 이렇게 해석하면, 한 개인의 개별특수적인 역사와 소속 관계로부터 파생되어 나온 필요들과 이익들은 공유될 수 없을 것이기 때문에 탈락되고 만다. 이런 식으로 해석된 '일반화 가능한 이익'이라는 용어는 보편과 특수의 이분법, 공적인 것과 사적인 것의 이분법을 낳는다.

벤하비브가 논하듯이, 구체적 필요들을 표출하고 해석하는 것이 중요한 요소인 해방적 정치로부터 '일반화 가능한 이익'의 의미를 도출해 내는 대안적 해석이 있다. 참여 당사자들이 자신들의 필요를 표출하는 민주적 토의에서는 누구도 불편부당한 관점에서 말하지 않으며, 그 누구도 일반적 이익에 호소하지도 않는다. 자신들의 필요가 충족되는 것은 해당 정치공동체의 타 구성원들의 행동에 달려 있기 때문에, 한나 피트킨Hannah Pitkin이 말하듯이, 사람들은 다음과 같이 하지 않을 수 없다.

"[그런 상황에서 사람들은] 어쩔 수 없이 타 구성원들의 권력을 인정하면서 이들의 기준에 호소하게 된다. 그들이 우리의 권력과 기준을 인정하게끔 만들려고 우리가 시도할 때조차도 그러하다. 어쩔 수 없이 우리는 공통된 목적과 목표의 언어를 발견하거나 창출해내지 않을 수 없다. 이는 우리의 사적인 관점을 공적인 것으로 그저 포장하기 위해서만이 아니다. 우리 스스로가 공통된 언어가 가지는 공적인 의미를 깨닫기 위해서이기도 하다. 어쩔 수 없이 우리는 …… '나는 ……을 원한다.'는 표현을 '나는 ……할 권리/자격이 있다.'는 표현, 즉 공적 기준에 비추어 협상 가능하게 될 주장으로 전환시키지 않을 수 없다."(Pitkin, 1981, 347쪽)

이런 식으로 욕구의 표현에서 정의의 주장으로 나아갈 때, 대화 당사자들은 자신들의 개별특수적인 상황을 차단하지 않으며 보편적이고 공통된 관점을 채택하지도 않는다. 그들은 자기 필요만 고려하던 데서 타인의 요구들을 인정하는 쪽으로 나아갔을 뿐이다. 이러한 해석에 따르면, 어떤 주장이 '일반화 가능하다'는 것은 다른 사람들의 권리를 침해하지 않으면서도 또는 다른 사람들을 지배하지 않으면서도 그 주장이 승인될 수 있다는 의미다. 이런 의미에서의 '일반화 가능한' 주장들이 규범적으로 타당하다는 것이다. 이런 의미에서의 '일반화 가능한 이익'이라면 규범적 타당성을 보유하면서도 여전히 개별특수적일 수 있다. 즉, '일반화 가능한 이익'이면서도 특정 집단의 상황과 필요에 연계된 이익으로서 모든 사람에 의해 공유되지 않을 수도 있다는 것이다.

시민 공중의 이상에서 작동하는 동일성의 논리

이성과 욕구의 이분법은 근대 정치 이론에서는 주권과 국가의 공적 영역이라는 보편적인 것 대 필요와 욕구의 사적 영역이라는 개별 특수적인 것의 이분법으로 등장한다. 근대의 규범적 정치 이론과 정치 실천이 목표하는 바는 국가라는 공적 영역에서 불편부당성을 구현하는 것이다. 불편부당한 도덕적 이성처럼, 이 공적 영역은 개별특수성, 욕구, 감정, 육체와 깊은 연관성을 가지는 삶의 모습들을 배제함으로써만 그 일반성을 획득한다. 근대의 정치 이론과 정치 실천에서 공적 영역과 연관된 공중은 특히 자연 및 육체로 연상되는 여성과 여타의 구성원들을 배제함으로써 통일성을 획득한다.

리처드 세넷(Richard Sennett, 1974)[9]이나 다른 저술가들은 18세기 들어 도심이 발전되어 간 것이 근대에 독특한 공적 삶을 낳은 원천이라고 설명한다. 상업이 확대되고 더 많은 사람들이 도시로 오면서, 상이한 계급의 사람들이 동일한 공간에서 어우러지는 개방 공간인 대로大路가 만들어질 수 있게 도시의 공간 그 자체가 바뀌었다(Berman, 1982). 하버마스에 따르면, 18세기 중엽 이러한 공적 삶의 기능 중 하나가 사람들이 신문이나, 카페나, 기타 포럼에서 국가 업무에 대해 토론하고 비판하는 비판적 공간을 제공하는 것이었다(Habermas, 1974). 물론 부르주아 남성들이 토론 과정을 지배하기는 했지만, 카페에서 벌어지는 공적 토론에는 남성이라면 계급

---

9 리처드 세넷(1943~)은 미국의 사회학자로 현대사회에서 도시적 삶이 개인에게 어떠한 영향을 끼쳤는지를 연구했으며, 현재 영국 런던경제대학교와 미국 뉴욕 대학교의 교수로 재직 중이다.

을 불문하고 누구나 평등한 조건으로 참여할 수 있었다. 귀족 여성들과 부르주아 여성들도 극장 및 독서 클럽이나 살롱과 같은 기관을 통해서 그런 공적 토론에 참여했고 때로는 주도적인 역할을 했다 (Landes, 1988, 2부 참조).

이 시기의 공적 삶은 열광적이고, 활발하고, 또 섹시했던 것처럼 보인다. 극장은 일종의 사회적 중심지, 즉 유머와 풍자가 국가와 지배 관습에 도전하던 포럼이었다. 자유분방했던 당시의 도시 공중은 일정 정도까지는 성별과 계급을 융합했고, 진지한 담론과 놀이를 융합했고, 미적인 것과 정치적인 것을 융합했다. 그런데 그런 공중은 공화주의 정치철학에서 살아남지 못했다. 개별특수적인 이익들을 초월하는 불편부당한 관점을 표현하는 보편주의 국가라는 이상은 이렇게 다양하게 분화된 도시 공중에 대한 반작용으로 볼 수도 있다. 공화주의자들은 보편주의 국가의 토대를 시민 공중이라는 관념 속에서 찾았다. 당시의 도시 공중은 다종다양한 인민으로 구성되고 언어상으로도 다종다양했는데, 그런 이질적 다종다양성을 억누르기 위해서 18세기 말엽 유럽과 미국의 정치 이론과 정치 실천이 제도화했던 것이 시민 공중이라는 관념이었다. 공중을 구성하는 시민이 이렇게 제도화되면서 공적인 것과 사적인 것은 엄밀하게 구분되고, 이 공/사 구분을 기반으로 해서 사회적 삶이 재조직되었다.

루소의 정치철학은 시민 공중이라는 이상의 대표적인 예이다. 루소가 발전시킨 정치관은 홉스에 의해 표현된 원자론적이고 개인주의적인 국가론의 전제와 결론에 대한 반작용이기도 하지만 18세기 도시 공중을 겪어본 자신의 경험에 대한 반작용이기도 하다(Ellison, 1985). 시민으로 이루어진 공중은 보편적이고 불편부당한 이성의 관점, 즉 욕구, 감성, 개별특수적인 필요와 이익에 대립하면서 이것들을 추방하는 관점을 표현한다. 개인적인 욕구와 소망이라는 협소한 전제에서 출발해서는 바람직한 사회관계가 어떠해야 하는지를 지시하기에 충분한 내용의 규범적 관념에 도달할 수 없다. 원자론적 이기주의와 시민사회[문명사회] 간의 차이는 무수한 개별적인 욕구들이 형벌의 위협으로 집행되는 법에 의해 제어되느냐 아니냐는 점에만 있는 것은 아니다. 더 중요한 차이는 시민사회에서는 이성이 사람들을 함께 묶어서 공익과 일반 의지를 승인하게 만든다는 점에 있다.

루소에게 있어서 주권자 인민은 공동의 이익과 평등한 시민성이라는 보편적 관점을 구현하는 존재이다. [루소에 의하면] 개인적 이익을 추구할 때 사람들은 개별특수적인 지향성을 가지지만, 규범적 이성은 합리적인 사람들 모두가 채택할 수 있는 불편부당한 관점—개별특수적인 이익들의 총합으로 환원되지 않는 일반 의지를 표현하는 관점—을 드러낸다. 시민으로서 일반 의지에 참여한다는 것은 인간적 고결함과 진정한 자유를 표현하는 것이다. 그런데 공동의 일에 함께하려는 이 이성적인 가치지향 및 다짐rational commitment은 개인적 욕구의 충족과는 양립할 수 없는 것이어서, 루소는 이러한 사태를 인간 조건의 비극으로 파악한다(Shklar, 1969, 5장).

루소는 이 공적 영역을 통일되고 동질적이라고 보고, 그런 통일성을 향한 가치지향 및 다짐이 양성되는 방법으로 이런저런 시민 전체적 기념행사들civic celebrations을 실제로 제안하기도 했다. 공적 영역의 순수성, 통일성, 일반성을 달성하기 위해서는 편향되고 분화되는 필요, 욕구, 감정을 초월해야 하고 또 억눌러야만 하지만, 루소는 인간의 삶이 감정 없이, 필요와 욕구의 충족 없이 영위될 수 있고 또 그래야만 한다고는 생각하지 않았다. 감정적 존재이자 필요를 느끼는 존재라는 점은 남성의 속성 중 개별특수적인 측면인데, 이는 가정생활이라는 사적 영역에서 잘 나타난다. 이 영역을 도덕적으로 수호하는 자로서 적합한 존재가 바로 여성이라는 것이다.

근대 정치 이론에서 나타나는 공/사 이분법에 대한 최근 페미니즘의 분석은 시민으로 이루어진 공중은 불편부당하고 보편적이라는 이상 그 자체가 의심스럽다는 점을 보여 준다. 근대 정치 이론가와 정치가들은 공적인 것의 불편부당성과 일반성을 천명했다. 그와 동시에 그야말로 의식적으로 일부 사람들, 즉 여성과 비非백인, 경우에 따라서는 재산 없는 자들은 공적 영역에 참여할 수 없도록 배제하는 것이 적절하다고 보았다. 이런 생각이 그저 실수에 그치는 것이 아니라면, 그런 생각이 보여 주는 바는 일반 이익과 불편부당한 이성의 관점을 표현하는 시민 공중의 이상 그 자체가 결국에는 특정 집단을 배제하는 결과로 이어지고 만다는 것이다. 시민 공중을 이렇게 파악하는 견해는 이성이 욕구, 감정, 육체에 대립한다고 가정함으로써 인간 존재의 육체적 측면과 감정적 측면을 배제한다. 실제로 그런 가정은 시민 공중이 동질적일 것을 강요하고, 육체와 감정을 초월할 수 있는 이성적 시민의 모델에 맞지 않는 개인들과 집단들을 시민 공중으로부터 배제해 버린다. 이런 배제는 다음 두 가지를 토대로 하여 수행된다. 하나는 이성과 욕구를 상호 대립하는 것으로 보는 경향이고, 다른 하나는 사람 종류를 구별하고 그 종류에 따라 이성의 특징과 욕구의 특징을 각각 결합시키는 것이다.

루소와 헤겔이 상세하게 설명한 사회 도식에서는 여성은 시민으로 이루어진 공적 영역에서 배제되어야 하는데, 여성은 감정과 욕구와 육체를 돌보는 존재라는 이유에서이다. [이들의 논리는 아래와 같다.] 욕구와 육체적 필요에 호소하는 방법을 써서 공적 토론을 이

끌어가게 하면, 공적 영역의 통일성이 조각조각 나게 되어 공적인 숙의 과정이 훼손될 것이다. 심지어 가정 영역에서조차 여성은 남성에 의해 지배되어야만 한다. 여성이 가지는 위험한, 이질적인 섹슈얼리티는 순결을 유지해야 하고 결혼의 울타리 내로 국한되어야 한다. 여성의 정절을 강제함으로써 사생아로 인해 초래될 혼란과 혈통 섞임을 방지할 수 있기에 각 가정은 독립된 통일성을 유지하게 된다. 정절이 강제될 때야만 여성은 남성 욕구의 파괴적 충동을 도덕 교육으로 완화시킴으로써 남성들의 욕구를 돌보는 자로서 적합한 존재가 될 수 있다. 여성을 향한 남성들의 욕망은 그 자체로 공과 사의 깔끔한 구별을 와해할 뿐 아니라 보편적이고 합리적인 공적 영역을 균열 내어 조각조각 낼 위험이 있다. 필요, 욕구, 정서라는 사적 영역을 수호하는 존재로서 여성은 남성들이 남성 자신들의 충동때문에 이성의 보편성에서 제거당하지 않게끔 확실하게 단속해 주어야 한다. 또한 여성이 가꾼 가정의 안락함이 가지는 도덕적 단정함은 사업과 상업이라는 사익 중심적 영역—섹슈얼리티와 마찬가지로 이 영역에도 사회의 통일성을 폭파할 위험이 상존한다—에 내재하는 소유 지향적 개인주의 충동을 누그러뜨릴 것이다(Okin, 1978, 3부; Lange, 1979; Elshtain, 1981, 4장; Pateman, 1988, 4장 참조).

부르주아 세계는 남성성을 이성과, 여성성을 감성과 욕구와 동일시하는 식으로 이성과 감정의 역할을 구분하는 도덕의 노동 분업moral division of labor을 제도화했다(Glennon, 1979; Lloyd, 1984). 가정과 개인적 삶의 영역은 국가와 법이라는 근대적 영역과 마찬가지로 근대의 창조물이며, 국가와 법이 창조되는 것과 동일한 과정의 일부로서 생겨났다(Nicholson, 1986, 4장; Okin, 1981 참조). 국가의 불편부당성과 합리성은 가정의 사적 영역에서 필요와 욕구를 얼마나 잘 담아내느냐에 따라 결정된다. 감정, 섹슈얼리티, 출생과 사망은 사람들 간의 차이를 구체적으로 만들어 내는 특질들이다. 이런 특질들을 껴안는 여성적 본성은 무질서이다. 그런 무질서에 반대되는 것으로서 시민 개개인을 규정할 때 비로소 시민들의 공적 영역은 통일성과 보편성을 획득하게 된다. 보편적 시민은 육체가 배제된, 감정이 배제된 (남성의) 이성이다(Pateman, 1986; 1988, 1~4장 참조).

보편적 시민은 또한 백인이고 부르주아이다. 여성만 근대의 시민 공중에 참여하는 것이 배제되어 왔던 것은 아니다. 최근까지 유럽의 많은 나라에서 유태인과 노동계급은 시민의 지위를 갖지 못했다. 미국의 헌법 제정자들은 노동계급이 이성적인 공적 영역에 접근하는 것을 특히 제한했고, 당연히 노예와 아메리칸 인디언은 시민 공중에 참여하는 것이 허용되지 않았다. 조지 모스(George Mosse, 1985)[10]와 로널드 다카키(Ronald Takaki, 1979)는 각각 유럽과 미국의 부르주아 공화주의자의 삶에서 그런 배제의 구조를 밝혀냈다. 백인 남성 부르주아 계급은 공화주의적 덕성이란 '품위 있는' 덕목이라고 보았다. '품위 있는' 남성은 이성적이고, 절제되고, 순결하며, 감정과 감성적 애착이나 사치의 욕망에 굴복하지 않는 존재였다. 품위 있는 남성은 올곧고, 감정에 좌우되지 않고, 규칙을 준수하는 존재여야 했다. 이런 문화적 이미지에서는 육체적이고, 성적이고, 불확실하며, 무질서한 존재 양상은 여성, 동성애자, 흑인, 인디언, 유태인, 동양인과 동일시되었고 지금도 그러하다.

19세기 유럽에서 전개된 통일 국가라는 관념은 남성적 덕목을 육

---

10 조지 모스(1918~1999)는 독일의 유태인 명문 집안에서 태어난 미국의 저명한 역사학자다. 남성성의 역사, 나치즘 등에 대한 연구로 유명하다.

체가 가지는 이질성과 불확실성에 대비시키는 것, 그리고 경멸 받는 집단들을 육체와 결부시키고는 이들을 국가의 동질성 범주 외부에 두는 것에 의존했다고 모스는 주장한다(Anderson, 1983 참조). 다카키에 의하면, 초기 미국의 공화주의자들은 시민의 동질성이 필요하다는 점에 관해 매우 분명한 입장을 가지고 있었다. 이는 미 공화국의 초기부터 백인 공화주의자들이 흑인 및 아메리칸 인디언과 어떤 관계에 있어야 할지 정리할 필요성에 대해 명확하게 인식하고 있었음을 나타낸다(Herzog, 1985 참조). 미국을 건립한 공화주의자들—가령 제퍼슨—은, 가정 영역 바깥의 여성들을 난잡하고 탐욕스러운 존재라고 우려했던 것과 똑같이, 미 영토 내에 사는 유색인종과 흑인을 야만적 본성 및 격정을 가진 존재로 보았다. 이들 건립자들은 진취적이지 못하고 상스러운 욕구들을 여성 및 비백인과 동일시하고는, 도덕적이고 문명화된 공화주의자의 삶을 이런 욕구들에 대비하는 것으로 정의했다. 대단히 중요한 점은, 국가의 통일성은 동질성과 냉정한 이성에 좌우된다는 이유에서 시민의 지위가 백인에게만 한정되어야 한다는 주장을 이들 건립자들이 노골적으로 정당화했다는 것이다.

지금까지의 내용을 요약하면 다음과 같다. 규범적 이성과 도덕의식이라는 이상은 욕구와 감정에 대립한다. 문명화된 불편부당한 이성은 격정과 욕구에 굴복하지 않는 공화주의적 남성 덕목의 특징이다. 그런데 이성적 공중의 문화는 부르주아 남성을 육체와 감정으로부터 완전히 절연시키지는 않는다. 그 대신 육체와 감정이 가정의 영역—여성의 감정들을 가두며 남성과 아이에게 정서적 위안을 제공하는 영역—에서만 작용하도록 제한한다. 실제로 이 가정 영역 안에서 감정은 꽃을 피우며, 그 속에서 각 [남성] 개인은 그 자신의 개별특수성을 인정할 수 있고 확인할 수 있다. 시민 공중을 규정하는 것이 바로 불편부당성과 보편성의 덕목이기 때문에 시민 공중은 인간적 개별특수성을 배제해야만 한다. 그렇다면 근대의 규범적 이성, 그리고 시민 공중이라는 그 정치적 표현물의 통일성과 정합성은 그 분화 작용으로 인해 정치공동체를 침해할 우려가 있는 것들 모두— 여성의 신체와 욕구의 특수성, 인종 차이와 문화 차이, 필요의 가변성과 이질성, 개인들의 구체적인 목표들과 욕구들, 감정의 애매함과 변동성—가 축출되고 제한될 때 비로소 얻어진다.

불편부당성의 이상이 수행하는 이데올로기적 기능

내가 불편부당성에 관하여 지나친 요구를 한다고 반론할 사람이 있을 것이다. 가장 강한 의미에서의 불편부당성은 불가능하다는 점을 그런 사람도 인정은 한다. 현실의 도덕적 행위자들은 개별특수적인 존재여서 도덕적 결정을 내릴 때 자신들의 구체적 역사와 소속을 차단하거나, 해당 사안에 핵심이 되는 실질적 이해관계를 차단할 수는 없다는 것이다. 그래서 위 반론을 펼치는 사람은 불편부당성은 이성의 규제적 이상—실현은 불가능하지만 목표로서는 중요한 이상—으로 이해되어야 한다고 주장한다.

그런데 불편부당성은 실현 불가능할 뿐만 아니라, 불편부당성의 이상을 향한 가치지향 및 다짐은 유해한 이데올로기적 결과를 낳는다. 3장에서 내린 이데올로기의 개념 정의를 반복하자면, 어떤 관념에 대한 믿음이 지배나 억압의 관계를 정당화하거나, 또는 보다나은 사회관계의 가능성을 은폐함으로써 지배나 억압 관계를 재생산한다면, 그 관념은 이데올로기적 기능을 수행하고 있는 것이다. 불편부당성의 이상을 향한 가치지향 및 다짐이 사회 전반에 퍼져 있다면, 이는 최소한 세 가지 이데올로기적 기능을 수행한다. 첫째, 분배적 정의 패러다임의 기반이 되는 중립 국가 관념을 지지하는 기능을 한다. 둘째, 민주적 의사결정을 향한 요청을 잠재우면서 관료 조직의 권위와 위계적 의사결정 절차를 정당화하는 기능을 한다. 마지막으로 셋째, 특권 집단의 관점이 마치 보편적 입장인 것처럼 실체화함으로써 억압을 강화하는 기능을 한다. 그래서 내가 주장하는 바는, 특정 입장에 선 담론과 다양성이라는 환경에서는 우리가 불편부당성이 아니라 공적 공정성public fairness을 추구해야 한다는 것이다.

불편부당성은 이성적 인간이라면 누구나 채택할 수 있는 관점, 즉 개별특수적인 관점 모두를 동등하게 고려하는 초연하고 보편적인 관점을 나타낸다. 누군가가 도덕적 결정이나 정치적 결정을 내릴 때 불편부당하다면, 그 결정은 옳은 결정, 즉 관련된 모든 사람의 이해관계를 가능한 한 많이 실제로 반영하는 최선의 결정, 유일한 결정일 것이다. 불편부당한 의사결정자에 의해 내려진 결정은 모든 관련당사자가 상호 존중과 권력 평등의 상황에서 토의했더라면 도달했을 결정이다. 그래서 우리가 불편부당한 의사결정자를 찾았다면, 더 이상 토론할 필요는 없을 것이다.

미국 사회에서 불편부당한 의사결정자라는 관념은 비민주적, 권위주의적 의사결정 구조를 정당화하는 기능을 한다. 근대 자유주의 사회에서는 어떤 사람들이 다른 사람들을 다스리는 것, 즉 다른 사람들의 행동과 그 행동 조건에 영향을 미치는 결정을 내릴 사람들의 권력은 통치하는 이들이 통치 받는 이들보다 단순히 더 낫다는 이유로는 정당화될 수 없다. 이성, 감정, 창조성 역량에서 만인이 평등하다면, 그리고 만인이 동등한 가치를 지닌다면, 사람들의 협동 생활을 향도할 규칙과 정책에 관한 결정은 반드시 사람들 모두가 공동으로 내려야 한다. 즉, 주권은 인민에게 있어야 한다는 것이다. 사회계약론의 신화에 의하면, 인민은 자신들의 권한을 국가 공직자에게 위임했는데, 이들 공직자는 의사결정을 불편부당하게 내려야 하고, 오로지 일반 이익만을 고려하며, 그 어떤 개별특수적인 이익도 편들지 않을 책무를 진다. 국가 공직자들이 불편부당한 합리성에 따라 행동하기만 한다면, 자율성과 위계적 권위hierarchical authority는 상호 모순되지 않는다는 것이다.

이렇게 되면 국가의 공적 영역 대 분파적 이익의 사적 영역이라는 이분법이 지니는 다른 측면이 등장한다. 국가는 사회 위에 군림하고, 사회와 떨어져서 초연한 위치에 있으면서, 각 개인이 사적 이득을 사적으로 추구할 때 생겨나는 경쟁과 갈등을 감시하고 심판한다. 따라서 로크는 국가의 기능을 묘사하기 위해 명시적으로 심판의 비유를 활용한다. 국가는 경쟁을 통해 이윤을 축적하는 경제 활동에 대해 불편부당하게 직무를 수행한다. 그리고 시민들은 그런 국가에 충성과 복종할 의무가 있다. 왜냐하면 국가가 그 어떤 개별특수적인 이익들로부터도 불편부당하게 거리를 두고 있다고 추정되기 때문이다(Pateman, 1979, 70~71쪽).

국가가 불편부당성과 보편성을 표현하며 욕구와 이익의 개별특수성에 대립하는 것으로 보는 견해들 중 가장 치밀하고 분명한 견해가 헤겔의 정치철학이다. 헤겔에 의하면, 자율적 개인들이 자기 목표를 추구할 수 있는 자유에 기반해서 사회관계를 설명하는 자유주의는 사회적 삶의 한 측면만을, 즉 시민사회라는 영역만을 제대로 설명할 뿐이다. 시민사회의 구성원으로서 [남성] 개인은 그 자신과 가족을 위해, 동일한 개별특수적인 이해관계를 가진 타인과 결합하여, 사적 목표를 추구한다. 시민사회 내의 이 개별특수적인 이해관계들은 충돌할 수도 있지만, 교환 거래를 통해서 많은 조화와 만족이 창출된다. 반면, 국가의 구성원으로서 파악된 [남성] 개인은 개별특수적인 욕구의 중심점이 아니라 보편적으로 표명된 권리와 책임의 담지자이다. 보편적이고 이성적인 인도주의 정신을 표현하기 위하여 국가와 법의 관점은 모든 개별특수적인 이익을 초월한다. 국가의 법과 조치는 일반 의지, 즉 전체 사회의 이익을 표현하는 것이다(Pelczynski, 1971, 1~29쪽; Walton, 1983 참조).

그런데 [헤겔이 보기에] 동일한 사람이 일반 이익을 추구하고 또 개별특수적인 이익을 추구하는 것은 양립할 수 없다. 그래서 시장에서의 사익 추구에 관여하지 않는 별도의 시민 부류가 존재해야한다. 이들의 임무는 국가의 보편적 관점과 공공선을 지키는 것이다. 일반 이익을 감지하고 제도화하는 데 가장 적합한 자들이 뽑히는 객관적 심사를 통해 이 공무원들은 선발되고, 이들의 불편부당성이 보장될 수 있게 국가 재정으로 지원한다. 헤겔에 의하면, 시민사회로부터 완전히 독립성을 가지는 공무원은 도덕 규칙이 사회적으로 구체화된 존재이다. 법과 정책 형성에 참여하지 않고서도 모든 시민은 공무원들이 만든 법과 정책이 시민들의 객관적 자유를, 즉 시민으로서의 보편성이 실현된 상태를 표현한다고 신뢰할 수 있으며, 그렇기에 그런 법과 정책에 복종할 절대적인 의무를 가진다(Pateman, 1979, 109~110쪽; Buchanan, 1982, 6~10쪽 참조).

미국 사회에서 공직자의 통치는 불편부당성의 이데올로기에 의해 정당화된다. 우리가 선출한 입법자들이 법률을 불편부당하게 만들 수 있게, 즉 일반 이익을 반영할 법률을 제정할 수 있게 하고자 우리는 입법자들에게 아무런 지시도 하지 않는다. 일반 이익을 반영하는 법들은 그 자체가 불편부당하다. 만인에게 평등하게 적용되기 때문이다. 입법자들이 일반 이익을 고려하여 만든 현명한 법을 가지고서 행정청과 법원은 정의가 확실하게 실현될 수 있도록 개별 사안에 법을 불편부당하게 적용하기만 하면 된다.

이런 국가 이미지에 따르면, 고위 행정직, 판사, 공무원은 불편부당한 의사결정 전문가로 여겨진다. 보통의 다른 사람들과는 달리, 이들의 일은 개별특수적인 목적을 가지고서 개별특수적인 행동에 몰두하는 것이 아니다. 그것에 거리를 두고, 다양한 이익과 목표 전체를 고려하고, 결정을 내리는 것이 그들의 일이다. 결정으로 영향을 받는 사람들이 심리와 재판에서 판사와 공무원에게 정보를 제공해야만 할 때도 있다. 그렇지만 유권 당국만이 불편부당하고 일반 이익을 대변하기 때문에, 결과의 결정은 유권 당국의 몫이다. 이런저런 개별적인 필요와 이익에 관해 토론하는 인민의 대중적 의회에 결정권을 넘기는 것은 그야말로 나쁜 생각이다. 그렇게 되면 해소 불가능한 갈등이 생겨날 것이기 때문이다. 그렇게 되는 까닭은 시민사회 내의 사람들은 자신들의 사익이나 자신들이 소속된 조직 및 집단의 특정 목표를 증진하는 데 충실하여 불편부당하지 못하고, 또 사익들이나 집단 목표들은 결코 피할 수 없는 갈등 관계에 빠지게 된다는 데 있다. 민주적 의사결정이 작동하지 못하기 때문에 국가는 중립적 중재자로서의 역할을 수행해야만 한다.

그런데 개별특수적인 이해관계들과 시민사회의 갈등 위에 군림하는 중립 국가라는 관념은 신화다. 자유주의 국가에 대한 마르크스주의의 비판은 이익집단 경쟁의 심판자라는 국가 이미지에도 그

대로 통용된다. 권력과 자원과 매스컴 접근 등이 계급이나 인종, 또는 이해관계에 따라 상당한 차이가 생겨난다면, 모든 이에게 자신의 이해관계를 표현할 형식적 기회 평등이 보장된다는 의미에서 불편부당한 의사결정 절차는 더 강한 자에게 유리한 결과를 낳기 마련이다.

불편부당성은 여타의 도덕 행위자의 경우에도 실현 불가능한 이상이지만, 의사결정을 내리는 공직자의 경우에도 마찬가지로 실현 불가능한 이상이다. 공직자이건 아니건 상관없이, 피와 살로 이루어진 의사결정자라면 결정을 내릴 때 자신의 정체성을 구성하며 사회적 삶에 대한 관점을 제공하는 집단 소속감과 가치지향 및 다짐으로부터 완전히 떨어져서 초월적 이성의 관점을 채택하는 것은 그야말로 불가능하다. 사람들 각자의 역사와 이해관계가 개별특수적이라는 점으로부터 그러니까 사람들이 자기만 생각하고 다른 사람의 이해관계와 관점을 고려할 수도 없고 그러려고도 하지 않는다는 결론이 도출되는 것은 아니다. 경제적 이해관계와 사회적 이해관계는 순전히 자기본위적인 것으로 보는 반면, 국가는 불편부당한 것으로 규정하는 다원주의 이데올로기가 개인들로 하여금 오로지 이기적 측면에서만 생각하도록 부추긴다. 각 개인은 자신의 이해관계를 표출하는 것으로 여겨지므로, 불편부당한 국가는 공정성이 실현되도록 만전을 기할 것이다. 나는 공정하다는 것이 자신의 입장에서 벗어날 것을 요구하지는 않는다는 점을 이미 논한 바 있다. 한 개인이나 집단의 역사와 가치지향 및 다짐은 편향적이다. 관련된 외부의 관점 모두를 개인이나 집단이 다 이해할 수는 없는 노릇이기 때문이다. 게다가 입법자, 고위 공직자, 여타 국가 공무원들은 공직 활동의 환경에서 형성된, 사회적 삶에 대한 특정한 관점 및 특정한 이해관계들을 발전시키기 마련이다. 따라서 국가는 실제로 시민사회를 초월하지도 않고, 시민사회를 전체적으로 보지도 않는다(Noedlinger, 1981).

분배적 정의 패러다임을 설명하는 데 도움이 되는 한에서, 중립 국가의 신화는 이데올로기적 기능을 수행한다. 정의에 관한 대부분의 논의가 암묵적으로건 명시적으로건 가정하는 바는 정의는 모종의 권위체에 의해 '집행된다'는 것, 그리고 이 권위체는 불편부당하다는 것이다. 또한 사회정의에 관한 대부분의 논의는 정의의 쟁점은 오로지 또는 기본적으로 국가 정책의 작용 원리에 관한 것이라고 상정한다. 정의에 관해 성찰하면서 당파적인 이해관계와 관점과 가치지향 및 다짐 모두를 초월하고 이들을 모조리 다 파악하는 불편부당한 의사결정의 영역으로 국가를 상정한다면, 유일하게 의미 있는 정의의 쟁점은 분배의 쟁점이다. 우리가 분배 집행자가 불편부당하고 따라서 사회의 이해관계 모두를 다 고려한다고 가정한다면, 의사결정 권력을 정의롭게 조직하는 것을 정의의 쟁점으로 제시할 이유는 없게 된다.

이미 논했듯이, 불편부당성의 이상은 공직의 권위를 정당화하는 기능을 한다. 공직의 경우에서처럼 사기업이나 사조직에서의 권위와 관련해서도 불편부당성은 정당화 역할을 한다. 이때의 권위도 귀족주의에 입각한 근거에서가 아니라, 경영 업무와 여타 업무를 분리시켜서 경영자가 조직 내의 상이한 분파적 관점을 관리하도록 만들 필요가 있다는 점에 근거해서 정당화된다. 그의, 가끔은 그녀의, 지력과 창조성과 근면성이 그의 또는 그녀의 능력을 입증했기 때문에 한 조직의 위계에서 승진했다면, 이 경영자의 업무는 하급자를 '프로페셔널한' 방식으로 관리·감독하는 것이고, 이는 결정을 내릴 때 객관적이고 불편부당한 이성의 관점을 취한다는 것을 의미한다. 기업 또는 회사의 규칙들은 그 자체가 불편부당해야 하고 형식적이어야 하며, 집행자는 이를 불편부당하게 적용해야 한다. 행정 집행자의 결정은 조직 전체의 이익을 반영해야 하는 것이다. 관료주의의 위계질서는 각각의 직위가 업적에 따라 불편부당하게 할당되기 때문에 정의롭다. 의사결정자가 불편부당성을 추구하는 한, 민주주의는 불필요하다. 불편부당한 의사결정자의 결정은 모든 사람의 이익에 봉사할 것이기 때문이다. 따라서 불편부당성의 이상은 대부분의 직장에 있는 위계질서 조직을 정당화하고, 직위를 업적에 따라 할당한다는 생각을 정당화하는 데 기여한다. 규범적으로나 문화적으로 불편부당한 평가 기준을 마련하는 것이 가능하다고 가정하는 이 업적 신화를 7장에서 비판할 것이다.

불가능하다는 사실에 직면해서도 불편부당성의 이상을 고집하는 것은 현실에서 도덕적으로 숙고할 때 취하는 관점이 어쩔 수 없이 편파적일 수밖에 없다는 점을 은폐하는 기능을 한다. [불편부당성의 이상에 입각한 정치철학과 정의론이 사용하는] 가상적인 추상의 방법이 창출한 빈 공간을 채우기 위해 개인들의 개별특수적인 역사와 경험과 소속감으로부터 파생된 맥락적 가정들과 가치지향 및 다짐들이 몰려들어 온다. 그러나 현재 그 가정들과 가치지향 및 다짐들은 [전혀 보편적이거나 객관적이지 않은데도] 인간 본성이나 도덕심리학에 대한 '객관적인' 가정들이라고 내세워지고 있다. 이런 식으로 불편부당성의 이상은 개별특수성을 보편적인 것으로 제시하려는 나쁜 경향을 낳는다.

사회집단 간 차이가 존재하는 곳에서, 그리고 어떤 집단들은 억압 받는데 또 어떤 집단들은 특권을 누리는 곳에서는, 개별특수성을 보편화하려는 이러한 경향이 그런 억압을 강화한다. 특권 집단의 관점, 이들의 경험과 기준이 정상적인 것으로 그리고 중립적인 것으로 구축된다. 어떤 집단들의 경험이 이 중립적인 경험과 다른 것이라면, 또는 그 집단들이 그런 중립적 기준에 맞지 않다면, 그 집단들이 보여 주는 차이는 비정상과 열등함으로 구성된다. 그리하여 억압 받는 이들의 경험과 가치가 무시되고 침묵당하는 것에 그치지 않고, 이들 집단이 상황 때문에 가지게 된 정체성으로 인해 불이익을 받게 되는 지경에까지 이른다. 이런 상황을 부정의하게 만들기 위해서 꼭 특권 집단이 타 집단을 희생시켜 자기 사익만을 이기적으로 추구할 필요는 없다. 타 집단의 필요와 이해관계를 구성할 때 행사되는 특권 집단의 편향된 방식만으로, 또는 타 집단을 무심코 무시하는 그들의 편향된 방식만으로도 이미 상황을 부정의하게 만들기에 충분하다. 억압 받는 집단들이 지배적인 가정들과 정책들에 도전하고 자신들만의 경험과 시각을 표현한다면, 그들의 주장은 편향된 것으로, 불편부당한 일반 이익에서 벗어나는 집단 이기적인 특수 이익으로 간주된다. 따라서 불편부당성의 이상에 충실하게 되면, 이른바 일반적 기준이라는 것의 당파성을 폭로하는 것, 그리고 억압 받는 자들의 목소리를 주장하는 것을 어렵게 만든다.

불편부당성의 이상은 위계질서에 따른 의사결정을 정당화하며 특권 집단의 관점을 보편적인 관점으로 나타나게 만든다. 이런 이데올로기적 기능들이 결합되면, 억압 상태를 영속화하고 어떤 집단의 불이익과 또 어떤 집단의 특권을 영속화하는 구체적인 결정들로 이어지는 경우가 대부분이다. 의사결정을 내리는 권위의 지위는 통상 특권 집단의 구성원들—백인 앵글로계Anglo 이성애자 남성—이 차지하기 마련이다. 그런 지위에 접근할 수 있는 것 자체가 특권의 일부이기 때문이다. 특권 집단은 자기네의 가정들과 기준들이 중립적이고 불편부당하다고 주장한다. 특권 집단의 권위주의적 결정은 그렇게 주장된 가정들과 기준에 입각하여 타 집단들의 능력과 필요와 규범을 침묵시키고, 무시하고, 비정상적인 것으로 만드는 경우가 많다. 지배와 그 결과인 억압을 교정하는 방법은 이 위계질서 제도를 혁파하는 것이다. 규범적 이성이 대화적이라면, 상이한 관점을 가진 사람들이 타인과 어쩔 수 없이 대면하게 되고 타인의 목소리에 귀 기울이게 됨으로써 자신만의 세계에서 벗어나서 실제로 상호작용하는 데서 정의로운 규범이 생겨날 가능성이 높다. 따라서 정의로운 의사결정 구조는 그 결정에 관여하고 영향을 받는 모든 개별특수적인 집단들에게 목소리와 표결권을 확실하게 보장하는 민주적 구조여야만 할 것이다.

참여민주주의와 이질적 공중의 관념

우리가 불편부당성의 이상을 포기한다면, 공동 행동 영역에서의 비민주적 의사결정 절차를 도덕적으로 정당화할 방법은 더 이상 없다. [공동 행동 및 사회 제도의 원리를 산출하기 위해] 허구적인 계약은 필요 없다. 그 대신, 사는 곳도 다르고 민족도 다르고 젠더도 다르며 직업도 다른 실제의 사람들이 각자의 독자적 목소리를 표현하도록 장려하는 제도들 안에서 사회적 쟁점들에 관하여 자신의 관점을 주장하는 현실적인 참여 구조가 필요할 뿐이다. 그렇다면 정의에 대한 이론적 논의를 하려면, 참여민주주의에 대한 이론적 논의가 이루어져야만 할 것이다. 그러나 캐럴 페이트먼(Carole Pateman,

1986)[11]이 지적하듯이, 현대 참여민주주의 이론들 중 많은 수가 자신들의 고전적 선조들 못지않게 시민 공중이라는 이상을 적극적으로 받아들이고 있다.

이미 앞에서 논했듯이, 시민 공중이라는 이 이상은 다른 존재라고 규정된 여성과 타 집단들을 배제한다. 시민 공중이 감정, 개별특수성, 육체에 대립한다는 것, 바로 이 점으로부터 시민 공중의 이성적 지위와 보편적 지위가 파생되기 때문이다. 공화주의 이론가들은 시민 공중은 통일성이 있어야 한다고 강력하게 주장한다. 모든 남성은, 그가 시민이라면, 모든 시민에 동일할 보편적 관점, 즉 공동선이나 일반 의지의 관점을 채택하기 위해서 자신의 개별특수성과 차이를 내버린다는 것이다. 공화주의 정치인들이 실제로 시민의 동질성을 실현한 방식은 다음과 같다. 다른 존재로 규정된 자들, [남성] 시민들을 순수한 이성의 관점에서 벗어나게 영향을 미칠지도 모르는 육체, 욕구, 필요와 연상되는 자들을 모두 시민적 지위citizenship에서 배제함으로써 시민의 동질성을 실현시켰다. 현대 참여민주주의 두 이론가인 벤저민 바버Benjamin Barber와 하버마스는, 비록 두 사람 입장이 애매하기는 하지만, 시민 공중이라는 보편주의적 이상의 이런 주된 특징들을 여전히 간직하고 있다.

바버(1984)는 정서 차원이 완전히 제거된 정치적 담론 모델을 구성하는 현대 정치 이론가들을 맹렬하게 비판한다. 의례儀禮, 신화, 열정, 감정적 표현, 시적 담론은 합리적 논증과 마찬가지의 정치적 의미가 있다고 바버는 주장한다. 따라서 많은 공화주의 이론가들과는

---

11 캐럴 페이트먼(1940~)은 영국 출신의 페미니즘 정치철학자이다. 로스앤젤레스 캘리포니아 대학교 정치학과 명예교수이다.

달리, 바버는 통일성과 공중의 합리성이 욕구와 육체로 인해 와해되는 것을 두려워하지 않는다. 그런데 강한 민주주의strong democracy라는 개념에서 바버는 통일성과 보편성으로 규정되고 집단 소속감과 개별특수적인 필요와 이해관계와 반대되는 시민 공중의 관념을 여전히 간직하고 있다. 바버는 시민적 지위 및 시민적 활동의 공적 영역과 개별특수적인 정체성, 역할, 소속감, 이해관계의 사적 영역을 분명하게 구별한다. 강한 민주주의는 시민 모두의 공통된 의사와 공통된 판단을 이상적으로 표현하는 공중이 조금이라도 분열되는 것에 대해 아쉬워한다고 바버는 주장한다. 시민적 지위는 사람들의 사회적 정체성으로 다 규명되지 않고, 시민적 지위는 강한 민주주의에서의 나머지 모든 사회적 활동들보다 도덕적으로 우위를 차지한다. 개별특수적인 이해관계의 추구, 개별특수적인 집단들의 주장 표현, 이 모든 활동은 공적 영역으로 확립된 공동체 및 공통의 비전 틀 안에서 이루어져야만 한다는 것이다. 따라서 바버의 참여민주주의관은 시민적 지위의 공적 영역 대 개별특수적인 이해관계와 소속감의 강력한 대립에 여전히 의존한다. 바버에게 참여민주주의의 과정은 사회적 차이의 융합을 필요로 한다. 그런데 이미 내가 논한 바 있듯이, 이런 융합은 이른바 천한 공중the allegedly common public을 지배하는 목소리와 관점을 보유한 특정 집단들의 특권으로 귀결되는 경향이 있다.

욕구와 감정의 사적 영역에 반대되는 이성의 영역으로서 공중을 규정하면서 공화주의적인 통일성 및 보편주의 유산을 간직하는 정도의 측면에서 보면, 하버마스의 의사소통 행위 이론은 바버의 이론보다 훨씬 더 애매하다. 이미 앞에서 논했듯이, 의사소통 행위 이론의 주된 흐름은 진정으로 상호주관적이고 맥락적인 참여민주주의를 목표로 한다. 의사소통 행위 이론에 따르면, 선험적인 불편부당성의 관점을 취하지 않아도 규범의 합리성은 근거 지어질 수 있다. 즉, 모든 관련 당사자들이 논의하여 나온 산물로 규범을 이해하는 방식만으로 규범의 합리성을 근거 지을 수 있다는 것이다. 앞에서 고찰했듯이, 의사소통 윤리학을 해석하는 한 가지 가능한 [대안적] 방식이 있다. 모든 개인이 자신의 필요 및 욕구를 표현할 때 평등한 발언권을 가진다는 조건 하에서, 다른 사람들이 충족시켜 주어야 하고 승인해야만 한다고 각자가 주장하는 자신의 필요, 감정, 욕구가 다 표현된 결과로서 규범적 주장normative claim[12]을 이해하는 방식이다. 따라서 이런 해석은 공적 이성 대 욕구/필요/감정의 사적 영역의 구분을 무너뜨리게 될 것이다.

그러나 칸트적 보편주의라는 강한 계통이 여전히 하버마스에게 남아 있다. 바로 이 점 때문에, 필요의 해석need interpretation이라는 근본적으로 다원주의적인 참여 정치로 나아가려는 저 대안적 해석 방식의 행보가 약화된다. 하버마스에게 이성 대 감정이라는 이분법의 흔적은 여전히 존재할 뿐더러, 더 나아가서 하버마스는 감정에 대한 논의와 규범에 대한 논의를 확고하게 분리하기까지 한다. 게다가 그의 언어 모델 자체가 상당한 정도로 상호 논증discursive argumentation의 패러다임에 의존하고 있어서, 의사소통적 효과의 중요한 측면인 비유적, 수사적, 유희적, 형상적embodied 발언들은 경시된다(Young, 1987; Keane, 1984, 169~172쪽 참조). 의사소통 윤리학은 많은 가능성을 담고 있지만, 하버마스 자신은 '일반화된 타자'의 관점—필요/욕

---

12 규범적 주장이란 '어떤 행동을 해야 한다'(수행 명령), '하지 말아야 한다'(금지 명령), '해도 좋다'(허용)는 방식으로 주장되는 것이다.

구/가치지향 및 다짐이라는 개별적이고 구체적 맥락이 추론하는 주체에 의해 사상되면서 타인 역시 이 일반적 입장에서 바라보는 관점—으로 해석된 '도덕적 관점'을 여전히 강력하게 지지한다. 그런 형식으로 하버마스는 권리 및 원리라는 공적 영역에 대비해서 맥락을 가진 필요라는 사적 영역을 여전히 구별하고 있는 것이다(Benhabib, 1986, 348~351쪽). 마지막으로 또 지적하자면, 대화에 참여하는 당사자들은 암묵적으로 합의를 목표로 한다는 그의 주장은 시민 공중의 이상적 통일성을 떠올리게 한다.

3장에서 보았듯이, 많은 저자들이 복지 기업 사회는 이익집단 다원주의를 제도화함으로써 비정치화되었다고 주장한다. 바버가 강한 민주주의적 공중을 제창하듯이, 이 저자들 중 많은 이들 역시 시민 공중의 재제도화—그렇게 되면 시민들은 공동선을 실현하기 위해서 각자의 개별특수적인 맥락, 필요, 이익을 초월한다—를 제창한다. 그러나 내가 지금까지 주장해 왔듯이, 정치적 통일성을 향한 그런 열망은 차이를 억누르고, 특정한 목소리들과 관점들을 공중에서 배제하는 경향이 있다. 어떤 집단들이 더 큰 특권과 지배적 지위를 가지고 있다면, 이들 집단은 자신들의 개별특수적인 관점과 이해관계에 의해 영향을 받은 용어들로 '공동선common good'을 제시하게 될 것이기 때문이다.

예를 들어 보자면, 바버의 설명과는 반대로, 이익집단 다원주의의 문제점은 다원적이고 개별특수적이라는 데 있지 않고, 오히려 모든 것을 사사화私事化한다는 데 있다. 이 이익집단 다원주의는 정치과정을 이기주의이고 자익 본위로 파악하는 견해를 제도화하고 장려한다. 자신의 이득을 최대화하기 위할 목적으로만 각 당사자는 부족한 재화와 특권을 둘러싼 정치적 경쟁 속으로 들어가므로, 타인 자체만을 고려하여 타인의 주장을 경청하거나 반응을 보일 필요가 없다. 빈궁하거나 억압 받고 있는 사람들이 있을 때, 억압 받고 있다는 바로 이 점 때문에 이들의 주장에 주의를 기울여야 할 책무가 있는 어떤 당사자들이 있다는 주장은 이익집단 다원주의에서 통용될 여지는 당연히 없다. 이익집단의 협상 과정은, 그리고 많은 경우 그 결과는, 대체로 사적으로 일어난다. 그 결정으로 영향 받을 모든 관련 당사자들을 진정으로 포함하는 포럼에서 결정 과정과 결과는 공개되지도 않고 논의도 되지 않는다.

공적 삶의 재정치화가 이루어지기 위해서, 모든 시민이 신비스러운 '공동선'에 대해 논의하고자 자신의 개별특수적인 집단 소속감과 역사와 필요를 내버리는 통일된 공적 영역이 반드시 창출되어야 하는 것은 아니다. 다양한 사회집단, 직업, 정치적 입장, 상이한 특권과 억압 상태, 상이한 지역 등으로 분화된 사회에서는 공동선과 같은 것의 지각은 개별특수성들이 하나로 융합되기보다는 각각 표출되는 공적 상호작용에서만 나올 수 있다. 생각건대, 미국 사회에서 정치 민주화를 추구하는 사람들이 계몽주의 시대의 공화주의 전통과 결별하려면 공적인 것과 사적인 것의 의미를, 그리고 양자의 관계를 새롭게 파악해야만 할 것이다. 공사 구분을 유지할 이론적이고 실천적인 좋은 이유가 있기는 하지만, 이 공사 구분이 이성과 감정, 남성과 여성, 보편과 특수의 대립에 상응하는 우열 관계적 대립으로 구성되어서는 안 된다.

공개되고 누구나 접근 가능하다는 것이 '공적인 것'의 기본적 의미다. 공중은 배제적이지 않아야 한다는 것이 원칙이다. 이런 의미에서 일반적이기는 하지만, 공중을 이렇게 파악하는 견해는 동질성을 함축하지도 않고, 모종의 일반적 또는 보편적 관점의 채택을 함축하지도 않는다. 개방적이고 누구나 접근 가능한 공적 공간과 포럼에서는 실제로 우리는 우리와는 다른 사람들, 즉 그 사회적 관점과 경험과 소속감이 우리 것과는 다른 사람들을 만나게 되고 그들의 말을 듣게 될 것으로 예상해야만 할 것이다. 그렇다면 포용의 정치politics of inclusion를 진흥시키기 위해서는 참여민주주의는 이질적 공중 heterogeneous public의 이상을 활성화시켜야만 한다. 이질적 공중에서는 사람들이 타인들에 의해 완전히 이해될 수는 없을지는 몰라도, 각자의 상이함이 승인받고 존중받으면서 당당히 앞에 서게 된다.

한나 아렌트(Hannah Arendt, 1958, 58~67쪽)[13]가 지적하듯이, 사적인 것은 어원상 결핍과 연관성이 있다. 전통적 관념에 의하면, 사적인 것은 안 보이도록 가려야만 하는 것, 또는 보일 수 없는 것이다. 사적인 것은 수치 및 불완전함과 연관되어 있다. 아렌트가 지적하듯이, 사적인 것을 이렇게 생각하는 견해는 인간 삶의 육체적 측면과 정서적 측면을 공적인 것에서 배제한다는 것을 함축한다.

공적인 것이 배제하는 것으로 사적인 것을 정의 내리기보다는, 자유주의 이론의 한 계통이 파악하듯이, 누구든지 타인을 배제할 권리가 생기는 삶과 활동의 측면으로 사적인 것을 정의 내리자는 게 나의 제안이다. 이런 의미에서 사적인 것은 공적인 기관들이 [자신들의 관할 영역이 아니라고] 배제하는 것이 아니다. 개인들이 공적인

---

13 한나 아렌트(1906~1975)는 독일 출신의 세계적으로 저명한 학자이다. 나치 정권의 탄압으로 1941년 미국으로 이주했다. 정치의 성격, 권력의 성격, 권위주의, 전체주의, 민주주의 등에 관하여 통찰력 있는 저서들을 집필했다. 주요 저서로는 『전체주의의 기원(The Origins of Totalitarianism)』(1951), 『인간의 조건(The Human Condition)』(1958), 『예루살렘의 아이히만(Eichmann in Jerusalem: A Report on the Banality of Evil)』(1963), 『혁명론(On Revolution)』(1963), 『공화국의 위기(Crises of the Republic: Lying in Politics)』(1969), 『시민적 불복종(Civil Disobedience)』(1969), 『폭력의 세기(On Violence)』(1969) 등이 있다.

시선에서 물러나겠다고 선택한 것이 사적인 것이다. 국가와 비非국가 양 측면에서 관료주의가 증대되면서 프라이버시의 보호가 공적인 현안이 되었다. 복지 자본주의 사회에서 개인의 프라이버시 보호는 국가가 일정 사안에 관여하지 않게 하는 문제만이 아니라, 국가기관과 비국가 조직(가령 기업)이 개인의 프라이버시 주장을 확실히 존중하게끔 국가가 적극적으로 규제할 것을 요구하는 문제이기도 하다.

공적인 것과 사적인 것의 개념을 구성하는 이런 방식은 페미니즘이 전통적인 정치 이론과 대결하면서 생겨난 것이지만, 그렇다고 해서 전통적인 공/사 구분을 부정하지는 않는다. 그러나 공적 영역과 사적 영역이 각각 상이한 제도, 활동, 인간적 특성을 가지는 것으로 보는 사회적 분업은 단연코 부정한다. 따라서 이질적 공중이라는 개념은 두 가지 정치 원리를 함축한다. 그것은 (a) 그 어떤 사람도, 그 어떤 행동도, 인간 삶의 그 어떤 측면도 프라이버시에 해당하는 것이라고 강제되어서는 안 된다는 원리와 (b) 그 어떤 사회 제도도 그 어떤 사회적 실천도 [비공적인 것이어서] 공적인 논의와 표현에 적합한 주제가 아니라고 선험적으로 배제되어서는 안 된다는 원리이다.

내가 앞에서 논했듯이, 공중에 관한 근대의 관념은 개별특수적인 인간 측면의 많은 것을 공적인 관심에서 배제시키는 시민 관념을 만들어 냈다. 공적인 삶은 성별, 인종, 연령 등에 '눈멀어야blind' 하고, 모든 사람은 동일한 조건으로 공적 영역과 공적 토론에 들어서야 한다는 것이다. 이런 공중관은 공적 삶에서 사람들을 배제하고, 또 여러 인간적 측면들을 배제하는 결과로 이어졌다.

여전히 미국 사회는 사람들을 또는 여러 인간적 측면들을 프라이버시에 해당하는 것으로 강요하는 사회이다. 아마 동성애 탄압이 가장 두드러진 예일 것이다. 오늘날 미국의 대부분의 사람들은 개인들이 자신의 동성애 활동을 사적으로 하는 한에서는 게이일 권리가 있다는 자유주의적 견해를 보유하는 것처럼 보인다. 그런데 자신이 게이라는 사실을 공적으로 주목받게 하고, 게이 감정을 공적으로 표명하고, 심지어 게이가 필요로 하는 것이 무엇인지와 게이의 권리를 공적으로 주장까지 한다면, 많은 사람들의 조롱과 공포를 불러일으키게 된다. 지금의 미국 사회는 신체장애인과 지적장애인을 공적인 시선에서 보이지 않게 하던 조치들을 막 바꾸기 시작하는 단계에 있을 뿐이다. 거의 100년 동안 '품위 있는' 여성들은 공적 공간을 이용하고 공적인 표현을 할 수 있었다. 그러나 미국 사회에 만연하는 지배 규범들은 우리의 여성성을 명시적으로 드러내는 것—월경, 임신, 수유—을 사적으로 하도록 여전히 압박하면서, 이 행동들이 공적인 발언, 공적인 시선, 공적인 고려의 대상이 되지 못하게 만들고 있다. 그 연장선상에서, 아이들 역시 공적인 시선에서 보이지 않도록 해야 하고, 아이들의 목소리가 공적인 표현을 획득해서는 안되는 것은 말할 나위도 없다.

"개인적인 것이 정치적이다."라는 페미니즘의 슬로건은 그 어떤 사회적 실천이나 행동도 공적인 논의와 표현, 공동 선택에 적합한 주제가 아니라고 배제되어서는 안 된다는 원리를 표명한다. 현대의 여성 운동은 공적 논의의 대상으로는 지나치게 사소하거나 사적인 것으로 주장되던 많은 실천들을 공적인 쟁점으로 만들어 왔다. 대명사['그'/'그녀']의 의미, 여성에 대한 가정폭력, 여성에게 남성이 문을 열어주는 행위, 여성과 아동에 대한 성폭력, 가사 노동의 성별 분업 등이 그 예이다.

사회주의 정치와 인민주의 정치는 개인과 기업이 어떻게 돈을 투자하는지, 이들이 무엇을 생산하는지, 어떻게 생산하는지와 같이 적절한 사적 활동으로 여겨지던 많은 행동과 활동을 공적인 쟁점으로 만들자고 주장한다. 복지 기업 사회는 많은 사람들에게 엄청난 영향을 주는 거대 제도들이 자신들의 활동을 사적인 것으로 규정할 수 있도록 허용함으로써 이 거대 제도들에게 타인을 배제할 권리를 부여한다. 착취와 주변화와 같이 경제적 원인에서 생겨난 억압을 완화하는 데 관심 있는 참여민주주의자들은 대체로 이들 거대 제도들의 활동 중 일부나 전부를 공적인 민주주의 결정의 관할 영역 하에 두자고 요구한다.

이 사례들은 공적인 것과 사적인 것이 노동 대 가족, 국가 대 경제와 같은 제도적 영역의 대립으로 쉽사리 일대일 대응하지 않는다는 점을 보여 준다. 민주주의 정치에서는 프라이버시의 경계가 어디서 그어져야 하는지 그 문제 자체가 공적으로 논의되어야 할 쟁점이어야 한다(Cunningham, 1987, 120쪽). 프라이버시의 보호 목적은 개인들의 행동 자유와 기회와 참여를 보존하는 데 있다. 어떤 기관이나 집합체가 타인을 배제할 권리로서의 프라이버시에 대한 권리를 주장할 때, 그 주장의 정당성 여부는 개인 프라이버시의 정당한 범위를 실현시킬 수 있게 해주는가, 라는 점에 비추어서 평가될 수 있을 것이다.

이 장의 도입부에서 말했듯이, 보편성과 특수성, 이성과 감성의 대립으로 연상되는 공/사의 전통적인 대립에 도전하는 것은 정의를 돌봄care에 대립시키는 정의관에 도전한다는 것이다. 각 개인이 타인의 목표 추구 능력을 방해하지 않으면서 그녀의 또는 그의 개인적 목표를 추구할 수 있는 환경을 정해 주는 형식적이고 보편적인 원리로만 정의를 제한하는 정의론은, 마이클 샌델(1982)이 말하듯이, 사회적 삶에 대해 너무도 제한된 견해일 뿐만 아니라, 정의관으로서도 너무도 제한된 견해이다. [최고 유일의 덕목이 아니라] 하나의 덕목으로서 정의는 개인의 필요와 감정과 욕구에 대립할 수 없다. 정의는 사람들이 각자 자신의 필요를 충족시키고 자신의 욕구를 표현할 수 있도록 하는 제도적 조건들을 지정한다. 사람들이 가지는 필요들은 이질적 공중 안에서 그 개별적인 특수성을 통해 표현될 수 있다. 6장에서는 차이에 주목하여 이를 긍정하는 공적 삶의 원리들이 어떤 구체적 내용을 가질지에 관해 다루겠다. 그러나 5장에서 나는 차이에 대한 공포를 형성하는 데, 그리고 이 차이에 대한 공포가 절대적 타자성을 구성하는 데 일조하는 정체성의 동학dynamics of identity을 좀 더 깊이 고찰할 것이다.

5장

몸의 등급 매기기와
정체성의 정치

"인종차별주의와 동성애공포증은 이 시기 이 세상을 살아가는 우리 모두의 삶의 실제적 조건이다. 나는 우리 각각이 자신 속에 있는 지식의 깊은 곳으로 내려가서 거기에 자리 잡고 있는 일체의 차이에 대한 공포와 혐오를 만나라고 강력히 촉구하는 바이다. 그 공포와 혐오가 누구의 얼굴을 하고 있는지 보라. 그러면 정치적인 것the political으로서의 개인적인 것the personal이 우리의 모든 선택을 조명하기 시작할 것이다."

— 오드리 로드Audre Lorde[1]

"그 하얀 겨울날, 내 몸은 축 늘어지고, 왜곡되고, 다시 색깔이 칠해지고, 비탄에 싸여서 나에게 돌아왔다. 흑인은 추하다, 흑인은 짐승이다, 흑인은 나쁘다, 흑인은 비열하다, 흑인은 추하다, 라고. '이봐, 깜둥이, 날씨가 춥네. 저 깜둥이가 떨고 있는데, 춥기 때문이야. [그런데 저] 어린 소년은 그 깜둥이가 무서워 떨고 있어, 저 깜둥이는 사실 추위로 몸을 떨고 있을 뿐인데. 정말 뼈 속까지 들어가는 추위야. 하지만 잘생긴 저 어린 소년은 저 깜둥이가 분노로 몸을 떨고 있는 거라고 생각해서 떨고 있어. [그래서 결국] 저 작은 백인 소년은 어머니 품에 달려들어 안기며 이렇게 말했어. 엄마, 저 깜둥이가 나를 잡아먹으려고 해요.'

내 주변 사방에는 모두 백인들이었다. 저 위의 하늘은 자신의 배꼽

---

1 오드리 로드(1934~1992)는 미국의 흑인 작가로 급진적 페미니스트이자 민권운동가였으며, 레즈비언이기도 했다.

에서 찢어지고, 땅은 내 발 밑에서 헐떡인다. 그리고 하얀 노래, 하얀 노래가 들려온다. 나를 불태우는 이 모든 하얀 것……. 불가에 앉아 [문득 나는] 나의 유니폼을 깨달았다. 난 그런 유니폼을 본 적이 없었다. 그것은 정말로 추한 것이었다. 하지만 나는 거기서 [내 생각을] 멈췄다. 누가 [과연] 내게 아름다움이 무엇인지 말할 수 있겠는가?"(Fanon, 1967, 114쪽)

다른 유형의 집단적 억압과 마찬가지로 인종차별주의가 단 하나의 구조로만 이루어져 있다고 생각해서는 안 된다. 그것은 미국에서 모든 흑인, 라틴 아메리카인, 아시아인, 아메리칸 인디언, 유태인 모두 또는 그 대부분의 삶을 조건 지우는 여러 형태의 억압의 측면에서 파악해야 한다. 이들 집단의 많은 사람들이 겪는 억압은 분명히 미국 자본주의의 특유한 구조 및 지상명령—착취 구조, 차별적 노동 분업 및 주변화—으로 조건 지워진다. 인종차별주의는 성차별주의와 마찬가지로 노동자들을 서로 분리시키고, 그중 일부를 지나치게 착취하고 주변화시키는 것을 정당화하는 편리한 도구이다. 그렇지만 프란츠 파농Frantz Fanon[2]이 위의 글에서 상기시킨 것 같은 경험은 단순히 자본주의식 절차로 환원될 수는 없으며, 위에서 언급한 억압 구조 안에서 포섭될 수 있는 것도 아니다. 대신 그 경험은 내가 문화제국주의와 폭력이라고 불러온 억압의 일반적 형태에 속한다. 문화제국주의의 특징은 특정 그룹들이 보이지 않는 존재로 취급된다는 점, 동시에 표

---

2 프란츠 파농(1925~1961)은 반제국주의·반식민주의 사상가로, 서인도의 프랑스령 마르티니크 섬에서 흑인 아버지와 백인 어머니 사이에서 혼혈로 태어났다. 제2차 세계대전 때 프랑스군에 자원입대하고 전후 정신의학을 전공했는데, 이후 민족해방전선(Front de Libération Nationale, FLN)의 지도자로 알제리 혁명에 참가했다.

지 붙여져서 구분되고 고정관념에 따라 정형화된다는 점에 있다. 문화적 차원에서 제국주의적인 일군의 사람들은 자기 자신의 가치, 경험, 관점을 규범적이고 보편적인 것으로 투사投射한다. 이에 따라 문화제국주의의 피해자들은 주체로서는, 즉 자기 자신의 관점과 집단 고유의 경험과 이익을 가진 인격체로서는 보이지 않는 존재가 되어 버린다. 동시에 이 피해자들에게는 지배적 규범에서 일탈한 타자로 표지가 붙여지고, 타자로 표시된 상태로 그대로 굳어진다. 지배 집단은 자신이 속한 집단에 대해 의식할 필요가 전혀 없다. 그들은 표지가 붙여지지 않고, 중립적이며, 외관상 보편적인 지위를 차지하는 듯이 보인다. 그러나 문화제국주의의 피해자들은 자신의 집단적 정체성을 결코 잊을 수 없다. 왜냐하면 다른 사람들의 행위와 반응이 피해자들의 집단적 정체성을 환기시키기 때문이다.

위에서 인용한 파농의 문장은 문화제국주의의 독특하면서도 결정적으로 중요한 측면을 떠오르게 한다. 즉, 특정 집단에 속해 있다는 이유로 다른 사람들에 의해 혐오aversion 대상으로 취급되는 경험 말이다. 원칙적으로 말해, 문화제국주의가 혐오의 상호작용 동학으로 구조화될 필요는 없다. 그러나 자유주의적이고 관용적이라는 현대사회에서는 적어도, 그러한 혐오의 반응은 문화적 차원에서 제국주의적인 모든 집단의 억압을 깊숙이 구조화시킨다. 문화제국주의로 인한 억압적 경험의 다수는 몸짓, 발화發話, 목소리의 음조音調, 움직임, 다른 사람들의 반응 등과 같은 상호작용의 일상적 맥락에서 일어난다(Brittan and Maynard, 1984, 6~13쪽 참조). 매력과 혐오의 파동은 몸의 경험에 특별한 효과를 낳으면서, 사람들 사이의 모든 상호작용을 조율한다. 지배문화가 일부 집단들을 다른 존재로, 즉 타자로 정의 내리면 그 집단의 구성원들은 자신의 몸속에 감금된다. 지배 담론은 신체적 특징 차원에서 이들 집단을 정의하면서 이들의 몸을 추하고, 더럽고, 불결하고, 불순하고, 오염되었거나 병든 것으로 구성한다. 더욱이 자신의 세계가 몸의 표피[피부색]에 따라 규정되는 경험을 한 사람들은(Slaughter, 1982), 다른 사람들의 몸짓 행위를 통해 자신이 어떤 지위에 처해 있는지를 불현듯 알게 된다. 예컨대, 다른 사람들의 몸짓, 다른 사람들이 보이는 불안 초조감, 눈 맞추지 않는 것, 거리를 유지하려는 행위 속에서 말이다.

인종적 억압의 경험이 부분적으로 수반하는 것은 추한 몸을 가진 것으로 정의 내려진 집단으로 존재하게 되는 것, 그리고 그 때문에 공포, 회피, 증오의 대상이 되는 것이다. 더욱이 인종차별주의를 겪는 집단이 추하거나 두려운 몸을 가진 사람으로 정의되는 유일한 집단인 것은 결코 아니다. 흑인에 대한 억압과 마찬가지로, 여성 억압은 2장에서 서술한 다섯 가지 형태의 억압 모두를 보여 준다. 가정과 직장에서의 성별 노동 분업이 젠더에 특유한 착취 형태와 무력함의 형태를 산출한다. 그렇지만 여성 억압의 구조는 명백하게 욕망의 상호작용적 동학, 매력과 혐오의 진동, 몸과 육화embodiment에 대한 사람들의 경험에 의해서도 또한 형성되기도 한다. 여성적 아름다움과 바람직함을 숭배하도록 마련된 일정한 문화적 공간이 있기는 하다. 그러나 부분적으로는 바로 일회성으로 특별 출연할 뿐인 그런 '여성미의 이상cameo ideal'이 대부분의 여성들을 칙칙하고, 추하고, 혐오스럽거나 두려운 몸을 가진 사람으로 만든다. 노인, 동성애자, 장애인, 뚱뚱한 사람들 역시 추하고, 두렵거나 혐오스러운 몸을 가진 집단으로 자리 잡는다. 특정 집단을 추하다고 정의 내리는 상호 동학과 문화적인 고정관념은, 대부분의 해당 집단에 속한 대부분의 구성원들의 평화와 몸을 위험하게 만드는 억압적 괴롭힘과 폭력과 큰 관련이 있다.

이 장은 경멸 받는 집단의 추한 몸에 대한 해석, 그리고 이 집단을 억압하기 위한 무의식적 두려움과 혐오가 갖는 함의에 대해 탐구한다. 4장에서 제시했던 의견, 즉 유색인종과 여성을 공중에 속하지 않는다고 보는 인종차별적 및 성차별적 배제의 기원은 근대 이성의 구조 안에, 그리고 근대 이성이 욕망, 몸, 정서affectivity에 대해 스스로 설정한 대립 안에 있다는 견해를 확장하고자 한다. 몸에 대립하여 모든 요소를 통일시키고 통제하는 이성과 몸에 대한 지배를 구축한 근대 철학과 과학은 어떤 집단은 이성과 동일시하고 다른 어떤 집단은 몸과 동일시했다.

경멸받는 몸을 대상화objectification하고 그런 몸을 공공연하게 지배하는 것은 19세기에 확립되었다. 그러나 이는 우리가 살고 있는 시대에서는 줄어들었고, 담론상으로는 만인의 평등을 강력하게 지향하고 그 실현을 다짐하는 태도가 부상했다. 나는 이러한 강력한 가치지향 및 다짐과 함께 인종차별주의, 성차별주의, 동성애공포증, 노인차별주의, 장애인차별주의가 사라진 것이 아니라 지면 아래로 내려가, 사람들은 대부분을 인식하지 못하는 일상적 습관과 문화적 의미 속에 자리 잡았다고 생각한다. 아브젝트한 것the abject에 대한 줄리아 크리스테바Julia Kristeva의 분류에 따라,[3] 나는 특정 집단들을 경멸스럽고 추한 몸으로 계속 정의하는 습관적이고 무의식적인 공

---

3 '아브젝트한 것(the abject)'과 '아브젝시옹(the abjection)'은 불가리아 유태계 집안 태생 프랑스의 페미니스트 정신분석가 줄리아 크리스테바(1941~)가 『공포의 권력』에서 사용한 개념으로, 사전에 따르면 혐오, 비천, 역겨움, 더러움 등의 의미를 갖는다. '아브젝트한 것'은 주체 바깥에 존재하는 대상인 '오브젝트(object)'와는 다른 것으로, 주체 속에 있으나 바깥으로 배출되는 것을 의미한다. '아브젝트한 것'의 예로는 생물학적으로는 콧물, 고름, 배설물, 구토물 등이 있고, 사회학적으로는 주체로 인정받지 못하고 배제되는 사람들이 있으며, '아브젝시옹'은 이것 또는 이 사람들에 대한 혐오의 감정을 뜻한다.

포와 혐오가 어떻게 정체성 상실에 대한 걱정과 조응하는지를 탐구할 것이다. 우리 사회는 상당 정도로 감정과 반응을 통하여 문화제국주의적 억압을 수행한다. 이런 점에서 억압은 법과 정책으로는 도저히 교정될 수 없다.

이 장에서의 분석은 비의도적 행위에 대한 도덕적 판단이 가능한지, 만일 가능하다면 어떻게 가능한지에 관하여, 도덕 이론상의 문제를 제기한다. 만약 무의식적 행위와 관행이 억압을 재생산한다면, 그런 행위와 관행은 도덕적으로 비난받아야만 한다. 나는 이러한 경우 도덕 이론은 '가해자를 비난하는 것'과 '가해자에게 책임을 지게 하는 것'을 구별해야 한다고 주장한다.

따라서 문화제국주의의 해체는 문화혁명을 요구하며, 이는 또한 주체성 혁명을 수반한다. 주체의 일체성wholeness을 추구하기보다는, 주체로서의 우리 스스로도 소속감 및 욕구 측면에서 이질적이고 다중적multiple임을 인정하고, 다원적이고 복합적인 미국 사회의 주체인 우리는 우리 안에 있는 타자성otherness을 긍정해야만 할 것이다. 의식의 고양을 꾀하는 사회운동 실천은 주체를 혁명화하는 방법에 대한 초기 시작 모델을 제공한다는 점도 밝힌다.

근대 담론에서 몸의 등급 매기기

4장에서 스스로를 보편적이고 중립적이라는 근대 이성의 주장과, 정서와 몸에 반대되는 것으로 스스로를 설정하는 근대 이성의 태도는 특정 집단에 대한 평가절하와 배제로 이어진다고 말했다. 이 장에서 나는 이 과정의 의미를 보다 상세하게 탐구할 것이다. 근대의 인종차별주의, 성차별주의, 동성애공포증, 노인차별주의, 장애인차별주의는 계몽적 이성과 충돌하는 중세 암흑시대로부터 넘어온 미신적 이월물이 아니다. 오히려 그 반대로, 근대의 과학적·철학적 담론이야말로 인종·성·나이·민족적 우월성에 대한 공식 이론을 명시적으로 설명하고 정당화했다. 19세기 및 20세기 초의 과학적·미학적·도덕적 문화는 중립적이고 합리적인 주체의 순수함과 품위respectability에 대비하여, 공공연하게 특정 집단을 추하거나 퇴화한 몸으로 구성했다.

도구적 이성에 대한 비판이론, 휴머니즘과 데카르트식의 주체에 대한 포스트모더니즘의 비판, 그리고 몸과 분리된disembodied 근대 이성의 차가움에 대한 페미니즘의 비판 등은 모두 근대의 과학적 이성의 권위에 구멍을 낸다는 유사한 기획으로 수렴된다. 근대 과학 및 철학은 주체는 아는 자, 즉 지식의 대상 외부에서 대상에 대립해서 존재하는 자존적自存的, self-present 근원—자율적이고 중립적이고 추상적이고 특히 순수한—이라는 특수한 견해를 만들어 낸다. 근대 과학 및 철학은 이런 근대적 주체성을 물질적 실재로부터 이탈시키고 유동적이고 살아 있는 것들을 느끼는 몸의 감각적 연속성으로부터 이탈시켜 구성함으로써, 몸과 분리되고 초월적인 형식적 이성이라는 순수한 추상 관념을 창조해 낸다. 그 생동성은 모조리 제거되고 추상적이고 초월적인 주체 속에 위치 지워진 채, 개별 요소들로 분리된, 비활성의 고형체들로 얼어붙게 된다. 그리고 이 각각은 다 똑같은 것으로 인정될 수 있어서 계산되고, 양적으로 측정되고, 소유되고, 축적되고, 거래될 수 있게 된다(Merchant, 1978; Kovel, 1970, 5장; Irigaray, 1985, 26~28쪽, 41쪽).

근대 이성 담론의 중요한 요소는 앎을 묘사하기 위해 시각적 은

유를 부활시킨 것이다. 4장에서 논한 동일성의 논리에 따르면, 합리적 사고는 확실하게 본 것이 합리적 사고로 정의된다. 즉, 명확하게 보이는 것만이 실재하는 것이며, 무엇인가를 명확하게 보는 것이 그것을 실재하는 것으로 만든다. 우리는 오류 가능성이 있는 감각이 아니라 정신의 눈mind's eye으로 본다. 즉, 위풍당당하고 빈틈없이 주시하는 영주처럼 모든 것의 밖에서 조망하는 눈으로 본다는 것이다. 실재를 완벽하고 정확하게 반영하는 순수한 기표로서의 대大진실 Truth as pure signifier을 알고자 이런 주체는 노력한다. 앎의 주체는 응시자이자, 지식의 대상 위에, 그리고 그 외부에 서 있는 관찰자이다. 이러한 시각적 은유에서 주체는 실재와 일체 연관을 맺지 않으면서도 실재가 직접적으로 현전現前하는 곳에 위치해 있다. 그에 비해 촉각이란 감각은 감지感知하는 사람을 감지되는 대상과 연관시킨다. 즉, 우리는 만져지지 않은 것은 만질 수 없다. 그렇지만 시각은 대상물과 거리를 두며, 일방적인 것으로 파악된다. 바라보는 자는 그야말로 그 자신이 발원지이며 대상을 향해 초점을 맞추는 작용 주체이며, 대상은 수동적으로 보여지는 존재이다(Irigaray, 1985, 133~151쪽).

더욱이 근대의 과학적 이성의 시선은 표준화하는 시선normalizing gaze[4]이다(Foucault, 1977; West, 1982). 즉, 모종의 위계서열 기준에 따라 대상을 평가하는 시선이다. 합리적 주체는 여행자처럼 여기 봤다

---

4 'normalizing gaze'는 모종의 기준을 표준으로 삼아 정상적인 것을 설정하고는 관찰 또는 평가 대상을 그 표준에 비추어 정상과 비정상으로 분류한 후, 정상적인 것은 맞고 우수한 것으로, 표준에 벗어난 비정상은 틀리고 열등한 것으로 평가하는 시선이다. 역자들은 '정상화하는 시선', '표준화하는 시선', '규범적 시선' 사이에서 고민하다가 '표준화하는 시선'을 역어로 택했다. 이하 'normalization'도 '정상화'가 아니라 '표준화'로 번역했다.

가 저기 봤다가 하면서 단순히 대상을 관찰하는 것만은 아니다. 과
학적 주체는 동일성의 논리에 부합하여, 속성의 다양성을 통일성으
로 만들어 버리는 척도 등급에 따라 대상을 측정한다. 일반적 속성
을 어느 정도로 가졌는지를 매기는 눈금 측정자 위에 강제로 배열
된 채로, 특수한 것들 중 어떤 것들은 저평가되고, 규범에서 일탈한
것으로 정의된다.

미셸 푸코는 이 표준화하는 시선의 작용을 비교comparison, 구별
화differentiation, 위계서열화hierarchization, 동질화homogenization, 배제
exclusion의 다섯 가지로 요약한다. 푸코에 의하면, 표준화하는 이성
normalizing reason은 다음과 같이 작동한다.

"[평가를 위해] 개개의 행위들을 모종의 전체―이것은 비교의 장場
이자 차이 구별의 공간이자 규칙은 준수되어야 한다는 원리, 이 세
가지로 이루어진다―에 회부한다. 표준화하는 이성은 다음과 같은
일반 규칙에 따라 한 개인을 다른 사람들과 구별한다. 즉, 규칙은
최소한의 문턱으로서, 존중되어야 할 표준으로서, 또는 추구되어야
할 최적 상태로서 기능할 수 있게 만들어져야 한다는 일반 규칙이
그것이다. 표준화하는 이성은 개개인의 능력, 수준, '본성'을 정량적
으로 측정하며, 가치에 비추어서 이것들을 위계서열화 한다. 이러한
'가치-부여적인' 측정을 통해서 표준화하는 이성은 반드시 달성해
야만 할 목표인 (규칙) 순응이라는 제약을 도입한다. 마지막으로, 표
준화하는 이성은 여타의 모든 차이들과 비교하여 차이를 정의할 경
계선을, 즉 비정상성the abnormal의 외부 경계선을 긋는다."(Foucault,
1977, 182~183쪽)

근래의 많은 연구들은 근대 담론 속의 이성적 주체라는 관념의 표현에 들러붙어 있던 백인·부르주아·남성·유럽이라는 편견을 폭로했다. 근대 과학의 창립자들은 아주 은근한 강간 은유를 통해, 자연을 (남성) 조사자에 의해 굴복되고 통제되어야 할 여성으로 구성한다. 과학자의 덕목은 남성성의 덕목도 된다. 즉, 몸과 분리된 거리 두기, 주의 깊은 측정, 도구의 조작, 포괄적 일반화와 추론, 증거로 뒷받침되는 권위 있는 발화 등이 그것이다(Keller, 1985; Merchant, 1978).

인식하는 주체 및 규범적 응시자normative gazer의 속성은 남성성 못지않게 계급 및 인종과도 긴밀하게 결부된다. 이제 계급상의 지위는 전통이나 가족에서부터 기인하는 것이 아니라, 우월한 지능·지식 및 합리성에서 기인한다는 것이다. 이성 자체는 의미가 변화한다. 이성의 임무는 더 이상 고대인의 경우처럼 하늘나라의 영원함과 영혼의 미묘함에 대해 숙고하는 것이 아니라, 자연의 과정이 생산적 목표로 향하게끔 이끌어 가기 위해 자연의 작동 방식을 파악하는 것이 되었다. 이제 '지능'과 '합리성'은 전략적이고 계산적인 사고 활동, 작동에 대한 일반 법칙을 정식화하기 위한 세부 사항의 추상화, 시스템의 논리적 조직화, 정식화되고 기술적인 언어의 개발과 통달, 감시와 감독 체제의 설계 등을 주로 의미하게 되었다. 자연과 몸은 이러한 조작과 관찰의 대상이다. 향후 7장에서 상론하겠지만, 또한 이러한 이성/몸의 이분법은 '정신' 노동과 '물질' 노동의 근대적 노동 분업을 구조화한다. 근대 도구적 이성이 시작된 이후 흰 것의 관념은 일체의 물질적 몸에서 정화된 이성과 결부되어 온 반면, 몸은 검은 것과 동일시되어 왔다(Kovel, 1970, 5~7장). 이러한 동일시를 통해 스스로 백인임을 주장하는 사람들은 자신들을 주체의 자리에 놓을 수 있게 되었고, 유색인은 지식의 객체로 간주되었다(Said, 1978,

31~49쪽 참조).

이상과 같은 설명을, 계급, 인종, 젠더 및 다른 억압이 과학적 이성을 토대로 한다거나 과학적 이성에 의해 창출되었다는 주장으로, 또는 과학적 이성은 지배의 사회적 관계를 단지 반영할 뿐이라는 주장으로 해석하지 않는 것이 중요하다. 과학적·철학적 이성은 근대 서구 문화에 막대한 영향을 미치고 막대한 반향을 불러온 주체성과 객체성이라는 관점을 표현하는 것이다. 과학적·철학적 이성과 백인 남성 부르주아를 결합시키는 것은 계급·인종·젠더·국적의 위계질서적인 관계들—그 하나하나가 독자적 동학動學을 가지고 있다—에 의해 구조화된 사회 맥락 안에서 생겨나고 또한 지속된다.

추상적 이성과 남성성 및 백인성의 결합이 일어났다는 사실은 의심의 여지없이 분명하지만, 그 원인은 일련의 숙명적인 역사적 사건들에서 찾을 수 있을 것이다. 근대 이성의 규약을 명료하게 표현하고 추종한 사람들은 백인 부르주아 남성이었다. 백인 부르주아 남성들은 이성에 관한 시각적 은유를 정교화하면서 자신들의 입장을 대변했지만, 명료하게 표현되어야 할 다른 입장들이 있을 수도 있음은 괘념치 않았다. 초연하며 대상화하는 근대 이성이 인간성과 주체성의 의미를 정하는 권한을 갖고 진리를 보는 권위 있는 지위를 획득함에 따라, 특권 집단들이 권위 있는 지식 주체로서의 특권도 갖게 되었다. 이에 따라 특권 집단들이 다르다고 정의한 집단들은, 대상에 관여하지 않으면서도 대상을 지배하는 주체의 시선에 대응하는 객체의 지위로 미끄러져 들어갔다.

그렇지만 주체와 객체에 대한 과학적 이성의 이분법을 인종·젠더·계급·국적 등의 위계질서적인 관계에 뒤집어씌우는 것은, 특권과 억압을 구조화하는 데 있어 깊게 영향을 미치고 오래 지속되는 결과를 낳는다. 이제 특권 집단은 자신들의 개별특수성을 잃어버린다. 즉, 과학적 주체의 지위를 가짐에 따라 특권 집단은 몸에서 분리되고, 개별특수성과 물질성을 초월하는, 그 어떤 곳에도 위치하지 않으면서도 보편적인 관점을 가진 행위자가 된다는 것이다. 다른 한편, 억압을 받는 집단들은 대상화된 몸에 갇혀서 보지도 못하고, 말도 못하고, 수동적인 상태에 있게 된다. 과학의 표준화하는 시선은 여성, 흑인, 유태인, 동성애자, 노인, 미치거나 심약한 사람들의 대상화된 몸에 주목했다. 이들의 몸에 대한 관찰을 통하여 성적·인종적·연령적·정신적·도덕적 우월성에 관한 이론들이 등장했다. 이 이론들이 부자 또는 남성 또는 유럽인들의 지배를 정당화하는 첫 번째 담론은 절대 아니다. 그렇지만 푸코가 주장한 것처럼, 18세기 말과 19세기 초 담론은 인식론적 단절을 제도화했던 바, 그 이론적 표현이 '남성의 학문들sciences of man'로 나타났다(Foucault, 1970). 이러한 에피스테메episteme[5]에서 몸은 자연화와 표준화의 과정을 겪는다. 즉, 몸은 결정론적 과학 법칙의 지배를 받는 것으로 인식되었다는 점에서 자연화되었고, 가치의 목적론적 위계질서에 비추어서 평가 대상이 되었다는 점에서 표준화되었다. 몸을 자연화시키는 이론들은 생물학 이론이나 생리학 이론이었는데, 이 이론들은 아름다운 몸에 대한 미학적 기준 및 강직한 품성에 대한 도덕적 기준과 공공연하게 결합되었다.

자연사自然史, 골상학骨相學, 관상학觀相學, 민족지학民族誌學 및 의학의 발달과 함께, 과학적 관찰자의 시선은 모종의 규범적 위계질서에

---

5 '에피스테메'는 그리스어로 '지식'을 뜻하지만, 푸코는 이 용어를 '특정 시대를 지배하는 인식의 무의식적 체계'를 뜻하는 의미로 사용했다.

따라 몸을 측량하고, 측정하고, 분류하면서 몸에 적용되었다. 19세기 인종 이론은 공공연하게 유럽 백인의 신체 유형과 얼굴 특징을 유일한 척도 규범이자 인간의 완벽한 형태로 상정했고, 이와는 다른 신체 유형은 퇴화되거나 미개발된 것으로 간주되었다. 그렇지만 이들 규범들이 과학 담론 속으로 들어오면서 이 규범들은 *자연법칙화되었고*, 백인은 우월하다는 단언은 이를 통해 자연의 진리라는 권위를 추가로 확보하게 되었다. 19세기 생물학과 의학의 체계에서는 백인·남성·부르주아·유럽인의 몸이 자연에 의해 만들어진 '최선'의 몸 유형이었다. 이들의 몸이 자연적으로 가장 우월하다는 점으로부터 이 집단에 속한 사람들이 이 집단에 속하지 않는 모든 다른 유형의 사람들보다 지적·미적·도덕적으로도 가장 우월하다는 결론이 직접적으로 도출되었다(West, 1982, 2장).

19세기 유럽과 미국에서 과학의 표준화하는 시선은 객관적 진리라는 권위를 갖고서 몸에 대해 미적 등급을 매겼다. 모든 몸은 단일한 척도에 따라 위치가 정해질 수 있으며, 그 최고 정점에는 강하고 아름다운 젊은이의 몸이 있고, 가장 밑바닥에는 퇴화된 몸이 있다. 이렇게 몸을 등급 매기는 척도는 최소한 세 가지 중요한 속성을 측정한다. 즉, 신체적 건강, 도덕적 건전함, 정신적 균형이 그것이다. 퇴화된 몸은 신체적으로 약하고, 다치기 쉽고, 병에 걸려 있다. 혹은 횡설수설하거나, 비합리적이거나 또는 정신적 단순함으로 인해 아이 같이 구는 등 정신적 불균형 상태이다. 하지만 더욱 중요하게는 도덕적 부적절함이 퇴화의 신호이고, 신체적·정신적 질병의 원인이 된다. 도덕적 퇴화는 다른 종류의 신체적 쾌락에 탐닉하는 것을 말하기도 하지만, 통상적으로는 성적 탐닉 또는 일탈적인 성적 행위를 의미한다. 따라서 도덕적 퇴화 중에서 주된 것이 그 성행위를 통해서 신체적·정신적 질병이 야기되는 동성애와 성매매이다.

정상과 일탈, 건강과 퇴화를 구분하는 과학 담론에서 핵심은 신체적이건 정신적이건 도덕적이건 간에 모든 형태의 퇴화는 과학적 시선에 의해 식별될 수 있는 신체적 신호로 자신을 명백히 드러낸다는 것이었다. 퇴화는 몸의 표면에서 드러나는 것으로 생각되었고, 몸의 아름다움 내지 추함은 얼굴 생김새의 세밀한 특징, 발모의 정도와 체모의 종류, 피부의 색깔과 안색, 머리 모양, 눈의 위치, 성기의 구조, 엉덩이, 골반, 흉곽, 가슴 등에 따라 객관적으로 측정 가능하다고 이해되었다(Gilman, 1985, 64~70쪽, 156~158쪽, 191~194쪽). 매춘부, 동성애자, 범죄자는 모두 그들이 드러내는 추함과 퇴화의 신체적 징후 때문에 쉽게 식별 가능한 존재가 된다.

아름다움에 대한 19세기의 이상은 기본적으로 남성적 덕목의 이상(Mosse, 1985, 31쪽, 76~80쪽)이었다. 즉, 섹슈얼리티sexuality[6]와 감정에 그리고 무질서하고 불안감을 일으키는 기타의 모든 것들에 거리를 두는 강하고 자기를 통제하는 합리적 남성의 이상이었다. 백인 부르주아 남성들도 질병에 걸리거나 일탈 행위에 빠질 수 있는데, 이는 특히 백인 남성이 성적 충동에 빠지는 경우 그러하다. 그러므로 남자다운 남자는 규율과 순결을 지키며 방심하지 않고 자신의 건강과 아름다움을 지켜야만 했다(Takaki, 1979, 2장 참고). 그렇지만 많은 19세기의 과학적 담론에 의하면, [백인 남성을 제외한] 인민의 전 집단은, 즉 흑인, 유태인, 동성애자, 빈자, 노동자, 여성은 본질

---

6 '섹슈얼리티'는 생물학적 성을 의미하는 '섹스'를 포함하여, 성욕, 성적 매력, 남성과 사회가 여성에 대해 요구하는 역할 등을 포함하는 의미를 가진 단어이다. 이에 적합한 한글 역어가 없으므로, 여기서는 원어 발음 그대로 사용했다.

적으로 그리고 불가피하게 퇴화된 존재이다.

집단으로서 여성은 몸의 특수한 구성, 재생산 기관과 성적 기관의 작용 때문에 신체적으로 섬세하고 약한 존재이다. 여성을 난소와 자궁을 갖고 있기에 광기, 비합리성, 아이 같은 어리석음 등에 빠지게 되고, 또한 남성에 비해 성적 방탕으로 나가는 경향이 더 크다는 것이다. 남성의 아름다움과 마찬가지로 여성의 아름다움도 몸과 분리되고 성적 특징이 사라진 비육욕적unfleshy 아름다움, 즉 밝은 색깔의 모발과 피부, 그리고 호리호리함이다. 품위 있고 합리적인 남성들이 엄격하게 다스려서 보호된 특정 부류의 여성들은 모든 여성이 빠지기 쉬운 광기, 퇴보, 악으로부터 구원받을 수 있었다.

다른 집단들—흑인, 유태인, 동성애자, 특정 장소와 시간 하에서의 노동자, 그리고 '범죄적 부류들criminal elements'—이 과학적 기준에 따라 본질적으로 퇴화된 존재로 분류되었듯이, 여성은 본질적으로 섹슈얼리티와 동일시되었다. 19세기 담론과 도상학圖像學, iconography에서 나타나는 두드러진 특징은 상술한 범주들 간의 호환성이다. 유태인과 동성애자는 흑인이라고 불렸고 종종 흑인으로 묘사되었으며, 모든 퇴화된 남성은 여성스럽다고 일컬어진다. 의학은 이러한 모든 집단에 속한 구성원의 신체적 특징을 분류하고, 종종 대상자들의 성적 기관에 특별한 관심을 갖고서 그들의 시체를 해부하는 데 전념한다. 특히, 인종차별주의에 성적 특색을 부여하는 작업은 퇴화된 인종의 남성과 여성 모두를 방종한 섹슈얼리티와 결부시킨다. 그러나 과학자들은 그중에서도 특히 흑인 여성, 유태인 여성, 아랍계 여성에 대한 분석에 크게 흥미를 가졌다(Gilman, 1985, 3장).

차이를 의료의 틀로 다루는 것medicalization of difference은 기이하고도 무서운 논리를 낳는다. 한편으로 정상/비정상의 구별은 순수한 선과 악을 상호 배제적인 것으로 대립시키는 것이다. 다른 한편으로 이들 대립물은 동일한 등급 척도 위에 놓여 있으므로, 상대 쪽으로 미끄러져 들어가기 쉽고, 그 경계는 삼투滲透 가능하다. 정상과 비정상은 남성과 여성, 백인과 흑인의 구분처럼 별개의 뚜렷한 성질이다. 그러나 정상에 속한 사람도 병에 걸리거나, 도덕적 주의력을 잃어버리거나, 퇴화할 수 있다. 19세기 도덕 문헌들과 의학 문헌들은 여성스럽게 되는 것에 대한 남성의 두려움들로 가득 차 있다(Mosse, 1985, 2장).

이와 비슷한 맥락에서 노화老化에 대한 새로운 담론이 개발된다. 문화적으로나 의학적으로 노화를 질병, 퇴화, 죽음과 연계시키는 것은 19세기가 되어서 비로소 등장한다. 전통적인 가부장제 사회에서 나이 든 남성은, 심지어 나이 든 여성조차도, 힘, 인내, 지혜의 상징으로 여겨져서 공경을 받는 경우가 많았다. 하지만 지금은 나이가 많다는 것이 쇠약함, 실금失禁, 노망, 광기와 점점 더 많이 연결되고 있다(Cole, 1986). 이러한 연계가 19세기에 처음 등장한 것은 아니지만(셰익스피어의 작품 『리어 왕』을 보라), 과학과 의학의 표준화 담론은 다시 한 번, 이러한 연계에 객관적 진실이라는 권위를 부여한다. 인종이라는 퇴화와 같이, 나이라는 퇴화는 나이 든 사람, 특히 나이 든 여성의 객관적 추함 속에서 명백하게 드러난다고 일반적으로 여겨진다.

그리하여 근대의 과학적 이성은 인간의 신체적·도덕적·미적 우월성에 관한 이론을 만들어 냈고, 이는 젊은 백인 부르주아 남성을 척도 규범으로 상정했다. 사물에 대한 감각적 몰입에 오염되지 않은 지식 주체를 상정하는 과학적 이성의 통일적unifying 구조는 다른 집단들을 대상화할 수 있게 만들었고, 또한 표준화하는 시선 아래 이 대상화된 집단들을 놓을 수 있게 했다.

의식적 수용, 무의식적 혐오

지금까지 나는 19세기 과학적 이성이 만들어 낸 인종적·성적·정신적 우월성 이론의 구성 과정을 검토함으로써 어떻게 일부 집단이 추하고 두려운 몸이 되는지의 문제를 다루었다. 내가 인용한 다수의 저자는 이러한 19세기의 구조들이 현대 서구 자본주의 사회 속에 있는, 집단에 기반을 둔 공포와 편견의 이데올로기와 심리를 조건 짓는다고 말한다. 예컨대, 코넬 웨스트Cornel West[7]는 계몽주의 이성관과 과학관이 낳은 인종차별주의적 결과는, "비학문적 차원에서는 게토 거리에서, 학문적 담론 차원에서는 여러 인문학 분야의 방법론적 가정 안에서 근대 서구에 계속 출몰出沒한다."고 주장한다(West, 1982, 48쪽).

그러나 과거의 인종차별주의·성차별주의·동성애공포증·노인차별주의 이데올로기와, 유럽 및 북미의 현재의 사회 상황 사이에 그런 연관이 있다고 그렇게 쉽게 가정할 수 있을까? 많은 이들은 여건이 변해서 이러한 19세기와 20세기 초의 이론과 이데올로기들은 역사적 호기심의 대상이 되었을 뿐이고, 현대의 사상·감정·행태와 관계가 없게 되었다고 주장할 수도 있을 것이다. 합리적 토론과 사회 운동은 이러한 19세기 과학적 이성에서 나온 이런 저술들이 설득력이 없음을 밝혀냈다. 많은 격렬한 투쟁과 적지 않은 시련 후, 이제 법적·사회적 규칙들은 집단 간의 평등을 향한, 즉 인종·성·종교·나

---

7 코넬 웨스트(1953~)는 미국의 흑인 철학자이자 사회 활동가이다. 그는 프린스턴 대학에서 철학박사를 받은 최초의 흑인으로, 프린스턴 대학과 하버드 대학에서 교수로 재직했고, '미국민주사회주의자(The Democratic Socialists of America)'의 구성원으로 활발하게 사회에 참여하고 있다.

이 혹은 민족 정체성과는 상관없이 모든 사람은 동등하게 존중받고 배려를 받을 응분의 자격이 있다는 원리를 향한 가치지향과 다짐을 표명한다.

　우리가 인종차별주의, 성차별주의, 동성애공포증, 노인차별주의 그리고 장애인차별주의가 현대 사회관계 속에 깊게 자리 잡은 구조라고 주장한다고 하더라도, 자연적 열등성과 집단 지배의 이데올로기가 더 이상 미국 사회에서는 유의미한 영향력을 행사하지 않는다는 일반적 확신을 환상이라고 폐기할 수는 없을 것이다. 또한 이런저런 혐오들과 고정관념들이 지금도 억압을 영속화시키고 있다고 우리가 주장하고는 있지만, 그런 혐오와 고정관념은 과거의 심각한 외국인 혐오가 단순히 확장된 것—물론 약화는 되었을지 모르지만—이라고 파악하는 입장은 설득력이 없다. [현대의 혐오와 고정관념에는 과거의 외국인 혐오 현상과는 다른 새로운 점이 있다는 것이다.] 많은 사람들은 미국 사회가 인종차별주의·성차별주의·노인차별주의·장애인차별주의·이성애주의 사회라는 주장을 부인한다. 왜 그런가 하면, 이러한 '주의'들을 집단 열등성과 사회적으로 인가된 배제·지배·모욕을 과학적으로 정당화하는 이론들과 같은 것이라고 간주하기 때문이다. 현대의 집단 억압과 그 재생산에 대한 우리의 주장을 명확하고 설득력 있게 하려면, 우리는 노골적인, 그리고 학문적 담론 차원의 인종차별주의와 성차별주의는 정당성을 상당히 잃었다는 점을 인정해야만 한다. 대신 우리는 그런 집단 억압 형태들이 현대의 구체적 환경에 조응하여 사회적으로 어떻게 달리 표출되는지를 파악해야 한다. 집단 억압의 새로운 표현 형태는 과거의 집단 억압 구조와 연속성을 가지면서도 그와는 다른 점도 가지고 있다.

　현대의 집단 억압 현상이 표출되는 모습을 설명하기 위해, 나는 앤서니 기든스(Anthony Giddens, 1984)가 사회관계를 이해할 목적으로, 그리고 사회관계가 행위와 사회구조 내에서 재생산되는 과정을 이해할 목적으로 제시한 세 차원의 주체성 이론을 채택하겠다. 기든스는 행위와 상호작용은 담론 차원의 의식discursive consciousness, 실행 차원의 의식practical consciousness, 그리고 기본적인 안정 체계basic security system를 포함한다고 말한다. 담론 차원의 의식은 명시적인 언어 공식에 기초하여 언어화되거나 쉽게 언어화될 수 있는 행위와 상황의 측면을 말한다. 다른 한편, 실행 차원의 의식은 주체의 몸이 다른 주체들의 몸 및 주변 환경과 맺는 관계를 주체가 반사적으로 점검하는 복잡한 과정과 대부분 관련이 있으면서도 명시적인 언어 담론 차원에서 주목되기보다는 의식의 언저리에 위치한(Bourdieu, 1977 참조) 행위 및 상황 측면을 말한다. 실행 차원의 의식은 사람들로 하여금 대상을 겨냥한 행위, 그리고 목적적 행위를 즉각적으로 달성할 수 있도록 하는 습관적이고 관례화된 배경 의식을 말한다. 가령, 식료품점으로 차를 몰고 가서 구매 목록에 있는 물품을 사는 행위는 차를 운전한다는 것과 식료품점에서 쇼핑 카트를 조종하는 것—식료품점에서 나는 찾는 품목이 어디에 놓여 있는지를 자동적으로 아는 공간 감각을 익혀오기도 했다—과 같은, 실행 의식 차원에서 고도로 복잡한 행위 세트를 필요로 한다.

기든스의 '기본적인 안정 체계'는 사회적 맥락에서 일관된 행위를 하려면 반드시 필요한, 안정된 정체성 및 자율성 감각의 기본 수준을 가리킨다. 이는 주체의 존재론적 온전성ontological integrity이라고 부를 수 있을 것이다. 정신병 환자는 이 기본적인 안정 체계가 붕괴하거나 전혀 형성되지 않은 사람이다. 기든스의 구조화structuration 이론은 별도의 의식 없이 자동 반사적으로 행위들이 점검되어 수행되고, 그런 자동 반사적 행위들이 누적되어 효과를 발휘하고, 원래는 의도되지 않았던 행위 결과들이 발생할 때 비로소 사회구조란 게 존재한다고 가정한다. 이제 행위에 주목해 보면, 행위가 이루어지려면 행위 환경에 대한, 특히 다른 행위자들에 대한 신뢰와 불안의 동학動學 속에 사회적으로 위치한 몸이 필요하다.

> "능수능란함, 신뢰 또는 존재론적 온전성이 사회 전반적으로 널리 퍼지고 유지되려면, 행위자들이 상호작용의 생산과 재생산에서 활용하는 다종다양한 기량이 핵심이다. 무엇보다도 그런 기량들은 가장 소소하고 가장 의미 없어 보이는 세세한 신체 동작 및 신체적 표현을 규범적으로 규제하고 통제하는 과정에서 숙련된다."
> (Giddens, 1984, 79쪽)

정신분석이 무의식적 경험과 동기라고 일컫는 것이 바로 이 기본적인 안정 체계의 차원에서 발생한다. 각 개인의 인격 발달에서 어떤 경험들은 능력과 자율성의 기본 감각을 형성하는 과정에서 억압된다. 의식의 영향을 받지 않는 무의식의 '언어'는 억압된 이 경험들에서 얻어진 재료가 자아self의 정체성으로부터 분리되면서 나온 산물이다. 즉, 무의식의 언어는 몸짓, 음조, 그리고 프로이트가 발견한 발화의 특정한 형식들 또는 상징화의 특정한 형식들 그 자체까지도 포함하는 신체적 행위와 반응 속에서 드러난다. 일상의 행위와 상호작용 속에서, 주체는 자신의 기본적인 안정 체계를 유지하거나 회복하기 위하여 반응하거나 수용하거나 방향을 새로 잡는다.

나는 인종차별주의, 성차별주의, 동성애공포증, 노인차별주의, 장애인차별주의가 기든스가 언급한 담론 의식 수준에서는 점차로 작동하지 않게 되었다고 생각한다. 미국 사회의 대다수 사람들은 일부 집단들이 다른 집단들보다 우월하고 바로 이런 이유 때문에 그들이 특별한 사회적 혜택을 받을 자격이 있다고 의식 차원에서는 생각하지 않는다(Hochschild, 1988, 75~76쪽 참조). 서구 자본주의 사회에서 기업과 다른 대형 기관의 명시적 정책뿐만 아니라 공법公法도 공식적 평등 및 모든 집단을 위한 평등한 기회에 대한 가치지향 및 다짐을 표명해 왔다. 대부분의 상황에서 대다수 집단들에 대한 명시적 차별과 배제는 미국 사회의 공식적 규칙에 의해 금지된다.

만인의 공식적 평등에 대한 가치지향 및 다짐은 또한 공적인 상황 및 장소에서 사람의 성, 인종, 성적 취향, 계급 지위, 종교 등에 주목하게 하는 연설이나 행위를 비난하는 공적 에티켓etiquette[8]을 대체로 지지하는 경향이 있다. 세련된 레스토랑의 웨이터들은 고객이 흑인이건 백인이건, 트럭 운전사이건 외과 의사이건, 그들이 마치 귀족인 것처럼 공손하게 대하도록 요구된다. 다른 한편, 슈퍼마켓 줄에서는 누구도 특권을 갖지 않는다. 공적 에티켓은 우리가 사람들과 교류할 때, 상대방을 단지 개인으로서, 모든 사람에게 똑같은 존경과 호의에 따라 관계 맺을 것을 요구한다. 공적 상황 및 장소에서 어떤 사람이 흑인인지 유태인인지 아랍인인지, 혹은 늙었는지, 장애인인지, 아니면 가난한지 부자인지 등에 대해 주목하게 만드는 것은 명백히 고상하지 않은 행위이다. 이는 다른 사람들에게는 그러지 않으면서, 몇몇 특정한 사람들에게는 노골적으로 공손한 행위를 보이는 것과 마찬가지로 고상하지 않은 행위이다. 현대의 사회적 에티켓은 여성의

---

8 '에티켓'은 원래 사회의 특정 직종에 속하는 사람들끼리의 예의, 궁정이나 외교상 요구되는 의례를 뜻하는 바, 이에 딱 맞는 한글 역어가 없어 원어 발음 그대로 표기한다.

여성스러움에 대해 주목하게 만드는 것에 대해서는 훨씬 모호한 태도를 유지하고 있다. 그러나 여성 운동은 여성에 대해 공손한 방식으로 응대하는 것도, 가르치려는 방식으로 응대하는 것도 다 고상하지 않은 것으로 만드는 사회적 추세를 창출하는 데 기여했다. 현재의 사회적 에티켓이 고취하는 이상은 이러한 집단의 차이가 우리 서로 간의 일상적 만남에서 중요해서는 안 된다는 것, 그리고 특히 공식적이고 개인별 특성이 배제된 사안 처리 과정에서, 그러나 보다 일반적으로는 격식을 갖추어야 할 모든 경우와 상황에서 우리는 성, 인종, 민족, 계급, 육체적 능력, 나이 등의 사실을 무시해야 한다는 것이다. 이러한 개인별 특성과 관련된 사실이 우리가 서로를 어떻게 대우하는가에 있어서 차이를 만들어 내지 않아야 한다.

특정 집단들의 열등성, 퇴행성 또는 유해성에 대한 생각이 우리의 의식에서 약해진 정도를 과장하지는 않겠다. 성차별주의와 인종차별주의를 지향하고 이를 실천하려는 개인과 집단은 계속 존재한다. 물론 자유주의가 지배하는 맥락에서 자신들의 주장을 듣게 하려면 어떻게 주장을 펼칠지 이들이 조심해야 할 경우가 많아지기는 했지만 말이다. 더욱이 아서 젠슨Arthur Jensen[9]의 IQ 차이 이론처럼, 인종적·성적 열등성의 이론들은 미국의 지적 문화 안에서 계속 나타난다. 그렇지만 인종적·성적 열등성의 이론들은 방어적 태도

---

9 아서 젠슨(1923~2012)은 미국 캘리포니아 버클리 대학의 심리학 교수로, 1969년 『하버드교육평론(*Harvard Educational Review*)』에 「IQ와 학업성취도를 얼마나 올릴 수 있는가(*How Much Can We Boost IQ and Scholastic Achievement?*)」라는 논문에서, 지능은 유전되며 인종 간의 지능이 높고 낮음이 유전적 차이에서 온다는 이론을 제시했다. 이후 인종에 따라 지능 차이가 있다는 이론은 그의 이름을 따 '젠스니즘(Jensenism)'이라 불린다.

를 취하며, 또한 널리 수용되지 못하는 것이 일반적이다. 그러나 공적 에티켓이 담론 차원에서는 의식적인 인종차별주의와 성차별주의를 금지한다고 해도, 사람들은 거실이나 탈의실 등의 사생활 영역에서 종종 자신들의 편견과 선호를 더 솔직히 드러낸다. 인종차별주의, 성차별주의, 동성애공포증, 노인차별주의, 장애인차별주의는 기든스가 말한 실행 의식과 기본적인 안정 체계의 차원에서 발생하는 무의식적 의미와 반응들에 의해 부추겨진다. 모든 집단의 공식적 평등을 강력하게 지향하고 다짐하는 사회에서, 이러한 무의식적 반응들은 담론 차원의 편견과 저평가보다 더 널리 확산되며, 특권과 억압의 관계를 재생산하기 위하여 담론 차원의 편견과 저평가를 필요로 하지 않는다. 아름다움이냐 추함이냐, 매력이냐 혐오이냐, 영리함이냐 멍청함이냐, 능숙함이냐 서투름이냐 등에 대한 판단은 상호작용의 맥락 속에서 그리고 일반화된 미디어 문화 속에서 이루어지며, 이러한 판단은 종종 몇몇 집단에게 표지를 붙이고, 이들 집단을 고정관념에 따라 정형화하고, 저평가하거나 비하한다.

내가 2장에서 논했던 집단 간 차이는 '자연적' 사실'natural' facts이 아니다. 집단 간 차이는 사람들이 자신과 다른 사람을 식별하는 사회적 상호작용 속에서 만들어지며, 끊임없이 다시 만들어진다. 집단 간 차이가 자신과 다른 사람을 식별하는 데 중요한 역할을 하는 한에서—확실히 집단 간 차이는 미국 사회에서 중요하므로—매일 겪는 대면에서 이러한 차이를 무시하는 것은 불가능하다. 나의 상호작용에서 어떤 사람의 성, 인종, 나이는 그 사람을 향한 나의 행위에 영향을 미친다. 그리고 어떤 사람의 계급적 지위, 직업, 성적 취향 혹은 다른 사회적 지위의 형식 등이 알려지거나 의심받는 경우 이러한 점들 또한 내 행위에 영향을 미친다. 백인은 흑인 주변에서 불안 초조해지는 경향이 있고, 남성은 여성 주변에서 불안 초조해지는 경향이 있다. 특히 공적 상황 및 장소에서 그러하다. 사회적 상호작용에서 사회적으로 우월한 집단은 낮은 지위의 집단과 가까워지는 것을 종종 피하며, 눈 맞추기를 피하며, 신체 접촉을 하지 않는다.

흑인 남성이 비즈니스 컨벤션의 큰 방 안으로 걸어 들어올 때 침묵까지는 아니지만, 확실히 소리가 줄어드는 걸 느낄 수 있다. 남편과 함께 부동산 사무실에 있는 여성은, 중개인들이 그녀에게 제대로 말을 걸거나 쳐다보지 못한다는 사실을 깨닫는다. 심지어 그녀가 직접 그에게 말을 하고 있을 때조차도 말이다. 여성 임원은 그녀의 남성 상사와 대화를 할 때, 그 남성 상사가 권력과 아버지 같음의 몸짓을 취하면서 자신의 손을 그녀의 팔꿈치에 올리고, 자신의 팔을 그녀의 어깨에 두르는 등 그녀의 몸을 건드리는 것이 짜증난다. 20세만큼 청력이 좋은 80세 남성은, 많은 사람들과 이야기할 때 그들이 취학 전 아동에게 말을 할 때 사용할 것 같은 아이 같은 짧은 문장을 사용하면서 자기에게 소리치며 말한다는 걸 발견한다 (Vesperi, 1985, 50~59쪽).

피억압 집단의 구성원들은 종종 그러한 회피, 혐오, 불안 초조감의 표출, 거들먹거림, 고정관념에 따른 정형화 등을 경험한다. 피억압 집단의 그들에게 그런 행위는, 그리고 그런 상황을 마주하는 것 전체가 정말로, 그들의 담론 차원의 의식을 고통스럽게 채우는 경우가 많다. 그러한 행위는 피억압 집단의 구성원들을 집단 정체성의 뒤편으로 던져 넣으며, 그들로 하여금 주목받고 표지 붙여지거나 혹은 정반대로 보이지 않는 존재로 취급받거나, 진지하지 받아들여지지 않거나, 혹은 더 나쁘게는 비하 받는 것으로 느끼게 만든다.

그렇지만 그런 행위를 드러내는 사람들은 자신들의 행위에 대해서나 그 행위로 인하여 다른 사람들이 어떻게 느끼는지에 대해서 거의 의식하지 않는다. 많은 사람들이 의식의 차원에서는 여성, 유색인종, 게이와 레즈비언, 장애인을 위한 평등과 존중의 가치를 지향하고 그 실현을 다짐하지만, 그들의 몸과 감정은 그 집단들에 대한 혐오 또는 기피의 반응을 가지고 있다. 사람들은 자신들의 담론 의식에 비추어서 그런 반응을 억제하게 되는데, 그럴 이유는 여러 가지다. 첫째, 내가 다음 절에서 논의할 것처럼, 그런 상황들에 마주친다는 것과 그 상황들이 유발하는 그런 반응들은 사람들의 기본적인 안정 체계의 구조를 어느 정도 위협하기 때문이다. 둘째, 미국의 문화는 계속 이성을 몸과 정서로부터 분리하기에 신체적 반응과 감정의 중요성을 계속 무시하거나 저평가하기 때문이다. 마지막으로 셋째, 차이가 절대 차별을 만들어서는 안 된다는 자유주의 지상명령은 집단 간 차이가 가지는 중요성에 대해서 실행 의식 수준에서는 이미 사람들이 '알고 있는' 것들을 묵인하고 있기 때문이다.

따라서 문화제국주의의 구조에 의하여 타자로, 다른 존재로 표지 붙여진 피억압 집단은 혐오감을 표시하거나, 마주치기를 회피하는, 혹은 거들먹거리는 행위에 의한 굴욕으로 수모를 받을 뿐만 아니라, 다른 사람들의 지각 반응에 비추어서 자신들의 지각 반응을 점검하지 못하는 자들이 말없이 행하는 행위를 겪어야만 하는 것이 보통이다. 공적이고 비인격적인 장소에서 마주칠 때 인종적·성적·연령적·장애 여부의 차이를 지적하는 것은 상스럽고 눈치 없는 것으로 파악된다. 그러므로 사회적 에티켓이 요구하는 공적 정황 속에 편입되기를 기대한다면, 피억압자들은 자신들을 향한 다른 사람의 그런 차별적 언행에 대해 느끼는 불편함과 분노감을 말하지 않고 넘어가야 하며, 상호작용의 형식들이 문제가 있다는 지적을 함으로써 그 반복되는 일상성을 깨뜨려서도 안 된다. 우리 중 더 담대한 사람이 이러한 체계적 억압의 일상적 신호에 대해 불평한다면, 우리는 까칠하고, 과잉 반응하며, 아무것도 아닌 것을 별것으로 만들려 한다고 비난받거나, 상황을 완전히 오해한 것으로 비난받을 것이다. 실행 의식 수준에서 발생하는 행위와 반응을 담론 의식으로 가져오는 용기를 발휘하면, 이를 부정하는 반응 및 조용히 하라는 강력한 몸짓을 만나게 된다. 이런 반응은 억압 받는 사람들을 은근히 돌아 버리게 한다.

무의식적인 인종차별주의, 성차별주의, 동성애공포증, 노인차별주의 및 장애인차별주의는 신체적 반응 및 느낌에서 그리고 이것들이 행동으로 표현되는 데서 일어날 뿐만 아니라, 사람이나 정책에 대한 판단에서도 발생한다. 공적 도덕public morality이 만인의 평등한 대우와 평등한 가치라는 원리를 지향하고 그 실현을 다짐할 때, 공적 도덕은 사람의 우월성 혹은 열등성에 대한 판단은 개인의 능력에 따라 개인을 기초로 하여 이루질 것을 요구한다. 그렇지만 내가 7장에서 자세히 논의할 것처럼, 다른 존재라는 표지가 붙여진 집단에 대한 공포, 혐오, 저평가 등이 무의식적으로 이러한 능력 판단에서 작동하는 경우가 많다. 에이드리언 파이퍼(Adrian Piper, 1988)[10]가 고차원적 차별higher-order discrimination이라고 부른 현상을 통해 보면, 사람들은 대상자가 어떤 집단의 구성원이라는 이유 때문에, 다른 사람이라면 칭찬할 만한 것으로 간주되는 속성을 종종 폄하하곤 한다. 자기주장이 강한 것과 독립적으로 사고하는 것은 좋은 성격의 징표

---

10 에이드리언 파이퍼(1948~)는 미국의 저명한 흑인 여성 영상미술가이자 철학자다.

로, 즉 당신이 그런 사람을 당신 팀으로 넣고 싶을 좋은 성격의 징표로 간주될 수 있을지도 모르지만, 그런 성격이 여성에게 발견될 때는 까칠함 또는 비협조성으로 평가될 수 있다. 여성은 남성 안에 있는 상냥함과 부드러운 언어 구사를 가치 있게 여길지 모르나, 게이 남성 안에 있는 이런 속성은 비밀스러움의 표지이자 진실성의 결여라고 판단할 수 있다. 어떤 집단에 대한 혐오와 저평가가 그 집단의 속성과 무관한 것처럼 보일 특성이나 능력에 대한 평가로 대체되어 버린다. 심판자들은 사람들이 단지 특정한 집단의 구성원이라는 이유로 저평가되거나 회피의 대상이어서는 안 된다고 인식하고 있으며 또한 진지하게 믿고 있기 때문에, 심판자들은 이와 같은 능력 평가가 인종차별주의적·성차별주의적·동성애 혐오적인 기초를 가지고 있음을 부인한다.

이와 유사한 대체 과정이 공공정책적 판단과 그 판단을 위한 근거에서도 종종 일어난다. 법과 정책은 공식적으로 평등의 가치를 지향하고 그 실현을 다짐하고 있기 때문에, 인종이나 성의 특권에 대한 주장은 코드화되어 인종적·성적 우월성의 주장과는 별도의 항목 아래 놓인다(Omi and Winant, 1983). 적극적 차별시정조치에 관한 논의는 은밀한 또는 무의식적 인종차별주의와 성차별주의가 벌어지는 중요한 현장이다. 찰스 로런스(Charles Lawrence, 1987)는 많은 공공정책 결정—이때 명시적으로는 인종이 쟁점이 아니며 정책입안자들도 인종차별주의를 저지르려는 고의가 없다—의 근저에 무의식적 인종차별주의가 놓여 있다고 주장한다. 예컨대, 1970년대 말 멤피스 시는 백인과 흑인 주거 구역 사이에 벽을 세웠다. 그렇게 한 멤피스 시 공무원들의 동기는 질서를 유지하고 자산을 보호하는 것이었다. 많은 도시에서 공공건물의 위치와 성격을 놓고 다툼이 있고, 거기서 백인 참석자들은 인종을 논하지 않았고 인종에 관하여 생각하지도 않는 것 같다. 로런스는 이와 같은 사안에서 무의식적 인종차별주의는 강력한 효과를 낳으며, 주제와 결정의 문화적 의미를 바라봄으로써 인종차별주의의 존재를 점검할 수 있다고 주장한다. 즉, 미국 사회의 문화적 어휘에서 벽은 분리를 의미하고, 공공건물은 가난한 흑인들의 게토를 의미한다. 현대 미국에서 AIDS의 문화적 의미는 게이 남성과 게이의 삶의 방식과 연관된다. 많은 사람들이 이러한 연관을 깨려고 격렬하게 노력했음에도 불구하고 말이다. 그 결과 AIDS 정책에 대한 많은 논의가 동성애와 관련되는데, 그 논의에서 게이 남성이 전혀 언급되지 않을 때조차 그렇다.

무의식적인 인종차별주의, 성차별주의, 동성애공포증, 노인차별주의 및 장애인차별주의는 종종 사회적 상호작용과 정책 결정에서 작동한다고 앞에서 제시했다. 이러한 혐오, 공포, 저평가가 작동하는 마지막 영역은 대중오락 매체, 즉 영화, TV, 잡지 및 여기에 나오는 광고 등이다. 예컨대, 사회가 공식적 규칙과 공적 제도에서, 여성은 남성만큼 유능하므로 전문 직종 채용 시 여성의 능력이 고려되어야 한다고 선포하는 것이 어떻게 가능할까? 같은 사회에서 성적 자극을 일으키도록 의도된 이미지 안에서 여성에 대한 학대와 비하를 묘사하는, 겉만 번드르르한 잡지와 영화가 대량 생산되고 유통되고 있을 때 말이다. 만약 현실과 이성이 환상 및 욕망과 완전히 분리되어 있다면, 이러한 사회에 모순은 전혀 없을 것이다. 미국 사회에서 대중오락 매체의 기능은 억제되지 않은 환상을 표현하는 것처럼 보인다. 그래서 감정, 욕망, 공포, 혐오, 매력이 다른 어느 곳에도 나타나지 않을 때, 그것들은 대중오락 매체의 산물 안에서 표현된다. 인종차별주의적, 성차별주의적, 동성애공포증적, 노인차별주의적, 장애인차별주의적 고정관념은, 종종 화려한 아름다움과 기괴한 추함, 그리고 위로를 주는 좋은 사람과 협박을 하는 나쁜 사람이라는 극명하게 구분되는 범주로 나타나면서, 이러한 매체에서 확산된다. 그런데 만약 정치화된 행위자가 고정관념에 따라 정형화되고 비하되는 집단들에 대한 깊고 유해한 억압의 증거로서 대중 매체의 그와 같은 정형화와 저평가에 주목하자고 말한다면, 종종 다음과 같은 반응을 접하게 된다. 즉, 대중오락 매체를 보는 사람들은 그 이미지들을 심각하게 생각하지 않으니 당신도 심각하게 생각하지 말라고. 그런 이미지들은 단지 무해한 환상에 불과하며, 그것들이 현실과 무관함을 모두가 잘 알고 있다고. 여기서 다시 한 번 이성은 몸과 욕망과 분리되며, 합리적 자아는 자신의 몸과 욕망에 연관되는 것을 거부한다.

품위에 대한 행위 규범

나는 근대 이성의 담론이 어떻게 일탈적이고 결함이 있고 질병이 있는 여성·흑인·유태인·동성애자·노인이라는 자연화된 범주를 창출했는지에 대해 검토했다. 근대의 과학적 이성의 구조 자체가 백인 남성 부르주아가 점유한 특권적 주체의 지위에서 축출된 집단들의 대상화를 승인하여, 축출된 집단으로 하여금 백인 남성 젊은이의 기준에 따라 그 신체적 속성을 측정·측량·구획하는 시선의 정밀 조사를 받도록 했다. 그렇지만 근대의 인종차별주의, 여성 혐오, 동성애공포증은 과학과 철학의 담론에만 기반을 두는 것은 아니다. 표준화하는 이성, 즉 몸과 변화로부터 정화된 주체의 이성, 측정하는 시선에 의해 고정된 객체를 지배하고 통제하는 이성은, 조지 모스George Mosse가 품위의 이상ideal of respectability—이는 19세기 부르주아 도덕을 지배했다—이라고 부른 것의 모습으로 매일의 삶 속에서 작동한다. 여기서 나는 이러한 품위 규범의 발생 원인—예컨대, 품위의 이상이 산업 자본주의의 발전과 어떻게 연결되는지—에는 관심 없다. 대신 나는 품위 규범이 어떻게 인종차별주의, 성차별주의, 동성애공포증, 노인차별주의를 구조화하는지 보기 위하여 그 규범의 내용과 중요성 중 오직 일부만 서술할 것이다.

품위의 핵심은 섹슈얼리티, 신체 기능, 감정적 표현을 억압하는 규범에 순응하는 것에 있다. 품위는 질서의 관념과 연결된다. 즉, 품위 있는 사람은 순결하고, 겸손하고, 음탕한 욕망·열정·즉흥성 혹은 호들갑을 표현하지 않고, 검소하고, 깨끗하고, 상냥하게 말하고, 예절 바르다. 품위의 정연성은 사물들이 통제 아래 있고 모든 것이 경계를 넘지 않고 자기 자리에 있음을 의미한다.

품위 있는 행위는 청결과 예의에, 그리고 점잖음에 대한 세밀한 규칙으로 규율된다. 규칙은 신체 기능과 환경의 정돈과 관련해서 매일 행하는 행위의 세부 측면을 지배한다. 몸은 모든 면에서 깨끗해야 하고, 체액, 먼지, 냄새 등 육체적인 것fleshiness의 징후를 드러내는 것은 깨끗이 제거되어야 한다. 그리고 취식, 배설, 성교, 출산 등 신체 기능의 모든 신호는 닫힌 문 뒤로 감춰져야 한다. 부르주아 도덕은 개인적 프라이버시의 영역을 창출했는데, 거기에서 품위 있는 개인은 혼자 몸일 때도 신독愼獨하면서 공적 시선에 대비한 준비를 한다. 품위 있는 행위는 계속 몸을 가리고 몸의 작용을 내보이지 않는 것이다. 그래서 트림하지 않고, 방귀 뀌지 않으며 조용히 식사하는 방법에 대해 엄격한 규범이 지배한다. 말하기 역시 점잖음의 규

칙에 의해 지배된다. 어떤 단어들은 깨끗하고 품위 있고, 어떤 단어
들은 더럽다. 그리고 특히 몸 또는 섹슈얼리티와 관계된 많은 단어
들은 품위 있는 사람들 속에서 언급되어서는 안 된다. 연설 방식, 존
경의 몸짓, 어디에 앉을지, 어떻게 브랜디를 마실지 등을 규제하는
부르주아 예법 규칙들은 신체 작용에 직접 적용되지는 않는다. 그러
나 모든 매너는 신체적 점잖음, 자제, 청결과 연관되어 있다.

　내가 4장에서 논의했던 것처럼, 젠더 양극화는 부르주아 품위의
정연성을 결정적으로 보여 주는 측면이다. 근대 부르주아 사회는 이
전에 존재했던 것보다 훨씬 강력하게 젠더의 상호 보완적 대립을 낳
았다. 여성, 특히 감정으로서의 여성은 몸과 섹슈얼리티와 동일시되
고, 반면에 남성은 몸과 분리된 이성의 측면에 선다. 19세기 부르주
아 젠더 이데올로기는 각 젠더에게 적정한 육체적·사회적 영역을 할
당했다. 즉, 남성에게는 정치와 상업의 영역이, 여성에게는 가정과
가족의 영역이 부여되었다. 여성은 도덕적으로 열등한 존재로 파악
되면서, 모성 본능과 사랑의 특수성에 묶여서, 고차원의 규율과 미
덕, 그리고 품위 있는 사람에게 요구되는 자기 통제력을 가질 수 없
었다. 그러면서도 여성들은 몸과 섹슈얼리티와 연관되어 있는, 많은
엄격한 예의범절 규약을 준수해야 했다.

　부르주아적 품위에 대한 규약은 남성성과 여성성을 상호 배제
적이지만 상호 보완적인 대립물로 만들었다. 다양성, 이질성, 그리
고 공통의 측정 기준 하에 놓일 수 없는 경험들의 통약 불가능성
incommensurability이라는 의미에서의 차이를 부인하거나 억압하는 동
일성의 논리가 그런 젠더 이분법을 지배한다. 남성성과 여성성은 서
로 완전히 다른 형태를 보이면서도 서로 보완한다는 점 때문에 품
위 있는 여성은 품위 있는 남성의 통제 아래, 품위 있는 남성의 가

부장적 보호 내로 두어진다. 품위 있는 남성들이 주체이고, 그들의 여성들은 품위 있는 남성들을 그대로 반영하며 사랑, 봉사, 양육 속에서 이들 남성을 강화한다. 한 남성의 내조자이자 보완적 존재로서 봉사하고, 그 남성의 신체적·성적·정서적 필요에 대한 수호자로서 여성이 노동하면서도 동시에 자신과 결합할 의무로부터 그 남성을 해방시켜 준다면, 그런 여성을 가진 사회는 질서정연하다는 것이다.

부르주아적 젠더 양극화는 차이의 존재를 부인한다. 왜냐하면 품위 있는 커플에게는 단 하나의 주체성만이 존재하기 때문이다. 모스는 품위의 미덕이 주로 남성다움의 미덕이었음을 밝힌다. 남성다움의 주된 미덕은 자기 통제이다. 즉, 열정, 욕망, 섹슈얼리티, 신체적 필요, 충동의 표현을 억제하는 능력이 남성의 덕목이라는 것이다. 자기지배는 규율과 경계를 요구하며, 그러한 덕성을 성취한 사람만이 진정으로 합리적이고, 능력 있으며, 또한 권위 있는 지위를 가질 자격을 가진다. 왜냐하면 자기 자신을 적정하게 규율하는 사람만이 다른 사람을 규율하는 지위에 있어야 하기 때문이다. 이런 남성은 참으로 독립적이고 자율적이다. 즉, 이런 사람의 행위에는 과잉되거나, 자신으로부터 벗어나는 것이 없다. 이런 사람이 완벽하게 자신의 행위의 저자이자 기원이다.

모스는 품위 있는 남성적 미덕이라는 19세기의 이상 속에서 남성 간의 에로티시즘이 태어났고, 이는 남성 간 애착의 결합이 갖는 성적 의미를 억압함으로써 그 결합을 정당화했다고 주장한다. 내가 이미 말했듯이, 백인 남성의 청춘은 열정적이지만 무성無性적인 아름다움의 이상을 표현했다. 19세기의 공중公衆 관념을 암묵적으로 규정했던 백인 부르주아 남성의 통일성과 보편성이 가장 오만하게 발전한 것이 바로 민족주의이다. 민족주의에서 섹슈얼리티는 민족과 제국에 대한 사랑으로 승화되었다. 민족주의적 정서와 충성은 여성을 배제했던 동성애적 형제애에서, 즉 군인, 정치인, 제국 고위 관료의 세련된 클럽들과 전문 분야 속에서 추구되었다. 이러한 민족주의는 비非백인에 대한 인종차별에 물질적으로도 이데올로기적으로도 기여했고, 그들을 품위의 경계 바깥에 가두는 데 기여했다(Anderson, 1983 참조). 품위 있다는 것은 '문명화된' 사람에 속함을 의미하고, 그런 사람들의 예절과 도덕은 '야만적'이거나 퇴화된 사람들의 예절과 도덕보다 더 '선진적'이다. 이런 도식 속에서 유색인은 태생적으로 몸과 결부되어 있고, 도덕관념이 없고, 자기를 절제하지 못하고 마구 표현하며, 규율이 없고, 청결하지 않고, 자기 통제력을 결여된 존재이다.

나는 현대 서구 산업사회의 인종차별주의, 성차별주의, 계급차별주의, 동성애공포증, 노인차별주의, 장애인차별주의를 이 주의들의 19세기 전신前身이 단순히 연속되는 것으로 해석하는 것은 오류라고 주장했다. 이러한 현대적 특권과 억압에 대한 설명은 연속성만큼이나 역사적 차이에서부터 진행되어야 한다. 한 가지 주요한 차이점은 인종차별주의, 성차별주의, 동성애공포증, 노인차별주의, 장애인차별주의는 대부분의 경우 더 이상 담론 의식 속에 존재하는 것이 아니라, 주로 실행 의식이나 기본적 안정 체계 차원의 수준의 행위, 이미지, 태도 속에 존재한다는 것이다. 유사하게, 우리는 여성, 비非백인, 동성애자가 섹슈얼리티와 몸과 연관되어 있다는 이유로 이들 집단을 합리적 공중에서 본래적으로 배제하는, 남성적 미덕과 품위에 대한 열렬한 숭배를 현대사회가 어느 정도 유지하고 있는지를 질문해 볼 수 있다.

이전 시대의 차별주의와의 단절은 명백해 보인다. 적어도 품위 있는 사람과 관련해서는 빅토리아 시대의 도덕은 성적 표현을 억누르고 이를 저평가한 반면, 현대 서구의 선진적 산업사회는 모든 사람에게 성적 표현을 허용—그런 표현을 하는 것을 실제로 찬양까지 하는 것은 아니지만—은 한다. 이러한 근대 섹슈얼리티는 퍼포먼스 지향적이고 재산 축적에 봉사하는 피상적인 섹슈얼리티여서 성적 욕구를 승화시키는 인간의 능력을 여러 방식으로 억압적으로 박탈한다는 마르쿠제의 주장(Marcuse, 1964, 3장)에 동의할 수 있을 것이다. 그러나 고급화된 소비자 사회에서 성은 승화되지 않은 날것the raw이라는 점은 의심의 여지없이 분명한 것 같다. 사회의 섹스화sexualization는 품위 있는 사람과 그렇지 않은 사람 사이의 경계를 희미하게 만들었다. 백인 남성의 몸이 점점 더 많이 그리고 공연하게 섹스화됨에 따라, 몸과 결부된 섹슈얼리티의 오명汚名은 더 이상 전적으로 여성, 흑인, 동성애자에게만 붙여지지 않는다. 동시에, 이전에는 멸시당했던 이 집단들이 가지고 있지 않은 것으로 파악되었던 합리성을 이 집단들에게도 일정 수준 인정하는 것이 가능해진다. 이성과 몸, 자기 규율과 성적 표현, 냉정한 초연함과 감정 사이의 이분법은 더 이상 집단들 간의 구별과 명료하게 연관되지 않는 반면, 만인의 삶을 구성하는 데 개입한다.

무력함이라는 억압은 현대사회가 '프로페셔널professional'의 미덕과 행위 안에서 간직하고 있는 품위의 이상에서 일부 기인하기도 한다. 현대사회에서 사람들이 부르주아적 품위를 대표하는 예법의 규칙을 따르는 것은 전형적으로 사무실 안에서나 업무상 회의에서이며, 이러한 상황에서 사람들은 이러한 규칙에 따라 서로를 평가한다. 19세기에 품위는 하나의 집단 또는 계급과 연관되었고, 그 집단이나 계급은 그들의 삶의 모든 측면에서 자신의 미덕을 보여 줄 의무가 있었던 반면, 오늘날 품위의 규약 대상은 공적 제도들과 업무상 실무 관행으로 좁혀졌다. 게다가 원칙적으로는 누구라도 품위 있는 존재가 될 수 있다. 그럼에도 우리는 이하에서 집단 간 차이가 어떻게 이런 원리를 훼손하는지 볼 것이다.

'전문직다운' 행동거지에 대한 규범은 몸의 육체성과 표현성에 대한 억제를 포함한다. 품위 있고 전문직답다는 규칙은 모든 신체적 냄새를 없애거나 덮고, 깨끗하고 '말쑥'할 것을 요구한다는 것은 말할 필요도 없다. 의상에 있어서, 전문직 남성은 19세기 품위 있는 남성 의복의 기본 형태를 따른다. '비즈니스 수트'는 직선이고 각이 져 있으며, 주름 장식이나 장식물이 없고, 멋진 직조織造와 내구성 있는 무게를 가지고 있으며, '중립적'임을 드러내 주는 칙칙한 색깔을 띤다. 근대 서구 사회에서 여성의 옷차림은 남성의 옷차림과 매우 다르게 더 많은 색과 옷감과 장식물을 가지고 있었기 때문에, 직업을 가진 여성의 시대가 오면서 전문직다운 옷차림은 모호해지고 다양해졌다. 그렇지만 참으로 전문직다운 여성의 옷차림은 비즈니스 수트의 여성판女性版으로 정착된 것으로 보인다. 다만 바지 대신 단순한 무릎길이의 치마를 입고, 남성용 비즈니스 수트에서 적절하다고 여겨지는 셔츠보다는 조금 더 다양한 색깔의 블라우스를 허용하기는 하지만 말이다.

이 사회에서 합리성과 권위를 나타내는 전문직다운 행위는 앉고, 서고, 걷고, 말하는 특정한 방식, 다시 말해서, 부적절한 표현이 없을 것을 요구한다. 전문직다운 행동거지는 상냥하고 쾌활해야 하지만, 흥분하거나 노골적으로 표출되어서는 안 된다. 말을 할 때는 목소리를 안정적으로 유지해야 하며, 키득거려서는 안 되고, 슬픔, 화, 실망, 불확실함을 표현해서는 안 된다. 단호하게 말해야 하고, 머뭇

거리거나 모호하게 말해서는 안 되며, 속어, 방언, 억양이 말 속에 들어 있으면 안 된다. 흥분해서 말하거나 큰 몸짓으로 자신의 말을 꾸며서는 안 된다.

19세기에는 품위의 규범은 특정 집단, 즉 백인 부르주아 남성의 행위를 대부분 이끌었고, 그들의 지배 아래에 있는 여성들을 위한 상호 보완적 규범을 갖고 있었다. 흑인, 유태인, 여성, 동성애자, 노동계급 사람들 모두는 몸과 정서가 가지고 있는 제어하기 어려운 이질성과 연관되는 경향이 있다고 파악되었기에 품위의 문화 바깥에 있는 것으로 여겨졌다. 나는 현대사회에서는 이성과 몸 사이의 이분법이 더 이상 이러한 집단들과 단단하게 연결되지는 않는다고 말했다. 원칙적으로 모든 집단은 합리적이면서 동시에 신체적이라고 말해진다. 그러나 나는, 인종차별주의자·성차별주의자·동성애차별주의자의 신경질적인 혐오 반응은 여전히 몇몇 집단들의 신체적 존재에 표지를 붙인다는 점, 그렇지만 그런 표지 붙이기가 담론 의식 차원에서는 나타나는 경우가 많지는 않다는 점을 주장했다. [현대사회에서는] 어떤 집단들이 품위 있는 직업에 참여할 공식적 기회로부터 더 이상 배제되지는 않는다. 그럼에도 불구하고 문화제국주의에 의해 희생된 집단들이 처한 상황은 이들이 직업적 평등을 성공적으로 이루는 것을 방해한다.

전문직다운 행동거지는 중립적이라는 주장에도 불구하고, 사실 그것은 특정한 문화 쪽으로 사회화된 산물이다. 백인 앵글로계 이성애자 중산층 남성은 이런 문화 쪽으로 가장 사회화되어 있는 반면, 여성, 흑인, 라틴 아메리카인, 가난한 노동계급 사람, 게이 남성과 레즈비언은 전문직 문화에서 벗어나거나 그 문화와 충돌하는 문화적 습관을 드러내는 경향이 있다. 이런 차이가 나타나는 이유는 다양하다. 이런 집단들은 그들 사이에서, 직선적인straight[11] 전문직 문화에서 적절하다고 여겨지는 것보다 더 '다채롭고' 표현적인 스타일을 가진 긍정적인 문화를 증진시킨다. 게다가 전문직 문화를 사회화하는 행위자들, 특히 교사들은 종종 다른 집단의 구성원에게보다 규율 잡히고, 표현을 분명히 하며, 합리적인 행동거지를 전개하는 백인 중산층 남성에게 더 많은 지원을 보여 준다. 왜냐하면 지배적인 문화적 이미지는 백인 중산층 남성을 전문직의 범례로 파악하기 때문이다.

지배적 문화에 '동화'된다는 것, 상대적 특권을 갖는 사람들의 명부에 수용된다는 것은 이전에 배제되었던 집단의 구성원들이 전문직다운 자세를 채택하고 자신들의 신체적 표현을 억압할 것을 요구한다. 따라서 삶과 표현의 충동을 잃지 않은 사람 모두에게는 신체적 행위 차원에서 공과 사를 구별하는 새로운 종류의 구별이 등장한다. 나의 공적인 자아는 관료적 제도 안에서 '올바르게' 앉고, 서고, 걷고, 또한 나의 인상을 관리하는 나의 행위이다. 나의 '사적' 행위는 이완되고 신체적으로 더 표현적이며, 가족과 집에 있거나 내가 나와 동일시하는 집단의 구성원들과 어울릴 때 나타난다.

공적이고 품위 있는 행동거지와 사적이고 격식을 그다지 차리지 않는 행동거지에 대한 체험적 구별은 인종차별주의, 성차별주의, 동성애공포증, 노인차별주의, 장애인차별주의의 상호작용 동학과 교차한다. 사람들이 보다 이완되는 '사적' 상황 및 장소에서는, 사람들이 공식적 규칙과 관료적 비인격성이라는 '공적' 상황 및 장소에서 억

---

11 'straight'에는 '직선적'이라는 의미 외에 '이성애자'라는 의미가 내포되고 있다.

제하던, 다른 집단의 구성원에 대한 저평가 판단을 솔직하게 표현할 수 있다.

그렇지만 여성, 장애인, 흑인, 라틴 아메리카인, 게이, 레즈비언, 그 외 계속 타자로 표지 붙여져 온 사람들의 경우 품위를 인정받기 어려운 또 다른 장애물이 있다. 이들이 품위의 규범에 부합하는 모습을 성공적으로 보인다고 하더라도, 그들의 육체적 존재에 계속 표지가 붙여진다. 또한 내가 주장한 바처럼, 다른 사람들이 주목하는 이들 집단의 그 어떤 특징은 종종 다른 사람들 속에서 무의식적으로 불안 초조감이나 혐오를 일으킨다. 이렇게 표지 붙여진 이들 집단들이 자신들의 신체적 존재에 묶여 있는 한, 그들은 남을 의식하지 않으면서 완전하게 품위 있을 수 없고 전문가도 될 수 없으며, 또한 사람들도 그들을 그렇게 여기지도 않는다. 어떤 사람과의 첫 만남에서 그들은 자신의 품위 있는 행동거지를 통하여 자신이 품위 있음을 반드시 '입증'해야 한다, 그리고 그들의 삶은 그러한 시련 때문에 늘 괴롭힘을 당한다. 물론 이런 시련이 백인의 삶에서 전혀 없다고는 할 수 없겠지만, 적어도 그처럼 정기적으로 발생하지는 않는다.

외국인공포증과 아브젝시옹

조엘 코벨Joel Kovel[12]은 그의 백인 우월 인종차별주의에 대한 연구 (1970)에서 위압적 인종차별주의dominative racism, 혐오적 인종차별주

---

12 조엘 코벨(1936~)은 정신의학을 전공하고 '환경사회주의(eco-socialism)'를 추구하는 미국의 유태계 좌파 학자다.

의aversive racism, 그리고 메타 인종차별주의metaracism라는 세 가지 인종차별주의 이념형을 구분한다. 위압적 인종차별주의는 노예화와 다른 형태의 강제 노동, 백인에게 특권을 주는 인종 지위 규칙 및 집단 학살 등에서 가장 명백하게 드러나는 직접 지배mastery를 수반한다. 이러한 지배는 통상 인종 집단의 구성원들과 빈번한 연관, 종종 매일매일의 밀접한 연관을 수반하는 반면, 혐오적 인종차별주의는 회피와 분리의 인종차별주의이다. 코벨이 메타 인종차별주의라고 부르는 것에 따르면, 인종적 우월성에 대한 가치지향 및 다짐의 흔적은 거의 모두 제거되었다. 여전히 지속되는 유색인의 비참함의 원인은 백인이 지배하는 경제와 기술의 무한한 작동 과정에서 찾을 수 있을 뿐이다.

코벨에 따르면, 현대 미국 사회에는 이 세 가지 인종차별주의가 모두 존재한다. 그렇기는 하지만 특히 미국에서는 이 세 가지 이념형이 백인 우월 인종차별주의의 역사의 각 단계에 상응한다고 코벨은 주장한다. 19세기, 특히 남부에서는 위압적 인종차별주의가 주된 형태였다. 이는 인종차별주의에서 벗어나야 한다고 주장하는 리버럴한 북부 부르주아지의 혐오적 인종차별주의와 강한 긴장 상태를 유지했다. 코벨에 의하면, 현대 미국에서 인종차별주의는 메타 인종차별주의의 중요성이 점점 더 증가하는 가운데 주로 혐오적 인종차별주의의 형태를 띤다.

위압적 인종차별주의와 혐오적 인종차별주의 간의 구별은 내가 약술했던, 담론 의식으로부터 실행 의식 및 기본적인 안정 체계로의 이동과 연결될 수 있다. 19세기의 인종차별주의 문화에서는, 성차별주의와 이성애주의와 함께, 우월한 몸과 특질에 대한 노골적 이론이 표출되었다. 흑인, 유태인, 여성, 동성애자와 노동자들은 그들에 대한 백인 부르주아 남성의 지배를 정당화하는 퇴화되거나 열등한 본성을 가진 것으로 구성되었다. 현대사회에서 이러한 억압이 노골적인 지배의 형태로 나타나는 경우는 적고, 오히려 피억압자에 대한 특권 집단의 회피, 혐오, 분리가 더 많이 나타난다.

코벨의 기획은 인종차별주의에 대한 정신역학적psychodynamic인 설명을 제공한다는 데 있다. 그는 위압적 인종차별주의와 혐오적 인종차별주의는 백인 서구 문화의 무의식 속에서 각각 서로 다른 쟁점 및 과정과 관련된다고 주장한다. 그의 주장에 따르면, 지배적 인종차별주의는 주로 성적 대상과 정복이라는 오이디푸스 콤플렉스적인 쟁점과 관련되며, 오이디푸스 콤플렉스 드라마 속에 나타나는 (남성을 위한) 경쟁과 공격의 쟁점과 관련된다. 19세기 인종차별주의 담론이 성기와 섹슈얼리티에 몰두한 것은 이러한 오이디푸스 콤플렉스 심리psyche의 증상이라는 것이다. 다른 한편, 혐오적 인종차별주의는 오물과 불결함에 대한 근본적 환상을 갖는, 오이디푸스 콤플렉스 이전의 항문기적 단계 속으로 깊게 파고들어 간다.[13] 코벨은 이 혐오적 인종차별주의가 근대의 자본주의적·도구적 합리성과 더 많이 조화를 이룬다는 점을 발견한다. 근대의 과학적 의식은 자아를 순수한 정신―인간 본성에 있는 관능성과 세속적 몰두로부터 추상화된 정신―으로 축소하려고 한다. 권력의 맥락에서 순수성에 대한 이러한 충동은, 순수화되고 추상화된 주체에 반대되는 축출된 몸을 대표하는 몇몇 집단을 희생양으로 만든다는 것이다.

---

13 '항문기'는 프로이트 정신분석 이론이 제시하는 성격발달의 두 번째 단계로, 배설을 통하여 항문에서 성적 쾌감을 느끼는 시기이다. '항문기'의 다음 단계는 성기에 관심을 갖고 성기에서 쾌감을 느끼려고 하는 '남근기'인데, 이 시기 '오이디푸스 콤플렉스'를 가진다고 하여 '오이디푸스 기(期)'라고도 불린다.

나는 혐오 반응으로 구조화된 현대사회의 억압은 인종차별주의에만 국한되지 않으며, 성차별주의, 동성애공포증, 노인차별주의, 장애인차별주의의 측면을 형성한다고 주장했었다. 흑인, 라틴 아메리카인, 아시아인, 게이와 레즈비언, 노인, 장애인, 가난한 사람들은 다른 사람들—그리고 담론 의식 속에서는 자신들을 존중하며 평등하게 대하려고 노력하는 사람들조차—이 표출하는 불안 초조감이나 회피를 경험하는 경우가 많다. 그렇다고 해서 이들 집단에 대한 억압 모두가 동일하다는 의미는 아니다. 피억압 집단 각각은 다른 피억압 집단으로 환원될 수 없는 특유한 고유한 정체성과 역사를 가지고 있다. 2장에서 억압의 다섯 가지 측면을 고찰했었다. 이 억압 측면들은 다양하게 조합될 수 있으며, 각각의 피억압 집단의 처지에 따라 경험되는 억압의 조합과 억압의 측면들도 다르다. 그런데 이 다섯 가지 억압 측면 중 그 어떤 것도 억압의 필요조건은 아니다. 이 다원적 억압 모델이 갖는 기능 중 하나는, 집단 억압을 논의할 때 환원주의를 피하는 것이다. 집단 억압에서 결정적 요소는 억압 받는 집단 구성원의 몸이 경멸스럽고, 추하다고, 두려움을 자아낸다고 간주되는 것이다. 나는 앞에서 언급한 피억압 집단 모두가 이 점에서 유사한 지위에 있다고 생각한다. 이하에서는 이런 피억압 집단 모두에게 비슷한 방식으로 적용된다고 내가 생각하는 공통된 지위를 설명하는 한 견해를 제시하겠다. 이 견해는 물론 인종차별주의, 성차별주의, 동성애공포증, 노인차별주의, 장애인차별주의의 억압의 한 단편만을 나타낼 뿐이다.

줄리아 크리스테바는 '아브젝트한 것the abject'이라는 개념을 사용하여, 집단에 근거한 두려움이나 혐오를 나타내는 행위 및 상호작용을 이해할 수 있는 수단을 제공한다. 이는 철저하게 프로이트적이라고는 할 수 없지만 혐오적 인종차별주의에 대한 코벨의 설명과 유사하다. 그녀의 다른 저작에서와 마찬가지로, 크리스테바는 『공포의 권력Powers of Horrors』(1982)에서 에고ego[14] 발달을 중시하는, 즉 [자극과 감각의 변화무쌍함과 시간의 변화에도 불구하고] 동일성을 유지하는 '나(자아, identical self)'가 등장—이는 표상 가능하고, 정의 가능하고, 욕망되며, 조종 가능한 객체들이 이 '나(자아)'의 맞은편에 서 있다—했음을 알리는 상징화 능력 및 표상[15] 능력의 발전을 중시하는 프로이트식의 정신분석 이론을 논박한다. 크리스테바의 관점에서 볼 때, 정신분석 이론은 충동의 조직화에 있어서 오이디푸스 콤플렉스 이전 과정을 너무 경시했다. 법을 만드는 아버지에 의해서 구축되는 오이디푸스 콤플렉스적 사건과 반대로, 그 이전의 과정에서는 어머니 같은 인물이 감정의 발생 및 작동 구조를 형성한다.

다른 글에서 크리스테바는 서로 환원될 수 없는 완전히 이질적인 언어의 두 측면으로서 상징계the symbolic와 기호계the semiotic를 구별한다(Kristeva, 1977). 상징계란 기표하는 능력, 부재하는 다른 것을 한 요소가 표현하도록 하는 능력, 즉 표상, 감각, 논리의 가능성을 말한다. 상징 능력은 특정한 억압에, 즉 의식적 연상과 무의식적 연상 간의 대립에 의존한다. 다른 한편, 기호계란 발화의 이질적이고, 신체적이고, 물질적이고, 의미를 가지지 않는 측면—몸짓, 목소리의 음조, 발화의 음악성, 단어의 배열, 정의 가능한 의미를 가지

---

14 'ego'는 통상 'self'와 같이 '자아'로 번역되지만, 프로이트 정신분석학에서 'ego'는 '이드(id, 본능적 충동)'를 규제하는 자아를 뜻하는 것이므로, 여기서는 '에고'로 번역한다.
15 철학적 의미에서 '표상'은 감각적으로 외적 대상을 의식하여 갖게 되는 심상(心像)을 뜻한다. 이 점에서 사고에 의한 논리적·추상적인 '개념'과는 구별된다.

지 않는 표현적이고 정서적인 모든 언어의 물질적인 측면 등—으로 서, 발화의 의미 표시 작용과 항상 함께 존재하기는 하지만, 그렇다 고 이것에 통합되지는 않는다. 발화하는 자아는 이런 그림자, 즉 행 동거지와 흥분 속에서 표현된 흘러넘친 몸spilled-over body[16]을 항상 수 반한다.

크리스테바는 아브젝트한 것이라는 관념으로 그런 자아 수반물 의 한 유형을 설명한다. 아브젝시옹abjection은 대상과 관계하는 주 체——즉, 에고—를 만들어 내는 것이 아니라, 대상에 마주 서 있는 '나'라는 것이 형성되기도 전에 우선 '나'와 타자 간의 경계 자체를 설정하는 분리의 순간—이렇게 설정된 경계를 통해 에고와 대상의 관계가 비로소 가능해진다—을 만들어 낸다. 욕망—자아로부터 나 와서 그 자아가 지향하는 대상으로 향하는 움직이는 욕망—이전에, 표상될 수도 없고, 그저 감정의 흐름으로만 존재하는 그야말로 있는 그대로의 욕구, 결핍, 상실, 침해가 먼저 존재한다.

주체가 어떤 특정한 사안, 이미지, 환상—즉, 혐오, 욕지기, 심란함 으로 반응할 수 있는 어떤 공포스러운 것—을 맞닥뜨릴 때 갖게 되 는 혐기嫌忌와 역겨움의 감정이 바로 아브젝시옹이다. 아브젝트한 것 은 혐오와 역겨움을 주는 동시에 매혹적이기도 하다. 자신을 좇아 버리기 위하여 주체를 끌어들이기 때문이다. 아브젝트한 것은 비합 리적이고 표상될 수 없기에 무의미하며 역겹다. 크리스테바에 따르 면, 아브젝시옹은 영아嬰兒가 자신에게 영양분을 공급하고 편안하게 해주는 어머니의 몸으로부터 분리되려고 투쟁하는 원초적 억압으

---

16 '흘러넘친 몸'은 행동거지나 흥분 등 몸의 외적 표현을 의미한다.

로부터, 즉 영아가 독자적인 신체 도식을 구축하려고 마지못해 어쩔 수 없이 투쟁—영아가 통합시키려고 애쓰는 어머니의 몸과 연속성을 가지면서도 긴장 관계에 있기도 하는 가운데—하면서 발생한다.

주체가 언어 활동을 시작하고 '나'가 되기 위해서는, 어머니의 몸과의 즐거운 연결로부터 분리되어야 하며, 자신과 타자 사이의 경계에 대한 감각을 획득해야 한다. 영아는 어머니가 주는 주이상스 jouissance[17]의 원초적 유동성流動性[18] 속에서, 어머니라는 타자를 내면화한다. 따라서 분리의 경계는 어머니를 쫓아내고 거절함으로써만 만들어질 수 있고, 그럴 때만이 어머니는 영아 자신과 구분되게 된다. 내부와 외부 사이의 경계를 창출하는 어머니의 축출은 영아 자신의 축출이기도 하다. 영아는 어머니라는 타자와의 관계에서 자기의 욕구/충동을 가지고 자신의 몸에 대한 통제감을 얻기 위하여 투쟁하지만, 그 투쟁은 내키지 않기 때문에 그 분리는 상실, 상처, 결핍 등으로 경험된다. 분리의 그 순간은 '격렬하고 어설픈 이탈'일 수밖에 없고, 이동하고 있는 만큼 안전한 권력의 지배 아래로 되돌아갈 리스크가 항상 있다(Kristeva, 1982, 13쪽).

축출된 자아는 혐오스러운 위협적 존재로 바뀐다. 왜냐하면 이 자아는 다시 들어와서 자신과 분리된 자아 사이의 경계를 없애겠다고 위협하기 때문이다. 주체와 타자의 분리는 보잘것없어서, 주체는

---

17 '주이상스'는 프로이트의 정신분석학을 구조언어학의 관점에서 재해석한 프랑스의 정신의학자 자크 라캉(Jacques Lacan, 1901~1981)의 조어(造語)로, 현실의 상징과 질서를 전복하는 충동, 고통을 수반하고 죽음으로까지 연결되는 희열이나 향락의 의미를 갖는다.

18 '유동성(fluidity)'은 영아가 어머니의 젖을 먹으면서 어머니와 연결되어 있다는 것을 표현하기 위한 것이다.

그 분리를 상실로 느끼고는, 타자에 의하여 다시 둘러싸이는 것을 거부하면서도 또 그렇게 되기를 갈망한다. 분리된 자아가 자신과 타자의 경계를 확고하게 유지하고 자신을 방어하는 수단은 타자에 대한 혐오와 반감인데, 이는 자아의 경계 붕괴에 대한 공포 때문이다.

아브젝시옹은 신체 배설물—몸 안에서부터 방출된 물질인 피, 고름, 땀, 대변, 소변, 토사물, 생리액, 그리고 그 각각과 결합된 냄새 등—에 대한 역겨움의 반응으로 표현된다. 생명 과정 자체의 핵심은 나의 삶을 유지하고 보호하기 위하여 내 안에 있는 것을 밖으로 배출하는 것에 있다. 나는 나로부터 방출된 것에 대해 역겨움으로 반응한다. 나 자신의 경계가 제자리에서 지켜져야 하기 때문이다. 아브젝트한 것은 나를 접촉해서는 안 된다. 아브젝트한 것이 질척거리면서 스며들어와 내 생명에 필수적인 내부/외부 경계—이 경계는 배출과정에서 생겨난 것이다—를 없앨까 두렵기 때문이다. 만약 내가 우연히 또는 강제로 아브젝트한 물질을 접촉하게 되면, 나는 내 안에 있는 것을 배출할 때의 반사적 반응, 즉 욕지기로 다시 반응하게 된다.

그리하여 크리스테바가 말하기를, 아브젝시옹은 객체에 대립하는 주체가 등장하기 이전에 이미 존재하며, 이 아브젝시옹으로 인해 주체와 객체의 구분이 비로소 가능해진다. 아브젝시옹의 움직임은 나누고, 반복하고, 분리하는 능력이 있는 존재를 만들어 냄으로써 지시 활동이 가능하도록 만든다. 주체 앞에 서 있는 객체와는 다른 것으로서 아브젝트한 것은 명확하게 그 경계가 한정될 수 있는 주체에 맞서서 멀찍이 서 있지 않다. 아브젝트한 것은 주체가 아니라, 그저 나 자신의 경계 반대쪽일 뿐이다. 그리하여 아브젝트는 주체에 대립하거나 주체에 대면해 있는 것이 아니라, 주체 옆에 있다. 그것도 너무 가까이 있어서 편안할 수 없게.

> "여기서 '무의식'의 내용은 이상한 방식으로 배제되어 있다. 주체와
> 객체를 확실하게 차이 나게 해줄 만큼 철저히는 아니지만, 방어적
> 지위—거부를 함축하면서도 또한 정교한 승화 작업도 함축하는 지
> 위—가 구축될 만큼은 명확하게 배제되어 있는 방식으로 말이다."
> (Kristeva, 1982, 7쪽)

아브젝트한 것은 두려움과 혐오를 유발한다. 자아와 타자 사이
의 경계가 자연스러운 것이 아니라 구성된 것이고 허약하다는 점을
드러내기 때문이며, 경계를 해체함으로써 자아를 해체하겠다고 위
협하기 때문이다. 이런 속성을 가진 두려움을 명명한 것이 포비아
phobia이다. 즉, 공포스럽지만 매혹을 느끼는 방식으로 끌리는 물체
에 들러붙어 있는 비합리적 두려움이라는 것이다. 사람들이 통제하
고 방어하고 반작용하려는 시도로써 대응하는 대상에 대한 공포와
는 달리, 아브젝트한 것에 대한 포비아적인 공포는 명명命名할 수 없
는 것에 대해 느끼는 아찔하고 무력감을 자아내는 공포다. 동시에
아브젝트한 것은 매혹적이며, 강박적 매력을 발휘한다.

크리스테바에 따르면, 아브젝시옹은 애매함의 특이한 경험이다.
"왜냐하면 아브젝시옹은 지배력을 포기하는 한편, 주체를 위협하는
것으로부터 주체를 철저하게 단절시키지는 않는다. 반대로 아브젝시
옹은 주체가 영구적인 위험에 놓여 있는 것으로 인식한다(Kristeva,
1982, 9쪽)." 아브젝트한 것은 '정체성, 체계, 질서를 방해하는 모든
것, 경계와 지위와 규칙을 존중하지 않는 것'(Kristeva, 1982, 4쪽)에
서 발생할 잠재성이 있다. 그 어떤 경계의 모호함도 주체에게는 바

로 그 자신의 경계에 대한 위협이 될 수 있다. 자아와 타자의 분리는 그 이전의 연속성으로부터의 급격한 단절의 산물이다. 이미 설명했듯이, 이 경계는 부서지기 쉽다. 왜냐하면 자아는 이 분리를 이름 붙일 수도 없고 무엇인가를 참조삼아 설명할 수도 없는 상실과 결핍으로 경험하기 때문이다. 주체는 이 아브젝트한 것에 대해 혐오로 반응하는데, 이는 자아와 타자를 분리하는 경계를 복구하기 위한 수단이다.

나는 아브젝트한 것의 의미에 대한 이런 견해가 어떤 집단을 추하거나 두려운 존재로 정의하고, 그 집단 구성원에 관하여 혐오 반응을 만들어 내는 몸의 미학에 대한 이해를 강화한다고 생각한다. 인종차별주의, 성차별주의, 동성애공포증, 노인차별주의, 장애인차별주의는 부분적으로, 아브젝시옹, 즉 추함과 혐오에 대한 부지불식의 무의식적인 판단에 의해 구조화된다. 이 견해는 어떻게 특정 집단들이 문화적으로 추하고 경멸받는 몸으로 정의되는지를 밝히지는 않는다. 특정 사람들과 집단을 죽음 혹은 퇴화와 상징적으로 연결시키는 것은 반드시 사회적·역사적으로 설명되어야만 한다. 또한 이 상징적 연결은 역사적으로 다양하다. 설령 아브젝시옹이 어떤 주체이든 하여간 주체가 구성되는 과정에서 나온 산물이라고 할지라도, 주체의 형성 과정 중 그 어떤 것도 집단혐오를 필수적인 것으로 만들지는 않는다. 집단과 아브젝트한 성분 사이의 결합은 사회적으로 구성된다. 그렇지만 그런 결합이 한번 만들어지면, 아브젝시옹 이론은 그 결합이 어떻게 주체의 정체성과 불안 내로 고정되는지 보여준다. 이 결합은 자아의 경계 너머에 있는 것을 나타내므로, 주체는 그렇게 결합된 집단들의 구성원을 공포, 불안 초조, 혐오로 대한다. 왜냐하면 이 구성원들이 정체성 자체에 대한 위협, 즉 기든스가 '기본적인 안정 체계'라 부른 것에 대한 위협을 나타내기 때문이다.

외국인공포증xenophobia은 근대적 의식의 역사 내내 계속 존재해왔고, 특정한 몸들을 퇴화된 것으로 정의하는 의학적 이성에 의해 구조화되었다. 그렇기는 하지만, 집단의 우월성에 대한 담론 의식으로부터 주로 실행 의식 및 기본적인 안정 체계의 차원에서 살고 있는 집단 우월성으로 이동이 진행되면 아브젝시옹의 역할이 증가할 수 있다.

인종차별주의, 성차별주의, 동성애공포증, 노인차별주의, 장애인차별주의가 담론 의식 차원에서 존재할 때, 경멸당하는 집단들은 대상화된다. 과학적, 의학적, 도덕적 및 법적 담론들에 의해 이들 집단은 자신들을 통제·조종·지배하는 명명命名 주체에 맞서 있으면서 또 그와는 다른 객체, 나름의 고유한 속성과 특징을 가진 객체로 구성된다. 그렇지만 어떤 집단에 속한다는 이유로 우수하다거나 열등하다는 주장이 담론 의식 차원에서 더 이상 행해지지 않게 되면, 이 피억압 집단들은 더 이상 지배적 주체를 자신과 구별되고 자신에 대립하면서 명백히 식별 가능한 객체로 대면하지 않는다. 여성, 흑인, 동성애자, 광인, 지적장애인들을 퇴화되었고 열등한 본성을 가진 것으로 식별될 수 있는 피조물인 타자들로 명명하기는 더욱 어려워진다. [왜냐하면 그 속성이 식별되면서 분명하게 묘사되었던 이전과는 달리] 외국인공포증적 주체성 속에서는 이들 집단은 묘사되지 않는 어두침침한 정서로 사그라지기 때문이다.

담론 의식 차원으로부터 성차별주의, 인종차별주의, 동성애차별주의, 노인차별주의, 장애인차별주의가 억압되면 아브젝시옹의 움직임이 갖는 모호한 특성이 강화된다. 많은 사회에서 사람들의 집단 정체성이 무엇이든 간에 모든 사람에 대한 동등한 존중과 평등한 대우의 원칙을 지향하고 그 실현을 다짐하는 태도가 널리 자리 잡고 있다. 동시에 정형화된 실행 의식 관행, 동일화의 여러 형태, 상호 작용 행위, 존중의 규칙 등은 명확하게 집단을 구별하고, 몇몇 집단에게 다른 집단보다 우월한 특권을 부여한다. 집단 차별을 하지 않는다는 진부한 평등주의 진리를 담론 의식 차원에서는 설교하면서, 실행 의식 차원에서는 집단 간 차이에 중점을 두는 언행이 이루어진다는 부조화가 존재한다. 이러한 부조화는 아브젝트한 것이 출현할 수 있도록 무르익은 경계의 위기를 만들어 낸다.

오늘날 타자는 객체가 될 정도로 그렇게 나와 다르지는 않다. 담론 의식 차원에서는 흑인, 여성, 동성애자, 장애인이 나와 같다고 주장한다는 것이다. 그러나 실행 의식의 차원에서는 감정이 작동하여 그들은 다른 존재로 표시된다. 담론 의식 차원에서는 이들이 완전히 다른 존재로 명명되지 않을 것이므로, 실행 의식 차원의 상황에서는 멸시당하는 집단의 구성원들이 주체의 정체성 경계를 넘으려고 위협한다(Frye, 1983b, 114~115쪽 참조). 자신들만의 '장소', 즉 고정된·국한된 지위를 갖지 않는 것처럼 행위하는 이들 타자가 내 면전에 있으면 나의 기본적인 안정 체계가 위협받으므로 나는 역겨움과 반감으로 이들 타자로부터 등을 돌리지 않을 수 없다.

동성애공포증은 이와 같은 경계 불안border anxiety의 전형적인 사례이다. 인종 관념의 형성, 그리고 인종 관념과 육체적 속성 및 혈통과의 연계는 여전히 백인으로 하여금 자신은 흑인이나 아시아인이 아니라는 것을 알게 해준다. 그러나 동성애가 점차로 주체에 대립하는 객체의 지위를 갖지 않게 되자, 고유한 특징이나 육체적·유전적·정신적·도덕적 '특성'으로는 동성애자와 이성애자를 명확하게 구별해 내지 못한다. 그리하여 성교 파트너에 대한 선택을 제외하고는,

동성애자와 이성애자 사이에 차이가 있음을 주장하는 것이 점점 더 어려워진다. 게이와 이성애자 사이의 경계는 너무도 쉽게 넘나들 수 있게 구성되어 있기 때문에, 동성애공포증이야말로 가장 깊숙이 자리 잡은 차이 공포 중 하나이다. 즉, 누구나 게이가 될 수 있고, 특히 나 역시 그러한 바, 나의 정체성을 지키는 유일한 방법은 비합리적인 역겨움을 갖고서 외면하는 것이다. 따라서 우리는 인종차별주의와 성차별주의의 증상을 성공적으로 제거했던 사람들이 왜 극심한 동성애공포증을 드러내는지 이해할 수 있게 된다.

노인차별주의와 장애인차별주의 역시 아브젝트한 것에 대한 경계 불안을 보여 준다. 왜냐하면 노인이나 장애인을 직면할 때 나는 나 자신의 죽음을 직면하기 때문이다. 크리스테바는 아브젝트한 것은 죽음, 즉 주체의 해체와 연결된다고 생각한다. 노인과 장애인이 불러일으키는 혐오와 불안 초조 및 그들은 추하다는 감각은 이들 집단과 죽음을 연관 짓는 문화에서 발생한다. 토머스 콜(Thomas Cole, 1986)은 19세기 전에는 노령이 죽음과 연결되어 있지 않았으며, 오히려 그와 반대였음을 보여 준다. 죽음이 어떤 나이의 사람에게든 찾아오고, 종종 아이들과 젊은이들을 데려가던 시절에는 노령은 죽음에 대한 승리이자 덕의 신호를 나타냈다. 가부장적 가족 지배가 이루어지던 시대에는 노인은 높이 평가되고 공경 받았다. 그러나 사람들이 점점 더 늙을 때까지 사는 현 시대에서는 노령은 퇴락 및 죽음과 연결되었다. 대부분의 사람들이 늙을 때까지 살 것으로 기대되는 시대에는 노인의 존재는 경계 불안을 창출한다. 이는 동성애공포증을 구성하는 경우와 비슷하다. 나는 노인이 미래의 나의 모습이라는 것을 부정할 수 없으나, 그것이 나의 죽음을 의미하므로 나는 노인을 응시하는 것을 회피하거나 또는 노인을 아이 취급하며, 가능한

한 노인이 있는 곳에서 떠나려고 한다. 장애인에 대한 나의 관계도 비슷한 구조를 갖는다. 나 자신과 휠체어에 의지한 사람과의 유일한 차이는 내가 운이 좋다는 것뿐이다. 장애인을 만나게 되면, 나와는 그렇게나 다른 존재라고, 타자라고 투사投射했던 그 사람이 그럼에도 불구하고 나와 같다는 점을 인정하게 되는 모호성이 다시 만들어진다.

내가 지금까지 한 이야기는 흑인, 라틴 아메리카인, 아시아인, 유태인, 게이, 레즈비언, 노인, 장애인, 여성을 만날 때 아브젝시옹을 경험하는 특권 집단의 관점에서 서술한 것이다. 그러면 아브젝시옹의 대상이 되는 이들 집단 구성원들 스스로가 갖는 주체성은 어떨까? 아브젝트한 것에 대해 앞에서 제시한 견해가 예컨대, 흑인이 백인을 아브젝트한 타자로 구성한다고 추정하는 것이라고 생각하면 오류일 것이다. 왜냐하면 문화제국주의의 핵심은 그 어떤 주체일지라도 그 주체의 관점은—그 주체가 속한 특유한 집단이 무엇이든 간에—특권 집단의 관점과 동일시된다는 바로 그 점에 있기 때문이다. 근대 서구에서 문화제국주의의 형태는 오직 하나의 주체의 지위, 즉 통일되어 있고, 몸과 분리되어 있으며, 백인 부르주아 남성과 동일시되는 이성의 지위를 제공하며, 또한 이 지위만을 고집한다. 근대 이성과 품위를 일체화하는 논리 속에서 문화적으로 제국주의화된 집단의 구성원들은 특권 집단과 같은 위치에 서려는 경향이 있다. 중립적일 것이라고 여겨지는 그런 특권적 위치에서 보면 경멸받고 일탈적이라고 취급되는 이들 집단 모두는 아브젝트의 대상인 타자로 경험된다.

다시 말하면, 문화적으로 제국주의화된 집단의 구성원들 스스로도 자신이 속하는 집단 구성원들을 향해서 그리고 다른 피지배 집단들의 구성원들을 향해서 공포, 혐오, 저평가의 징후를 드러내는 경우가 허다하다. 예컨대, 흑인이 다른 흑인에게 인종차별주의적 대응을 하는 것이 드물지는 않다. '옅은 피부색' 흑인과 '짙은 피부색' 흑인 사이의 차이가 드러나는 것처럼 말이다. 게이 남성과 레즈비언 스스로 동성애공포증을 드러내고, 노인이 노인을 폄하하며, 여성이 때때로 여성차별주의자가 되기도 한다. 이들 집단의 구성원이 지배적 문화 안에 있는 주체의 지위를 상정하는 한, 이들은 자신이 속하는 집단의 구성원을 아브젝트한 존재로 경험한다. 더 자주 일어나는 것으로는, 문화적으로 제국주의화된 집단의 구성원들이 다른 피억압 집단을 두려워하고 경멸하는 일이다. 라틴 아메리카인은 때때로 흑인에 대해 인종차별주의적 태도를 취하고, 그 역도 성립한다. 그리고 라틴 아메리카인과 흑인 모두 심각한 동성애공포증을 갖는 경우가 종종 있다.

엄밀하게 말해서 피억압 집단의 구성원들이 지배적 주체의 지위를 자신의 관점으로 수용하지 않는 경우조차도, 그들은 지배 집단이 두려워하고 혐기하는 문화적 지식을 내면화한다. 그리고 그 범위 안에서 피억압 집단의 구성원들은, 그들 자신 및 자신들이 속한 집단의 다른 구성원을 향한 지배적 주체성의 지위를 받아들인다. 그러나 문화적으로 제국주의화된 집단의 구성원들은 지배적 주체의 지위와는 다른 주체성의 삶, 즉 자신이 속한 집단의 다른 구성원들과 자신을 적극적으로 동일시하면서 그들과의 사회적 연결망에서 얻어진 삶을 산다. 이러한 두 개의 주체성—피억압 집단 구성원을 추하고 두려운 존재로 정의하는 지배문화의 관점과, 그 구성원을 보통의, 인정 많고, 유머 있는 사람으로 경험한 피억압자의 관점—간의 변증법은 내가 2장에서 언급한 이중의식을 보여 준다. 이 점에서 문화적으로 제국주의화된 집단의 구성원들은 특권 집단과는 다른 주체성의 삶, 그리고 취약하고 복수적 주체성을 가진, 쪼개지고 분리된 자아를 경험하는 삶을 산다. 문화적으로 정의된 인종차별주의, 성차별주의, 동성애공포증, 노인차별주의, 장애인차별주의를 벗어나는 길은, 이 장의 마지막에서 제시하겠지만, 모든 주체가 스스로를 복수적이고 가변적이고 이질적인 존재임을 이해하도록 만드는 것이다. 그러나 그 전에 우선 이러한 분석이 제기하는 억압의 책임 문제부터 검토하고자 한다.

도덕적 책임과 고의 없는 행위

나는 우리 사회에서 억압은 부분적으로 상호작용 차원의 습관, 무의식적 가정과 고정관념, 그리고 집단과 관련된 초조불안이나 혐오의 감정 등을 통해 지속된다고 주장했다. 미국 사회에서 집단 억압은 주로 공식적 법률이나 정책 속에서가 아니라, 비공식적인, 종종 무심코 내뱉는 발화, 타인들에 대한 신체적 반응, 매일매일의 상호작용과 평가에 관한 관례적 실천, 미적 평가, 그리고 대중 매체에 만연해 있는 농담, 이미지 및 고정관념 속에서 실행되고 있다.

미국 사회의 문화제국주의적 억압은 어떤 집단들을 타자로, 즉 그들의 신체에 특별한 표지를 붙이고 자신들의 신체에 갇혀 버린 존재로 정의하는 것을 일부분으로 하고 있다. 담론 차원에서 작동하는 이성이 더 이상 여성이나 유색인종을 남성이나 백인과는 다른 어떤 특유한 본성을 갖는다고 정의하지 않는 경우조차도, 여전히 정서적·상징적 차원의 연상 활동은 이들 집단을 특정한 종류의 몸과 묶어 둔다. 무의식적 공포와 혐오가 작동한다는 이런 설득력 있는 가정은 역시 이들 집단을 희생시키는 폭력, 그리고 이 폭력이 다른 사람들에 의해 승인되는 정도를 설명하는 데 도움을 준다. 2장에서 나는 이런 형태의 폭력은 여타의 집단 관련 폭력 형태들—예컨대, 전쟁이나 억압적 폭력—과는 다르다고 주장했는데, 물론 이러한 이 폭력 형태들은 서로 뒤얽혀 있을 수 있다. 전쟁과 억압은 공식적으로 규정된 적을 격퇴시킨다거나, 또는 피복종 집단이 권위 구조에 도전하거나 약화시키거나 전복하는 것을 막는다는 합리적 목표를 갖는다. 강간과 무작위 폭행, 협박, 조롱, 그림과 상징물 보여 주기에 의한 성적 괴롭힘 등은 어떤 목적을 위한 명시적 수단이 아니라는 점에서 비합리적이다. 이러한 행위들은 그 자체를 위해서, 재미를 위하여 또는 '묻지마'식 좌절의 산물로 행해지며, 오로지 희생자를 모욕하고 비하한다는 것만이 그 목적이다. 차이의 존재가 많은 사람들에게 정체성의 심각한 위협으로 와닿는 이유의 설명을 담고 있는 인종차별주의, 성차별주의, 동성애공포증에 관한 견해는 그런 행위들 자체를 이해하는 데 도움을 줄 뿐 아니라, 그 행위들을 제도적 가능성으로 만드는 사회 환경을 이해하는 데에도 도움을 준다.

규범적 사회철학과 정치 이론은 그런 현상에는 거의 초점을 맞추지 않는다. 근대 규범 철학을 구조 짓는 이성과 정서의 이분법은 규범 철학과 정치 이론이 어떤 주제를 적절한 탐구 대상으로 삼을지 정할 때에도 등장한다. 전형적으로, 정치 이론은 법, 정책, 사회적 재화의 대규모 분배, 투표나 세금같이 계산 가능한 양적인 것을 다루지, 신체적 반응이나, 행동거지나, 감정을 다루지는 않는다. 그렇지만 규범 철학이 실행 의식과 무의식 차원에서 실행되는 이런 억압의 측면을 무시하는 한, 규범 철학은 억압을 종식하는 데 거의 기여하지 못할 뿐 아니라 오히려 피억압자를 침묵시키는 데 일조한다. 현대의 억압이 몸의 미학을 통하여, 기본적인 안정 체계에 대한 위협에 의해 촉발된 불안 초조와 혐오를 통하여, 그런 행위를 함양하고 정당화하면서도 동시에 그런 행위가 표현하는 공포를 누그러뜨리는 이미지 및 고정관념을 통해 실행된다면, 정의에 관한 규범적 성찰은 그런 현상에도 관심을 기울여야만 할 것이다.

다수의 도덕철학자들은 몸짓, 비공식적 언급, 추함의 판단, 불편한 감정 등을 정의의 쟁점과 관련된 항목 아래 포함시키는 것에 대해 이상하게 생각할 것이다. 그들은 이러한 점들을 도덕적 현상, 즉 도덕적 판단의 대상이 되기에 적합한 현상으로 간주하기 어려울 것이다. 왜냐하면 도덕 이론의 지배적 패러다임은 도덕적 판단의 범위를 의도적 행위에 한정하는 경향이 있기 때문이다. 암묵적으로건 명시적으로건 다수의 도덕 이론가들은, 행위자가 자신이 무엇을 하고 있는지, 그리고 달리 행위할 수 있었는지를 아는 고의적 또는 자발적 행위에 주의를 기울인다. 도덕 이론의 주요 목표의 하나는 행위를 정당화하거나 의무를 형성하는 원칙과 격률格率을 찾는 것이다. 도덕 이론의 목표를 그렇게 설정하는 것에 암묵적으로 담겨 있는 관념은 도덕적 삶이란 의식적이고 의도적인 것이라고, 여러 행위 선택지들을 합리적으로 비교하고 형량하는 것이라는 인식이다. 다수의 도덕 이론화 작업은 행위 선택지들이 명시적으로 드러나는 딜레마와 난제를 토론하는 것에 집중하는데, 여기서 문제는 어느 대안을 선택하는가이다. 이런 패러다임 안에서는 습관, 느낌 또는 무의식적 반응을 규범적 판단의 대상으로 삼는 것은 부적절한 것으로 간주되기 십상이다. 왜냐하면 습관, 느낌 또는 무의식적 반응에 의해 행동하게 된 주체는 행위 당시 스스로의 행위를 인식하지 못한 것이고,

그렇다면 주체가 그런 행위를 의도했거나 의식적으로 선택한 것은 아니기 때문이다.

피억압 집단 구성원이 다른 사람의 경솔한 일상의 행위에 대해 화를 내거나 분개할 때 종종 접하게 되는 반응의 밑바탕에는, 오직 고의적 행위만이 도덕적 또는 정치적 판단의 대상이 되어야 한다는 묵시적 가정이 깔려 있을지도 모른다. 여성은 남성 동료가 자신을 팔꿈치로 회의실 밖으로 나가라고 밀어내는 것에 대해 불평하고, 휠체어를 탄 장애인은 자신과 관계되는 일이 자신에게 직접 전달되지 않고 비장애인 동료에게 전달되는 데에 분개하는 수가 있다. 이런 불평에 대해 되돌아오는 반응은 흔히 "오, 그 사람은 절대로 그런 뜻이 아니었어요."이다. 이런 반응은 여성 또는 장애인의 분개와 도덕적 판단이 부적절하다는 점을 함축한다. 또한 여성 또는 장애인은 자신들을 불평하게 만든 그 사람이 만약 예의 바르고 품위 있으려고 의도했기 때문에 그렇게 행동했다면 그 사람의 행위에 대해 불평하거나 욕할 권리가 없음을 함축한다.

억압의 개념에서 출발하는 정의관은 이와 같이 도덕적·정치적 판단의 대상을 담론 차원에서 이루어지는 의식적이고 고의적 행동에 국한시키는 입장과 결별해야 한다. 만일 무의식적 반응, 관습, 고정관념 등이 어떤 집단에 대한 억압을 재생산한다면, 그런 것들은 정의롭지 못하다고 판단되어야 하며, 따라서 변화되어야 한다. 로버트 애덤스(Robert Adams, 1985)는 일상의 도덕적 직관은 사람들의 고의 없는 행위 또는 비자발적 행위에 관한 도덕적 판단도 포함하고 있다고 주장한다. 우리는 타인에 대해 부당하게 화를 내는 사람 또는 독선적이거나 감사할 줄 모르는 사람에 대해서는 도덕적으로 틀렸다고 판단한다. 래리 메이(Larry May, 1990)는 자신의 행위와 사회적 관행 등이 다른 사회적 위치에서는 어떻게 비칠까 하는 점에 무감한 사람, 이에 대해 이해·공감하지 못하거나 하려고 하지 않는 사람에 대해서 도덕적으로 비난하는 것은 타당하다고 주장한다.

만일 사회철학이 고의적이고 의도적인 행위가 도덕적 판단의 주대상이라고 상정한다면, 억압의 가장 중요한 몇몇 원천을 무시하거나 심지어 용서하는 잘못을 범할 위험이 있다. 습관적 상호작용, 신체적 반응, 생각 없는 발화, 감정 및 상징적 연관까지 포괄하는 도덕적 판단만이 그런 억압의 많은 부분을 포착할 수 있다.

앞에서 언급한 논문에서 찰스 로런스(1987)는 법 이론에 대해서도 비슷한 주장을 편다. 법적 판단에서 통설적인 책임 모델은 원고의 소 제기 대상이 된 행위가 잘못되었고, 또한 원고의 법적 구제 대상인 행위가 고의적일 것을 요구한다. 즉, 가해자들이 자신이 하는 행위를 알고, 또한 행위의 이유를 알 것을 요구한다는 것이다. 원고가 어떤 행위나 정책이 인종차별주의적이라고 주장했지만, 법원은 피고가 행위할 때 인종을 염두에 두지 않았다는 이유로 패소 판결을 내린 여러 사건을 로런스는 인용하고 있다. 로런스는 과실이나 책임 인정에 있어서 고의를 중시하는 모델은 너무나 협소하다고 주장한다. 설사 어떤 행위자나 정책입안자가 인종을 염두에 두지 않은 경우에도 어떤 행위나 정책의 사회적 의미가 인종과 연관성이 있다면 그 행위나 정책의 잘못이나 책임을 물을 수 있게 고의 모델은 확장되어야 한다는 것이다.

고의가 없는 행위와 무의식적 반응도 도덕적 판단 대상이 되어야 한다는 나의 주장은 도덕 이론에 어려운 문제를 던진다. 과연 고의가 없는 행위는 고의적 행위와 같은 방식으로 판단돼야 하는가? 일상적 직관은 고의가 없는 행위를 한 사람은 용서해 주는 경향이 있다. 어떤 사람이 해로운 일을 행했다고 하더라도, 우리는 종종 그가 그런 뜻으로 한 것이 아니기에 비난해서는 안 된다고 말한다. 반대로 일상적 도덕 판단은 선한 고의를 가진 사람에게는 도덕적으로 높은 평가를 하는 경향이 종종 있다. 유색인종과의 사회적 평등을 신봉하고 그런 평등을 진전시키기 위해 정치적 투쟁을 벌이는 백인이 때로 유색인종에 대해 혐오적 반응을 보이고, 그들에 관하여 또는 그들에게 별 생각 없이 무감각한 발언을 한다고 상상해 보자. 그런 사람은 정책이 할 일은 아무것도 없다고 주장하거나 제안된 모든 정책은 부적절하다고 주장하는 사람에 비하여 도덕적으로 덜 비난받아야 하는 게 아닐까?

이런 직관을 고려하자면, 우리는 사람을 비난하는 것blaming people 과 그들에게 책임을 묻는 것holding people responsible을 구별해야 한다(Blum, 1980, 189쪽; Calhoun, 1989; Card, 1989 참조). 인식하지 못하고 고의 없이 한 행위에 대해 그 사람을 비난하는 것은 적절치 않다. 그러나 억압에 기여하는, 무의식적이고 고의 없는 행위와 조치나 태도에 대해서는 사람과 제도는 책임을 질 수 있으며 또한 책임을 져야 한다. 행위자를 비난한다는 것은 그 사람이 처벌을 받도록 한다는 것을 의미한다. 나는 광의의 의미로 처벌이란 용어를 사용하는데, 즉 이는 인신 구금이나 벌금뿐만 아니라, 어떤 형태의 배상, 단체에서의 제명, 특권의 박탈, 공적 견책, 사회적 추방 등에 처해지는 것을 포함한다. 비난은 과거 지향적 개념이다. 한편, 사람들의 행위, 습관, 느낌, 태도, 이미지, 연상 등에 대해 행위자에게 책임을 묻는다는 것은 미래지향적인 것이다. 책임을 묻는다는 것은 그 사람이 '지금부터 앞으로는' 그런 무의식적 행위에 대해 반성하도록 요구하고, 습관과 태도를 바꾸기 위해 애쓸 것을 요구한다.

비난과 책임의 구별은 법적·제도적 맥락에서도 역시 중요하다 (Lawrence, 1987, 325~326쪽 참조). 불법행위를 고의와 연결 짓는 경향에 맞추어, 법적 판단 역시 손해배상책임liability을 종종 '원상회복' 되어야 하는 손해에 대한 비난과 동일시한다. 여성, 유색인종, 장애인, 게이와 레즈비언, 노인 등이 고통 받는 배제와 불이익의 악순환을 깨뜨리려는 사회 변화는, 제도들의 무의식적이고 고의 없는 행위가 그런 불이익에 기여한 경우 법원이 그 제도들에 대해 미래지향적 구제를 기꺼이 요구하지 않는 한, 법률에 의해 도움을 받지는 못할 것이다.

정의와 문화혁명

습관적이고 무의식적인 특정 행위들이나 예의, 반응의 특정한 형태, 말하는 특정한 방식 등이 정의롭지 않다고 판단되어야 한다고 말하는 것은, 이런 행위를 하는 사람들이 책임을 져야 하고, 습관적 행위의 의미와 함의에 대한 담론적 자각이 이루어져야 한다는 것을 뜻한다. 그러나 왜 이것을 단순한 개인의 도덕적 행위가 아니라 사회정의의 문제로 간주해야 할까? 1장에서 나는 부정의不正義는 기본적으로 억압과 지배로 파악되어야 한다고 주장했다. 나는 정의의 범위는 분배에 한정되는 것이 아니라, 문화도 포함하여 억압을 지지하거나 약화시키는 모든 사회과정까지 포함한다고 주장했다. 그 신체에 표지가 붙여진 집단들을 억압하는 데 기여하는 행위, 행동거지, 이미지, 고정관념은 광범하게 퍼져 있고, 체계적이며, 서로가 서로를 낳으며 서로를 강화한다. 이러한 것들이 미국의 자유민주주의 사회의 규범적 배경으로 자리 잡고 있으며, 지배적인 문화적 관행의 요소이다. 문화적 습관들 자체를 바꿈으로써만 그 습관들이 만들어내고 강화하는 억압을 변화시킬 수 있지만, 문화적 습관의 변화는 개인이 자신의 개인적 습관을 깨닫고 변화시킬 때에만 가능하다. 바로 이것이 문화혁명cultural revolution이다.

문화는 상당한 정도로 사회적 선택의 문제다. 왜냐하면 우리는 문화의 요소를 변화시키고 새로운 요소를 창출하는 선택을 할 수 있기 때문이다. 때때로 그런 변화는 법을 통과시키거나 정책을 수립함으로써 용이하게 될 수 있다. 니카라과에는 여성의 신체를 상품 광고에 사용하는 것을 금지하는 법이 있다. 번쩍거리는 고급 잡지가 보통의 일상 활동 속의 흑인을 묘사하는 글, 사진, 광고를 더 많이 싣는 정책을 채택할 수도 있다. 그러나 대부분의 문화적 변화는 포고령으로 일어날 수는 없다. 우리는 사람과 사람 사이의 적절한 거리를 규정하는 법이나, 사람들이 신체 접촉을 해야 하는지 그리고 어떻게 해야 하는지를 규정하는 법을 통과시킬 수는 없다. 마찬가지로 대부분의 상황에서 우리는 환상과 농담 등의 표현을 공식적으로 규제하기를 원하지 않는다. 왜냐하면 자유에 대한 위협이 너무나 크기 때문이다. 미적 판단은 항상 암묵적 규칙을 수반하고, 어떤 사람들의 몸을 재평가하는 기획은 그런 암묵적 규칙의 변화를 포함하지만, 미적 판단은 공식적으로 규제될 수 없다. 그런 미학적 판단 문제에 있어서 "정의로워야 한다."는 이행명령은 이러한 실행 의식과 무의식이란 현상을 토론에 부치자고 요구하는 것, 즉 *정치화*政治化하자고 요구하는 것이다. 그렇다면 정의의 요청은 문화 관련 규칙들을 제정하는 것이 아니라, 정치화된 문화적 토론을 장려하는 수단을 제공하는 것, 대안적 문화 실험 및 놀이를 위한 분화 작용이나 미디어를 만드는 것이다.

무의식적 행위를 구조화하는 공포 및 혐오와 대결하고 이를 약화시키는 문화혁명은 주체 자체 안에서의 혁명을 필연적으로 수반한다. 과정 속의 주체라는 크리스테바의 개념은 주체가 항상 쪼개져 있고 이질적이라는 점을 시사한다(Kristeva, 1977; Smith, 1988, 117~123쪽 참조). 그렇지만 품위 있는 합리성의 일인극—人劇 문화는 주체로 하여금 일체화된 자아, 확고하고 일관되고 통일된 자아가 되기를 희망하라고 격려한다. 우리 사회의 많은 통속적 심리는 진실되고 건강하며 일체화된 주체라는 이런 이미지를 장려한다. 우리는 우리 자신에게 우리 자신을 '합쳐' 놓으라고 명한다. 즉, 우리는 우리의 자아의식 안에 있는 모순이나 다원성을 책망 받아야 할 것, 극복되어야 할 상태로 파악한다. 그러나 내가 말했듯이, 타인을 향한 억압적 공포와 혐오가 정체성 상실의 공포에서 오는 것이라면, 그런 자아 통일성을 강력하게 촉구하는 것은 해결책이 아니라 오히려 문제의 부분이 될 수 있다. 사람들이 자기와 다르다고 인식하는 사람들과 같이 있으면서 편안함을 느끼려면, 자기 안에 있는 이질성에 대해서도 더 편안해질 필요가 있을 것이다. 우리가 그 속에서 살아가고 상호작용하고 있는 사회적 맥락은 가변적이고 모순적이고, 우리 자신의 집단적 소속은 다양하며, 우리가 상호작용하는 타인의 정체성도 복합적이다. 이러한 사회적 맥락에서 주체의 이질성은 필연적이다. 문제는 주체의 이질성을 억압할 것인가, 아니면 지지할 것인가이다.

어떤 집단을 아브젝트한 몸과 연관시키는 것에 도전하는 문화혁명은 또한 이렇게 집단을 규정하는 것을 정치화하는 것이다. 경멸받고 억압 받는 집단들이 미덕, 아름다움, 합리성에 관한 지배 규범들에 의문을 제기하고, 집단으로서의 자신들에 대해 그들 스스로가 긍정적으로 정의를 내리고, 그럼으로써 위 규범들을 단수가 아니라 복수複數의 것으로 만들 때, 문화제국주의에 도전하는 것이다. 6장에서 나는 긍정적 집단 간 차이를 주장하는 이런 정치의 의미와 함의를 더 광범위하게 논의할 것이다.

환상 및 욕망의 표현, 습관, 느낌을 정치화하는 과정은 문화혁명을 촉진할 수 있는데, 이는 일종의 사회적 치유를 수반한다. 엄밀한 정신분석적인 방법에 입각하여 대규모의 사회적 치유에 관여하는 것은 진정 상상하기 어려운 대규모 작업이 될 것이다. 사회운동들이 '의식 고양consciousness raising'이라고 불러온 정치화된 개인적 토론 과정을 통해서 이런 목표를 향한 몇몇 문화적 변화들이 현실에서 이루어질 수 있다는 것이 나의 생각이다.

'의식 고양'이란 1960년대 말 여성 운동에 의해 사용된 용어로, 여성이 그들의 좌절, 불행, 걱정이란 경험을 공유하면서 매우 개인적인 이야기를 구조 짓는 공통의 억압 유형을 발견하는 과정을 설명하기 위해 만든 말이다. 여성 운동은 '개인적인 것이 바로 정치적인 것the personal is political'임을, 그리고 원래 사적이고 개인적 문제로 경험되는 것이 사실은 남성과 여성 사이의 권력 관계를 보여 주는 정치적 차원을 가진다는 점을 발견했다. 1960년대 말의 흑인 해방 운동도 그와 비슷하게, 개인적 토론을 통해서 억압 받는 사람들의 우울함과 자기비하를 사회적 원천의 문제로 대체시키고자 고투를 벌였다. 천부적인 것이고 자연스런 것으로 보이는 사회생활의 측면들에 대해 의문이 제기되고, 또한 그 측면들이 사회적으로 만들어진 것으로 나타나면서, 그것들은 변화 가능한 것으로 보이기 시작한다. 피억압 집단이 억압의 사회적 조건을 정의하고 분명히 표현하는 과정, 그리고 특유한 집단 경험을 폄하하고 침묵시켜 왔던 문화제국주의와 대면하면서 문화를 정치화하는 과정은 억압과 직면하고 억압을 감소시키는 데 필수적이고도 결정적인 일보-步이다.

의식 고양의 또 다른 형태는 특권층으로 하여금 자신들의 습관적 행위, 반응, 이미지, 고정관념이 어떻게 억압에 기여하는지를 인식하도록 만드는 것이다. 앞에서도 말했듯이, 문화를 정치화하는 이런 집단 과정에 관한 나 자신의 경험은 역시 여성 운동에서 비롯되었다. 1970년대 말이 되어 여성 운동 자체가 인종차별주의적이라는 성난 비난에 의해 발생한 영혼 찾기soul-searching는, 집단 간 차이에 대한 여성의 경험을 구체적으로 다루고 여성 사이에 존재하는 집단 특권과 억압의 관계를 변화시키려고 노력하는 토론 형태를 낳았다. 여성들의 집단은 많은 경우 감정이 가득한 집중 토론 구조를 제공했다. 그런 토론들의 목표는 토론 참가 여성들이 다른 집단들의 여성에 대해 가졌던 느낌, 반응, 고정관념과 생각들을 담론 차원의 의식으로 가져왔을 뿐만 아니라, 다른 집단들의 여성에 대한 토론 참가자들의 행위가 그들 사이에 존재하는 특권 및 억압 관계에 동참하거나 이를 재생산하게 될 방식까지도 담론 차원의 의식으로 가져왔다. 그런 집단 과정은 모든 사회적 상황 및 장소에도 일반화될 수 있다. 제도화된 의식 고양 정책은 많은 형태를 취할 수 있는데, 그중에서 두 가지 예를 들어보려 한다.

근래 몇 년 동안 계몽된 일부 기업이 부분적으로는 분쟁과 소송을 피하려는 부분적 동기에서, 성희롱 주제에 대해 남성 관리자와 남성 사원을 대상으로 의식 고양 워크숍을 열고 있다. 바로 성희롱이란 개념이야말로 여성들이 당했던 괴롭고 모욕적이거나 강압적인 행위를 더 이상 불가피하고 개인적인 행위로 기꺼이 받아들일 수 없다는 페미니즘적 의식 고양이 여성 사이에 이루어진 데서 유래했다. 그렇지만 괴롭히고 모욕을 주고 강압적인 행위라고 여성들이 집단적으로 판단하는 행위들을 남성들이 인식할 수 있도록 만들고, 왜 여성들이 그렇게 생각하는지를 설명하는 것은 결코 쉬운 과제가 아니었다.

서로 다른 인종 집단 구성원 간의 특권 차이는 부분적으로는 학교 교육 과정에 의해 영속화된다. 만일 무의식적 혐오가 인종차별주의의 전형적 동학이라는 나의 설명이 정확하다면, 대부분은 아니더라도 다수의 교사들은 흑인이나 라틴 아메리카인 학생을 향해서는 백인 학생을 향해서 하는 행위와는 다른 무의식적 행위를 보인다. 인종 간의 정의 실현을 지향하고 그 실현을 다짐하는 학교 시스템이 무의식적 차별 대우의 과정을 묘사하는 문헌을 배포할 수 있고, 교사들이 상이한 인종의 학생을 향한 자기 자신의 행위와 태도에 대해 성찰하고 토론하는 워크숍을 개최할 수도 있다.

동성애공포증에 관한 의식 고양이야말로 주체의 혁명을 위한 가장 중요하고 생산적인 전략이 될 수 있을 것이다. 내가 말한 것처럼, 성 정체성은 다른 집단 정체성보다 애매하기 때문에 동성애공포증은 가장 강한 아브젝시옹 경험 중 하나일 수 있다. 다른 성性에 속하는 사람에게 매력을 느끼는 것과, 같은 성에 속하는 사람에게 매력을 느끼는 것 사이의 경계는 유동적이다. 동시에 동성애공포증은 젠더 정체성 문제에 의해 깊숙하게 둘러싸여 있는데, 왜냐하면 미국 사회에서 젠더 정체성은 여전히 이성애주의의 틀에서 파악되기 때문이다. 그 논리는 다음과 같다. 젠더들은 서로를 보완하면서 완성시키는 상호 배제적 대립물로 간주된다. 따라서 남성은 남성이어야 하고 여성은 여성이어야 한다는 분명한 젠더 고정이 확립될 때, 질서가 유지된다. 그렇다면 동성애는 이런 젠더 질서를 교란시키고 특별한 불안을 낳는다. 젠더 정체성은 모든 사람의 정체성의 핵심이므로, 동성애공포증은 정체성의 핵심을 건드리는 것처럼 보인다.

따라서 동성애공포증과 대결한다는 것은 통일되고 질서 있는 정체성을 가지려는 바로 그 욕망과 대결한다는 것이며, 또한 그런 통일된 정체성은 사람들이 직면하지 않으려는 주체성의 측면들을 배제하는 경계의 구성에 의존한다는 점과 대결한다는 것이다. 만일 의식 고양을 통해 사람들이 성적 지향sexual orientation에 있어서 나와 다르게 될 수 있고 또한 다르다는 가능성을 인정하면, 사람들의 자아관에 비추어 다르다고 정의된 타자들을 다른 방식들로 배제하던 태도도 완화될 것이라고 나는 생각한다. 인종차별주의, 성차별주의, 이성애주의, 노인차별주의, 장애인차별주의의 억압을 약화시키려는 노력은 서로가 서로를 강화한다. 그 이유는 이들 집단이 공통의 이해관계를 가지기 때문만이 아니라 특정한 사람들이나 제도들이 이러한 억압 모두를 재생산하는 경향이 있기 때문이다. 정체성과 자기보호의 구조 속에서 이들 억압은 서로 간에 더욱 직접적으로 연관된다. 19세기에 형성된 이들 피억압 집단에 대한 고정관념이 특히 성 이미지를 매개로 하여 이들 집단을 서로 간에 동질화시키는 경향이 있었던 것과 마찬가지로, 현대 담론은 집단에 기초한 하나의 공포를 무너뜨림으로써 집단에 기초한 다른 공포들을 전복시키는 데도 도움을 줄 수 있다.

의식 고양 전략은 토론 참여자들이 상호작용적 동학과 문화적 이미지 만들기가 어떻게 억압을 영속화시키는지에 대해 이미 이해하고 있고, 그것을 변화시키고 싶기에 충분할 정도로 사회정의를 강력하게 지향한다는 점을 전제로 한다. 그런 활동은 추상적으로는 일어날 수 없다. 사람들은 자신들의 문제를 인식하는 협력의 구체적인 사회적 환경—예컨대, 게이와 레즈비언들이 불만의 목소리를 내는 정치 집단, 결코 여성을 승진시키지 않는 것처럼 보여 여성을 빼앗기는 회사, 인종 갈등이 있는 학교나 동네—속에서만 자기 자신을 성찰하고, 자기 자신과 타인과의 관계를 성찰하는 동기를 가질 것이다.

문화를 정치화하는 데 있어서 치료적 조치보다 한 걸음 앞선 것이 있다. 즉, 문화제국주의를 경험하는 사람들이 긍정적 정체성을 적극적으로 주장하는 것이다. 특권 집단의 관점과 경험이 보편성을 갖는다는 가정은, 피억압자들이 스스로 자신의 경험이 갖는 긍정적 차이를 표현함으로써 그 가정의 문제점을 폭로할 때 축출된다. 피억압자들은 자신만의 문화적 이미지를 창출함으로써 자신에 관하여 수용되어 있는 고정관념을 흔들어 놓을 수 있다. 조직화와 공적인 문화 표현을 통해 긍정적인 자기 정체성을 형성함으로써, 문화제국주의의 피억압자들은 자신들의 특유성을 인정하라고 요구하면서 지배적 문화에 맞설 수 있다. 이런 과정의 함의에 대해서는 다음 장에서 논의할 것이다.

6장

차이의 정치와
사회운동

"내 생각에 오늘날 우리가 정치적 사안을 결정할 때 필요한 이념은 총체성의 이념 또는 일체성의 이념, 몸의 이념이 아니다. 필요한 것은 오로지 다중성 내지 다양성의 이념이다. ……우리가 정치적 판단에 대해 비판해야 한다고 말하는 것은 오늘날에는, 이념들의 정치이기도 한 의견의 정치를 하라는 것을 의미한다. ……이 의견의 정치에서 정의正義는 수렴 convergence이 아니라 방산성放散性, divergence의 규칙 아래에 놓여 있다. 이것이야말로 현 시대의 저술 속에서 '소수자'라는 이름 아래 늘 발견되는 주제라고 믿는다."

— 장 프랑수아 리오타르

전통이 각 집단은 각자의 자리가 있다고 포고하고, 그리고 어떤 이는 지배하기 위해 태어나고 다른 이는 시중들기 위해 태어났다고 포고했던 카스트와 계급의 시대가 한때 있었다. 이러한 암흑시대에는 법과 사회 규범은 권리와 특권과 의무를—인종, 종교, 계급, 직업이라는 특징에 따라 식별되는—집단마다 다르게 정의했다. 사람들은 각기 다른 본성을 가지고 있고, 어떤 본성은 다른 본성보다 우월하다는 논거에 따라 사회적 불평등이 교회와 국가에 의해 정당화되었다.

그러던 어느 날 혁명적인 인간관 및 사회관의 도래를 알리는 계몽주의의 시대가 동텄다. 혁명가들은 모든 인간은 이성과 도덕의식에 대한 능력을 가지고 있는 한, 평등하다고 선언했다. 그러므로 법과 정치는 모든 사람들에게 평등한 정치적·시민적 권리를 부여해야

한다. 이러한 담대한 생각과 함께 근대의 정치 투쟁의 전선이 그어
졌다.

  그러한 이성의 목소리가 처음 울려 퍼진 후 200여 년 동안, 빛의
세력은 자유와 정치적 평등을 위하여, 비합리적 편견과 자의적 형이
상학과 같은 암흑의 세력, 그리고 가부장적 교회, 국가, 가족이라는
무너져 내리는 탑에 맞서 투쟁을 벌여 왔다. 신세계에서는 이러한
투쟁의 시작이 먼저 일어났는데, 미국의 독립전쟁이 계몽주의의 원
칙에 기초하여, 그리고 자유와 평등 위에 서 있는 우리 헌법에 기초
하여 이루어 졌기 때문이었다. 그래서 미국인들은 구세계인 유럽의
동지들과는 달리, 계급이라는 멍에와 종교적 특권을 벗어던질 필요
가 없었다. 물론 미국에도 노예제의 형태와 공적 생활에서의 여성
배제 속에서 자신만의 과두제적 공포가 존재하고 있었다. 오래 지속
된 혹독한 투쟁을 통하여 집단 간 차이에 기초한 이러한 특권적 요
새는 무너지기 시작했고, 마침내 1960년대에 몰락했다.

  [미국 사회의 공식적 스토리는 다음과 같다.] 오늘날에도 미국 사회
에는 편견과 차별의 몇몇 잔재가 남아 있으나, 우리는 이를 극복하
기 위하여 노력하고 있고, 그래서 계몽의 아버지들이 감히 제기했던
꿈을 거의 실현시켰다. 국가와 법은 모두에게 평등하게 적용되는 보
편적 용어로만 권리를 표현해야 하며, 사람이나 집단 사이의 차별은
순전히 우연적이고 사적인 사안이어야만 한다. 우리는 인종, 성, 종
교, 민족의 차이가 더 이상 사람의 권리와 기회에 차이를 만들지 않
는 사회를 추구한다. 사람은 어떤 집단의 구성원이 아니라 개인으
로 취급되어야 하며, 사람의 인생에 있어 선택이나 포상은 오로지
그들의 개인적 성과에 기초해야 한다. 모든 사람은 원한다면 무엇이
든 될 수 있고 무엇이든 할 수 있는 자유, 자신만의 삶을 선택할 자

유, 전통적인 기대와 고정관념에 의해 방해받지 않을 자유를 가져야 한다.

우리는 이러한 이야기를 서로 나누며, 우리 자녀들로 하여금 우리들의 성스러운 경축일—추수감사절, 독립기념일, 현충일, 링컨 대통령 생일—에 이 이야기 공연을 하게 한다. 우리는 위 서사敍事에 딱 맞는 마틴 루터 킹 기념일을 제정했지만, 우리는 그날을 저 공식적 축일canon year에 포함시키기 위해 투쟁이 필요했음을 이미 잊어버렸다. 앞 문단에서 제시된 저 이야기에는 많은 진실이 있다. 자유와 정치적 평등에 대한 계몽주의의 이상은 억압과 지배에 저항하는 운동을 고무했고 또한 고무하고 있으며, 이 운동의 성공은 우리가 잃기를 원하지 않는 사회적 가치와 제도를 창출했다. 정치공동체 구성원들이 성찬聖餐 후 이런 서사를 이야기하고 가끔 서로를 향하여 이 이야기에 부응하며 살라고 요구하는 것도 좋은 일이리라.

그런데 현재 새로운 이단아들이 이 서사의 바로 그 가치, 그리고 그 서사가 설명하고 있는 정치적 평등의 성취에서 격려를 받고 영감을 얻고 있다. 근래 몇 년 동안 집단 차별의 철폐가 해방이라는 이상은 피억압자 운동의 도전을 받아 왔다. 차별적 특권에 반대하고 정치적 평등을 옹호했던 정치적 운동의 성공 자체가 집단 특수성group specificity과 문화적 자긍심에 대한 운동[집단 간 차이를 긍정적으로 인정하자는 운동]을 낳은 것이다.

이 장에서는 해방을 집단 차별의 초월로 규정하는, 내가 동화同化, assimilation의 이상이라고 부르는 정의正義의 이상을 비판할 것이다. 보통 이 이상은 정의의 주요 원칙으로 평등 대우를 고취한다. 근래의 피억압 집단 사회운동들은 바로 이 이상에 도전하고 있다. 이 운동들에 참여한 많은 사람들은 피억압 집단들 스스로가 집단 간 차이의 의미를 긍정적으로 규정하는 작업이 사실은 더 해방적이라고 주장한다.

나는 이러한 차이의 정치politics of difference를 지지하며, 사회적 차이의 의미 그 자체가 핵심적 관건이라고 주장한다. 집단적 속성 때문에 일부 사람들을 배제하거나 저평가하는 전통적 정치는 차별에 대한 본질환원주의적essentialist 의미를 상정하고 있다. 즉, 전통적 정치는 각 집단이 각기 [본질적으로] 다른 속성을 갖고 있다고 규정한다. 반면, 평등주의적인 차이의 정치는 차이를 사회적 과정의 산물로서 보다 유동적이고 관계적인 것으로 정의한다.

집단 간 차이를 인정하는 해방적 정치는 평등의 의미를 새로이 파악한다. 동화주의 이상은 모든 사람을 위해 평등한 사회적 지위란 모든 사람을 동일한 원칙, 규칙, 기준에 따라 취급하는 것이라고 상정한다. 반면, 차이의 정치는 평등을 모든 집단이 참여하는 것이자 모든 집단을 포용하는 것으로 파악하며, 차이의 정치는 이러한 평등은 때때로 피억압 집단 또는 불이익을 받는 집단을 위한 별도의 조치를 필요로 한다고 주장한다. 나의 주장은 사회정의를 증진하기 위하여 사회정책은 때때로 집단들을 특별히 대우해야 한다는 것이다. 이와 같은 특별한 대우의 세 가지 경우로서 노동자의 임신과 출산에 대한 권리, 이중언어-이중문화에 대한 권리, 그리고 아메리칸 인디언들의 권리에 대해서 탐구할 것이다. 마지막으로, 나는 민주적인 의사결정체에 있어서 피억압 집단을 위한 대표representation의 원칙을 주장함으로써, 이질적 공중公衆이라는 관념을 확장할 것이다.

해방을 파악하는 경쟁적 패러다임

리처드 와서스트롬(Richard Wasserstrom, 1980a)은 「인종차별주의
와 성차별주의에 관하여On Racism and Sexism」라는 논문에서, 집단에
기초한 억압으로부터의 해방이라는 이상은 집단에 기초한 차별 그
자체의 철폐를 수반한다는, 고전古典이 된 견해를 개진했다. 그는 진
정으로 인종차별주의와 성차별주의가 없는 사회란 개인의 인종이
나 성이 오늘날 우리 사회에서 눈 색깔과 기능적으로 동일하게 되는
사회일 것이라고 주장한다. 피부색이나 생식기의 생리학적인 차이
는 있겠지만, 그런 것들은 사람의 정체감 내지 다른 사람들이 자신
을 어떻게 간주할지에 대한 감각에는 아무런 의미를 가질 수 없다
는 것이다. 와서스트롬에 따르면, 어떠한 정치적 권리나 의무도 인종
이나 성과 연결되지 않을 것이며, 중요한 제도적 혜택은 결코 인종이
나 성, 그 어느 것과도 연관되지 않을 것이다. 정책이나 일상적 상호
작용에서 인종이나 성을 고려해야 할 이유가 존재하지 않게 될 것
이다. 그러한 사회에서는 사회적 집단 간 차이는 더 이상 존재하지
않게 된다는 것이다.

와서스트롬은 이와 같은 동화의 이상을, 내가 옹호하고자 하는
것과 매우 유사한 다양성의 이상과 비교한다. 와서스트롬도 다양성
의 이상이 설득력 있다고 동의하지만, 그는 이보다는 동화의 이상을
선택해야 하는 세 가지 주요한 이유를 제시한다. 첫째, 동화주의 이
상은 자연스럽고 필연적인 것이라고 생각되는, 집단에 기초한 사회
적 구별의 자의성을 폭로해 준다는 것이다. 인종과 성이 아무런 사
회적 의미를 갖지 않는 사회를 상상해 봄으로써, 우리는 이러한 집
단 범주가 현존 사회에서 일부 집단의 가능성을 얼마나 과도하게 불

필요할 정도로 제약하는지 더욱 명백하게 알 수 있다. 둘째, 동화주의 이상은 평등과 정의에 대한 명백하고 모호하지 않은 기준을 제시한다는 것이다. 그러한 기준에 따르면, 집단에 관련된 어떠한 차이 짓기differentiation나 차별discrimination도 의심스럽게 된다. 법이나 규칙, 노동 분업 또는 다른 사회적 실천이 어떤 집단 구성원인가에 따라 혜택을 다르게 할당하게 되면 언제나, 이것은 부정의의 신호로 파악된다. 정의의 원칙은 단순하다. 즉, 모든 사람을 같은 원칙, 규칙, 기준에 따라 대우하라는 것이다. 셋째, 동화주의 이상은 개인들의 선택을 최대화시켜 준다는 것이다. 차별이 아무런 사회적 차이를 만들지 않는 사회에서, 사람들은 집단의 규범이나 기대에 의해 제약되지 않은 채 개인으로서의 자신을 발전시킬 수 있다.

해방적 정치의 역사에 있어 집단 간 차이의 철폐라는 해방의 이상이 대단히 중요했다는 것은 의심의 여지가 없다. 자연적 차이를 부정하는 보편적 인간성의 이상은 배제와 지위 차별에 맞선 투쟁 속에서 결정적인 역사적 발전이었다. 이 이상은 모든 사람의 도덕적 가치가 동등하다는 주장을 가능하게 만들었고, 따라서 모든 사람이 권력과 특권의 모든 제도와 지위에 참여할 수 있고 거기에 포용될 수 있는 권리를 가능하게 만들었다. 동화주의 이상은 여성과 흑인, 그리고 여타의 집단들은 본질적으로 다르고 열등한 본성을 갖는다는 믿음이 지속될 때 그에 맞서는 중요한 수사학적 힘을 보유한다.

이러한 동화주의 이상의 힘은 피억압 집단의 배제와 폄하에 반대하는 피억압 집단과 지지자들의 투쟁을 고무했으며, 지금도 계속해서 많은 사람들은 고무하고 있다. 그렇지만 주기적으로 미국 역사에서 피억압자들의 사회운동은 '집단 소속을 향한 경로path to belonging'(Karst, 1986)를 동화주의적으로 해석하는 것에 의문을 제기하고 거부해 왔다. 대신 피억압자들의 사회운동은 권력을 획득하고 지배적 제도에 참여하는 더 나은 전략으로, 스스로 조직하는 것과 집단의 긍정적인 문화 정체성을 주장하는 것을 선택해 왔다. 최근 수십 년 간 인종적·민족적 집단 사이에서뿐만 아니라 여성, 게이와 레즈비언, 노인, 장애인 사이에서도 이러한 '차이의 정치'가 다시 나타났다.

민권법Civil Rights Act과 투표권법Voting Rights Act이 통과된 지 얼마 지나지 않아, 흑인의 민권운동을 지지한 많은 백인과 흑인 지지자들은 흑인권력운동Black Power movement[1]의 등장에 놀라고, 혼란을 겪고, 화를 내게 되었다. 흑인권력운동 옹호자들은, 민권운동의 통합주의적 목표 및 그 운동을 특징지은 백인 진보적 자유주의자liberals[2]에 대한 의존을 비판했다. 그들은 흑인들에게 백인들과의 동맹을 깨라고, 그리고 그들 자신의 문화, 정치적 조직과 목표의 특유성을 주장하라고 촉구했다. 그들은 흑인들에게 통합 대신에, 그들만의 독립된 거주 지역 내에서 경제적·정치적 권한 강화를 추구하라고 촉구했다 (Carmichael and Hamilton, 1967; Bayes, 1982, 3장; Lader, 1979, 5장; Omi and Winant, 1986, 6장). 1960년대 말 이후, 많은 흑인들은 민권운동이 성공을 거둔 통합은 흑백 간의 적개심을 완화하고 기회의 문을 열었지만, 적어도 그만큼 흑인이 조직한 사회적·경제적 제도의 기초를 해체하는 효과를 가져왔다고 주장해 왔다. 일부 개별적 흑인

---

1 흑인의 상황을 물질적으로 개선하기 위하여 흑인이 백인으로부터 권력을 찬탈해야 한다고 주장하는 운동. 1960년대 중반 미국에서 나타난 전투적인 사회운동으로, 흑인의 조건을 실질적으로 개선하기 위한 시민권 운동의 실패를 감지하게 된 흑인 활동가들의 수많은 급진적 반응 가운데 하나였다.
2 미국 사회에서 'liberals'는 '자유주의자(liberalists)'보다는 더 '진보적'인 사람들을 가리키는 용어로 사용되고 있는 바, 여기서는 '진보적 자유주의자'로 번역한다.

은 이러한 변화가 없었다면 가능하지 못했을 만큼 더 잘 살고 있지만, 집단으로서의 흑인은 나아지지 않았고 오히려 더 나빠졌다고 할 수 있는데, 그 이유는 미국 중산층 계급 속으로 동화된 흑인들은 더 이상 하층 계급 흑인들과 긴밀한 관계를 맺지 않기 때문이라는 것이다(Wilson, 1978 참조).

많은 흑인 정치 활동가들은 경제적·정치적 여건에 있어 통합의 이상에 대해 의문을 제기하는 한편, 지난 20년간 흑인들이 독자적인 아프리카계 미국인 문화를 당당하게 주장하고 찬양해 왔는데, 이는 아프리카계 미국인 역사를 회복시키고 재평가하는 것이자 새로운 문화 형식들을 창조해 내는 것이었다. 5장에서 논한 대로 인종차별주의를 강력하게 재생산해 내며 사회에 만연해 있는 몸의 미학을 근저에서 뒤흔들면서 "검은 것은 아름답다Black is beautiful."는 슬로건이 미국인들의 의식을 관통했다. 아프리카계 미국인의 머리 스타일은 덜 멋진 것이 아니라, 다른 방식으로 멋지다고 스스로 선언했다. 언어학 이론가들은 흑인들의 영어가 나쁜 영어가 아니라, 다르게 구성된 영어일 뿐이라고 주장했으며, 흑인 시인과 소설가들은 흑인 영어의 특별한 독특한 뉘앙스를 사용했고 탐구했다.

1960년대 말에는 흑인권력운동에 곧이어 붉은 권력 운동Red Power[3]이 등장했다. 아메리칸 인디언 운동American Indian Movement[4] 및 여타의 급진적인 아메리칸 인디언 조직들은 아마 흑인들보다 더욱 열렬하게, 20세기 대부분 동안 백인과 인디언 관계를 지배해 왔

---

3 아메리칸 인디언의 정치운동의 슬로건으로, 아메리칸 인디언의 피부색이 붉다는 점에서 '붉은 권력'이라는 이름이 지어졌다.
4 1968년 설립된 아메리칸 인디언 정치운동 조직으로, 통상 AIM으로 줄여서 불린다.

던 동화의 목표를 거부했다. 그들은 인디언 땅 위에 자치 정부를 세울 권리를 주장했고, 인디언 부서Bureau of Indian Affairs[5] 안에서 지배적인 인디언의 목소리를 획득하고 유지하기 위해 투쟁했다. 아메리칸 인디언들은 그들의 언어, 의례, 공예 기술을 회복하고 보존하고자 노력했고, 전통문화에 대한 자긍심이 새롭게 형성됨으로써 정치적 분리 운동 또한 촉진되었다. 땅에 대한 권리를 추구하고 인디언 보호구역에 있는 자원에 대한 통제권을 얻기 위해 투쟁하고자 하는 염원은 부족 자치를 향한 강력한 지향과 다짐으로부터, 즉 백인 사회의 것이 아닌 데서 인디언들의 정치적·경제적 기반을 발전시키고 유지하고자 하는 염원으로부터 생겨났다(Deloria and Lytle, 1983; Ortiz, 1984, 3부; Cornell, 1988, 2부).

이상의 내용은 1970년대와 1980년대 정치에서, 억압 받거나 불이익을 받거나 특별한 표시가 붙여진 집단들이 자주적으로 조직하고, 자신들의 문화적·경험적 특유성에 대한 긍정적 의식을 주장한 광범한 경향의 두 가지 사례에 불과하다. 스페인어를 사용하는 많은 미국인들은 미국 사회에 완전히 참여하려면 언어적·문화적 동화가 필요하다는 전통적 가정을 거부했다. 지난 20년간 많은 라틴 아메리카인들은 자신들의 푸에르토리코 유산, 치카노(멕시코계 미국인) 유산, 멕시코 유산 기타 라틴 아메리카 유산에 대한 새로워진 관심과 자긍심을 발전시켜 왔다. 그들은 자신의 특유한 문화를 유지하고 자신의 언어를 말할 수 있는 권리, 그러면서도 여전히 투표·적절한 수준의 교육·취업 기회에 대한 권리 등 시민권citizenship의 혜택을 받

---

5 1824년 만들어진, 미국 연방 정부의 '내무부(U. S. Department of the Interior)' 산하에 있는 아메리칸 인디언 문제 담당 부서이다.

을 수 있는 권리를 주장해 왔다. 많은 유태계 미국인들도 유사하게 동화의 이상을 거부하면서, 유태인의 정체성의 특유성과 긍정적 의미를 주장하고, 종종 공개적으로 기독교 문화가 유일한 규범으로 간주되어서는 안 된다고 주장했다.

1960년대 말 이후 게이 문화 및 게이 조직이 꽃을 피우고, 시위 행진과 기타 여러 포럼에서 게이들이 공개적으로 출현함에 따라 젊은이들이 성적 정체성을 대하는 환경이 급진적으로 변화되었고, 많은 사람들의 동성애에 대한 지각知覺, perceptions도 바뀌었다. 초기 동성애 권리 옹호는 뚜렷하게 동화주의적이고 보편주의적 지향을 갖고 있었다. 그 목표는 동성애자라는 낙인을 제거하고, 제도적 차별을 방지하며, 동성애자들도 다른 사람들과 "전혀 다르지 않다."는 사회적 인정을 얻는 것이었다. 그렇지만 차별과 경찰의 폭언 및 희롱에 맞서고 시민적 권리를 성취하기 위해 정치적으로 조직하는 바로 그 과정에서 게이와 레즈비언 공동체와 문화적 표현—이는 1970년대 중반까지 회의장, 조직, 문학, 음악 그리고 대규모 거리 기념행사 에서 활짝 꽃을 피웠다—의 발전이 촉진되었다(Altman, 1982; D'Emilio, 1983; Epstein, 1987).

오늘날 대부분의 게이·레즈비언 해방 옹호자들은 단지 시민적 권리만을 추구하는 것이 아니라, 게이와 레즈비언이 특유한 경험과 관점을 지닌 사회집단임을 공식적으로 확인받고자 한다. 게이·레즈비언 해방 운동은 건강한 섹슈얼리티와 품위 있는 가정생활에 대한 지배적 문화의 정의를 받아들이는 것을 거부하면서, 섹슈얼리티 및 가정생활에 관한 자기네들만의 독특한 의미와 문화를 자랑스럽게 창출하고 보여 주었다. 게이와 레즈비언의 행위가 사적으로 유지되는 한 그 행위는 용인되어야 한다는, 섹슈얼리티에 대한 전형적인 자유주의적 접근은 인종적 통합과 유사한 것이다. 게이 자긍심gay pride은 성적 정체성은 문화와 정치의 문제이지, 용인되거나 금지되어야 할 '행위' 따위가 아니라고 당당하게 주장한다.

여성 운동 역시 차이의 정치에서 자기들 나름의 버전을 만들어 냈다. 19세기와 1970년대 말까지의 현대 여성 운동을 지배했던 휴머니즘적 페미니즘은, 여성과 남성의 차이를 주장하는 것은 무엇이든지 여성 억압의 유산일 뿐이며, 사회적으로 가치 있는 인간 행위로부터 여성을 배제시키는 것을 정당화하는 이데올로기라고 본다. 그래서 페미니즘은 성적 평등을 몰沒젠더성gender blindness과 동일시하고, 여성과 남성을 같은 기준에 따라 평가하고 같은 방법으로 처우한다는 점에서, 동화주의 이상과 유사하다. 실제로 많은 페미니스트들에게 성 해방의 이상은 곧 양성성兩性性, androgyny⁶을 갖춘 상태— 즉, 젠더 간의 차이가 제거된 사회—를 말한다. 이러한 성적 평등의 관점이 설득력 있고 타당하다는 전제에서 보자면, 페미니스트들 또한 여성적 경험과 가치의 특유성을 주장하면서 차이를 강조하는 입장으로 되돌아가는 것은 당황스러운 일이었다(Young, 1985; Miles, 1985 참조).

페미니스트 분리주의feminist separatism는 여성 중심적 페미니즘의 가장 초기적 표현이었다. 페미니스트 분리주의자들은 남성 지배의 세계 안으로 진출한다는 목표를 전적으로 또는 부분적으로 거부했다. 그 이유는 남성 지배 세계의 안으로 진입하려면 남성이 만들

---

6 여성성과 남성성을 동시에 잘 갖춘 상태, 즉 사회의 성 역할에 관한 고정관념을 이루는 내용 중 이른바 여성적 특성과 남성적 특성 중 바람직한 것만이 결합하여 공존하는 상태를 말한다. 성격과 행동이 독립적이면서도(종래의 고정관념상 남성) 부드러운(고정관념상 여성) 기존의 성 역할에 매이지 않는 상태이다.

어 놓았고 여성을 억압하는데 사용되어 온 규칙에 따라 움직이도록 요구되기 때문이다. 또한 남성이 정의한 기준에 맞추기 위해 노력하게 되면, 사회적으로 가치 있는 제도와 활동을 지배하고 있는 남성에게 불가피하게 순응하거나 그들을 즐겁게 해주어야 하기 때문이라는 것이다. 페미니스트 분리주의는 자기 조직화를 통하여, 즉 여성들이 자신의 경험을 나누고 분석할 수 있고, 자신의 분노에 대해 말할 수 있고, 서로 같이 놀면서 유대를 창출할 수 있고, 새롭고 더 나은 제도와 관행을 발전시킬 수 있는 독립된 안전한 공간의 창출을 통하여 여성의 권한 강화를 촉진했다.

현대 여성 운동의 대부분의 요소는 어느 정도는 분리주의적이었고 지금도 그러하다. 여성들만 존재하는 기관들 속에서 가능한 한 많은 삶을 살아가고자 한 분리주의자들이야말로 1970년대 중반까지 미국 전역에서 분출되어 확산되었고 지금도 수백만의 여성들의 충성을 요구하고 있는 여성 문화—이는 음악, 시, 영성靈性, 문학, 기념행사, 축제, 춤 등의 형식으로 나타난다—창조의 주역이었다 (Jaggar, 1983, 275~286쪽 참조). 아마존 여성의 이미지를 웅대하게 그리거나, 누비나 방직 같은 전통적 여성 예술을 회복하고 재평가하거나, 또는 중세 마녀의 마법에 기초하여 새로운 의식을 창조하건 간에, 여성 문화에 대한 이러한 표현의 발전은 많은 페미니스트에게 여성적 몸매의 아름다움에 대한 자본주의적·가부장제적 정의와는 전적으로 다른, 여성 중심적 아름다움과 강함에 관한 이미지를 제공했다. 나아가 페미니스트 분리주의의 자극을 통해서 많은 여성의 삶을 구체적으로 개선한 여성 자치 기관들 및 복지 서비스—그것이 페미니스트적이건 아니건 간에—가 증진되었다. 건강 클리닉, 가정폭력 피해 여성을 위한 피난처, 강간 위기 센터, 여성용 커피점이나 책방 등이 그 예이다.

1970년대 후반에 들어 페미니스트 이론과 정치 분석 또한 휴머니즘적 페미니즘과 결별했다. 그리고 전통적인 여성 활동이 여성을 피해자화 하고 그들의 인간적 잠재 능력을 왜곡한다는 가정과, 그리고 여성해방의 목표는 현재 남성이 지배하는 공적 제도에 여성이 평등한 주체로 참여하는 것이라는 가정에 의문을 제기했다. 대개 전통적 여성성과 연관된 활동과 가치는 여성이 진정한 인간으로서 가지는 잠재력을 왜곡하는 것이자 억제한다고 보는 대신, 이러한 여성 중심적 분석은 돌봄과 양육을 재평가하고자 했고, 여성의 사회화와 결부된다고 여겨지는 협동적 사회관계 방식도 재평가하고자 했다. 또한 몸과 자연에 대한 태도와 관련해서 남성 지배적인 자본주의 문화에서 만연하는 것보다 훨씬 건강한 태도의 기반을 여성들의 특유한 경험 속에서 찾았다.

긍정적 집단 특유성을 주장하는 어떤 사회운동도 사실상 단일하지는 않다. 모든 사회집단에는 그 자체 내에 집단 간 차이가 존재한다. 예를 들어, 흑인 운동은 중산층 흑인과 노동계급 흑인, 동성애자 흑인과 이성애자 흑인, 남성 흑인과 여성 흑인을 포함하고 있으며, 여타의 다른 집단 역시 마찬가지이다. 하나의 사회집단 내에 집단 간 차이가 있다는 것의 함의에 관하여는 여성 운동에서 가장 체계적으로 논의되었다. 페미니스트 학술회의와 출판물은, 종종 감정적으로 고통스럽긴 했지만 특별한 성과는 있었던 토론, 즉 몰沒인종성·몰민족성racial and ethnic blindness이 갖는 억압에 대한 토론 및 여성 간에 존재하는 집단 간 차이에 주목하는 것의 중요성에 대한 토론을 낳았다(Bulkin, Pratt, and Smith, 1984). 일반적인 페미니스트 담론에서는 침묵당할 수도 있었을 독자적인 목소리를 하나의 집단으로서 가진다고 주장할 이유가 있는 여성들이라면 누구든지, 즉 흑인 여성, 라틴 아메리카인 여성, 유태인 여성, 레즈비언, 장애 여성, 노인 여성, 여타의 여성들을 위해 자율적으로 조직된 포럼들을 제공하려는 원리 일관된 노력들이 그러한 토론들로부터 생겨났다. 페미니스트들이 이질적 정체성을 가지는 여성 집단들 사이에서의 토론과 상호작용을 위한 틀을 마련하기 위해 제도화했던 여러 실천과 함께, 그 토론들은 이질적 공중의 발전을 위한 몇몇 초기 모델을 제공했다. 다른 사회운동들도 또한 각 사회집단의 정체성을 가로지르는 집단 간 차이에 대한 토론을 낳았고, 이는 사회운동들 간의 연합과 동맹을 형성할 수 있는 가능성의 기반이 되었다.

차이의 정치를 통한 해방

집단 간 차이에 대한 긍정적 의식을 강력하게 주장하는 해방 운동들 안에는 민주적 문화 다원주의democratic cultural pluralism라고 부를 수 있는 해방 운동의 다른 이상이 내포되어 있다(Laclau and Mouffe, 1985, 166~171쪽; Cunningham, 1987, 186~199쪽; Nickel, 1987 참조). 해방 운동의 이 비전에서는 좋은 사회는 집단 간 차이를 제거하거나 초월하는 사회가 아니다. 오히려 좋은 사회에서는 서로 존중하고 서로 간의 차이를 긍정하는 사회적·문화적으로 차별성 있는 집단들 간의 평등이 있다. 이렇게 동화주의 이상을 거부하고 차이의 정치를 고취시키는 이유는 무엇일까?

2장에서 논의했듯이, 어떤 사람들은 사회집단이라는 실재를 부인한다. 그들에게 집단 간 차이는, 소수의 특권을 보존하기 위해 생산되고 영속화되는 부당한 허구이다. 와서스트롬과 같은 이들은 현재 사회집단이 존재한다는 것, 그리고 사회집단은 사람들이 자기 자신의 정체성과 서로 간의 정체성을 인정하는 방식과 관련하여 실제적인 사회적 중요성을 갖고 있다는 점에 동의하겠지만, 그러한 사회집단 간 차이가 바람직하지는 않다고 주장할 것이다. 동화주의 이상은 사회집단의 실재를 부정하거나 아니면 그 실재는 인정하더라도 사회집단이 바람직하다는 것은 부정한다.

차이의 정치를 고취시키는 사람들은 집단 간 차이가 없는 사회가 가능하다거나 또는 그런 사회가 바람직하다고 생각하지 않는다. 근대화 이론의 가정과는 반대로, 도시화가 증대되고 모든 집단에게 평등한 형식적 권리가 확대되었다고 해서 개별특수적인 소속감particularist affiliations이 감소되지는 않았다. 오히려 어느 편인가 하면, 사회적 과정의 근대화가 가져온 도시 집중과 집단 간의 상호작용은 집단의 연대와 집단 간 차별화를 강화하는 경향을 가져왔다 (Rothschild, 1981; Ross, 1980; Fischer, 1982). 고유한 전통, 관행, 언어, 기타의 고유한 문화 형식들에 대한 애착은 사회적 존재의 핵심 측면이다. 사람들은 억압 받을 때조차도, 자신들의 사회적 집단 동일시를 포기하지 않기 마련이다.

그렇지만 장기적으로 볼 때 사회집단 간 차이를 제거하는 것이 가능한지 혹은 바람직한지 여부는 학문적인 문제이다. 오늘날 그리고 예측 가능한 미래에서 사회는 확실히 집단에 의해 구조화되고, 어떤 집단들은 억압을 받는 동안, 어떤 집단들은 특권을 갖는다. 차이를 제거하고 만인을 똑같이 대우한다는 해방의 이상이 종래 배제되어 왔던 집단들의 지위 향상에 상당히 기여했다는 공식적 설명의 주장을 집단 특유성 신사회운동이 부인하는 것은 아니다. 이 신사회운동이 기본적으로 다투는 점은 이런 공식적 설명의 결론, 즉 우리가 형식적 평등을 성취한 이래로 단지 차등적 특권의 흔적과 잔재들이 남아 있고, 그것들은 차이를 개인 삶의 전망과는 무관한 것으로 만드는 사회관계의 이상을 계속적으로 끈질기게 확고히 하면 사멸할 것이라는 결론에 대해서이다. 형식적 평등의 성취가 사회적 차이를 제거하지는 않는다. 사람들이 다 똑같다고 미사여구를 동원해서 천명하는 것은 사회적 차이들이 특권과 억압을 지금 어떻게 구조화하고 있는지 정확하게 밝혀내는 것을 불가능하게 만든다.

현재의 법이 많은 측면에서 집단 간 차이에 대해 중립적이기는 하지만, 몇몇 집단들은 여전히 일탈적 존재, 타자라는 표지가 붙여지고 있다. 여성, 흑인, 히스패닉, 게이와 레즈비언, 노인, 기타 표지 붙여진 집단들에 관한 이런저런 가정들이 일상의 상호작용, 이런저런 이미지들, 여러 결정들 속에서 여전히 작용하면서 배제, 회피, 후견주의, 그리고 권위주의적 처우를 계속 정당화하고 있다. 계속되는 인종차별주의적·성차별주의적·동성애공포증적·노인차별주의적·장애인차별주의적 제도와 행위는 이들 집단과 관련하여 특별한 환경을 창출하여 이들 집단이 자신들의 역량을 계발할 기회의 측면에서 불리한 처지에 있게 만든다. 마지막으로 언급하고자 하는 것은, 한편으로는 이들 집단은 서로 간에 분리되어 왔기 때문에, 다른 한편으로는 그들은 각자 특별한 역사와 전통을 가지고 있기 때문에, 사회집단 사이에는 문화적 차이—언어, 생활 방식, 행동거지와 몸짓, 가치, 사회를 바라보는 관점상의 차이—가 존재한다는 점이다.

많은 다른 사회와 마찬가지로, 오늘날 미국 사회에서도 어떠한 사람도 주어진 특성으로 인하여 정치적·경제적 활동에서 배제되어서는 안 된다는 광범위한 합의가 있다. 그럼에도 불구하고, 집단 간 차이는 계속 존재하고, 어떤 집단은 계속 특권을 가진다. 이러한 상황 하에서 평등과 해방은 반드시 차이를 무시해야 한다고 주장하는 것은 세 가지 측면에서 억압의 결과를 가져온다.

첫째, 몰沒차이성blindness to difference은 특권 집단과는 상이한 경험과 문화와 사회화 역량을 가진 집단들에게 불이익을 가져다준다. 동화 전략의 목표는 과거에는 배제되었던 집단들을 주류로 이동시키는 것이다. 그래서 동화는 항상 경기가 이미 시작된 후에, 경기의 규칙과 기준이 이미 정해진 뒤에 경기에 들어가는 것을 뜻하며, 또한 그 규칙과 기준에 따라 자신을 입증해야 한다는 것을 함의한다. 동화주의 전략에서는 특권 집단이 모든 것을 측정할 기준들을 은연중에 규정한다. 이들이 누리는 특권은 이들 기준이 문화적 측면에서나 경험의 측면에서 특권 집단에만 고유한 것이라고 인정하지 않아야만 정당화될 수 있다. 그래서 인종, 젠더, 종교, 섹슈얼리티와 무관하게 모두가 참여할 수 있는 공통의 인간성이라는 이상은 중립적이고 보편적인 모양새를 취한다. 그렇지만 피억압 집단과 지배 규범 사이의 현실적 차이 때문에, 동화의 기준들에 따라 측정한다면 피억압 집단에게 불이익을 주는 경향이 생겨난다. 이 때문에 동화주의 정책은 피억압 집단의 불이익을 영속화한다. 외견상으로는 중립적인 것처럼 보이지만, 이미 불이익을 받고 있는 사람들에게 불이익을 주게끔 작동하거나 이들을 배제하는 기준들의 예를 이 장의 후반부와 7장에서 언급하고자 한다.

둘째, 사회집단 간 차이를 두지 않는다는 보편적 인간성의 이상은 특권 집단들이 자기네 집단들의 특수성을 무시하도록 한다. 몰沒차이성은 특권 집단들의 관점과 경험을 표현하는 규범들을 중립적이고 보편적인 것처럼 보이게 함으로써 문화제국주의를 영속화한다.

동화주의 이상은 인간성 일반[보편적 인간성], 즉 상황 무관하고 집단 중립적인 인간 역량이라는 게 있어서 각자 스스로에게 맡겨진 이 자아 형성 역량을 통해서 개별성이 꽃피어 각 개인은 서로 다르게 될 것이라고 가정한다. 4장에서 주장했듯이, 상황과 전혀 무관한 집단 중립적 관점이란 존재하지 않으므로, 결국 지배 집단의 상황과 경험에 의해 인간성 일반의 규범 내용이 정해지기 마련이다. 중립적이라고 여겨지는 저 휴머니스트 이상에 비추어서 오직 피억압 집단만이 개별특수성을 가진 것으로 표지 붙여진다. 그러니까 특권 집단이 아니라 피억압 집단들이 타자들로 표지 붙여지고, 대상화된다는 것이다.

그리하여 셋째, 중립적이라고 주장되는 기준에서 일탈한 집단들을 폄하하면, 그렇게 폄하된 집단들의 구성원들 스스로가 종종 자신에 대해 저평가하게 되고 이를 내면화하게 된다. 사람에 대한 일반적 기준의 이상이 있고 이 이상에 따라서 모든 사람은 동등하게 평가되어야 한다면, 푸에르토리코계 미국인 또는 중국계 미국인들은 자신들의 악센트나 부모를 부끄러워하게 되고, 흑인 아이들은 여성 지배가 이루어지는 이웃 흑인 일가친척의 관계망을 경멸하고, 페미니스트들은 좌절한 낯선 이를 위해 눈물을 흘리거나 연민을 느끼는 성향을 근절하려고 애를 쓰게 된다. 동화의 열망은 억압의 특징으로 나타나는, 자기 혐기嫌忌와 이중의식을 낳는다. 동화의 목표는 사람들에게 자신이 주류인 것처럼 행위, 가치, 목적에 '부합하기'를 요구한다. 그와 동시에, 집단 간 차이가 존재하는 한, 그런 집단 구성원들은 다른 존재―흑인, 유태인, 동성애자로서―로, 그래서 주류 기준에 그리 쉽게 부합할 수가 없는 존재로 표지 붙여질 것이다. 참여가 동화를 함축하는 것으로 이해될 때, 억압된 사람들은 해결 불가의 딜레마에 사로잡히게 된다. 즉, 참여한다는 것은 자신의 것이 아닌 정체성을 수용하고 채택하는 것을 의미하고, 참여하고자 노력한다는 것은 자신 및 다른 사람에 의해 자신의 정체성을 환기당하는 것을 의미한다.

동화주의 이상을 보다 섬세하게 분석해 보자면, 동화에 대한 순응적 이상conformist ideal과 변형적 이상transformational ideal으로 구별해 볼 수도 있을 것이다. 순응적 이상에서는 기성 제도들과 규범들은 주어진 것으로 가정되며, 이 규범들과 달라서 불이익을 받은 집단들은 이 규범에 순응하도록 기대된다. 반면, 동화의 변형적 이상은 기존의 제도들이 지배 집단의 이익과 관점을 표현한다는 점을 인정한다. 그러므로 동화를 성취하려면 진정으로 그 어떤 사람에게도 불이익을 주지 않으며 낙인을 찍지도 않는 중립적 규칙에 따라 많은 제도와 관습을 변형시켜야 한다. 그래서 변형적 이상에 따르면, 사람이 어떻게 대우받는지를 판단할 때, 집단의 구성원이라는 점은 전혀 영향을 미치지 않는다. 일부 페미니스트가 옹호하는 집단 중립적 이상이 변환적 동화의 이상과 잘 들어맞듯이, 와서스트롬의 이상도 변형적 동화의 이상과 잘 들어맞는다(Taub and Williams, 1987). 순응적 동화주의자와는 달리, 변형적 동화주의자는 적극적 차별시정조치처럼 집단에 특유한 정책들이 기존의 제도들을 변형적 이상에 맞추기 위해 필요하고 적절한 수단이라고 인정할 수도 있다. 그렇지만 순응적이건 변형적이건, 하여간에 동화주의 이상은 집단 간 차이가 긍정적이고 바람직할 수 있다는 것을 여전히 부인한다. 따라서 어떠한 형태의 동화의 이상도 집단 간 차이를 골칫거리나 불이익으로 간주한다.

이러한 상황 하에서, 집단 간 차이의 긍정성을 주장하는 정치는 해방시키는 정치이자 권한을 강화하는 정치이다. 지배문화가 경멸하라고 가르쳐 왔던 정체성을 되찾는 행위 속에서(Cliff, 1980), 그리고 그 정체성을 찬양해야 할 정체성으로 확인하는 행위 속에서, 피억압자들은 이중의식을 제거한다. 나는 바로 그들이 말하는 것—유태인 남자 녀석Jewboy, 유색인 계집애colored girl, 동성애자 놈fag, 동성애자 년dyke, 할망구hag—이며,[7] 나는 이것이 자랑스럽다. 자신이 아닌 그 어떤 존재가 되려고 시도하는 것 그 자체가 자신이 누구인지를 상기하게 만드는 환경 하에서 자신이 아닌 그 어떤 존재가 되고자 시도하던 불가능한 기획을 사람들은 이제 더 이상 하지 않게 된다. 인간적으로 긍정적 의미가 있는, 사회적 삶에 관한 고유한 문화들과 경험들과 관점들을 피억압 집단들은 가지고 있으며, 이 중 어떤 것들은 주류 사회의 문화와 관점보다 심지어 더 우월할 수도 있다고 차이의 정치는 주장한다. 어떤 사람의 문화와 관점이 거부당하고 저평가되는 것이 그 사람이 사회생활에 완전하게 참여할 수 있는 조건이 되어서는 안 된다.

더욱이, 피억압 집단들의 문화 및 속성이 가치가 있고 고유성이 있다고 강력하게 주장함으로써 생겨나는 또 다른 결과는 지배문화의 상대화이다. 페미니스트들이 여성적 감수성의 타당성과 양육 행위의 긍정적 가치를 강력하게 주장할 때, 게이가 이성애자의 편견을 동성애공포증으로 묘사하고 자신의 섹슈얼리티를 긍정적이고 자기발전적인 것으로 묘사할 때, 흑인이 독자적인 아프리카계 미국인의 전통을 긍정적으로 확인할 때, 지배문화는 [그 역사상] 처음으로 자

---

7 이러한 영어 표현들은 각각의 집단에 대한 모욕과 경멸이 포함되어 있어 현대사회에서는 금기어에 속한다.

기 자신이 특수한 존재—즉, 백인적·유럽적·기독교적·남성적·이성애적 문화—에 지나지 않는다는 점을 발견하게끔 강제된다. 피억압 집단들이 자신들의 특유한 문화와 경험에 긍정적인 가치가 있다고 주장하는 정치적 투쟁 속에서는, 지배 집단이 자신들의 규범이 중립적이고 보편적이라고 과시하는 것, 그리고 피억압 집단의 가치와 행위는 일탈적이라고, 변태적이라거나 열등하다고 구성하는 것은 점점 더 어려워진다. 일부 집단을 축출하여 타자로 만들어 버리는 보편주의적 통일성 주장에 구멍을 냄으로써, 긍정적인 집단 특유성의 주장은 집단 간의 관계는 배제와 대립과 지배가 아니라 그저 차이에 불과하다고 이해할 수 있는 가능성을 열어준다.

또한 차이의 정치는 자유주의적 휴머니즘liberal humanism의 개인주의와는 대조적으로 집단 연대라는 관념을 증진한다. 자유주의적 휴머니즘은 인종, 성, 종교, 민족성의 차이를 무시하면서, 각각의 사람을 개인으로 다룬다. 각인은 단지 그의 개인적 노력과 성취에 따라 평가받아야 한다는 것이다. 형식적 평등이 제도화되면서, 과거 배제되었던 집단들의 일부 구성원들은 주류의 기준에 의해 볼 때 분명히 성공을 이루었다. 그럼에도 불구하고 집단 특권과 집단 억압의 구조적 양식은 여전히 남아 있다. 피억압 집단의 정치적 지도자들이 동화를 거부할 때, 집단 연대를 확고하게 천명하고 있는 경우가 많다. 지배문화가 자율적 개인의 성취 이외의 다른 것은 보기를 거부할 때, 피억압자들은 피억압자인 우리가 앵글로계 백인 남성 세상에서 '성공하기' 위하여 우리가 동일시하는 사람들과 분리되어서는 안 된다고 강력하게 주장한다. 차이의 정치는 흑인, 여성, 아메리칸 인디언 등 전 집단의 해방을 주장하며, 이는 근본적인 제도 변화를 통해서만 성취될 수 있다고 주장한다. 이러한 변화에는 정책 결정에서 집단들이 대표되는 것group representation, 그리고 희소한 최고 직위 들을 놓고 사람들로 하여금 경쟁하도록 강요하는 포상의 위계질서 를 제거하는 것이 포함되어야 한다.

따라서 집단 간 차이에 관한 긍정적 의식을 주장하는 것은 지배 적인 제도들과 규범들을 비판할 관점을 제공한다. 흑인계 미국인은 자기 집단 구성원들을 '형제'나 '자매'로 부르는 자신들의 전통적 공 동체 안에서 백인 전문직 자본주의 사회의 계산적 개인주의에는 없 는 연대감을 발견한다. 페미니스트들은 양육에 대한 전통적인 여성 적 가치 안에서 군국주의 세계관에 대한 도전을 발견하고, 자신들 의 관계 속에서 레즈비언들은 성관계에서 남녀 젠더가 상호 보완적 역할을 한다는 생각에 도전한다. 대지와 결부된 자신들의 문화 경 험에서 아메리칸 인디언들은 오염과 생태계 파괴를 야기한 유럽 문 화의 도구적 합리성에 대한 비판을 일구어 낸다. 보편성과 중립성을 주장하는 지배 규범의 특수성을 폭로해 온 피억압자들의 사회운동 은 어떻게 지배적 제도가 바뀌어야 그것이 더 이상 특권과 억압의 양식을 재생산하지 않을 것인지를 질문할 수 있는 위치에 있다.

차이를 긍정하자고 천명하게 되면서 피억압 집단의 자기 조직화 도 당연히 따라 일어나게 된다. 자유주의적 휴머니스트 정치조직· 운동과 좌파 정치조직·운동 양쪽 모두 다 이러한 집단 자치group autonomy의 원리를 수용하는 것이 곤란하다는 점을 알게 되었다. 휴 머니스트적 해방 정치에서 볼 때, 한 집단이 부정의에 처해지면, 정 의로운 사회에 관심 있는 모든 사람은 부정의를 영속화시키는 권력 과 싸우기 위해 단결해야 한다. 또한, 많은 집단이 부정의에 처해지 면 이들은 정의로운 사회를 만들기 위해 단결해야 한다. 차이의 정 치가 연합에 반대하는 것은 분명 아니다. 예컨대, 차이의 정치가 백인은 인종적 부정의에 반대하는 활동을 해서는 안 된다거나, 남성은 성적 부정의에 반대하는 활동을 해서는 안 된다고 주장하는 것은 아니다. 그렇지만 이런 집단 단결력 발휘의 정치politics of group assertion 에서의 기본 원리는 피억압 집단의 구성원들에게는 별도로 분리된 조직—보다 많은 특권을 가진 집단들의 구성원을 특히 배제하는 조직—이 필요하다는 것이다. 이들 피억압 집단들이 자기네 특유한 경험의 긍정성을 발견하고 강화하기 위해, 그리고 이중의식을 무너뜨리고 제거하기 위해서는 별도로 분리된 조직이 필수적일 수도 있겠다. 자율적 조직 안에서의 논의를 통하여 집단 구성원들은 자신들의 특유한 필요와 이익을 결정할 수 있다. 그런데 별도로 분리되어서 스스로를 조직한다는 것은 피억압 집단들 자체가 동질화를 향해 가도록 하는 압력을 낳고, 새로운 특권과 배제를 창출할 위험이 있다. 이 문제에 대해서는 8장에서 논의할 것이다. 그렇긴 하지만 현대의 해방적 사회운동은 집단 자율성이 권한 강화의 중요한 수단이며, 집단 특유의 목소리와 관점을 발전시키는 데 중요한 수단임을 알게 되었다.

사회에서의 온전한 삶으로 통합된다는 것이 지배 규범에 동화되어야 하고 집단 소속감 및 문화를 포기해야 하는 것을 뜻해서는 안 된다(Edley, 1986; McGary, 1983 참조). 지배 이데올로기에 의해 타자로 정의된 일부 집단을 억압적으로 배제하는 것에 대항하는 유일한 대안이 그들도 나머지 모든 사람들과 똑같다고 주장하는 것이라면, 배제된 그 집단들은 나머지 모든 사람들과 똑같지 않기 때문에 앞으로도 계속 배제당할 것이다.

어떤 이들은 내가 동화주의 해방의 이상과 급진 민주주의적 다원주의를 구분하는 방식에 대해 반대할 수도 있겠다. 이들은 내가 집단 간 차이를 공정하게 초월하는 사회를 동질적이고 순응주의적인 사회로 표상하면서, 그 동화주의 이상을 제대로 그려내지 못했다고 주장할 것이다. 이들은 자유주의가 상상하는 자유로운 사회는 확실히 다원주의적이라고 말할 것이다. 자유로운 사회에서 사람들은 자신이 선택하는 누구와도 연계할 수 있다. 자유는 생활 방식, 활동, 연계의 확산을 고무하기 때문이라는 것이다. 나는 이런 의미에서의 사회적 다양성에 대해서는 반대하지 않지만, 저 자유주의적 다원주의liberal pluralism의 비전은 차이의 정치를 낳은 주된 문제를 짚어내지 못한다고 생각한다. 해방을 집단 간 차이의 초월로 파악하는 자유주의의 비전은 집단 간 차이의 공적·정치적 의의를 폐지하려고 추구하지만, 반면 사적 또는 비정치적인 사회적 맥락에서는 개인의 다양성과 집단의 다양성 둘 모두를 유지하고 증진하려고 추구한다. 4장에서 나는 이런 식으로 공적 영역과 사적 영역을 구별하는 것—공적인 것은 보편적 시민권을 표상하고, 사적인 것은 개인적 차이를 표상한다고 파악하면서—은 공중으로부터 특정한 집단들을 배제하는 경향이 있다고 주장했다. 급진 민주주의적 다원주의는 사회 집단 간의 차이가 공적인 영역과 정치적 영역에서 인정되는 것이 모든 사람이 사회적·정치적 제도에 참여할 수 있고 배제당하지 않고 포용될 수 있게 보장해 주는 수단이라는 점을 긍정한다.

차이의 의미 되찾기

내가 논의했던 운동들의 안팎에 있는 많은 사람들이 보기에는 자유주의적 휴머니스트 이상을 거절하면서 집단 간 차이에 관한 긍정적 의식을 주장하는 입장은 혼동과 논쟁을 야기한다. 이들이 염려하는 바는 피억압 집단들이 자신들은 지배 집단과 다르다고 인정하는 것은 피억압 집단의 예속, 그리고 피억압 집단에 특별한 표지 붙이기와 배제를 다시 정당화할 위험이 있다는 점이다. 여성은 부엌으로 돌아가고, 흑인은 하인으로서의 지위와 흑인만 다니는 별도의 학교로 돌아가고, 장애인은 요양 시설로 돌아가라는 요청이 현대 정치에서 없어지지 않았으므로, 이러한 위험은 실재한다는 것이다. 집단 간 차이가 현실에서 여전히 엄연하게 존재해서 동등하지 않는 사람들을 비교하는 것이 불공정하게 되어 버리기 때문에, 모든 사람을 동일하게 대우하고 모두에게 같은 기준을 적용한다는 동화주의이상이 불이익을 영속화시키고 있음은 사실일 수 있다. 그러나 집단간 차이에 기초하여 정당화되는, 상이한 집단들을 각각 별도로 분리하여 불평등하게 대우하는 영역들을 복구하는 것보다는 동화주의 이상이 훨씬 낫다는 것이다.

집단의 특유성을 주장하는 이들도 모든 인간이 평등한 도덕적 가치를 가지고 있다는 자유주의적 휴머니즘의 원리를 인정하고자 한다는 점은 분명하므로 딜레마에 직면하는 것 같다. 문화 다원주의에 대한 W. E. B. 두 보이스의 주장을 분석하면서, 버나드 복실 Bernard Boxill[8]은 다음과 같은 방식으로 이 딜레마를 제기한다. 즉, "한편으로는 차별적 공간 분리 segregation[9]가 인류 형제애의 이상

---

8 버나드 복실은 미국 노스캐롤라이나 대학교 철학과 교수로, 아프리카계 미국인의 관점에서 정치·사회철학 이론을 전개하고 있다.
9 'segregation'은 'separation'과 달리 미국 역사에서 백인과 흑인의 차별적 공간 분리를 가리키는 용어로 사용되고 있는 바, '분리'보다 더 강한 의미를 전달하는 역어로 '차별적 공간 분리' 또는 줄여서 '공간 분리'를 선택했다.

을 부인하기 때문에, 우리는 그런 분리 취급을 극복해야 한다. 그런데 다른 한편으로는 그런 차별적 공간 분리 취급을 극복하기 위해서 우리는 우리 자신을 스스로 분리시켜야 하며, 따라서 인류 형제애의 이상을 부인해야 한다(Boxill, 1984, 174쪽)." 마사 미노Martha Minow[10]는 현재 억압받거나 불이익을 받는 집단들을 위해 정의를 고취하려고 노력하는 사람이라면 누구나 직면하는 차이의 딜레마 dilemma of difference를 제시한다. 집단 간 차이를 무시하는 형식적으로는 중립적인 규칙들과 정책들은, 주류 집단과는 다르기 때문에 일탈적 존재로 규정되는 사람들의 불리한 상태를 대체로 영속화시키게 된다는 것이다. 다른 한편, [현재 존재하는] 차이에 초점을 맞추게 되면, 과거에 차이가 낳은 낙인을 재창출할 위험이 있다는 것이다 (Minow, 1987, 12~13쪽; Minow, 1985; 1990).

이러한 딜레마는 진정한 딜레마로서, 집단적 삶—어떤 사람이 주장, 행위, 정책을 제시한다고 하더라도 그것들을 여타의 사람들이 다르게 이해했거나 원래의 것과는 상이한 목표 쪽으로 그 방향을 틀어 버렸기 때문에 그 사람이 본래 의도했던 대로 이루어지지 않을 수 있는 게 집단적 삶이다—의 위험을 잘 보여 준다. 그렇지만 공공정책에서 집단 간 차이를 무시한다는 것이 사람들이 일상적 생활과 상호작용에서 집단 간 차이를 무시하는 것을 뜻하지는 않기 때문에, 법과 정책이 모든 사람은 평등하다고 선언할 때조차도 억압은 계속된다. 따라서 나는 많은 상황에서 그리고 많은 집단을 위하

---

10 마사 미노(1954~)는 하버드 로스쿨 교수로 2009년 이후 학장을 맡고 있다. 오바마 대통령이 2008년 대선 캠페인을 벌일 당시 자신의 인생을 바꾼 선생으로 미노를 지칭한 바 있다.

여, 이미 사회생활 안에 존재하는 집단 간 차이를 정치 생활 안에서 확인하고 인정하는 것이 권한 강화에 더 많은 도움이 된다고 생각한다. 차이의 의미 자체가 정치 투쟁의 영역이 된다면, 집단 간 차이를 확인하고 인정하면서도 차이의 딜레마를 피할 가능성이 더 많을 것이다. 집단 간 차이의 긍정성을 주장하는 사회운동은 차이를 배제로 파악하는 낡은 의미를 대체하여 해방적 의미를 제공하면서, 이러한 정치 투쟁의 지형을 만들어 왔다.

집단 간 차이를 억압의 측면에서 해석하는 입장은 집단 간 차이를 절대적 타자성, 상호 배제, 집단 범주 간의 절대적 대립categorical opposition으로 정의한다. 차이를 이렇게 본질환원주의적으로 해석하는 입장은 동일성의 논리를 따르게 된다. 한 집단이 척도 규범의 지위를 차지하게 되고, 이 규범에 비추어서 나머지 모든 집단이 측정된다. 모든 사람을 하나의 공통 잣대로 이루어진 통일성으로 환원하려는 시도는, 그 척도 규범에서 암묵적으로 [표준이라고] 상정되는 특정 집단의 속성과는 다른 속성을 가진 사람들을 일탈적 존재로 구성한다. 관행들의 개별특수성 및 다양성, 문화적 상징들의 개별특수성 및 다양성, 확연한 별개의 범주들 속에서 관계 맺는 방식들의 개별특수성 및 다양성을 하나로 통일시키려는 충동은 '차이'를 '배제'로 바꾸어 놓고 만다.

그리하여 나는 이전의 두 개 장에서 탐구했던 바는, 사회적 특권 집단들이 보편적 주체의 지위를 차지하게 되면, 이들에 의해 온전한 인간성 및 시민권의 개념 정의定義 바깥에 있는 다른 존재라고 규정된 사람들이 어떻게 강제되는가의 문제였다. 몇몇 보편적 기준에 비추어서 모든 사람을 측정하려는 시도는 위계서열적 이분법—남성/여성, 문명/야만 등—인 차이의 논리를 만들어 낸다. 여기서 두 번째 항[11]은 진정한 인간의 가치가 결여되었다는 부정적 의미로 정의된다. 그리고 이 두 번째 항은 귀중하게 평가되는 첫 번째 항[12]의 보완물로 정의되고, 주체에 대응하는 객체로 정의된다. 이때 주체는 이 두 번째 항에 해당하는 것을 완성시키고, 흠 없는 전체로 만들고, 주체와 동일한 것으로 만든다. 여성은 남성을 사랑하고 인정함으로써, 남성에게 거울 역할을 하고, 또한 남성이 자기 자신의 덕목을 볼 수 있도록 그 덕목을 지탱시켜 준다(Irigaray, 1985). 문명인은 야만인을 길들이고 교육시키는 백인의 부담을 짊어짐으로써, 보편적 인간성을 깨달을 것이다. 그때 이국적인 동양인은 세계의 통일성을 추구하는 역사 속 이성의 진보를 알게 되고 숙달할 수 있으며, 그런 이성의 진보를 완성시킬 수 있게 된다(Said, 1978). 높게 평가되는 첫 번째 항인 주체는 [낮게 평가되는 두 번째 항인] 타자와 명확하게 부정적인 관계를 맺음으로써 [즉, 타자를 명확하게 부정적으로 평가하는 관계를 맺음으로써] 자신의 가치를 실현한다.

인종차별주의, 성차별주의, 반反유태주의, 동성애공포증과 같이 특정 집단들을 대상화시키는 이데올로기들 속에서는, 억압 받고 배제되는 집단들만이 '다른' 존재로 규정된다. 특권 집단은 중립적인 존재로, 그리고 자유롭고 융통성 있는 주체성을 보여 주는 것으로 파악되는 반면, 배제된 집단은 이미 정해진 일련의 가능성들 속에 갇힌 채 모종의 본질적 속성을 가진 존재로 표지 붙여진다. 집단이 본성적으로 가지고 있다고 흔히 주장되는 특징에 입각하여, 이데올로기는 해당 집단들의 구성원들이 어떤 행위들에는 적합하나 어떤

---

11 '여성'과 '야만'을 지칭한다.
12 '남성'과 '문명'을 지칭한다.

행위들에는 그렇지 않은 특수한 기질을 가지고 있다고 근거 없이 주장한다. 이러한 이데올로기에서 차이는 규범에 절대적으로 대립하는 반대 항을 항상 의미한다. 합리적 남성이 있고, 그 다음에 여성이 있다. 그리고 문명인이 있고, 그 다음에 야생적인 야만인이 있다. 다름이라는 표지를 붙이는 것은 항상 선/악의 대립을 함의한다. '다르다'라는 표지를 붙이는 것은 언제나 해당 대상을 낮게 평가하는 것이며, 우월한 인간성 기준과 관련하여 열등함을 명명하는 것이다.

위와 같은 이데올로기에서 차이는 항상 절대적 타자성을 뜻한다. 왜냐하면 다르다고 표지 붙여진 집단은 정상적인 또는 중립적인 집단과 공유하는 본성을 전혀 갖고 있지 않기 때문이다. 집단들을 범주로 나누어 상호 절대적으로 대립한다고 설정하는 것은 각 집단이 불변의 공통된 본질을 가진다고 보는 것으로, 각 집단 내에 존재하는 차이를 억압한다. 차이를 배제와 대립으로 정의하는 것은 실제로는 차이를 부정하는 것이다. 또한 각 집단 범주마다 불변의 공통된 본질을 갖는 것으로 간주하게 되면, 집단의 특유성을 해당 집단 고유의 관점에서 승인하고 긍정적으로 확인하는 길이 보편화 기능을 수행하는 규범들로 인해 막혀 버린다는 점에서 차이를 부정하는 것이기도 하다.

집단 간 차이가 집단들의 본질에서 나온다고 보는 것은 특유성에 대한 두려움, 그리고 자기 자신과 다른 사람을 절대적으로 나누는 경계가 넘나들 수 있게 되어 버리는 것에 대한 두려움을 표현하는 것이다. 내가 5장에서 논의했듯이, 이런 두려움은 단순히 지적intellectual인 성격의 것만은 아니다. 또한 특권을 옹호하려는 도구적 욕망—비록 이런 욕망이 두려움의 큰 요소일 수도 있겠지만—으로부터 그런 두려움이 유래하는 것만도 아니다. 그 두려움은 특히 특권 집단의 주체성 속에 있는, 그러나 특권 집단만이 아니라 서구인 전체에 통용되는, 서구적 주체의 정체성 의식 저 깊은 곳에서부터 솟아 나온다. 가령, 특히 여성, 흑인, 동성애자의 본성에 대한 믿음이 설득력을 잃어 가듯이 집단 간 차이가 명백하게 각 집단의 본질에서 나온다고 보는 견해가 약화되면서, 그런 두려움은 더 증대될 수도 있다.

차이의 정치는 이러한 두려움과 정면으로 대결한다. 차이의 정치는 집단 간 차이란 실제로는 모호하고, 집단 간 상호 관계에 따라 정해지며, 그 구분 기준이 고정되어 있지 않다고, 그래서 사람들이 곧은 하나의 속성을 가지도록 하는 분명한 경계들은 없다고 파악하는 견해, 즉 정체 모를 통일성amorphous unity을 가진다고 보지도 않으며 [집단이란 건 없고] 순수하게 개인들만 존재할 뿐이라고 보지도 않는 견해를 제시하고자 한다. 자신의 정체성에 대한 긍정적 의미를 떳떳하게 주장함으로써, 피억압 집단은 차이를 명명하는 권력 그 자체를 쥐려고 하며, 차이를 모종의 규범에 대한 일탈이라고 암묵적으로 정의하는 것―이를 통해 일부 집단들은 자기네가 이런 본성을 가지고 있다고 자기 스스로 울타리 치게 되고 그런 상태는 굳어져 버린다―을 타파하려고 한다. 이제 차이는 타자성, 배제적인 반대항exclusive opposition이 아니라, 특유성, 변차變差, variation,[13] 이질성을 의미하게 된다. 이제 차이는 유사함과 유사하지 않음이 맺는 관계들―이는 같은 외연을 가지는 동일성coextensive identity으로도 환원되지 않고, 결코 상호 중첩되지 않는 다름으로도 환원되지 않는다―

---

13 'variation'은 통상 '변형(變形)', '이형(異形)' 등으로 번역되지만, 이러한 역어는 저자의 의미와 달리 편견을 전달할 수 있으므로 '변차(變差)'라는 역어를 선택한다.

을 나타낸다.

본질환원주의적이고 낙인찍는 방식으로 차이를 대립이라는 측면
에서 해석하는 입장에 대한 대안은 차이를 특유성으로, 변차로 이
해하는 것이다. 미노가 제안한 것처럼(Minow, 1985; 1987; 1990), 이러
한 논리에서 집단 간 차이는 고정된 실체의 범주와 속성에 의해 정
의되기보다는 관계적 범주와 속성으로 파악되어야 한다. 차이를 관
계적으로 이해하면, 오직 피억압 집단들만을 다른 존재라고 표지 붙
이게 허용하는 특권 집단들의 위치—예전에는 보편적이었던 그 위
치—가 상대화된다. 집단 간 차이가 집단 사이를 비교한 것의 함수
로 나타날 때, 백인은 흑인이나 라틴 아메리카인과 마찬가지로, 남성
은 여성과 마찬가지로, 신체 정상인은 신체장애인과 마찬가지로, 특
유한 존재일 뿐이다. 따라서 집단 간 차이는 집단 속성의 표현이 아
니라, 제도 내에서 집단들이 맺은 관계의 함수, 그리고 제도 내에서
집단들이 상호작용한 것의 함수라는 점이 드러난다(Littleton, 1987
참조).

차이가 이렇게 관계적으로 이해될 때, 차이의 의미는 또한 맥락
화된다(Scott, 1988 참조). 집단 간 차이는 비교되는 집단들에 따라,
비교의 목적에 따라, 비교하는 사람의 관점에 따라 더 두드러지거나
덜 두드러질 것이다. 이렇게 차이를 맥락화하여 이해하면, 본질환원
주의적인 여러 가정들은 약화된다. 예컨대, 운동경기, 건강관리, 사
회복지 지원 등의 맥락에서 보면, 휠체어를 타는 사람들은 그렇지
않은 사람들과 다르다. 그렇지만 그 외의 많은 측면에서 보면, 양자
간의 차이는 없다. 장애인에 대한 전통적 취급은 배제와 격리를 수
반했는데, 그 이유는 신체장애인과 비장애인 사이의 차이가 모든 또
는 대부분의 역량으로 확장된다고 생각되었기 때문이었다.

그래서 일반적으로 집단 간 차이에 대한 관계적 이해는 배제를 거부한다. 차이는 집단들이 서로의 외부에 놓여 있음을 더 이상 의미하지 않는다. 집단 사이에 차이가 있다고 말하는 것은 집단들의 경험이 중첩되지 않음을, 또는 두 집단이 공통점을 가지고 있지 않음을 함의하지 않는다. 친연성, 문화, 특권 측면에서 실제 차이가 있으면 반드시 집단 범주 간의 절대적 대립화oppositional categorization를 함축하기 마련이라는 가정은 도전받아야 한다. 서로 다른 집단들이라고 하더라도 어떤 측면들에서는 언제나 유사하고, 항상 몇몇 속성, 경험, 목표를 잠재적으로 공유하기 마련이다.

차이를 이렇게 관계적으로 이해하게 되면, 또한 집단 정체성의 의미도 수정된다. 문화제국주의를 경험했던 집단들의 사회운동은, 자신들 집단의 경험, 문화, 사회적 관점에 긍정적 차이가 있음을 당당하게 주장하면서, 이들 각 집단이 공통의 정체성—누가 속하고 누가 속하지 않는지를 분명하게 나타내 주는 일련의 고정된 속성—을 가졌음을 부인한다. 오히려 집단을 집단으로 만드는 것은 상호작용 및 차이화의 사회적 과정—이 과정에서 어떤 사람들이 딴 사람들에게 특별한 친연성(Haraway, 1985)을 갖게 된다—이다. 주어진 사회 상황에서 나의 '친연성 집단'은 내가 가장 편하다고 느끼고 보다 더 친숙한 사람들로 구성된다. 친연성이란 생각들을 공유하는 방식, 정서적으로 유대를 가지는 방식, 상호연결망을 맺는 방식—집단들 상호 간 차이가 두드러지게 형성되기는 하지만 그 차이화가 모종의 공통된 본성에 따른 것은 아닌—을 일컫는다. 어떤 특정인의 집단 친연성이 보이는 두드러진 특징은 사회적 상황에 따라, 또는 그 사람의 생활상의 변화에 따라 바뀐다. 한 사회집단 구성원이 되는 자격은 모종의 객관적 기준을 충족한 결과물이 아니다. 그 집단과의 친연성을 이 사람이 주관적으로 확인하고, 이 사람이 느낀 친연성을 그 집단의 타 구성원이 확인하며, 다른 집단들에 속한다는 정체성을 가진 사람들이 그 집단 구성원에게 모종의 속성을 부여한 결과로 생겨나는 것이다. 개인들이 집단의 측면에서 자신과 타인을 동일하다고 인식하는 유동적 과정에서 집단 정체성이 형성된다. 따라서 집단 정체성 자체가 유동적이고 사회과정에서의 변화와 더불어 집단 정체성도 변해 간다.

문화제국주의를 경험하는 집단들은 지배문화—그 형성 과정에서부터 이들 집단은 배제되었다—에 의해 대상화되고, 저열한 본질을 가진 것—이는 이들 집단 외부에서 부과되었다—으로 표지 붙여진 상태로 있어 왔다. 문화제국주의를 경험하는 이들 집단이 집단 간 차이에 대한 긍정적 의식을 당당하게 주장하는 것은 해방적 의미를 갖는다. [집단의 정체성이] 이미 주어진 본질에 의해서가 아니라 창조되고 구성되는 것으로서 집단 스스로가 자기 집단을 정의한다는 의의가 되살아나기 때문이다. 모종의 본질에서 찾지 않으면서 집단 친연성의 긍정적 요소를 정교하게 가다듬는 작업이 어려운 일임에는 틀림없다. 그래서 그렇게 하려는 운동들이 항상 성공한 것은 아니었다(Sartre, 1948, 85쪽; Epstein, 1987 참조). 그래도 그런 시도를 하는 운동들은 [서로가 처한] 유사한 사회 상황과 상호 관계를 기술하고, 또 사회적 삶에 대해 가지는 상호 유사한 인식과 관점을 기술할 수 있는 언어를 개발하고 있는 중이다. 이들 운동이 문화를 부분적으로는 공동 선택의 문제로 파악하는 한, 내가 5장에서 제안했던 문화혁명의 기획을 수행하고 있는 셈이다. 여성의 문화, 아프리카계 미국인의 문화, 아메리칸 인디언의 문화에 관해 해당 운동 집단 각각이 가지는 생각들은 과거의 문화적 표현에 의존하고 있긴 하면서도, 상당한 정도로 이들 운동 각 집단은 자기네 집단의 독특함을 스스로 규정한다는 문화—이들 운동 각 집단은 그런 문화가 있다고 주장한다—를 자각적으로 형성해 왔다.

따라서 차이와 정체성의 의미 둘 다를 맥락화하면, 친연성 집단 내부에 존재하는 차이도 인정할 수 있게 된다. 복잡하고 복수인 미국 사회에서 모든 사회집단에는 각 집단 내부를 가로지르는 집단 간 차이가 있는데, 이 집단 내부에서 존재하는 집단 간 차이는 지혜, 신명, 갈등, 억압의 잠재적 원천이기도 하다. 예컨대, 동성애자 남성은 흑인이거나, 부자이거나, 노숙자이거나, 노인일 수 있다. 동성애 집단 내의 이런 집단 간 차이 때문에 동성애자 남성들도 일부 이성애자 남성들과 친연성을 가질 수 있기도 하고, 동성애자 남성들 사이에서도 상이한 정체성이 형성되어 갈등이 생겨날 수도 있는 것이다.

정책 형성에서 차이 존중하기

나는 사회정의의 한 목표는 사회적 평등이라고 상정한다. 논리상 사회적 평등이 분배를 포함하는 것은 분명하지만, 평등이 기본적으로 사회적 재화의 분배로 귀착되는 것은 아니다. 기본적으로 평등이란 사회의 주요 제도에 모든 사람이 충분히 참여하고 포용되는 것, 그리고 모든 사람이 자신의 역량을 계발하고 훈련하고 자신의 선택을 실현할 수 있는 실질적 기회가 사회적으로 지원되는 것을 말한다. 게이와 레즈비언에 대한 치욕스러운 중대한 예외가 있기는 하지만, 미국 사회는 모든 집단 구성원을 위한 형식적·법적 평등을 입법화해 왔다. 그러나 많은 집단들의 상황을 보면, 사회적 평등의 실현은 난망한 것 같다. 사회적 평등을 추구하는 사람들은 목표 실현을 위하여 집단 중립적group-neutral 정책이 가장 적합한지 아니면 집단의식적 정책group-conscious policy[14]이 가장 적합한지에 대해 의견이 불일치한다. 이러한 의견 불일치에는 동화주의적 이상을 취해야 하는지, 아니면 문화 다원주의적 이상을 취해야 하는지가 핵심적 쟁점인 경우가 많다. 이 장에서 나는 집단의식적 사회 정책의 정의로움을 지지하고, 이 정책들이 현재 미국에서 쟁점이 되는 세 가지 맥락, 즉 직장에서 여성의 평등, 언어에 대한 비영어 사용자의 권리, 그리고 아메리칸 인디언의 권리에 대해 논의하고자 한다. 집단의식적 정책의 또 다른 범주인, 적극적 차별시정조치는 7장에서 논의할 것이다.

형식적으로 평등한 정책인가, 아니면 집단의식적 정책인가에 대한 쟁점은 기본적으로 직장 내 관계라는 맥락과 정치권력에 대한 접근성이라는 맥락에서 발생한다. 나는 이미 집단 중립적 정책보다 집단의식적 정책을 선호하는 주요한 이유 중 하나에 대해 논의한 바 있다. 즉, 집단 중립적 정책은 모든 구성원에게 통용될 것으로 정식화되기에, 인종, 문화, 젠더, 나이, 또는 장애에 따른 차이를 보지 못하고, 억압을 약화시키기보다는 영속화하는 경우가 많다는 것이다. 예를 들어, 사회적 지위를 얻기 위한 모든 경쟁자들을 평가하기 위해 보편적인 내용으로 정식화된 기준이나 규범은, 지배 집단에게 전형적인 역량과 가치, 그리고 인식 스타일과 행위 스타일이야말로 모

---

14 group-conscious policy는 '집단을 의식하는 정책'이라는 역어가 내용을 더 잘 전달하겠지만, 개념어로서 축약할 필요가 있어 '집단의식적 정책'으로 번역한다.

든 것을 평가하는 규준이라고 추정하는 경우가 많기 때문에 다른 집단에게 불이익을 주게 된다. 더욱이 인종차별주의적·성차별주의적·동성애공포증적·노인차별주의적·장애인차별주의적 혐오와 고정관념은 일부 사람들을 계속하여 저평가하고 보이지 않게 만들어, 경제적·정치적 상호작용에서 그들에게 불이익을 준다. 피억압 집단의 특유한 상황을 인지하는 정책만이 이러한 불리함을 상쇄할 수 있다.

표면적으로는 중립적인 기준이나 정책이 어떤 집단에게 불이익을 줄 때, 집단의식적 정책으로 대체하기보다는 단지 그 기준이나 정책을 진정으로 중립적이 되도록 재구성해야 한다는 반론이 있을 수도 있다. 어떤 상황에서는 이 반론이 맞을 수 있다. 그러나 많은 상황에서 집단과 관련된 차이에서는 중립적 정식화는 불가능하다. 그렇게 중립적 정식화가 불가능한 대표적인 사례로 언어 정책을 거론할 수 있다. 뒤에서 간략하게 논의하겠지만, 몇몇 젠더 쟁점 역시 그러하다.

그렇지만 더욱 중요한 것은 피억압 집단이 겪는 불이익들 중 어떤 것들은 정책상 집단의 특유성을 적극적으로 인정함으로써만 구제될 수 있다는 점이다. 어떤 집단을 고정관념에 따라 전형화하면서 그 집단의 경험을 보이지 않는 것으로 만들어 버리는 문화제국주의적 억압은, 그 집단의 특유성에 명시적으로 주목하고 그것을 명시적으로 표현함으로써만 시정될 수 있다. 예컨대, 흑인, 라틴 아메리카인, 인디언, 아랍인, 아시아인들에 대한 억압적인 고정관념을 없애고 그들을 백인과 같은 역할로 묘사한다고 해서 TV 프로그램에서 인종차별주의를 제거하지는 못할 것이다. 그러려면 이 모든 유색인종 집단이 현재보다는 훨씬 더 긍정적으로 등장하는 것도 필요하지만, 서구 백인들이 이들 유색인종에 관해 그럴 것이라고 생각하는 상황이나 삶의 방식에서가 아니라 유색인종 집단들 스스로가 직접 느끼는 그들의 상황 및 삶의 방식 속에서 유색인종들을 긍정적이고 흥미롭게 그려내는 것 역시 필요하다.

억압과 차별에 대항한다는 점이 집단의식적 정책의 정의가 필요한 첫 번째 이유라면, 앞 문단에서 서술한 생각들에서 그 두 번째 이유가 제시된다. 피억압 집단들 간의 연대를 긍정적으로 확인하기 위해서, 또 이 피억압 집단들이 자신들의 집단 친연성을 긍정하더라도 집단 외부의 사회에서 차별을 받지 않게 하기 위해서는 집단의식적 정책들이 필요할 때가 있다는 것이다.

집단의식적 정책이 목표를 위한 수단으로 이해되고, 이 목표를 위해 집단 중립적 규범으로부터 일시적으로 이탈하는 것으로 이해된다면, 어떤 집단의식적 정책들은 집단 간 차이가 사회적으로 아무런 의미를 갖지 못하는 동화주의 이상과 조화를 이루기도 한다. 많은 사람들은 적극적 차별시정조치를 이러한 방식으로 바라보며, 또한 곧 뒤에서 논의하겠지만, 이중언어 교육을 이러한 방식으로 이해한다. 그렇지만 문화 다원주의적·민주주의적 이상은 집단의식적 정책을 평등의 목표를 위한 수단이라는 점 때문만이 아니라, 사회적 평등의 이상 그 자체에 본래적인 요소라는 점 때문에도 지지한다. 집단들은 각 집단 특유의 경험과 문화와 사회적 기여가 공적으로 확인되고 승인되지 않는 한, 사회적으로 평등할 수 없다는 것이다.

차이의 딜레마는 차이를 고려하는 경우와 무시하는 경우 모두와 관련된 위험을 분명하게 보여 준다. 차이의 존재를 적극적으로 인정할 때 생기는 위험은, 집단의식적 정책을 시행하면 낙인과 배제가 복귀할 것이라는 점이다. 예전에는 집단의식적 정책은 다르다고 규정된 사람들을 공간적으로 분리시키고, 지배 집단이 향유하는 권리와 특권에 이들이 아예 접근도 하지 못하게 배제하는 데 사용되었다. 그렇다면 민주적 문화 다원주의의 핵심 원칙은 집단을 대상으로 하는 권리와 정책은 참여와 포괄이라는 일반적인 시민적·정치적 권리와 조화를 이루어야 한다는 것이다. 집단의식적 정책은 어떤 집단의 구성원이 일반적인 정치적·시민적 권리를 행사하는 것을 배제하거나 그 행사에 차별을 가하는 것을 정당화하는 데 사용되어서는 안 된다. 따라서 민주적 문화 다원주의는 이원적 권리 체계를 요구한다. 모두에게 동등한 일반적 권리 체계와 그리고 집단의식적 정책 및 권리라는 보다 특별한 권리들 체계가 그것이다(Wolgast, 1980, 2장 참조). 케네스 카르스트Kenneth Karst[15]는 다음과 같이 말한 바 있다.

"평등한 시민 자격의 약속이 실현되기 위해서는, 소속belonging으로의 길이 문화적 소수자들을 위하여 두 가지 방향으로 열려야 한다. [첫째] 문화적 소수자는 보다 넓은 사회의 온전한 구성원으로서 어느 정도까지 참여할 것인지를 선택할 수 있어야 한다. 또한 그들은 [둘째] 자신의 선택으로 처벌받지 않으면서, 자신의 문화적 집단 내의 연대를 추구하고 내부를 바라볼 수 있어야 한다."(Karst, 1986, 337쪽)

'문화적 소수자'가 문화제국주의에 예속된 모든 집단을 의미하는 것으로 해석된다면, 위의 언명이 민족 집단 또는 국민 집단에 적용

---

15 케네스 카르스트(1929~)는 평등의 원칙과 가치를 집중적으로 연구해 온 미국 UCLA 로스쿨 헌법 교수다.

되는 것만큼, 여성, 노인, 장애인, 게이 및 레즈비언, 노동계급에게도 마찬가지로 적용된다. 이제 사회적 평등을 지지하기 위해서 반드시 집단을 특별히 고려해야만 하는 정책의 세 가지 사례를 간략히 들 겠다. 즉, 여성, 라틴 아메리카인, 그리고 아메리칸 인디언의 사례다.

(1) 여성의 이익은 젠더 중립적 규칙과 정책을 통해서 가장 잘 증 진되는가, 아니면 집단의식적 규칙과 정책을 통해서 가장 잘 증진되 는가? 이러한 질문은 근래 몇 년간 페미니스트들에 의해 맹렬한 토 론의 대상이 되었다. 그 결과로 나온 문헌들은 평등을 똑같음을 의 미하는 것으로 파악하는 주류 법 정책 모델이 과연 적절한가라는 핵심적 의문을 제기한다. 그리고 동일성을 상정하지 않는 평등의 의 미를 섬세하게 분석해 낸다. 이러한 논의의 대부분은 직장에서의 임 신과 출산권의 문제에 집중되어 왔다.

임신을 평등 대우의 측면에서 접근equal treatment approach하자고 주 장하는 이들은 임신 휴가와 혜택을 남녀 불문하고 일을 할 수 없 는 모든 신체적 조건에 적용될 젠더 중립적 휴가 및 혜택 정책 안에 포함시키라고 강력하게 압박할 때 여성의 이익이 가장 잘 보장된다 고 주장한다. 여성 보호 입법의 역사가 보여 주는 바는, 여성을 배 제하고 차별하기 위한 구실로 고용주와 법원이 여성의 특수성 범주 를 이용하지 않을 것이라고 신뢰할 수 없으므로, 우리 여성이 그런 배제로부터 가장 잘 보호받는 것은 젠더 중립적 정책을 통해서라는 점이다(Williams, 1983). 그렇지만 이 평등 대우 접근법의 옹호자들조 차 남성의 삶을 유일한 척도 규범으로 삼는 젠더 중립적 정책은 여 성에게 불이익을 줄 것이라는 점에 동의한다. 나딘 타우브Nadine Taub 와 웬디 윌리엄스Wendy Williams에 따르면, 그 해답은 모든 노동자의 특유한 필요를 인정·수용하는 직장 내 평등 모델이며, 이런 모델은 대부분의 직장 정책을 상당한 정도로 바꿀 것을 요구한다(Taub and Williams, 1986).

생각건대, 임신과 출산에 대한 평등 대우 접근법은 부적절하다. 왜냐하면 이 접근법은 여성이 임신을 했을 때 출산 휴가와 고용 보장에 대해 아무런 권리를 가지고 있지 않음을 함의하거나, 또는 그러한 보장을 젠더 중립적이라고 여겨지는 '장애' 범주 밑으로 동화시키기 때문이다. 이러한 동화는 받아들일 수 없는 것인데 통상 임신과 출산은 보통의 여성이 처한 일반적 조건이기 때문이며, 임신과 출산 그 자체가 사회적으로 필요한 일이기 때문이며, 또한 임신과 출산에는 매우 독특하고도 다양한 특성과 필요들이 존재하기 때문이다(Scales, 1981; Littleton, 1987). 임신과 출산을 장애에 동화시키는 것은 임신과 출산의 과정들을 '불건강'하다고 낙인찍는 경향이 있다. 게다가 그런 동화 작업은 여성이 출산 휴가와 고용 보장의 권리를 가지는 기본적인 또는 유일한 이유는 임신 및 출산 시 신체적 이유로 자신의 업무를 수행할 수 없기 때문이라거나, 임신 및 출산 시에 일하는 것이 임신하지 않았거나 출산으로부터 회복 중인 때보다 더 어렵기 때문임을 암시한다. 이런 신체적 이유도 중요한 고려 사항이기는 하지만, 또 다른 이유는 여성이 선택한다면, 수유를 하고 아기와 관계를 맺으면서 아기와의 정례적인 일상생활을 발전시켜 갈 시간을 가져야 한다는 점이다. 중단되지 않는 업무 수행이라는 남성적 모델로 인하여 여성이 겪는 불이익을 제거하는 그 이상의 것이 여기서 쟁점이다. 이는 또한 임신, 출산의 사회적 기여를 공적으로 적극적으로 인정하고 확립하는 문제이기도 하다. 이러한 인정은 여성을 아이출산자로 환원시키지 않고서도, 또는 모든 여성은 아이를 가져야 하며 그렇지 않으면 결함 있다고 암시하지 않으면서도 이루어질 수 있으며, 또한 그렇게 이루어져야 한다.

여성의 권리에 대한 젠더 중립적 모델을 택하지 않는 페미니스트들이 모든 경우에 다 그런 것은 아니고, 일반적으로 출산이라는 생물학적 상황의 경우에 국한해서 젠더 중립적 모델을 따르지 않겠다는 것이다. 예컨대, 아동 양육을 여성의 일로 영구불변화하지 않기 위해서, 그리고 평균 이상의 아동 양육 책임을 선택한 남성이 불리해지지 않도록 대부분의 페미니스트들은 육아휴가는 젠더 중립적이어야 한다고 요구한다. 나 자신도 이 점에서는 젠더 중립적 정책에 동의한다.

그렇지만 여성을 위한 집단의식적 정책을 출산의 경우로만 제한하는 것은 직장 내에서 여성의 평등 증진과 관련된 가장 어려운 몇몇 문제를 회피한다. 여성은 출산 능력 때문만이 아니라—심지어는 기본적으로 출산 능력을 갖고 있다는 점 때문에 직장에서 불이익을 받기도 한다—여성의 젠더 사회화 과정과 정체성이 많은 여성들의 욕망과 기질과 역량을 특정 행위로 유도하고 다른 활동에서 멀어지게 하기 때문에, 많은 남성이 여성을 부적절하게 성적인 측면에서 바라보기 때문에, 여성의 의상과 행동거지와 목소리 등이 때때로 남성 중심적 관료제의 이상—이 이상은 몸과 분리되어 있다—을 방해하기 때문에, 직장에서 불이익을 겪는다. 여성과 남성 간의 차이는 생물학적인 차이만이 아니라, 사회적으로 젠더화되어 만들어지는 것이다. 이러한 젠더 차이는 다양하고 가변적이어서, 남성과 여성을 상호 분리시키는 모종의 본질로 환원되지 않는다. 아마도 이러한 남녀 젠더 차이는 존재하지 않아야 할 것이지만, 현재 그 차이가 존재한다는 것은 명약관화하다. 이러한 차이점을 무시하면, 남성적 규범들과 스타일이 압도적으로 지배하고 있는 공적인 제도 환경 속에서 여성에게 불리한 차별을 가하게 되는 경우도 가끔은 있기 마련이다.

크리스틴 리틀턴Christine Littleton[16]은 자신이 '승인으로서의 평등 equality as acceptance'이라고 칭한 모델에서, 여성적으로 젠더화된 문화적 속성 때문에 여성이 불리하게 되지 않을 정책 방향에 대한 젠더 의식적 접근을 주장한다. 이 모델은 젠더 차이는 사회적으로 구조화된다는 가정—예컨대, 어떤 직업 범주들은 특정 젠더가 지배적이라는 것, 자녀 양육 및 가족 구성원의 돌봄은 여성이 주도적 역할을 한다는 것, 스포츠에서 젠더에 따라 추구하고 싶어 하는 게 다르다는 것—에서 출발한다. 물론 이 중 그 어느 것도 젠더의 본질에서 비롯된 것이 아니다. 비록 모든 남성이나 모든 여성이 젠더화된 그 전형대로 그대로 행동하는 것은 아니지만, 그래도 이 젠더화된 전형들이 존재한다는 것은 인식할 수 있고 많은 남녀의 삶에 대체로 적용되기도 한다. 리틀턴이 제시하는 '승인으로서의 평등' 모델은, 전통적으로 보아 여성적인 활동이나 행동을 하는 여성에게 불이익을 주지 않을 뿐만 아니라 여성적인 것을 남성적인 것만큼 동일하게 평가하는 정책을 지지한다.

"그러므로 승인으로서의 평등의 초점은 여성은 남성과 다르냐 그렇지 않냐의 문제에 있는 것이 아니라, 공동체의 모든 구성원의 실제 경험 속에서 일정한 젠더 균형을 창출하기 위하여 젠더 불균형이라는 사회적 사실을 어떻게 다루어야 하는가의 문제에 있다. 나는

---

16 크리스틴 리틀턴은 페미니스트 법 이론과 장애인의 권리를 집중적으로 연구해 온 미국 UCLA 로스쿨 교수다.

차이가 '자연적'이냐 아니냐가 그렇게 중요하다고 생각하지 않는다. 어느 경우건 간에 차이는 우리의 구조와 자아 속으로 들어와 이미 구축되어 있다. 차이는 사회적 사실로서, 사람과 사람 사이의 상호작용 또는 사람과 제도 사이의 상호작용에 의해 창출된다. 차이는 사람들 개인의 내적 속성이 아니라 관계의 내적 속성이다. 이 승인으로서의 평등이라는 견해에서는, 젠더 차이를—그것이 실제적인 것이든 차이 있다고 느껴진 것이든 간에—사람들 서로서로에 대해서 비용이 들지 않게 만들어서, 누구든 자신의 자연적 성향이나 선택에 따라 남성적, 여성적 또는 양성적兩性的 삶의 방식을 따를 수 있고, 여성적 삶의 방식을 따른다고 제재를 당하거나 남성적 방식을 따른다고 포상 받지 않게 하는 것이다."(Littleton, 1987, 1297쪽)

그렇다면 평등에 대한 승인 모델은 문화에 기반을 둔 젠더 차이를 공식적으로 인정하며, 이러한 차이가 불이익으로 연결되지 않도록 보장하는 조치를 취한다. 비록 리틀턴이 이 점을 강조하지는 않았지만, 이 모델은 첫째, 젠더 차이는 묵시적으로든 명시적으로든 사람을 제도, 지위 또는 기회로부터 배제하는 근거로 사용되어서는 안 된다는 점을 함의한다. 즉, 시민적·정치적 권리와 마찬가지로 평등한 기회에 대한 일반적 권리가 인정되어야 한다는 것이다. 둘째, 이에 덧붙여 승인으로서의 평등 모델은 여성적인 것이라고 규정된 활동과 행동을 남성적인 것으로 규정된 활동과 동등한 지위를 갖는다고 명시적으로 재평가한다.

남녀 동일노동 동일임금 정책comparable worth policies은 문화적으로 여성적인 것을 재평가하기 위해 널리 논의되는 전략이다. 비슷한 가치의 노동에 대해 동등한 보수를 지급한다는 계획안들이 요구하는 바는 남성이 압도적으로 많은 직업들과 여성이 압도적으로 많은 직업들이 유사한 정도의 기술, 난이도, 스트레스 등을 수반한다면, 양자가 유사한 임금 구조를 가져야 한다는 것이다. 물론 이런 정책들을 시행하는 데 있어서 생기는 문제는 상이한 직업들과 일들을 비교하는 방법을 고안해 내야 하는 점에 있다. 대부분의 직업 및 노동 비교 계획안들은 젠더 중립적이라고 여겨지는 기준들, 가령 학력, 작업 속도, 작업이 기호 처리와 관련 있는 것인지의 여부, 작업 조건의 쾌적함, 의사결정 능력 등과 같은 기준들을 사용하여 성별 차이를 최소화하는 방식을 여전히 택하고 있다. 그렇지만 몇몇 학자들은 일과 직업의 특성에 대한 표준적 분류는 구조적으로 편향되어 있어서, 여성들이 다수를 차지하는 많은 직업들에서 수행되는 특수한 업무 유형들을 보이지 않게 해 버린다고 지적한다(Beatty and Beatty, 1981; Treiman and Hartman, 1981,81쪽). 여성이 압도적 다수를 차지하는 많은 직업과 일들은 양육, 사회적 관계 매끄럽게 만들기, 또는 섹슈얼리티의 노출 등 젠더의 특수한 노동과 관련이 있다는 점을 대부분의 직무 관찰 연구는 무시한다(Alexander, 1987). 따라서 여성이 압도적으로 다수를 차지하는 많은 직업에서의 전문적 기량 및 복잡성을 공정하게 평가하려면 몰沒젠더적 범주를 적용하기보다는 젠더적 차이에 명시적으로 주목하는 것이 필요할 수도 있다(Littleton, 1987, 1312쪽 참조).

리틀턴은 스포츠를 그런 재평가의 또 다른 영역으로 제시한다. 리틀턴은 '승인으로서의 평등' 접근법은 가용 스포츠 예산을 1인당으로 나누기보다는 남성 스포츠 프로그램과 여성 스포츠 프로그램에 평등하게 분배하는 것을 지지할 것이라고 말한다(Littleton, 1987, 1313쪽). 나는 관련된 사람들 간의 수의 불균형이 너무 큰 경우 이 제안이 공정할 것이라고 생각하지는 않지만, 리틀턴의 목표하는 일반 원칙에는 동의한다. 체육 활동에 참여하기를 희망하는 여성이 현재 더 많이 있지 않다는 이유로 체육 활동에 참여하기를 원하는 여성들이 불이익을 받아서는 안 될 것이다. 예를 들어, 체육 활동에 참여하기를 희망하는 여성들은 남성들에게 제공되는 것과 같은 수준의 좋은 코치들에게서 배울 수 있어야 하고, 라커 룸의 시설도 같은 수준으로 좋아야 하며, 여성들이 뛰어나게 [체육 활동을] 잘할 수 있기 위하여 필요한 시설 모두를 자유롭게 이용할 수 있어야 한다. 더욱 중요하게는, 수중발레나 필드하키처럼 여성적인 것이라고 고정 관념화되어 있는 운동은 미식축구나 야구처럼 더 남성적 운동과 비슷한 수준의 지원을 받아야 한다.

(2) 1986년 11월 캘리포니아 주 유권자들은 영어를 주의 공식 언어로 선포하는 주민투표에서 그 안을 다수결로 지지했다. 이 정책의 파장이 어떨지는 분명하지 않지만, 적어도 의미하는 바는 주의 공공기관들이 투표용지와 주 정부 서류들을 영어 이외의 다른 언어들로 인쇄하거나 영어 이외의 언어 제공 서비스를 할 의무가 없다는 것이다. 캘리포니아 주에서 거둔 이 성공은 영어를 모국어로 쓰지 않는 인구가 급속히 증가하는 주들에서 그런 지역 운동이 일어나게 하는 원동력이 되었을 뿐만 아니라, 영어를 미합중국의 공식 언어로 선언하자는 전국적인 운동에도 자극제가 되었다. 예컨대, 1989년 겨울, 영어 전용English-only 입법안이 뉴욕 주 롱아일랜드의 서포크 카운티 의회에 제출되었는데, 이는 일부 영어 우선 사용English-first 지지자들이 보기에도 너무 강력한 것이었다. 이 입법안은 영어를 서포크 카운티의 공식 언어로 정하려고 하는 것뿐만 아니라, 공무원들

이 민원인에게 영어 이외의 다른 언어로 말하는 것을 금지시키는 내용도 포함하고 있었다(Schmitt, 1989).[17]

많은 영어 전용 지지자들은 자신들의 입장을, 정부의 비용을 절감하기 위해 채택되어야 하는 여타의 많은 조치에 대한 입장과 같은 방식으로 정당화한다. 그러나 이 운동은 기본적으로 정치공동체의 통일성이라는 규범적 이상에 호소한다. 국가로서의 미국은 영어 사용자들에 의하여 설립되었고, 비非영어 사용자들은 그들이 아무리 여러 세대 동안 미국의 땅 위에서 살았을지라도 '진짜' 미국인이 아니라는 것이다. 이 주장은 다음과 같은 주장으로 나아간다. 즉, 하나의 정치공동체는 거기에 사는 시민들 사이의 상당한 공통성과 상호 동일시 없이는 유지될 수 없으며, 공통의 언어는 정치공동체의 통일을 이루는 힘 중 가장 중요한 요소이다. 언어적·문화적 다원주의는 분쟁, 분열, 파벌주의, 그리고 궁극적으로는 해체로 나아간다. 영어에 공적인 우선순위를 주는 것은 이러한 통일성의 확립에 도움이 되며, 비영어 사용자가 신속하게 동화될 수 있게 장려한다는 것이다.

단일한 속성을 중심으로 조화를 이루는 정치공동체에 호소하는 이러한 주장에 대항해서 최소한 세 가지 반대 논변이 있다. 첫째, 간단히 말해 그러한 호소는 현실에 부합하지 않는다. 미국은 그 시작부터 항상 상당수의 언어적·문화적 소수자들의 피난처가 되어 왔다. 미국의 제국주의 및 병합의 역사, 그리고 이민정책은 이를 더욱 심화시켰다. 지난 25년 동안 미국의 군사 및 대외정책은 대규모

---

17 미국 연방 대법원은 약 20여 개 주에서 만들어진 영어 전용 법률이 위헌이라는 입장을 견지하고 있기에, 이러한 법률은 시행되지 못하고 있다.

의 라틴 아메리카인 및 아시아인의 유입을 가져왔다. 더욱이 어떤 이들은 2000년에는 미국에서 히스패닉계 사람과 아시아인의 인구가 각각 84퍼센트 및 103퍼센트나 증가할 것이라고 평가한다(Sears and Huddy, 1987). 문화적 소수자에 속하는 많은 개인은 동화를 선택하며, 몇몇 집단은 집단 전체가 그러하다. 그러나 많은 집단은 동화를 선택하지 않는다. 동화를 선택하지 않은 것에 대한 공적 지원이 없어지고 그에 대한 상당한 압박이 가해짐에도 많은 집단들은 독자적인 언어적·문화적 정체성을 보유해 왔고, 구성원들이 수 세대 동안 미국에서 살아왔던 일부 집단들조차 그러하다. 스페인어 사용자들은 상대적으로 그들의 수가 많고, 푸에르토리코, 멕시코, 또는 라틴 아메리카 부분과의 연관이 강하게 남아 있기 때문에 이러한 현상이 가장 두드러진다. 많은 언어적·문화적 소수자들은 미국 시민으로서의 완전한 혜택에 대한 권리를 요구할 때조차도, 그들의 특유한 정체성을 유지하겠다고 결정한다는 점을 고려하면—게다가 이런 결정은 증가하는 것처럼 보인다—언어 정책의 시행을 통해 통일성을 창출하려는 영어 전용 운동의 욕망은 어리석을 뿐이다.

둘째, 내가 여러 곳에서 이미 주장했듯이, 동질적 공중이라는 규범은 억압적이다. 희소한 지위와 자원을 둘러싼 경쟁과 관련해서 이 규범은 동화되지 않은 사람들과 집단들에게 심각한 불이익을 줄 뿐만 아니라, 동화되려면 이들이 자신들의 정체성 의식을 바꿀 것을 요구한다. 이런 자기 절멸은 부당하고 부정의한 시민권 획득의 요건이다. 미국의 문화적 소수자들의 소설, 시, 노래들은 그러한 요구가 가했던 고통과 상실로 그득하며, 동화주의 가치가 얼마나 철저하게 사람에 대한 기본적 존중을 침해하는지를 기록하고 있다.

따라서 셋째, 동질적 공중이라는 규범적 이상은 조화로운 나라를 건설하자는 목표를 달성해 내지도 못한다. 집단들로 분화되어 있는 사회에서는 집단 간의 분쟁, 파벌주의, 분열, 사전私戰이 종종 발생한다. 그렇지만 이러한 분쟁의 주요 원인은 집단 간 차이 그 자체가 아니라, 피지배자 사이에서 분개, 적대, 저항을 만드는 집단 간의 지배 및 억압의 관계이다. 규범적 가치를 동일성에 두면 지배 집단의 구성원은 자신은 옳다는 고집스러운 태도를 취할 이유를 갖게 되므로, 분열과 분쟁을 악화시킬 뿐이다.

4장에서 나는 정의로운 정치공동체는 이질적 공중의 이상을 받아들여야 한다고 주장했다. 젠더, 연령, 섹슈얼리티 같은 집단 간 차이는 무시되어서는 안 되며, 오히려 공개적으로 인정되고 수용되어야 한다. 나아가 국민 집단 간 차이 또는 민족 집단 간 차이는 더욱 그래야 한다. 20세기에서의 이상적 국가는 연방 차원에서는 시민으로서의 평등한 권리 및 의무가 보장되면서도 이와 조화를 이루는 일정 정도의 자결과 자치가 인정되는 복수의 국민 집단 또는 문화 집단으로 이루어진다. 대단히 불완전하게 이 이상을 실현할 뿐인 경우가 많기는 하지만, 세계의 많은 국가들이 이 이상을 받아들이고 있다(Ortiz, 1984, 2부 참조). 영어 전용 지지자들은 미국에서 급속하게 성장하는 대규모의 문화적 소수자, 특히 스페인어 사용 소수자들을 종종 두려움을 가지고서 바라본다. 그리고 오직 영어의 우위성을 강조하는 것만이 미국 사회가 캐나다와 같이 문화적으로 복수화된 사회가 되는 것을 막아준다고 주장한다. [그러나] 그러한 주장은 미국 사회가 이미 그런 사회라는 점을 완고하게 거부한다.

동화주의 이상과 문화 다원주의 이상 간의 차이는, 특히 교육 정책에서 두드러진다. 오늘날 미국에서 이중언어 교육은 매우 논쟁적인 문제인데, 그것은 부분적으로 찬반양론의 입장이 이중언어 교육에 대해 서로 다른 문화적 의미를 부여하기 때문이다. 1974년 연방 대법원은 각 주 정부는 학생들이 모든 과목을 배우는 데 평등한 기회를 가질 수 있도록, 그들의 영어 능력 부족을 구제해야 할 의무가 있다고 판시했다. 그러나 동 법원은 이러한 의무가 어떻게 수행되어야 하는지에 대해서는 특정하지 않았다. 1978년 제정되어 몇 번의 개정을 거친 이중언어교육법Bilingual Education Act에는 학교 시스템이 이중언어 교육 프로그램의 개발을 위하여 사용할 수 있게 연방 기금이 따로 마련되어 있다(Minow, 1985; Kleven, 1989 참조). 그런데도 1980년 미국에서 스페인어를 쓰는 어린이 중 77퍼센트는 그들의 언어적 필요에 부응하는 어떠한 형태의 특별 프로그램도 제공받지 못했다(Bastian, 1986, 46쪽). 1986년 텍사스 주에서 80퍼센트의 학군學群들이 주 정부가 의무화한 이중언어 교육 프로그램을 준수하지 않는 것으로 밝혀졌다(Canter, 1987).

언어 지원 프로그램에는 상이한 여러 개의 모델들이 있다. 어떤 모델은 '제2언어로서의 영어English as a Second Language, ESL'처럼 학생들의 모국어에 대한 교육은 전혀 없고, 종종 학생들의 모국어를 말할 수 있는 사람들이 가르치지도 않는다. 몰입 프로그램immersion program이라고 불리는 다른 모델은, 영어 교육을 우선적으로 하되, 학생이 자신의 모국어로 질문할 수 있도록 2개 국어 구사가 가능한 교사가 가르치도록 한다. 변이적變移的 이중언어 교육 프로그램은 진정한 2개 국어 교육을 포함하는데, 학생의 진전에 따라 영어와 모국어의 사용 비율을 변화시킨다. 변이적 이중언어 교육 프로그램은 학생들의 영어 기술을 발전시킴과 동시에, 학생들에게 수학, 과학, 역사는 그들의 언어로 가르친다. 이 프로그램은 영어로 교육받는 시간양을 늘리는 것을 목표로 한다.

이 모든 프로그램은 그 목적상 동화주의적이다. 이 프로그램들은 모국어 교육이 필요하지 않은 지점까지 영어의 능숙도를 증가시키는 것을 목표로 하지, 어떠한 프로그램도 모국어의 능숙도를 유지·발전시키는 것을 목표로 하지 않는다. 미국에서 영어 능숙도가 한정된 학생들을 위한 대다수의 프로그램은 이러한 형태 중 하나를 취하고 있다. ESL 또는 몰입 프로그램을 대신하여 변이적 이중언어 교육 프로그램을 사용하는 것도 뜨거운 논쟁의 대상이 되고 있다. 다수 미국인은 영어 능력이 한정된 학생들이 영어를 배우는 데 도움을 주기 위한 특별 언어 프로그램을 지지한다. 그러나 더 많은 프로그램이 학생들의 모국어로 가르칠수록—특히, 수학이나 과학 과목을 모국어로 가르칠 때—영어 사용자들은 이를 불공정한 응석 받아주기 또는 세금 낭비라고 여기는 경우가 늘어난다(Sears and Huddy, 1987). 한편, 변이적 이중언어 교육 프로그램은 통상 언어적 소수자들에 의해 선호된다.

또 다른 이중언어 교육 모델은 미국에서는 거의 사용되지 않고 있으며, 이중언어-이중문화 유지 프로그램이라는 공적 의제로도 거의 다루어지지 않는다. 이 프로그램은 학생의 모국어와 문화에 대한 지식을 강화하는 것을 목표로 하고, 동시에 그들이 지배적 언어인 영어에도 능숙하도록 훈련시킨다. 미국에서 문화 다원주의와 집단 자율성 지지자 중에 영어의 숙련도가 미국 사회에 제대로 참여하기 위한 필요조건이라는 점을 부인할 사람은 거의 없다. 쟁점은 언어적 소수자들이 자신의 언어와 문화를 유지하도록 사회적 지원을 받으면서 집단 특수성을 보유한 채로도 완전한 참여자로 인정되는지 여부에 있을 뿐이다. 오직 이중언어-이중문화 유지 프로그램만이 언어적 소수자들이 사회의 모든 제도에 충분히 포함되고 그 제도에 충분히 참여할 수 있는 가능성을 보장할 수 있으며, 동시에 그들의 집단 특유의 정체성을 보존시켜 주고 긍정적으로 인정해 줄 수 있다(Nickel, 1987, 119쪽 참조).

(3) 아메리칸 인디언은 미국 내에서 가장 보이지 않는 피억압 집단이다. 수적으로 백만 명이 약간 넘는 그들은 대부분의 지역 인구에서 너무 낮은 비율을 차지하기 때문에, 영향력 있는 압력 집단을 형성하거나 백인 사회의 삶에 주요한 파열을 가져올 위협 요소를 만들어 내지 못한다. [그래서] 연방 및 주 정책은 종종 인디언의 이익과 욕망을 아무 위험 부담 없이 무시할 수 있다. 많은 인디언은 보호구역에 사는데, 거기에서 비非인디언은 인디언과 접촉할 기회가 거의 없다. 도시에서조차 인디언들은 자신들만의 지원 체계와 네트워크를 형성하고, 비인디언들과는 거의 섞이지 않는다(Cornell, 1988, 132~137쪽). 보호구역의 안팎을 불문하고, 인디언들은 모든 사회적 집단 중 주변화와 박탈로 인해 가장 심각하게 고통 받고 있다. 수입, 실업률, 영아사망률 등 모든 지표에서 아메리칸 인디언은 가장 가난한 미국인이다.

동시에, 아메리칸 인디언들은 미국에서 법적으로 가장 별도의 취급을 받는 사람들이며, 연방 정부가 공식적으로 특별한 지위와 권리를 부여한 유일한 집단이다. 영어를 사용하는 농부, 무역상, 발명가의 고향이라는 미국의 신화를 세운 기원, 즉 신세계라는 주장을 처음부터 전복시키는 근원상의 차이arche-difference를 대변하는 존재가 바로 아메리칸 인디언들이다. 미합중국 연방 정부의 기관원들은 이러한 차이를 안에서 제거하려고 시도하면서, 집요한 학살 정책을 통해 계속해서 인디언을 독살하고, 불태우고, 약탈하고, 기망하고, 이전시키고, 감금해 왔다. 그렇지만 한편으로 법의 역사와 일련의 연방 조약은 아메리칸 인디언들을, 미 연방 정부의 협상 대상인 독립적인 정치공동체로 마지못해 인정했음을 증언한다. 20세기까지 인디언의 특별한 법적 지위는 거의 전적으로, 열등한 야만인과 우월한 개화된 주권主權 간의 후견과 종속의 관계로 개념화되었다. 그리고 이러한 개념화의 어두운 그림자는 근래의 판례에까지 드리워져 있다(Williams, 1987). 여성, 흑인, 지적장애인과 마찬가지로, 아메리칸 인디언이라는 차이는 표준을 수립하는normalizing 법률들 속에서 그들의 불완전한 시민권을 정당화하는 열등하고 유아적 본성으로 규정되었다.

세기의 전환점에서 정책입안자들은 이러한 보호와 후견의 지위의 끝은 지배문화에 대한 아메리칸 인디언들의 동화를 함의할 것이라고 상정했다. 그리하여 1800년대 말 토지 재할당 정책은 아메리칸 인디언으로 하여금 사적 재산과 자작농사의 미덕을 높이 평가하도록 장려하고자 하는 데 있었다. 1920년대에는 연방 의회가 인디언에게 완전한 미국 시민권을 부여하기로 표결하자, 연방 정부는 인디언 아이가 기숙학교—때때로 자신의 집에서 수천 마일 떨어진 곳으로 이송되어 들어간—에서 자신의 모국어를 말하는 것을 금지하는 정책을 통해 동화를 강제했다. 같은 기간 동안 인디언들은 자신들의 많은 전통적 종교 의식을 치르지 못하도록 금지되었다.

1930년대의 인디언 재조직화법Indian Reorganization Act은 이러한 정책의 다수를 폐지하거나 뒤집었고, 연방 차원에서 인정되는 부족 정부라는 현재의 체계를 창출했다. 그러나 1950년대에 연방 차원에서 인디언 부족과 관계 맺는 것을 끝내려는 연방 의회의 노력으로 추는 원래의 자리로 되돌아갔다. 인디언을 독자적 인민으로 인정하는 모든 조치들은 철회되었으며, 다시 한 번 인디언을 강제적으로 백인 사회 안으로 동화시키려는 시도가 이루어졌다. 미국 연방 정부와 아메리칸 인디언 간의 관계에 관하여 시소처럼 변하는 이러한 잔혹한 역사는 인디언으로 하여금 자신의 가치, 풍습, 제도, 심지어 자신의 정체성까지도 변화시키고 조정하도록 만들었다. 인디언 집단들이 백인 정책의 압제 아래에서 서로 병합되거나 인디언 집단들 상호 관계가 재조직되면서 독자적인 인디언 정체성의 다수가 사라져 버렸다. 그렇지만 이러한 역사 전반을 볼 때, 동화는 인디언들에게 실제로 의미 있는 선택지가 아니었다. 많은 인디언 개인들이 자신의 집단을 떠나 지배적인 백인 문화 속으로 통합되는 데는 성공했지만, 집단으로서의 인디언은 가장 혹독한 반대에 맞서서 지배적 백인 문화와의 차이를 끈질기게 보전했다. 오늘날 많은 인디언들은 현재의 부족 조직, 자신들의 역할에 대한 정의定義, 미국 정부와의 법적 관계에 많은 결점이 있음을 알고 있긴 하지만, 독립적으로 정의된 특유한 인디언 집단을 공식적으로 인정하고는 있다. 부족의 일을 규정하고 운영하는 데 있어서 인디언 집단에게 특별한 권리를 보장하는 현행 부족 체제를 폐지하자고 제안하는 아메리칸 인디언은 거의 없을 것이다.

아메리칸 인디언의 사례는 이 장에서 개진된 주장의 확실한 예증이다. 왜냐하면 집단을 위한 정의正義는 특별한 권리를 요구한다는 점, 동화주의 이상은 집단학살과 같다는 점이 아메리칸 인디언 사례에서 가장 명백히 드러나기 때문이다. 그렇지만 그러한 특별한 권리가 자유, 평등한 기회 등과 같은 아메리칸드림American dream에 온전히 참여하지 못하도록 배제하는 것을 정당화해서는 안 된다. 집단으로서의 특수한 필요와 정치공동체에 온전하게 참여하고 포함될 수 있는 권리 양자 모두를 인정하는 정의正義는 미국-인디언 법에서 명백한 선례를 가지고 있다. 인디언은 거의 이중 시민권에 해당하는 것을 갖는 유일한 집단이다. 부족의 구성원으로서 그들은 특별한 정치적·법적·집단적 권리를 가지며, 미국의 시민으로서 다른 시민들이 갖는 모든 시민적·정치적 권리를 갖는다(Deloria and Lytle, 1984, 3~4쪽). 공식적으로 승인된 아메리칸 인디언 부족은 사법관할권과 영토주권에 대한 특별한 권리를 가지며, 또한 종교, 문화 그리고 도박에 대한 특별한 권리들을 보유한다(Pevar, 1983 참조).

많은 아메리칸 인디언들은 이러한 특별한 권리 시스템이 연방 정부의 재량에 너무나 많이 예속되어 있다고 생각하며, 일부는 더 큰 자결권을 위해 국제적 사법기구에 자신들의 주장을 제기하기도 했다(Ortiz, 1984, 32~46쪽). 나의 견해로는, 아메리칸 인디언 집단을 분명하게 미국 사회의 완전하고 동등한 구성원으로 인정하는 형태로 정의가 실현되려면, 미국 연방 정부가 아메리칸 인디언의 권리를 변경하거나 제거할 수 있는 절대적 권한을 포기해야 한다고 생각한다.

완전한 정의正義가 실현되지는 않았더라도 아메리칸 인디언 사례는 많은 억압 받거나 차별받는 집단의 평등을 위해 필요하다고 내가 주장한, 일반적 권리와 특별한 권리의 조합에 대한 중요한 예가 된다. 아메리칸 인디언 부족이 집단으로서 가지는 권리 체계system of tribal rights, 그리고 일반적 권리와 아메리칸 인디언 부족의 집단적 특별권이 맺는 관계는 분명히 매우 복잡하며, 부족으로서의 집단권의 의미와 함의에 대해서는 종종 견해가 불일치하기도 한다. 게다가 많은 아메리칸 인디언들은 자신들의 권리들이, 특히 토지와 물과 천연자원에 대해 결정을 내릴 수 있는 자신들의 영토와 관련된 권리들이 이 권리들을 무시함으로써 생기는 경제적 이익 때문에 충분히 인정되고 실행되지 않는다고 생각한다. 나는 억압 받거나 차별받는 여타의 사회집단들에게도 이러한 특별한 권리 체계 또는 이 권리 체계의 관료제적 형태가 확대되어야 한다고 주장하려는 것은 아니다. 각 집단의 특유성은 각 집단을 위한 특별한 권리의 조합을 요구하며, 어떤 집단들에게는 다른 집단보다 더 포괄적인 권리 체계가 보장될 필요가 있기는 하다. 그렇지만 아메리칸 인디언의 사례는 어떤 집단이 정의를 근거로 삼아—즉, 그 집단에게 특별한 권리를 인정하면 당해 집단의 자율성이 실현되고 억압 받는 소수자로서의 이익이 보호될 것이라는 이유에서—원하는 특별한 권리 체계가 어떤 것인지를 보여 주는 선례가 있다는 사실을 잘 보여 준다.

이질적 공중과 집단 대표제

나는 참여민주주의가 사회정의의 요소이자 조건이라고 주장했다. 그렇지만 현대의 참여민주주의 이론은 현실적으로는 일부 집단을 배제하거나 침묵시키는 경향이 있는 통일된 공중에 대한 가치지향을 공화주의로부터 물려받았다. 몇몇 집단들이 물질적으로 특권을 누리고 문화제국주의를 실행하는 곳에서, 형식적으로 민주적인 절차는 피억압 집단의 경험과 관점을 침묵시키거나 폄하하면서 특권 집단의 특별한 경험과 관점은 높이 들어 올리는 경우가 많다.

예를 들면, 제인 맨스브리지Jane Mansbridge[18]의 뉴잉글랜드 주민 회

---

18 제인 맨스브리지(1939~)는 민주주의, 페미니즘 이론을 연구해 온 정치학자로 현재 미국 하버드 대학교 케네디 행정대학원 교수다.

의town meeting 정부의 기능에 대한 연구가 보여 주는 바에 의하면, 여성, 흑인, 노동자계급, 빈자들은 백인, 중산층 전문직, 남성에 비해 덜 참여하고 자신들의 이익이 덜 대변되는 경향이 있다. 백인 중산층 남성은 다른 이들보다 더 많은 권위를 쥐며, 또한 설득력 있게 말하는 데 더 많이 훈련되어 있다. 반면에 엄마들이나 노인들은 다른 사람들보다 회의에 참석하기가 더 어렵다(Mansbridge, 1980, 9장). 3장에서 나는 몇몇 학교 시스템에서 민주주의 증대가 어떻게 흑백 분리 학교 시스템의 증대로 나아갔는지에 대한 에이미 거트먼의 예를 인용했다. 이런 일이 일어난 이유는 수적으로 다수이고, 물질적 특권을 가졌으며, 자신의 주장을 명료하게 표현하는 백인들이, 흑백 통합 학교 체계 내에서 평등한 대우를 해달라는 흑인들의 정당한 요구에 맞서서, 자신들에게 이익이라고 느끼는 것을 증진시킬 수 있었기 때문이다(Gutmann, 1980, 191~202쪽).

이런 경우 및 이와 유사한 경우에, 사회 내에 존재하는 특권 집단과 피억압 집단의 차이는—설령 공중은 그런 집단 간 차이를 전혀 고려하지 않는다blind to difference고 주장하더라도—공중에게 영향을 미친다. 전통적으로 정치 이론과 실천이 공중의 이런 편향에 대응했던 방안은 진정으로 보편적인 공중을 재차 도입하는 것이었다. 내가 4장에서 주장했듯이, 사회적 지위의 개별특수성과 그에 따른 편파적 비전을 초월하는 그런 순수한 관점은 불가능하다. 만약 통일된 공중이 집단 간 차이를 초월하지 않고 특권 집단의 관점과 이익이 지배적이 되도록 허용하는 경우가 많다면, 민주적 공중democratic public이 그러한 편향에 대항할 수 있는 유일한 방법은 민주적 공중 내의 집단 간 차이를 인정하고 집단 간 차이를 분명히 표현하는 것이다.

따라서 나는 다음과 같은 원칙을 주장하고자 한다. 즉, 민주적 공중은 억압 받거나 불이익을 받는 집단 구성원들의 독자적인 목소리와 관점이 효과적으로 승인되고 대표될 수 있는 메커니즘을 제공해야 한다. 이러한 '집단 대표제group representation'를 위해서는 다음 세 가지의 제도적 메커니즘과 공적 자원이 필요하다는 점을 함축한다. 즉, (1) 집단 구성원이 집단적 권한 강화를 이루고, 사회의 맥락에서 자신들의 집단적 경험과 이익을 성찰적으로 파악할 수 있게끔 구성원들이 스스로를 조직하는 것, (2) 정책결정자들이 숙의 과정에서 집단들의 관점을 고려했음을 보여 줄 의무가 있도록 제도화된 환경 속에서, 정책 제안들을 집단 차원에서 분석하고 집단들이 그것들을 만들어 내는 것, (3) 여성의 재생산권 정책이나 인디언 보호구역을 위한 토지 이용 정책 같이 집단에 직접적으로 영향을 미치는 특정 정책들을 해당 집단이 거부할 수 있는 권한을 가지는 것.

민주적 공중의 의사결정 절차에서 피억압 집단들이 특별히 대표되는 제도specific representation가 실현되면, 절차적·실체적 모든 방식에서 동질적 공중인 경우보다 정의가 더 잘 증진된다(Beitz, 1988, 168~169쪽 참조). 첫째, 공적 의제를 설정하고 이에 대한 의견을 청취하는 과정에서 절차적 공정성이 더 잘 보장된다. 사회적·경제적 특권이 의미하는 점은 그 무엇보다도 그 특권을 가진 집단들은 발언하고 경청 받을 권리가 있는 양 행동한다는 것, 다른 집단들은 그 특권 집단들이 마치 그 권리를 갖고 있는 것처럼 대우해 준다는 것, 또한 그 특권 집단들이 발언하고 그들의 발언을 경청 받을 수 있게 하는 물질적·인적·조직적 자원을 이들이 갖고 있다는 것이다. 그 결과 정책적 쟁점은 종종 특권 집단의 생각과 우선순위 설정에 의해 규정된다. 피억압 집단들이 특별히 대표되게 되면 이런 과정은 저지된다. 특권 집단이 아닌 집단들의 생각과 우선순위 설정이 목소리를 내기 때문이다.

둘째, 집단 대표제는 특권 집단뿐만 아니라 피억압 집단의 목소리도 보장하기 때문에, 집단 대표제는 공중의 모든 요구와 이익이 민주적 숙의 과정에서 인정되도록 더 잘 보장한다. 특권층은 보통 피억압자의 이익을 보호하거나 진전시키려고 하지 않는 경향이 있는데, 그 이유의 일부는 특권층이 자신의 사회적 지위 때문에 피억압자의 이익을 이해하지 못하기 때문이기도 하고, 다른 이유로는 그들의 특권이 어느 정도는 타인에 대한 계속된 억압에 의존하고 있기 때문이기도 하다. 상이한 집단들이 많은 요구를 공유할 수도 있지만, 집단 간 차이는 개개의 집단 스스로가 가장 잘 표현할 수 있는 몇몇 특별한 요구들을 수반하는 게 보통이다. 내가 이미 제시한 것처럼, 우리가 정당하고 민주적인 의사결정을 필요 해석의 정치politics of need interpretation라고 파악한다면, 민주적 제도는 사회적으로 주변화되거나 문화제국주의에 의해 침묵당하는 경향이 있는 사람들이 자신들의 요구를 공개적으로 표현할 수 있도록 도와줘야 한다. 공중 내에서 집단들이 대표되게 하는 집단 대표제는 이를 용이하게 만들어 준다.

앞 절에서 나는 피억압 집단이 차이에 대한 긍정적 의식을 당당하게 주장해야 한다고 주장했고, 피억압 집단에게 특별한 권리가 인정되어야 한다는 원칙을 옹호했다. 거기서 나는 해방적 사회운동에 참여하는 많은 사람들이 느끼는 정당한 두려움, 즉 집단 간 차이를 전혀 고려하지 않는 정책을 포기하고 집단의 특수성을 고려하는 정책을 채택하게 되면 피억압 집단들이 다시 낙인찍히게 될 것이며 새로운 배제가 정당화될 것이라는 두려움에 대해 고찰했다. 집단 대표제는 이러한 결과를 예방하는 데 도움을 줄 수 있다. 만약 억압과 불이익을 받는 집단이 공중 속에서 스스로 조직하고, 각 집단의 특수성을 반영하는 정책의 의미와 이유에 대한 자신들의 해석을 제출하기 위해 나름대로의 목소리를 낸다면, 집단 특수성을 고려하는 정책은 피억압 집단에 불리하기보다는 유리하게 작동할 가능성이 더 클 것이다.

셋째, 집단 대표제는 개인과 집단의 필요 및 이익을 담은 언어에서 정의에 호소하는 언어로 표현하도록 한다. 즉, 한나 피트킨의 말을 빌리자면, "나는 원한다I want."는 언어를 "나는 그럴 권리 자격이 있다I am entitled to."는 언어로 변환되게끔 한다는 것이다. 4장에서 나는 공중the public이 되는 조건은 사람들이 서로에게 설명하도록 요구한다는 것이기 때문에, 공공성publicity 자체가 이러한 언어 변환을 촉진한다고 설명한 바 있다. 이런 설명 책무 요건accountability에 이제 집단 대표제라는 요건이 덧붙여져야 한다. 불편부당하거나 공익인 것처럼 가면을 쓰고 있는 자기 기만적인 사리사욕에 대한 해독제의 역할을 집단 대표제가 수행하기 때문이다. 만약 사회관계와 사회적 사건에 대한, 그리고 다른 가치와 언어에 대한 상이한 관점들에 부딪히지 않는다면, 대부분의 사람들은 자신의 관점이 보편적인 것이라고 단언하는 경향이 있다. 사회적 특권 때문에 일부 특권 집단들의 관점이 공중을 지배하게 되고 다른 집단들은 침묵하고 있다면, 그 특정 관점의 보편화는 다른 많은 사람들에 의해 재확인되어 강화될 것이다. 그러므로 공중을 향한 주장이 정당한 것인지 아니면 단지 자기 이익의 표현에 불과한 것인지에 대한 검증은, 그 주장을 하는 사람들이 명시적으로 상이한—상이하다고 해서 반드시 상충될 필요는 없지만—경험과 우선순위와 필요를 가지고 있는 다른 사람들의 의견과 맞닥뜨려야만 할 때 가장 잘 이루어진다(Sunstein, 1998, 1588쪽 참조). 내가 사회적 특권을 가진 사람이라면, 내가 가진 특권으로 인해 침묵 당하던 사람들의 목소리를 듣지 않을 수 없을 때 나 자신의 울타리를 벗어나서 사회정의를 중시하게 될 가능성이 더 커질 것이다.

마지막으로 넷째, 집단 대표제는 토의 과정에서 표출된 사회적 지식을 극대화하고, 그리하여 실천적 지혜를 발전시키기 때문에 정의로운 결과를 촉진한다. 집단 간 차이는 상이한 필요, 이익, 목표에서뿐만 아니라 상이한 사회적 위치와 경험에서도 명백히 드러난다. 상이한 집단에 속한 사람들은 약간씩은 서로 다른 제도들, 사건들, 관행들, 사회관계에 관해 알고 있는 경우가 많고, 또한 동일한 제도, 관계, 사건에 대해서도 상이한 인식을 갖고 있는 경우가 많다. 이러한 이유에서 어떤 집단의 구성원들은 때때로, 다른 집단의 구성원들에 비해 특정한 사회정책을 시행했을 때 어떠한 결과가 나올 것인지에 대해 더 잘 이해하고 기대할 수 있는 입장에 있다. 집단별로 분화된 그런 복수성을 가지면서 모든 사회적 지식을 활용하는 공중이 정의롭고 현명한 결정을 할 가능성이 크다고 하겠다.

집단 대표제의 원칙이 의미하고 함의하는 것에 대한 여러 가지 오해를 경감시켜야만 하겠다. 첫째, 집단 대표제 원칙은 이익집단들이나 이데올로기 집단들이 아니라 사회집단들이 특별히 대표될 것을 요구한다. 이익집단이라 함은 특정 목표를 추구하거나, 같은 정책을 추구하거나, 어떤 사회적 효과와 관련하여 유사한 상황에 처해 있는 사람들—예를 들면, 오하이오 주의 굴뚝산업이 초래한 산성비를 맞는 모든 사람들—의 총합 또는 결사를 말한다. 사회집단은 모종의 이익들을 공유하는 게 보통이지만, 이익을 공유한다고 해서 사회집단이 구성되는 것은 아니다. 사회집단이란 일련의 관습이나 삶의 방식 때문에 서로 친연성을 가진 사람들의 집합체이다. 이들은 그런 문화 형식에 따라 스스로를 최소한 하나의 다른 집단과 구별 짓거나 다른 집단에 의해 구별 지어진다.

이데올로기 집단이라 함은 정치적 신념을 공유하는 사람들의 집합체를 말한다. 나치주의자, 사회주의자, 페미니스트, 기독교 민주당원, 낙태 반대자들이 이데올로기 집단에 해당한다. 사회집단의 상황은 이데올로기 집단의 형성을 촉진할 수도 있고, 어떤 상황에서는 이데올로기 집단이 사회집단이 될 수도 있다. 그러나 공유된 정치적 신념이나 도덕적 신념은, 아무리 그 뿌리가 깊고 열광적인 것이라 하더라도, 그 자체만으로 사회집단을 구성하지는 않는다.

민주적 정치공동체라면 모든 이익과 의견의 표명을 허용해야 하지만, 그렇다고 해서 이들 이익과 의견 중 어느 하나라도 특별히 대표되어야 한다고는 보지 않는다. 민주적 공중은 특정한 종류의 이익이나 정치적 지향이 대표되는 제도를 제공하고자 원할 수도 있다. 예컨대, 대부분의 의회 체제는 득표수에 따라 정당에게 비례대표를 준다. 그렇지만 내가 여기서 주장하는 집단 대표제의 원칙은 오로지 사회집단만을 대상으로 한다.

둘째, 집단 대표제의 원칙은 억압받거나 불이익 받는 집단들만이 특별히 대표되어야 한다고 요구한다. 바로 이 점을 기억하는 것이 중요하다. 특권 집단들은 그들의 목소리, 경험, 가치, 우선순위가 이미 경청되고 그에 따라 조치가 취해지고 있다는 점에서 이미 대표되고 있다. 2장에서 설명한 억압의 측면은 어느 집단이 억압을 받았는지 여부, 그래서 대표될 자격이 있는지 여부를 결정하기 위한 최소한의 출발점이 된다. 집단 대표제의 원칙이 억압을 받는 사회집단에만 오로지 적용된다는 점이 명확한 이상, 집단 대표제가 작동되지 못할 정도로 확산되는 것에 대한 두려움은 사라져야 한다.

셋째, 내가 분명히 의도하는 바는 집단 대표제의 원칙이 정부 제도의 대의 기구에 적용되는 것이기는 하지만, 이 원칙의 적용이 결코 이 영역에만 한정되는 것은 아니다. 이전 장들에서 나는 사회정의는 현재 미국 사회에서 이룩한 것보다 훨씬 광범위한 민주주의의 제도화를 요구한다고 주장했다. 사람들은 자신의 행위와 관련해서 유권적으로 작동하는 제도의 규칙과 정책을 만드는 데 참여할 권리를 가져야 한다. 집단 대표제의 원칙은 이렇게 민주화된 공중 모두에게 적용된다. 예컨대, 이 원칙은 피억압 집단들이 이질적 공중을 위한 정책 제안을 개발할 목적으로 만든 의사결정 기구에도 적용되어야 한다. 이 피억압 집단들 내에서 다시 억압 받는 집단들은 이러한 자율적 포럼 안에서도 특별히 대표되어야 한다는 것이다. 예컨대, 흑인 코커스caucus[19]는 코커스 내의 여성들이 특별히 대표되도록 해야 하고, 여성 코커스는 코커스 내의 흑인들이 특별히 대표되도록 해야 한다.

마지막으로, 집단 대표제에 대한 근래 몇몇 논의의 방식에서 나타나듯이 집단 대표제의 원칙이 반드시 비례대표를 함의하는 것은 아니다(Bell, 1987, 3장; Beitz, 1988, 163쪽 참조). 이 원칙이 '1인 1표'의 원칙에 기초하는 이상, 비례대표는 의사결정 기구 안에서 대표되어야 하는 것은 기본적으로 개인이라는 가정을 유지한다. 개인들이 대표되어야 하는 것은 분명하고, 집단이나 정당의 비례대표를 포함해

---

19 'caucus'는 통상 '미국 정당의 당원 대회'를 뜻하는데, 여기서는 '정당 외의 여러 조직의 회원 총회'를 뜻하는 바, 원어 발음 그대로 번역한다.

서 다양한 형태의 비례대표가 개인들을 평등하게 대표하는 중요한 방편일 수도 있다. 그렇지만 여기서 옹호하는 집단 대표제 원칙으로써 내가 관심을 가지는 것은 집단의 경험, 집단의 관점, 집단의 이익의 대표이다. 집단 구성원의 비례대표는 때때로 해당 목표를 달성하기에 너무 적거나 너무 많다. 예컨대, 미국 주 정부와 연방 정부에서 집단 비례대표 체계는 아메리칸 인디언을 위한 의석이 하나도 없는 결과를 낳는다. 그렇지만 집단으로서의 인디언의 특유한 상황과 뿌리 깊은 억압을 고려할 때, 집단 대표제의 원칙은 인디언들이 특별한 목소리를 가질 것을 분명히 요구한다. 다른 한편, 모든 자리의 절반을 엄격하게 여성에게 할당하는 것은 여성의 관점이 힘 있는 목소리를 내는 데 필요한 것보다 더 많은 자리를 주는 것일 수 있다. 이는 다른 집단들이 대표되는 것을 더 어렵게 만들 수 있다.

집단 대표제의 원칙은 억압과 지배에 맞서 투쟁하는 여러 현대 사회운동에서 묵시적으로, 때로는 명시적으로도 주장되고 있다. 전통적으로 일원적인 급진적 집단들과 노동조합들을 향하여 여성, 흑인, 게이와 레즈비언, 아메리칸 인디언, 기타 집단들이 제기한 분노와 비판에 대응해서 많은 급진적 집단들과 노동조합들은 의사결정 기구에서 집단 비례대표 형식을 시행했다. 몇몇 정치조직, 노동조합, 페미니스트 집단은 흑인, 라틴 아메리카인, 여성, 게이와 레즈비언, 장애인, 노인을 위한 공식적 코커스를 두고 있지만, 이들 집단의 관점은 명시적인 대표가 없으면 침묵당할 수 있다. 흔히 위의 정치조직들, 노동조합들, 페미니스트 집단들은 조직 전체의 논의에서 이들 코커스에 발언권을 부여하고, 또한 의사결정 속에서 이들 코커스의 대표를 보장하는 절차를 두고 있다. 몇몇 조직은 그 지도부에 장애인 집단의 대표가 포함될 것을 요구하기도 한다.

예를 들면, 핵발전소 건설 현장을 점거하기 위한 노력이 절정에 달했을 때, 핵발전소에 반대하는 많은 투쟁 활동과 조직은 이 운동이 이성애자 백인 남성에 의해 지배되고 있다는 페미니스트나 유색인 측의 비판에 다음과 같은 조치를 취했다. 이전까지는 비가시적이었던 집단들과 연대를 맺고 이들이 대표되도록 하면서, 친연성 집단의 사회집단들이 형성되었고 또 이런 집단들이 전반적으로 장려되었던 것이다. 다른 예를 들자면, 전국여성학협회National Women's Studies Association는 의사결정 기구 안에 집단 코커스를 위한 복잡하고도 효과적인 체계를 두고 있다.

무지개연합Rainbow Coalition이란 생각은 집단 대표제의 형태를 갖춘 이질적 공중을 표현하는 것이었다. 전통적인 연합은 경험과 관심의 구체적인 차이들을 초월하는 통일된 공중이라는 관념에 부합한다. 전통적인 연합에서 다양한 집단들은 특정한 목표들—이들 집단 모두에게 유사한 방식으로 이익이 된다고 또는 영향을 미친다고 동의된 목표들—을 위해 함께 일하고, 또한 그 집단들은 대개 그들 사이의 관점, 이익, 또는 의견의 차이가 공적 논평이나 연합의 여러 행위에서 표면적으로 드러나지 않을 것이라고 동의한다. 이러한 형태는 복지국가의 이익집단 정치에 이상적으로 부합하는 것이다. 이와는 대조적으로, 무지개연합에서 개별 구성 집단 각각은 사회적 문제에 대한 자신의 경험과 관점의 특유성뿐만 아니라 다른 집단들의 존재도 긍정한다(Collins, 1986). 무지개연합에서 흑인은 게이의 참여를 단지 묵인하는 데 그치지 않으며, 노동운동가들은 평화운동 베테랑들과 마지못해서 함께 일하지 않으며, 또 이들 중 어느 누구도 후견주의적인 태도로 페미니스트의 참여를 인정하지는 않는다. 이상적으로 보면, 무지개연합은 각 피억압 집단의 존재 또는 이들 피억압 집단의 정치적 운동의 존재를 긍정하고, 그들의 주장을 지지한다. 그리고 차이를 숨기는 모종의 '통일성의 원칙'을 표명하는 방식이 아니라 각 선거구 유권자들이 각자 경험의 관점에서 경제적·사회적 쟁점을 분석하도록 허용하는 방식으로 정강政綱에 도달한다. 이는 각 집단이 상당한 자율성을 유지하면서 집단 대표제가 마련되어야 한다는 점을 함의한다. 불행하게도, 이러한 무지개연합의 이상을 표현하는 실행 가능성 있는 풀뿌리 조직의 출범이라는 제시 잭슨Jesse Jackson[20]의 캠페인 약속은 이루어지지 않았다.

억압받거나 차별받는 집단을 위한 대표의 원칙은, 복지 자본주의 사회의 통상적 정치에 도전하는 조직과 운동에서 빈번히 실행되어 오고 있다. 그렇지만 더 주류인 일부 조직들 역시 이 집단 대표제 원칙을 어떠한 형태로든 시행하고 있다. 전국민주당The National Democratic Party은 여성과 유색인을 대의원으로 대표하게끔 요구하는 규칙을 두어 왔고, 많은 주州의 민주당도 유사한 규칙을 갖고 있다. 많은 비영리 기구들은 그 기구의 이사회에 여성, 흑인, 라틴 아메리카인, 장애인과 같은 특수한 집단들이 특별히 대표될 것을 요구한다. '차이를 소중하게 생각하기valuing difference'라고 불리는 프로그램에서 일부 기업들은 억압 받는 사회집단들이 기업 차원의 논의에서 대표되는 것을 제한적이나마 제도화했다. 우리는 이러한 집단 대표제의 원칙이 다른 정치적 맥락으로 확장되는 것을 상상해 볼 수 있다. 예컨대, 만약 시 전체에서 학교 위원회가 공식적이고 명시적으

---

20 제시 잭슨(1941~)은 미국의 침례교 목사로, 민권 활동가이지 정치인이다. 1984년과 1988년 민주당 대통령 후보 경선에 출마했고, '전국무지개연합(The National Rainbow Coalition)'과 '인간성을 구하기 위해 연합한 사람들[Operation PUSH(People United to Save Humanity)]'을 조직했다.

로 흑인, 히스패닉, 여성, 게이와 레즈비언, 빈곤층과 노동자계급, 장애인, 그리고 학생들을 대표한다면, 미국의 많은 도시에서 사회정의가 고양될 것이다.

집단 대표제의 원칙을 정부 기구에서 시행하면 공적 생활에서 갈등과 분열을 악화시키고, 의사결정에 이르는 것을 더 어렵게 만든다는 이유로 반대하는 사람이 있을 수도 있다. 특히, 집단들이 자기 집단 구성원들에게만 특별하고도 근본적인 영향을 끼치는 정책에 대해 거부권을 갖는다면, 의사결정과정이 지연될 가능성이 있다는 것이다. 이러한 반론은 집단 간 차이는 근본적으로 이익의 충돌을 함축한다고 전제하고 있다. 그러나 그렇지 않다. 집단들은 쟁점에 대해 상이한 관점을 갖고 있을 수는 있지만, 이러한 상이한 관점은 종종 양립할 수 있으며 그것이 표명되었을 때 우리 모두의 이해를 풍성하게 해 준다. 게다가 집단 간 차이가 갈등을 산출하거나 갈등을 반영하는 상황에서도, 반드시 집단 대표제가 갈등을 증대시키는 것은 아니며, 오히려 갈등을 경감시킬 수도 있다. 만약 집단 간 차이가 집단들을 분쟁으로 몰고 간다면, 정의로운 사회는 그러한 차이를 공개적 논의의 장으로 가져가야 한다. 더욱이 특권과 억압의 구조화된 관계가 그 분쟁의 원천인 이상, 집단 대표제는 집단이 [자신의 소망을] 말하는 능력과 자신의 말을 경청하도록 하는 능력을 평등하게 만듦으로써 그 관계를 변화시킬 수 있다. 따라서 집단 대표제는 일정한 종류의 분쟁을 제거하지는 못하더라도 [적어도] 완화시킬 수는 있을 것이다. 마지막으로, 만약 의사결정의 지연에 대한 대안이란 게 특정 집단들의 이익을 체계적으로 무시하고, 억누르고, 그 이익과 충돌하면서도 표면상으로는 공익을 구현하는 결정을 내리는 통일된 공중이라면, [차라리] 의사결정이 지연되는 것이 때로는 정당할 수도 있을 것이다.

둘째, 집단 대표제의 원칙을 시행하는 것이 결코 시작될 수조차 없다는 반론이 있을 수도 있다. 왜냐하면 이 원칙을 시행하기 위해서는, 어떤 집단이—만일 그런 집단이 있다면—의사결정 절차에서 특별히 대표될 만한 응분의 자격이 있는지를 결정하기 위해 공중이 구성되어야만 하기 때문이다. 어떤 원칙들이 그런 '제헌 의회constitutional convention'의 구성을 지도할 것인가? 어떤 집단들이 대표되어야 하는지를 도대체 누가 정하고, 어떤 절차에 의해 이 결정이 내려져야 할 것인가? 만약 피억압 집단이 이러한 이 제헌 의회에서 대표되지 않는다면, 피억압 집단의 대표성은 도대체 어떻게 보장될 것인가? 그리고 만약 피억압 집단들이 대표되고 있다면, 집단 대표제의 원칙을 시행하는 것이 왜 필요한가?

이러한 질문들은 집단 대표제라는 제안에만 고유한 것이 아닌, 또 그 어떤 철학적 논변으로도 해결할 수 없는, 정치의 기원political origins에 내재한 역설을 제기한다. 그 어떤 프로그램으로도 또는 그 어떤 일련의 원칙들로도 정치를 창설할 수는 없다. 왜냐하면 정치에는 시작점, 즉 원초적 입장original position이란 것이 없기 때문이다. 정치는 언제나 과정—이미 우리가 적극적으로 관여하고 있는—이다. 내가 이 장에서 제안한 규범적 원칙들은 진행 중인 정치적 논의를 위한 것으로, 그리고 대안적인 제도 형태를 그려 보는 수단으로 기능할 수는 있지만, 그 원칙들이 정치공동체를 창설할 수는 없다. 실제 정치 상황에서는 규범적 원칙의 적용은 대략적이고 특정 상황을 염두에 두고 미리 마련된 것이어서 항상 도전을 받고 수정받게 된다. 만약 미국 사회의 민주적 공중이 내가 몇몇 조직들에서 실현되고 있다고 제시했던 집단 대표제의 원칙을 수용한다면, 공중은 자신 안에서 특별히 대표될 만한 자격이 있는 집단들의 후보가 누구인지 지칭하게 될 것이다. 이렇게 문을 열어 놓으면, 공중은 대표되려고 하는 다른 집단들의 필요에 예민하게 될 것이다. 그러나 공중이 그럴 필요에 예민하게 반응하지 않는다면, 대표될 필요가 있는 집단들은 설득력이 있을 수도 있고 없을 수도 있는 논변을 제시하면서 청원을 해야만 할 것이다. 나는 이러한 정치적 기원의 문제에서 벗어나는 실천적인 방법은 모르지만, 그렇다고 해서 이 집단 대표제 원칙이나 다른 규범적 원칙들을 거부할 이유가 되지는 않는다고 생각한다.

집단의 의사결정과정에서 집단의 자기 조직화와 집단 대표제가 잘 이루어지도록 하는 이질적 공중이라는 관념이, 내가 3장에서 비판한 이익집단 다원주의와 어떻게 다른지에 대해 질문이 있을 수 있다. 내 생각으로는, 이익집단 다원주의는 공적 논의와 의사결정이 출현하는 것을 미연에 방지하기 위해 작동한다. 각 이익집단은 자신의 특유한 이익을 가능한 철저하고 강력하게 증진하고자 한다. 각 이익집단은 자신의 이익을 추구함에 있어 잠재적 동맹자나 반대자로서 전략적으로 판단해야 하는 경우를 제외하고는, 정치적 시장터에서 경쟁하는 다른 이익들을 고려할 필요가 없다. 이익집단 다원주의의 규칙은 자신의 이익을 옳은 것으로 또는 사회정의와 양립 가능한 것으로 정당화하라고 요구하지 않는다. 그렇지만 이질적 공중은 그 안에서 참여자들이 자신 앞에 놓인 쟁점들을 함께 논의하고 정의의 원칙에 따라 결정에 도달하는 공중이다. 내 주장은 다음과 같다. 집단 대표제는 주장하는 사람들이 자신들과는 노골적으로 상이한 사회적 지점에 서 있는 타인들 앞에서 자신들의 요구를 정당화할 것을 요청한다는 점에서 바로 위에서 설명한 공공성을 키운다는 것이다.

미국의 전국적·지역적 정치공동체 안에서, 또는 공장, 사무실, 대학, 교회, 사회복지 기관과 같은 특정 제도 안의 재구조화된 민주적 공중 안에서 집단 대표제의 원칙을 시행하려면, 창의적 사고와 유연성이 필요하다는 점은 명약관화하다. 그때 참조하여 따를 모델은 없다. 예컨대, 유럽의 다극공존형 민주주의 제도consociational democratic institutions는 그것이 발전한 맥락과 떨어질 수 없으며,[21] 심지어 그 맥락에서 볼 때도 참여민주주의의 모델을 구성했는지 분명하지도 않다. 현대 니카라과의 여성, 원주민, 노동자, 농민, 학생의 제도화된 자기 조직 실험에 대한 보고서는 내가 옹호하는 구상에 더 가까운 예를 제시한다(Ruchwarger, 1987).

사회정의는 민주주의를 수반한다. 사람들은 자신의 가치지향 및 다짐과 행위, 그리고 규칙 준수에 의존하는 모든 제도적 환경—직장, 학교, 이웃 등—속에서 집단적 논의와 의사결정과정에 개입해야 한다. 이런 제도들이 일부 집단에게 다른 집단들 위에 군림하는 특권을 줄 때, 실제의 민주주의는 불이익을 받은 사람들을 위한 집단 대표제를 요구한다. 정당한 절차는 억압을 받거나 불이익을 받은 집단의 목소리를 보장하기 위해 집단 대표제를 요구할 뿐만 아니라, 이러한 집단 대표제는 숙의 과정에서 정당한 결과가 나오도록 촉진하는 최선의 수단이기도 하다.

나는 집단 간 차이 제거를 정의로운 사회의 이상으로 삼는 것은

---

21 '다극공존형 민주주의'는 네덜란드 출신의 정치학자 아렌트 레이파트(Arend Lijphart)가 오스트리아, 스위스, 베네룩스 3국 등에서 이루어지고 있는 다원적인 다당 체제를 가리키는 개념으로 사용한 것이다.

비현실적이기도 하고, 바람직하지도 않다고 주장했다. 대신에 집단들로 분화된 사회에서 정의는 집단들의 사회적 평등, 집단 간 차이의 상호 승인과 긍정을 요구한다. 각 집단의 특수한 필요들에 주목하고, 또 집단 대표제를 제공한다면 사회적 평등이 증진될 것이다. 그리고 집단 간의 차이가 긍정적으로 인정됨으로써 문화제국주의가 약화될 것이다.

7장

적극적 차별시정조치와
능력이라는 신화

"우리의 억압, 괴로움, 쓰라림에 대해 표현할 말이 없다. 그리고 우리의 일과 삶의 기진맥진함, 어리석음, 단조로움, 의미 결여에 대한 반란, 우리의 일에 가해지는 경멸에 대한 반란, 공장의 전제적專制的 위계 구조에 대한 반란, 우리가 계속해서 패배자인 상태의 사회에 대한 반란, 또한 다른 계급에게는 정상으로 여겨지는 재화와 그것의 향유가 우리에게는 부인되고 우리가 특권을 요청하더라도 우리에게는 겨우 마지못해 작은 덩어리가 주어지는 사회에 대한 반란에 관하여 표현할 말이 없다. 우리는 노동자인 것이 무엇이고 그것이 어떤 느낌인지 우리가 표현할 말이 없다. 의심을 받는 상황에 처한다는 것에 관하여 할 말이 없다. 더 많은 것을 알고, 더 많은 것을 아는 체하고, 그들이 정한 규칙에 따라 우리의 것이 아니라 그들의 목적을 위하여 우리를 일하게 강제하는 사람들에 의해 둘러싸여 명령을 받는 것에 관하여 우리는 표현할 말이 없다. 그리고 지배계급은 의사결정과 물질적 부에 대한 권력을 독점할 뿐만 아니라 문화와 언어도 독점하고 있기 때문에 우리는 이 모든 것에 관하여 표현할 말이 없다."

— 앙드레 고르André Gorz[1]

부정의는 기본적으로 분배보다는 억압과 지배의 개념 측면에서 파악되어야 한다는 게 내 주장이었다. 인종차별주의와 성차별주의

---

1 '앙드레 고르'는 오스트리아 태생으로 프랑스에서 활동한 신좌파 사회철학자 게르하르트 히르슈(Gerhart Hirsch, 1923~2007)의 필명이다. 다른 필명으로 '미셸 보스케(Michel Bosquet)'도 갖고 있었다.

는 우리 사회에 있는 억압의 주된 형태이다. 인종적·젠더적 부정의에 대한 철학적 논의는 대개 기회의 평등이라는 쟁점에 제약되는 경향이 있다. 이 경우, 여성 또는 유색인의 기회를 평등화하기 위하여 그들에게 우선권을 주는 적극적 차별시정조치가 정의로운가라는 질문에 주된 초점이 맞춰지고 있다.

이 장에서 나는 적극적 차별시정조치가 그 찬성자들이 기꺼이 인정하는 것보다 훨씬 직접적으로 자유주의적 평등의 원칙에 도전하고 있다는 생각을 제시하겠다. 그리고 이러한 도전을 명료하게 밝히는 것이 적극적 차별시정조치 프로그램을 지지하는 논변을 강화시킨다는 생각을 제시하겠다. 특히, 적극적 차별시정조치는 차별금지nondiscrimination 원칙의 우위성에 대하여, 그리고 사람들은 집단의 구성원으로서가 아니라 오로지 개인으로서만 대우받아야 한다는 신념에 대하여 의문을 제기한다. 그렇지만 적극적 차별시정조치가 그 일부분인 기회 평등의 논의는 인종적·젠더적 정의正義에 관한 매우 협소한 사고방식을 나타낸다. 나는 현재의 적극적 차별시정조치 논쟁은 정의에 대한 분배 패러다임을 적용하는 한 가지 사례라고 주장하겠다. 적극적 차별시정조치 논쟁은 인종적·젠더적 정의를 특권적 지위들이 집단들 사이에서 어떻게 분배되어야 하는지의 측면에서 파악하므로 제도적 조직과 의사결정 권력이라는 쟁점을 문제 삼지 못한다.

이 장의 많은 부분에서 비판의 초점이 되는 것은, 기회 평등 논의의 기저에 깔려 있으면서도 그 정의로움에 관해서는 의문이 제기되지 않는, 제도적 조직에 관한 두 가지 가정이다. 통상적으로 철학자들과 정책결정자들은, 높은 수입과 권력과 특권을 갖는 희소한 지위들은 맨 위에 두고 특권이 덜한 지위들은 바닥에 두는 노동 분업의 위계 구조는 당연한 것이라고, 따라서 부정의하지 않다고 상정한다. 또한 그들은 이러한 지위들이 능력에 따라서 분배되어야 한다고, 즉 사람들의 개인별 기량技倆을 불편부당한 평가 기준에 따라 측정하여 누구나 가지려고 경쟁하는 지위를 가장 자격이 있다고 판단된 자들에게 부여해야 한다고 상정한다. 나는 이 두 가지 가정 모두에 의문을 제기할 것이다.

'능력 원칙merit principle'이 적용되기 위해서는 규범적·문화적으로 중립적인 척도를 사용하여 직무에 대한 개인별 성과를 인지·측정·비교하고 등위를 매길 수 있어야 한다. 그렇지만 대부분의 직업에서 이는 불가능하다. 미국 사회에서 사용되는 대부분의 평가 기준—교육상의 자격 심사들과 표준화된 측정 시험들을 포함해서—은 규범적·문화적 내용을 가지고 있다. 능력을 측정하기 위한 불편부당하고 가치중립적이고 과학적인 척도는 존재하지 않는다. 그러므로 주어진 하나의 자리를 위하여 적절한 자격요건(또는 자격적합성, qualifications)이 무엇인지를 도대체 누가 결정하는지와, 그 자격은 어떻게 평가될 것인지와, 그리고 과연 특정 개인들이 그 자격을 가지는지 여부가 정의의 주요한 쟁점이 되어야 한다.

객관적이고 가치중립적인 능력 평가가 어렵거나 불가능하다면, 위계적 노동 분업 구조의 정당성에 대해서 심각한 의문이 제기된다. 나는 직무 및 기능 간의 어떤 분업도 잘못이라고 주장하지는 않는다. 단지 전문직과 비전문직 사이의 사회적 계급 분할에서 나타나는 직무 설계와 직무 수행 사이의 분할만이 잘못된 것이라고 주장할 뿐이다. 이 직무 분할은 오직 상대적으로 소수에게만 자신의 역량을 발전시키고 행사하도록 허용한다. 또 그런 직무 분할은 대부분의 사람들을 지배 구조에 복속케 하고, 많은 사람들을 착취, 무력함, 문화제국주의의 억압에 복속케 한다. 직장 민주주의의 발전은 이러한 부정의를 고치는 데 많은 것을 할 수 있다. 그러나 직장 민주주의가 기존의 노동 분업을 유지하는 데 머문다면, 부정의의 시정을 위해서는 충분하지 않다. 억압을 축소하거나 약화하기 위해서는, 지식과 자율성과 협동이 상호 맺는 관계들 그 자체가 직무 자체를 정의하는 과정에서 재구성되어야만 한다.

적극적 차별시정조치와 차별금지 원칙

배제되거나 불이익을 받은 집단들에 특별히 주목하여 때로는 이들 집단의 구성원을 우대하기도 하는 교육 정책들과 고용 정책들을 빈틈없이 정당화하려는 게 이 절의 목표가 아니다. 내가 하려는 바는 적극적 차별시정조치로 많이 논의되고 있는 정의의 쟁점과 집단 간 차이의 쟁점을 이전 장에서 제기했던 논변들의 맥락에서 고찰하는 것이다. 따라서 적극적 차별시정조치 정책이 어떻게 평등 대우의 원칙을 위반하는지를 고찰하고, 적극적 차별시정조치에 관한 논의가 얼마나 많이 사회정의에 대한 분배 패러다임을 상정하고 있는지를 보여 주는 것에 나의 논의를 한정할 것이다.

법원이 명령하고 확정한 대부분의 적극적 차별시정조치는 과거의 차별적 관행에 대한 배상으로 정당화되어 왔다. 전통적인 법적 용어에서 볼 때, 그러한 정당화에 대한 이의가 거의 제기되지 않는 경우는 차별의 고통을 실제로 받은 사람들을 구제하여 혜택을 주는 경우이다. 가령 인종에 따라 또는 젠더에 따라 직업 범주가 부당하게 분리되어 온 사람들을 우대하는 증진 절차를 법원이 명령하는 경우가 그러하다. 그러나 법원이 과거의 고의적 차별의 증거를 발견했을 때, 법원은 적극적 차별시정조치로 혜택을 받는 개인들이 실제로 차별받았던 개인들과 같지 않음에도 불구하고 종종 적극적 차별시정조치에 따른 구제를 명령하거나 그런 입장의 선례를 유지했다.

과거의 차별에 대한 구제 또는 배상으로서 적극적 차별시정조치 정책을 정당화하는 것은 큰 논란거리가 아니다. 그러나 그러한 정당화는 적극적 차별시정 프로그램의 허용 범위를 매우 좁게 제한하는 경향이 있다. 일부 저술가들과 소송 원고들은 적극적 차별시정조치를 여성 또는 흑인에 대한 전반적인 사회적 차별의 역사와 관련해서 일종의 배상 또는 구제로서 정당화하려 한다(Boxill, 1984, 148~167쪽 참조). 이러한 논변들은 설득력이 약하다. 왜냐하면 내가 곧 주장하는 바와 같이, 그런 논변들은 받아들일 수 없을 정도로 차별의 개념을 모호하게 만들기 때문이다. 적극적 차별시정조치 정책은 의사결정자들이 현재 가지고 있는 편향과 편견에 대항하기 위한 것이라는 논변들이 더 설득력이 강하다. 비록 노골적으로 차별적인 정책은 더 이상 합법적이지 않고, 많은 제도들이 명시적으로 차별적인 관행을 신의 성실하게 없애왔음에도 불구하고, 여성과 유색인종은 의사결정자들—이들은 여전히 백인이거나 남성이며, 대개는 이 둘 다이다—의 무의식적인 고정관념, 반응 기대에 여전히 예속되어 있는 경우가 많다. 적극적 차별시정조치 절차는 여성과 유색인을 여전히 집요하게 배제하고 불이익을 주는 생각들 및 인식들과 싸우는 데 필수적인 수단이자 정의로운 수단이다(Davidson, 1976; Fullinwider, 1980, 151~152쪽에서 재인용했음).

로버트 풀린와이더Robert Fullinwider는 이런 추론은 딜레마를 만들어 낸다고 주장한다. 풀린와이더는 다음과 같이 말한다. 이 논변에 따르면, "만약 우리가 차별받아온 사람들을 우선적으로 고용하는 조치preferential hiring를 채택하지 않는다면, 우리는 차별이 존재하도록 허용하는 것이다. 그런데 우선적 고용도 차별이다. 따라서 우선적 고용을 채택한다면, 이 또한 차별이 존재하도록 허용하는 것이다. 따라서 우리가 우선적으로 고용하든지 하지 않든지 간에 양자는 모두 차별을 허용한다는 딜레마가 생겨난다(Fullinwider, 1980, 156쪽)." 광범위한 적극적 차별시정조치 정책의 옹호자들이 이 딜레마에 처하게 되는 경우가 많다. 그런 이유로서, 첫째, 차별금지 원칙이야말로 긴요한 정의의 최고 원리라는 믿음을 적극적 차별시정조치 정책 반대자들과 공유하기 때문이다. 둘째, 풀린와이더가 차별이란 용어를 애매하게 사용함으로써 저 딜레마를 정식화하고 있기 때문이기도 하다. 풀린와이더의 딜레마 정식에서 첫 번째 사용된 차별은 여성 또는 유색인에게 불이익을 주는 무의식적 편향, 편견과 가정을 의미한다. 그 두 번째 용법에서의 차별은 집단 구성원의 자격을 근거로 집단 구성원에게 의식적으로 우대하는 행동들을 의미한다. 생각건대, 만약 적극적 차별시정조치의 옹호자들이 차별금지야말로 정의의 최고 원칙이라는 가정을 버리고, 또 인종적·성적 부정의가 차별의 개념 아래 포섭되어야 한다는 가정을 포기한다면 이 딜레마는 사라질 것이다.

적극적 차별시정조치 정책을 반대하는 사람들은 보통 그 정책이 차별적이라는 근거에서 반대한다. 그들에게 평등 대우의 원칙, 즉 차별금지의 원칙은 절대적인 도덕적 최고성을 갖는다. 이러한 사회정의관 위에서는 몰豫집단적이고 모든 사람에게 동일한 형식적 규칙을 적용하는 정책은 사회정의의 필요충분조건이다. 적극적 차별시정조치 정책은 이러한 평등 대우 원칙에 반하기 때문에 틀린 것이

된다(가령 Reynolds, 1986 참조). 만약 적극적 차별시정조치 정책의 지지자들이 이 정책이 차별금지 원칙을 확대한 것이라거나 이 원칙과 양립 가능하다고 주장하는 대신, 이 정책이 집단들을 차별한다 discriminate는 점을 적극적으로 인정한다면, 방어적 태도를 덜 취해도 될 것이라고 생각한다. 게다가 우리는 적극적 차별시정조치의 찬성자와 반대자 모두에 의해 널리 지지되는 가정, 즉 차별은 집단이 겪는 유일한 또는 주요한 부당 행위라는 가정을 인정하지 않아야만 한다. 집단을 향해 가해지는 부정의의 기본 개념은 차별이 아니라 억압이다. 차별적 정책이 때때로 억압을 유발하거나 강화하기도 하지만, 억압에는 혜택을 부여하는 데 있어서 집단들의 구성원을 우선적으로 대우하거나 배제하는 것[즉, 차별]과는 거의 관련이 없는 많은 행위, 관행, 구조도 포함된다.

6장에서 나는 사회적 평등을 집단 간 차이의 제거 또는 초월과 동일시하는 동화주의 이상에 반대하는 주장을 전개했다. 평등 대우 또는 차별금지의 원칙을 정의의 절대적 또는 주요한 원칙으로 삼는 것은 사회적 평등의 이상이 '사람들을 똑같이 만듦'에 있다고 상정하는 것이다. 나는 평등 대우에 그러한 최고성이 인정되어서는 안 된다고 주장했다. 모든 집단이 제도와 지위에 참여하고 포함된다는 의미로 평등이 이해된다면, 그 평등은 어떤 경우에는 차등 대우에 의해 더 잘 이루어진다. 나의 이 논변은 억압 받거나 불이익 받는 집단들의 구성원을 우대하는 적극적 차별시정조치 정책이 정의로운지를 둘러싸고 벌어지는 논쟁의 맥락을 바꾼다. 더 이상 적극적 차별시정조치는, 이런 상황[과거에 차별받아 왔던 집단들을 우대해야 하는 상황]이 아니었다면 작동했을 차별금지 원칙의 예외로 파악될 필요가 없다. 대신, 적극적 차별시정조치는 억압 약화의 수단이 되는 많은 집단의식적 정책들 중 하나가 된다.

차별이 여성 또는 유색인이 미국 사회에서 겪는 유일한 또는 주요한 부정의라고 생각하는 것은 잘못된 쟁점에 주목하는 것이다. 차별은 기본적으로 행위자 지향적이고 과책過責, fault[2] 지향적인 개념이다. 따라서 차별 개념은 피해자와 피해자의 상황보다는 가해자와 특정한 행위나 정책에 주목하는 경향이 있다(Freeman, 1982 참조). 집단 기반적인 부정의group-based injustice와 차별을 동일시하는 것은 개별 사안에 따라서는 해악이 가해졌다는 사실을 입증해야 할 입증책임의 부담을 피해자에게 부과하는 경향이 있다.

더욱이 과책 개념의 측면에서 파악된 차별은 집단이 겪는 부정의가 정도를 벗어난 것으로, 즉 규칙보다는 예외로 제시하는 경향이 있다. 이제 법과 공중의 감정은 여성이나 유색인을 배제하거나 불리하게 대우하는 특정 차별들은 잘못되었다는 데 동의하고 있으므로, 사람들은 차별 없는 상태가 정상적 상황이라고 생각하게 되었다(Fitzpatrick, 1987). 여성과 유색인에 대한 노골적 차별이 줄어들었으므로, 집단에 기반한 부정의를 차별과 동일시하는 것은 사람들이 이런 집단에 대한 부정의들 또한 제거되었다고 착각하게 만드는 역할을 한다.

나는 혜택을 분배할 때, 사람들을 대우할 때 또는 지위를 부여할 때, 어떤 사회집단 구성원인지에 따라서 일부 사람들을 노골적으로 배제하거나 우대하는 것으로 차별 개념을 국한시켜야 한다고 생각한다. [그러나] 역설적이게도, 이런 의미에서의 차별이 불법이 되어

---

2 가해자의 고의/과실 책임.

사회적으로 받아들여질 수 없게 되자 차별이 어떻게 발생하는지를 입증하기가 매우 어렵게 되었다. 이제 사람들은 자격적합성 기준에 호소하는 것으로, 또는 집단에 대한 우선 대우가 아니라 품성과 품행에 대한 우선 대우를 주장하는 것으로 손쉽게 후퇴해 버린다. 많은 법 이론가들은 차별 의도 심사보다는 차별 결과 심사를 옹호해 왔다. 즉, 어떤 정책이나 행동이 그것을 만든 사람의 의도가 무엇이든지 간에 여성이나 유색인을 과도하게 배제하는 결과를 낳는다면, 그 정책이나 행동은 차별이라고 판단되어야 한다는 것이다. 1971년 미연방 대법원의 그릭스Griggs 판결[3]에서 가다듬어진 '불평등한 효과disparate impact' 법리는 그렇게 확장된 차별의 의미를 보여 준다. 그렇지만 근래에는 법원이든 일반 공중이든 이렇게 확장된 차별 개념을 기꺼이 받아들이려 하지 않는 것으로 보인다.

나는 도덕적 판단의 초점이 가해자와 의도보다는 피해자와 결과에 집중되어야 한다는 데 동의한다. 그러나 결과에 대한 초점을 차별의 개념 아래로 포섭시키는 것은 쟁점의 혼란을 가져온다. 불이익을 당하는 집단들이 겪는 부정의를 다루는 더 좋은 전략은 배제나 우대를 의도적이고도 명시적으로 표명하는 정책들의 경우로 차별 개념을 국한하는 것이고, 또한 차별이 여성과 유색인이 겪는 유일한 부당 행위도 아니고 또는 반드시 제1의 부당 행위여야 하는 것도 아

---

3 이는 Griggs v. Duke Power Co., 401 U.S. 424(1971)를 말한다. 연방 정부에 전기를 공급하고 있던 듀크전력회사는 1950년대에 흑인은 회사 내에서 가장 임금이 낮은 부문에서만 일하는 것이 허용된다는 정책을 가지고 있었는데, 1955년에 더 높은 임금을 받기 위해서는 고등학교 졸업장이 있어야 한다는 요건을 추가했다. 연방 대법원은 이러한 정책은 그 자체로는 중립적인 것처럼 보이지만, 실제로는 인종적 소수자에게 '불평등한 효과'를 끼치므로 차별이라고 판단했다.

니라고 주장하는 것이다. 억압이야말로 집단으로서의 우리가 겪는 제1의 부당 행위이다.

2장에서 나는 억압이 반드시 억압을 행하는 특정한 행위자에 의해 저질러지는 것으로만 이해되어서는 안 된다고 주장했다. 많은 개인들이 억압에 일조하고 있다. 다른 집단들이 억압 받고 있기 때문에 특정한 사람들의 집단들이 특혜를 받고 있는 상황에서, 만약 억압자들이 항상 특정되어야 책임을 물을 수 있고 또 그래야만 한다고 가정한다면, 억압의 저 일상적이고 구조적인 속성을 놓치게 된다. 개별 행위자에게 집중함에 따라 차별의 개념은 억압의 구조적·제도적 틀을 은폐하고 심지어 거부하는 경향이 있다. 만약 집단이 겪는 제1의 부당 행위로서 차별에 집중한다면, 우리가 여전히 겪는 더 심각한 부당 행위인 착취, 주변화, 무력함, 문화제국주의, 폭력은 논의되지도 않고 다루어지지도 않을 것이다. 그렇게 되면 사회 제도들과 사람들의 생각들과 습관 및 타인을 향한 행위들의 영향력이 어떻게 백인 이성애 남자의 삶을 쉽게 만들어 주고, 그들에게 더 큰 실제 기회를 제공하고, 그들의 관점에 우선권을 주는 물질적·이데올로기적 조건을 재생산하는 쪽으로 방향이 결정되는지를 놓치고 만다.

여성, 유색인, 그리고 여타의 집단들이 겪는 제1의 부당 행위로 차별보다는 억압에 집중하면, 적극적 차별시정조치 정책이 진정으로 차별적이라는 것을 인정할 수 있게 된다(Sumner, 1987 참고). 적극적 차별시정조치 정책은 어떤 집단에 속하는 구성원이라는 이유로 특정 집단 구성원을 의식적·명시적으로 우대할 것을 요구한다. 이러한 의미에서의 차별은 그 목적에 따라 잘못일 수도 있고 아닐 수도 있다. 예컨대, 시 공무원과 사업가를 위한 남성 전용 클럽은 잘못된 것이다. 왜냐하면 이 남성 전용 클럽은 그것이 없을 때조차 도 이미 존재했던 남성 간의 특권 네트워크를 강화하고 증대시키기 때문이다. 반면, 많은 전문직 여성이 그들의 영역에서 소수자로 그다지 환영받지 못하는 결과 경험하는 고립과 압박을 상쇄하기 위하여 여성으로만 구성된 단체를 설립하는 것은 잘못된 것이 아니다.

집단의 구분이 집단들의 구성원에 대한 바람직하지 않은 고정관념을 강화하고, 그들을 배제하고, 격리하거나 그들을 종속적 지위에 위치시킨다면, 이는 잘못된 것이다(Rhode, 1989, 10장; Colker, 1986 참조). 역사상 대부분의 차별은 그것이 사람을 집단의 속성에 따라 구별했기 때문이 아니라, 그것이 집단 구성원의 행위와 기회를 공식적·명시적으로 제약하는 것을 목표로 했거나 또는 그러한 결과를 낳았기 때문에 잘못된 것이었다. 즉, 그들은 억압에 기여했거나 억압이 이루어지게 도왔기 때문에 잘못이었던 것이다. 만약 차별이 집단에 대한 억압을 약화하는 목적에 봉사한다면, 그런 차별은 허용될 뿐 아니라 도덕적 관점에서 명령될 수도 있다.

제도와 정책은 예전에 배제되었거나 분리 취급되었던 집단들에게 불리한 차별 효과를 낳는 경우가 너무나 많다. 비록 그럴 의도는 아니었다 하더라도 말이다. 여성, 유색인, 장애인, 게이와 레즈비언에 대한 편견은 여러 제도들 안에 곳곳에 박혀 있는데, 이는 그 제도들이 특권층의 삶과 관점에서 설계되었기 때문이거나 또는 제도들의 구조가 공식적 규칙들이 이미 불법화시킨 예속 관계를 여전히 반영하고 있기 때문이다. 마지막으로, 배제, 분리 취급, 예속을 명시적으로 시행하는 정책들은 집단에 따라 차이가 나는 역량·문화·사회화라는 뿌리 깊은 유산을 남겼고, 이 유산은 가장 많이 포상 받는 사회적 지위들을 둘러싼 경쟁에서 여전히 백인 남성들의 특권을 보장하고 있다. 역량 또는 선호에서 이러한 차이의 많은 부분은 열등성이 아니라 단순한 차이로 이해되어야 한다. 그러나 내가 곧이어 논의하듯이, 능력의 평가 기준들은 종종 차이를 우열 관계로 번역한다. 그리하여 억압은 많은 규칙, 관행, 행위, 이미지에 의해 재생산되는 현재진행형의 과정으로 남아 있다.

따라서 여성, 흑인, 라틴 아메리카인, 장애인이 학교와 공직 그리고 높은 포상과 권위를 갖는 자리에 점점 더 많이 참여하고 포함되도록 의식적으로 겨냥하는 정책을 지지하는 기본적 논변은, 이 정책들이 사태 개선을 위해서 억압 과정에 개입한다는 것이다 (Hawkesworth, 1984, 343~344쪽; Livingston, 1979, 1~3장; Fullinwider, 1980, 151~152쪽; 1986, 183~184쪽; Boxill, 1984, 7장; Wasserstrom, 1980b; 1986; Rhode, 1989, 10장; Summer, 1987). 이러한 적극적 개입은 여러 측면을 가진다. 첫째, 강력한 적극적 차별시정조치 정책을 통해 제도는 예전에는 배제되었던 집단들을 받아들인다고 공표한다. 둘째, 적극적 차별시정조치 정책은 여성과 유색인에게 불이익을 주는 제도들과 의사결정자에 담겨 있는 특정한 집단 관련 편견에 대항한다. 마지막으로, 셋째, 여성, 유색인, 장애인 등을 제도와 지위에 포함시키고 참여시키는 것은 의사결정 기구 안에 집단 대표제의 이점을 들여오게 한다. 상이한 경험, 문화, 가치 및 상호작용 스타일 때문에, 상이한 집단의 사람들은 다른 집단들의 관점을 보충하면서 공동의 활동에 자기만의 독특한 관점들을 제공한다. 그렇다면 적극적 차별시정조치 정책의 제1의 목적은 과거의 차별에 대한 배상도 아니고, 종전에 배제되었던 집단들의 결핍을 보전하는 것도 아니다. 대신, 적극적 차별시정조치의 제1의 목적은 현행 제도들과 현재의 의사결정자들이 갖고 있는 편견들의 영향력, 그리고 집단 간 차이를 인식하지 못하는 태도의 영향력을 약화시키는 데 있다.

적극적 차별시정조치 논의와 분배 패러다임

1장에서 나는 분배 패러다임이 사회정의의 철학적 논의와 정책 논의를 지배한다고 주장했다. 분배 쟁점이 사회정의의 중요한 관심이지만, 오직 분배에만 집중하는 접근은 적어도 분배만큼 중요한 사회 제도의 정의에 대한 질문을 흐리는 경향이 있다. 분배에 집중하는 정의론은 이런저런 분배들을 산출해 내는 제도적 구조들이 당연히 이미 주어진 배경 조건—이 배경 조건이 정의로운지 여부는 묻지 않으면서—인 듯이 상정하는 경향이 있다. 이러한 분배 정의 패러다임이 제도적 기관의 정의 문제들을 무시하고 또 은폐하면서 정의로움의 평가를 분배로 국한하는 한에서, 이 패러다임은 이데올로기적 기능을 한다. 즉, 당연히 이미 주어진 것으로 분배 패러다임이 상정하는 제도적 관계들을 암묵적으로 지지하고 있다는 것이다.

적극적 차별시정조치에 대한 철학적 논의와 정책적 논의 둘 다 사회정의에 대한 분배 패러다임을 보여 준다. 리처드 와서스트롬 Richard Wasserstrom은 적극적 차별시정조치를 분배 정의의 쟁점으로 이론화한 대표적 학자이다.

"현재, 사회구조의 일부인 인종적·성적 선線을 따라 권력과 권위가 잘못 분배되고 있다. 대학, 법원, 변호사협회, 주 및 연방 행정 기구 및 기업계와 같은 주요한 정치적·사회적 제도 안에서, 지위의 대다수는 백인 남성이 차지하고 있다. 우대 조치 프로그램을 옹호하는 한 논거는, 그 프로그램을 운영함으로써 실제 이러한 권력과 권위의 자리를 채우는 비非백인과 여성의 숫자를 증가시킴으로써 이들 제도의 구성을 직접적으로 바꾼다는 것이다. 이러한 상황은 그 자체로 바람직하다. 왜냐하면 그것은 새로운 사회적 현실—이는 좋은 사회에 관한 관념이 그려내는 사회 현실에 좀 더 근접한 것이다—을 창출하는 방식으로 지위를 재분배하는 것이기 때문이다. ……현재 이루어지는 서비스 및 재화의 분배가 여성 및 비백인 집단들의 구성원에게 불공정한 한에서, 우대 조치를 통한 분배상의 변화는 정당화될 수 있다. 왜냐하면 그 이전보다 변화된 현재 상태가 더 정의로운 분배이기 때문이다.”(Wasserstrom, 1980b, 56쪽)

적극적 차별시정조치가 자리 잡은 곳에서는 그 조치는, 그 조치가 없었다면 아마도 갖지 못했을 선망 받는 지위들을 여성과 유색인에게 재분배하는 데 실제로 어느 정도 성공하기도 했다. 지위의 배분에서 더 정의로운 유형을 산출해 내려는 목적 때문에 형식적 평등 대우의 절차가 침해되어서는 안 된다고 주장하는 사람들이 있기는 하지만, 나는 더 큰 정의를 달성한다는 목표가 우대 조치를 정당화한다는 와서스트롬의 견해에 동의한다. 그렇지만, 설령 강력한 적극적 차별시정조치 프로그램들이 대부분의 제도 안에 존재한다고 가정하더라도, 미국 사회에서의 집단 특권의 기본 구조와 억압의 기본 구조를 바꾸는 데는 이들 프로그램이 그저 부차적인 역할을 할 뿐이다. 이들 프로그램은 인종적 측면이나 성별적 측면에서 우대 조치 받는 후보자가 자격요건을 갖출 것을 요구—게다가 실제로는 매우 높은 자격요건을 요구하는 경우가 많다—하므로, 사회적 환경과 자원 부족으로 그런 자격을 갖추는 것이 거의 불가능한 흑인, 라틴 아메리카인, 여성을 위한 기회가 증대되는 데는 이들 프로그램이 직접적으로 하는 일은 하나도 없다. 미국 사회에서 인종 및 젠더 계층화의 사회 전반적 패턴이 변화하려면 경제구조, 직업 할당의 절차, 사회적 노동 분업의 특성, 그리고 교육과 훈련에의 접근권 등에서 큰 변화가 일어나야만 할 것이다(Wilson, 1978; 1986; Livingston, 1979, 11장; Hochschild, 1988 참조). 계급 억압이 인종 및 젠더 억압과 만나고 있는 것이다.

적극적 차별시정조치 정책에 대한 과거 20년간의 논쟁은 정책결정자, 정책분석가, 법원, 노동조합, 그리고 전문직 단체의 큰 관심을 불러일으켰다. 이 논쟁은 원칙의 근본적인 쟁점을 제기하기 때문에 중요하다. 그러나 적극적 차별시정조치의 쟁점에 너무 많은 에너지가 투입되고 있다는 것은 인종적 또는 젠더적 정의의 다른 측면들로부터, 그리고 인종적·성적 억압을 약화시킬 수 있는 다른 정책 제안을 상상하는 것으로부터 에너지가 빠져나가는 것을 의미한다. 적극적 차별시정조치는 미국의 사회적 의제 중에서 성적·인종적 억압의 쟁점을 다루는 소수의 정책 제안 중 하나이다. 비록 이 조치가 지지받는 경우는 훨씬 드문 데도 불구하고 그렇게 많이 논의되는 한 가지 이유는, 집단 불평등 문제를 다루는 데 있어서 다른 정책 제안들보다는 그것이 '덜 위험한' 제안이기 때문이라고 나는 생각한다.

적극적 차별시정조치 논쟁의 용어들은 노동 분업의 기본 구조와 지위 할당의 기본 절차를 수용하는 일련의 가정들을 규정한다. 적극적 차별시정조치의 찬성자와 반대자 모두는 서로 간의 논쟁 속에서, 사회적 지위는 '가장 자격 있는' 자에게 분배되어야 한다는 것을 일응의 원칙*prima facie* principle⁴으로 상정한다. 단지, 찬반 양측은 이 일응의 능력 원칙을 물리치고 다른 원칙을 적용하는 것이 정의로운지 여부를 둘러싸고 이견을 보이고 있을 뿐이다. 선망되는 희소한 지위들을 둘러싼 경쟁에서 일부 소수의 사람들만이 승자이고 대부분의 사람들은 보수가 낮은 지위들에 만족해야만 하거나 아무런 지위도 얻지 못하는 위계적 노동 분업 구조를 당연한 것으로 양측 모두 받아들인다. 이러한 노동 분업이 없다면, 적극적 차별시정조치 논쟁을 매우 아주 격렬하게 만드는 이해관계가 그렇게 크지 않을 것이다. 적극적 차별시정조치 논쟁의 참여자 몇몇은 다른 맥락에서 이 가정들을 받아들이지 않을 수도 있지만, 해당 논쟁의 용어 자체는 이런 가정들이 맞는다고 상정하고 있다. 적극적 차별시정조치의 쟁점은 지위의 분배와 재분배에 한정되므로, 지위들을 규정하는 것 자체가 과연 정의로운지, 그리고 규정된 지위들을 획득할 자격요건은 어떻게 정해지는지와 같은 더 넓은 정의의 구조적 문제는 공중 속에서 거의 제기되지 않는다. 적극적 차별시정조치 논쟁이 상대적으로 협소하고 피상적인 쟁점에, 즉 이미 정해진 틀 내에서의 지위 재분배

---

4 '*prima facie* principle'은 달리 볼 근거가 제시되기 전까지는 일단 그 원칙을 적용한다는 뜻을 나타낸다. 따라서 "다른 원칙을 적용할 특별한 이유가 제시되기 전까지는 일응 또는 잠정적으로 이 원칙을 적용한다."는 것이다. 따라서 prima facie priniciple은 상황에 따라서 다른 원칙들을 적용할 적절한 고려 사항이 있다면, 적용되지 않는다. 가령 "사람들을 달리 취급해야 할 특별한 이유가 제시되기 전까지는 평등하게 대우하라."는 '평등 대우의 원칙'과 "사람들이 똑같다고 볼 만한 특별한 이유가 제시되기 전까지는 차등 대우하라."는 '차등 대우의 원칙'이 있다. 적어도 현대 입헌민주주의 사회에서는 평등 대우의 원칙이 '별다른 특별한 이유가 없는 한, 일응 적용되어야 할 원칙(prima facie principle)'으로 인정되고 있다. 이 용어는 영국의 철학자 로스(W. D. Ross, 1877~1971)가 도입했던 'prima facie duty'란 용어에서 비롯된 것이다. 그에 대응하는 용어는 '절대적 의무(absolute duty)'이다.

라는 쟁점에 공적인 관심을 제한시켜 버리는 한, 이 논쟁은 기존 상태의 구조structural status quo를 지지하는 기능을 하게 된다.

이 장의 나머지 부분에서는 보통 적극적 차별시정조치 논쟁의 기저에 있는 제도적 구조에 관한 두 가지 가정을 자세히 검토한다. 즉, 지위는 자격의 면에서 가장 적합한 자에게 분배되어야 한다는 가정과 위계적 노동 분업은 정의롭다는 가정을 자세히 검토할 것이다.

능력이라는 신화

미국 사회에서 널리 지지되는 정의의 원칙은 지위와 포상은 개인의 능력에 따라 분배되어야 한다는 원칙이다. 능력 원칙은 지위는 가장 자격이 적합한 개인, 즉 그 지위가 요구하는 과제를 수행하기에 가장 적합하고 기량을 갖춘 사람에게 부여되어야 한다고 요구한다. 이 원칙은 모든 사람의 평등한 도덕적·정치적 가치를 상정하는 자유민주주의 사회에서 위계적 노동 분업을 정당화하는 데 중심적인 의미를 갖는다. 능력 원칙은 희소하고 높은 포상을 받는 지위들과 수적으로는 더 많지만 덜 포상 받는 지위들 사이의 구조적 분할을 당연한 것으로 상정하면서, 이런 노동의 분할은 어떤 집단도 태생이나 권리에 의해 또는 인종, 민족, 성과 같은 자의적 특성 덕분에 특권화된 지위를 받지 않을 때 정의롭다고 천명한다. 부정의한 카스트caste 위계질서는 지적 능력과 기량이라는 '자연스러운' 위계질서로 대체되어야 한다는 것이다.

이 능력 원칙이 어떻게 해석되어야 하는지, 그리고 그것이 지위와 포상의 분배 원칙으로 기능해야 하는지 여부는 다소 논쟁이 되

는 대상이다. 예컨대, 롤스는 지위를 부여하는 기준으로 자연적 재
능을 사용하는 것이 인종이나 성에 따라 지위를 부여하는 바로 그
만큼 자의적일 수 있다고 주장한다. 사람은 자신의 인종만큼이나 자
신의 재능에 대해서도 거의 책임을 지지 않기 때문이라는 이유에서
이다(Rawls, 1971, 101~104쪽; Sandel, 1982, 72~82쪽 참조). 그래서 노
력과 성취가 능력을 재는 척도의 더 큰 부분이 되어야 한다고 주
장하는 학자들이 많다(가령 Nielsen, 1985, 104~112쪽). 더 나아가 많
은 학자들이 능력에 따른 분배 원칙의 적용은 기본적 필요basic needs
가 모든 사람에게 충족되고 난 후에 이루어져야 한다고 주장한다
(Sterba, 1980, 47~62쪽; Nielsen, 1985, 6장; Galston, 1980, 162~170쪽,
197~200쪽). 또 어떤 학자들은 효율성 또는 생산성의 주장이 권리
혹은 응분 자격desert의 주장을 뒷받침할 수는 없다고 주장하면서,
능력 원칙이 도대체 왜 도덕적 설득력을 갖느냐고 의문을 제기한다
(Daniels, 1978 참조).

제임스 피시킨James Fishkin[5]은 평등한 기회라는 목표 속에서 충돌
한다고 여겨지는 가치들에 관하여 철저하게 고구考究한 저서에서, 능
력 원칙은 '지위에 적합한 자격요건이 무엇인지를 평가하는 데 있
어서 광범위한 절차적 공정성'을 반드시 포함한다고 본다(Fishkin,
1983, 22쪽). 절차적 공정성은 평가의 과정이 '불편부당한 경쟁 모델
로 접근'할 것을 요구한다. '주어진 지위에서 개인이 이룬 성과의 평
가에 적절한 능력 또는 동기의 지표로서 공정하게 해석될 수 있다
는 점에서 자격적합성은 일과 관련된 척도'라는 것이다. 피시킨에 따

---

5 제임스 피시킨(1948~)은 미국 스탠퍼드 대학교 교수로, '숙의형 여론조사(deliberative
  polling)'와 '숙의민주주의(deliberative democracy)'에 대한 연구로 유명하다.

르면, 교육, 직업 경력, 공정하게 이루어진 시험 성적, 또는 능력 혹은 노력을 보여 주는 여타의 증표 등이 자격적합성을 평가하는 데 사용될 수 있다. 개인의 자격적합성에 대한 공정한 평가는 반드시 그 사람의 과거 또는 현재의 실제 성과에 의거해야 한다. 자격적합성의 결정이 통계적 추론에 의거할 수 없기 때문이다(Fishkin, 1983, 23~24쪽).

직업의 위계 등급 내에서 그리고 그런 등급으로 나누어진 직업들에 맞게 사람들을 훈련시키는 교육제도 내에서 희소하고 선망되는 지위를 할당하기 위하여 능력 원칙을 사용하는 것은, 몇 가지 조건이 충족되는 경우에 한하여 정당하다. 첫째, 자격적합성은 직업상 업무 기량 및 능력—이는 가치관과 문화에 좌우되지 않고 그에 중립적이어야 한다—에 의해 반드시 정의되어야만 한다. 기량technical competence이란 용어로서 내가 뜻하는 바는 구체적인 결과를 창출하는 능력이다. 만약 능력의 판단 척도가 업무 기량과 규범적 특성 또는 문화적 특성을 구분하지 않는다면, '좋은' 노동자인 것과 특정 유형의 사람—올바른 배경, 삶의 방식 등을 가진 사람—인 것을 구별해 낼 방법이 없다. 둘째, 차등화된 일자리 특권을 정당화하기 위해서는 이렇게 순전히 업무상의 기량 및 능력이 해당 지위에서의 성과 수월성을 판단하는 예측 기준으로 작동한다는 점에서 반드시 '일과 관련'된 것이어야 한다. 셋째, 능력 판단의 척도가 정의롭게 적용되기 위해서는, 성과와 능력이 개인별로 판단되어야 한다. 마지막으로, 넷째, 한 개인이 다른 개인보다 더 자격 있다고 말하려면, 개인들이 실제 이루어낸 성과와 이룰 것으로 예상되는 성과는 가치관 및 문화에 좌우되지 않고, 중립적인 척도들에 따라서 비교되고 그 등수가 정해져야만 한다.

능력 원칙의 옹호자들은 이 조건들이 충족될 수 있을지에 관해 거의 의문을 품지 않는다. 예컨대, 피시킨은 개인들의 업무 능력이 가치관, 목적, 문화 규범과 무관하게 측정되고 예측될 수 있다는 점은 명약관화하다고 본다. "업무들이 복잡하게 분화되어 있는 현대 산업사회에서 어떤 성과가 더 나은 것인지를 예측할 수 있게 업무 성과 관련 자격적합성이 정의될 수 없을 것이라고 생각하기는 어렵다."고 말한다(Fishkin, 1983, 56쪽). 피시킨의 말대로 그렇게 생각하기가 어려울지는 모르지만, 개인별 성과를 측정하는 규범 중립적이고 문화 중립적인 판단 척도가 대부분의 직업에서는 사실상 존재하지 않는다. 개인별 특성과 관련해서 객관적이고 편향 없는 능력 판단 기준이라는 관념은 불편부당성의 이상의 한 형태인바, 불편부당성의 이상과 마찬가지로 실현 불가능한 것이다. [그 이유는 다음과 같다.]

첫째, 대부분의 일은 너무나 복잡하고 다면적이어서 그 직무를 정확하게 규정하고 해당 직무의 성과 수준을 정확하게 측정하기 어렵다. 업무 성과에 대해 정확한, 가치중립적인, 업무에 특화된 평가가 가능한 경우는 그 기능들이 명확하게 규정될 수 있는 한정된 직업들—이 직업들 하나하나는 언어상의 기량과 상상력과 판단력을 거의 요구하지 않는다—일 뿐이다(Fallon, 1980). 데이터를 입력하는 노동이나 품질을 관리하고 분류하는 작업이 이런 조건을 충족시킬 수 있을 것이나, 여타의 많은 직업들은 그렇지 않다. 예컨대, 여행사 직원은 기록을 해야 하고, 전화상으로 그리고 항상 변화하는 컴퓨터 정보 네트워크를 통해 효과적으로 교신해야 하고, 많은 여행 대안지들을 연구하고 또한 수중에 쥐고 있어야 한다. 일자리 중 엄청나게 확대되고 있는 부분인 서비스 부문의 일은 일반적으로, 산업

생산에 적용되는 생산성과 효율성의 척도로 평가될 수 있는 경우가 드물다. 조립 공정에서 도출되는 품목들을 정량적으로 계산하는 것도 그런 점이 있기는 하지만 서비스 활동들을 정량적으로 계산한다는 것은 훨씬 더 말이 안 되기 때문이다.

둘째, 복잡한 산업 사무 조직에서, 결과물이나 생산물을 만들어 내면서 노동자들이 협동하기 때문에 각 개인이 기여하는 바를 식별해 내는 것이 어려운 경우가 많다. 팀, 부서, 또는 회사 전체의 성과는 양적으로 측정될 수 있을지 모르지만, 특정 팀 구성원에게 부여할 지위나 포상 수준을 정당화하는 데는 그런 양적 측정은 쓸모가 거의 없다(Offe, 1976, 54~57쪽; Collins, 1979, 31쪽 참조).

셋째, 대부분의 직업에서 해당 노동자가 무슨 일을 하고, 그 일을 어떻게 가장 잘 수행하는지를 판단하는 데는 광범위한 재량이 요구된다. 많은 직업들에서 해당 노동자의 역할은 적극적이기보다는 소극적이다. 즉, 노동자는 무언가 잘못되는 것을 막기 위해 과정을 감시하고 개입한다. 예컨대, 개개의 기계로부터 전체 공장에까지 자동화된 공정에서, 노동자들은 실제 무언가를 만드는 것에 정례적으로 기여를 하는 것은 거의 없고, 다만 공정이 제대로 작동하게끔 기계를 돌보는 데 주의를 다해야 할뿐이다. 이런 소극적 역할은 개입을 할 것인지 여부, 언제 할 것인지, 얼마나 자주할 것인지 등에 대해 해당 노동자의 재량권을 증대시킨다. 적극적인 작업 조치들이 수행되도록 손쉽게 확인할 수 있고 양적으로 측정할 수 있는 방법에는 어쩌면 하나의 방법이 있을 것이다. 그러나 생산 과정이 잘못되는 것을 막는 방법들은 많이 있으며, 그래서 해당 노동자가 개입하지 않았더라면 발생했었을 비용 면에서, 또는 그 노동자가 다른 방식으로 개입했었더라면 절감되었을 비용의 측면에서 노동자의 생산성 수준을 측정하는 것은 통상 가능하지 않다(Offe, 1976, 56쪽).

마지막으로 넷째, 대부분의 거대 생산조직에서 노동 분업이 의미하는 바는 노동자의 성과를 평가하는 자들이 실제의 노동 과정에 대해서 잘 모르는 경우가 많다는 것이다. 근대의 조직 위계질서는 클라우스 오페가 말한 바처럼, 직무 비연속적 위계질서task discontinuous hierarchies이다(Offe, 1976, 25~28쪽). 중세 길드 생산과 같은 직무 연속적 위계질서에서는 상급자는 하급자와 동일한 종류의 노동을 하며, 더 높은 수준의 기량과 능력을 갖고 있다는 점에서 차이가 있을 뿐이다. 그러나 현대 생산조직의 직무 비연속적 위계질서에서는 일자리 사다리는 고도로 나누어져 있다. 상급자는 하급자와 같은 종류의 노동을 전혀 하지 않는다. 어쩌면 그런 종류의 일을 생전 해 본 적도 없을지 모른다. 그래서 상급자는 기술적인 업무의 성과 그 자체를 평가할 능력이 없는 경우가 많으므로, 노동자의 태도, 규칙 준수, 자기표현, 협동성—즉, 노동자의 사회적 품행—에 대한 평가에 의존하지 않을 수 없다.

직업상의 성과를 정의 내리고 평가할 때의 규범적·문화적인 중립성이 실현되지 못하게 만드는 저 네 가지 장애는 많은 노동 유형에서 발생하기는 하지만, 전문적 경영관리 노동에서 매우 현저하게 나타난다. 첫째, 이 전문적 경영관리의 노동 유형은 상당히 다양한 기술과 직무를 수반하는 게 보통이기 때문이다. 이러한 업무들의 대부분 또는 모두는 판단력, 재량, 상상력, 언어력 등의 사용에 의존하며, 이러한 자질 어느 것도 객관적이고 가치중립적인 척도에 따라 정확히 측정되는 것이 아니다. 둘째, 전문적 경영관리 노동의 목표들이 달성되지 못한 데 대해 해당 전문경영인들에게 책임을 묻는 것이 비합리적인 경우가 많기 때문이다. 그렇다면 전문적 경영관리 노동의 목표 달성에는 일련의 복잡한 사회적 관계와 의존이 필요하기 마련이다(Rausch, 1985, 97~103쪽). 마지막으로, 전문적 경영관리의 일들은 직무 비연속적 위계질서상의 상급자에 의해서만 평가될 뿐만 아니라, 요구되는 일과 기량의 성격을 잘 모르는 고객들, 그래서 규범적·문화적으로 중립적인 직무성과 평가 기준을 적용할 수 없는 고객들에 의해서도 평가되는 게 보통이기 때문이다.

만약 전문적 경영관리 직위가 다른 직업들보다 가치중립적 평가에 훨씬 덜 구속된다면, 이로부터 위계적 노동 분업의 정당화와 관련해서 특별한 문제가 생겨난다. 이런 직위들은 가장 희소하고 가장 많은 포상을 받는 지위여서 그 지위를 둘러싼 경쟁이 가장 치열하게 이루어지기 때문에, 가치중립적 능력 척도가 가장 필요한 지위가 바로 그런 전문적 경영관리 직위들이다. [그런데 실제로는 그렇지 않다.] 이런 지위에 선택된 사람이 그런 일을 해낼 수 있다는 주장을 결정권자가 정당화할 수 있는 것으로는 충분하지 않다. 즉, 결정권자는 다른 여타 사람들 중에서 선택된 바로 이 사람이 그 일을 가장 잘할 수 있다는 주장 역시 정당화해야 한다. 거센 경쟁 상황 하에서 그런 상대적 비교의 주장이 정당성을 얻으려면, 개인들의 기량을 정확하게 정의하고 측정할 수 있어야만 한다. 그런데 이 요건의 충족이 매우 필요한 전문적 경영관리 직업들에서 바로 그 요건이 가장 적게 적용되고 있다(Fallon, 1980, 849쪽; Wasserstrom, 1980b, 68쪽 참조).

비록 능력 원칙이 자격적합성에 관하여 불편부당한 테크니컬한 규정이 필요함에도 불구하고, 자격적합성을 결정하는 데 실제로 사용되는 척도는 특정한 가치, 규범, 문화적 속성—예컨대, 평가 대상자가 특정한 사회 규범에 따라 행동하는지, 구체적으로 규정된 조직의 목표를 증진시키는지, 일반적으로 가치가 있는 것으로 인정되는 사회적 능력과 특성을 보이는지 여부—을 구현하거나 포함하는 경향이 있다. 공장 노동자는 종종 시간 엄수, 복종, 충성, 긍정적 태도로 평가된다. 반면, 전문직 노동자는 명확한 표현력, 권위 있는 모습, 효율적으로 일할 수 있는 능력으로 평가될 것이다.

이와 같은 평가 척도들을 사용하는 것이 반드시 부적절한 것은 아니라는 점을 강조하고자 한다. 내 주장의 핵심은 그 평가 척도들이 중립적인 과학적 척도라기보다는 규범적이고 문화적인 척도라는 점이다. 즉, 이 척도들은 평가 대상자가 특정한 가치들을 지지하고 내면화하는지, 묵시적 또는 명시적인 사회적 행동 규칙을 따르는지, 사회적 목적들을 지지하는지, 또는 평가자가 바람직하다고 생각하는 성격·행위·기질의 특유한 특성을 보이는지 여부를 중시한다. 직업상의 기량에 대한 평가에 덧붙여진, 그리고 이와 얽혀 있는 규범적·문화적 척도들을 사용하는 것을 피할 수 없는 게 대부분이다.

경영상의 성과를 평가하는 전문가들은, 능력 평가 체계가 기술적 생산성을 불편부당하게 측정하는 것은 아니라는 사실을 감추지 않는다. 직무 성과에 관하여 저술한 어떤 저자는 성과 평가 기준을 '경영관리 측이 직무 성과를 기술하고, 예측하며(선별하며), 그리고/또는 직무 성과를 통제할 수 있기를 원하기에 충분하다고 보는 하나의 행위 또는 행위들의 집합'이라고 정의한다. 그 저자가 인정하듯이, 평가 척도의 선택은 경영관리 측이 내리는 전적으로 '주관적'인 판단이며, 경영관리자 간의 또는 경영관리자와 피고용인 간의 합의의 결과다(Blumfield, 1976, 6~7쪽; Sher, 1987b, 199쪽 참조).

성과 평가 관행에 대한 한 연구에 따르면, 전문적 또는 경영관리적 성과의 평가자는 보다 구체적인 행위 및 성과 산물보다는 지도력, 주도력, 협동력, 판단력, 창조성, 신뢰성과 같이 느슨하게 정의된 특성 평가에 대개 의존하고 있음을 보여 준다(Devrie 외, 1980, 20쪽). 이 연구의 저자들은 인격이나 성격에 따른 평가를 낮은 수준의 평가로 간주한다. 왜냐하면 이런 특성들은 모호하게 정의될 수 있을 뿐이어서 어떤 사람이 그런 특성들을 보여 준다는 판단은 평가자의 목적과 선호도에 밀접하게 연결되어 있는 것으로 보이기 때문이다. 이 저자들은 목표에 따른 경영관리를 가장 객관적인 또는 가장 가치중립적인 평가 체계로 권장한다. 여기서 경영관리자들의 성과는 상급자들이 사전에 규정해 놓은 또는 피고용인과 상급자가 함께 사전에 규정해 놓은 목표들을 이들 경영관리자들이 충족했는지, 어느 정도까지 충족했는지에 따라 평가된다. 목표에 따른 경영관리가 평가 대상자의 성격 특성에 대한 평가보다는 확실히 더 객관적이기는 하지만, 가치중립적이기는 어렵다. 왜냐하면 가치는 종종 경영 목표의 규정 안에 이미 들어가 있는 게 보통이기 때문이다. 더욱이 로쉬(Rausch, 1985, 6장)는 경영관리자가 자신들의 통제 범위를 넘는 사유로 인해 경영 목표를 충족시킬 수 없는 경우가 많으므로, 목표에 따른 경영관리의 척도는 인기를 잃어 왔다고 주장한다. 그는 성과 평가는 불가피하게 주관적이고 가치 포함적이라고 주장하면서, 이를 근거로 삼아 관리감독관 일인의 순위 평가보다는 동료 간의 순위 평가와 여러 명의 관리감독자의 순위 평가를 권장한다.

만약 능력 평가가 불가피하게 주관적이고 평가자의 판단에 의존한다면, 평가자가 특정 집단이나 특정 문화의 사회적 관점에 영향을 받지 않는다는 강한 의미에서의 불편부당성을 충족할 때에만 능력 평가는 노동의 위계질서를 정당화할 것이다. 4장에서 나는 시민 공중 내에서의 그런 불편부당한 관점은 허구라고 주장했다. 이 점은 개인적 조직에서도 똑같이 그러하다. 평가자가 성과와 능력에 대한 평가를 하는 데 있어 집단, 삶의 방식, 문화 규범에 관해 중립적일 수 있고 중립적이어야 한다는 신념은 평가자들이 실제로 상황 연관 적이고situatedness 편파적이라는 점을 은폐한다. 더욱이 다음 절에서 자세히 논의할 것처럼, 그러한 불편부당하고 객관적인 평가 방법들 은 양적 측정 및 표준화된 시험이 있는 경우에서조차 불가능하다.

위계적 노동 분업 구조 안에서 능력을 평가하는 사람들은 상대 적으로 특권이 있는 지위를 차지하고, 그들이 평가하는 사람들보다 상위에 자리하는 게 보통이다. 이들의 평가 기준은 직업상의 기량 과 성과만을 중립적으로 평가하기보다는, 기존의 특권, 위계질서, 예 속 관계를 원활하게 유지하고 재생산하는 데 기여하는 순응의 규범 들을 강조하는 경우가 많다. 우리 미국 사회에서 특권의 위계질서는 명백하게 인종 차이, 젠더 차이, 여타의 집단 간 차이에 의해서 구조 화된다. 그래서 평가자들은 대부분 백인 이성애 비非장애 남성인 경 우가 많고, 이들이 평가하는 타 집단들의 대상자들도 이성애 비장애 남성인 경우가 많다.

집단과 관련된 불이익 차별의 원천들 중에서 적어도 두 가지가 예속 집단들의 구성원에게 영향을 미치는데, 이는 이들을 평가하는 자들이 자신들이 불편부당하다고 믿을 때조차도 그렇다. 4장에서 내가 주장한 것처럼, 불편부당성의 이상은 개별특수적인 것을 보편 화하게끔 만든다. 능력 평가의 기준들은 반드시 규범적·문화적 함 의를 지니기 마련이어서 집단과 관련해서 중립적이지 않은 경우가 많다. 그 기준들은 그것들을 설계하고 실행하는 특권 집단들의 경험 으로부터 파생되고 또한 이를 반영하는 삶의 방식, 행위 스타일 및 가치에 대한 일련의 생각들을 종종 포함한다. 불편부당성 이데올로 기는 평가자가 이러한 기준들의 개별특수성을 부인하도록 유도하기 때문에, 다른 경험, 가치 및 삶의 방식을 가진 집단들은 뭔가 부족한 집단들로 평가된다. 예컨대, 나는 6장에서, 기업 일자리와 관련해서 의심 없이 중립적인 규범들이라고 생각되는 규범들이 남성적 사회화 및 남성적 삶의 방식을 암묵적으로 지니고 있다는 페미니스트들의 논변들에 대해 고찰했다. 다른 예를 들자면, 백인 남성 고용주의 눈을 보지 않는 피고용인은 구린 데가 있거나 부정직하다고 인식될 수 있다. 그런데 그 피고용인은 눈을 피하는 것이 존중의 신호인 문화 속에서 성장했을 수도 있다.

둘째, 내가 5장에서 주장한 것처럼, 여성, 유색인, 게이와 레즈비언, 장애인, 노인을 일상적으로 평가할 때, 그리고 이들과 일상적으로 상호작용할 때 무의식적 혐오 및 저평가에 의해서 영향을 받는 경우가 종종 있다. 그리하여 평가자, 특히 중립적이라고 정의되는 집단에 속하는 평가자는 특별한 표지가 붙여진 집단을 향하여 무의식적인 편향과 편견을 지니는 경우가 많다. 예컨대 여러 연구들에 의하면, 많은 백인 평가자들이 동일한 자격증을 가진 구직자들 중 백인 구직자보다 흑인 구직자에 대해 더 부정적으로 순위를 매긴다(McConohay, 1986). 동일한 이력서에 남성 이름이 적혀 있을 때보다 여성 이름이 적혀져 있을 때 현저하게 더 낮은 순위로 평가된다는 점을 보여 주는 유사한 연구들도 있다(Rhode, 1988, 1220쪽).

성과의 대용물로서 교육과 시험

나는 능력 원칙은 개인들의 직무 성과를 측정하는 규범적·문화적으로 중립적인 척도들을 요구하지만 이는 충족될 수 없다고 주장했다. 그렇지만 희소한 특권적 지위들을 최상위로 하는 노동의 위계적 분업을 유지하는 것은 오직 그 지위들이 직업상의 기량에 대한 규범적·문화적으로 중립적인 척도에 따라 채워지는 경우에만 정의로울 것이다. 그래서 직무 성과의 대용물—성과 측정을 대체할 수 있고, 가치와 문화에 좌우되지 않으면서 중립적인 개인별 능력 및 성취 측정—을 발견하라는 압력이 계속된다. 미국 사회에서 교육 자격증과 표준화된 시험 결과는 직무 성과에 대한 직접적 평가 및 예측의 주된 대용물로 기능한다. 그렇다는 믿음에도 불구하고, [앞에서 말한 대로] 직무 성과를 보다 직접적으로 평가하는 것이 중립적이지 않듯이 교육적 성취와 시험 결과도 마찬가지로 중립적이지 않다.

자유민주주의 사회에서 교육은 모든 집단에게 평등한 기회를 제공하는 수단으로 이해된다. 그러나 교육이 평등을 이룬다는 증거는 없다. 수십 년간 교육자들이 한탄해 왔지만, 교육 체계는 계급, 인종, 성의 위계질서를 강력하게 재생산하고 있다(Gintis and Bowles, 1986, 4장). 그 누구도 자신의 인종이나 젠더 때문에 학습 과정 이수가 금지되지 않을 때, 그리고 원칙적으로 모든 학생이 동일한 교육 과정을 따라가고 동일한 표준에 따라 측정될 때, 평등한 교육 기회가 창출되었다고 교육자들은 잘못 생각하고 있다. 학교 당국은 학생에 대한 차등화된 학습이 필요하다는 점에 대해 충분한 관심을 기울이지 않으며, 그래서 학생이 성취를 이루지 못할 때는 부모와 학생에게 그 책임을 지운다(Bastian 외, 1986, 26~31쪽). 미국의 많은 지역에서 학교는 여전히 인종별로 따로따로 분리되어 설립·운영되고 있다. 비록 학교가 적극적으로 젠더와 인종에 대한 고정관념을 적극적으로 강화하지는 않는다고 할지라도, 여학생과 남학생이 적절하게 추구해야 할 게 이런 것이라는 문화적 이미지와 싸우기 위해서 또는 여성과 유색인의 성취가 가시적이 되도록 만들기 위해서 일반적으로 학교가 하는 것은 거의 없다. 하이테크 사회에서 특권인 고소득 경력을 추구하는 데 매우 필요한 과목인 중고등학교 수학 및 과학을 공부하고 좋은 성적을 받는 것에 심각한 인종적 차등과 젠더 차등이 끈질기게 지속되고 있다. 엘리너 오어(Eleanor Orr, 1987)는 독립된 체계를 이루는 흑인 영어 방언 때문에 일부 흑인 아이들은 수학과 과학에서 지시 사항을 어쩔 수 없이 오역하게 되며, 이는 이 과목들에서 흑인 아이들이 낮은 성적을 받고 흥미를 덜 보이는 이유를 적어도 부분적으로 설명해 준다고 주장한다. 유사한 주장이 수학과 과학 문화에서의 젠더 편향에 대해서도 제기된 바 있다.

차별을 생산하는 주요한 요인은 여전히 돈이다. 중산층 및 상위층 계급의 아이들은 가난한 노동계급의 아이들보다 좋은 학교에 다닌다. 그리하여 대학 입학을 위한 경쟁에서 더 잘 대비한다. 만약 가난한 노동자계급의 아이들이 운 좋게 대학에 입학할 수 있는 능력을 갖추었다고 하더라도, 대학 등록금을 낼 수 없거나 자신들을 특권적 지위로 이끌 수 있는 대학원 교육과정의 등록금을 낼 수 없는 경우가 많다.

랜들 콜린스(Randall Collins, 1979, 19~21쪽)는 교육적 성취와 직업적 성과 또는 직업적 성공 사이에 연관성이 거의 없다는 것을 여러 연구들이 보여 준다고 말한다. 학교가 가르치는 많은 것은 직업상의 기량이 아니라, 복종, 조심성, 권위에 대한 존중과 같은 문화적 가치 및 사회적 규범이라는 것이다. 학생들은 과제를 얼마나 잘 수행할 수 있는가보다는 이런 가치들과 규범들을 얼마나 잘 내면화했는지에 따라 평가되는 경우가 많다.

그런데도 교육적 성취는 직업 자격적합성의 주요 척도가 되어 왔다. 우리가 예측할 수 있듯이, 이는 자격증 인플레이션으로 곧바로 이어졌다. 다수의 사람들이 고등학교 졸업장을 획득할 수 있게 되자마자, 많은 직업들에서 대학 학위가 필요조건이 되었다. 주 정부의 지원으로 인해 사람들이 지역대학community college[6]과 4년제 주립대학의 학위를 손쉽게 취득할 수 있게 되자, 이 두 가지 학위 역시 상대적으로 저평가되게 되었다. '경쟁에서 앞서려면' 이제 사람들은 '명문 학교'를 나와야만 하거나 학사 이상의 학위를 가져야만 한다. 교육이야말로 노동 분업에서 맨 윗자리로 가는 승차권이라는 이 희망 어린 약속은 지켜지지 않는다. 위계적 노동 분업의 체계가 상대적으로 소수의 특권적 지위만을 허용하기 때문이고, 자격증 시스템은 이들 지위로의 진입을 막는 문지기로 기능하기 때문이다. 잘될 것이라는 믿음을 가지고서 사람들은 전문화된 교육을 받고 자격증을 획득하지만, 그 결과는 최상층의 자리에 도달하지 못한다는 점을 알게 될 뿐이다. 왜냐하면 다른 많은 사람들도 마찬가지로 경력을 쌓았기 때문이다. 사람들은 직장을 갖지만, 그 직장이 요구하는 것 이상의 과도한 자격을 갖추게 된다. 그렇게 함으로써 해당 지위를 얻기 위한 공식적 표준은 상향되고, 악순환의 나선형은 계속된다(Burris, 1983).

획일화된 시험들standardized tests이 직무 성과를 알려주는 가장 중요한 대용물이다. 이것은 직업과 관련해서 가장 자격적합성 있는 후보를 식별하기 위해 사용될 뿐만 아니라, 교육 시스템 전반에 걸쳐서 개인들을 특권적인 교육 프로그램에 입학할 수 있게 해주는

---

6 미국의 각 주가 운영하는 2년제 대학으로 개방적 입학, 저렴한 수업료, 주야간 수업 등을 특징으로 하고 있다.

성취도와 적성을 식별하기 위해서도 사용된다. 획일화된 시험이 개인들의 직업상의 기량이나 인지적 역량을 규범적·문화적으로 중립적이고 객관적으로 측정할 수 있는 척도를 제공할 것이라고 기대되었다. 획일화된 시험은 대체로 절차상 공정하기 때문에 능력 평가의 요건에 부합하는 것처럼 보인다. 획일화된 시험은 인종, 성, 민족을 전혀 고려하지 않는다. 획일화된 시험이 개인들의 평가에 사용될 때 모든 사람이 동일한 척도에 따라 평가되었다고 우리가 확신할 수 있다는 의미에서, 그리고 평가 대상인 어떤 특정한 개인에 대해서도 모든 채점자가 같은 점수를 내놓을 것이라는 의미에서 그 시험은 '객관적'인 것이다. 시험 답안 문항을 수량화하고 복잡한 통계적 기법에 의존하는 획일화된 시험은 가장 적격인 자와 가장 부적격인 자에 대한 객관적 평가를 제공하고, 그리하여 개인들의 기량을 정확하게 측정할 수 있고 개인들을 서로 비교하여 등수를 매길 수 있는 것처럼 보인다.

제2차 세계대전 후, 그리고 1950년대와 1960년대 동안 고용주들은 지위, 승진, 임금 인상 등을 부여하는 수단으로 획일화된 시험에 의존했다. 고용주들은 획일화된 시험이 그들에게 최고로 일을 잘할 수 있는 사람이 누구인지를 알려준다는 믿음에 따라 그렇게 한 것 같다. 고용주들은 그런 시험들이 예측 타당성이 있는지를 결정하기 위해 일자리 분석을 한 적이 거의 없고, 또 실제로 획일화된 시험이 선발 과정을 향상시킨다는 경험적 증거도 거의 가지고 있지 않았는데도 그랬기 때문이다. 일반화된 지능 검사나 적성 검사가 실제의 직업 내용과 상호 연관성이 있는지를 점검하려는 그 어떤 시도도 해보지 않은 채 고용주들은 피고용인의 선발을 위해 지능 검사나 적성 검사를 사용하는 경우가 많았다(Wigdor, 1982).

획일화된 시험들을 그런 식으로 사용하는 것이 유색인을 배제하고 때로는 여성을 배제하는 효과를 낳는다고 주장하는 일련의 소송제기로 인하여, 평등고용기회위원회Equal Employment Opportunity Commission[7]는 그런 시험들이 활용되어 어떤 집단에 불평등한 효과 disparate impact를 미칠 때, 고용주는 그 시험들이 해당 직업에 필요한 기량을 재는 공정하고 편향 없는 척도라는 점을 입증해야 한다고 명기하게 되었다. 대부분의 채용 시험들이 그러한 엄격한 지침을 충족할 수 없었다(Fallon, 1980; Wigdor, 1982). 그 결과 오늘날 많은 고용주들은 예전보다도 획일화된 시험들에 더 많이 의존하고 있다. 그렇지만 여전히 잔존하는 채용 시험들의 대부분은 이전과 마찬가지로 실제 직업 내용과는 특정한 관련성 없이 개발되고 사용되고 있는 것처럼 보인다(Friedman and Williams, 1982). 많은 고용주들은 일반화된 여러 기능들을 평가하는 '광대역broad-band' 시험을 계속해서 사용하고 있다. 예컨대, 연방 정부는 산하 다양한 공무원 지위 선발에서 동일한 내용의 시험을 사용한다(Friedman and Williams, 1982).

만약 우리가 개인들의 성과에 대해 규범적이고 문화적으로 중립적인 평가 방식을 획득할 수 없다면, 이런저런 시험들이 해당 직무와 특정한 관련성이 있음을 고용주가 보여 줄 수 없다는 것도 놀라운 일이 아니다. 직무상 성과를 정량적으로 평가할 수 없다면, 그러한 성과를 드러내는 예측 지표를 개발하는 것이 훨씬 더 어려울 것임에는 틀림없다.

지난 20년 동안 자격 증명의 목적을 위해서 교육 체계 안에서 획

---

7 '평등고용기회위원회'는 1965년 미국에서 만들어진 연방 조직으로, 직장에서 각종 차별을 조사하고 구제 조치를 하는 역할을 한다.

일화된 시험을 사용하는 일이 증가했다. 1960년대 말 이후 획일화된 시험이 규범적·문화적으로 중립적이라는 주장은 심각한 도전을 받았다. 20년간의 논쟁을 거친 후, 전문가들은 가치, 규범, 문화에 좌우되지 않고 중립적으로 기술적·인지적 역량을 객관적으로 측정하겠다는 원래의 희망은 유지될 수 없다는 데 동의하는 것 같다. 획일화된 시험이 가치 선택과 문화적 의미를 반영하는 것은 피할 수 없다(Wigdor, 1982; Shepard, 1982; Title, 1982).

우선, 시험 자체가 모종의 문화를 담고 있다. 시험은 경쟁력, 혼자서도 일을 잘하는 능력, 신속히 일을 처리하는 능력, 추상적 개념에 대한 기호嗜好와 같은 특정한 개인적 또는 문화적 스타일을 높게 평가하고 포상한다(Wigdor and Garner, 1982, 40쪽, 209~210쪽). 시험이 측정하려고 의도하는 기량이 무엇이든 간에, 앞에서 언급한 시험 재주들과 기질을 가진 응시자들이 유리하다.

시험의 구체적인 내용이나 목적이 무엇이든 간에, 대부분의 시험은 상대적으로 한정된 적성 및 기량의 집합, 대표적인 예를 든다면 연산, 연역 추론, 유비 추론을 중시한다. 복잡한 일을 배우고 수행하는 능력을 이루는 많은 기량과 성취는 예/아니오의 답변을 요구하는 짧은 질문 문항들과는 맞지 않는다(Wigdor and Garner, 1982, 209~211쪽; Strenio, 1981, 189~191쪽). 따라서 해당 시험들이 식별해낼 수 있는 기량들이 그렇지 못한 기량들에 비해 사실상 더 높게 평가받는다는 점이 시험 문항의 출제 과정 자체에서 이미 반영되는 것이다.

고용주들과 학교장들은 시험을 매우 중시하는데, 그 이유는 시험이 앞 절에서 밝힌 능력 평가의 두 가지 요건—각 개인의 역량을 정확히 측정하는 것, 그리고 모든 개인을 비교하고 순위를 매기는 것—을 충족시키는 수단을 제공하는 것처럼 보이기 때문이다. 시험은 사람들이 자신의 개인적 성취에 따라 포상을 받아야 한다는 능력 원칙의 요구를 만족시키는 듯이 보인다. 그렇지만 시험은 보편화·획일화되어 있기 때문에, 시험의 결과가 응시자의 개별적 역량을 보여 줄 것이라고 생각하는 것은 환상이다. 푸코가 표준화normalization라고 부른 과정을 통하여 시험은 '사례case'나 '점수score'라는 재구성된 개별성을 만들어 낸다.

> "시험은 관찰하는 위계질서의 기법과 표준화하는 판단의 기법을 결합한다. 시험은 표준화하는 시선, 즉 계량화하고 분류하고 처벌하는 것을 가능하게 하는 일종의 감시이다. 시험은 개인들 위에 가시성visibility을 구축하는데, 이 가시성을 통해서 개인들은 차등화하고 판단된다. 바로 이 점이 훈육의 모든 기제 중에서 시험이 고도로 의례화儀禮化되는 이유이다. 시험 안에서 권력의 의식儀式, 실험의 형식, 강제력의 배치, 그리고 진실의 정립이 모두 결합된다. 훈육 과정의 핵심에 자리를 잡은 시험에서 객체로 인식된 사람들의 복종과 복종한 사람들의 대상화가 분명하게 나타난다."(Foucault, 1977, 184~185쪽)

획일화된 시험의 표준화 시스템은 개인들의 정성적 특징을 추상적이고도 보편적으로 정의된 속성들의 예로 재구성한다(Levontin, Rose, and Kamin, 1984, 92~93쪽 참조). 모든 개인을 하나의 공통적 잣대로 환원시키는 이 표준화 과정은 필연적으로 차이를 일탈이나 저평가로 재구성한다. 시험을 거치기 이전의 개별특수성에서는 기량 유형상의 차이거나 기량의 표현 방식상 차이에 불과하던 것이 단일한 평가 기준과 척도에 따라 기량 측정이 획일화되었을 때에는 기량의 많고 적음으로 바뀐다. 이렇게 표준화하는 측정 기준들normalizing measures은 무의식적으로 백인 중산층 남성의 스타일과 의미를 규범으로 삼아 작동하는 백인 중산층 남성에 의해 만들어지는 경우가 많으므로, 여성과 흑인과 라틴 아메리카인과 가난한 노동계급 사람들의 기량 및 능력은 저열한 것으로 종종 나타난다.

많은 시험들이 계급에 따라, 인종에 따라, 젠더에 따라 혹은 이 세 가지 요인의 결합에 따라 차등화된 결과를 보여 왔고 지금도 그러하다는 점은 거의 의심의 여지가 없다(Strenio, 1981, 9쪽, 37~38쪽; Wigdor and Garner, 1982, 195~196쪽; Shepard, 1982). 예컨대, 근래 뉴욕 주 소송 사건에서 오로지 대학수능시험SAT 점수에 따라 이사회의 장학금을 배분할 때, 학교 내신 성적을 함께 고려하여 결정하는 경우와 비교해서 여성이 현저하게 낮은 비율의 장학금을 받게 된다는 것이 밝혀졌다. 획일화된 시험이 특정 집단들에게 불리하게 편향되어 있다는 비판에 대응하여 시험 이론가들 및 개발자들은 그런 편향을 제거하는 방법을 만들어 내려고 시도해 왔다. 그 연구는 시험에서 편향의 존재를 확인하는 중요하고 정교한 방법을 만들어 내기는 했지만, 연구자들은 편향을 예방하거나 시험이 모든 응시자에게 공정할 것임을 보장하는 기술적인 방법은 없다고 결론을 내렸다. 시험 문항 개발에서 그 의미들이 문화적으로 다양하게 이해될 수 있는 단어들, 문구들, 상징들이 사용되는 것을 피할 도리가 없다. 시험 문항 출제는 여러 가지 판단들과 선택들을 수반하는데, 이들 하나하나 모두가 문화에 따라 특수한 함의를 가질 수 있다. 시험 편향 연구자들의 결론은 시험 개발자들과 사용자들이 획일화된 시험들이 규범적으로나 문화적으로 불가피하게 특수성을 가질 수밖에 없다는 점을 인정해야만 한다는 것 같다(Shepard, 1982).

규범과 가치와 목적은 시험 내용, 시험의 구성 형식, 문항 재료와 시험 분야의 비중, 통계적 채점 방법 등을 결정할 때 영향을 미친다. 그렇다고 해서 시험이 나쁜 평가 방법임을 반드시 함의하는 것은 아니라고 다음 절에서 주장하겠다. 중요한 점은 획일화된 시험이 개인들의 직업 기술 능력이나 인지 능력을 가치와 문화로부터 독립해서 중립성을 가지고서 정확하게 정량적으로 측정한다고 말할 수는 없다는 것이다.

자격적합성의 정치[8]

포상과 특권의 지위를 능력에 따라 배분하는 것이 사회적 위계질서를 정당화할 수 있는 경우는 사람들의 자격적합성을 결정하는 판단 기준들이 사람들이 어떤 특정 집단에 속하는지, 특정한 방식으로 행동하는지 또는 평가자의 선호와 목적에 순응하는지 여부를 평가하지 않고, 오로지 사람들의 기량과 능력을 평가할 때이다. 그렇지만 나는 개인의 자격적합성을 평가하고 순위를 매기기 위해 사용하는 판단 기준들이 실제로는 규범적으로나 문화적으로 특수성을 담고 있을 뿐만 아니라 특정한 가치를 함유하는 경우가 보통이라고 주장했다.

나는 이 주장으로부터 사람들의 자격적합성을 인증하고 자격적

---

8 원어는 'the politics of qualifications'이다. 이 번역서에서 qualification은 '자격적합성', 또는 '자격적합성 요건'으로 번역한다. 맥락에 따라 양자 중 하나를 역어로 사용했다.

합성의 등위를 매기는 실무 관행들이 언제나 정치적이라는 결론을 도출하겠다(Walzer, 1983, 140~143쪽 참조). 내가 서문에서 정의했듯이, 제도적 구조, 공적 행위, 사회적 관행과 습속, 문화적 의미의 모든 측면은 집단적 토론 및 의사결정의 대상일 잠재성이 있는 한에서 정치적이다. 그 어떤 제도든 그 정책들 및 규칙들은 특정한 목표에 봉사하고, 특정한 가치와 의미를 구현하며, 제도 내에 있거나 제도와 관련된 사람들의 행위 및 상황과 관련해서 구체적인 결과를 낳는다. 이 모든 것은 비판에 열려 있는데, 저 규칙들 및 정책들을 놓고, 이들 규칙 및 정책이 실현하고자 하는 목적을 놓고, 이들 규칙 및 정책이 구현하는 가치들을 놓고 투쟁하고 숙고하는 과정이 바로 정치이다. 능력 이데올로기는 지위를 할당하고 이익을 부여하는 판단 기준들의 확립을 비정치화하고자 한다. 학교 교육과 자격증, 시험과 합격, 고용정책에 대한 논쟁들은 이러한 비정치화 노력이 실패했음을 보여 주기에 충분하다. 일과 생계를 제공하는 공동의 제도에 대부분의 사람들이 의존하고 있는 사회에서는, 특히 자격적합성을 결정하고 적용하는 규칙들 및 정책들은 불가피하게 정치적일 수밖에 없다. 일단 능력 평가가 정치적임을 이해하고 나면, 분배를 넘어서는 정의의 중요한 문제들, 즉 누가 자격적합성 요건의 문제에 관하여 결정해야 하는가, 그리고 어떤 규범들과 원칙들에 따라 결정해야 하는가의 문제들이 생겨난다.

적극적 차별시정조치와 평등한 기회에 관한 논의에서는 경영관리자, 행정 집행자, 사회과학 전문가, 전문 직업 내 '분야를 선도하는' 사람들에게 자격적합성 요건의 기준과 그 요건 충족의 대상자를 결정할 권한을 위임한 미국 사회의 현행 관행이 과연 정의로운가라는 질문이 거의 제기되지 않는다. 자격적합성 요건을 만들어 내는 자들의 권력은 실로 어마어마하다. 즉, 이들만큼 권력을 갖지 못해서 그런 결정을 내리지 못하는 사람들 모두의 운명과 직업 동료들의 운명을 결정한다는 막대한 권력을 가지고 있다는 것이다. 전문 직종들은 전문 기술을 기반으로 자체적으로 자격증을 부여한다. 능력 이데올로기에 따르면, '최고'의 의사들이 무엇이 좋은 의료 행위인지, 누가 그 표준에 부합하는지 결정해야 한다. 그 누구보다도 이들 최고의 의사들이 훌륭한 성과란 게 무엇인지를 규정하고 판별할 수 있는 기량을 갖고 있기 때문이라는 이유에서이다. 자신들의 전문성 때문에 경영관리자와 운영자들은 자기네 관할 안에 있는 직업의 위계질서 안에 진입하고 승진할 자격적합성 요건이 무엇인지를 결정해야 한다. 회사 최고경영진이 판단 기준을 만들고 선발 결정을 하는 것은 정당한데, 그들이 그 지위를 획득했다는 점이 경영할 능력을 보여 준다는 이유에서이다. 그렇지만 회사 우두머리들의 개인적 편견과 선호가 그들의 결정에 영향을 미치는 것을 방지하기 위해 안전장치가 이들에게 채워져야 한다. 그래서 이런 이유로 자격적합성 요건의 판단 기준을 개발하고 이를 개인들에게 적용함에 있어 회사 최고경영진은 적합한 전문가들과 상담해야 한다. 이들 전문가는 실제 성과 및 잠재적 성과를 측정하기 위해 객관적이고 불편부당하고 획일화된 척도를 개발할 수 있는 노하우를 갖춘 과학자들이다. 이 상황은 내가 4장에서 불편부당성의 이상이 위계질서를 정당화한다고 개진했던 주장을 생생하게 잘 보여 준다. 과학성을 담보한다는 능력 평가가 위계적 의사결정과정을 정당화한다고 여겨진다. 이렇게 지식이 권력을 정당화한다.

이와 같은 위계적 의사결정권의 정당화는 문제가 많다. 만약 문화적·규범적 판단 기준들이 객관적으로 측정된 능력보다 더 개인들을 차등한다면, 해당 개인들의 지위는 평가자를 만족시키는지, 인상을 잘 관리하는지에 좌우된다(K. Ferguson, 1984, 106~108쪽 참조). 조직과 그 경영관리자의 주된 목표는 조직의 사회적 관계와 권력 체계를 적극적으로 인증하고 재생산하는 데 있다. 즉, 이러한 조직 위계질서 안에서의 직무 성과 평가 체계는 지배의 관계들을 지지하고 또 재생산해 낸다(Offe, 1976, 95~125쪽; Collins, 1979, 2장).

원칙적으로 이 위계질서와 지배 체계는 능력 원칙의 적용으로 제거될 것으로 상정되었던 전통적인 신분status 위계질서와 다른 점이 별로 없다. 권력을 가진 사람들의 집단이 규범적 판단 기준들을 정립하고, 이 판단 기준들 중 어떤 것들은 권력 집단의 권력을 인증하고 그 권력을 가능하게 하는 조직 체계를 강화하는 기능을 한다. 위계질서 내에서 지위를 차지하기 위해서 권력 집단의 사람들은 특정한 지위 증명('좋은' 집안 출신보다는 '좋은' 학교에 갔다는 점)을 보유한 자들, 그리고 선호되는 행위적·기질적 특성을 천성적으로나 훈련을 통해 발휘하는 자들을 선택한다.

능력 이데올로기와는 대조적으로, 나는 자격적합성의 판단 기준들을 정립하고 적용하는 결정은 민주적으로 이루어져야 한다고 주장한다. 민주적 의사결정 절차는 자기 계발 및 지배 최소화를 위한 수단으로서, 실질적으로 정의로운 결정에 도달하기 위한 최선의 방법으로서 사회정의의 필요조건이라는 게 3장의 주장이었다. 취직하고 직위를 갖게 되는 것이 개인 및 사회의 운명에 근본적으로 영향을 미치기 때문에, 이들 문제에 대한 민주적 의사결정이야말로 사회정의의 핵심 조건이다.

또한 3장에서 나는 민주적 절차만으로는 공정한 결정을 확보하는 데 불충분하다는 점을 인정했다. 따라서 민주주의는 합헌적이어야 하며, 기본적 권리들 및 규범들을 정의하는 규칙들의 제약 아래 있어야 한다. 직업적 자격적합성의 판단 기준과 자격 적합 대상자에 관한 민주적 결정은 공정성의 제약 아래에서 이루어져야 한다. 내가 이해하는 바 이런 결정에 있어서 공정성은 다음의 내용을 포함한다. (1) 자격적합성 판단 기준들은 이 기준들이 실현하고자 하는 가치 및 목적에 따라야 하고, 명확하고 공적이어야 한다. (2) 이 판단 기준들은 명시적으로건 묵시적으로건 그 어떤 사회집단도 배제해서는 안 된다. (3) 직위를 놓고 경쟁하는 모든 후보자들은 공개적으로 알려진 공식 절차에 따라 철저한 검토를 거쳐야 한다. (4) 특정한 집단 친연성, 특정한 사회적 지위 또는 특정한 개인적 속성을 갖는 사람들을 우대하는 것은 억압을 약화시키거나 차별을 배상하려는 목적에서는 허용될 수 있지만, 특권을 강화하려는 목적에서는 결코 허용될 수 없다.

특정한 지위와 관련된 자격적합성을 판단하는 기준들에 관하여 숙고하고 이를 결정할 권한이 있는 공중에 포함되어야 할 사람들이 누구여야 하는지는 해당 지위의 종류에 따라 달라져야 할 것이다. 이 장의 후반부에서 나는 직장에서의 주요한 결정들은 모두 반드시 민주적으로 이루어져야 한다고 주장할 것이다. 이런 민주적 결정 원칙에 따라서, 제도 안에서 일하는 사람들이 지위의 자격적합성을 판단하는 기준들에 관한 결정에, 그리고 누가 자격 있는지에 관한 결정에 참여해야 한다는 것이다. 이것이 다국적 기업의 모든 피고용인이 일자리 요강을 작성하는 데 참여하고, 또한 회사에서 모든 다른 피고용인 채용을 위한 결정에 참여해야 한다는 것을 의미하는가? 분명히 그런 뜻은 아니다. 대표[대의]의 원칙들과 절차들이 모든 다른 과정에서처럼 이 민주적인 과정에서 산출되어야 하며, 정책 총론에 대한 결정이 그 결정의 구체적인 적용보다 더 중요하다. 그렇지만 앞에서 말한 민주적 결정 원칙이 의미하는 바는 동배同輩, peers와 동료는 자신들이 하는 일의 종류에 대한 자격적합성 요건의 척도를 결정하는 데 있어, 그리고 자신들의 동배와 동료가 누가 될 것인지를 결정하는 데 있어 의미 있는 목소리를 낼 수 있어야 한다는 것이다. 전문직과 비전문직을 현재 구별 짓는 주요한 특권이 있다. 그것은 전문직은 저런 결정들에 종종 참여하는 반면, 비전문직은 거의 참여하지 못한다는 점이다. 그렇지만 많은 전문직들조차도 자신들의 동료가 갖춰야 할 자격적합성 요건을 결정할 권리를 가지고 있지는 않다. 전문직의 일이 부하 직원의 자격적합성 요건을 규정하고 평가하는 것을 포함할 수 있는 반면, 전문직 자신의 자격과 자기 동배의 자격은 상급자들에 의해 규정되고 평가된다. 민주적 직장에서 상하 관계가 남아 있는 곳이라면, 부하 직원도 그들의 상사들이 갖춰야 하는 자격적합성 요건을 결정하는 데 목소리를 낼 수 있어야 한다.

많은 상황에서 채용, 승진 등과 관련된 자격적합성 요건을 결정하는 공중은 직장 동료로만 구성되어서는 안 된다. 내가 곧 논의하겠지만, 민주적 직장은 모든 노동자가 대표를 뽑아 참여케 하여 일자리 구조와 노동 분업에 관한 총론을 규정해야 한다. 이러한 총론 규정에는 적어도 개개 지위 종류의 자격적합성 요건에 관련된 일반 원칙과 지침이 포함될 것이다.

더욱이 해당 결정으로 영향을 받은 직장에 있는 노동자들만이 언제나 지위 자격적합성 요건을 규정하는 데 참여할 수 있는 권리를 가져야 하는 유일한 사람들인 것은 아니다. 사람들이 자신의 행위와 그 행위의 조건에 영향을 미치는 결정에 참여할 수 있게 하는 방식으로 지배를 최소화하는 것은 때로는 다른 사람들도 역시 자격적합성 요건을 결정하는 데 일정한 역할을 해야 한다는 것을 의미하기도 한다. 어떤 지위에서 수행되는 직무에 의해 특별히 영향을 받는 소비자나 고객 역시 해당 결정에 참여할 대표를 가져야만 한다. 예컨대, 주간 탁아 시설에 다니는 아동의 부모나 건강 유지 클럽의 소비자 회원은 최소한 상당한 권력과 권위, 전문 기술을 갖는 지위들과 관련된 자격적합성 요건을 결정하는 데 목소리를 낼 수 있어야 한다. 광범위한 사회적 권력과 권위를 가지거나 중요한 지식과 전문 지식에 대한 유의미한 통제를 포함하는 직업적 지위들의 경우에는 그 지위들이 봉사하고 또 영향을 미치는 공동체 전체의 시민들이 그런 지위들의 획득 기준 결정에 대표를 보내 목소리를 낼 필요가 있다(Green, 1985, 193~199쪽; Gould, 1988, 10장 참조).

마지막으로, 사회의 모든 사회집단은 모든 제도와 지위에 평등하게 참여할 기회가 있어야 한다는 원칙에 따라, 지위에 적합한 자격적합성 요건을 결정하는 의사결정 기구 안에는 그 지위를 규정하는 특정 기관이나 전문 직종 내에서 억압 받거나 불이익 받는 사회집단들의 대표들뿐만 아니라, 사회 전반적으로 억압 받거나 불이익을 받는 집단들의 대표들 또한 포함되어야 한다.

자격적합성 요건은 어떻게 정의되어야 하는가? 민주주의가 함축하는 바는, 앞에서 제시한 공정성의 제약 아래에서 의사결정자들이 진지한 숙고와 논쟁 후에, 자신들이 적합하다고 여기는 가치와 목적—그것이 무엇이든 간에—에 따라 선택한 방식이라면 어떤 내용으로든 자격을 결정할 수 있다는 것이다. 그렇지만 의사결정자들은 자기 자신과 다른 사람 모두에게 자신들의 가치와 목적을 명시적으로 밝혀야 하며, 또한 자신들이 도달한 자격적합성의 판단 기준들이 그 가치와 목적 실현에 기여하는지를 보여 줄 수 있어야 한다. 만약 의사결정자들이 그러겠다고 선택한다면, 그 판단 기준들에 따라 사람들의 자격적합성을 평가하고 등위를 매기는 시험들 또는 공식화된 평가 절차를 개발할 수도 있다. 추측하건대 그 어떤 노동 분업의 경우에도 몇몇 지위들에는 수용 가능한 수 이상의 더 많은 지원자들이 몰릴 것이다. 일부 지원자를 탈락시키기 위해 등위를 매기는 방식을 개발하는 것은, 그 척도의 가치와 목적이 명시적이고 비판과 수정에 항상 열려 있는 한에서는 잘못된 것은 아니다. 그렇지만 문화제국주의를 경험한 집단들의 특별한 경험·문화·가치가 배제되거나 불이익을 받지 않도록 보장하기 위해서는, 일자리의 목표를 정립하고 평가 절차를 정립하는 데 그런 집단들이 대표되는 것이 결정적으로 중요하다. 자격적합성 요건을 정할 때 규범적·문화적으로 중립적인 판단 기준들이 존재하지 않는다면, 그런 사회집단들이 대표되게 하는 것이 자격적합성 평가를 공정하게 만들 유일한 수단이다. 왜냐하면 그런 대표 과정을 통해서 가치들, 우선순위 설정, 지식이 적절한 균형을 이루게 되기 때문이다.

노동의 사회적 분업과 억압

존 리빙스턴(John Livingston, 1979, 122~124쪽)은 19세기의 기회 평등 원칙이 지금보다 더욱 근본적이고 민주적인 의미를 갖고 있었다고 주장한다. 그 당시의 기회 평등 원칙은 열심히 일하고 자기 기술을 발전시키는 사람들이 물질적으로나 사회적으로 상향하는 데 아무런 장애가 없었음을 뜻했다. 평등한 기회라는 것은 열심히 일한 사람은 누구나 중요한 사람이 될 수 있다는 의미였다. 당시 정부 지원 자작농장homestead과 기업에서 주어졌던 여러 가지 기회들을 통해 적어도 백인 남성에게는 이 주장이 설득력 있었다. 사회적 계층 이동은 허레이쇼 앨저Horatio Alger[9]의 신화가 묘사한 것처럼 그렇게 쉽지는 않았지만, 사회적 출세 또는 적어도 안락한 삶을 위한 다양한 길들이 있었다.

오늘날 그런 계층 이동의 통로는 거의 없고, 기차 위에 올라타는 것은 훨씬 더 어려워졌다. 대다수의 사람들이 생계를 위해 노동직이나 사무직으로 고용되기를 바라는 이 시대에 출세란 높은 지위의 일자리를 얻는 것, 그리고 관료조직상 규정된 경력 사다리를 올라가는 것을 의미한다. 오늘날 평등한 기회는 상대적으로 소수의 특권적 지위를 위한 경쟁에 진입하는 것이 금지되지는 않는다는 것만을 의미하게 되어 버렸다. 열심히 일하는 사람에게는 실제로 기회들이 주어지고 활용 가능하다고 말하는 수사修辭의 그림자가 여전히 남아 있지만, 이는 대부분의 사람이 패배자가 되기 마련이라는 명확한 사실을 완벽하게 감추지는 못한다.

경쟁이 더 치열해지고 있기 때문이다. 와그만과 폴브르(Wagman and Folbre, 1988)에 의하면, 전체 노동시장에서 전문직과 관리직 일자리의 비중은 지난 10년 동안 안정적으로 약 30퍼센트를 유지했다. 같은 기간 동안 교육의 수준은 높아졌고, 따라서 이 일자리를 위한 경쟁률은 증가하고 있다. 더욱이 현재의 사회적 경향은 낮은 수준의 전문직 그리고 고기술의 비전문직 일자리의 수가 줄어들고 있음을 보여 준다. 미국의 일자리 구조는 해당 자격증을 따기 어

---

9 허레이쇼 앨저(1832~1899)는 미국의 소설가로, 빈곤층 소년이 어려움을 겪고 성공하는 내용의 소설을 많이 썼다. 『누더기를 입은 딕』이 대표적인 작품이다.

렵고 따는 데 비용이 많이 드는 명망 있는 지위들과, 자율성과 창조성이 거의 필요하지 않은 저기술, 저임금, 저이동성 지위들의 거대한 대형으로 점점 크게 갈라지고 있다(Bastian 외, 1986, 52~55쪽 참조).

높은 포상을 받는 희소한 지위와 덜 선망되는 흔한 지위로의 분할을 당연한 것으로 상정할 경우, 능력 원칙이 천명하는 바는 다음과 같다. 어떤 집단이 출생이나 권리에 의해 특권적 지위를 얻기보다는 규범적·문화적으로 중립적인 척도의 측정을 통해 입증된 개인적 기량의 성취에 따라 이러한 지위가 부여될 때, 이와 같은 노동 분할은 정의롭다는 것이다. 이미 내가 주장한 것처럼, 이런 특권적 지위들이 이런 중립적인 방식으로 부여되지도 않고 또한 부여될 수도 없다면, 모든 사람의 평등한 도덕적 가치를 지향하고 그 실현을 다짐하는 사회에서 위계적 노동 분업 구조의 정당성은 심각한 위기에 부딪힌다.

기회의 평등과 적극적 차별시정조치에 대한 논의들은 이러한 위계적 노동 분업을 사회적으로 당연한 것으로 가정하는 경향이 있는데, 이러한 노동 분업 속에서는 승자는 상대적으로 소수이고 대부분은 패자이다(가령 Sher, 1988, 117쪽 참조). 앞서 검토했듯이, 이런 논의들은 통상적으로 정의의 분배 패러다임을 상정한다. 이 논의들에서는 각 지위의 성격과 지위들의 상호 관계가 이미 정해진 상태에서, 지위들을 분배하는 데 공정성을 보장하기 위해서는 어떤 원칙이 적합한지를 묻는다. 반면, 보다 근본적 접근에서는 이런 노동 분업 그 자체가 정의로운지를 질문한다. 선망되는 희소한 지위와 적은 포상을 받는 흔한 지위로 노동을 분할하는 그 자체가 과연 정의로운 것일까? 사회적인 노동 분할에서 직무와 책임은 어떻게 규정되어야 하며, 지위들은 상호 어떤 관계에 있어야 하는가? 그런 노동 분할은 누가 결정하며, 어떤 절차에 따라 결정되어야 하는가? 이러한 질문들에 어떻게 결정하는가에 따라 사회에서 재화의 분배와 관련된 많은 점들이 달리 정해진다. 일단 노동 분업이 자리 잡고 권위와 자격증 부여에 의해 그 노동 분업이 강화되고 재생산되면, 재화의 재분배로는 그 분배 패턴을 산출하는 과정에 뚜렷한 변화를 일으키지 못한다. 오늘날 대부분의 사회는 전문직과 비전문직, 또는 직무를 규정하는 일과 규정된 직무를 수행하는 일로 구별하는 위계적 노동 분업 체제로 이루어져 있다. 나는 이러한 노동 분업은 지배와 억압을 모두 포함하고 있기 때문에 정의롭지 않다고 주장할 것이다.

그렇지만 우선 여기서 내가 비판하지 않을 노동 분업의 측면을 언급하고자 하는데, 직장에서의 불평등에 대한 대부분의 논의는 바로 이 측면에 주목하는 경향이 있다. 첫째, 나는 전문화 그 자체에 대해서는 비판하지 않을 것이다. 전문화로 내가 뜻하는 바는, 전문화된 목적을 달성하기 위해 필요한 특정한 직업 기술상의, 장인적匠人的, 사회적인, 또는 조직상의 기량을 발전시키고 강화하는 것, 그리고 그러한 기량을 숙달한 사람들에게 그 전문적 일들을 할당하는 것이다. 이런 의미에서의 전문화는 공동 목적을 달성하는 데, 그리고 자신들의 역량을 개발하고 기량을 발휘하는 개인들과 관련해서도 분명히 이득이 되는 게 보통이다. 나의 주장은 수평적 노동 분업을 반대하는 것이 아니라 위계적 노동 분업을 반대하는 것이다. 그러나 나는 업무의 전문화는 근대 공장제 생산의 특징인 세분화된 노동 분업과는 다른 것으로 구별하고 싶다. 후자는 적은 기술을 요구하거나 혹은 아무 기술도 요구하지 않는 미세하고 반복적인 소소한 직무인바, 실제 결과물과 이 업무들이 어떻게 연계되는지 눈에 보이지도 않으며, 또 이 업무들은 쉽게 감시되고 자동화되어 있으며, 해당 개인의 전반적 기량 및 역량을 향상시키지도 않는 게 보통이다. 내가 정말로 비판하고

자 하는 것은 이러한 세분화된 노동 분업이다.

둘째, 나의 비판은 직장 내 권위의 모든 위계질서에 대해서까지 확대되지 않는다. 공동의 활동에서 상급자 역할이나 지도적 역할을 확립해야 할 타당한 이유, 그리고 일련의 권위를 통하여 대규모 작업을 조정해야 할 타당한 이유가 종종 있다. 그러한 권위에 상한선과 하한선이 있어야 한다는 것이 나의 생각이지 상급자가 있는 모든 의사결정 구조와 위계적 의사결정 구조 모두가 틀렸다고 주장하고 싶은 것은 아니다.

마지막으로 셋째, 내가 급여의 차등화에 대해 반대 주장을 펼치는 것은 아니다. 정의는 모든 노동자가 균등한 수입을 얻을 것을 요구하지 않는다. 노동자별로 그리고 직업별로 상이한 급여를 받아야 할 타당한 이유들이 종종 있다. 많은 사람들이 논의했던 것처럼, 이러한 타당한 이유들에 해당하는 것은 어려운 일과 추가적인 노력을 포상하는 것, 전문화된 기술을 획득하기 위해 치러진 희생을 포상하는 것, 포상해 주지 않는다면 사람들이 덜 선망할 일들을 수행할 유인誘因을 제공하는 것, 평균 이상의 생산성을 낸 것에 포상하는 것 등이다. 미국 사회에서 전형적으로 존재하는 엄청난 수입 격차는, 그 격차가 직무를 규정하는 업무와 직무를 집행하는 업무 사이의 구조적 분할과 연관되어 있는 한에서는, 잘못된 것이라고 생각한다. 노동의 이런 구조적 분할이 부정의하다는 주장을 펼친다고 해서 내가 급여의 차등 그 자체를 반대하는 것은 결코 아니다.

내가 관심을 갖고 비판적으로 보는 노동 분업은, 필립 그린Philip Green의 말을 빌리자면, '실제로 업무가 어떻게 수행되는지와 무관하게 자신 또는 다른 사람의 업무 일과routines를 설계하는 사람들과, 자신들의 것으로 설계된 업무 일과를 그대로 따르는 사람들'을 구분하는 노동 분업이다(Green, 1985, 81쪽). 로베르토 웅거는 이런 노동 분업을 직무의 규정task definition과 직무의 집행task execution의 구별, 즉 '재구성적인 실천적 지능을 자유롭게 행사하는 것이 허용되는 직업들과, 그런 실천적 지능이 설계해 놓은 계획 속에서 한정된 역할만을 하도록 정밀하게 규정된 업무를 일상적으로 반복해서 행사하도록 되어 있는 직업들'(Unger, 1987b, 76쪽)의 구별로 명명한다. 많은 기업에서 노동의 분업은 아주 잘 구성되어 있어서 어떤 지위들은 상이한 정도로 이 두 가지 요소를 다 가지고 있기도 하고, 반면에 어떤 지위들은 그중 한 가지만 가지고 있기도 하다. 이와 같은 직무의 규정과 직무의 집행 사이의 분할을 정당화하는 논리는 직무를 설계하는 사람들은 설계하고 조직하는 전문 지식을 갖고 있다는 것이다. 직무 설계와 직무 집행의 구별은 상당한 정도로 전문직 노동자와 비전문직 노동자의 노동 분업에 대응한다. 이하의 논의에서 대체로 이 두 가지 종류의 노동 분업은 상호 호환 가능한 것으로 사용될 것이다. 그러나 나는 전문직 노동자가 때로는 위 노동 분업에서 직무 집행 쪽으로 떨어지는 경향이 생기는 방식들에 대해서도 지적할 것이다.

전문직 노동자와 비전문직 노동자의 노동 분업은 선진 산업사회에서 가장 기본적인 계급 분할이다. 자본주의 사회에서 대부분의 전문직 및 경영관리직 노동자들이 생산도구의 주요한 소유자인 자본가 계급에 속하지 않는다는 것은 확실하다. 대부분의 전문직 및 경영관리직 노동자들은 급여를 받는 피고용인이며, 그 이유 때문에 어느 정도는 노동자계급이 경험하는 것과 같은 구조적 착취를 동일하게 경험하고, 계속적으로 생계를 유지하기 위해서는 노동자계급처럼 자본 소유자들을 만족시켜야 한다는 경험을 한다. 그렇지만 미국 사회에서 자본의 소유권이 유일하게 중요한 재산권은 아니다. 전문직 및 경영관리직 노동자들은 지위에 대한 재산권 속에서 일종의 계급적 특권을 갖고 있다.

자본에 대한 지배는 재산권의 특별한 경우일 뿐이다. 광범위하게 정의해서 말하자면, 재산은 사람들에게 사회적 권력을 부여하는 일 단—團의 권원權源, entitlement으로, 즉 '노동이라는 육체적 상품과 노동의 물질적 산물에 대한 통제권, 다시 말하면 노동 그 자체에 대한 명령권'으로 [또는] '비물질적 권리들을 좌지우지할 수 있는 권력' (Unger, 1987b, 131쪽)으로 이해되어야 한다. 직무를 정의하는 지위들은 왈저(1983, 10~13쪽)가 말하는 '지배적' 재화dominant goods인 경향이 있다. 즉, 직무를 정의하는 지위들은 앞의 권원들과 함께 고소득, 명망, 자원에의 접근, 직무 집행 노동자의 노동에 대한 권위와 그 노동에서 나오는 혜택에 대한 권원들도 보유하게 된다는 것이다.

전문 직업상의 위계질서가 존재하기는 하지만, 직무를 정의 내리는 저 지위들의 재산적 토대는 미국 사회의 계급 분할과 계급투쟁의 핵심적인 결정 요인으로 남아 있다. 대체로 사회적 갈등은 재화들과 사회적 권력에 대한 권원들을 동반하는 배타적인 전문 직업의 지위들을 둘러싸고 벌어진다(Collins, 1979, 53~54쪽 참조). 전문직과 비전문직 사이의 분할은 이 분할을 일회적인 것이 아니라 구조적인 것, 즉 지속적으로 재생산되는 사회집단들의 구분으로 되게 만드는 몇 가지 특성들 때문에 계급 분할로 간주되어야 한다. 전문직 계급의 주된 구조적 특권은 자신들의 지위로 진입하는 입구를 규제함으로써 자신들의 지식 및 삶의 방식에서 배타성을 유지한다는 점에 있다. 대부분의 경우 전문직과 비전문직 사이의 분할은 세대를 넘어 지속되는데, 전문직 부모를 둔 아이는 전문직 계급으로 진입하는 데 현저하게 유리하다. 마지막으로, 전문직은 구조화된 계급으로 간주되어야 한다. 왜냐하면 '전문가 계급의 실무에 영향을 미치는 정책을 결정함에 있어서 대다수의 사람들은 아무런 합리적 개입도 할 수 없도록 효과적으로 배제되어 왔기(Green, 1985, 83~84쪽)' 때문이다. 직무 배분과 직무 집행 사이의 노동 분업은 지배를 실행하는 것이다. 전문직 노동자와 비전문직 노동자 간의 사회적 계급 분할로 현출될 때는 그 노동 분할은 특히 착취, 권력 없음, 문화제국주의의 형식으로 억압을 실행한다.

1장에서 정의했듯이, 지배받는다는 것[10]은 사람들이 어떤 행위들을 규제하는 규칙과 목표를 정하는 데 참여하지 못했으면서도—또한 이 행위들을 수행하는 당사자들이 자신들이 놓여 있는 제도들을 결정하는 데도 참여하지 못한 상황 아래에서—그 행위들을 수행해야만 하는 경우를 말한다. 전형적인 위계질서 조직체에서 많은 피고용인들은 타인들의 행동과 관련해서 결정을 내릴 때는 일정한 역할을 하지만, 자신들이 행한 행동에 대해 책임을 지는 것과 관련해서 그리고 자신들의 행동에 제약 조건을 부과하는 것과 관련해서 결정을 내릴 때는 거의 또는 전혀 참여하지 못한다. 달리 볼 만한 특별한 사유가 없는 한, 일단 정의는 자유—이때의 자유란 사람들이 자신이 하고자 하는 것과 자기 행동의 이유를 결정할 수 있는 사람들의 역량, 즉 자기 결정을 의미한다—를 함축한다. 공동의 활동 속에서는 그런 자유는 타인과의 상호작용이 필요 없는 자아의 고립된 자유나 완전한 자율성으로서의 자유라기보다는 결정 과정에 참

---

10 원문은 domination이다. 그대로 번역하자면 '지배'이지만, 영이 지배당하는 사람들의 입장에서 지배의 속성을 서술하고 있어서 원문과는 다르게 '지배받는다는 것'으로 옮겼다.

여할 권리를 뜻한다(Gould, 1988, 4장; Young, 1979 참조).

기업 전체 운영에 대한 주요 결정권을 기업의 목표를 수행하는 사람들 및 직위로부터 완전히 분리시키는 조직상의 경향은 직무 규정과 직무 집행의 분할이 낳은 측면들 중 하나에 해당한다. 최고경영이사진과 경영관리자 직위에 있는 소수의 개인들—바로 이 소수의 개인들이 무엇이 생산 또는 성취될 것인지, 목표를 성취하기 위하여 해당 조직의 노동 분업이 어떻게 구조화될 것인지, 생산 절차는 어떻게 구조화될 것인지, 그리고 임금 체계와 상하 관계는 직위들 내에서 어떻게 정해져야 할지를 결정한다—에 의해 운영되는 기획 업무를 중앙집중화시킨다는 것이 조직의 전형적 특징이다. 직무의 규정과 관련된 기본 결정은 전형적으로 하향적 명령 사슬 속에서 집행되는데, 이 사슬의 중간에 있는 사람들은 그들 상급자의 설계를 집행하고 또한 그들의 하급자가 집행할 계획을 설계하고, 가장 아래쪽의 사람들은 그들의 상급자들이 설계한 직무만을 집행한다. 기본적 결정들은 최상층부에서 내려지는 중앙집중화, 그리고 엄격한 하향식 권위의 위계 체제가 의미하는 바는 최상위 지위에 있는 사람을 제외한 모든 사람이 지배의 다양한 정도 아래 예속된다는 것이다.

2장에서 착취를 한 집단이 투입한 에너지의 결과물이 그에 상응하는 아무런 보답 없이 체계적으로 다른 집단에게 이익을 주는 모든 관계라고 넓게 정의했다. 전문직 종사자와 비전문직 종사자의 분할도 이런 의미에서 착취를 보여 주고 실행하는 것이다. 근대 이전의 노동계급은 귀족들이 물질적으로 원하는 모든 것과 필요로 하는 모든 것을 제공함으로써 귀족들이 예술, 사제직, 문학, 국가 운영이라는 '보다 고급한' 활동을 자유롭게 추구할 수 있게 만들어 주었다. 그와 유사한 방식으로, 오늘날에는 노동계급이 전문직 종사자들의 고급 활동과 안락한 노동 조건을 드높여 준다. 비전문직 종사자들의 '물질적' 노동—통행료 징수, 사무실 청소, 보고서 타이핑, 항공기 제작—은 전문직 종사자들과 경영자들이 사유, 설계 및 계산, 상호 면담이나 고객과의 면담, 의사결정, 보고서 작성, 계획 수립, 복잡한 생산 활동들의 조정 및 감독과 같은 '보다 고급한' 일을 자유롭게 할 수 있도록 만들어 준다. 대개 전문직 종사자들은 천한 노동들로부터 직접 이득을 얻는 사람들이기 마련인데, 2장에서 논의했듯 이러한 천한 노동들은 특정 인종들의 고유한 일이거나 특정 젠더의 고유한 일인 경향이 있다. 비전문직 종사자들에 대해 전문직 종사자들이 맺는 이러한 관계는 착취적이다. 왜냐하면 비전문직 종사자들의 노동이 있음으로 해서 비로소 전문직 종사자들의 일이 가능해지는데도, 전문직 종사자들이 통상 더 많은 임금을 받고, 더 많이 인정받으며, 더 많은 권력과 권위를 누리기 때문이다. 비전문직 종사자들의 노동은 눈에 띄지 않는 경우가 많으며, 전문직 종사자들의 일을 가능하게 만들어 주는 이들의 기여는 전혀 주목받지 못한다.

또한 이러한 계급 분할은 비전문직 노동자들이 생산한 것의 가치를 전문직 종사자들이 전유專有, appropriation한다는 보다 제한적인 마르크스주의적 의미에서의 비전문직 노동자 착취에 기여할 것이다. 여기서 마르크스주의 착취 이론에 대한 논쟁, 그리고 어떻게 생산적 노동과 비생산적 노동을 구별하는지 등에 대한 논쟁에 들어가고 싶지는 않다. 그래서 나는 직무를 규정하는 것과 직무를 집행하는 것을 분할하는 것이 어떻게 노동계급 착취에 기여하는지를 설명하는 두 종류의 주장을 변호는 하지 않고 그저 제시만 하겠다. 많은 전문직 종사자와 경영관리자의 업무를 구체화하자면, 이윤 증대라는 좁은 의미에서 비전문직 노동자들의 생산성을 최대화시킬 생산 과정과 노동관계를 설계하는 것이다(Poulantzas, 1978, 236~241쪽). 설계의 결정과 자율성을 노동 과정으로부터 가능한 한 많이 제거하는 것, 그리고 노동 과정을 타인이 지시한 직무 집행으로만 국한시키는 것은 노동의 가치를 떨어뜨리고, 노동을 자동화에 순응하게 만들고, 노동자에 대한 통제를 강화한다. 이 모든 것이 착취 증가에 일조한다.

게다가 생산적 노동과 비생산적 노동을 나누는 마르크스주의적 견해를 받아들인다면, 전문직 종사자들과 경영관리자가 하는 일의 많은 부분은 경제에서 새로운 가치 창출에 직접적으로 기여한다는 의미에서의 생산적 노동은 아니라고 주장할 수 있다. 그런데도 전문직 종사자들이 비전문직 노동자들—이들의 노동은 좁은 의미에서의 생산적 노동이다—보다 더 많은 임금을 받고 기타 물질적 혜택을 받고 있는 게 사실이라면, 이들 전문직 종사자들이 받는 그런 혜택은 비전문직 노동자들이 생산한 잉여가치를 그들이 전유해 버린 결과라고 주장할 수 있다(Collins, 1979, 64~70쪽 참조). 이런 주장을 변호한다는 것은, 전문직 종사자들이 비전문직 노동자들보다 사회적 생산에 더 많이 기여하기 때문에 비전문직 노동자들보다 더 많은 혜택을 받아야 한다는 지배적 관념을 비판한다는 것이기도 하다. 전문직 종사자들이 더 높은 소득을 받는 것은 그들이 가지는 사회적 권력과 문화적 가치 덕분이지, 그들의 사회적 생산성 때문은 아닌 게 보통이다.

직무를 정의 내리는 일과 직무를 수행하는 일의 분할과 연계해서 노동을 탈숙련화하라는 지상명령은 많은 노동자들에서 무력함이라는 억압 상태를 창출한다. 2장에서 설명한 것처럼, 무력함은 삶의 대부분의 측면, 특히 노동의 대부분의 측면에서 권위나 자율성을 거의 갖고 있지 않거나 아예 갖지 못한 상황을 말한다. 개념 차원에서 보면 무력함은 지배와 중첩되기는 하지만, 무력함의 개념이 지칭하는 대상과 지배 개념이 지칭하는 대상은 같지 않다. 규칙을 결정하는 데, 그리고 자신의 행위와 행위 조건을 명령하는 권위를 선택하는 데 참여하지 못하는 사람들이라면 누구나 지배당한다는 경험을 한다. 여기에는 권력이 없는 모든 이들이 포함된다. 그렇기는 하지만, 지배당한다는 경험을 하는 많은 이들이 자신의 일에서는 상당한 주도권, 권위, 창조력을 행사한다. 바로 이 점에서 지배당하는 사람들이 무력함이라는 억압에 처한 사람들과는 구별된다고 하겠다.

노동의 조직화는 제조 또는 서비스 활동을 두 가지 측면으로 분할한다. 한편으로는, 그 활동에 필요한 직업 기술적 지식, 창조력, 조직상의 기량을 발휘하는 일종의 '전문직의' 측면과, 다른 한편으로는 단순화된 작업 과정 아래에서 반복된 업무만을 수행하는 측면으로 나누는 것이다. 인건비를 줄이고, 단위 생산성을 최대화하고, 업무 수행에 대한 감시를 용이하게 하기 위해서, 가능한 한 많이 노동을 기계화하려는 목표를 실현하려면 이러한 탈숙련화 과정 deskilling process은 필수적이다. 직무를 정의 내리는 조직 전문가들의 주된 역할 중 하나는, 비숙련노동 업무를 세밀하게 분할하면서 가장 적은 수의 노동자들을 사용하여 단순화된 작업 과정 아래에서 반복될 뿐인 자동화된 업무를 수행할 수 있게 하는 체계를 생각해내는 것이었다(Braverman, 1974, 특히 1부와 2부 참조). 앞서 내가 지적했듯이, 고도로 단순화된 작업 과정이 틀에 맞춰 짜여 있고, 세부적이고, 반복적인 일들만이 객관적이고, 정량화 가능하고, 규범적으로 중립적인 생산성 측정 척도 아래 깔끔하게 포섭될 뿐이다. 전체 업무 수행에 필요한 기량, 판단력, 창조력이 떨어져 나와 별도의 경영관리 기능으로 배치되었기 때문에 이것이 가능하다.

정의正義는 사회적으로 승인된 제도 환경 속에서 모든 사람이 기술을 계발하고 발휘할 기회를 가져야 한다는 점을 필수 요소로 포함한다. 그렇지만 자동화되고, 작업 과정이 단순화되어 판에 박힌 듯 정해지고, 세밀하게 구체화된 직무를 수행한다고 해서 개인의 역량은 그다지 발전하지 않는 게 보통이며, 때로는 역량을 개발하고자 하는 야망과 그런 능력을 죽여 버리기도 한다. 어떤 비숙련 직종들의 경우 더 숙련된 직종으로 진입하는 이동성이 가능하기도 하다. 그렇지만 보다 복잡한 일자리일수록 특수한 훈련을 요구하는 경우가 많으며, 이전 일자리에서 획득했던 기술들이 쓸모 있는 경우는 거의 없다. 나는 비전문직 종사자들의 경우 미숙련 노동이 압도적이라고 과장하고 싶지는 않다. 많은 비전문직 직종은 유의미한 기량을 포함하며 수월성을 계발할 여지를 가지고 있다. 이제 곧 고찰하겠지만, 그럼에도 불구하고 역량을 계발하고 행사할 수 있게 하는 많은 비전문직 일들은, 현장의 실천으로부터 절연된 추상적 합리성을 어느 정도로 담고 있는가에 따라 직업의 가치를 따지는 문화적 규범들에 의해 낮게 평가된다. 더욱이 직무를 정의하는 일과 직무를 수행하는 일 사이의 구조적 분할은, 이러한 숙련된 비전문직 직업들을 전문직화하라는 압박―즉, 그들의 기술을 형식화하고, 그들 직업의 전파를 위한 기법과 이론을 창출하고, 자격 인증을 위한 전문직 학교를 개발하고, 단순화되고 틀에 박혀 반복될 뿐인 지원 업무들로부터 해당 작업의 직업 기술적 측면을 분리시키라는 압박―을 가한다.

탈숙련화의 지상명령deskilling imperative이 노리는 바는, 더 숙련되고 창조적이며 자율적인 일, 그래서 전문직이라고 정의되고 자격증을 획득한 사람들에게만 지정되어 있는 직업들과 단순화된 틀에 따라 이루어질 뿐인 작업 과정을 수행할 뿐인 직업들 간에서 후자의 비율을 늘리는 것이다. 앞서 지적했듯이, 미국 사회의 일자리 구조는 전문직 노동과 숙련되지 않고 단순화된 틀에 따라 반복적으로 업무를 수행할 뿐인 노동 간의 양극화를 증대시키고 있다. 숙련되지 않고 단순화된 틀에 박힌 업무를 수행할 뿐인 일자리 종사자의 거대한 계급을 창출하는 것은 정의롭지 않다. 왜냐하면 인구의 대부분을 자기 역량을 계발하고 발휘할 수 없는 상황에 처하게 만들기 때문이다. 이러한 저低기술 일자리는 상승의 길과 직업 개발의 길을 제공하지 않는다는 점에서 더 이상 탈출구가 없는 막판dead-end 일자리일 경향이 있다. 비용이 들고 시간이 소요되는 학교 교육 없이는, 비전문직에서 전문직 계급으로의 이동은 거의 불가능하다.

비전문직 종사자들은 예속되어 있고, 직장에서의 자율성과 의사결정 권력을 거의 행사할 수 없다는 의미에서 또한 무력한 상태에 있기도 하다. 다른 사람들이 설계한 직무를 수행하는 비전문직 종사자들은 전문직 종사자들 및 경영관리자의 지배 아래 놓여 있다. 이들 전문직 종사자들과 경영관리자들이 비전문직 종사자들을 다스릴 수 있는 권리는, 전자에 속하는 사람들이 보유하고 있다고 주장되는 전문성에 의해 정당화된다(Poulantzas, 1978, 240~242쪽). 비전문직 노동자들은 명령에 따라야 하며, 명령을 내릴 기회는 거의 없다는 게 전형적 특징이다. 비전문직 노동자들은 자신들에게 할당된 일을 할당된 방식으로, 그리고 많은 경우 상급자나 기계에 의해 규제되는 속도로 수행해야만 한다. 그들은 직무가 비합리적으로 규정되어 있음을 발견하더라도, 이에 대해 이의를 제기하거나 변화를 제안할 기회를 거의 갖지 못하는 게 보통이다. 앞에서 논의했듯이, 많은 노동자들은 작업이 잘못 진행되는 것을 방지하기 위해 언제 개입할 것인지 그리고 개입할 것인지 여부에 대해 상당한 재량을 갖는다. 그러나 이들의 결정 권위는 통상 그들에게 할당된 직무의 세부 사항에만 미칠 뿐이다. 타인의 직접적 감시와 종종 개인적 지배에 복속된 채로, 타인이 할당한 직무를 수행하면서 비전문직 종사자들은 통상적으로 자아감sense of self을 떨어뜨리는 위치인 순종적 하급자로서 매일매일 처신하지 않으면 안 된다.

마지막으로, 전문직과 비전문직 노동 간의 분할에서는 어떤 종류의 노동들은 다른 종류의 노동들보다 본질적으로 우수하고 더 가치가 있다고 보는 문화제국주의가 실행되고 있다. 앨리슨 재거(Alison Jaggar, 1983, 40~42쪽)[11]가 명명한 '규범 이원주의normative dualism'가 작동해서 '지능'을 몸과 구별해서 더 우위에 두는 일종의 [규범적] 위계질서에 따라 노동들의 가치가 부여된다. 협소하게 정의된 '지능'의 의미─이때 지능이란 추상적 연산 기술과 언어 구사 기술을 발휘하는 것으로 풀이된다─를 깐 채 지배문화는 감각적인 것의 구체성으로부터 절연된 담론과 그런 행위들 속에서 암묵적으로 작동한다. 어떤 활동을 전문직 활동으로 만든다는 것은 그 활동의 절차에 형식적인 정식화를 부여하고 합리성이 갖춰진 활동으로 만들기 위한 이론적 학문 분야를 창출한다는 것을 의미한다. 이러한 합리화 과정은 해당 활동과 긴밀하게 연동된 실천으로부터 그 활동을 떼어내서 추상화시키고는 그 추상화된 형식적 요소를 육화된 물질적 요소들로부터 분리시킨다.

---

11 앨리슨 재거(1942~)는 영국 출신의 페미니즘 철학자이다. 철학 분야에 페미니즘의 문제의식과 사유를 도입한 제1세대 학자로 평가된다. 현재 콜로라도 대학교 철학 및 여성젠더학 교수로 재직하고 있다. 주요 저서로 『Feminist Politics and Human Nature』(1983), 『A Companion to Feminist Philosophy』(2000), 『Gender and Global Justice』(2014) 등이 있다.

연산적·기술적 합리성이라는 협소한 기준에 비추어서 모든 노동을 측정하는 이 규범들은 지능에 대한 단일한 척도에 따라 직업의 위상을 결정한다. 그러나 정말로 도서관 사서보다 의사가 되기 위해서 더 높은 지능이 필요한가? 배관공보다 판매 대리인이 되기 위해서도 그러한가? 노동의 문화적 의미는 어떤 사람들이 택한 또는 택하도록 이끌어진 노동 때문에 그 사람들을 부정의하게 희생시키는 반면, 다른 사람들에 대해서는 사회적 생산에 대한 그들의 기여에 전적으로 비례하여 포상을 해준다. 어린아이들과 놀아주고, 교육하고, 가르치는 것은 섬세한 지능을 요구하는 게 분명하며, 그런 지능의 성격은 주식 시장을 잘 예측하는 지능과는 매우 다르다. 어떻게 하면 덩치 큰 가구를 망가뜨리지도 않고, 움푹 들어가게 하지도 않고, 전혀 긁히지 않게 하면서 구석에서 움직여 계단 아래로 내려갈 수 있을까를 파악하는 능력은 종종 존경할 만한 재주를 요구한다. 그러나 이는 그 형태상으로는 컴퓨터 프로그램을 작성할 때 보여 주는 재주와는 다른 재주이다. 이런 문화제국주의는 비전문직을 넘어 일부 전문직에게까지 확장된다. 어떤 전문직들의 경우 여성이 압도적으로 많은 경향이 있는데, 지능에 대해 널리 보급되어 있는 표준은 이런 전문직들이 낮은 가치를 갖는다고 본다. 이런 전문직 노동은 덜 '과학적'이라고 간주되고, 신체와 욕구에 묶여 있는 것으로 종종 파악된다. 예컨대, 유아교육, 사회복지, 간호 활동 등이 그러하다.

현재의 위계적 노동 분업에서는 특정한 방식으로 비교할 수 없는 형태의 상이한 지능들과 기량들을 무시하는 경향이 존재한다. 지능 검사 및 기타 대부분의 획일화된 검사는 지능을 추상적 합리성으로 협소하게 정의하고는 모든 기량과 인지 스타일을 하나의 공통 척도—이 공통 척도 하에서는 다른 척도 하에서였더라면 그저 '다른' 기량으로 불리었을 뿐인 기량들이 규범적으로 낮게 평가되고 만다―로 환원시켜 버린다. 하나의 척도로 지능을 평가하는 것이 자연스럽다는 태도, 그리고 이것이 함의하는 위계적 직업 평가는 거의 아무런 도전도 받지 않은 채 통용되고 있다.

내가 5장에서 고찰했듯이, 직업 지능에 대한 이러한 규범적 위계질서는 백인 남성 편향을 포함하고 있다. 추상적 합리성을 갖는 노동은 백인 남성에 맞게 적절하게 코드화되어 있는 반면, 몸 또는 감정을 돌보는 노동은 여성을 위한 것으로 코드화되어 있고, 봉사를 하고 굽실거려야 하는 '천한' 노동은 비非백인을 위한 것으로 코드화되어 있다. 인종차별주의와 성차별주의를 구축하는 문화제국주의는 계급 차이를 구조화하는 문화제국주의에 이런 방식으로 조응한다. 문화제국주의의 부정의는 어떤 노동들에는 고급 평가를, 어떤 노동들에는 저급 평가를 내린다는 데 있다. 전적으로 문화의 구성물이자 상징적 구성물인 이 고급/저급이라는 평가는 그럼으로써 물질적 포상과 특권의 부여에서 차별화를 허용한다.

전문가와 비전문가 사이의 노동 분할은 일정한 부류의 사람들을 그들이 하는 노동의 종류 때문에 '품위 있다'고 일반적으로나 문화적으로 평가하는 것, 그리고 다른 부류의 사람들은 덜 품위 있다고 평가하는 것으로 이어진다. 품위 있는 전문직 계급이 느끼는 필요와 경험과 생활 스타일 및 이해관계가 직장을 넘어, 사회적 삶―사회정책과 미디어 이미지를 포함한―의 많은 측면을 지배하기에 이른다. 신문, TV, 광고, 대중잡지와 소설은 노동계급 비전문직 종사자들의 삶과 문제보다는 중산층 전문직 종사자들의 삶과 문제를 훨씬 더 자주 묘사하면서, 권력 없는 사람들을 보이지 않게 만들고 이들에게서 문화적 목소리를 박탈한다.

노동의 민주적 분할

앞 절의 논의로부터 내가 도출하려는 결론은 사회정의가 이루어지려면 직장 민주주의가 필요하며, 직무 규정 노동과 직무 수행 노동 간의 분할이 약화될 필요가 있다는 것이다. 직장 민주주의workplace democracy에 관해서는 많은 이론과 모델이 존재한다(가령 Schweickart, 1980; Pateman, 1970; Mason, 1982; Bernstein, 1980; Gould, 1988 참조). 비록 널리 받아들여지는 정도는 아니지만, 내가 이번 장에서 인용했던 몇몇 최근의 저작들은 직무를 규정하는 노동과 직무를 수행하는 노동 사이의 계급적 분할을 최소화시킬 노동 생활 구조화와 관련해서 세부적인 제안들을 제시하고 있다(Green, 1985, 79~94쪽; Collins, 1979, 200~210쪽 참조). 여기서 나는 이러한 이론과 모델을 반복해서 설명하지도 않을뿐더러 평가하지도 않겠다. 또한 노동의 민주적 분할에 대한 다른 모델을 제공하지도 않을 것이다. 대신 이번 장의 결론으로써 정의로운 직장 조직을 위한 몇 가지 일반적인 매개변수만을 언급하려 한다.

직장 민주주의는 정의로운 사회조직에 있어 필수 요소이다. 정부가 민주적이어야만 하는 것과 같은 이유에서 그러하다(Gould, 9장 참조). 또한 많은 저자들이 지적하듯이, 민주적 정부와 민주적 직장은 상호 보강한다. 직장에서 의사결정에 참여하는 것은 시와 국가에서의 의사결정에 참여하려는 관심과 역량을 발전시키는 데 기여한다(가령 Pateman, 1970, 3장; Mason, 4장 참조). 직장 민주주의를 위해서는 최소한 다음과 같은 두 가지 필수 조건이 있다. 즉, 첫째 기업의 피고용인들은 기업 전반에 대한 기본적 결정에 참여해야 한다는 조건과, 둘째 이들 피고용인들은 자신들이 당면한 노동 상황과 관련된 특수한 사안 결정에 참여해야 한다는 조건이다. 이 두 조건은 다시 권력의 상한 범위와 하한 범위를 한정한다. 첫 번째 조건은 기업 운영과 관련해서 시작과 끝을 결정하는 권위를 가진 최고 집행부란 없다는 점을 함의한다. 기업에 대한 기본적 결정은 민주적으로 선출되고 대표성을 가지며, 자신을 선출한 사람들에게 책임을 지는 입법기관에 의해 이루어져야 한다는 것이다. 그러한 기본적 결정에는 무엇을 생산할 것인지와 어떤 서비스를 제공할 것인지에 대한 결정, 노동 분업의 기본 구조도 포함하는 생산 또는 서비스 제공 절차의 기본 계획과 조직, 기본임금과 이윤 배분 구조, 자본 투자 전략, 기업 내 직장 내규 및 노동자의 기본적 권리들 확립과 이들 권리의 보호 및 분쟁조정 절차의 확립, 고용과 승진에 대한 기본 규칙뿐만 아니라 임원 선출 절차 등이 포함될 수 있다. 2장에서 언급한 것처럼, 기업 소재지인 지역공동체는, 자본 재투자 계획, 오염 배출, 심지어 탁아 정책과 같은 기업 활동들에 직접적으로 영향을 받는다. 따라서 이 지역공동체는 적어도 기업 외부의 삶에 중대한 영향을 미치는 이런 결정들을 하는 과정에 어느 정도 대표될 응분의 자격이 있다. 또한 기업이 근로자 소유가 아닌 경우, 주주들 또한 일정 정도 대표될 응분의 자격이 있다. 기업지배 기구의 전반적 차원에서는 내가 6장에서 주장했던 집단 대표제의 원칙이 작동해야 한다. 여성, 소수 인종, 장애인과 같이 사회적으로 억압 받고 불이익을 받는 집단들은 특별히 대표되어야 한다. 또한 기업의 개별특수적인 상황에 따라서는 그와는 다른 집단들—가령, 신입 말단직 노동자나 특정한 업무를 수행하는 노동자들—이 불이익을 받을 가능성도 있다.

그렇지만 직장 민주주의가 대의제를 통해 최상층의 의사결정에 참여하는 것만을 내포할 뿐이라면, 직장 민주주의는 불완전한 것이다. 적어도 노동자들이 자신들이 당면한 노동의 맥락과 환경에 대한 결정, 즉 자신의 전문 분야, 업무 부서, 작업 팀, 노동 장소 등에 대한 결정에 참여해야 한다는 점이 중요하다. 그렇다고 해서 그 결정 과정에서 경영관리자나 상급 감독자를 배제하자는 말은 아니다. 내가 말하고자 하는 바는 어떤 결정들은 경영관리자와 노동자가 함께 내려야 하며, 또한 경영관리자의 권력에 한계를 설정하고, 경영 권력이 상당 정도의 개인적 자율성과 팀의 자율성과 부합하도록 작동해야 한다는 것이다.

앞에서 내가 고찰했듯이, 일자리를 위한 자격적합성 요건과 누가 그 요건을 충족하는지와 관련해서는 노동자들이 민주적으로 결정해야 한다. 이는 모든 노동자가 모든 임명 결정에 매번 참여해야만 한다는 뜻은 아니다. 그렇지만 특히 평균임금보다 훨씬 많은 임금을 받는 지위나 권력 있는 지위 또는 전문 기술을 갖는 지위와 관련해서는 민주적으로 선출된 '선발 위원회'가 있어야 한다는 것이 원칙이어야 함은 분명하다.

설혹 직장의 구조와 노동 분업에 있어 아무 변화가 일어나지 않는다 하더라도, 내가 묘사했던 경로에 따라 이루어지는 직장 민주주의는 무력함이라는 억압—이 억압은 자기 자신과 타인의 노동을 정의하는 전문직과, 타인에 의해 정의된 직무를 단지 집행만 하는 노동자 사이의 분할에서 기인한다—을 상당히 줄일 수 있다. 직업을 규정하는 현재의 방식—기술 전문가와 운영자와 미숙련 생산직, 사무직, 서비스업 노동자를 구별하는 것도 포함하여—이 많건 적건 그대로 남아 있어야 한다면, 직장에서의 민주적 의사결정은 후자 직종의 노동자에 대한 지배와 예속을 감경시킬 것이다. 비록 이들 미숙련노동자들이 반복되고 틀에 박힌 직무를 계속 수행한다고 할지라도, 직장 내 주요 의사결정에 참여할 권리와 기회를 가진다는 점이 그들의 노동 생활을 더욱 흥미롭게 만들고 기술을 개발할 수 있도록 만들어 줄 수 있을 것이다.

직무의 규정과 직무의 집행 노동 사이의 분할, 전문직과 비전문직 계급 사이의 분할은 그 자체로 억압을 생산하고 재생산하는 경향이 있다고 주장한 바 있다. 이런 분할은 현대 산업 안에 견고히 자리 잡고 있어서, 세계에서 노동자 민주주의의 가장 성공적인 예로 간주되는 노동자 협동조합 체계—스페인 바스크 지역의 몬드라곤Mondragon[12]—조차 전문가들의 전문직 및 경영관리직 층과 비전문직 노동자 사이의 강고한 분할을 유지한다(Hacker, 1989, 5장과 7장 참고). 그러한 노동 분업이 남아 있는 한, 전문가 계급이 지식을 독점하고, 다른 사람들의 노동을 탈숙련화하여 이들의 역량을 약화시키고, 타자에 대해 착취와 문화제국주의라는 특권적 관계 안에 있으려는 본래적 경향이 존재하게 된다.

노동의 민주적 분할을 위해 전문화를 제거할 필요는 없으며, 아마 그래서도 안 될 것이다. 따라서 전문직 노동자와 비전문직 노동자 사이의 계급 분할을 약화시킨다는 것은 다음과 같은 뜻이다. 첫째, 사회적 계층상의 높은 지위 또는 명망에만 오로지 근거해서 전문직에 특별한 특권을 부여하는 것—임금의 형태이건, 자율성의 형태이건, 노동 규칙의 형태이건, 자원에 대한 접근권의 형태이건—은 잘못이다. 둘째, 미숙련 노동으로부터 숙련된 노동으로의 이동은 모

---

12 몬드라곤은 다수의 자율적이고 독립적 협동조합으로 이루어진 기업으로, 돈 호세 마리아 아리스멘디아리에타 신부에 의해 1956년 창설되었다. 2105년 현재 260여 개의 산하 기업, 7만 4,000여 명의 피고용인이 일하고 있는데, 모든 조합원은 출자금에 관계없이 1인 1표의 권리를 행사하는 민주적 의사결정 구조를 갖고 있다.

두에게 주어지고, 또 모두가 활용할 수 있어야 한다. 한 일자리에 남아 있다는 점이 낙인이 되어서도 안 되지만, 더 이상 탈출구가 없는 '막판' 일자리 같은 것은 없어야 한다. 해당 직업에서의 기량 개발과 직업 단계를 통해 상승할 기회는 현행 선진 산업사회의 전형적인 노동 구조에서보다는 훨씬 더 널리 보장되어야 한다. 또한 전문직 노동자와 경영관리직 노동자는 생산 라인 또는 서비스 제공에 대한 직접 경험으로 자신들의 노동 생활을 시작해야 한다(Collins, 1979, 200~201쪽 참조). 전문직 노동자와 경영관리직 노동자에게 적당한 생산 또는 유지 직무가 할당되면 더 좋을 것이다. 전문화된 기술 개발을 위해서 장기적인 학교 교육이 필요한 경우, 비용 부담이 없이 학교 교육을 손쉽게 받을 수 있어야 하고, 학교 교육을 원하는 모든 사람에게 가능하면 많이 열려 있어야 한다(Green, 1985, 87~89쪽 참조). 마지막으로 셋째, 전문화된 직업적 기술 또는 전문화된 지식형태를 가진 사람들은 노동자와 공동체에 대해 책임을 져야 한다. 전문가가 제공하고 보급시켜야 하는 전문화된 지식은 의사결정에서 필수적이다. 그러나 전문가들은 자신들의 전문성을 근거로 내세워서 바로 자신들이 결정을 내릴 권위가 있다고 주장할 수는 없을 것이다(Green, 1985; Gould, 1988, 10장 참조). 과학기술의 사용, 정보의 조직과 보급, 건축 및 도시 계획 등에 대한 결정은 직장과 거주 구역과 지역 측면에서 이질적인 민주적 공중에 의해서 결정되어야만 한다. 이 책의 결론 장에서는 무엇보다도 직장과 거주 구역 간의 정의正義를 촉진하는 지역 정부의 중요성을 옹호하려고 한다.

8장

도시 생활과
차이

"이웃 간의 커다란 차이—종종 피부색의 차이보다 훨씬 심각해지는 차이—를 위한 여지, 즉 관용은 철저하게 도시적인 삶에서는 가능하고 정상이지만, 교외와 준準교외에서는 매우 낯선 것이다. 서로 잘 모르는 사람들이 세련되지만 본질적으로는 점잖고 서로 예의를 차리는 방식으로 평화롭게 함께 살아갈 수 있게 해주는 붙박이 시설들을 갖춘 대도시의 거리에서만 관용은 가능하고 통상적인 일이 된다."

— 제인 제이콥스Jane Jacobs[1]

비판적 규범 이론의 중요한 목적의 하나는, 사회관계에 대한 대안적 비전을 제공하는 것이다. 마르쿠제의 표현에 따르면, '그런 비전의 실현 가능성들을 염두에 두면서, 우리가 실제로 경험한 이 세계의 구성 요소들이 가하는 현실적 제약과 억압과 부정에 비추어서 그 요소들을 개념화하는 것'이 바로 대안적 비전이다(Marcuse, 1964, 7쪽). 그러한 적극적인 규범적 비전은 사회 변화를 위한 활동의 동기가 되는 희망과 상상력을 고취시킬 수 있다. 또한 그 비전은 기존 사회 상황을 비판할 때 필요한 성찰적 간격을 어느 정도 제공하기도 한다.

많은 철학자와 정치 이론가들은 복지 자본주의 사회가 원자적 atomistic이고 비정치화되어 있으며 자기본위의 이익집단 다원주의와

---

1 제인 제이콥스(1916~2006)는 미국·캐나다의 작가로, 도시 개발이 주민의 필요를 존중하지 않음을 밝히는 연구로 잘 알려져 있다. 그는 자신이 살던 뉴욕 시 그리니치빌리지(Greenwich Village)가 개발업자에 의해 변형되는 것을 강력히 반대하는 운동을 전개했으며, 베트남 전쟁에 반대하며 캐나다로 이주했다.

관료제 지배를 조장한다는 이유에서 비판한다. 그러한 비판이 제시하는 가장 흔한 대안은 공동체community라는 이상이다. 마이클 샌델과 알래스데어 매킨타이어Alasdair MacIntyre[2] 등이 자유주의적 개인주의에 대한 대안으로서 제시한 공동체에 대한 호소에 자극받아 최근 정치 이론가들은 자유주의에 반대하는 공동체주의communitarianism의 장점과 단점에 대해 논쟁을 벌여왔다. 많은 사회주의자, 무정부주의자, 페미니스트, 또 복지 자본주의 사회에 비판적인 사람들은 지배와 억압으로부터 자유로운 사회에 대한 자신들의 비전을 공동체의 이상이라는 측면에서 정식화한다. 이러한 논의의 다수를 보면서 우리는 자유주의적 개인주의와 공동체주의가 사회관계를 관념하는 대안 가능성 모두를 남김없이 다루었구나 하고 생각하게 된다.

이전의 장들에서 분명해진 점이 있다면, 내가 복지 자본주의 자유민주주의 이론 및 사회에 대한 공동체주의의 비판에 많은 부분 동의한다는 것이다. 그렇지만 이 장에서 나는 앞서 언급한 공동체의 이상이 민주적 정치체에 대한 적절한 대안적 비전을 제시하는 데 실패했다고 주장할 것이다. 공동체의 이상은 내가 4장에서 분석한 동일성의 논리의 전형적인 예이다. 공동체의 이상은 주체들 상호 간의 융합에 대한 염원을 표현하는데, 그 염원은 해당 집단과 동일시되지 않는 사람들을 배제하는 쪽으로 실제로는 작동한다. 공동체의 이상은 사회적 차이를 부인하고 억압한다. 즉, 정치체는 모든 참여자가 공통의 경험과 공통의 가치를 공유하는 통일체로 파악될 수 없다는 사실

---

2 알래스데어 매킨타이어(1929~)는 스코틀랜드 출신의 세계적으로 저명한 도덕·정치 철학자로, 자유주의와 개인주의를 비판하고 공동체주의적 철학을 옹호했으며, 특히 '덕(virtue)'의 중요성을 강조했다. 대표적인 저서로는 『덕의 상실(After Virtue)』(1981), 『Whose Justice? Which Rationality?』(1988)가 있다.

을 부인하고 또 억압한다는 것이다. 또한 공동체의 이상은 면대면面對面 관계에 특권적 위상을 부여하면서, 사회적 과정의 특징인 시간적·공간적 거리두기 형식으로 나타나는 차이를 부인한다.

나는 이 장에서 공동체의 이상에 대한 대안으로 도시 생활city life의 이상을 발전시키고자 한다. 이것은 집단 간 차이를 긍정하는 관점에서 사회관계를 파악한다. 규범적 이상으로서 도시 생활은 배제하지 않으면서 차이를 인정하는 사회적 관계를 잘 보여 주는 예이다. 상이한 집단들이 필연적으로 도시 공간 속에서 상호작용하면서 그 안에서 나란히 함께 거주한다. 도시의 정치가 민주적이 되고 한 집단의 관점에 의해 지배되지 않으려면, 공동체를 형성하지 않으면서도 도시 안에서 함께 거주하는 상이한 집단들을 고려하고 그들을 위한 목소리를 제공하는 정치야말로 도시 정치가 지향해야 하는 것이다.

그런데 동화되지 않은 타자성을 기꺼이 받아들이는 것으로 파악된 도시 생활은 실현되지 않은 사회적 이상을 표현할 뿐이다. 오늘날의 대도시에는 많은 사회적 부정의가 존재하고 있다. 대도시와 그 거주자들은 기업 자본과 국가 관료제의 지배 앞에 상대적으로 무력하다. 도시들과 타운들towns[3] 안에서 이루어지는 사사화私事化된 의사결정과정은 불평등과 억압을 재생산하고 악화시킨다. 또한 이 사사화된 의사결정과정은 도시 안에서 그리고 대도시와 소도시 사이의 분리와 배제를 생산하거나 강화하는데, 이는 착취와 주변화와 문화제국주의라는 억압에 기여한다.

많은 민주주의 이론가들은 사람들이 이와 같은 대도시 생활의 해

---

3 'town'은 'city(도시)'보다 작고 'village(마을)'보다 큰 지역을 뜻하고 '소도시', '읍'으로 번역되지만, 그 정확한 의미가 전달되지 않기에 여기서는 '타운'으로 번역한다.

악들에 대응해서 분권화된 자치 공동체들—그런 자치 공동체에서는 사람들이 자신들의 삶과 이웃에 대해 인간적인 척도에 입각해서 현지에서의 통제력을 행사한다—의 창출을 주장한다. 결론적으로 내가 주장하는 바는, 이런 지역 자치 방안들은 공동체의 이상에서 나타나는 배제의 문제를 재생산한다는 것이다. 나는 자치와 권한 강화를 개념적으로 구분할 것을 제안하면서, 광역 지방 정부에서 민주적 권한 강화가 이루어질 수 있는 매개변수 몇 가지를 소묘하고자 한다.

개인주의와 공동체 사이의 대립

자유주의의 비판자들은 개인주의에 대한 대안으로서, 그리고 그들이 자유주의의 속성으로 파악하는 추상적 형식주의에 대한 대안으로서 공동체관共同體觀을 원용하는 경우가 많다(Wolff, 1968, 5장; Bay, 1981, 5장 참조). 자유주의의 비판자들은 타인을 필요로 하지 않는 자족적이고 분리된 원자라는 인간상—각 개인은 타인과 거리를 두고 홀로 있을 형식적 권리들을 동일하게 보유한다—을 거부한다. 이들 자유주의 비판 저술가들에게 공동체의 이상은 현대사회의 특징인 사익을 위한 경쟁의 부재를 떠올리게 한다. 자유주의의 비판자들은 자유주의의 추상적이고 형식적인 방법론에 대한 대안을 이 공동체의 이상에서 찾아낸다. 공동체 속에서 타인과 함께 존재한다는 것은 타인의 권리를 단지 존중하는 것 이상을 넘어서, 타인이 필요로 하는 것들과 타인이 가지는 이익들의 개별특수성에 주의를 기울이고 그것들을 공유하는 것을 의미한다.

롤스에 대한 비판으로 높게 평가받고 있는 마이클 샌델(1982)

은 정의의 우선성을 강조하는 자유주의에서는 개인을 욕구와 목표
에 선행해서 존재하면서 타인과는 경계를 쌓는 유아독존唯我獨尊적
인 통일체로서 파악하는 인간관이 상정되고 있다고 주장한다. 샌델
에 따르면, 이러한 인간관은 비현실적이고 잘못된 것이다. 개인은,
자유주의가 상정하는 것과는 달리, 다른 개인들과 공유하는 정체성
의 산물이라고 파악하는 인간관, 즉 가치와 목표는 개별 자아의 외
부에 존재하면서 개인이 원하면 갖게 되는 것이 아니라 개별 자아의
형성에 이미 작동하고 내재하는 것으로 파악하는 인간관이 자유주
의 인간관보다 더 낫다고 샌델은 본다. 공동체라는 개념은 이 구성
적 자아관constitutive conception of the self⁴을 표현하고 있다는 것이다.

벤저민 바버(Benjamin Barber, 1984)⁵ 역시 인간을 원자적이고 고
립된 개인으로 파악하지 않는 사회적 삶의 비전을 위해서 공동체
관념을 사용한다. 바버에 따르면, 자유주의 정치 이론은 개인들을
각자만의 사적인 공간을 차지하는 존재로, 자신만을 염두에 두는
사적 욕구에 의해서만 추동되는 존재로 파악한다. 이는 소비자 지
향적 인간 본성관이다. 여기서는 사회적·정치적 관계가 본래적 가
치를 가지는 것이 아니라 그저 개인적 욕구 충족의 수단이라고만
이해된다. 갈등과 경쟁이 인간 상호작용의 특징이라고 상정하는 정
치 이론이 이런 원자론적 인간관에서 생겨난다는 것이다. 샌델처럼
바버도, 오로지 사적 필요들과 욕망의 충족을 지향하기보다는 사

---

4 타인과 정체성과 가치 및 목표가 개별 자아의 형성에 중요한 역할을 한다는 인간관.
5 벤저민 바버(1939~2017)는 미국 러트거스 대학교 정치학과 명예교수였다. 정치학자로
  서 미국을 비롯한 여러 나라의 진보파 정치인을 위한 조언자 역할을 했다. 대표적인
  저서로 『강한 시민사회, 강한 민주주의(*Strong Democracy: Participatory Politics for a New
  Age*)』(1984)가 있다.

회적으로 형성되며 상호성의 관계를 적극적으로 인정하려는 지향을 가진 개인이라는 인간관을 위해서 공동체라는 이상을 원용한다 (Ackelsberg, 1988 참조).

이전의 여러 장에서 지적했듯이, 나는 자유주의에 대한 이러한 비판들과 견해를 같이한다. 나의 주장은 자유주의적 사회존재론에는 사회집단의 개념을 위한 자리가 없다는 것이었다. 나는 인간 상호작용과 의미와 친연성—이것들에 비추어 사람들은 서로서로를 동일시하게 된다—이 관계하면서 나온 산물이 사회집단이라고 보았다. 실로 개별 자아는 심원하면서도 종종 모순되기도 한 방식들로 이루어지는 사회적 관계의 산물이다. 또한 개인의 사회집단 정체성들은, 중요한 점에서는, 그 개인이 속한 집단의 다른 구성원들과 공유되는 것이다.

앞장에서 나는 인간 본성에 관하여 자유주의가 상정하는 소비자 지향적 전제들에 대해서도 비판해 왔는데, 이들 전제에서 정치의 기능에 대한 도구주의적 견해가 나오게 된다는 바버의 견해에 동의한다. 바버 및 여타의 신공화주의 이론가들과 마찬가지로 나 역시 자유주의적 다원주의 과정 속에서 이루어지는 정치의 사사화를 거부하고, 민주적 공중의 제도화를 주장한다. 그러면서도 나는 자유주의에 대한 이 모든 비판은 공동체를 정치적 이상으로 받아들이지 않으면서도 이루어질 수 있고, 또 그래야만 한다고 생각한다.

이 쟁점들에 관하여 현재 이루어지는 논의들의 압도적 흐름은 개인주의냐 아니면 공동체냐, 라는 이분법을 제시하고 그 외의 가능성은 없다는 식으로 설정한다. 개인주의/공동체, 고립된 자아/공유된 자아, 사私/공公 등의 대립 속에서 공동체가 등장한다. 그러나 대부분의 정치철학적 개념들이 그러하듯이, 개인주의와 공동체의 양극성 기저에는 공통의 논리—이 논리로 인해 개인주의와 공동체가 서로를 부정적으로 규정할 수 있게 된다—가 존재한다. 개인주의와 공동체는 각각 차이의 부정, 그리고 다중성 및 이질성을 통일성으로 만들려는 욕망을 포함하고 있다. 비록 상호 반대되는 방식으로이긴 하지만 말이다. 자유주의적 개인주의가 차이를 부정하는 방식은 개별 자아를 자신 이외의 다른 어떤 것 또는 다른 어떤 사람에 의해서도 정의되지 않는, 견고하고 자족적인 통일체로 설정하는 것이다. 그 형식주의적인 권리의 윤리도 각각 따로 존재하는 개인들을 권리라는 공통 척도 아래 포섭시킴으로써 차이를 부정한다. 반면, 공동체 옹호자들이 차이를 부정하는 방식은 개인들이 각자 홀로 있기보다는 서로 융합된 상태를 사회적 이상으로 설정하는 것이다. 공동체 옹호자들은 총체성 안에서 개인들이 동일화되고 조화를 이루면서 형성된 통일성 또는 상호성의 관계로 사회적 주체를 파악한다. 공동의 전체 안에서 상호 통일을 이루고 있는 사람들을 보려는 강력한 열망이 표현된 것이 바로 공동체주의라고 하겠다.

많은 저자들에게 개인주의의 거부는 논리적으로 당연히 공동체의 옹호를 포함하고, 거꾸로 공동체의 거부는 반드시 개인주의 지지를 포함하는 것으로 여겨지고 있다. 예컨대, 진 엘슈타인Jean Elshtain과 바버라 에런라이크Barbara Ehrenreich 사이의 토론[6]을 다루면서 해

---

6 진 엘슈타인(1941~2013)은 미국의 윤리학자이자 정치철학자로 시카고 대학교 교수를 역임했다. 바버라 에런라이크(1941~)는 미국의 저술가이자 정치 활동가로, '미국 민주사회주의자(Democratic Socialists of America)'의 핵심 인물이다. 두 사람은 『디센트(Dissent)』 지를 통해 단독 또는 공동으로 논의를 전개했다. 예컨대, Jean Elshtain, "Feminism, Family and Community" Dissent (Fall 1982); Barbara Ehrenreich & Jean Elshtain, "On Feminism, Family and Community" Dissent (Winter 1983) 등.

리 보이트와 사라 에번스(Harry Boyte and Sara Evans, 1984)는 에런 라이크가 공동체에 대한 엘슈타인의 호소를 거부하기 때문에 에런 라이크는 개인주의를 옹호한다고 주장한다. 공동체주의의 롤스 비판으로부터 촉발된 정치 이론가들 사이의 논쟁을 설명하는 근래의 견해들 전부가 개인주의와 공동체의 두 범주는 실로 상호 배제적이고 이 양 범주만으로 모든 사회존재론과 인간관을 분류해 낼 수 있다고 시사하면서, 자유주의적 개인주의와 공동체 사이의 이분법에 비추어서 그 논쟁을 향하여 이런저런 가르침을 내리고 있다(Hirsch, 1986; Wallach, 1987; Cornell, 1987 참조). 따라서 그 논쟁에 참여하는 토론자들이 이 논쟁이 모든 것을 뭉뚱그리고 순환논리적이라는 점을 인정하고 그 논쟁의 관점 바깥의 입장을 취하려고 노력할 때조차도 그 이분법의 한쪽 '편'이나 다른 쪽 '편'을 어느새 지지하게 되는 경향이 있다. 왜냐하면 a와 비非a의 이분법처럼, 개인주의와 공동체의 이분법은 모든 논리적 가능성을 망라하므로 그 이외의 논리적 가능성은 없다고 여기고 있기 때문이다.

루소주의의 꿈

공동체의 이상은 내가 4장에서 고찰한 동일성의 논리를 따른다. 동일성의 논리는 통일성, 즉 주체들 서로 간의 통일성에 대한 강력한 열망을 표현한다. 공동체의 이상은 사람들 사이의 조화를 향한 열망, 합의와 상호이해를 향한 열망, 푸코가 '루소주의의 꿈Rousseauist dream'이라고 부른 것에 대한 열망을 표현한다. 루소주의의 꿈이란 다음과 같다.

"[루소주의의 꿈이란] 사회를 이루는 각 부분이 또렷하게 다 보이는 투명한 사회에 대한 꿈, 어떤 어둠의 영역도 존재하지 않는 사회에 대한 꿈, 즉 왕권의 특권이나 몇몇 대기업의 특권에 의해 수립된 영역, 무질서의 영역이 더 이상 존재하지 않는 사회에 대한 꿈이다. 이는 어떤 지위를 가지고 있든지 상관없이 각 개인이 사회 전체를 볼 수 있을 것이라는 꿈, 사람들이 진심으로 소통하고 자신들의 비전이 어떤 장애물에 의해서도 방해받지 않을 것이라는 꿈, 모두가 동의한 의견이 각 개인을 다스린다는 꿈이다."(Foucault, 1980, 152쪽)

공유된 주체성이나 공통 의식으로 표현되건 아니면 상호성 및 호혜성 관계로 표현되건 간에, 공동체의 이상은 주체들의 존재론적 차이를 부인하고 저평가하거나 억압하면서, 동일성으로 뭉뚱그려질 수 없는 사회의 무궁무진한 다양성을 자기 폐쇄적인 전체가 주는 위안으로 용해시켜 버린다.

샌델은 노골적으로 공동체를 공유된 주체성으로 정의한다. 샌델 자신의 구성적 공동체 관념과 그가 롤스에게서 찾은 도구적·감성적 공동체 관념 사이의 차이를 정확하게 꼽자면, 구성적 공동체에서 주체들은 공통의 자기 이해[정체성]를 공유한다는 점이다(Sandel, 1982, 62~63쪽, 173쪽). 또한 샌델은 노골적으로 사회의 투명성이 공동체의 의미와 목적이라는 입장을 취한다.

"그래서 우리의 구성적 자기 이해[우리의 자아를 구성하는 데 중요한 역할을 하는 정체성]가 개인 혼자보다 더 넓은 주체—그것이 가족이건 부족이건 도시건 계급이건 국가이건 인민이건 간에—를 포괄하는 것이라면, 그런 한에서 우리의 구성적 자기 이해는 공동체를 구성적 의미에서 파악한다. 그리고 그렇게 파악된 공동체를 특징짓는 것은 단지 자비의 정신이라든가 지배적인 공동체주의적 가치들이라든가 심지어 특정한 '공통의 최종 목적'이 아니라, 담론의 기반이 되는 공통의 어휘들, 그리고 명시적으로 드러나지는 않지만 암묵적으로 작동하는 관행 및 이해라는 바탕이다. 바로 이 공통의 어휘들과 바탕 속에서 참여자들의 불투명성이 완전히 해소되지는 않는다 하더라도 경감된다. 다른 가치들에 대해 우월한 위상을 누리기 위해 정의가 개인들이 따로따로 떨어져 있는 상태 또는 서로에 대해 거리를 두는 상태를 인식적 측면에서 필요로 하는 한, 참여자들의 불투명성이 사라지고 구성적 공동체가 깊어지게 되면 정의의 우위성은 약화될 것이다."(Sandel, 1982, 172~173쪽)

바버 또한 공유된 주체성을 공동체의 의미로 받아들인다. 개인들은 정치적 참여를 통하여 서로 대면하고 자신들의 욕구와 욕망을 조정하면서 "개별적인 필요들과 욕구들을 모두가 공유할 수 있는 단일한 미래 비전으로 조율해 내는 공통의 질서를 창출해 낸다."는 것이다. 강한 민주주의가 추구하는 바는 공통의 논의와 공통의 작업을 통하여 '공통의 의식 및 공통의 정치적 판단'을 만들어 내는 '창조적인 합의'라는 것이다(Barber, 1984, 224쪽).

다른 한편, 일부 공동체 이론가들은 공동체의 의미에서 공통성을 상호성과 호혜성, 즉 개인 각자가 다른 모든 이들의 개별성을 인정하는 것으로 대체한다(Cornell, 1987 참조). 예컨대, 세일라 벤하비브는 사람들의 공통성을 강조하는 관점을 롤스로 대표되는 권리 및 정의 윤리학의 관점—벤하비브는 이를 '일반화된 타인'의 관점이라고 부른다—으로 파악한다. 벤하비브에 따르면, 또한 도덕 이론은 그녀가 '구체적인 타인'의 관점이라고 부른 보완적 관점도 표현해야 한다. 벤하비브는 자유주의가 그리는 권리 및 권원 공동체와 대비하여 자신의 견해를 필요들 및 연대의 공동체관이라고 부른다.

> "그에 비해, '구체적인 타인'의 관점은 각각의 모든 이성적 존재를 구체적인 역사와 정체성과 정서적-감정적 구조를 가지는 개인으로 보라고 요구한다. 이 구체적 타인의 관점을 취할 때 우리는 우리의 공통성을 이루는 것에 주목하기보다는 타인의 독자성을 이해하려고 노력하게 된다. 우리는 타인의 필요, 그들의 동기, 그들이 추구하는 것, 그들이 원하는 것을 이해하고자 애쓰게 된다. 타인에 대해 우리가 맺는 관계는 보완적 상호성이라는 규범에 의해 향도된다. 즉, 각 개인은 다른 사람들로부터 일정한 행동 형식들—이런 행동 형식을 통해서 다른 사람들 역시 자신들이 고유한 필요와 재능과 역량을 가진 구체인 개별적 존재로 인정받고 긍정 받는다고 느끼게 된다—을 기대하고, 또 그런 행동들이 행해질 것으로 가정할 권리가 있다는 규범이다. …… 그런 상호작용에 동반되는 도덕적 개념 범주들이 책임, 유대, 공유라는 개념이다. 이 개념들에 상응하는 도덕적 감정들은 사랑, 보살핌, 공감, 연대이며, 또 그에 상응하는 공동체관은 필요와 연대의 공동체관이다."(Benhabib, 1986, 341쪽)

공유된 주체성이라는 샌델과 바버의 용어와 보완적 상호성이라는 벤하비브의 용어가 명백히 다르기는 하지만, 나는 이 세 사람 모두 비슷하게 사회적 관계란 주체들이 서로에게 함께 현전現前하는 상태copresence of subjects(Derrida, 1976, 137~139쪽 참조)[7]로 보는 이상을 표현하고 있다고 생각한다. 공통의 의식으로 표현되건 상호이해로 표현되건 간에, 저 이상은 주체들이 서로에 대해 투명해야 한다[8]는 이상이다. 이 이상에서는 우리 각자가 타인을 이해하고, 타인 스스로가 자신을 이해하는 것과 같은 방식으로 각자가 타인을 인정하고, 타인 스스로가 자신을 이해하는 대로 타인들이 서로 그렇게 이해하고 있음을 우리 모두가 인정한다. 따라서 이러한 이상은 데리다가 말하는 '현전現前의 형이상학metaphysics of presence'을 따르게 되고, 언어와 경험에 내재한 시간적 차이를 하나의 단일한 관점에서 파악될 수 있는 전체성으로 용해시키고자 한다. 이러한 공동체의 이상은 주체 내부의 존재론적 차이와 주체들 사이의 존재론적 차이를 부인한다.

공동체 속에서는 사람들이 타인이 되기를 멈추고, 불투명한 존재인 것을 멈추고, 이해되지 않는 상태로 있기를 멈춘다. 이제 사람들은 서로 공감하게 되고, 자기 스스로를 이해하듯 서로를 이해하면서 융합된다. 주체들 상호 간의 투명성이라는 이 이상은 주체들이 서로 다르다는 점 또는 주체들이 기본적으로 비대칭적 관계에 있다는 점을 부인한다. 헤겔이 최초로 도입했고 사르트르의 분석이 이를 심화시킨 것처럼, 주체성은 부정성negativity이기 때문에 사람들은 필연적으로 서로를 초월한다. 타인을 파악한다는 것은 언제나 타인을 객관화하는 활동이다. 다른 사람들은 절대로 나의 관점에서 세상을 보

---

7 주체들이 서로서로에게 완전하게 현전하여 서로의 욕구와 생각을 완벽하게 이해하는 상태를 의미하는 듯하다.
8 사회 구성원 각자의 욕구와 생각을 서로서로가 완벽하게 이해하고 파악해야 한다는 뜻이다.

지 않는다. 나의 몸과 행위와 말에 관해 타인이 객관적으로 포착한 것을 목도할 때, 그 타인이 파악한 내 자신은 내가 내 자신에 대해 가지는 것과는 다르다는 경험을 하게 된다.

물론 주체들이 서로 간에 초월한다는 이 현상은 우리들 사이에서 뭔가 공유하는 것을 가능하게 만들어 주는데, 이 사실을 사르트르는 헤겔만큼 알아채지는 못했다. 그렇지만 주체들 간에 무엇인가를 공유한다는 것은 완전한 상호이해와 호혜성이 아니다. 게다가 이 공유 활동은 부서지기 쉽다. 다음 순간이 되면 타인은 나의 말을 내가 의미한 바와는 다르게 이해할 수 있고, 또는 나의 행위를 내가 의도하지 아니한 결과로 끌고 갈 수 있다. 차이 때문에 우리들 사이에 뭔가를 공유하는 것이 가능했는데, 이제 바로 그 차이 때문에 오해와 거부와 철회와 충돌이 인간이라는 사회적 존재에게 언제나 가능한 조건이 되어 버린다.

주체는 통일체가 아니므로, 주체는 자기 자신 앞에 등장해서 존재할 수 없으므로, 자기 자신을 알 수 없다. 나는 내가 의미하고, 필요로 하고, 원하고, 욕망하는 것을 항상 아는 것은 아니다. 왜냐하면 의미와 필요와 욕망은 모종의 투명한 자아 속에 있는 원천에서 생겨나는 것이 아니기 때문이다. 그러려는 의도 없이도 종종 나는 몸짓이나 목소리의 톤으로 나의 욕망을 표현한다. 의식과 발언과 태도의 표출은 주체가 평소와는 다른 특별한 능력을 발휘할 경우에만 가능하기 때문에, 주체는 필연적으로 자기 스스로를 도저히 파악할 수가 없다. 모든 주체는 다중적 욕망을 가지는데, 이 다중적 욕망은 한 주체 내에서도 충돌한다. 주체들은 대상들에 대해 의미의 여러 층위를 결부시키기는 하지만, 주체들이 이들 의미의 층위 하나하나에 대해서 또는 의미 층위들 간의 연관성에 대해서 항상 알면서 그러지는 않는다. 결론적으로 말하면, 완전하게 이해될 수는 없는 차이가 작용하여 개개의 주체가 형성된다는 것이다.

만약 주체가 이질적 과정이고, 스스로에게 완전히 현전하는 경우가 절대 불가능하다면, 이로부터 나오는 결론은 주체들은 스스로를 투명하게 할 수 없으며, 주체들 서로에 대해서도 완전히 현전할 수는 없다는 것이다. 따라서 주체에 대한 타인의 공감적 이해도 어렵다. 타인이 그 자신을 이해하는 대로 내가 타인을 이해할 수는 없다. 왜냐하면 타인 스스로가 그 자신을 완벽하게 이해하지 못하기 때문이다. 실제로 타인이 표현하는 의미와 욕망은 타인 자신이 그렇다는 자각이나 그러려는 의도를 넘어설 수도 있으므로, 오히려 내가 그들보다 더 완전하게 그들의 말이나 행위를 이해할 수도 있을 것이다.

공동체의 이상은 사회의 전일성全一性, wholeness, 대칭, 안전, 견고한 정체성—이는 다른 사람들에 의해 분명하게 긍정적으로 확인되었기 때문에 객관화된다—을 향한 염원을 표현한다. 이는 이해될 만한 꿈이기는 하지만, 결국 꿈에 불과하며, 이제 내가 주장하려는 바처럼, 심각한 정치적 결과를 수반하는 꿈이다.

면대면 관계에 특권적 위상 부여하기

주체들이 서로서로에게 완전하게 함께 현전하여 서로의 욕구와 생각을 완벽하게 이해하는 상태pure copresence of subjects to one another로 공동체를 바라보는 이상의 정치적 표현은 지역 단위의 면대면 직접 민주주의에 특권적 위상을 부여하는 정치적 삶의 비전으로 나타난다. 복지 자본주의 사회 비판자들은 그런 소집단 관계 모델을 정치적 이상으로 제시한다. 무정부주의 전통이 이 가치들을 매우 체계적으로 표현하지만, 다른 정치적 토양 속에서도 이 가치들의 형태는 보존되고 있다. 면대면 관계에 기초한 이런 정치 모델은 현재 대중사회에서의 비인격성, 소외, 상품화, 그리고 통치의 관료화에 대한 대안으로서 등장한다.

> "이 기획이 구현된 것이 구성원들이 직접 대면하고, 누군가에 의해 절대 매개되지 않는 공동체로서, 이 공동체는 심층적 차원에서 우리의 인간성 형성에 관여한다. 이 공동체에서 우리는 서로 진정으로 만나게 되는데 , 우리의 사적 세계에서 한 계단 위일 뿐인 공적 세계인 우리의 마을과 인근 마을과 지방자치단체가 그런 공동체이다."(Bookchin, 1982, 267쪽; Manicas, 1974, 246~250쪽; Bay, 1981, 5장과 6장; Taylor, 1982, 27~28쪽 참조)

면대면 관계에 특별한 위상을 부여하는 공동체를 정치체의 이상으로 삼을 때 여러 가지 문제가 발생한다. 이 정치체 이상은 누군가에 의해 매개되지 않고 구성원들이 직접 만나서 결정한다는 무매개적 사회관계의 신화를 상정하고는, 누군가에 의해 매개된다는 것을 소외로 동일시하는 잘못을 범한다. 이 이상은 시간적으로나 공간적으로 거리 두기라는 의미에서의 차이를 부인한다. 이 정치체 이상은 분권화된 작은 단위들로 이루어진 사회가 좋다는 사회 모델을 함축하지만, 이는 비현실적이기도 하고 정치적으로도 바람직하지 않으며, 또한 분권화된 공동체들 사이에서의 정의로운 관계에 대한 정치적 질문을 회피한다.

위 인용문이 지적하듯이, 공동체 이론가들이 면대면 관계에 특권적 위상을 부여하는 이유는 면대면 관계는 직접적인 관계라고 생각하기 때문이다. 직접적 관계는 루소주의의 꿈이 갈망하는 순수성과 안전성을 가지고 있기 때문에, 직접성은 매개성mediation보다 더 좋다는 것이다. 루소주의의 꿈에서는 우리는 서로에 대해 투명하고, 같은 시간과 공간에서 서로에게 완전하게 동시에 현전하며, 닿을 수 있을 만큼 충분히 가깝고, 우리가 서로를 바라보는 것에 방해되는 것이 우리 사이에는 전혀 없다.

그러나 주체들이 직접적으로 동시에 서로에게 현전한다immediate copresence of subjects는 이 이상은 형이상학적 환상이다. 심지어 두 사람 사이의 면대면 관계마저도 음성과 몸짓, 공간성과 시간성에 의하여 매개되기 마련이다. 제3자가 두 사람 사이의 상호 관계에 들어오자마자 처음 두 사람 사이의 관계가 이 제3자를 통하여 매개될 가능성이 생기고, 이 과정은 확대 진행된다. 사람들 사이의 관계가 다른 사람들의 발언과 행동에 의해 매개되는 것은 사회성의 근본 조건이다. 시간과 거리를 넘어 사람들을 연결하는 매개체의 범위와 수단이 증대하게 되면서 사회의 풍부함, 창조성, 다양성, 잠재력도 그에 따라 확장된다. 그렇지만 시간과 거리의 격차가 크면 클수록, 다른 사람들 사이에 존재하는 사람들의 수도 그만큼 많아진다.

나는 사람들이 서로 면대면으로 관계하는 소규모 집단들과 여타의 사회적 관계 사이에 전혀 차이가 없다고 주장하는 것도 아니고, 또한 그러한 면대면 집단들의 고유한 가치를 부정하는 것도 아니다. 같은 가정家庭 안에서 소수의 다른 사람들과 함께 살 때의 친밀성에 인간적으로 가치 있는 독특한 차원들이 있듯이, 상호 관심을 보이는 공동체들 안에서 타인과 함께 존재하는 것에도 인간적으로 가치 있는 특징인 온기와 공유가 있다. 관료화된 자본주의적·가부장제 사회가 그런 상호 우애의 공동체를 훼방하고 파괴한다는 점에는 의문의 여지가 없다. 가족을 압박하고 파편화하는 것과 마찬가지로 말이다. 좋은 사회에 대한 비전은 상호 우애의 특별한 경험—이는 다양한 맥락 속에서 상호작용하는 비교적 소규모 집단들에서만 생겨날 수 있다—을 배양하는 제도 장치들을 반드시 포함해야 한다는 건 분명하다. 그러나 그러한 면대면 관계의 가치와 특수성을 인정한다는 것은 면대면 관계의 가치와 특수성에 특권적 위상을 부여하고는 이를 사회 전체의 제도적 관계를 위한 모델로 상정하는 것과는 다르다.

생각건대, 자치적인 정치적 실체로 기능하는 분권화되고 경제적으로 자족적인 면대면 공동체를 좋은 사회의 모델로 삼는 것은 지지자들의 생각과는 달리 정치를 순수화하는 게 아니라, 오히려 정치를 회피하는 것이다. 첫째, 그것은 몹시 유토피아적이다. 그 이상을 실현하려면, 현대사회의 도시적 성격을 해체하는 것, 즉 생활 공간과 일자리와 무역 거래의 장소들에 대한 엄청난 규모의 대대적인 정비整備가 필요할 것이다. 전환된 사회를 구상하는 모델이라면 마땅히 역사의 지금 이 시대에 우리에게 주어진 물질적 구조에서, 미국의 경우에는 대규모의 산업과 대도시라는 물질적 구조에서 시작해야만 한다.

그러나 더 중요한 점으로 둘째, 지지자들이 통상적으로 제시하는 공동체의 좋은 사회 모델은 그런 소규모 공동체들끼리 서로 어떻게 관계를 맺고 있는가라는 문제를 전혀 다루지 않는다는 것이다. 이 공동체 모델은 일정 수준의 자급자족성과 분권화를 예상하고 있는 경우가 많은데, 이는 간헐적인 우호적 방문 외에는 이들 공동체 사이에 관계가 거의 없다는 그림을 그 모델의 지지자들이 그리고 있음을 시사한다. 그렇지만 분권화된 그런 공동체들이 자원과 재화와 문화를 교환하는 폭넓은 관계를 맺을 필요가 없다고 상정하는 것은 분명히 비현실적이다.

공동체 모델의 지지자들은 얼굴 없는 거대 관료제와 대기업—이들의 행위와 결정은 대부분의 사람에게 영향을 미치지만 영향 받는 사람들의 통제를 전혀 받지 않는다—에 의해 창출된 소외와 지배에 대한 반작용으로 면대면 관계에 특권적 위상을 부여하는 경우가 많다. 이들이 공동체에 호소할 때 상상하는 그림은 보다 지역적이고 보다 직접적인 통제이다. 보다 참여적인 민주 사회는 자기 동네와 직장이라는 지역 현장의 차원에서 능동적 공중이 형성되고 활동하도록 진정으로 지원하고 장려해야 한다는 것이다. 그러나 중요한 정치적 질문은 이러한 지역 현장들 사이의 관계가 어떻게 하면 정의를 함양하고 지배와 억압을 최소화시킬 수 있게 조직될 수 있는가이다. 신화적인 공동체의 이상을 원용하는 것은 이런 문제를 다루기는커녕 오히려 모호하게 만든다. 정치는 자기 주관적이고 직접적인 감각으로 서로서로를 이해하지 않는 낯선 이들 간의, 시간과 공간상 거리를 가로질러 관계 맺는 낯선 이들 간의 관계로 파악되어야만한다.

공동체의 이상의 바람직하지 못한 정치적 결과

나는 공동체의 이상이 주체들의 다름을 인정하지 않고, 시간적·공간적 거리두기에서 나오는 사회적 차이 발생을 인정하지 않는다

494

고 주장해 왔다. 공동체를 향한 열망이, 또는 서로서로의 앞에 모두가 함께 존재하기 및 서로 간에 누군지 알기를 향한 열망이 가져오는 가장 심각한 정치적 결과는 우리와는 다른 존재라고 느낀 사람들을 배제하거나 억압하는 식으로 그런 열망은 작동한다는 것이다. 공동체적 이상에 대한 헌신은 동질성에 가치를 두고 이를 강화시키는 경향을 띤다. 공동체의 이상을 신조 삼아 실천하려는 태도를 가지게 되면 동질성을 높이 평가하면서 강행하려는 경향이 생겨난다 (Hirsch, 1986 참조).

미국에서 일상적으로 행해지는 말들 속에서 공동체라는 용어는 어떤 사람이 특정한 현장 속에서 자신과 동일시하는 사람들을 지칭한다. 공동체는 자기 동네, 교회, 학교를 의미한다. 또한 민족, 인종, 기타 집단적 동일성을 함축하기도 한다. 대부분의 사람들이 자기 자신을 어떤 종류의 공동체든 그 구성원으로 여기는 한, 이들에게 공동체란 특정한 전통 유산과 공통의 자기 정체성과 공통의 문화 및 일련의 규범을 공유하는 집단이다. 내가 5장에서 주장했듯이, 이런 집단의 구성원으로서 자기의 정체성을 확인하는 것은 또한 반대 방향으로도 작용하여 다른 집단들—공포와 경멸의 대상이거나 기껏해야 저평가될 뿐인 집단들—과 자기는 다르다는 차별화로 나타나는 경우도 많다. 사람들은 오직 일부의 사람들과만 서로 간에 동일성을 느낄 뿐이고 이들과만 공동체 속에 있다고 느낄 뿐이다. 자신들과는 다른 타인들이 자신들과 대치할 때 보이는 그 다름을 사람들은 두려워한다. 그 타인들은 자신들의 것과는 다른 문화와 역사와 세계관으로 이루어진 정체성을 보유하고 있기 때문이다. 공동체의 이상은 어떤 사회집단들이 다른 집단들을 향해 드러내는 공포와 혐오에 타당성을 부여하고 또 그것들을 강화한다는 게 내 생각이다. 공동체가 적극적 규범이라면, 즉 상호이해와 호혜성의 관계 속에서 타인과 공존하는 것이 목표라면, 우리 자신과 동일시되지 않거나 동일시될 수 없는 이들을 배제하고 회피하는 것은 당연한 일이겠다.

리처드 세넷(Richard Sennett, 1970, 2장)은 미국 사회에서 '공동체의 신화'가 어떻게 인종차별주의·계급차별주의 행태 및 정책을 생산하고 암묵적으로 정당화하도록 끊임없이 작동하는지를 논한다. 많은 소도시/마을, 교외, 동네에 거주하는 사람들은 자신들의 지역에 대해 모종의 이미지, 즉 여기서는 사람들 모두 서로서로 잘 알고 있으며 같은 가치와 생활 양식을 공유하면서 상호성과 사랑의 감정으로 관계를 맺고 있다는 이미지를 갖고 있다. 그런데 근대 미국 사회에서 그러한 이미지는 거의 언제나 거짓이었다. 일련의 독자적인 가치들 및 생활 스타일을 보유한 하나의 지배 집단이 있을 수도 있지만, 어느 지역에서든지 일탈적 개인들과 집단들이 존재하는 게 보통이다. 그런데 공동체의 신화가 강력하게 작동하여 배제적인 방어 행동들이 생겨난다. 같은 동네 거리에 주택을 구입한 흑인 가족에게 이사 가게끔 압력을 가하는 행동, '우리' 동네에 온 흑인 청소년들을 구타하는 행동, 다세대 공동주택의 건축을 금지하도록 구역을 제한하는 행동이 그 예이다.

공동체를 높이 평가할 때 생겨나는 저 배제적인 결과들은 편견이 심한 사람들이나 보수주의자들에게만 한정되는 것도 아니다. 급진적 정치 조직들 중 많은 조직이 공동체를 향한 열망으로 인해 좌초하고 만다. 사회 변화를 위한 집단들에서 일하는 사람들은 상호 우애를 집단의 목표로 설정하고는 그러한 공통성을 달성하지 못한 경우 자기네 집단을 집단으로서의 자격이 부족하다고 심판해 버리고 마는 경우가 너무도 많다(Mansbridge, 1980, 21장; Breines, 특히 4장 참조). 공동체를 향한 그런 열망은 에너지를 해당 집단의 정치적 목표와는 동떨어진 곳으로 흐르게 하고, 집단들을 소규모로 좁혀서 잠재적 구성원들을 쫓아내는 패거리 분위기를 만들어 낸다. 서로 간에 동일시하는 것을 집단의 암묵적 이상으로 하게 되면, 다양성을 지향한다고 해당 조직이 천명한 것과 충돌하게 마련인 동질성이 재생산될 수 있다. 예컨대, 최근 대부분의 사회주의 조직들과 페미니스트 조직들은 인종적·계급적·연령적·성적 다양성을 정치조직의 성공 평가의 중요한 기준으로 삼아왔다. 만일 이 조직들이 자기네 집단의 목표를 구성원 상호 간의 이해와 상호 동일시로 잡는다면, 그런 한도에서 이들 조직은 저 다양성 목표로부터 이탈하는 것이라고 말할 수 있겠다.

상호 동일시와 공유하기로 이루어진 면대면 관계를 향한 열망은 배제를 함축하고, 이는 긍정적인 집단 간 차이를 강력하게 주장하는 운동들—이에 관해서는 6장에서 서술한 바 있다—에게 문젯거리를 던져준다. 피억압 집단들이 집단 정체성을 되찾으면서 자기네 집단들의 고유성과 관련해서 서로 간에 문화적으로 긍정하는 유대를 형성하려는 노력이야말로 문화제국주의의 억압에 대한 저항에서 중요한 요소라는 게 6장의 주장이었다. 이런 노력을 통해서 다름[차이]의 의미는 타자성과 배제로부터 변이성과 특수성으로 바뀌고, 지배 집단들은 억지로라도 자기네 집단의 특수성을 인정하지 않을 수 없게 된다는 것이었다. 그러나 집단 정체성의 적극적 긍정 그 자체가 공동체의 이상을 표현하는 것은 아닐까? 그래서 배제하려는 충동을 가지게 되는 것은 아닐까?

긍정적 집단 간 차이를 강력하게 주장하는 일부 사회운동이 고통스럽게 대결하면서 발견했던 점은 통일성과 상호 동일시를 향한 강력한 열망이 실제로는 배제를 함축한다는 것이었다. 예컨대, 여성의 공간과 여성의 문화를 창조하려는 페미니즘의 노력은 종종 특정한 일부 여성 집단—즉, 백인 여성의, 또는 중산층 여성의, 또는 레즈비언의, 또는 이성애 여성의—의 관점만을 취해 왔고, 그리하여 여성들 속에서도 상이한 정체성과 경험을 가진 여성들을 암묵적으로 배제하거나 보이지 않게 만들어 버렸다(Spelman, 1988; Phelan, 1987). 집단 정체성을 지향하는 운동에서라면 반드시 이와 유사한 문제점이 발생한다. 왜냐하면 미국 사회에서 대부분의 사람들은 복수의 집단 정체성을 갖고 있기에 집단 간 차이는 모든 사회집단을 관통하기 때문이다.

공동체에 반대하는 이러한 논변들은, 사람들이 자기 자신에 관해서나 친연성을 느끼는 타인에 관해서 뭔가를 발견해 내고 문화제국주의와 대결하기 위한 하나의 방편으로서 긍정적 집단 정체성과 집단 간의 연대 관계를 형성하고 이를 긍정하자는 정치적 기획에 반대하는 것은 아니다. 그렇지만 공동체의 이상에 대한 비판이 보여 주는 바는 집단을 특별히 고려한 맥락에서조차 친연성이 개인들 상호 간의 투명성을 의미할 수는 없다는 점이다. 집단 특수성의 긍정적 의미를 적극적으로 인정하려는 열정에서 사람들이 강력한 상호 동일화의 의식을 실현하려고자 시도할 경우, 자신들의 투쟁 대상인 배제들과 유사한 배제를 재생산하기 십상이다. 집단 친연성의 특수성을 긍정하려는 사람들은 그와 동시에 자기 집단 내부에 존재하는 집단 간 차이와 개인 차이를 인정하고 긍정해야만 할 것이다.

규범적 이상으로서의 도시 생활

공동체에 호소하는 견해들은 대체로 반反도시적인 태도를 취한다. 많은 사회학적 연구 문헌들은 근대 역사를 다음과 같이 진단한다. 관리 가능하고 안전했던 게마인샤프트Gemeinschaft—잃어버린 기원의 세계로서 과거 찬미적으로 재구성된다—로부터 관료제화된 위험한 게젤샤프트Gesellschaft로의 이동이라는 것이다(Stein, 1960; Nisbet, 1953).[9] 다른 사회학자들은 루소의 견해를 따라 근대 도시의 상업, 무질서, 통제 불가능한 대규모 속성을 개탄하면서 고대 아테네의 폴리스polis와 중세 스위스의 도시민Bürger을 낭만적으로 파악한다(Ellison, 1985; Sennett, 1974, 7~10장 참조). 근대 시기 전반에 걸쳐 도시는 부도덕함, 인위성, 무질서, 위험의 구현체—반역적 음모, 혼외 성교, 범죄, 일탈, 질병의 장소—로 매도되어 왔다(Mosse, 1985, 32~33쪽, 137~138쪽; Gilman, 1985, 214쪽). 공동체를 다시 예시例示로 삼아 근절하려는 모든 반가치反價値를 대변하는 것이 바로 도시라는 게 근대 도시에 관한 전형적 이미지이다.

그러나 도시적인 것은 근대적 조건의 기반—포스트모던적 조건의 기반임은 말할 것도 없이—이다. 현대 정치 이론은 도시적인 것이 선진 산업사회에 사는 사람들에게 이미 주어진 질료質料임을 인정해야만 한다. 도시적 관계는 거대도시에 살고 있는 사람의 삶뿐만 아니라, 교외와 규모가 큰 타운들에 살고 있는 사람들의 삶도 규

---

9 가족, 마을, 민족 같은 혈연이나 지연을 기초로 형성된 '게마인샤프트'와 회사, 정당, 국가처럼 이익을 기초로 형성된 '게젤샤프트'의 구별은 독일 사회학자 페르니난트 퇴니에스(Ferdinand Tönnies, 1855~1936)의 분류이다.

정한다. 우리의 사회적 삶의 틀은 사람들을 시간적으로나 공간적으로 매개하는 방대한 네트워크에 의해 형성되기에 거의 우리 모두의 삶은 우리와 전혀 면식이 없는 이들—우리가 볼 수 있건 볼 수 없건 간에 이들은 우리 자신과 우리 동료 사이를 매개하고 우리 자신과 우리 욕망의 대상을 매개한다—의 활동에 의존한다. 도시인들은 팽창해 가는 주변 지역들과 지리적으로 연결되어 70마일의 출퇴근 길을 위해, 또는 즐거운 저녁을 보내기 위해, 한 시간 동안의 운전을 개의치 않는다. 대부분의 사람들은 자신의 일상적 활동 속에서 흔히 또는 우연히 낯선 사람과 마주친다. 우리가 쉽게 접근해서 이용할 수 있는 물질적 환경 및 구조는 도시적 관계를 규정하고 또 이미 전제하고 있다. 미국 사회와 세계 대부분의 나라의 사람들은 수백만의 타국 사람들과의 국민적 또는 민족적 동질감을 지속적으로 느낀다는 점도 그러하지만 인구 규모 자체가 도시를 해체하자는 비전이 가망 없는 유토피아라는 결론을 뒷받침한다.

[바람직한 사회에 관하여 생각할 때] 근대 도시 생활이라는 주어진 사실로부터 출발하는 것은 필수적일 뿐만 아니라 바람직하기까지 하다. 심지어 자본주의적·가부장제 사회의 소외, 관료화, 대규모 속성mass character을 매도하는 사람들에게조차 도시 생활은 강력한 매력을 발휘한다. 근대의 문학과 예술과 영화는 도시 생활과 그 에너지, 문화적 다양성, 기술적 복잡성, 그 행사 활동의 다양성을 찬양해 왔다. 심지어는 분권화된 공동체를 완고하게 옹호하는 사람들 중 많은 이들도 방문한 친구들에게 자신들이 살고 있거나 사는 곳에서 가까운 보스턴이나 샌프란시스코, 뉴욕을 구경시켜 주기를 좋아하며, 전망대에 올라 야경夜景을 구경하고 가장 멋진 소수민족 식당에서 식사 메뉴를 고른다.

나의 제안은 공동체의 이상이 비非사회적이라고 비판하는 자유
주의적 개인주의와 공동체의 이상에 대한 대안으로서 도시 생활의
규범적 이상을 구성하자는 것이다. 서로 전혀 면식이 없는 사람들끼
리 함께 있는 것으로 내가 정의 내린 사회관계 형태를 '도시 생활city
life'의 의미로 사용하겠다. 도시에서 사람들과 집단들은 자신들 모두
가 속하고 있다고 체험하는 공간들 및 제도들 안에서 상호작용하기
는 하지만, 이때의 상호작용은 통일성이나 공통성으로 용해되지 않
는다. 도시 생활은 친연성 있는 사람들의 군집群集, cluster—가족, 사
회집단망, 자발적 모임, 동네 네트워크, 소규모 '공동체들'의 방대한
집합 등—으로 이루어진다. 그렇지만 도시 거주자들은 그런 친숙한
소집단을 넘어서 정치, 상업, 축제라는 좀 더 열려 있는 공적 장소
로 과감히 이동하는 경우가 많은데, 바로 이 공적 장소에서 모르는
사람들끼리 만나 상호작용한다(Lofland, 1973 참조). 도시에서 산다는
것은 엄청나게 다양한 타인들의 활동 지평과 관련해서, 그리고 전혀
알지도 못하고 익숙하지도 않은 이 타인들의 활동이 나의 상황에
영향을 미친다는 점에 대한 인식과 관련해서 내 정체성과 활동을
위치 지운다는 것이다.

도시 생활은 방대한, 무한대라고도 할, 생산/분배/교통/교환/통
신/서비스/오락 등의 경제적 네트워크이다. 도시 거주자는 자신의
개인적 목표를 달성하기 위해 많은 수의 다른 사람들 및 방대한 조
직 자원들의 매개를 필요로 한다. 따라서 당위적으로 단일해야 하
고 때로는 실제로 단일하기도 한 정치체 안에서 도시 거주자들은
상호 결합되어 함께 산다. 도시 거주자들이 함께 있게 되면 반드시
모종의 공통 문제와 공통 이익이 생기기는 하지만, 그렇다고 해서
궁극적 목적 가치를 공유하는 공동체, 구성원 간의 상호 동일시와

호혜성의 공동체가 창출되는 것은 아니다.

도시 생활의 규범적 이상은 우리가 도시에서 살면서 경험한 것을 출발점으로 삼아야 하고, 또한 그 도시 경험에서 도시적 사회관계 형태에 담긴 덕목들을 찾아내야 한다. 이상ideal의 의미를 실제 현실 속에 있지만 아직 실현되지 않은 가능성unrealized possibilities of the actual 이라고 정의하면서, 나는 우리의 도시 경험으로부터 다음 네 가지 덕목을 추출하겠다.

배제 없는 사회적 차이 발생

도시의 대중 사회에서 도시 생활은 사회적 지원 연결망들 및 하위문화 공동체들과 모순되는 것은 아니다. 실제로 도시 생활은 많은 사회적 연결망과 하위문화 공동체가 존립하기 위한 필요조건이다. 도시에서는 사회집단 간 차이가 번창한다. 보편주의적 국가 제도들이 사람들의 삶에 보다 직접적으로 관여하게 되면, 그리고 사람들이 자신과는 다른 정체성과 생활 스타일을 가진 타인을 만나게 되면, 지역적 소속과 민족적 소속 또는 기타 집단 소속이 쇠퇴할 것이라고 근대화 이론은 예측했다. 그렇지만 집단 간 차이들은 도시 생활에서 강화되는 경우가 많고, 심지어 도시는 새로운 사회집단 친연성이 형성되게끔 한다는 상당한 증거가 있다(Fischer, 1982, 206~230쪽; Rothschild, 1981). 일탈자 집단들이나 소수자 집단들은 도시 속에서 소규모 도시/촌에서는 찾을 수 없는 익명성의 엄호와 비판적 대중을 다 만날 수 있다. 예컨대, 근대 도시의 조건이 없다면, 게이나 레즈비언의 집단 친연성이 형성되는 것은 상상하기 어렵다(D'Emilio, 1983). 또 다른 예를 들면, 농촌 생활과는 반대되는 도시 거주를 통해서 멕시코계 미국인인 치카노의 삶과 자기의식이 변화를 겪는 동안, 도시 생활은 그들의 전통 관행의 일부를 해체하기도 하고 그들을 앵글로계 언어 및 가치에 동화되게도 만들 수 있지만 이와 동시에 그들의 집단 정체성과 문화민족주의를 향한 열망을 고취시키기도 한다(Jankowski, 1986). 현실의 도시에서는 많은 사람들이 자신과는 다르다고 여기는 집단들의 구성원에 대해 폭력적 혐오를 표현한다. 그렇지만 작은 타운에 사는 사람들보다는 사회집단 간 차이를 당연한 것으로, 즉 그와 함께 살아야만 하는 것으로 인정하는 경향이 훨씬 더 크다(Fischer, 1982, 206~240쪽).

　도시 생활의 이상에서 보면, 자유는 집단 간 차이 발생group differentiation, 즉 친연성 집단들의 형성으로 이어지지만, 집단들 간의 이런 사회적 차이 발생과 공간상의 차이 발생은 배제 없이 이루어진다. 6장에서 정의했듯이, 그런 도시적 이상은 동일성으로 환원되지도 않고 전적으로 타자도 아닌 나란히 있는 특수성으로서의 차이를 표현한다. 이 도시적 이상 안에서 집단들은 포용과 배제의 관계 속에 서 있는 것이 아니라, 동질화됨 없이 겹치고 섞인다. 현재 우리가 경험하는 도시 생활에서는 집단 간에 많은 경계가 세워지고 배제가 많이 일어나기도 하지만, 도시에 대한 우리의 실제 경험에서도 배제 없는 차이가 어떨 수 있는지 힌트를 얻을 수 있다. 도시의 많은 동네 지역들은 [차이나타운이나 코리아타운처럼] 뚜렷한 민족적 동일성을 가지고 있지만, 다른 집단들의 구성원들이 그 동네에 거주하기도 한다. 좋은 도시에서는 독자적인 민족적 특성을 보이는 한 동네에서 다른 민족적 특성의 동네로 가로질러 갈 때, 한 동네가 어디서 끝나고 다른 동네가 어디서 시작하는지 정확히 알지 못하면서 지나가게 된다. 도시 생활의 규범적 이상 속에서는 동네 간의 경계는 열려 있으며 확정될 수 없다.

다양성

도시 안에서는 집단들 간의 상호 융합이 일어나는데, 사회적 공간의 다양한 용도 분화에서 그 이유를 일부 찾을 수 있다. 도시의 공간들이 흥미로운 것은, 사람들이 나와서 도시의 공간들로 가게 되는 것은, 또 사람들이 거기서 기쁘고 흥겨워지는 것은 도시의 공간들이 지원하는 행사 활동들이 다양하기 때문이다. 상점, 식당, 술집, 클럽, 공원, 사무실이 거주 공간들 사이에 간간이 섞여 있을 때, 사람들은 자기 동네를 친근하게 느끼며 밖으로 나가서 길에서 서로 만나 수다를 떤다. 자기 동네 그 술집의 특색 있는 고객들 때문에 또는 도시 전체에 유명한 그 식당의 피자 때문에 사람들은 자기 동네를 '특별한 지점' 또는 '특별한 장소'로 느끼게 된다. 직장인과 거주민 모두 단일한 용도의 동네보다는 이런 다용도의 동네에 대해 더 큰 애착심을 가지며 더 아낀다. 다양한 기능의 거리들과 공원들과 동네들이 단일한 용도의 기능을 가진 공간들보다 훨씬 안전하다. 사람들이 대부분의 시간을 길거리에 나와 있고, 자기들이 있는 그 장소에 강한 애착심을 가지기 때문이다(Jacobs, 1961, 8장; Sennett, 1970, 4장; Whyte, 1988, 9장, 22~25장 참조).

에로티시즘

도시 생활은 차이를 에로틱한 것으로, 즉 다른 것에 끌리는 것, 새롭고 낯설고 놀라운 것을 만나려고 익숙한 일상에서 빠져나올 때의 쾌락과 흥분이라는 넓은 의미에서 에로틱한 것으로서, 생생하게 보여 준다(Barthes, 1986 참조). 언제나 도시의 에로틱한 차원은 도시가 주는 두려움의 한 부분이었다. 도시는 우리가 우리의 정체성을 잃고 몰락할 가능성을 담고 있기 때문이다. 그러나 우리는 또한 우리와는 다른 존재라고 경험하는 사람들에 경계를 두지 않고 만나고 이들에게 관심을 갖는 데서 즐거움[쾌락]을 얻는다. 우리는 차이나타운을 산책하면서 어느 일요일 오후를 보내거나 공원에서 이루어질 이번 주의 기발한 연주자들을 확인하면서 보낸다. 우리는 새로운 어떤 것, 새로운 민족음식, 독특한 분위기, 독특한 무리의 사람들이 있는 식당과 상점과 클럽을 찾는다. 우리는 우리의 것과는 다른 독특한 특성을 가지고 있는 도시 구역을 경험하면서 걸어 다니는데, 이런 구역에서 다양한 장소에서 온 사람들이 섞여서 지낸 후에는 각자 귀가한다.

도시의 에로틱한 매력은 정확히 공동체의 반대 측면이다. 공동체의 이상 속에서는 사람들은 긍정적으로 지지받는 느낌을 갖게 된다. 경험, 지각知覺, 목표를 공유하는 사람들끼리 서로 인정하고 인정받기 때문이다. 여기서 우리는 타인들 속에서 반영된 우리 자신을 본다. 그런데 자신과 다르고 낯선 주체성, 의미들을 만나게 될 때 느끼는 또 다른 종류의 즐거움이 있다. 사람은 자기 자신으로부터 빠져나와 도시에는 서로 다른 의미들과 관행들과 시각들이 있다는 것을 알게 될 때, 우리는 이런 것들과 상호작용함으로써 어떤 것을 더 많이 그리고 지금까지와는 달리 배우거나 경험할 수 있다는 점을 알게 될 때 즐거움을 느낀다.

또한 도시의 에로티시즘은 형형색색의 휘황찬란한 조명, 장엄한 빌딩, 시대도 다르고 스타일도 다르며 목적도 다른 건축물들의 병존과 같은 도시의 물질적 요소에서 생겨난다. 도시의 공간들은 환희와 놀라움을 제공한다. 도시의 모퉁이를 돌아다니거나 몇몇 구역을 넘어 걸어가기만 해도 당신은 달라진 공간적 분위기를 만나게 되고, 새로운 볼거리와 들을 거리가 펼쳐지는 것을 보게 되고, 새로운 상호작용이 일어나는 것을 체험하게 된다. 도시의 에로틱한 의미는 도시가 사회적으로나 공간적으로 무궁무진하다는 점에서 생겨난다. 많은 장소들 중의 하나이지만, 도시는 여러 층으로, 여러 관계로 겹쳐 포개져 있어서 도시를 완전히 이해한다는 것은 도저히 불가능하다. 우리는 '도시를 다 흡수할' 수 없다. 탐구할 만한 새롭고 흥미로운 것이 없는 듯한, 만날 만한 새롭고 흥미로운 사람들이 없는 듯한 기분을 도시에서는 전혀 느끼지 못한다는 것이다.

공공성

공동체의 가치를 찬양하는 정치 이론가들은 종종 공적 세계the public를 통일성과 상호이해의 영역으로 해석하지만, 그런 해석은 공적 공간에 대한 우리의 실제 경험에 부합되지 않는다. 공공장소는 그 정의에서부터 드러나듯이 누구나 접근해서 이용 가능하고 누구나 참여하고 입회할 수 있는 장소이기 때문에, 공적 세계에 들어설 때 우리는 우리와는 다른 사람들, 우리와는 다른 집단 정체성을 보이고 다른 의견이나 다른 생활 형식을 가진 사람들과 만난다는 위험을 항상 감수한다. 도시의 집단 다양성은 공적 공간에서 매우 분명해지는 경우가 많다. 이 점이 공적 공간의 활기와 짜릿함을 설명해 준다. 사람들이 '궁극적 가치들을 공유하는' 공동체에서 통일되지 않으면서도 함께 서 있거나 앉을 수 있고, 상호작용하면서 섞일 수 있으며, 그저 서로를 보기만 해도 되는 중요한 공적 공간들—거리, 공원, 광장—을 도시는 제공한다.

쟁점을 제기하고, 어떻게 제도적·사회적 관계가 조직되어야 하는지를 결정하는 비판적 활동인 정치는 모든 사람이 접근할 수 있는 공간들과 포럼의 존재에 결정적으로 의존한다. 그런 공적 공간들에서 사람들은 자신들이 이해하지 못하거나 동일시하지 않는 다른 사람들, 다른 의미들, 다른 표현들, 다른 쟁점들을 접하게 된다. 예컨대, 종종 공적 장소에서의 시위가 갖는 힘은 그 공적 장소를 통과하는 사람들로 하여금 그 시위가 없었다면 회피했을 쟁점들과 요구들과 사람들을 접하게 만드는 데 있다. 규범적인 이상의 차원에서 도시 생활은 누구나 말할 수 있고 누구나 들을 수 있는 공적 장소들과 포럼을 제공한다.

도시 생활이란 전혀 면식이 없는 사람들이, 다양하면서도 겹치는 이웃들이 함께 있는 것이기 때문에, 도시에서의 사회정의는 계몽주의 식의 보편적 공중이라는 제도로부터 나올 수가 없다. 그 반대로, 도시에서의 사회정의가 이루어지려면 차이의 정치가 필요하다. 다양한 사회집단이 정치적으로 대표되게 만들고 각 집단의 독특한 속성과 문화를 찬양함으로써 차이의 정치는 다양한 사회집단들을 승인하고 긍정적으로 인정하는 제도적 수단과 이데올로기적 수단을 마련한다. 억압적이지 않은 도시에서는 동화되지 않은 타자에 대해 사람들이 열려 있다. 우리 모두는 친한 관계의 사람들과 친밀감을 느끼는 사람들, 우리가 가깝게 느끼고 일상생활을 나누는 사람들을 갖고 있다. 이러한 가족 집단과 사회집단은 모두가 참여하는 공적 세계에 대해 열려 있어야 하고, 또 그 공적 세계는 모두에게 열려 있어야 하며 모두가 접근해서 이용할 수 있어야만 한다. 그러나 공동체주의 전통과는 반대로, 그 공적 세계는 집단 간 차이를 초월하는 통일체나 서로 완벽하게 이해하는 통일체로 관념되어서는 안 된다. 공적인 삶에서는 차이들이 동화되지 않은 채 남아 있지만, 거기에 참여하는 각 집단은 다른 집단의 사람들을 인정하고 이들의 말에 귀 기울인다. 공적인 세계는 이질적이고 다양하며 유쾌하다. 공적인 세계에서는 사람들이 서로 공유하지도 않고 완전히 이해하지도 못하는 다양한 문화적 표현들을 보면서 감상한다. 공적인 세계는 그런 장소이다.

도시와 사회적 부정의

실제 경험에서 제시된 가능성들로부터 어떤 이상이 생겨났을 때에만 그 이상은 사회 변화를 위한 행동의 원동력이 될 수 있다. 내가 지금까지 제안했던 도시 생활의 이상들은 오늘날 몇몇 대도시에서 어쩌다가 가끔씩 또는 간간히 실현되고 있긴 하다. 그런데 확실히 오늘날 미국의 많은 대도시는 부패와 빈곤과 범죄의 장소이다. 많은 사람들이 이러한 해악들로부터 탈출해서 살고 있는 소규모 지역 마을들과 교외는 혼잡한 고속도로들을 따라 길게 늘어서 있고, 동질적이며, 인종별로 각각 분리되어 있으며 사사화되어 있다는 점 역시 마찬가지로 의심할 바가 없다. 이런 미국의 두 현실에서 볼 때, 에로틱한 공적 활력이라는 도시 생활—여기서는 차이들이 열린 마음으로 긍정적으로 인정된다—의 이상은 터무니없는 유토피아일 것이다. 오늘날 대도시의 거리들에서 벌어지는 사회적 부정의의 뿌리가 깊다는 점은 명약관화하다. 출입구에 누워 있는 노숙자들, 공원에서 벌어지는 강간, 피도 눈물도 없이 자행되는 인종차별적 살인 등은 대도시 생활의 적나라한 현실이다.

1장에서 나는 비판적 사회정의 이론은 분배의 정형들도 고려해야 할 뿐만 아니라, 그 정형들 자체를 생산하고 재생산하는 과정 및 관계도 반드시 고찰의 대상으로 삼아야 한다고 주장했다. 사회정의에 대해 성찰할 때 재화 및 자원의 분배라는 쟁점이 중심이 되기는 하지만, 의사결정 권한과 과정, 노동 분업, 문화도 그에 못지않게 중요하다. 나의 이런 주장이 대도시에서의 사회적 부정의만큼 잘 입증되는 곳도 없다. 분배의 불평등은 건물들과 동네들과 지역 소도시들의 겉면에서 읽어 낼 수 있다. 대부분의 대도시는 사람이 살 만한 곳이 아니라고 누구나 동의할 장소들이 대도시에는 너무 많이 있다. 부유한 회사 본부 건물이나 호화스러운 아파트 단지에서 돌을 던지면 닿을 만한 거리에 이런 장소들이 있다. 올바른 분배 원리와 방법이 논쟁의 주제일 수도 있겠지만, 미국 대도시의 거리를 돌아다녀 본 사람들이라면 현재의 분배가 무엇인가 단단히 잘못되어 있다는 점을 부인할 수 없을 것이다.

그렇지만 현재의 분배들을 생산하고 재생산하는 사회적 구조·과정·관계는 미국 사회 대도시들의 겉면에서 그렇게 잘 드러나지 않는다. 그러나 규범적인 이론들은 이러한 사회적 구조·과정·관계의 결과뿐 아니라 이 사회적 구조·과정·관계도 포착하고 평가해야 한다. 이 절에서 나는 지배와 억압에 기여하는 다음의 세 가지 측면을 논할 것이다. (1) 중앙집권화된 대기업들과 관료들이 도시를 지배하는 것, (2) 지방자치단체에서의 의사결정 구조들, 그리고 이 구조들에 숨겨져 있는 재분배 메커니즘, (3) 대도시 내에서, 그리고 대도시와 교외 간에 벌어지는 분리와 배제 과정들에 대해서 논할 것이다.

중앙집권화된 대기업과 관료의 도시 지배

한때 옛날에는 대기업의 권력과 대도시의 권력은 일치했다. 회사는 대도시에서 출발하여 대도시의 노동력을 착취했고, 대도시는 큰 회사들의 성공과 함께 성장하고 번창했다. 산업계 거물들은 직접 대도시의 공직자가 되어 대도시를 지배하거나 아니면 대도시 정책의 막후 설계자로서 간접적으로 도시를 지배하기도 했다. 이들 대도시에 대해 잇속을 챙기는 후견적 태도로 지배적 가문들은 자선사업을 벌이고, 공중에 대한 선물로 박물관과 도서관과 공원과 광장과 동상을 짓고, 자신의 부와 사업 재능을 기리는 기념물을 지었다. 당시의 대기업 회장들은 대다수의 사람들을 불결과 무지의 상태에 있게 하면서 무자비하게 통치하는 경우가 많았지만, 근거지 장소에 대한 의식sense of place은 있어서 대도시 한 곳이나 몇몇 대도시에 경제적으로나 사회적으로나 정치적으로 연결되어 있었다.

[그에 비해] 오늘날 대기업 자본은 거주지가 없다homeless. 세계 경제를 지배하는 거대기업들은 대도시들보다 더 크며, 그중 일부는 국가들보다 더 큰데, 중심지 없이 지구 곳곳에 지점을 갖고 있다. 인수합병, 겸임임원, 지주회사, 그리고 유가증권과 주식시장 투기를 통한 소유의 분산 등으로 인해 정치적·경제적 권력이 장소에 구애받지 않게 되었다. 자본은 인공위성의 신호처럼 빠르게 대륙의 한쪽 끝에서 다른 한쪽 끝으로 이동하고, 세계의 한쪽 끝에서 다른 한쪽 끝으로 이동한다. 자본의 이동 방향은 이윤이 당기는 힘에 의존하고, 임원들은 그 이동이 지역 경제에 어떤 영향을 줄지는 거의 고려하지 않는다.

지방자치단체들의 경제적 하부구조의 건전성은 변덕스러운 이런 자본에 의존하고 있다. 지방자치단체들은 공공사업을 위한 자금을 마련하기 위해 공개 시장에서 채권을 팔아야만 한다. 특정 도시나 지역에 대한 투자를 늘리기 위한 국가 차원이나 주 차원의 정책은 없기 때문에, 도시들은 매력적인 '투자 환경'을 제공하기 위해 서로 경쟁해야 한다(Elkin, 1987, 30~31쪽 참조). 도시들은 주택, 사무실, 상업 공간, 생산 시설, 공공사업을 위해, 그리고 이 모든 것과 함께 당연히 일자리를 위해 사적 자본에 의존한다. 도시의 공적 자금은 도시의 경계 안에서 사업을 하는 사적 투자자들에게서 걷는 세금에 의존한다. 한때 도시는 대기업의 정책결정자 앞에서 적어도 오만한 권력과 위세라는 당근을 쥘 수 있었지만, 오늘날의 도시는 협상용 지렛대가 거의 없는 저자세의 탄원인이 되어 버렸다.

대도시들은 또한 주 정부 앞에서도 상대적으로 무력하다. 제럴드 프룩(Gerald Frug, 1980)[10]은 어떻게 미국의 자유주의가 대도시의 독자적이고 독립적인 법적 지위에 항상 적대적이었는지, 그리고 어떻게 법률이 대도시가 한때 가지고 있었던 권한의 대부분을 제거했는지를 보여 준다. 오늘날 대도시들은 주 정부가 위임한 권한만을 가지며, 그 권한은 법원의 해석에 의해 철저하게 제한되는 게 보통이다. 대도시가 갖는 의사결정 권한은 전적으로 지역적 사안에만 국한되고, 이 권한조차도 점점 줄어들고 있다. 주법은 대도시가 징수할 수 있는 세금의 종류와 양을 규제할 뿐만 아니라, 대도시가 돈을 빌릴 수 있는 권한도 제한한다. 대도시가 통과시킬 수 있는 법률의 종류는 한정되어 있고, 일반적으로 '복지를 증진시키는 규제 서비스'에 제한된다(Elkin, 1987, 21~31쪽 참조).

도시의 법적 권한은 주에 의해 제한되고 규제될 뿐만 아니라, 서비스 제공을 위한 자금을 운용하기 위해 점점 더 주 정부와 연방 정부에 의존하게 되었고, 서비스 행정에 있어서도 점점 더 주 정부

---

10 제럴드 프룩(1939~)은 미국 하버드 로스쿨 교수로 지방 정부 전문가이다.

와 연방 정부의 권위 아래에 종속되고 있다. 도시 차원에서 이루어지는 의료보건, 주택, 복지 서비스는 통상 주 및 연방 관료제에 의해 규제되고, 도시들은 그 서비스들이 계속 시행되도록 하기 위해 주 정부 보조금과 연방 정부 보조금에 의존한다. "교육, 교통, 보건과 같은 많은 지역 서비스들이 도시들이 아니라, 도시들의 경계를 가로질러 조직되고 도시들은 통제권을 갖지 못하는 특별행정구역이나 행정 당국들에 의해 제공된다(Frug, 1980, 1065쪽)." 지난 10년간 '신연방주의new federalism'가 진행되었어도 재정적으로 도시들이 더 큰 행정조직체들에 의존하는 현상을 크게 바꾸지는 못했다. 신연방주의는 도시의 행정적 책임을 어느 정도 증대는 시켰지만, 도시들이 집행할 수 있는 자원들은 오히려 감소하는 경우가 많았다.

공적이든 사적이든, 중앙집권적인 관료제가 지방자치단체의 경제를 지배하게 되면 사람이 살고 있거나 경험하는 공간이 추상적 계획 및 계산의 상업화된 공간으로부터 단절되는 경향이 나타난다(Gottdinger, 1985, 290~297쪽; Castells, 1983, 31장). 자본주의적·관료제적 합리성은 거대도시들을 포괄하는 거대 광역도시들 또는 몇 개의 주들을 포괄하는 광대한 지역을 대상으로 하는 조감도鳥瞰圖적 계획을 추진한다. 이러한 조감도적 관점에 따라 투자자들 및 개발 담당 관료들은 고속도로, 공장, 쇼핑 시설, 사무실, 공원의 위치와 설계를 결정한다. 이들은 자신들의 투자 자산 포트폴리오와 중앙집권적 사무실 운영의 관점에서 가장 합리적이고 효율적인 투자를 결정하지, 투자 대상인 현장 지역의 관점에서 결정하지는 않는다. 이러한 관료제적 합리성과 효율성은 공간들의 기능을 급격하게 분리시켜 버리는 결과를 낳는 경우가 너무도 많다. 이 억압적 결과들에 대해서는 곧 논의하겠다. 이는 또한 한 지역에서의 갑작스러운 투자 중단과 다른 지역에서의 대규모 투기를 가져오는데, 이 각각의 현상 하나하나가 그 현장에 사는 사람들의 복지에 중대한 결과를 초래한다.

설계자의 계획이 실현되면 효율성과 데카르트식 합리성이 작동되는 추상적 공간이 창출되는데, 이 공간이 인간의 이동과 상호작용이라는 살아 숨 쉬는 공간을 지배하고 대체하게 된다.

"사람을 위한 장소라는 의미가 사라지는 경향이 있다. 개개의 장소, 개개의 도시는 지역적 연결망의 위계 구조—이 위계 구조의 리듬과 위계 구조에 대한 통제는 개개의 장소와는 완전히 동떨어져 있고, 심지어는 각 장소에 사는 사람들로부터 완전히 벗어나 있다—내에서 어떤 지위를 가지는가에 따라 사회적 중요성을 부여받게 될 것이다. 더군다나 사람들의 이주도 점점 기능적으로 특화해 가는 공간이 끊임없이 재개발되는 것에 따라 이루어진다. ……세계 자본주의 체제의 새로운 공간은 정보 발전 양식 및 산업 발전 양식을 결합시킨 가변적인 형상의 공간이며, 이 공간은 끊임없이 변화하는 흐름—자본, 노동, 생산요소, 상품, 정보, 결정, 신호의 흐름—의 네트워크 속에서 위계적으로 배열된 장소들에 의해 형성된다. 지배계급이 도시에서 가지게 되는 새로운 의미는 경험에 기반을 둔 의미와는 전혀 무관하다. 생산의 추상성은 총체화되는 경향이 있다. 권력의 새로운 원천은 전체 정보 네트워크에 대한 통제에 의존한다. 공간은 흐름 속으로 녹아든다. 즉, 도시들은 도시 거주자들이 항상 무시하게 될 결정들에 따라 폭발하기도 하고 사라지기도 하는 그림자가 된다. 외부의 경험은 내부의 경험과 차단된다. 도시가 가지게될 경향이 있는 의미는 사람들이 자신들의 생산과 자신들의 역사로

부터 공간적으로나 문화적으로 절연된다는 것이다."(Castells, 1983, 314쪽)

지자체의 의사결정 구조와 재분배 메커니즘

비록 도시 정부와 타운 정부가 주 정부 및 대기업이 최고 원칙으로 삼는 것에 의해 심각하게 제약받고는 있지만, 그럼에도 불구하고 도시 정부와 타운 정부도 결정을 내리기는 한다. 특히, 토지 용도 및 개발구역 설정과 관련해서 그러하다. 그렇지만 지역 차원의 정책 결정 구조와 과정은 부정의를 만들고 악화시키는 경향이 크다.

3장에서 나는 복지 자본주의 사회에서 정책 형성이 상대적으로 폐쇄적인 이익집단 로비스트들의 클럽을 통해 비정치화되고 운용되는 과정과 방식을 고찰했다. 이러한 비정치화는 주 차원이나 전국적 차원보다는 지방자치단체 차원에서 훨씬 더 전형적인 현상일 것이다. 스티븐 엘킨Stephen Elkin은 대부분의 도시에서의 토지 용도 결정, 즉 도시의 공간 환경과 경제생활에 커다란 영향을 미치는 지역적 결정들은 자본주의적 개발업자, 도시 공무원, 선출된 단체장의 삼각동맹으로 이루어지는 상당히 사적인 과정이라고 주장한다. 이들 집단의 생각과 이해관계가 그런 결정에 기본적인 매개변수가 되지만, 이러한 결정은 정해진 대로 진행되고 그에 대해 문제 제기도 일어나지 않으며 공적으로 거의 토론되지도 않는다는 것이다. 엘킨에 의하면, 정해진 대로 일상적으로 진행되는 의사결정 틀은 성장과 도심 개발 쪽으로 편향되는 게 보통이고, 크고 번쩍거리고 눈에 띄는 기획을 강조한다. 그렇지만 실증 자료는 이러한 방식으로 편향된 토지 용도 결정은 불평등을 증가시키는 데 기여하고 있음을 보여준다(Elkin, 1987, 5장 참조; Logan and Molotch, 1987, 3장과 4장 참조).

이미 주어진 기본적 자원들과 제도적 구조 속에서 도시의 이익집단들은 도시계획의 분배적 효과를 놓고 경쟁하고 흥정한다. 어떤 이익단체들은 타 이익단체들보다 더 잘 조직화될 수 있는데다가 주요 정책결정자 및 이들이 가진 정보에 더 쉽게 접근할 수 있기 때문에 이런 정치 과정은 초기의 분배 상태를 재생산하거나 불평등을 증가시키기 마련이다(Harvey, 1973, 73~79쪽; Elkin, 1987, 93~102쪽).

그 어떤 비판도 제기되지 않은 채 정해진 과정대로 일상적으로 진행되는, 상당히 사적인 토지 용도 결정의 틀은, 이 틀의 적용 결과를 두고 이루어지는 이익집단 간의 거래와 결합되어, 도시에서 사회적 불평등과 억압을 생산·재생산하는 다양한 '숨겨진 메커니즘'—데이비드 하비David Harvey[11]가 논했듯이(1973, 특히 3장)—중 하나를 잘 보여 준다. 이러한 숨겨진 메커니즘을 이해하고 새롭게 구성하지 않는다면, 가난한 사람, 주변화된 사람, 또는 불이익을 받는 사람의 삶과 기회를 개선하는 정책은 실효성이 거의 없을 것이다. 하비가 제시하는 또 다른 두 개의 메커니즘은 장소 위치location와 적응력adaptability이다.

토지 용도 관련 프로젝트들이 겨냥하는 공간의 위치는 도시 거주자들에게 심각한 재분배적 영향을 끼치는 경우가 많다. 가난한 사람이나 조직화되지 않은 사람들은 이런 프로젝트들에 의해 살던 곳에서 쫓겨나게 된다. 생산 시설, 공공기관, 교통시설, 주택, 쇼핑 지역의 위치가 어떻게 되느냐에 따라 거주인구의 각 부문은 각각 상이한 영향을 받는다. 어떤 시설에 대한 근접성은 재화나 활동에 보다

---

11 데이비드 하비(1935~)는 영국 태생의 미국 뉴욕시립대학교 지리학과 교수로, 마르크스주의 관점에서 현대 지리학을 발전시켰다.

손쉽게 비용을 덜 들이면서 접근하고 이용할 수 있게 만들어 주는 방식으로 일부 사람들에게 이득이 되기도 한다. 다른 한편, 다른 종류의 시설에 대한 접근성은 먼지, 소음, 환경적 위험 같은 불편을 줌으로써 어떤 사람들에게 불이익을 줄 수 있다. 한 사람의 물질적 상황은 그대로인데도, 삶의 기회는 주변의 변화 때문에 중대하게 바뀔 수 있는 것이다(Harvey, 1973, 56~63쪽). 도시 변화로 인해 야기된 손실은 금전적 부담, 불편, 자원과 서비스에 대한 접근성의 상실뿐만 아니라, 사람의 자아감自我感을 정의하거나 어떤 집단의 공간 및 문화를 정의하는 데 기여하는 환경의 상실도 포함한다(Elkin, 1987, 90쪽).

하비에 의하면, 숨겨진 또 하나의 재분배의 메커니즘은 집단들이 가진 적응력의 차이이다. 즉, 어떤 집단들은 다른 집단들보다 도시 환경 변화에 더 잘 적응한다. 따라서 어떤 집단의 적응은 다른 집단을 뒤처지게 하는 경우가 많아서 양 집단 사이의 불평등 격차가 심화되기 마련이다. 때로는 적응력상의 이러한 격차가 초기의 물질적 자원의 수준 차이에 의해 발생하기도 한다. 그렇지만 그 못지않게, 문화 또는 삶의 스타일에도 적응력 차이의 근원이 존재하는 경우도 많다(Harvey, 1973, 62~64쪽). 도시의 변화에 적응하라는 요구가 그럴 능력을 덜 가진 사람들에게 오히려 더 많이 가해지는데, 가난과 착취와 주변화와 문화제국주의 때문에 그렇게 정해지는 경우가 많다(Elkin, 1987, 86쪽).

대도시와 교외에서의 분리와 배제 과정
다용도 상호작용이 살아 숨 쉬는 삶의 공간 위에다가 질서와 기능이라는 추상적 공간을 강제로 덮어씌우는 관료제적 합리성의 작동 과정을 앞에서 설명한 바 있다. 20세기 동안 도시 공간의 기능화와 [인종별/민족별/계급별/기능별] 분리는 꾸준히 증가해 왔다. 초기에 진행된 도시 공간의 분리는 제조, 소매, 유흥, 상업, 정부로부터 공간적으로 분리된 거주 구역을 만드는 것이었다. 그렇지만 최근 수십 년 동안 이러한 다른 기능 각각을 서로 분리시키는 일이 급속히 증가해 왔다. 각 종류의 활동은 다른 활동과는 확연히 구별된 채, 담벼락으로 둘러싼 자신만의 군락 속에서 일어난다.

도시 공간에서의 기능 분리는 도시의 활기를 줄이고, 도시 생활을 더 따분하고, 의미 없고, 위험하게 만든다. 낮 시간에는 사람들로 북적거리던 도심 구역은 밤 시간에는 으스스하게 버려진 공간이 된다. 야간에 사람들은 실내 쇼핑몰 안으로 몰려드는데, 실내 쇼핑몰은 설계자의 최선의 노력에도 불구하고 지겹고 부산하다. 거주 지역 동네의 거리에는 낮이건 밤이건 사람을 거의 볼 수 없다. 갈 곳이 없고 다른 사람의 프라이버시를 침해하는 것처럼 보이지 않고서는 볼 만한 것이 많지 않기 때문이다.

이 기능 분리는 여러 방식으로 억압과 지배를 증대시킨다. 직장이 거주 공동체와 영역적으로 분리되면서 노동하는 사람의 이해관계는 작업 현장 관심사와 소비자 및 자기 동네의 관심사로 이분된다. 대기업들과 주의 공무원들은 도시와 지역에 대해 조감도적 관점을 형성하지만, 그와 같은 정도와 규모로 시민들이 중요한 공동 행위에 관여하는 것은 어렵다. 가정과 직장의 분리로 인해 시민들이 전체적인 그림을 구상할 수 없기 때문이다.

주거를 쇼핑센터, 공장, 공공 광장 등과 영역적으로 분리시키는 것은 여성, 특히 엄마들의 삶에 특별히 나쁜 결과를 낳는다. 상점, 식당, 사무실, 공원, 사회복지 서비스가 걸어 다닐 수 있는 거리에 있는 도시 중심부의 아파트에 사는 전업주부들과 엄마들은, 몇 마일에 걸쳐 단지 주택과 학교만 있는 교외의 주택에서 하루를 보내는 여성들의 삶과는 매우 다른 삶을 산다. 도시 기능의 분리는 전업주부인 여성들을 고립과 따분함 속으로 밀어 넣는다. 이것은 또한 이 여성의 일―쇼핑, 아이 챙기기, 아이를 외부 활동에 데리고 가기, 의사, 치과의사, 보험직원 만나기 등―을 더 어렵고 더 많은 시간이 걸리게 만든다. 일하는 여성도 역시 자신이 자식이나 자기에게 의존하는 다른 가족 구성원에 대해 주요 책임을 지고 있는 한에서, 도시 기능의 공간적 분리 때문에 고통을 겪는다. 이러한 도시 기능의 분리는 일하는 여성의 노동 기회를 거주하는 곳에 가까운 저임금 사무직과 서비스 업종―이런 일자리는 또 많지도 않다―에 한정시키거나, 또는 그들로 하여금 도시의 넓은 범위를 매일 삼각형이나 사각형으로 왔다 갔다 하도록, 즉 집에서 어린이집으로, 직장으로, 식료품 가게로, 어린이집으로, 집으로 왔다 갔다 하도록 강제한다(Hayden, 1983, 49~59쪽). 또한 기능이 분리되면서 그 결과 일자리와 서비스를 얻기 위해 교통수단이 필요하게 되었다는 점은 노인, 빈자, 장애인, 그리고 자원에 대한 제한된 접근뿐만 아니라 삶의 상황 때문에 넓은 지역을 혼자서 이동하기가 어려운 기타의 사람들을 점점 더 주변화시키는 데 직접적으로 기여한다.

나는 도시의 규범적 이상의 한 측면을 꼽자면, 사회적으로 차이를 짓지만 배제를 하지 않는 것이라고 말한 바 있다. 집단들 간의 차이는 친연성에 따라 형성되겠지만, 그 경계를 확정하기는 어려울 것이고 서로 상당히 겹치고 섞일 것이다. 현대 도시 생활의 가장 골치 아픈 측면은 그 안에서 발생하는 혐오 행위의 심각함과 발생 빈도이다. 집단 간 공간 분리는 일부 집단을 멀리하고 회피되어야 할 타자로 정의하면서 비난하는 혐오 의식에 의해 생산된다. 은행, 부동산 회사, 시 공무원, 신문사 및 거주자들 모두가 동네란 일정한 부류의 사람들만 속하고 그렇지 못한 사람들은 속하지 않는 장소라는 이미지를 조장한다. 그러면서 일부 집단들을 경멸받을 타자들로 만들어 내는 인종혐오차별주의 및 메커니즘을 뿌리 깊게 강화한다. 구역 규제zoning regulation는 계급 간 공간 분리를 강화하고, 상당한 정도로 인종 간 공간 분리도 강화한다. 예컨대, 부유한 동네로부터, 심지어는 지방자치체 전체에서 다가구주택을 배제함으로써 말이다. 이러한 집단적 배제는 '소속' 동네가 아닌 곳에서 발견된 사람을 괴롭히거나 폭행하도록 하는 조건을 만들어 낸다. 나는 동네 공동체라는 신화, 공통의 가치와 삶의 스타일이라는 신화가 그러한 집단 배제를 부채질한다고 주장했다.

공간 분리가 사회정의에 미친 효과 중에서 가장 지대한 영향을 준 공간 분리는 지방자치단체 자체의 법적 공간 분리일 것이다. 사회·경제적 과정이 도시의 삶과 시골의 삶 사이의 구별을 거의 없애 버렸고, 또 기업적·관료적 계획이 대규모 중심 도시 지역들을 포괄하고는 있지만, 이들 지역은 나름대로의 지역 정부, 조례, 공공 서비스를 갖추면서 법적 독자성을 보유한 지방자치단체들을 포함하고 있다. 현대 도시 생활의 추함과 복잡함과 위험을 피하기 위해서, 그리고 많은 경우 특정 부류의 사람들과 상호작용해야 한다는 것을 피하기 위해서, 많은 사람들이 도시 바깥의 교외와 작은 타운에서 공동체를 추구한다. 그 타운이 작다는 것, 그리고 그 타운이 주와 연방의 규제 한계 안에서 자신의 조례를 자치적으로 만드는 법적 권한이 있다는 사실이 지역적 통제라는 환상을 만들어 낸다. 사실 타운들이 분리되면서 타운들은 기업의 지배와 관료의 지배 앞에 무력해진다.

더욱이 도시와 교외의 법적·사회적 분리는 사회적 부정의를 만드는 데 기여한다. 대부분의 미국 대도시와 그 교외 사이에 착취의 직접적 관계가 존재한다. 교외에 거주하는 사람들은 도시에서 일하고 도시의 서비스를 이용하며 도시의 삶을 향유하지만, 도시의 소득세 혹은 소비세가 있는 드문 경우를 제외하고는 도시에 세금을 내지 않는다. 교외의 지방자치단체들은 통상 도시와의 근접성으로 인해 혜택을 보지만, 그들이 보유하는 법적 자치 덕에 그 혜택에 대해 거의 또는 아무것도 지불하지 않는다(Lowi, 1969, 197쪽; Harvey, 1973, 94쪽).

일부 지방자치단체들은 법적 자치라는 수단을 사용하여 일정한 부류의 사람들과 일정한 종류의 행위들을 자신의 경계로부터 배제한다. 지역 정부는 지역 주민에게 세금을 부과함으로써 지역 서비스를 위한 자금을 만들어 내기 때문에, 몇몇 타운과 도시는 다른 곳보다 훨씬 좋은 학교와 서비스를 갖고 있다. 각각의 지방자치단체는 자신의 학교, 경찰, 소방서 및 다른 공공 서비스를 운영하기 때문에, 상이한 지역들 간에는 서비스의 밀도와 양에 있어서 부정의하고 비효율적인 불균형이 종종 존재한다.

사적 자본의 통제 아래 있는 상호 의존적인 대규모 경제 체제의 맥락 속에서, "자치는 대다수 도시에서 중요한 의미를 갖고 있는데, 오직 가장 부유한 타운만이 그들의 공식적 독립으로부터 특권을 창출할 수 있다. 장소의 정치적 자치와 이에 수반되는 계획 형성 권력은 장소들을 평등하게 만들기보다는 장소들 사이의 불평등을 재생산하고 악화시킨다(Logan and Molotch, 1987, 152쪽)."

이러한 사회적 부정의의 기본적 원천은 의사결정의 구조적 조직에 있다. 이 절에서 내가 논의해 온 도시 생활의 모든 문제는 분배적 쟁점과 관련되어 있다. 그러나 이 분배적 쟁점에 담겨 있는 억압 및 지배는 도시 지리, 도시의 행사 활동, 도시에서 이루어지는 여러 분배들에 영향을 미치는 문화와 의사결정 구조들을 고려할 때에만 제대로 충분히 이해될 수 있다.

자치 없는 권한 강화

나는 지배와 억압을 약화시키기 위해 정부와 기업의 의사결정의 민주화가 필요하다는 참여민주주의 이론가들의 주장에 동의해왔다. 많은 참여민주주의 이론가들은 그러한 민주화를 도시 의사결정의 분권화와 소규모 지역 자치 공동체의 창출과 동일시한다. 이마지막 절에서 나는 이런 민주주의 모델에 도전할 것이다. 대신 나는 집단들이 서로의 특유성을 인정하고 승인하면서 집단 간 평등이 이루어진 사회정의는 동네들과 타운들이 대표되는 메커니즘의 대규모 지역 정부들을 통하여 미국 사회에서 가장 잘 실현될 수 있다고 주장할 것이다.

주州와 기업 관료제에 의한 도시 지배라는 문제를 해결하기 위해 제럴드 프룩(Gerald Frug, 1980)은 지방자치단체에게 그 경계 안의 대부분의 활동에 대한 자율적 지역 통제권을 부여하라고 권고한다. 그의 견해에 따르면, 권력을 분권화하고 실제 권력을 도시에게 주기 위해서 경제적 기업에 대한 통제가 시영화市營化, municipalization될 필요가 있다. 즉, 사기업의 권력과 공기업의 권력 사이의 분리는 극복되어야 하고, 도시는 그 경계 안에 있는 주요한 생산적·금융적·상업적 단체에 대한 진정한 자치적 통제권을 가져야 한다. 그 첫 단계로, 프룩은 은행과 보험 기관에 대한 통제권이 도시에게로 이양될 것을 권장한다. 그럼으로써 도시는 이윤을 내는 기관들의 수입 근원에 대해서뿐만 아니라 건설과 발전에 대한 투자 결정 및 방향에 대해서도 진정한 권력을 갖게 될 것이다. 그렇지만 그러한 경제적 통제의 목적은 주의 권한을 분권화하고, 개인과 주 정부 사이에 위치한 중간단계의 자치적 정치체政治體를 창출하는 것인데, 이러한 정치체는 개인에게 진정한 참여와 자기 결정의 기회를 제공할 것이다.

또 다른 예를 들자면, 머레이 북친Murray Bookchin[12]은 경제 활동의 시영화와 작고 분권화된 자치적 지역공동체의 창설을 요구하는데, 이 공동체에서 사람들은 면대면 상호작용, 토론, 의사결정을 통해 시민권이 주는 포상을 경험한다. 도시의 무분별한 확산, 기업의 국제화, 정치적인 중앙집권화와 관료화 경향은 전복되어야 한다. 지방자치 권력은 연맹 계약에 의해서만 연결된 소규모의 유기적 공동체 체계 속에서 제도화되어야 하며, 어떠한 중앙집권적 주 정부 권력도 지방자치 권력에 우선하지 않아야 한다(Bookchin, 1987, 245~270쪽). 일부 다른 저자들은 주를 완전히 폐지하자고까지 요구하지는 않으나, 분권화된 지역 자치를 우선으로 꼽는다(가령 Sunstein, 1989, 24~26쪽; Elkin, 1987, 7장 참조).

이러한 비전은 매우 설득력이 있고, 현대 선진 산업사회의 위계 구조, 전문가주의, 관료제에 대해 비판적인 민주적 이론가 사이에 공통된 비전이기도 하다. 민주화는 지역적 토론과 의사결정을 위한 풀뿌리 제도의 발전을 요구한다. 그 결정에 경제적 권력에 관한 참

---

12 머레이 북친(1921~2006)은 초기에는 무정부주의, 후기에는 '자유지상주의적 사회주의 (libertarian socialism)'의 신념을 가지고 활동한 미국의 작가이자 정치 이론가이다. 그는 '자유지상주의적 사회주의'를 '커뮤널리즘(communalism)'이라고 불렀고, 분권화와 시영화를 강력히 지지했다.

여가 포함되지 않는다면 그러한 민주화는 의미가 없다. 투자와 토지 용도 결정이 사기업의 이익에 의해 지배될 경우 종종 억압을 초래하거나 강화할 것이다(Elkin, 1987, 174~180쪽 참조). 그럼에도 불구하고 나는 민주주의를 자치적 지역 공동체 안에 권한이 부여되는 분권화와 동일시하는 것에 의문을 제기하고 싶다. 지역의 권한을 강화하는 것과 지역 자치는 구분할 필요가 있다.

법적·경제적 자치권을 보유한 분권화된 지방자치단체의 창설을 요청하는 저자들이 자치가 무엇을 의미하는 것인지를 정확하게 정의하는 일은 드물다. 이 논의를 위해 나는 자치에 대한, 다음과 같은 강한 의미를 제시할 것이다. 즉, 한 행위자가—개인 행위자건 집단 행위자건 간에—특정한 문제와 행위에 대해 유일하고 최종적인 결정을 내릴 권위를 보유할 때, 그리고 어떤 다른 행위자도 이를 방해할 권리를 갖지 않을 때 비로소 자치적이라고 할 수 있다. 자치는 주권을 논리적으로 내포한다. 그렇다면 자치적인 지역 통제를 행사하는 소규모 지방자치단체로 이루어진 분권화된 민주주의 비전이 의미하는 바는, 적어도 달리 볼 만한 사유가 없는 한, 일단 각 지방자치단체의 시민들이 자신들의 정부 형태를 결정하고, 그 규칙과 법은 무엇인지, 토지와 경제적 자원들이 어떻게 사용되고 투자될 것인지를 결정하고, 공공 서비스의 성격과 범위 등을 결정한다는 것이다.

그렇지만 이런 분권화 민주주의의 비전은 심각한 문제점을 보이는데, 이는 사회정의의 가장 심오한 쟁점과 관련이 있다. 나는 많은 지방자치단체에 존재하는 현행의 구역 획정 자치권이 어떻게 해서 저소득층이 집 가까운 곳에서 얻고자 희망하는 일자리도 배제하고, 또 이들 저소득층 자체도 배제하는지에 대해 이미 논의했다. 공공 교통 체계를 운영하지 않기로 하는 많은 지방자치단체의 자치적 선택 또한 가난하고 나이 든 사람들을 배제하거나 고립시킨다. 교외 공동체들의 [이런] 자치적 선택은 이들 공동체가 도시가 주는 혜택을 착취하면서도 그 대가로 아무것도 제공하지 않게 한다.

만약 사회 전체가 자치적인 지방자치단체의 연맹으로 조직된다면, 공동체 사이에서 전개되는 [이러한] 대규모의 불평등과 부정의를 막을 방안이 있을까? 그리고 더 많은 특권을 가지거나 더 권력 있는 공동체들에서 살지 않는 개인들에 대한 억압을 막을 방안이 과연 있을까? 예컨대, 지역 자치를 증가시킨다면, 모든 개인을 위해 적절한 수준의 사회·복지 서비스가 보장될 수는 있을까?(Frankel, 1987, 34~49쪽 참조) 지역 자치가 더 커지면, 현재의 분권화가 만들어 내고 있는 불평등을 훨씬 더 악화된 형태로 만들어 낼 가능성이 농후하다. 즉, 보다 광범위한 사회·복지 서비스를 제공하는 지역들에 형편이 어려운 사람들이 집중될 것이라는 점이다. 해당 지방자치단체의 경우 그 생산적·자원적 기초가 감당할 수 없을 정도로 부담이 증가하지만, 다른 지방자치단체들은 자신의 문제가 아니라고 여기는 사안들에 대해서 외면하게 된다. 더욱이 하나의 지방자치단체가 다른 지방자치단체를 경제적으로 착취하는 것을 막을 방도가 도대체 있을까? 매우 건조한 농업 지역에서 한 지방자치단체만이 큰 수자원을 가지고 있고, 다른 지방자치단체들은 그 물을 사용하는 대가로 위 지방자치단체가 원하는 것을 줄 만한 게 없다면, 물이 없는 지방자치단체는 돈이나 정치적 독립성 측면에서 비싼 대가를 치르게 된다.

원자론의 문제점들은 그 원자가 개인이건, 가정이건, 또는 도시이건 간에 모두 동일하게 나타난다. 적어도 토머스 홉스Thomas Hobbes 이래로 분명하게 밝혀진 점은 행위자 사이의 관계를 조정하고 규제할 최고의 주권적 권위가 없다면, 지배와 착취와 억압을 막을 수 있는 방도는 없다는 것이다. 일련의 시장 계약 비슷한 것 또는 연맹 계약이 그러한 지배와 억압을 막을 수 있을 것이라는 북친의 제안은 개인들의 경우에도 잘 들어맞지 않지만, 지방자치단체의 경우에는 훨씬 더 문제가 심각한 것을 미리 상정하고 있다. 즉, 지방자치단체들은 권력과 역량과 자원 면에서 평등하다고 상정하는 것이다. 다양하고 평등하지 않은 동네들과 타운들과 도시들이 있고 그곳의 거주자들이 서로의 장소를 드나들며 복잡한 교환망 속에서 상호작용을 하는 경우, 그 관할권이 이들 모두를 포괄하는 최고 주권적 권위만이 이들 사이의 관계를 정의롭게 조정할 수 있을 것이다.

내가 앞에서 정의 내렸던 지역 자치가 전혀 존재할 수 없다는 뜻은 아니다. 넓은 범위의 사적 자치가 필요한 이유는 확실히 존재한다. 주 정부를 포함해서 다른 행위자들로부터의 간섭 없이 오로지 행위자 자신만이 내릴 권리가 있는 결정들의 영역이 바로 사적 자치이다. 또한 집합체들이 일정 범위의 결정과 행위에 대한 자치권을 갖는 것에도 이유가 있다. 클럽, 생산 설비, 상점, 정당, 동네 위원회, 타운 모두는 특정 행위들에 대한 자치권을 가져야 한다. 수정된 형태의 존 스튜어트 밀John Stuart Mill의 심사 기준[13]이 개인과 집합체 모두에게 적용될 수 있을 것이다. [그 심사 기준의 내용은 다음과 같다.] 개인이건 또는 집합체이건 간에, 자신의 행위에 대해 누구의 간섭도 받지 않고 행위자 자신만이 유일한 권한을 가질 권리가 인

---

13 이는 존 스튜어트 밀이 『자유론(On Liberty)』에서 제시했던 '해악의 원리(the Harm-to-Others Principle)'를 말한다. 밀의 해악의 원리에 따르면, 국가가 강제력을 행사하여 개인의 자유를 제한해도 되는 유일하게 정당한 경우는 타인에게 해악을 끼치는 것을 방지(prevent harm to others)하고자 개인의 자유를 제한할 때뿐이다. 영은 이 해악의 원리를 확장하여 매우 흥미로운 심사 기준을 제시하고 있다.

정되려면 다음의 세 요건을 충족해야만 한다. 그 행위와 결과가 (1) 타인에게 해를 끼치지 않을 것, (2) 상호 존중과 협력의 제약 안에서 개인들이 자신의 역량을 계발하고 행사할 능력을 금지하지 않을 것, 그리고 (3) 타 행위자들이 행동할 조건을 결정하여 그 자신의 의사에 반해서 강제로 행동하게 하지 않아야 한다는 것이다. 이 심사 기준 요건은 자치권의 한도를 실제로 좁히는데, 개인보다는 집합체의 경우에는 더 좁혀진다는 게 내 생각이다. 왜냐하면 집합적 행위자의 행위는 개인의 행위보다 위의 (1), (2), (3)의 방식으로 타 행위자들에게 영향을 미칠 개연성이 더 크기 때문이다.

이 세 가지 요건으로 규정된 자치적 행위의 범위는 현행 법체계가 사기업과 지방자치단체에 허용하는 범위보다 훨씬 더 좁을 수밖에 없다. 또한 그 범위는 분권화된 민주주의에 관한 대부분의 이론가들이 권고하거나 암시한 범위보다도 훨씬 더 좁다. 그렇지만 개인과 집합체의 행위를 규율하는 주체가 민주적이고 참여적이라면, 자치에 대한 그러한 제약이 반드시 자유나 권력의 제약일 필요는 없다. 그 원칙은 간단하다. 즉, 어떤 행위가 내가 앞서 특정했던 방식으로 복수의 행위자에게 영향을 미치는 경우에는 언제나 영향을 받는 행위자들 모두가 자신들의 행위 및 행위 조건의 결정에 참여해야 한다는 원칙이 그것이다.

내가 거론한 저자들은 위계적 지배 구조, 소외, 무력감을 상쇄시킬 수 있는 수단으로 분권화와 지역 자치에 호소한다. 그러나 민주화 역시 이러한 문제에 부딪히게 되며, 민주화가 자치적으로 지역 통제를 하는 작은 단위들로 쪼개지는 분권화를 내포하는 것은 아니다. 국가는 현재의 지방자치 정부가 하고 있는 것보다 더 많은 권력을 가져야 하고, 또한 더 광범위한 권한을 가져야 한다.

자치는 기본적으로 배제, 즉 결정과 행위에 있어서 타인을 제외하거나 타인이 간섭하지 못하게 할 권리를 강조한다는 점에서 일종의 닫힌 개념closed concept이다. 자치는 *프라이버시privacy*를 가리키는데, 이는 기업이 우리의 현행 법체계에서 사적 존재라고 하는 것과 바로 같은 의미에서 그러하다. 행위자가 효과적인 목소리와 투표를 통해 의사결정에 참여하는 것이라고 내가 이해하는 *권한 강화empowerment*와도 자치는 구별되어야 할 것이다. 정의正義는 개개인이 자신의 행위와 그 행위의 조건에 영향을 주는 결정들에 효과적으로 참여할 수 있는 제도화된 수단을 가질 것을 요구한다. 권한 강화는 개방적인 개념으로, 프라이버시의 개념이라기보다는 공공성의 개념이다. 공동생활의 목적과 수단에 대해 논의하는 목소리를 갖도록 권한이 주어진 행위자들, 그리고 직접적이건 대표를 통해서건 그러한 결정에 참여하는 제도화된 수단을 갖고 있는 행위자들이 힘을 합쳐서 그 누구도 [앞에서 서술한 의미에서의] 자치권을 갖지 못하는 일련의 공적 영역을 모두에게 열려 있게 만든다는 의미에서이다.

권한 강화의 최소한의 의미는 민주적 절차를 통해 내려질 결정들의 영역 범위를 확장하는 것이다. 예를 들어, 설령 미국 정치 체계에 아무런 변화가 없다고 하더라도 정부 행정 당국이 만드는 현행 규제와 정책이 민주적 참여에 열려 있다면, 광범위한 민주화가 이루어질 것이다. 다른 예를 들자면, 만일 주요한 자본 자원이 토론과 민주적 의사결정을 통하여 결정된다면, 이는 권력 관계의 주요한 변화를 나타낼 것이다.

그렇지만 정부와 기업 권력의 관료적 위계 구조를 해체하고 이와 같은 결정을 민주적 통제 아래 둔다는 것은, 참여가 보다 더욱 직접적이고, 접근 가능하며, 지역적이어야 함을 의미한다. 민주적 참여의 의미는 국가 권위에 의해 영향을 받는 대다수 사람으로부터 국가의 권위가 멀리 떨어져 중앙에 집중되어서는 안 된다는 것이라고 확신하는 지역 분권화 민주주의론자들의 신념은 맞다. 이는 사람들이 살고 일하는 바로 그곳에 지방자치단체 기관—이를 통하여 사람들이 규제의 제정에 참여하는—이 있어야 함을 의미한다. 그러므로 나는 참여민주주의를 주장하는 많은 다른 이론가들과 함께, 동네 의회—이는 개인들의 대표자들뿐만 아니라 직장, 반상회block councils, 지역 교회들과 클럽들의 대표자들로 이루어질 수 있을 것이다—를 민주적 참여의 기초 단위로 상정한다(Elkin, 1987, 176쪽; Bay, 1981, 152~160쪽; Jacobs, 21장 참조). 내가 일찍이 바버의 공동체주의를 비판했음에도 불구하고, 그런 동네 의회의 역할과 기능에 관한 바버의 제안은 대단히 좋다고 생각한다(Barber, 1984, 269~272쪽). 그 제안의 목적은 보다 큰 지역 의회에서 동네 의회 대표들이 목소리를 내고 지역적 우선순위와 정책 의견을 결정하는 것이다. 동네 의회의 관할 영역은 현행 지방자치단체의 구역과 일치할 수 있고, 대규모 중심 도시 영역에는 여러 동네 의회들이 있을 수도 있다. 그러나 그렇게 재구조화된 민주주의의 구도 하에서는, 우리가 현재 알고 있는 것처럼 지방자치단체는 주권적 권위를 더 이상 갖지는 못할 것이다.

바로 앞 절에서 내가 지적했던 도시의 문제점들이 해결되기 위해서는 가장 낮은 수준의 정부 권력이 지역적이어야 한다(Lowi, 1969, 9장과 10장; Harvey, 1973, 110~111쪽). 나는 지역region을 경제적 단위임과 동시에 사람들이 자신의 삶의 공간으로 파악하는 영역으로 생각한다. 지역은 사람들이 흔히 일하러 다니고, 쇼핑하고, 놀고, 친구를 방문하고, 또한 아이들에게 심부름을 보내고, 하루 일정의 여행을 다녀오는 공간이다. 또한 그것은 TV와 라디오의 전송 범위이기도 하다. 그러므로 지역의 범위는 문화, 지리, 경제적 기초, 그리고 기본적 이동 수단의 방식에 따라 달라진다. 통상적으로 지역은 하나의 도시 또는 도시군都市群을 지역의 활동 및 정체성의 중심으로 하지만, 인구밀도가 덜한 교외와 시골 지역도 포함한다. 경제적으로는 자족적이기는 거의 어렵다 하더라도, 지역은 경제적 상호 의존의 단위로, 그리고 사람들이 살고 일하며, 주요한 분배들이 이루어지고, 그 분배들의 대상이 되는 많은 생산물이 만들어지는 지리적 영역이다.

지역 정부조차도 완전한 자치권을 가져서는 안 되겠지만, 그 권한은 현재의 지역 지방자치단체의 권한—입법, 규제, 과세, 토지 사용과 자본 투자에 대한 중대한 통제, 그리고 공공 서비스에 대한 설계와 운영에 관한 권한—과 맞먹거나 또는 그 이상으로 광범할 것이다. 이런 지역 정부는 여러 동네 의회에서 온 대표들로 구성되어야 하고, 각 동네 의회에 그 대표들이 책임을 진다. 동네들과 직장들은 지역 정책을 실행하고 공공 서비스를 운영하는 상당한 권한을 가질 것이다. 마지막으로, 지역 정부의 수준에서 내가 7장에서 제안한 바 있는, 피억압 집단을 대표하는 체계가 작동할 것이다. 직장, 동네 의회, 그리고 기타 집합체들은 집단 기반적인 코커스가 마련되는 길을 선택할 수도 있겠지만, 더 큰 지역 차원에서도 집단 대표제가 권리로서 보장될 것이다. 정책에 대한 토의와 실행에서 지역적 참여라는 이들 요건은 그렇게 결정된 정책이 광범위한 관할 영역의 수백만 거주자들을 규제하게 될 것이지만 그와 동시에 개인과 사회집단의 권한을 강화시키기도 할 것이다.

정부의 여러 차원들과 형태들에 대한 이러한 논의는 미국 내에 현존하는 주 정부 및 연방 정부가 과연 적절한 형태인가, 라는 물음을 던진다. 많은 거대도시의 지역들은 현재 여러 개의 주에 나뉘어져 속해 있는데, 하나의 지역이 여러 다른 주법의 적용을 받는다는 사실은 종종 모순과 불합리를 초래한다. 주 정부 및 연방 정부의 역할이나 적절성이라는 문제를 고려하는 것은 범위를 지나치게 벗어나는 일이 될 것이다. 그렇지만 자치의 위험성에 관하여 내가 제기해 온 주장은, 사회관계를 조정하고 정의를 증진하기 위해서 다차원의 정부가 필요하다는 점을 지적하는 것처럼 여겨질 수도 있다. 그렇기는 하지만, 정의正義는 주 정부와 연방 정부의 근본적 재편을 요구할 수도 있을 것이다.

지역 정부의 기본적 기능은 규칙과 법을 제정하는 것 외에, 서비스를 계획하고 제공하는 것이다. 오직 지역 규모의 계획과 서비스 제공만이 오늘날 도시 생활을 특징짓는 지배와 억압의 문제들을 해결할 수 있다.

지역 수준의 투자에 대한 민주화된 의사결정은 그 지역의 생산 자본에 관한 기업의 독점을 종식시킬 것이다. 많은 투자 결정을 통제할 수 있다면, 지역은 부재不在 소유자의 사적 이익이라는 관점이 아니라 무엇이 필요하고 유용한 것인가라는 관점을 가지고서, 지역의 산업과 상업과 주택과 교통과 오락의 개발 필요에 부합하는 계획을 세울 수 있을 것이다. 민주화된 지역 계획에 있어서 다양한 부문, 집단, 이익 사이에 어떻게 하면 대규모의 자본 자원을 가장 잘 사용할 수 있을까를 놓고 종종 많은 의견 충돌과 분쟁이 생길 것이다. 그리고 그 결정은 항상 가장 현명하거나 합리적이지만은 않을 것이다. 그러나 지역에 이미 대형 쇼핑몰이 다섯 개나 있을 때, 민주적 공중은 그 쇼핑몰 중의 하나로부터 기업을 끌어오려는 기본적 목적을 가지고서 그 쇼핑몰과 접해 있는 고속도로 바로 건너편 장소에 다른 쇼핑몰을 건설하는 결정을 할 것 같지는 않다. 또한 민주적 투자 계획이 사무실이 남아도는 도시에 추가로 고급 사무실을 건설하는 결과를 낳을 것 같지도 않다. 수백 개의 자치적인 공적·사적 단위들이 자신들에게 이익이라고 느끼는 이익들을 최대화하려고 각자 시도할 때보다는 광범위한 민주적 계획이 합리적이고 정의로운 분배 결정을 만들 가능성이 더 높다.

지역 수준의 서비스 제공은 내가 현재의 도시 생활에서 고질적인 문제라고 포착했던 부정의의 문제를 해결할 수 있다. 지역 정부의 주된 임무는 지역적으로 (그리고 아마도 전국적으로도) 표준화된 서비스를 제공하는 것인데, 이 서비스의 다수는 현재 개별 지방자치단체에 의해 유료로 운영되고 있다. 예컨대, 학교, 도서관, 소방서와 경찰, 보건과 복지 서비스, 고속도로, 교통, 위생 등이 그러하다. 내가 앞서 언급했듯이 기준들과 정책들은 지역을 기반으로 해서 만들어지겠지만, 그 운영은 마을 현지 단위에서 이루어질 것이다. 서비스의 지역적 표준화는 공공 교통 체계와 보건 조직에 의해 우리 사회에서 이미 예증된 흐름 위에서 만들어질 것이다. 지역적으로 운영되는 공공 서비스는 그 서비스 체계의 효율성을 극대화한다. 열다섯 개의 작은 지방자치단체가 세 대의 소방차를 일 년에 오직 두 차례만 사용하는 각각의 소방서를 유지하는 것은 어리석고 인위적이다. 그러나 지역에 기초한 공공 서비스의 주요 혜택은 그런 공공 서비스 시스템이 정의를 가장 잘 증진시킨다는 것이다. 예를 들어, 지역적으로 표준화되고 재정이 마련되는 학교는 도시 내부로부터의 '백인들의 탈출white flight'[14]과 그로 인한 학교의 질 저하를 줄일 것이다. 이와 같이

---

14 백인들이 도시 외곽으로 이주하는 현실을 가리키는 표현이다.

지역적으로 운영되는 학교는 학부모와 교사에게 그들의 학교에 대한 정책을 만들 수 있는 권한을 상당한 정도로 부여하는 학교 위원회와 함께 손잡고 가야 한다(Bastian 외, 1986, 6장 참조). 민주적으로 개발되고 운영되는 지역 교통 서비스는 특정 주민들의 소외와 그에 따르는 주변화를 줄일 수 있다.

지역적 계획과 서비스 제공을 논의할 때, 하비가 논의한(Harvey, 1973) 구조적 부정의structural injustice의 문제에 주목해야 할 것이다. 즉, 시설과 서비스의 위치가 어떤 사람에게는 유리하고 다른 사람에게는 불리하다는 사실, 어떤 집단은 다른 집단보다 도시의 변화에 더 잘 적응할 수 있다는 사실, 그리고 어떤 집단은 다른 집단보다 더 많은 권력과 영향력을 가지고 있다는 사실들에 주목해야 한다는 것이다. 이익집단들 간의 협상 및 알선이라는 전통적 형태들을 가지고서는 지역적 정책이 현재의 도시 정책보다 구조적 부정의에 더 잘 대항할 수 있다고 생각할 만한 이유가 없다. 그러나 억압 받고 불이익 받는 집단들을 위한 효과적이고도 특별한 대표의 요건이 포함된 민주적 참여의 재구조화 절차가 있다면, 구조적 부정의들은 당연히 훨씬 덜 재생산될 것이다.

지역 대표자가 반드시 준수해야 할 원칙들을 고려하는 것으로 이 장을 마무리 짓고자 한다. 첫째, 지역은 자유를 증진해야 한다. 나는 주요 자본 투자 결정, 개발, 건축, 계획 결정이 공적이고 민주적이고 참여적이며, 그 참여 범위에서 있어서는 지역적이어야 한다고 말한 바 있다. 그렇다고 '사기업'—사적으로 결정한 목적을 위해 다양한 선택 활동에 관여하는 개인과 집합체—의 방식을 전적으로 배제하지는 않는다. 정부의 규제 및 정책 결정의 제약 안에서 개인들과 집단들이 자신들이 선택한 것을 행할 자유를 어떤 수준의 정부—지역 정부든, 주 정부든 연방 정부든—라도 보호하고 장려해야 한다. 개인과 집합체의 활동이 다른 사람에게 해를 주지 않거나 다른 사람이 그 자신의 역량을 개발하고 행사하는 것을 금지하지 않는 한, 개인과 집합체는 원하는 것을 할 수 있어야 할 뿐만 아니라, 원하는 곳에서 할 수 있어야 한다. 이는 도시 구획의 의미와 기능에 있어서의 개혁을 의미한다(Hayden, 1983, 177~182쪽; Sennett, 1970, 4장 참조). 여러 가지 차이들이 존재하는 도시 생활이라는 이상은 원칙적으로 사람들이 공공 영역으로부터 개인들이나 행동들을 배제하는 권력이나 권위를 가지면 안 된다는 것을 의미한다. 사람들은 장소 선택을 한정하는 도시 구획의 규제를 받지 않고, 상점이나 식당을 세우고, 자신이 원하는 어떠한 주거지라도 만들고, 생산 시설을 세우고, 공원을 만들며, 종교 시설 또는 주민을 위한 상담 시설을 운영할 수 있어야 한다. 그렇게 할 때 영향을 받을 이웃들은 항상 존재할 수도 있고 이 잠재적 이웃들이 그렇게 하지 못하도록 압박을 가할 자유는 마땅히 인정되어야 하겠지만, 그렇다고 그들이 원하지 않는 행동들이나 건설을 배제할 수 있는 법적 권위를 가져서는 안 될 것이다.

둘째, 원칙적으로 지역 계획 결정은 인종별/계급별/민족별 공간 분리와 기능화를 최소화하는 것, 그리고 집단의 다양성을 촉진하고 여러 집단이 나란히 활동하고 서로 속에 흩어지도록 촉진하는 것을 목표로 삼아야 한다. 다용도 동네를 촉진하는 것은 재화, 서비스, 주민을 위한 공공 영역에 편리하게 접근하는 것을 최대화하고, 그럼으로써 주변화라는 억압의 일정 부분을 최소화한다. 더욱이 공간의 기능화가 아닌 공간 및 토지 용도의 다양성을 촉진하는 것은 어떤 시설을 보다 매력적이고 인간적으로 만드는 경향이 있다. 교외의 공업 단지에서 눈에 띄지 않게 위치하고 있고 근처 거주자의 건강을 보이지 않게 위협하는 생산 시설보다는 주거, 어린이집, 공공 공원의 근처에 위치한 생산 시설이 오염 효과에 대한 규제를 더 많이 받게 되고 건물을 더 많이 적당히 매력적으로 만드는 경향이 있다.

마지막으로, 지역 기반의 공공정책과 계획과 서비스 공급은 공공 장소—집회용 홀, 실내외 광장, 넓은 보도, 오락 시설, 공원—의 육성이라는 가치를 지향하고 실현해야 한다. 이들 공간은 물건 판매 행위를 제외한 모든 활동에 열려 있어야 하고, 차량 이용은 금지되어야 한다. 안전과 공정성을 위해서만 접근 및 이용 허가제가 있을 뿐, 이들 공간에 대한 접근 및 이용은 용이해야 한다. 그래서 한 집단이 매일매일 공원이나 광장 전체를 지배하는 일 같은 것은 없어야 한다. 연설, 표지판 휴대 및 기타 표현 수단들은 허가 없이 언제라도 가능해야 하며, 소규모 집단들의 집회 역시 그러해야 한다.

이 장에서 나는 공동체의 이상에 호소하면서 사회적 차이를 인정하지 않거나 전혀 염두에 두지 않는 참여민주주의 이론 내의 지배적 경향을 비판했다. 나는 도시 생활의 이상을 집단 간 차이에 열려 있으면서 낯선 사람들과 함께 존재하는 것으로 그려봄으로써, 차이의 정치에 담긴 여러 함의를 채워 보려고 노력했다. 이 이상은 그 자체로 구현될 수 없다. 사회 변화는 철학이 아니라 정치에서부터 일어나기 때문이다. 그렇지만 이상理想은 해방적 정치에서 없어서는 안 될 단계이다. 이상은 주어진 현실이 어쩔 수 없는 것이라는 가정을 몰아내기 때문이다. 이상은 주어진 현실을 비판하는 관점과 대안들을 상상해 내는 영감을 제공한다.

맺음말

국제적 정의란 무엇인가?

새로운 연구 주제를 시작하는 말로써 이 책의 결론을 맺고자
한다.

나는 비판이론을 역사적인 맥락과 사회적인 맥락을 가지는 것으
로 생각하기 때문에, 이 책에서 사회정의에 대한 논의를 서구 복지
자본주의 사회, 특히 미국에 제한했다. 그렇지만 정확하게 말해서
세계의 나머지 지역과 관련지어 미국의 지위를 고려하게 되면, 사회
정의 이론가들은 세계의 나머지 지역에서의 정의, 즉 각 국가 사이
의 정의와 국가 내부에서의 정의에 대해 묻지 않을 수 없게 된다. 왜
냐하면 미국은 세계의 많은 억압과 관련하여 특권적 지위를 차지하
고 있고, 미국 내의 국가기관 또는 사적 기관이 행하는 여러 행위들
이 세계 내 억압의 많은 부분에 가담하고 있기 때문이다.

내가 이전의 장들에서 전개한 원리들과 범주들과 논변들은 국제
관계의 맥락으로 단순히 확장될 수도 없고 적용될 수도 없다. 또한
지구 남반구나 동반구 많은 나라 내부의 정의의 쟁점으로 확장될
수도 없고 적용될 수도 없다. 그렇지만 그 원리들과 범주들과 논변

들의 다수는 이 지역에서의 정의를 이해하는 데 전혀 무관한 것도 아니다. 내가 미국의 맥락에서 논의한 것과 유사한 쟁점들이 세계의 다른 지역들에서, 각 국가 내에서, 국가 간에서도 발생한다. 그런 쟁점들을 미국과는 다른 맥락에서 적절하게 다루려면 쟁점들과 원리들과 범주들과 논변들을 약간 수정해서 정식화할 필요가 있을지도 모르겠다. 이 짧은 맺음말에서 나는 이 책의 쟁점들이 국제적 맥락, 그리고 서구 복지 자본주의 사회와는 다른 사회들에서의 정의의 맥락으로 확장될 수 있는 방법을 탐구해 보고자 한다. 다시 한 번 말하지만, 이는 국제적 정의에 대한 확정적 진술을 개진하는 것이라기보다는 더 깊은 연구를 위해 질문을 던지는 일종의 오프닝의 의미를 갖는다.

국제 간 정의를 규범적으로 이론화하는 작업은 적어도 영미권 저자들 사이에서는 아직 유아기 단계이다. 그렇지만 현재까지 알려진 국제 간 정의에 대한 문헌들은 정의의 분배 패러다임 안에 들어 있는 경향이 있다. 예컨대, 찰스 베이츠(Charles Beitz, 1979)[1]는 국제 간 도덕성에 관한 탁월한 책에서, 정의에 대한 논의의 대부분을 국가 간의 부와 자원의 분배라는 쟁점에, 특히 부유한 국가들에서 가난한 국가들로 자원의 재분배가 도덕적으로 요구되는지 여부에 집중한다. 분배의 쟁점은 일국 사회, 특히 상대적으로 부유한 서구 복지국가 사회에서보다는 세계적 맥락에서 훨씬 더 중요할 수도 있을 것이다. 자원에 대한 불평등한 접근 및 이용이나 식민주의 유산, 국제무역과 금융 및 착취적 투자에서 비롯된 국가 간 생활 수준의 그

---

1 찰스 베이츠(1949~)는 미국 정치 이론가로 현재 프린스턴 대학교수이다. 특히, 그는 존 롤스의 정의론을 국제적으로 확장하는 시도를 했다.

엄청난 불평등은 심각한 분배적 부정의를 나타낸다.

그렇지만 분배적 쟁점에 초점을 맞추는 것에 대해 내가 제기해 온 비판은 어쩌면 이 국제적 맥락에서 더 큰 설득력을 갖고 적용될 것이다. 분배의 이면에 있는 의사결정 권력구조를 형성하는 제도적 관계들에 대한 분석이 없다면, 그리고 이러한 의사결정 구조의 정의로움 여부에 대한 평가가 없다면, 도덕철학자들은 국제적 정의의 중요한 쟁점들을 다루지 못한다. 또한 노동 분업과 문화도 분배로 환원될 수 없는 정의의 관점에서 국가 간의 관계를 이론화하기 위한 중요한 범주가 된다.

부정의는 지배와 억압의 범주라는 측면에서 이해되어야 한다는 나의 주장은 국가 간의 관계에 대해서 뿐만 아니라, 오늘날 세계에서의 그 어떤 사회적 맥락에 대해서도 타당하다고 생각한다. 내가 규정했듯이, 사람들의 행위와 그 행위 조건을 결정하는 데 참여하지 못함으로써 이해되는 지배는 서구 유럽과 북미에서뿐만 아니라 세계 나머지 지역에서도 마찬가지로 적용된다. 그러나 이 책에서 행한 이론 작업의 맥락적 특성은 우리가 서구 사회와는 다른 맥락에서의 억압에 대해 질문을 할 때 드러나기 시작한다. 내가 논의를 전개했던 억압의 다섯 가지 척도는 아시아, 라틴 아메리카 또는 아프리카에서 억압이란 무엇을 의미하는지에 대한 질문을 던질 때 유용한 출발점이 될 것이다. 그러나 이러한 척도의 몇 가지는 상당히 수정되거나 아니면 전체를 다 바꾸어야 할지도 모르겠다. 착취와 문화 제국주의라는 범주는 어느 정도는 내가 정의했던 것이 유지될 수는 있을 것이다. 그러나 주변화, 무력함, 폭력은 다시 생각되어야 하고, 아마도 재조합되어야 할 것이다. 서구 사회 이외의 맥락에서 억압을 묘사하기 위해서는 추가적인 범주들이 필요할 것이다.

2장에서 나는 미국에서의 억압은 구조적이고 체계적이라고 주장
했고, 각 피억압 집단에 조응하는 억압 가해자 집단들이 확인되는
모델은 유지되지 않는다고 주장했다. 세계의 다른 부분에서의 억압
도 또한 구조적이고 체계적이지만, 많은 사회에서 억압 집단들을 확
인하는 것은 더 쉽다. 이 사실만으로도 그러한 맥락에서의 억압의
의미를 변경할 필요가 있고, 억압의 범주들과 그 범주들의 관계가
바뀔 필요가 있을 것이다. 또한 이들 사회에서 사회집단 구조는 억
압이라는 관점에서 나름대로의 분석이 필요한 특유한 사회관계를
만들어 낸다. 예컨대, 내가 미국에서 피억압 집단의 경험들을 매개
로 하여 생각해 낸 척도들은 남반구의 주요한 피억압 집단인 농민들
의 특유한 경험에는 전혀 준거점이 되지 않는다.

　　내가 상술詳述한 억압의 다섯 가지 모습들은 세계 전체의 맥락
속에서 국가 간의 관계, 특히 선진 산업사회와 세계의 나머지 부분
사이의 관계에 보다 쉽게 적용될 수 있을 것이다.

　　복지 자본주의 사회에서 정책의 비정치화에 대한 3장에서의 논
의는 확실히 이 책 중 가장 맥락적인 것이다. 그럼에도 불구하고 나
에게 이 논의는 국제적 맥락에서의 정의, 정책, 사회운동에 대한 흥
미 있는 질문을 던진다. 국제적 맥락에서 복지주의―이는 기본 구조
는 건드리지 않고 그대로 놔두면서 재분배에 대한 사람들의 노력에
초점을 맞춘다―와 유사한 것이 있을까? 나에게 그 답은 아주 명백
하다. 부자 나라가 가난한 나라에게 자원을 주는 '해외 원조' 체계가
바로 이 복지주의 기능을 수행한다는 것이다. 국제적인 정치·경제
체계는 분쟁을 비정치화하는가? 분쟁을 분배의 쟁점 안에 담으려고
시도하는가? 그리고 정책 형성을 전문가의 분야로 만드는가? 나는
국제관계가 복지 자본주의 사회에서의 국가 정책이 형성되는 보통

의 작동 방식보다 더 정치화되어 있다고 생각하는 편이지만, 전 세계 국가들의 공직자는 국제적 분쟁을 밀실에서 진행되는 사적 협상 속에서 '처리되어야' 하는 사안으로 보려는 명백한 경향성이 있다. 그러면 국제정치에서는 이러한 공식적 국가 행위 바깥 또는 가장자리에서 공적 삶을 재정치화하는 국제적 시민사회 같은 것이 있을까? 나는 있다고 생각한다. 그리고 주변적인 국제경제 네트워크에 대한 조사, 국제적 평화운동, 물질적·문화적 연대를 위한 국제적 인민 간 조직, 그리고 여성, 유색인과 기타 집단들의 국제 운동은 전도유망한 이면裏面을 국제관계의 미래 앞에 드러낼 수 있다.

내가 분석했던 차이의 정치에 관한 여러 쟁점은 서구 복지 자본주의가 아닌 맥락에서도 확실히 중요하다. 집단 간 차이에 대한 긍정적 의식을 강력하게 인정하고 피억압 집단이 특별히 대표되게 하는 사회·정치관계를 통하여 작업을 하는 것은 현재 세계에서 가장 중요한 정치적 의제일 수 있다.

서구 복지 자본주의 사회만이 집단 간 차이를 초월하는 보편적 시민권universal citizenship의 이상을 촉진하는 것은 결코 아니다. 국가사회주의 사회는 이러한 통일성을 역설하는 오랜 전통을 갖고 있다. 아시아, 아프리카, 라틴 아메리카의 많은 다른 나라도 마찬가지다. 대부분의 경우 이 보편주의적 이상은 일부 집단이 규범을 정의하도록 하고, 이들이 중립성의 외양을 띠도록 한다. 즉, 차이를 초월하는 사회적 통일성의 이상은 대체로 특권과 억압이라는 문화제국주의적 관계, 그리고 다른 종류의 억압 관계들을 재생산한다. 전 세계의 사회운동은 이러한 통일적 기준에 도전하며, 집단 특유성에 대한 긍정적 이미지를 천명한다(Rothschild, 1981; Ross, 1980). 단지 몇 경우만 언급하자면, 소비에트연방, 유고슬라비아, 스페인, 인도에 있는 소수

민족들의 운동은 차이를 초월하는 중립적 시민권의 이상이 나이브한 것에 지나지 않는다고 폭로한다. 또한 전 세계의 여성 운동은 젠더 중립적 시민권이라는 가정에 도전한다. 우리는 그러한 민족주의적이고 국가가 촉진하는 통일성이 전 세계적으로 깨지고 있음을 목도하고 있다.

동시에 주요한 운동들이 더 큰 국제적 연합을 향하여 진행 중인데, 이는 지금까지 국가 주권과 자치를 정의해 온 배제와 분리를 깨뜨리고 있다. 범汎아프리카 운동은 하나의 공통된 통치 구조 아래에서 이루어지는 아프리카 국가 사이의 더 큰 경제적 상호작용과 협력을 향하여 발을 내딛었다. 유럽경제공동체European Economic Community²는 12개 유럽 국가의 분리 상태를 역사적으로 종식시키기 직전에 있다.

집단 간 차이는 오늘날 세계에서 가장 폭력적인 분쟁들과 탄압들 중 일부의 근원이다. 종종 사회적 집단 간 차이에 대한 본질환원주의적이고 절대주의적 이해는 상대적으로 관용적인 서구 자본주의 사회의 바깥에서 더욱더 확연하고 치명적이다. 성별 집단들, 민족 집단들, 국적國籍 집단들은 자신들의 본질과 속성을 규정하는 [지배] 집단과는 그 어떤 특징도 전혀 공유하지 않으면서 경멸받는 몸과 고정된 본성에 갇혀 있는, 전적으로 타자이자 반대되는 자들로 이해되는 경우가 많다. 동시에 세계의 역사적·경제적 조건은 이들 집단으로 하여금 상호작용을 반드시 하게 만든다. 현재 세계의 많은 부

---

2 유럽 지역의 경제 통합을 위해 1958년 설립되었고, 이 정신은 1967년 '유럽공동체(European Community)' 설립을 거쳐 1993년 '유럽연합(European Union)'의 설립으로 이어졌다.

분에서 이 필수적인 상호작용과 절대적 대립이라는 이러한 결합은 끔찍한 폭력을 부추긴다. 내가 레바논, 인도, 인도네시아 및 많은 다른 장소에서 벌어지는 그러한 폭력과 분쟁의 복잡한 원인을 이해하는 척할 수는 없다. 확실히 이러한 상황들은 국가 내부 그리고 국가 사이에서 발생하는 경제적 지배와 착취의 쟁점과도 결부되어 있다.

나는 세계 여러 부분에 존재하는 차이와 관련해서 세 가지 종류의 사회적·정치적 상황을 언급했다. 첫째, 그러한 차이는 정치적 차원에서 무관하므로 차이를 초월해야 한다고 주장해 온 국가들 내부에서 민족성이 부활하고 있다. 둘째, 개별적으로 분리되었던 국가들이 차이를 포기하지 않고서 더 큰 접촉과 상호작용 안으로 들어가는 상황을 창출하고 있다. 셋째, 세계의 많은 부분에서 집단 간 차이는 계속 절대적 타자성으로 이해되고 있고, 그 결과 지배와 폭력을 낳고 있다. 이질적 공중 속에서 이루어지는 숙의로 파악된 정치의 이상—여기서는 집단 간 차이가 승인되고 피억압 집단들이 특별히 대표된다—이 이러한 상황들 하나하나와 직접적으로 연관이 있다는 게 내 생각이다. 최종 목표의 공유이자 상호 동일시라는 공동체의 이상은 미국 도시의 맥락에서도 그렇지만, 이러한 맥락에서는 더욱더 터무니없다. 동시에 집단들의 상호 융합과 상호 의존은 너무도 철저해서 분리와 완전한 집단 자율성을 현실주의적 선택으로 만들지 못한다. 집단 간의 경계를 느슨하게는 할 수 있지만 결코 해체할 수는 없는 심리적 성향과 문화적 표현과 정치적 제도들만이 집단 간 경계를 삼투 가능하게 만들고 결코 고정되지 않은 것으로 만들며, 또 동시에 집단들이 스스로 자기를 규정할 수 있게 하고 공적 영역에서 대표될 수 있게 보증해 준다. 이럴 때 비로소 보다 평화롭고 정의로운 세계의 미래를 향한 희망을 견지할 수 있을 것이다.

참고 문헌

Ackelsberg, Martha. 1988. "Communities, Resistance and Women's Activism." In Ann Bookman and Sandra Morgen, eds., *Women and the Politics of Empowerment.* Philadelphia: Temple University Press.

Ackerman, Bruce. 1980. *Social Justice and the Liberal State.* New Haven: Yale University Press.

Adams, Robert. 1985. "Involuntary Sins." *Philosophical Review* 94(January): 3~31.

Adorno, Theodor. 1973. *Negative Dialectics.* New York: Continuum.

Alexander, David. 1987. "Gendered Job Traits and Women's Occupations." Ph. D. dissertation, Economics, University of Massachusetts.

Altman, Dennis. 1982. *The Homosexualization of American Society.* Boston: Beacon.

Anderson, Benedict. 1983. *Imagined Communities: Reflections on the Origin and Spread of Nationalism.* London: New Left Books.

Arato, Andrew and Jean Cohen. 1984. "Social Movements, Civil Society, and the Problem of Sovereignty." *Praxis International* 4(October): 266~283.

Arendt, Hannah. 1958. *The Human Condition.* Chicago: University of Chicago Press.

Arthur, John and William Shaw, eds. 1978. *Justice and Economic Distribution.* Englewood Cliffs, N. J.: Prentice-Hall.

Bachrach, Peter and Morton Baratz. 1969. "Two Faces of Power." In Roderick Bell, David Edwards, and Harrison Wagner, eds., *Political Power.* New York: Free Press.

Barber, Benjamin. 1984. *Strong Democracy.* Berkeley and Los Angeles: University of California Press.

Barthes, Roland. 1986. "Semiology and the Urban." In M. Gottdiener and

Alexandros P. Lagopoulos, eds. *The City and the Sign: An Introduction to Urban Semiotics.* New York: Columbia University Press.

Bastian, Ann, Norm Fruchter, Marilyn Gittell, Colin Greer, and Kenneth Haskins. 1986. *Choosing Equality: The Case for Democratic Schooling,* Philadelphia: Temple University Press.

Bay, Christian. 1981. *Strategies for Political Emancipation.* Notre Dame: University of Notre Dame Press.

Bayes, Jane H. 1982. *Minority Politics and Ideologies in the United States.* Novato, Calif: Chandler and Sharp.

Beatty, Richard W. and James R. Beatty. 1981. "Some Problems with Contemporary Job Evaluation Systems." In Helen Remick, ed., *Comparable Worth and Wage Discrimination: Technical Possibilities and Political Realities.* Philadelphia: Temple University Press.

Beetham, David. 1985: *Max Weber and the Theory of Modern Politics.* Oxford: Polity.

Beitz, Charles. 1979. *Political Theory and International Relations.* Princeton: Princeton University Press.

_____. 1988. "Equal Opportunity in Political Representation." In Norman Bowie, ed., *Equal Opportunity. Boulder: Westview.*

Bell, Derek. 1987. *And We Are Not Saved: The Elusive Quest for Racial Justice.* New York: Basic.

Benhabib, Seyla. 1986. *Critique, Norman and Utopia.* New York: Columbia University Press.

Berman, Marshall. 1982. *All That Is Solid Melts into Air.* New York: Simon and Schuster.

Bernstein, Paul. 1980. *Workplace Democratization: Its Internal Dynamics.* New Brunswick: Transaction.

Blum, Lawrence. 1980. *Friendship, Altruism and Morality.* London: Routledge and Kegan Paul.

_____. 1988. "Gilligan and Kohlberg: Implications for Moral Theory." *Ethics* 97(April): 472~491.

Blumfield, Warren S. 1976. *Development and Evaluation of Job Performance Criteria.* Athens, Ga.: Georgia State University Publishing Services.

Boggs, Carl. 1987. *Social Movements and Political Power.* Philadelpia: Temple

University Press.

Bookchin, Murray. 1987. *The Rise of Urbanization and the Decline of Citizenship*. San Francisco: Sierra Club Books.

Boris, Ellen and Peter Bardaglio. 1983. "The Transformation of Patriarchy: The Historic Role of the State." In Irene Diamond, ed., *Families, Politics and Public Policy*. New York: Longman.

Bourdieu, Pierre. 1977. *Outline of a Theory of Practice*. Cambridge: Cambridge University Press.

Bowles, Samuel and Herbert Gintis. 1982. "Crisis of Liberal Democratic Capitalism: The Case of the United States." *Politics and Society* 11:51~94.

_____. 1986. *Democracy and Capitalism*. New York: Basic.

Boxill, Bernard. 1984. *Blacks and Social Justice*. Totowa, N. J.: Rowman and Allanheld.

Boyte, Harry. 1984. *Community Is Possible*. New York: Harper and Row.

_____ and Sara M. Evans. 1984. "Strategies in Search of America: Cultural Radicalism, Populism, and Democratic Culture." *Socialist Review*, May-August, pp. 73~100.

_____ and Frank Reissman, eds. 1986. *New Populism: The Politics of Empowerment*. Philadelphia: Temple University Press.

Braverman, Harry. 1974. *Labor and Monopoly Capital*. New York: Monthly Review Press.

Breines, Wini. 1982. *Community and Organization in the New Left: 1962~1968*. South Hadley, Mass.: Bergin.

Brittan, Arthur and Mary Maynard. 1984. *Sexism, Racism and Oppression*. Oxford: Blackwell.

Brown, Carol. 1981. "Mothers, Fathers and Children: From Private to Public Patriarchy." In Lydia Sargent, ed., *Women and Revolution*. Boston: South End.

Buchanan, Allen. 1982. *Marx and Justice*. Totowa, N. J.: Rowman and Allanheld.

_____. 1989. "Assessing the Communitarian Critique of Liberalism." *Ethics* 99(July): 852~882.

Bulkin, Elly, Minnie Bruce Pratt, and Barbara Smith. 1984. *Yours in Struggle: Three Feminist Perspectives on Anti-Semitism and Racism*. New York: Long

Haul.

Burris, Beverly H. 1983. *No Room at the Top: Under-Employment and Alienation in the Corporation.* New York: Praeger.

Calhoun, Cheshire. 1989. "Responsibility and Reproach." *Ethics* 99(January): 389~406.

Canter, Norma V. 1987. "Testimony from Mexican American Legal Defense and Education Fund." *Congressional Digest*(March).

Card, Claudia. 1989. "Responsibility and Moral Luck: Resisting Oppression and Abuse." Paper presented at the American Philosophical Association Eastern Division meeting, Atlanta, December.

Carmichael, Stokley and Charles Hamilton. 1967. *Black Power.* New York: Random House.

Castells, Manuel. 1983. *The City and the Grass Roots.* Berkeley and Los Angeles: University of California Press.

Cerroni, Umberto. 1983. "The Problem of Democracy in Mass Society." *Praxis International* 3(April): 34~53.

Chodorow, Nancy. 1978. *The Reproduction of Mothering.* Berkeley and Los Angeles: University of California Press.

Clavel, Pierre. 1986. *The Progressive City: Planning and Participation, 1969~1984.* New Brunswick: Rutgers University Press.

Cliff, Michelle. 1980. *Reclaiming the Identity They Taught Me to Despise.* Watertown, Mass.: Persephone.

Cohen, Jean. 1985. "Strategy or Identity: New Theoretical Paradigms and Contemporary Social Movements." *Social Research* 52(Winter): 663~716.

Cohen, Joshua and Joel Rogers. 1983. *On Democracy.* New York: Penguin.

Cole, Thomas R. 1986. "Putting Off the Old: Middle Class Morality, Antebellum Protestantism, and the Origan of Ageism." in David Van Tassel and Peter N. Stearns, eds., *Old Age in a Bureaucratic Society.* New York: Greenwood.

Colker, Ruth. 1986. "Anti-Subordination Above All: Sex, Race, and Equal Protection." *New York University Law Review* 61(December): 1003~1066.

Collins, Sheila. 1986. *The Rainbow Challenge: The Jackson Campaign and the Future of U. S. Politics.* New York: Monthly Review Press.

Collins, Randall. 1979. *The Credential Society: A History Sociology of Education and Stratification.* New York: Academic.

Connolly, William. 1983. *The Terms of Political Discourse*. 2d ed. Princeton: Princeton University Press.

Cornell, Drucilla. 1987. "Two Lectures on the Normative Dimension of Community in the Law." *Tennessee Law Review* 54(Winter): 327~343.

Cornell, Stephen. 1988. *The Return of the Native: American Indian Political Resurgence*. New York: Oxford University Press.

Coward, Rosalind and John Ellis. 1977. *Language and Materialism*. London: Routledge and Kegan Paul.

Cruse, Harol. 1987. *Plural but Equal: Blacks and Minorities and America's Plural Society*. New York: Morrow.

Cunnigham, Frank. 1987. *Democratic Theory and Socialism*. Cambridge: Cambridge University Press.

Dallmayr, Fred. 1981. *Twilight of Subjectivity: Contributions to a Post-Structuralist Theory of Politics*. Amherst: University of Massachusetts Press.

Daniels, Norman. 1978. "Merit and Meritocracy." *Philosophy and Public Affairs* 7(Spring): 206~223.

_____. 1985. *Just Health Care*. Cambridge: Cambridge University Press.

Darwall, Stephen. 1983. *Impartial Reason*. Ithaca: Cornell University Press.

Davidson, Kenneth. 1976. "Preferential Treatment and Equal Opportunity." *Oregon Law Review* 55:53~83.

Deloria, Vine and Clifford Lytle. 1984. *The Nations Within*. New York: Pantheon.

Delphy, Christine. 1984. *Close to Home: A Materialist Analysis of Women's Oppression*. Amherst: University of Massachusetts Press.

D'Emilio, Joseph. 1983. *Sexual Politics, Sexual Communities*. Chicago: University of Chicago Press.

Derrida, Jacques. 1976. *Of Grammatology*. Baltimore: Johns Hopkins University Press.

_____. 1978. "Violence and Metaphysics: An Essay on the Thought of Emmanuel Levinas." In *Writing and Difference*. Chicago: University of Chicago Press.

Devries, Davis L., Ann M. Morrison, Sandra L. Shullman, and Michael L. Gerlach. 1980. *Performance Appraisal on the Line*. New York: Wiley.

Doppelt, Gerald. 1987. "Technology and the Humanization of Work." In

Gertrude Ezorsky, ed., *Moral Rights in the Workplace*. Albany: State University of New York Press.

Dreier, Peter. 1987. "Community Based Housing: A Progressive Approach to a New Federal Policy." *Social Policy* 18(Fall): 18~22.

Du Bois, W. E. B. 1969[1903]. *The Souls of Black Folk*. New York: New American Library.

Dworkin, Ronald. 1981. "What Is Equality? Part Ⅰ." *Philosophy and Public Affairs* 10(Summer): 185~246.

Easton, Barbara. 1978. "Feminism and the Contemporary Family." *Socialist Review* 39(May/June): 11~36.

Edley, Christopher. 1986. "Affirmative Action and the Rights Rhetoric Trap." In Robert Fullinwider and Claudia Mills, eds. *The Moral Foundations of Civil Rights*. Totowa, N. J.: Rowman and Littlefield.

Eisenstein, Zillah. 1979. *The Radical Future of Liberal Feminism*. New York: Longman.

Elkin, Stephen L. 1987. *City and Regime in the American Republic*. Chicago: University of Chicago Press.

Ellison, Charles. 1985. "Rousseau and the Modern City: The Politics of Speech and Dress." *Political Theory* 13(November): 497~534.

Elshtain, Jean. 1981. *Public Man, Private Woman*, Princeton: Princeton University Press.

Epstein, Steven. 1987. "Gay Politics, Ethnic Identity: The Limits of Social Constructionism." *Socialist Review* 17(May~August) 9~54.

Fallon, Richard H. 1980. "To Each According to His Ability, From None According to His Race: The Concept of Merit in the Law of Antidiscrimination." *Boston University Law Review* 60(November): 815~877.

Fanon, Frantz. 1967. *Black Skin, White Masks*. New York: Grove.

Ferguson, Ann. 1984. "On Conceiving Motherhood and Sexuality: A Feminist Materialist Approach." In Joyce Trebilcot, ed., *Mothering: Essays in Feminist Theory*. Totowa, N. J.: Rowman and Allanheld.

_____. 1989. *Blood at the Root*. London: Pandora.

Ferguson, Kathy. 1984. *The Feminist Case against Bureaucracy*. Philadelphia: Temple University Press.

Fischer, Claude. 1982. *To Dwell among Friends: Personal Networks in Town and City.* Chicago: University of Chicago Press.

Fishkin, James. 1983. *Justice, Equal Opportunity, and the Family.* New Haven: Yale University Press.

Fiss, Milton. 1980. *Ethics and Society.* New York: New York University Press.

Fiss, Owen. 1976. "Groups and the Equal Protection Clause." *Philosophy and Public Affairs* 5(Winter): 107~176.

Fitzpatrick, Peter. 1987. "Racism and the Innocence of Law." *Journal of Law and Society* 14(Spring): 119~132.

Foucault, Michel. 1970. *The Order of Things.* New York: Random House.

_____. 1977. *Discipline and Punish.* New York: Pantheon.

_____. 1980. *Power/Knowledge.* New York: Pantheon.

Frankel, Boris. 1987. *The Post Industrial Utopians.* Madison: University of Wisconsin Press.

Fraser, Nancy. 1987a. "Women, Welfare, and the Politics of Need Interpretation." *Hypatia: A Journal of Feminist Philosophy* 2(Winter): 103~122.

_____. 1987b. "Social Movements vs. Disciplinary Bureaucracies: The Discourse of Social Needs." CHS Occasional Paper No. 8. Center for Humanistic Studies, University of Minnesota.

_____ and Linda Nicholson. 1988. "Social Criticism without Philosophy: An Encounter between Feminism and Postmodernism." In Andrew Ross, ed., *Universal Abandon? The Politics of Postmodernism.* Minneapolis: University of Minnesota Press.

Freeman, Alan D. 1982. "Antidiscrimination Law: A Critical Review." In David Karys, ed., *The Politics of Law: A Progressive Critique.* New York: Pantheon.

French, Peter. 1975. "Types of Collectivities and Blame." *The Personalist* 56(Spring): 160~169.

Friedman, Marilyn. 1985. "Care and Context in Moral Reasoning." In Carol Harding, ed., *Moral Dilemmas: Philosophical and Psychological Issues in the Development of Moral Reasoning.* Chicago: Precedent.

_____. 1987. "Beyond Caring: The De-Moralization of Gender." In Marsha Hanen and Kai Nielsen, eds. *Science, Morality and Feminist Theory.*

Calgary: University of Calgary Press.

_____. 1989. "Impracticality of Impartiality." *Journal of Philosophy* 86(November): 645~656.

_____ and Larry May. 1985. "Harming Women as a Group." *Social Theory and Practice* 11(Summer): 297~234.

Friedman, Toby and E. Belvin William. 1982. "Current Use of Tests for Employment." In Alexandra Wigdor and Wendell Garner, eds., *Ability Testing: Uses, Consequences, and Controversies, Part II.* Washington, D. C.: National Academy Press.

Frug, Gerald. 1980. "The City as a Legal Concept." *Harvard Law Review* 93(April): 1059~1154.

Frye, Marilyn. 1983a. "Oppression." In *The Politics of Reality.* Trumansburg, N. Y.: Crossing.

_____. 1983b. "On Being White: Toward a Feminist Understanding of Race Supremacy." In *The Politics of Reality.* Trumansburg, N. Y.: Crossing.

Fullinwider, Robert. 1980. *The Reverse Discriminaton Controversy.* Totowa, N. J.: Rowman and Allanheld.

_____. 1986. "Reverse Discrimination and Equal Opportunity." In Joseph DiMarco and Richard Fox, eds., *New Directions in Ethics.* London: Routledge and Kegan Paul.

Galston, William. 1980. *Justice and the Human Good.* Chicago: University of Chicago Press.

Giddens, Anthony. 1976. *Central Problems of Social Theory.* Berkeley: University of California Press.

_____. 1981. *A Contemporary Critique of Historical Materialism.* Berkeley and Los Angeles: University of California Press.

_____. 1984. *The Constitution of Society.* Berkeley and Los Angeles: University of California Press.

Gilligan, Carol. 1982. *In a Different Voice.* Cambridge: Harvard University Press.

Gilman, Sander L. 1985. *Difference and Pathology: Stereotypes of Sexuality, Race and Madness.* Ithaca: Cornell University Press.

Gintis, Herbert and Samuel Bowles. 1986. *Capitalism and Democracy.* New York: Basic.

Glennon, Lynda. 1979. *Women and Dualism*. New York: Longman.

Gottdiener, Mark. 1985. *The Social Production of Urban Space*. Austin: University of Texas Press.

Gottlieb, Rhonda. 1984. "The Political Economy of Sexuality." *Review of Radical Political Economy* 16(Spring): 143~165.

Gottlieb, Roger. 1987. *History and Subjectivity*. Philadelphia: Temple University Press.

Gough, Ian. 1979. *The Political Economy of the Welfare State*. London: Macmillan.

Gould, Carol. 1988. *Rethinking Democracy: Freedom and Political Cooperation in Politics, Economics, and Society*. Cambridge: Cambridge University Press.

Green, Philip. 1985. *Retrieving Democracy*. Totowa, N. Y.: Rowman and Allanheld.

Gutmann, Amy. 1980. *Liberal Equality*. Cambridge: Cambridge University Press.

_____. 1985. "Communitarian Critics of Liberalism." *Philosophy and Public Affairs* 14(Summer): 308~322.

Habermas, Jürgen. 1973. *Theory and Practice*. Boston: Beacon.

_____. 1974. "The Public Sphere: An Encyclopedia Article." *New German Critique* 1(Fall): 49~55.

_____. 1975. *Legitimation Crisis*. Boston: Beacon.

_____. 1981. "New Social Movements." *Telos* 49(Fall): 33~37.

_____. 1983. *The Theory of Communicative Competence*. Vol. 1: *Reason and the Rationalization of Society*. Boston: Beacon.

_____. 1987. *The Theory of Communicative Competence*. Vol. 2: *Lifeworld and System*. Boston: Beacon.

Hacker, Sally. 1988. *Pleasure, Power and Technology*. London: Allen and Unwin.

Haraway, Donna, 1985. "Manifesto for Cyborgs." *Socialist Review* 80(March/April): 65~107.

Hartsock, Nancy. 1983. *Money, Sex and Power*. New York: Longman.

Harvey, David. 1973. *Social Justice and the City*. Baltimore: Johns Hopkins University Press.

Hawkesworth, Marry E. 1984. "The Affirmative Action Debate and Conflicting Conceptions of Individuality." *Women's Studies International Forum* 7:335~347.

Hayden, Delores. 1983. *Redesigning the American Dream*. New York: Norton.

Heidegger, Martin. 1962. *Being and Time*. New York: Harper and Row.

Held, Virginia. 1987a. "Feminism and Moral Theory." In Eva Kittay and Diana Meyers, eds., *Women and Moral Theory*. Totowa, N. Y.: Rowman and Littlefield.

_____. 1987b. "A Non-Contractual Society." In Marsha Hanen and Kai Nielsen, eds., *Science, Morality and Feminist Theory*. Calgary: University of Calgary Press.

Heller, Agnes, 1987. *Beyond Justice*. New York: Basic.

Herzog, Don. 1986. "Some Questions for Republicans." *Political Theory* 14(August): 473~493.

Hirsch, H. N. 1986. "The Threnody of Liberalism: Constitutional Liberty and the Renewal of Community." *Political Theory* 14(August): 425~449.

Hochschild, Jennifer. 1988. "Race, Class, Power, and Equal Opportunity." In Norman Bowie, ed., *Equal Opportunity*. Boulder: Westview.

Holmstrom, Nancy. 1977. "Exploitation." *Canadian Journal of Philosophy* 7(June): 353~369.

Howard, Michael. 1985. "Worker Control, Self-Respect, and Self-Esteem." *Philosophy Research Archives* 10:455~472.

Howe, Irving. 1982. Introduction to Irving Howe, ed., *Beyond the Welfare State*. New York: Schocken.

Husani, Ziyad. 1980. "Marx on Distributive Justice." In Marshall Cohen et al., eds., *Marx, Justice, and History*. Princeton: Princeton University Press.

Irigaray, Luce. 1985. *Speculum of the Other Woman*. Ithaca: Cornell University Press.

Jacobs, Jane. 1961. *The Death and Life of Great American Cities*. New York: Random House.

Jaggar, Alison. 1983. *Feminist Politics and Human Nature*. Totowa, N. Y.: Rowman and Allanheld.

Jankowski, Martin Sanchez. 1986. *City Bound: Urban Life and Political Attitudes among Chicano Youth*. Albuquerque: University of New Mexico

Press.

Janowitz, Morris. 1976. *Social Control of the Welfare State*. New York: Elsevier.

Karst, Kenneth. 1986. "Paths to Belonging: The Constitution and Cultural Identity." *North Carolina Law Review* 64(January): 303~377.

Katznelson, Ira. 1980. *City Trenches*. New York: Pantheon.

Keane, John. 1984. *Public Life in Late Capitalism*. Cambridge: Cambridge University Press.

_____. 1988. *Democracy and Civil Society*. London: Verso.

Keller, Evelyn Fox. 1986. *Reflections on Gender and Science*. New Haven: Yale University Press.

Kleven, Thomas. 1988. "Cultural Bias and the Issue of Bilingual Education." *Social Policy* 19(Summer):9~12.

Kovel, Joel. 1984. *White Racism: A Psychohistory*. 2d ed. New York: Columbia University Press.

Kristeva, Julia. 1977. "Le Sujet en Procès." In *Polylogue*. Paris: Editions du Seuil.

_____. 1982. *Powers of Horror: An Essay in Abjection*. New York: Columbia University Press.

Laclau, Ernesto and Chantal Mouffe. 1985. *Hegemony and Socialist Strategy*. London: Verso.

Lader, Laurence. 1979. *Power on the Left*. New York: Norton.

Landes, Joan. 1988. *Women and the Public Sphere in the Age of the French Revolution*. Ithaca: Cornell University Press.

Lange, Lynda. 1979. "Rousseau: Women and the General Will." In Lynda Lange and Lorenne M. G. Clark, eds., *The Sexism of Social and Political Theory*. Toronto: University of Toronto Press.

Lawrence, Charles R. 1987. "The Id, the Ego, and Equal Protection: Reckoning with Unconscious Racism." *Stanford Law Review* 39(January): 317~388.

Lefort, Claude. 1986. "What Is Bureaucracy?" In *The Political Forms of Modern Society*. London: Polity.

Levinas, Emmanuel. 1969. *Totality and Infinity*. Pittsburgh: Duquesne University Press.

Levontin, R. C., Steven Rose, and Leon Kamin. 1984. *Not in Our Genes: Biology, Ideology and Human Nature*. New York: Pantheon.

Littleton, Christine. 1987. "Reconstructing Sexual Equality." California Law Review 75(July): 1279~1337.

Livingston, John C. 1979. *Fair Game? Inequality and Affirmative Action.* San Francisco: Freeman.

Lloyd, Genevieve. 1984. *The Man of Reason: "Male" and "Female" in Western Philosophy.* Minneapolis: University of Minnesota Press.

Lofland, Lyn H. 1973. *A World of Strangers: Order and Action in Urban Public Space.* New York: Basic.

Logan, John R. and Harvey L. Molotch. 1987. *Urban Fortunes: The Political Economy of Place.* Berkeley and Los Angeles: University of California Press.

Lowi, Theodore. 1969. *The End of Liberalism.* New York: Norton.

Lugones, Maria C. and Elizabeth V. Spelman. 1983. "Have We Got a Theory for You! Feminist Theory, Cultural Imperialism and the Demand for the Woman's Voice." *Women's Studies International Forum* 6:573~581.

Luke, Timothy. 1987. "Power and Resistance in Post-Industrial Society." Paper presented at the Third International Social Philosophy Conference, Charlotte, N. C., June.

Lyotard, Jean-François. 1984. *The Postmodern Condition.* Minneapolis: University of Minnesota Press.

_____ and Jean-Loup Thétaud. 1985. *Just Gaming.* Minneapolis: University of Minnesota Press.

MacIntyre, Alasdair. 1981. *After Virture.* Notre Dame: University of Notre Dame Press.

Macpherson, C. B. 1962. *The Political Theory of Possessive Individualism.* Oxford: Oxford University Press.

_____. 1973. *Democratic Theory: Essays in Retrieval.* Oxford: Oxford University Press.

Manicas, Peter. 1974. *The Death of the State.* New York: Putnam.

Mansbridge, Jane. 1980. *Beyond Adversarial Democracy.* New York: Basic.

Marable, Manning. 1984. *Race, Reform and Rebellion: The Second Reconstruction in Black America. 1945~1982.* Jackson: University Press of Mississippi.

Marcuse, Herbert, 1964. *One-Dimensional Man.* Boston: Beacon.

Markus, Maria. 1986. "Women, Success, and Civil Society: Submission to or Subversion of the Achievement Principle." *Praxis International* 5(January): 430~442.

Mason, Ronald. 1982. *Participatory and Workplace Democracy.* Carbondale: Southern Illinois University Press.

May, Larry. 1987. *The Morality of Groups: Collective Responsibility,* Group-Based Harm, and Corporate Rights. Notre Dame: Notre Dame University Press.

_____. 1990. "Insensitivity and Moral Responsibility." *Journal of Value Inquiry,* in press.

McConohay, John. 1986. "Modern Racism, Ambivalence, and the Modern Racism Scale." In Job Davidio and Sam Gaetner, eds., *Prejudice, Discrimination and Racism.* New York: Academic.

McGary, Howard. 1983. "Racial Integration and Racial Separatism: Conceptual Clarifications." In Leonard Harris, ed., *Philosophy Born of Struggle.* Dubuque, Iowa: Hunt.

Merchant, Carolyn. 1978. *The Death of Nature.* New York: Harper and Row.

Michelman, Frank. 1986. "Traces of Self-Government." *Harvard Law Review* 100(November): 4~77.

Miles, Angela. 1985. "Feminist Radicalism in the 1980's." *Canadian Journal of Political and Social Theory* 9:16~39.

Miller, David. 1976. *Social Justice.* Oxford: Clarendon Press.

Miller, Richard. 1984. *Analyzing Marx.* Princeton: Princeton University Press.

Minow, Martha. 1985. "Learning to Live with the Dilemama of Difference: Bilingual and Special Education." *Law and Contemporary Problems* 48(Spring): 157~211.

_____. 1987. "Justice Engendered." *Harvard Law Review* 101(November): 11~95.

_____. 1990. *Making All the Difference.* Ithaca: Cornell University Press.

Mosse, George. 1985. *Nationalism and Sexuality.* New York: Fertig.

Murphy, Raymond. 1985. "Exploitation or Exclusion?" *Sociology* 19(May): 225~243.

Nagel, Thomas. 1986. *The View from Nowhere.* Oxford: Oxford University Press.

Nell, Edward and Onora O'Neill. 1980. "Justice under Socialism." In James Sterba, ed., *Justice: Alternative Political Perspectives.* Belmont, Calif.: Wadsworth.

Nicolson, Linda. 1986. *Gender and History.* New York: Columbia University Press.

Nickel, James. 1988. "Equal Opportunity in a Pluralistic Society." In Ellen Frankel Paul, Fred D. Miller, Jeffrey Paul, and John Ahrens, eds., *Equal Opportunity.* Oxford: Blackwell.

Nielsen, Kai. 1978. "Class and Justice." In John Arthur and William Shaw, eds., *Justice and Economic Distribution.* Englewood Cliffs. N. J.: Prentice-Hall.

_____. 1979. "Radical Egalitarian Justice: Justice as Equality." *Social Theory and Practice* 5(Spring): 209~226.

_____. 1985. *Liberty and Equality.* Totowa, N. J.: Rowman and Allanheld.

Nisbet, Robert A. 1953. *The Quest for Community.* New York: Oxford University Press.

Noedlinger, 1981. *On the Autonomy of the Democratic State.* Cambridge: Harvard University Press.

Nozick, Robert. 1974. *Anarchy, State, and Utopia.* New York: Basic.

O'Connor, James. 1973. *The Fiscal Crisis of the State.* New York: St. Martin's.

Offe, Claus. 1976. *Industry and Inequality: The Achievement Principle in Work and Social Status.* New York: St. Martin's.

_____. 1984. *Contradictions of the Welfare State.* Cambridge: MIT Press.

_____. 1985. *Disorganized Capitalism.* Cambridge: MIT Press.

Okin, Susan. 1978. *Women in Western Political Thought.* Priceton: Princeton University Press.

_____. 1982. "Women and the Making of the Sentimental Family." *Philosophy and Public Affairs* 11(Winter): 65~88.

_____. 1986. "Are Our Theories of Justice Gender-Neutral?" In Robert Fullinwider and Claudia Mills, eds., *The Moral Foundations of Civil Rights.* Totowa, N. J.: Rowman and Littlefield.

_____. 1989. "Reason and Feeling in Thinking about Justice." *Ethics* 99(January): 229~249.

Omi, Michael and Howard Winant. 1983. "By the Rivers of Babylon: Race in the United States, Part I and II." *Socialist Review* 71(September-October):

31~66; 72(November–December): 35~70.

_____. 1986. *Racial Formation in the United States.* New York: Routledge and Kegan Paul.

Orr, Eleanor Wilson. 1987. *Twice as Less: Black English and the Performance of Black Students in Mathematics and Science.* New York: Norton.

Ortiz, Roxanne Dunbar. 1984. *Indians of the Americas.* New York: Praeger.

Pateman, Carole, 1970. *Participation and Democratic Theory.* Cambridge: Cambridge University Press.

_____. 1979. *Political Obligation.*

_____. 1986. "Feminism and Participatory Democracy: Some Reflections on Sexual Difference and Citizenship." Paper presented at the American Philosophical Association Western Division meeting, St. Louis, April.

_____. 1988. *The Sexual Contract.* Stanford University Press.

Pelczynski, Z. A. 1971. "The Hegelian Conception of the State." In Z. A. Pelczynski, ed., *Hegel's Political Philosophy: Problems and Perspectives.* Cambridge: Cambridge University Press.

Pevar, Stephen L. 1983. *The Rights of Indians and Tribes.* New York: Bantam.

Piper, Adrian. 1988. "Higher–Order Discrimination." Paper presented at the Conference on Moral Character, Radcliffe College, April.

Pitkin, Hannah. 1981. "Justice: On Relating Public and Private." *Political Theory* 9(August): 327~352.

Piven, Frances Fox and Richard Cloward. 1982. *The New Class War.* New York: Pantheon.

Poulantzas, Nicos. 1978. *Classes in Contemporary Capitalism.* London: Verso.

Rawls, John. 1971. *A Theory of Justice.* Cambridge: Harvard University Press.

Reich, Michael. 1981. *Racial Inequality.* Princeton: Princeton University Press.

Reiman, Jeffrey. 1987. "Exploitation, Force, and the Moral Assessment of Capitalism: Thoughts on Roemer and Cohen." *Philosophy and Public Affairs* 16(Winter): 3~14.

Reynolds, William Bradford. 1986. "*Stotts*: Equal Opportunity, Not Equal Results." In Robert Fullinwider and Claudia Mills, eds., *The Moral Foundations of Civil Rights.* Totowa, N. J.: Rowman and Littlefield.

Rhode, Deborah L. 1988. "Occupational Inequality." *Duke Law Journal* 1988(December): 1207~1241.

_____. 1989. *Justice and Gender.* Cambridge: Harvard University Press.

Roemer, John. 1982. *A General Theory of Exploitation and Class.* Cambridge: Harvard University Press.

Ross, Jeffrey. 1980. Introduction to Jeffrey Ross and Ann Baker Cottrell, eds., *The Mobilization of Collective Identity.* Lanham, Md.: University Press of America.

Rothschild, Joseph. 1981. *Ethnopolitics.* New York: Columbia University Press.

Ruchwarger, Gary. 1987. *People in Power: Forging a Grassroots Democracy in Nicaragua.* South Hadley, Mass.: Bergin and Garvey.

Ruddick, Sara. 1984. "Maternal Thinking." In Joyce Trebilcot, ed., *Mothering: Essays in Feminist Theory.* Totowa, N. J.: Rowman and Allanheld.

Runciman, W. G. 1978. "Processes, End States and Social Justice." *Philosophical Quarterly* 28(January): 37~45.

Ryan, Michael. 1982. *Marxism and Deconstruction.* Baltimore: Johns Hopkins University Press.

Said, Edward. 1978. *Orientalism.* New York: Pantheon.

Sandel, Michael. 1982. *Liberalism and the Limits of Justice.* Cambridge: Cambridge University Press.

Sartre, Jean-Paul. 1948. *Anti-Semite and Jew.* New York: Schocken.

Sawicki, Jana. 1986. "Foucault and Feminism: Toward a Politics of Difference." *Hypatia: A Journal of Feminist Philosophy* 1(Summer): 23~36.

Scales, Ann. 1981. "Towards a Feminist Jurisprudence." *Indiana Law Journal* 56(Spring): 375~444.

Schmitt, Eric. 1989. "As the Suburbs Speak More Spanish, English Becomes a Cause." *New York Times*, 26 February.

Schweickart, David. 1990. *Capitalism or Worker Control?* New York: Praeger.

_____. 1984. "Plant Relocations: A Philosophical Reflection." *Review of Radical Political Economics* 16(Winter): 32~51.

Scott, Joan. 1988. "Deconstructing Equality-versus-Difference: Or the Uses of Post-Structuralist Theory for Feminism." *Feminist Studies* 14(Spring): 33~50.

Sears, David O. and Leonie Huddy. 1987. "Bilingual Education: Symbolic Meaning and Support among Non-Hispanics." Paper presented at the annual meeting of the American Political Science Association, Chicago,

September.

Sennett, Richard, 1974. *The Fall of Public Man.* New York: Random House.

_____ and Jonathan Cobb. 1972. *The Hidden Injuries of Class.* New York: Vintage.

Shepard, Orrie. 1982. "Definition of Bias." In Ronald A. Berk, eds., Handbook of Methods for Detecting Test Bias. Baltmore: Johns Hopkins.

Sher, George. 1987a. "Groups and the Constitution." In Gertrude Ezorsky, ed., *Moral Rights in the Workplace.* Albany: State University of New York Press.

_____. 1987b. "Predicting Performance." In Ellen Frankel Paul, Fred D. Miller, Jeffrey Paul, and John Ahrens, eds., *Equal Opportunity.* Oxford: Blackwell.

_____. 1988. "Qualifications, Fairness, and Desert." In Norman Bowie, ed., *Equal Opportunity.* Boulder: Westview.

Shklar, Judith. 1969. *Men and Citizens.* Cambridge: Cambridge University Press.

Simon, Robert. 1984. "Troubled Waters: Global Justice and Ocean Resources." In Tom Regan, ed., *Earthbound.* New York: Random House.

Simpson, Evan. 1980. "The Subject of Justice." *Ethics* 90(July): 490~501.

Slaughter, Thomas F. 1982. "Epidermalizing the World: A Basic Mode of Being Black." In Leonard Harris, ed., *Philosophy Born of Struggle.* Dubuque, Iowa: Hunt.

Smart, Barry. 1983. *Foucault, Marxism, and Critique.* London: Routledge and Kegan Paul.

Smith, Michael and Dennis R. Judd. 1984. "American Cities: The Production of Ideology." In Michael P. Smith, ed., *Cities in Transformation.* Berkeley: Sage.

Smith, Paul. 1988. *Discerning the Subject.* Minneapolis: University of Minnesota Press.

Spelman, Elizabeth V. 1989. *The Inessential Woman.* Boston: Beacon.

Spraegens, Thomas. 1981. *The Irony of Liberal Reason.* Chicago: University of Chicago Press.

Stein, Maurice. 1960. *The Eclipse of Community.* Princeton: Princeton University Press.

Sterba, James. 1980. *The Demands of Justice.* Notre Dame: University of Notre

Dame Press.

Strenio, Andrew J., Jr. 1981. *The Testing Trap*. New York: Rawson, Wade.

Sumner, L. W. 1987. "Positive Sexism." In Ellen Frankel Paul, Fred D. Miller, Jeffrey Paul, and John Ahrens, eds., *Equal Opportunity*. Oxford: Blackwell.

Sunstein, Cass R. 1988. "Beyond the Republican Revival." *Yale Law Journal* 97(July): 1539~1590.

Symanski, Al. 1985. "The Structure of Race." *Review of Radical Political Economy* 17(Winter): 106~120.

Takaki, Ronald. 1979. *Iron Cages: Race and Culture in Nineteenth Century America*. New York: Knopf.

Taub, Nadine and Wendy William. 1985. "Will Equality Require More Than Assimilation, Accommodation or Separation from the Existing Social Structure?" *Rutgers Law Review* 37(Summer): 825~844.

Taylor, Charles. 1985. "The Nature and Scope of Distributive Justice." In *Philosophy and the Human Sciences*. Cambridge: Cambridge University Press.

Treiman, Donald J. and Heidi I. Hartman. 1981. *Women, Work and Wages*. Washington, D. C.: National Academy Press.

Turner, John C., Michael A. Hogg, Penelope V. Oakes, Stephen D. Rucher, and Margaret S. Wethrell. 1987. *Rediscovering the Social Group: A Self-Categorization Theory*. Oxford: Blackwell.

Unger, Roberto. 1974. *Knowledge and Politics*. New York: Free Press.

_____. 1987a. *Social Theory: Its Situation and Its Task*. Cambridge: Cambridge University Press.

_____. 1987b. *False Necessity: Anti-Necessitarian Social Theory in the Service of Radical Democracy*. Cambridge: Cambridge University Press.

Vesperi, Maria D. 1985. *City of Green Benches: Growing Old in a New Downtown*. Ithaca: Cornell University Press.

Vogel, Lisa. 1990. "Debating Difference: The Problem of Special Treatment of Pregnancy in the Workplace." *Feminist Studies*, in press.

Wagman, Bainat and Nancy Folbre. 1988. "The Feminization of Inequality: Some New Patterns." *Challenge* 31(November/December): 56~59.

Walton, Anthony. 1983. "Public and Private Interests: Hegel on Civil Society and the State." In S. Benn and G. Gause, eds., *Public and Private in Social*

Life. New York: St. Martin's.

Walzer, Michael. 1982. "Politics in the Welfare State: Concerning the Role of American Radicals." In Irving Howe, ed., *Beyond the Welfare State.* New York: Schocken.

_____. 1983. *Spheres of Justice.* New York: Basic.

_____. 1987. *Interpretation and Social Criticism.* Cambridge: Harvard University Press.

Wartenburg, Thomas E. 1980. *The Forms of Power: An Essay in Social Ontology.* Philadelphia: Temple University Press.

Wasserstrom, Richard. 1980a. "On Racism and Sexism." In *Philosophy and Social Issues.* Notre Dame: Notre Dame University Press.

_____. 1980b. "On Preferential Treatment." In *Philosophy and Social Issues.* Notre Dame: Notre Dame University Press.

West, Cornel. 1982. *Prophesy Deliverance! An Afro-American Revolutionary Christianity.* Philadelphia: Westminster.

White, Kirby et al. 1982. *The Community Land Trust Handbook.* Emmaus, Pa.: Doale.

Whyte, William. 1988. *City: Rediscovering the Center.* New York: Doubleday.

Wigdor, Alexandra. 1982. "Psychological Testing and the Law of Employment Discrimination." In Alexandra Wigdor and Wendell Garner, eds., *Ability Testing: Uses, Consequences, and Controversies, Part II.* Washington, D. C.: National Academy Press.

_____ and Wendell Garner, eds. 1982. *Ability Testing: Uses, Consequences, and Controversies, Part I.* Washington, D. C.: National Academy Press.

Williams, Bernard. 1985. *Ethics and the Limits of Philosophy.* Cambridge: Harvard University Press.

Williams, Robert A. 1986. "The Algebra of Federal Indian Law: The Hard Trail of Decolonizing and Americanizing the White Man's Indian Jurisprudence." *Wisconsin Law Review,* pp. 219~299.

William, Wendy. 1983. "Equality's Riddle: Pregnancy and the Equal Treatment/ Special Treatment Debate." *New York University Review of Law and Social Change* 13:325~380.

Wilson, William J. 1978. *The Declining Significance of Race.* Chicago: University of Chicago Press.

Withorn, Ann. 1984. *Serving the People: Social Services and Social Change.* New York: Columbia University Press.

Wolfe, Alan. 1977. *The Limits of Legitimacy: Political Contradictions of Contemporary Capitalism.* New York: Free Press.

Wolff, Robert Paul. 1968. *The Poverty of Liberalism.* Boston: Beacon.

_____. 1977. *Understanding Rawls.* Princeton: Princeton University Press.

_____. 1984. *Understanding Marx.* Princeton: Princeton University Press.

Wolgast, Elizabeth. 1980. *Equality and the Rights of Women.* Ithaca: Cornell University Press.

Wood, Allen. 1972. "The Marxian Critique of Justice." *Philosophy and Public Affairs* 1(Spring): 244~282.

Young, Iris. 1979. "Self-Determination as a Principle of Justice." *Philosophical Forum* 11(Fall): 172~182.

_____. 1981. "Toward a Critical Theory of Justice." *Social Theory and Practice* 7(Fall): 279~302.

_____. 1983. "Justice and Hazardous Waste." In Michael Bradie, ed., *The Applied Turn in Contemporary Philosophy.* Bowling Green, Ohio: Applied Philosophy Program, Bowling Green State University.

_____. 1985. "Humanism, Gynocentrism and Feminist Politics." *Women's Studies International Forum* 8:173~183.

_____. 1987. "Impartiality and the Civic Public: Some Implications of Feminist Critiques of Moral and Political Theory." In Seyla Benhabib and Drucilla Cornell, eds., *Feminism as Critique.* Oxford/Minneapolis: Polity/ University of Minnesota Press.

_____. 1989. "Polity and Group Difference: A Critique of the Ideal of Universal Citizenship." *Ethics* 99(January): 250~274.

Zola, Irving Kenneth. 1987. "The Politicization of the Self-Help Movement." *Social Policy* 18(Fall): 32~33.

찾아보기

ㅎ

차이의 정치와 정의

펴낸날 ㅣ 초판 1쇄 2017년 9월 25일
4쇄 2022년 8월 17일

지은이 ㅣ 아이리스 매리언 영
옮긴이 ㅣ 김도균 · 조국
펴낸이 ㅣ 양미자
펴낸곳 ㅣ 도서출판 모티브북
등록번호 ㅣ 제313-2004-00084호
주소 ㅣ 서울 마포구 토정로 222 한국출판콘텐츠센터 304호
전화 ㅣ 010 8929 1707
팩스 ㅣ 0303 3130 1707
이메일 ㅣ motivebook@naver.com

ISBN 978-89-91195-59-2 93340
책값은 뒤표지에 있습니다.